U0941096

2012

寳應年鑑

BAO YING YEARBOOK

中共宝应县委员会
宝应县人民政府 主办
宝应县年鉴编纂委员会 编纂

纵棹园

清朝康熙年间，翰林院侍读乔莱因触犯中枢权贵，被中伤罢官，返回宝应故乡，筑纵棹园，读《易》著书其中。该园位于宝应县城区安宜东路1号，占地4.53公顷。园内建筑集北方名胜的典雅和南方园林的清秀于一身，翠竹隐阁，林亭倒映，杨柳婆娑，青荷飘香，其石、砖、木、铜雕极其精致，号称苏北雕花园，有乾隆皇帝六下江南入园观戏的古戏台及翦淞阁、竹深荷净堂、画川书院、八宝亭、背山临流馆等著名景点，是国家AAA级景区，县级文物保护单位。

方志出版社

图书在版编目（CIP）数据

宝应年鉴.2012/《宝应年鉴》编纂委员会编.—北京：方志出版社，2012.10
ISBN 978-7-5144-0632-0

Ⅰ.①宝… Ⅱ.①宝… Ⅲ.①宝应县—2012—年鉴
Ⅳ.①Z525.34

中国版本图书馆CIP数据核字（2012）第239866号

宝应年鉴（2012）

编　　者：《宝应年鉴》编纂委员会
责任编辑：王笃银
出 版 者：方 志 出 版 社
（北京市东城区夕照寺14号院富瑞苑公寓6层）
邮编　100061
网址　http://www.fzph.org
发　　行：方志出版社发行部
（010）67120966-6008
经　　销：新华书店总店北京发行所
法律顾问：北京市大禹律师事务所
印　　刷：南京凯德印刷有限公司
开　　本：889mm×1194mm　　1/16
印　　张：34.5
字　　数：700千
版　　次：2012年10月第1版　2012年10月第1次印刷
印　　数：0001~1500册
ISBN 978-7-5144-0632-0/K·513　　定价：180.00元

宝应县年鉴编纂委员会

主　任： 王庭国

副主任： 周玉宝　侯承海　顾长荣　杨洪国　傅春景　刁端明　王春兰

委　员： 闵信华　高春红　夏心丹　强建华　陈卫荣　周军家　何开文　钱克华　夏信林　周文秀　衡连宝　刘春贵　刘忠民　蔡祥云　徐生力　居殿功　郭锡山　蔡锦忠　徐　峰　梁鹤富　何　刚　胡文忠　黄如萍　钱永建　何干成　张　磊　姜道广　胡章灿　庞应峰

《宝应年鉴》编辑部

主　　编： 王春兰

副 主 编： 王天彬　苗广远

编　　辑： 张晴湘　唐善刚　刘　英　伏仁云　魏　萍　邹晓华　刘敏利　杨　清　王婷婷　陈　霞　张　丽

图片摄影： 王　奎　郝　品　杜　强

英文翻译： 苗　茜

封面设计： 尹　茹

彩页设计： 吕　飞

地图提供： 宝应县规划局

《宝应年鉴》部门审稿人员名单

（以姓氏笔画为序）

万　进	马　浩	王文庆	王志鹏	王其龙	王恒民
冯志林	卢　海	卢永超	仲兆兰(女)	仲继广	伏开新
刘宇峰	刘忠民	刘春贵	刘振军	华占仁	吉沐和
朱　军	朱正平	朱伟东	汤文武	何　刚	何干成
何开文	何建国	吴宝占	吴宝海	张　磊	张开鹏
张兆军	张明玉	李佳发	杨永柱	杨玉林	汪济洋
沈　辉	苏志洵	苏洪美	邹　池	闵信华	陈　洪
陈　新	陈乃海	陈卫荣	陈书勤	陈兆兰(女)	陈晓伟
陈维荣	周元河	周文秀	周正威	周任明	周军家
周青山	宗辉春	居殿功	庞应峰	罗贤龙	苗建国
范敬波	郁忠浩	郑　斌	郑强容	金明义	俞从红
姜道广	施永春	段如旭	段红举	洪　霞(女)	胡文忠
胡正明	胡章灿	赵　跃	赵丛海	郝大明	夏国喜
夏维善	徐　进	徐　峰	徐生力	徐兴东	徐树香
殷九高	殷继舜	郭　萍(女)	郭锡山	钱永建	钱克华
钱志斌	顾　晶	高立新	高春红	常强生	曹仲平
曹家宏	梁永华	梁星菊(女)	梁鹤富	黄如萍(女)	嵇　洋
强建华	董洪章	谢存道	韩　灵(女)	蔡祥云	蔡锦忠
谭炳才	潘久发	薛卫民	衡　峰	衡连宝	魏　正

新时期宝应精神：

开明开放　担当实干　创新突破　争先进位

城市荣誉：

全国文明县城
中国慈姑之乡
中国微型小说之乡
国家园林县城
国家首批生态建设示范区
全国首家有机食品基地县
全国无公害农产品生产示范基地县
江苏省文明城市
江苏省藕出口示范区
江苏省泵阀管件产业制造基地
中国荷藕之乡
中国水鲜美食之乡
国家卫生县城
全国平原绿化先进县
全国科技进步先进县
全国商品粮生产基地县
全国三绿工程试点县
江苏省社会治安安全县
江苏省输变电装备产业示范基地
江苏省玻璃水晶工艺品出口基地

宝胜电缆城

宝应县科技创新服务中心

县委书记、县人大常委会主任：仲生

中国电线电缆行业标志性品牌——宝胜电缆生产线

2011年11月18日，仁恒实业控股有限公司在香港创业板上市

江苏省粮食现代物流发展重要节点——江苏宝应湖粮食物流中心

扬州市文化产业示范基地——扬州乱针绣文化产业园

县委副书记、县长：王庭国

2011年12月18日，上海市闸北区工商联宝应商会成立

2012年2月15日，“2011年度宝应杰出企业家”颁奖典礼

2011年1月22日，江苏迅达电磁线有限公司董事长卢之云走进江苏教育电视台“苏商”栏目

2011年9月29日，在2011中国・宝应荷藕节上，举行宝应工业设计中心揭牌仪式

2011年4月17日，“院士专家宝应行”活动促成中国工程院院士黄崇祺与宝胜科技创新股份有限公司签订合作协议

2011年4月19日，江苏宝生聚酯科技有限公司30万吨聚酯项目开工仪式在江苏宝应经济开发区举行

第十三届（2011）江苏农业国际合作洽谈会宝应展区

2011年9月28日，投资2亿美元的汉金富泰（扬州）铜业有限公司铜杆项目在江苏宝应经济开发区举行开工典礼

2011年9月28日，江苏宝应软件信息产业园在安宜工业园（南区）开园

2011中国·宝应荷藕节开幕式暨宝应生态旅游推介会

2011年5月21日~24日，“宝胜杯”全国第二届电线电缆制造工（挤线工）职业技能竞赛决赛在宝胜集团举行

2011年5月13日，在苏中经济发展论坛上，举行扬州大学技术转移中心宝应分中心签约仪式

宝应县城东入城

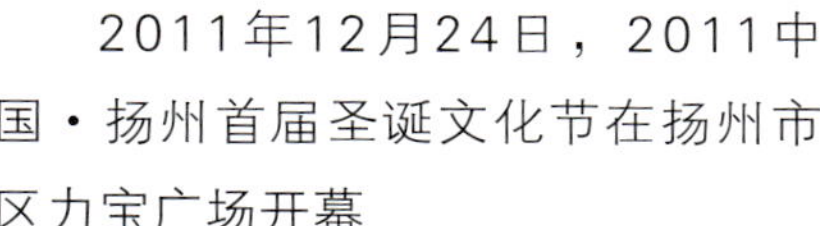

2011年12月24日，2011中国·扬州首届圣诞文化节在扬州市区力宝广场开幕

2011年6月18日，江苏文峰集团投资开办的宝应文峰大世界亚细亚购物中心开业

应大道与省道S237宝应段交汇处

纵棹园全景图

鱼鹰捕鱼

芡实生态种植

宝应湖围网养殖

生态住宅区

荷园

白鹿岛

宝应湖国家湿地公园水杉林

大运河风光

县老年公寓一期工程建成投入使用

传统民间文艺大会串——舞龙

晨练——太极拳

宝应青年千人毅行出征仪式

千人长跑喜迎新年

宝应中学一角

环境优美的居民小区

民间艺人现场展示棕编技艺

“关爱民生、共建和谐”宝应县2012政风行风热线户外活动在县花城广场举行

大型勤廉现代淮剧
《湖畔风雨情》剧照

安宜镇铁桥
社区建成200米
文化长廊

宝应县人民武装部

县委常委、部长伏开新（前排右），政委陈宝（前排左）参加南京军区安全管理工作电视电话会议

2011 年，宝应县人民武装部认真贯彻“十六字”方针，充分发挥党委核心领导作用，积极推进学习型党组织建设，深化党委班子岗位练兵活动。扎实开展日常战备综合整治，制定完善处突应急预案，对全县战场核生化环境基础数据进行采集。严密组织首长机关“两实”作业、信息化知识学习、指挥技能训练，接受省军区对人武部主官岗位练兵考核，参加全军信息化知识网上竞答实现“两个 100%”。对全县 400 多名退役士兵进行服预备役登记。圆满完成新兵征集任务。按照“精干合成、管用能用”要求，组建合成化民兵应急救援连，优化民兵组织布局，向经济开发区和宝胜集团拓展民兵组织。广泛开展基层武装部和民兵营（连）部规范化建设达标活动。认真组织民兵应急分队和抗灾防洪专业分队训练，出色完成抗旱救灾、重大活动维稳执勤任务。广泛开展学法规、用法规、守法规活动，扎实抓好防间谍、保守国家和军事秘密“防间保密”工作，严密组织“学训整”、安全隐患排查整治。抓好经济动员中心建设，宝应菲达宝开电气有限公司申报成立省级电气控制设备应急动员中心。坚持党委集体理财，全面推开“部财区管”和军人保障卡应用，定期组织干部、职工体检。安全顺利完成民兵报废弹药调运工作。组织召开县委常委议军会和部分镇党政领导过军事日活动。持续开展“双带双扶”活动，部机关组织走访慰问贫困户、县特殊教育学校，开展军民共建工作。发动广大民兵为军烈属帮耕助种，解决生产生活困难，组织民兵参加环境整治、交通疏导、文明宣传、志愿者服务等活动，为宝应县三个文明建设做出应有贡献。

全县16支“二妹子”民兵班集训

省军区副司令员戴陆伟（左二）到宝应县人武部检查工作

省军区副参谋长傅沿江（前排右一）检查宝应县征兵工作

县委常委议军会议

县委书记仲生（前排左一）视察征兵工作

县委常委、人武部部长伏开新（左一）检查征兵初检工作

县人武部组织“二妹子”民兵班赴步兵34旅训练

宝应县新兵欢送大会

宝应县人民法院

院 长:黄顺祥

扬州市中级人民法院院长蒋惠琴（右二）视察县人民法院工作

2011 年，县人民法院以深入推进三项重点工作为核心，以提升司法公信力和能力作风建设为抓手，充分发挥审判职能，全年受理各类案件 6 148 件，审(执)结 6 035 件，分别比上年上升 1.79% 和 2.57%，法官人均办案 143.7 件，个人最高办案数达 324 件，8 人办案过 200 件。27 项审判绩效指标中，有 15 项指标处于全市前三位，审判绩效水平首次进入全市前三名。各项工作综合考评排名列全市法院系统第二位，在联络工作、调解工作、和谐共建等多个方面取得新的发展，涉诉矛盾化解、文明单位创建、司法公开工作、平安法治建设等工作相继受到省市县表彰。

县领导视察法院工作

法官走上街头开展接访活动

县委常委、政法委书记陈金荣（右一）慰问优秀法官

扬州市中级人民法院领导视察宝应县人民法院工作并和部分法官合影

组织参加县庆祝中国共产党成立90周年歌咏大会

宝应法院提升司法公信力暨能力作风建设动员大会

组织业务技能竞赛

院长黄顺祥（左）在广洋湖镇开展“三解三促”活动

法院领导帮扶贫困学生

集中发放农民工被拖欠工资

与乡镇社区开展和谐共建活动

市民向法官赠送锦旗

宝应县公安局

局 长:夏忠平

政 委:邓为民

局长夏忠平(左三)慰问基层派出所干警

市民赠送锦旗

2011年,县公安局破获宝应县域内各类刑事案件777起,其中破获抢劫、绑架等重大复杂案件48起,八类案件破案率达93.75%;"赛尔达"特大盗窃案、系列跨省盗窃货车柴油案等有一定影响的案件在第一时间得以破获,实现连续10年命案全破目标,打处绩效连续三年保持扬州市第一。全年共化解重大矛盾纠纷259起,妥善处置各类突发群体性事件46起,圆满完成县内22批次各类重大安全保卫任务。公安信访案件办结率达100%,初信初访化解率、息诉率均达98%。全年共有83个(次)集体和112人(次)民警受到上级表彰。中央电视台专题报道社区民警李树干的先进事迹。

县委书记仲生（右三）慰问基层公安民警

扬州市公安系统技防建设推进会在宝应县召开

县委常委、政法委书记陈金荣参观由宝应县公安局主办的警营文化书画展

严厉打击经济犯罪“破案会战”誓师大会

局长夏忠平（中）深入居民家庭填写警民连心卡

局长夏忠平（左一）深入居民家庭退还赃款赃物

鲁垛派出所社区民警姚文锋荣获第二届“扬州市十佳青年民警”称号

氾水派出所西园警务区警长李树干荣获全国优秀人民警察光荣称号

公安系统庆“五四”青年民警辩论赛

宝应县发展和改革委员会

主任：周文秀

江苏省发改委副主任魏然(右二）到宝胜集团考察

2011 年，宝应县发展和改革委员会加强计划管理，强化预警研判，提供对策建议，服务全县经济社会发展；主攻重大项目招引，全力上争资金；发展现代服务业，加快农业产业化经营，推进重点产业发展和重大项目建设，扎实做好各项改革改制工作，抓紧实施福利企业改制工作，积极推进夏集镇全国小城镇发展改革试点工作。全年全县完成全社会固定资产投资 160.16 亿元，比上年增长 22%，其中，第一产业完成投资 1.56 亿元，比上年增长 19.8%；第二产业完成投资 113.14 亿元，比上年增长 22.9%；第三产业完成投资 45.46 亿元，比上年增长 34.8%。全年办理投资项目审批、核准和备案项目 411 件，其中审批类项目 101 件、核准类项目 30 件、备案类项目 100 件、即办类 180 件，办结率、满意率均达 100%。县发改委荣获扬州市发改系统“目标管理工作先进单位”、县“创新突破特别贡献奖”称号。

扬州市副市长王玉新（前排中）视察指导宝应县服务业工作

全县服务业发展大会现场

宝应县房产管理局

局长：王文庆

省委常委、宣传部部长王燕文（前排右一）视察邻里中心建设

2011 年全县共有开发企业 51 家（含县外开发企业 17 家），其中二级资质 3 家、三级资质 6 家、四级资质 6 家、暂定资质开发企业 37 家。城区共有在建楼盘 27 处，全年完成房地产开发投资 14.98 亿元、比上年增长 7.3%，其中住宅投资 12.64 亿元、比上年增长 12.9%，房地产开发新开工面积 44.14 万平方米、比上年增长 42.7%。商品房合同成交面积 37.23 万平方米，比上年下降 57%，实现销售 18.25 亿元，完成涉房税收 2.77 亿元。开工建设廉租房 65 套，经济适用房 70 套，筹集公共租赁住房 936 套（间），发放廉租住房租赁补贴 122 户，实施危旧房改造面积 10.1 万平方米，向国家、省争取住房保障奖补无偿资金 2 203 万元。全年收缴房屋维修资金 1 581 万元，累计归集维修基金 9 062 万元，批准使用维修资金 123 万元。受理房屋安全鉴定项目 266 个，防治、灭治各类工程白蚁面积 130 万平方米，维修公房 1 000 余户、2 000 多间。

县委书记仲生（前排右）视察廉租房工程建设工地

邻里中心效果图

宝应县经济和信息化委员会

主 任：衡连宝

江苏宝应软件信息产业园开园典礼现场

扬州市经信系统
2011年度工业和信息化目标管理考核
一等奖
扬州市经济和信息化委员会
二〇一二年二月

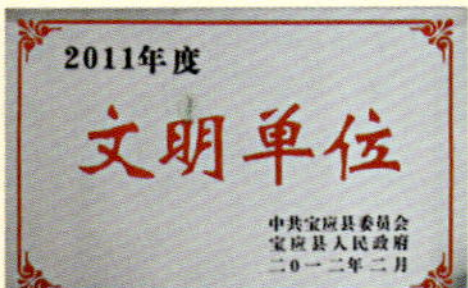
2011年度
文明单位
中共宝应县委员会
宝应县人民政府
二〇一二年二月

2011年度部门工作目标考核
一 等 奖
中共宝应县委员会
宝应县人民政府

仁恒实业在香港创业板成功上市

2011年，全县工业紧紧围绕“四个突破”的总体要求，上下一心、同舟共济、攻坚克难，不断提高工业经济组织程度，积极有效化解银根收缩、要素趋紧、市场震荡、成本上升等不利因素，进一步突出产业培植、企业培育，坚持科技创新，推进“两化”融合，注重节能降耗，全县工业和信息化发展及“创新扬州”建设取得显著成绩。全县工业和信息化目标考核获市考核一等奖、“创新扬州”目标考核获市考核二等奖。

县长王庭国（右）深入企业与外商交流

2011中国·宝应荷藕节科技创新产业合作推介会暨项目签约仪式现场

主任衡连宝（前排中）带领企业管理创新推进会与会人员参观企业项目建设现场

宝应县文化体育广电新闻出版局

局长：钱永健

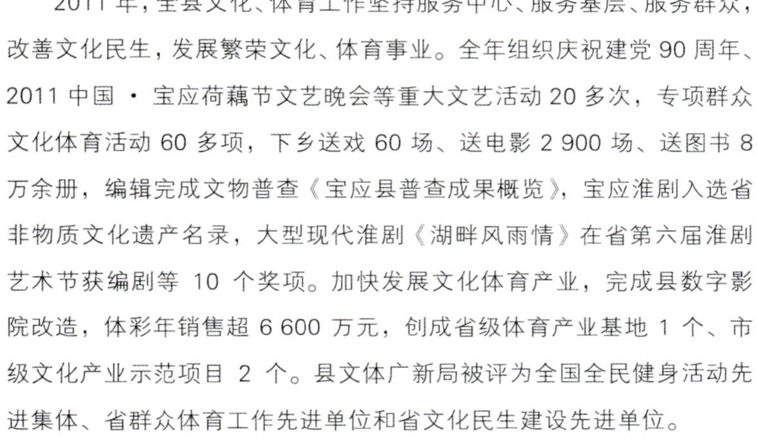

2011 年，全县文化、体育工作坚持服务中心、服务基层、服务群众，改善文化民生，发展繁荣文化、体育事业。全年组织庆祝建党 90 周年、2011 中国 · 宝应荷藕节文艺晚会等重大文艺活动 20 多次，专项群众文化体育活动 60 多项，下乡送戏 60 场、送电影 2 900 场、送图书 8 万余册，编辑完成文物普查《宝应县普查成果概览》，宝应淮剧入选省非物质文化遗产名录，大型现代淮剧《湖畔风雨情》在省第六届淮剧艺术节获编剧等 10 个奖项。加快发展文化体育产业，完成县数字影院改造，体彩年销售超 6 600 万元，创成省级体育产业基地 1 个、市级文化产业示范项目 2 个。县文体广新局被评为全国全民健身活动先进集体、省群众体育工作先进单位和省文化民生建设先进单位。

2012宝应县“五琼浆”杯元旦长跑活动启动仪式

2011中国·宝应荷藕节文艺晚会演出

宝应县世纪影城开业典礼现场

淮剧《湖畔风雨情》剧照

宝应县国土资源局

党组书记、局长梁鹤富（右）向新聘任的国土资源系统行风监督员颁发证书

2011'

服务发展先进部门

中共宝应县委员会
宝应县人民政府
二〇一二年二月

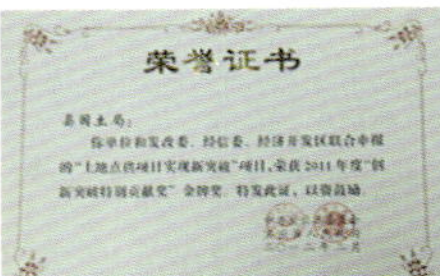

荣誉证书

2011年度

文明单位

中共宝应县委员会
宝应县人民政府
二〇一二年二月

全县国土资源工作会议

县委书记仲生（右一）视察国土工作

县人大常委会主任会议专题调研国土工作

2011 年，全县土地总面积 14.62 万公顷，其中耕地 7.47 万公顷、园地面积 156.98 公顷、林地面积 1 594.55 公顷、草地 2.01 公顷、城镇村及工矿用地 1.55 万公顷、交通运输用地 5 225.42 公顷、水域及水利设施用地 4.76 万公顷、其他土地面积 1 436.85 公顷。全年国土资源工作在服务重大项目、加快新城建设、严格执法监管、推进城乡统筹发展等方面取得突破性成果，为全县经济社会快速发展，提供强有力的国土资源保障。县国土资源局下属的柳堡镇国土资源所、氾水镇国土资源所、曹甸镇国土资源所、夏集镇国土资源所、泾河镇国土资源所、射阳湖镇国土资源所等 6 个国土资源所档案工作通过省“三星”级验收。县国土资源局获得“省国土资源系统财务工作先进单位”、“县服务发展先进部门”、“县文明单位”等称号和“县创新突破特别贡献金牌奖”。

江苏省国土资源厅副厅长吴震强（右三）视察宝应县国土资源工作

省市领导对小官庄镇、西安丰镇土地整理项目竣工进行验收

2011年度总结表彰暨党风廉政建设大会

局领导深入基层开展“三解三促”活动

2011年杭州土地推介会

局领导深入企业调查研究

结对帮扶进社区

纪念“6·25”土地日法律法规知识竞赛

宝应县交通运输局

节能减排新型客车启动仪式现场

局 长:何 刚

氾水运河大桥开工典礼

2011 年，全县交通基础建设完成投资 6.5 亿元，其中省干线公路建设完成投资 4.4 亿元，县内干线公路建设完成投资 0.5 亿元，农村公路建设完成投资 0.6 亿元，航道、船闸建设完成投资 1 亿元。截至年底，境内公路总里程达 2 367.01 千米，公路密度 162.13 千米 /100 平方千米，其中高速公路 40.3 千米，一级公路 39.6 千米，二级公路 155.53 千米、三级公路 125.51 千米、四级公路 1 537.08 千米、等外公路 428.39 千米；航道总里程 590.32 千米，其中二级航道 35.22 千米、四级航道 39.22 千米、六级航道 12.14 千米、七级航道 200.44 千米、等外航道 303.30 千米。全县有通航船闸 3 座，港口 4 个，码头泊位 124 个，码头总延长 4 168 米；国家一级客运站一座，农村客运站 10 座，农村候车亭 98 对。全年公路客运量 1 260 万人次，客运周转量 9.97 亿人千米；公路货运量 730 万吨，公路货运周转量 4.8 亿吨千米；客运班线 54 条。水路货物运输量 748 万吨，货运周转量 21.5 亿吨千米；港口货物吞吐量 450 万吨。交通系统安全形势总体平稳，全年未发生安全责任事故。

全县首条镇村线路开通——氾水镇镇村公交开通

庆祝中国共产党成立九十周年红歌大赛

江苏省交通运输厅厅长游庆仲（前排左三）在县委书记仲生（前排左二）的陪同下视察宝应县交通工作

扬州市交通运输局领导调研视察宝应县交通工程

县委书记仲生（右二）视察重点交通工程建设工作

县长王庭国（右二）检查视察渡口安全

县委常委、副县长王岚峰（右四）视察交通工作

局长何刚（前排右一）率领机关干部集中参观反腐倡廉图片展

宝应县人力资源和社会保障局

县委组织部副部长、局长：刘忠民

全县人力资源和社会保障工作会议

县重点工业企业用工服务座谈会

2011 年，县人力资源和社会保障局成功举办各类招聘会 47 场，其中专场招聘会 21 场，采集就业岗位 5.1 万个，推荐就业 7 650 人（含就业困难人员再就业 916 人），高校毕业生达成就业意向 1 337 人次，城镇登记失业率 2.4 %。农村劳动力转移就业共 342 078 人，其中到县外就业 194 657 人、在县内就业 147 421 人，新增转移就业 7 252 人。培训城乡劳动者 14 784 人，其中农村劳动力转移就业培训 10 521 人；开展职业技能鉴定 9 994 人次，核发职业资格证书 8 011 份，专项能力证书 1 149 份。书面审查各类用人单位 3 300 家，劳动合同签订率、企业集体合同签订率分别达 99%、98%。全县 88 家企业被评为市“劳动保障守法诚信示范单位”。建立劳动争议处理联席会议制度，开通农民工维权“绿色通道”，对涉及农民工案件特别是集体性工资支付争议案件，按照“快立、快调、快裁、快结”办案要求，为当事人维权“提速”。县劳动争议仲裁委员会受理劳动争议调解仲裁 678 起，其中裁决结案 165 起，调解撤诉结案 513 起，调解撤诉率 89%，按期结案率 100%。

2011中国·宝应荷藕节大型人力资源招聘洽谈会政策法规咨询现场

中国社保
ZHONG GUO SHE BAO

上级领导调研视察宝应县人力资源和社会保障工作

县委书记仲生（前排右二）视察社保工作

县长王庭国在该局调研指导

县委副书记周玉宝（前排中）和县委常委、组织部部长王友芳（前排右）视察春季高校毕业生招聘会现场

县委常委、经济开发区管委会主任翟士高（前排左一）视察招聘会现场

副县长杨洪国（前排左一）视察荷藕节大型劳动力招聘会现场

副县长杨步云（前排中）视察企业用工招聘会现场

局机关开展“做人做事做官”演讲比赛

宝应县住房和城乡建设局

局 长:蔡锦忠

2011 年，全县完成镇村建设投资共 7.67 亿元，其中住宅建设投资 2.41 亿元，建筑面积 25.14 万平方米；公共建筑投资 3 219 万元，建筑面积 2.55 万平方米；生产建筑投资 2.35 亿元，建筑面积 23.08 万平方米；道路、照明、供水等公共设施建设投资 2.59 亿元。全县新增村镇供水管道 183 千米、自来水受益人口 66.83 万人，新增道路长度 125.58 千米、道路面积 188.87 万平方米，新增照明灯 743 盏，新增桥梁 15 座，新增防洪堤长度 4.08 千米，新增排水管道长度 30.56 千米，新增排水暗渠长度 3.2 千米，新增绿地面积 31.94 公顷。

全国文明县城

中央精神文明建设指导委员会

2011年12月

授予：江苏省宝应县

国家园林县城

中华人民共和国建设部

二〇〇八年二月

江苏省园林城市

江苏省人民政府

二〇〇八年一月

宝应汽车客运站

上级领导到宝应县调研视察村庄环境整治工作

生态新城“大金十字”道路开工典礼现场

全县村镇建设管理工作会议

党委书记、局长蔡锦忠（前排左一）带领全县住建系统党员干部到扬州市预防腐败警示教育基地开展警示教育活动

全长1 200米、贯穿宝应县城南北的宝射路工程建成开通

宝应县地方税务局

局长、党组书记： 樊正军

2011 年，宝应县地方税务局坚持依法组织收入，建立税源社会化监管新模式，排实税源，靠实征管，狠抓征管薄弱环节。全年共组织各项收入 20.8 亿元，比上年增长 27.7%，税费征收总量首次突破 20 亿元。其中，入库一般预算收入 11.75 亿元，比上年增长 35.4%；社保费 5.48 亿元、征缴率 100%；教育附加费 7 500 万元，比上年增长 38.7%，减免各类税费 2 500 万元，为地方经济和社会事业的发展提供强有力的财力保障。全年申报省、市地税局创新创优创建“三创”项目 42 个，其中 41 个项目、53 人次受到省、市、县表彰；被省以上刊物采用调研文章 8 篇。在扬州市 2011 年度“三个一流”（一流的干部队伍、一流的工作业绩、一流的服务水平）工程绩效考核中位列第三名，并获得县“服务经济发展先进部门”等荣誉称号。

扬州市地税局局长涂祖跃（左三）视察宝应地税工作

县委书记仲生（左）在县地税局调研考察

纳税人学校成立揭牌

全县青少年税收教育基地授牌仪式现场

局领导走入行风政风热线解答纳税人提问

局领导深入基层开展“三解三促”活动

开展廉政文化进校园活动

中小企业培训班税收宣传

宝应县卫生局

局　长：何干成

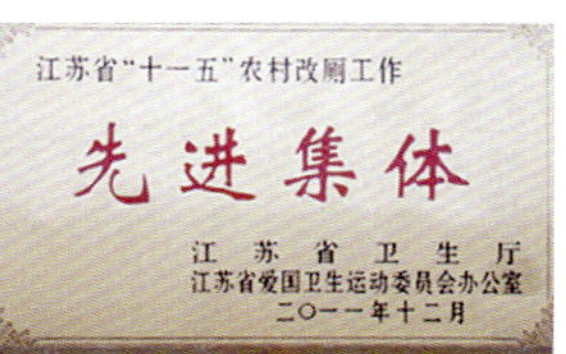

2011 年，县卫生局围绕推进“民本卫生、和谐卫生、品牌卫生、辉煌卫生”建设，实现全县卫生事业持续健康发展。全县医疗卫生单位 36 所，其中医院 16 所，社区卫生服务中心（乡镇卫生院）14 所，妇幼保健院（所）1 所，专科疾病防治院 2 所，疾病预防控制中心、卫生监督所、卫生培训中心各 1 所；卫生技术人员 1 985 人。全年实现业务收入 4.78 亿元；卫生净资产 5.5 亿元；上争项目资金 1.13 亿元；年门诊 154.25 万人次、年住院 4.99 万人次。宝应县重新荣获国家卫生县城称号；改厕工作荣获江苏省“十一五”先进集体。

构建和谐医患关系活动现场

江苏省卫生厅副厅长陈华（前排左二）到宝应县开展“三解三促”活动

县委书记仲生（前排左二）视察卫生工作

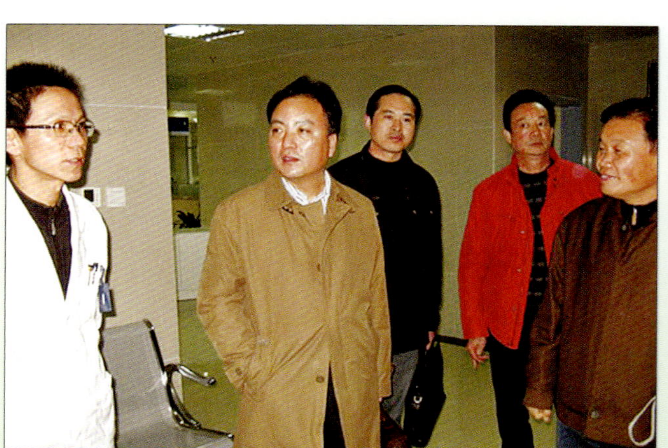

局长何干成（左二）深入基层检查指导国家卫生县城创建工作

宝应县司法局

局 长：朱 军

全县有 15 个司法所，4 个律师事务所、注册执业律师 42 人，1 个公司律师事务部（宝胜集团）、注册公司律师 2 人，1 个公证处、注册公证员 4 人，18 个基层法律服务所、注册基层法律服务工作者 68 人，县法律援助中心注册律师 2 人。2011 年办理法律援助案件 855 件，办理各类公证 1 800 件；接受刑释解教人员 324 人、社区矫正人员 321 人；全县各类调解组织受理矛盾纠纷 5 894 件，法律工作者办理各类案件 2 893 件。县司法局被市委、市政府表彰为“2006 ~ 2010 年度社会治安综合治理先进集体”。

江苏省法律援助机构

示范窗口

江苏省司法厅

宝应县法律援助中心接待大厅

开展大接访活动

宝应县 2011 年度公职人员法律知识培训班

县委常委、政法委书记陈金荣（中）在局领导的陪同下视察基层法律服务所

上级领导走访慰问低保户

县人大领导专题调研视察司法工作

深入基层开展“三解三促”活动

中共宝应县委农村工作办公室

主任：夏信林

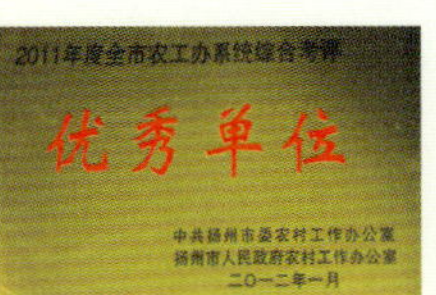

县委农工办是县委从事农业农村工作的综合部门。2011年，全县农民人均纯收入 10 327 元，比上年增长 18.5%，连续三年农民收入净增千元以上。新组建农村“三大合作”组织（农民专业合作社、土地股份合作社和社区股份合作社）155 家，新创市级以上“五好”示范社 53 家，成立全市首家农资消费类合作社——宝应县曹甸镇绿草香农资服务专业合作社。县委农工办先后被评为“全省农工办系统先进集体”、“全市农工办系统综合考评先进单位”、“全县目标管理先进单位”。

扬州市试点村挂钩帮扶工作座谈会在宝应县召开

小康宝应一日游启动仪式现场

全县农村土地经营权登记试点工作现场推进会

县委农工办党员志愿者参加义务劳动

群众文化健身广场——村级一事一议财政奖补项目

宝应食品药品监督管理局

局　长：苏洪美

局长苏洪美(右)走进政风行风热线

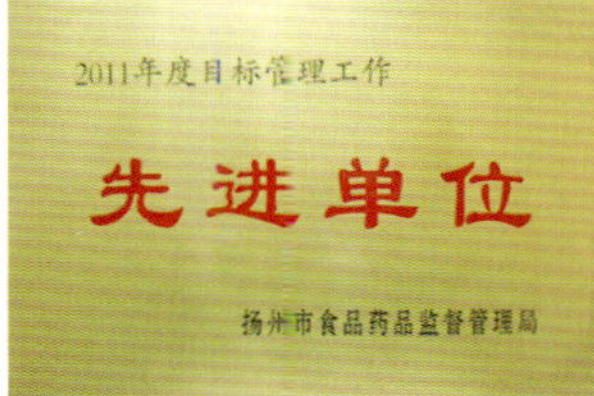

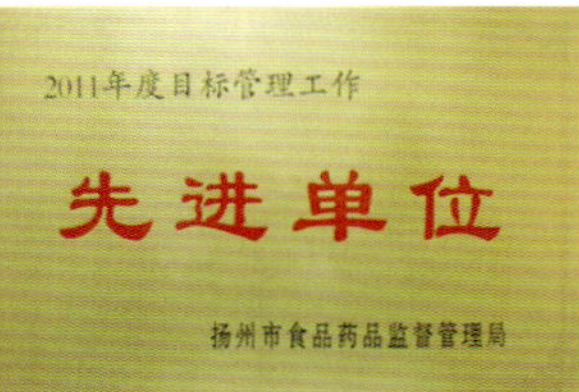

2011 年，宝应县食品药品监督管理局以保障公众饮食用药安全为中心，围绕全年工作目标，坚持提升标杆、追求创新，坚持以人为本、凝心聚力，坚持突出重点、狠抓落实，各项工作取得新的成效。县食品药品监督管理局获得“江苏省食品药品监督管理系统稽查工作先进集体”、“扬州市食品药品监督管理系统目标管理工作考核先进单位”和“医疗器械专项整治工作先进单位”及县委县政府三个文明先进单位、全县群众满意十佳稽查大队等称号，获奖数列全市食品药品监督管理系统第一，高质量完成了县委、县政府确定的部门职能工作和县食品安全委员会办公室运行任务。

全县食品药品监督管理工作会议

执法人员检查中药材市场

宝应县农业委员会

主任：吴永生

县委书记仲生、县长王庭国率领四套班子领导和200多名机关干部参加义务植树活动

2011 年，宝应县农林牧实现产值 53.75 亿元，比上年增长 17.71%，其中，农业产值 35.10 亿元、林业产值 1.34 亿元、牧业产值 14.06 亿元、农林牧等服务业产值 3.25 亿元。新增高效农业面积 5 733.33 公顷、设施农业面积 1 546.67 公顷，畜禽规模养殖比重提高 5.2%；粮食生产综合机械化水平达 86.8%，被省农机局授予“率先基本实现水稻种植机械化县”称号；水稻、小麦总产量突破 90 万吨，被国务院授予“全国粮食生产先进县”称号。全县农民人均纯收入 10327 元，比上年增长 18.5%，连续三年农民收入净增加千元以上。新组建农村“三大合作”组织（农民专业合作社、土地股份合作社和社区股份合作社）155 家，新创市级以上“五好”示范社 53 家，成立全市首家农资消费类合作社——宝应县曹甸镇绿草香农资服务专业合作社。2011 年，宝应县以农业科技创新为突破，以园区建设为载体，加快推进高效有机农业发展。全年新建高效农业 5 733 公顷、设施农业 1 567 公顷、“百亩”以上园区 5 067 公顷、有机农业 2 333 公顷。累计建成高效农业 3.31 万公顷，占耕地总面积 42.1%；设施农业 6 367 公顷，占耕地总面积 8.3%。新扩建规模农业园区 55 个，园区累计总数 174 个。宝应县被农业部授予“全国特色农业加工基地”称号，江苏扬州宝应湖有机农业开发区被农业部认定为“第一批国家农业产业化示范基地”，江苏省荷藕产业基地被江苏省农业委员会授予“江苏省现代特色产业基地”称号。

全县农业工作会议

主任吴永生深入农户检查农作物生长情况

全国特色农业加工基地

中华人民共和国农业部
北京·人民大会堂
二〇一一年元月

荣誉证书

江苏省宝应县：
被评为全国粮食生产先进单位。
特颁此证，以资鼓励。

江苏宝应湖国家湿地公园
JIANGSU BAOYING LAKE NATIONAL WETLAND PARK
国家林业局
二〇一一年九月

省长李学勇（前排右一）参观2011海峡两岸（江苏）名优农产品展销会宝应展区

江苏省林业局局长夏春胜（右三）视察宝应林业工作

农业部、省、市领导督查指导宝应县春季农业生产

省农委领导到宝应县检查农民培训基地建设情况

扬州宝应湖国家湿地公园（试点）专家验收评估会

扬州市委副书记赵晓江在宝应调研，深入农业龙头企业、高效农业园区，实地了解宝应县农业发展工作

2011年度绿色江苏建设

植树造林先进县(市、区)

江苏省林业局

二〇一二年一月

江苏省生态文明教育基地

江苏省林业局

江苏省教育厅

共青团江苏省委

二〇一一年七月

2011年度绿色江苏建设

森林资源管理先进县(市、区)

江苏省林业局

二〇一二年一月

中共宝应县委党校

国家行政学院副院长周文彰（左三）在中共扬州市委党校常务副校长林正玉（右三）陪同下到宝应县委党校调研

中共宝应县委党校常务副校长宗辉春向党校学员们宣讲党的重大方针政策和县委工作会议精神

2011年度全县宣传思想文化工作
先进集体
中共宝应县委宣传部
二〇一二年二月

先进党总支部

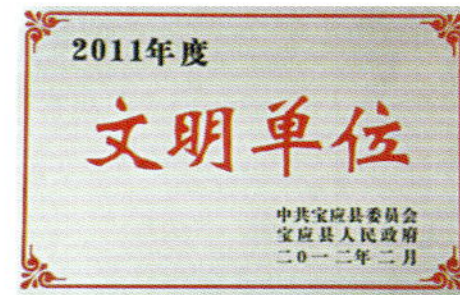

2011年度
文明单位
中共宝应县委员会
宝应县人民政府
二〇一二年二月

校领导到鲁垛镇开展送课下乡活动

2011 年，县委党校在县委、县政府正确领导下，坚持以邓小平理论、“三个代表”重要思想和科学发展观为指导，积极发挥干部教育培训主渠道作用，以提升办学质量，创新干部教育培训工作为重点，着力加强师资队伍建设，大力改善办学条件。围绕党的十七届五中、六中全会及县委第十一次党代会精神，领导干部能力素质提升等专题，组织教师认真备课，深入基层开展“送课下乡”、“送课上门”活动。全年，赴各镇、部门和单位开展专题宣讲 30 多场次，受训人数近 4 000 人次，为全县各级党员干部能力素质提升和学习型党组织建设起到积极推动作用。2011 年度，县委党校荣获县文明单位、部门工作目标考核三等奖、全县宣传思想文化工作先进集体、先进党总支部等多项殊荣。

常务副校长宗辉春（左）慰问特困学生

2011 年青年干部培训班开班仪式

宝应县“两新”组织入党积极分子培训班现场

宝应县 2011 年村（社区）党组织书记培训班现场

宝应县安全生产监督管理局

局长：谢存道

县委书记仲生（前排左二）视察安全生产工作

县长王庭国（右三）带队检查安全生产工作

2011 年，县安全生产监督管理局深入开展“ 安全生产年 ”活动，扎实推进安全生产隐患排查治理、专项整治、标准化建设等重点工作，落实安全生产镇区属地管理责任、部门行业监管责任和企业主体责任。全县发生各类安全生产事故 273 起、比上年增加 58.7%。死亡 46 人、比上年减少 9.8%，其中，工矿商贸企业事故死亡 1 人，重伤 42 人、比上年减少 10.6%。直接经济损失 159.5 万元，比上年增加 74.7%。全年未发生较大以上生产安全事故，安全生产工作连续 4 年荣获扬州市目标管理考核一等奖。

县委常委、副县长王岚峰（前排右二）带队开展春节前安全检查

副县长张利（前排中）带队检查冶金企业安全生产工作

副县长杨洪国（左）在安全检查中对接送学生车辆提要求

扬州市考核组到宝应县考核安全生产工作

宝应县教育局

扬州市委书记谢正义（前排右一）慰问青年教师

局 长:蔡祥云

县委书记仲生（左二）视察教育工作

县长王庭国（右二）调研指导校安工程建设

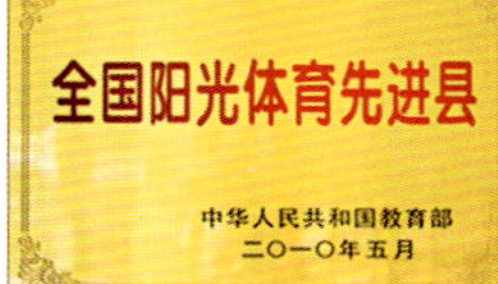

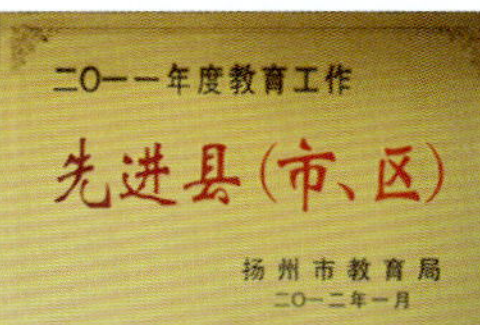

2011 年，宝应县共有中小学教职工 6 719 名，中小学专任教师 6 110 人。全县撤并幼儿办园点 8 个、小学及教学点 7 个；学前三年幼儿入园率 96.2%；小学入学率、巩固率和毕业率 100%；初中入学率 100%、巩固率 99.66 %；三类残疾儿童入学率 97%；普通高中招收新生 5 211 人，中等职业学校招生 1 896 人。全县教育系统围绕“修德、强能、争一流”的队伍建设目标，以干部队伍、青年队伍、骨干队伍、农村队伍建设为重点，以执行教育新政、实施绩效工资为契机，以体制机制完善、教师人本发展、区域师资均衡为突破口，优化结构、强化培训、提高素质、创新机制，学历提升工程完成既定目标任务，宝应县被命名为“市义务教育队伍建设优质均衡样板区”。

省教育厅监察室主任张亚平（前排右二）调研指导宝应县教育现代化创建工作

庆祝第二十七个教师节暨教育现代化迎检动员大会

县领导和优秀教师、优秀教育工作者合影

教育现代化重点工程推进会现场

局长蔡祥云帮扶贫困学生

宝应县环境保护局

局长：徐 峰

2011 年，县环境保护局紧紧围绕“服务经济和生态建设”主线，扎实推进各项环保工作，国家生态县创建工作通过省级考核，圆满完成污染减排年度任务。开辟环评审批“绿色通道”，服务重大项目建设，依法审批建设项目 361 件，否决重污染项目 51 个。深入开展环保专项行动，打击违法排污行为，开展环保专项整治，依法关停企业 3 家、拆除对饮用水源安全构成威胁的隐患 2 处，下达限期整改通知书 95 份，实施行政处罚 4 起，处理环境信访件 381 件。创成县级绿色机关 10 个、绿色宾馆 3 个，市级绿色社区 12 个、绿色学校 21 所，省级绿色学校 6 所、绿色社区 3 个。争取上级补助资金到账 2 267 万元，比去年增长 37.05%。全县环境质量稳中有升，公众对生态环境质量满意率为 90.9%。全县经济、社会与环境呈现协调发展的良好态势。

全县创建国家生态县工作领导小组暨省级考核验收动员会议

宝应县创建国家生态县省级考核通报会

环保局2011年度工作总结表彰大会

省环保厅副厅长赵挺（中）在县委书记仲生（左）的陪同下检查宝应生态县创建工作

扬州市委书记谢正义（前排右二）在县委书记仲生（前排左一）的陪同下视察宝应县绿色村庄创建工作

县领导调研环保工作

县政协领导检查环保工作

中国绿歌会——创建的鼓点

宝应县审计局

局 长:陈金海

扬州市审计局工作调研座谈会在宝应召开

2011 年，县审计局共完成审计项目 56 个，查出违规金额 1 467.4 万元、管理不规范金额 7.81 亿元，上缴财政资金 656.5 万元，为政府和部门节约资金 4 534.3 万元，提出审计意见和建议被采纳 186 条，向县政府等上级部门提交“审计报告”、“审计要情”22 篇，向社会公告审计项目结果 5 个，报送审计信息宣传稿件被上级机关、新闻单位采用或批示 278 篇次。县审计局被省审计厅表彰为“审计通联工作先进单位”，获得 2011 年度县“工作目标综合考核先进单位”、“服务发展先进部门”、“文明单位”等荣誉称号。

承办全市审计信息化工作会议

开展《江苏省审计条例》宣传活动

县政协领导视察审计工作

通过档案工作省“三星”级测评

学习传达市党代会精神

宝应县内部审计协会成立大会

参加全市审计机关纪念建党90周年歌咏比赛

局领导走访挂钩企业开展调研

开展集中冬训活动

县审计局与挂钩联系企业举办联谊活动

宝应县人口和计划生育委员会

党组书记、主任：黄如萍

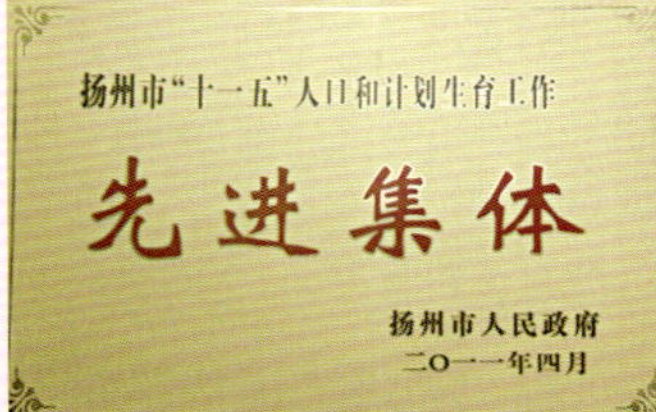

2011 年，全县人口计生工作围绕创建"十二五"省人口协调发展先进县目标，推进人口文化建设、新农村新家庭计划、惠民计生工程。截至年底，全县育龄妇女 242 441 人，已婚育龄妇女 191 804 人，出生 5 006 人，人口出生率 5.48‰，人口自然增长率 0.07‰，出生人口性别比 105.5:100，计划生育率 99.54%，综合避孕措施落实率 99.91%。宝应县被国家人口计生委、计生药具不良反应监测中心表彰为全国避孕药具不良反应监测先进集体；宝应县被江苏省人民政府表彰为江苏省人口协调发展先进县；县人口计生委被扬州市委、市政府表彰为"2009 ~ 2010 年扬州市文明单位"；县人口计生委、县计生协会被扬州市计划生育协会、中国人寿扬州分公司表彰为"计划生育系列保险一等奖"。

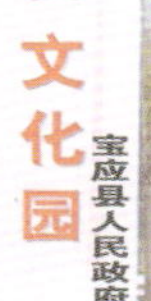

主任黄如萍（左二）和国家计生委领导合影

扬州市委书记谢正义（前排左一）听取宝应县计生工作情况的汇报并和主任黄如萍亲切握手

县人口计生委领导走进政风行风热线解答市民提问

全县人口计生系统纪念建党90周年红歌大赛现场

宝应县建筑工程管理局

局长：吴斌

宝应建筑企业承建的深圳红树西岸1号楼

2011 年，全县建筑业实现总产值 245 亿元，比上年增加 46 亿元，比上年增长 23.11%。建筑施工面积 2 400 万平方米，其中县外双包面积 1 300 万平方米。全县建筑业完成税收 2.8 亿元，比上年增长 140%。全县拥有各类资质企业 85 家，建筑业从业人员 8.1 万人。

寶應物價局

局长：吴志林

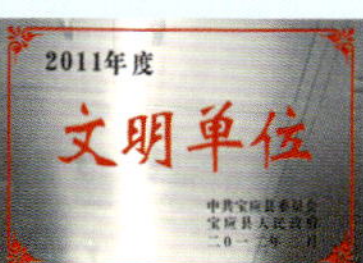

2011 年，县物价部门积极应对价格波动，履行监管职能，优化发展环境，化解价费矛盾，切实维护民生利益。县政府建立县物价局、县农委、县财政局、县商务局、县粮食局等 13 个部门参加的市场价格调控联席会议制度，明确各个部门的职责任务，完善部门协调联动的工作机制，出台“2011 年价格调控目标责任制的实施意见 ”，设立 200 万元的价格调节基金。县物价局强化价格监测工作，坚持市场采价制度，在做好 15 大类 120 个品种定点定期价格监测的基础上，重点对 58 种主副食品、40 种重要工业生产资料、16 种重要农业生产资料市场价格定期进行价格监测，在粮食收购季节对稻谷主产区原粮收购价格进行监测，在市场价格出现波动的情况下实行价格日报制度和 24 小时值班制度。全年共上报监测报表 620 份，各类品种数据 6 050 次。先后开展食盐、日化用品等 10 次市场巡视调查。

局长吴志林（右）走进行风政风热线

12358价格连万家宣传活动

上级领导视察物价工作

全县物价系统创建“群众满意基层站所”述职评议会议

2011年全县涉企收费监测点会议

宝应县人民防空办公室

主任：郁忠浩

2011 年 3 月，按宝应县人民政府机构改革方案，宝应县人民防空办公室原下设综合科、指挥通信科、工程科 3 个科室，调整为综合科（挂“指挥通信科”牌子）、工程管理科（挂“行政服务科”牌子）两科室。2011 年，县人防办与市民防局签订《十二五目标任务书》，修订《宝应县人民防空袭预案》、《重要经济目标防护方案》、《突发性灾害事故应急救援方案》和各种保障计划，重点推进民防工作进社区、人防专业队建设、民防工程标识标注、警报系统建设、民防宣传、经费筹集等工作，被省民防局表彰为“民防工作成绩突出单位”、“人防机关‘准军事化’达标单位”；被扬州市民防局表彰为“民防工作进社区先进单位”。

上级领导视察宝应县人防工作

上级领导到宝应检查指导人防工作

人防专业队伍演练

人防知识进社区

市民防局领导视察宝应人防社区工作

宝应县水务局

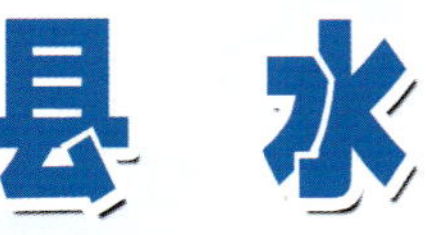

局长：吕立新

京杭运河航道整治宝应二桥绿化景观

2011 年，全县完成各类水利土方 780 万立方米，其中加固圩堤 50 万立方米，配套小沟级以上建筑物 700 座，改造中低产田 666.67 公顷，建设高效农田 666.67 公顷，建设节水示范区 200 公顷。组织实施小型农田水利重点县、区域供水、农村饮水安全、宝射河治理、芦氾河治理、大中型灌区末级渠系工程以及南水北调金宝河整治、大三王河整治、里下河水源调整等工程。完成宝应城区水厂第一期扩建和仙荷污水处理厂第二期工程建设，提升城区水厂供水能力和城市治污能力。组织编制《宝应县县域农村水利建设规划》、《宝应县区域河道治理规划》、《宝应县地涵除险加固工程初步设计报告》等 3 个水利基础设施建设规划。县水务局被表彰为“2009 ~ 2010 年度扬州市文明行业 ”、获全县“ 创新突破特别贡献 ”金牌奖。

先进基层党组织
中共扬州市委
二〇一一年六月

南水北调工程丹江口库区移民试点和干线征迁工作
先进集体
国务院南水北调工程建设委员会办公室
二〇一〇年六月

2011年度全市水利系统
优胜单位
扬州市水利局
二〇一二年二月

2011年度
文明单位
中共宝应县委员会
宝应县人民政府
二〇一二年二月

南京军区某集团军副军长兰政（前排中）视察大汕隔堤

扬州市委副书记赵旻（前排中）在县委书记仲生（前排右）的陪同下视察南水北调里下河水源调整大三王河工程

扬州市水利局领导班子一行到宝应县小官庄镇开展“三下三联三交”、“四有一责”建设活动

县长王庭国（左二）视察水利工程

县政协领导视察城区污水处理厂扩建工程

大中型灌区续建配套与节水改造之永安干渠

宝应县水产局

局 长：徐 进

省长李学勇（前排右二）在省农产品交易会宝应展位视察

江苏省宝应现代渔业产业园区

江苏省农业委员会
江苏省海洋与渔业局
二〇一一年七月

江苏省委第一巡视组组长杭天珑（右五）视察宝应水产工作

2011 年，全县水产业始终坚持以高效渔业规模化发展为主导，大力加强现代渔业基础设施配套改造，扎实推进渔业科技入户工程，着力主攻“宝应湖”品牌经营战略，切实强化水产品质量安全监管，在有效化解渔业生产前期干旱少雨及生产成本上涨等不利因素影响下，全县水产业持续保持又好又快的发展态势。2011 年实现水产品总量 14.7 万吨（养殖产量 13 万吨，捕捞产量 1.7 万吨），其中常规水产品 9.5 万吨、特种水产品 3.5 万吨，完成渔业一、二、三产业产值 38.6 亿元，比上年增加 7.6 亿元。

人工放流水产种苗

江苏水仙实业有限公司

县水产局副局长、总经理：华伯仙

江苏水仙实业有限公司是江苏省农业产业化龙头企业和江苏省农业科技型企业。公司围绕“生态、高效、优质、安全、和谐、稳定、科学发展”十六字方针，制定有机食品操作规程和发展规划，依据有机农业标准，建立有机生产体系，1 566.67公顷通过有机产品基地认证，14个产品通过有机产品认证。公司分别在北京、上海、苏州、南京、广州等大中城市开展“宝应湖”品牌的宣传和推介，多次参加国内外优质农产品交易会、农展会，在全国已开设30家“宝应湖”优质水产品专卖店，2010年“宝应湖”牌水产品及优质农产品市场订单达5亿元，销售各种水产品近6 000吨，“宝应湖”牌大闸蟹、中华鳖分别获得“中国十大名蟹”和“中国名鳖”称号。2011年6月，“宝应湖”商标荣获“中国驰名商标”。公司先后通过了ISO 9001质量管理体系认证、ISO 14001环境管理体系认证和ISO 22000食品安全管理体系认证。2010年公司与浙江山野食品有限公司合资新建淡水水产品加工企业——江苏省山水食品有限公司，形成淡水鱼从养殖到加工完整的产业链。公司连续四年获国家农业部、质监总局等八部委联合表彰的“中国食品安全生产先进单位”。

中国驰名商标
China Well-known Trademark
中华人民共和国
国家工商行政管理总局商标局

荣誉证书
HONORARY CREDENTIAL
江苏省水仙实业有限公司
你公司“宝应湖”牌中华鳖被评为
中国名鳖（冠军）

江苏水仙实业有限公司：
你单位“宝应湖”中华鳖 荣获
第九届中国国际农产品交易会
金 奖
第九届中国国际农产品交易会组委会

省委常委、副省长黄莉新（右一）在第九届全国农交会上参观水仙实业公司宝应湖大闸蟹展位

在江苏省农产品交易会上总经理华伯仙（左一）向省市领导介绍荣获全国金奖的宝应湖大闸蟹

宝应县广播电视总台
宝应县广播电视传媒集团

县委宣传部副部长
广电总台党委书记、台长　吉沫和
广播电视传媒集团董事长

2011年，宝应县广播电视总台依据“频道专业化、栏目风格化”原则，对频道呼号、栏目风格、节目编排、形象宣传等进行科学包装，频道更具影响力，栏目实现品牌化。总台共有自办电视频道2个，电视播出总量11 680小时，年制作节目总量490小时。《宝应新闻》坚持正确导向，突出宣传重点，集中优质采编力量，为县委、县政府重大决策、重要举措“鼓”与“呼”。加强头条新闻策划、加大评论类新闻比重、推行现场报道，在做活会议新闻上下工夫，以系列报道、连续报道促进深度报道。《观察》、《外地吹风》栏目全年分别制作播出20期和50期，深受社会各界好评。《百姓关注》栏目全年制作播出162期，坚持选题策划重点，细化采访方案，不断创新节目形态，走进社区、走进乡村、走进基层，开通“民情大通道”，发挥党和政府与人民群众沟通联系的桥梁作用。新闻专题《荷乡论坛》栏目全年制作播出5期，取得较好宣传效果和社会效果。实现全年安全播出无事故，引进新闻、技术、营销、财务等各类专业人才30多名。

县广播电视传媒集团成立大会现场

宝应县广播电视传媒集团揭牌仪式现场

扬州广播电视局党组书记、扬州广播电视总台党委书记、台长徐丽玲在集团成立庆典上讲话

县委书记仲生在集团成立庆典上讲话

县委宣传部副部长、广电总台党委书记、台长、集团董事长吉沫和在集团成立庆典上致辞

县委书记仲生（左）在数字化电视开通仪式上勉励广电系统干部职工再立新功、再创辉煌

宝应广电总台（集团）工作年会暨传媒集团成立庆祝大会

宝应县广播电视传媒集团成立庆典仪式现场

成功举办“政风行风热线”户外活动

数字化电视演播大厅

宝应县服务业发展局

局 长：董洪章

党组书记：姚绍瑜

2011年，全县实现服务业增加值102.33亿元，比上年增长13.1%，占全县GDP（国内生产总值）比重35.1%；全县服务业继续保持10%以上增长速度，实现服务业税收9.84亿元，占全部税收收入的40%；实现社会消费品零售总额92.68亿元，增长17.1%。华美达五星级酒店、生态新城建设、宝应湖旅游度假区、宝应软件信息产业园、大型农副产品集散中心建设、时代国际商业综合体、扬州乱针绣文化产业园等一批重大服务业项目相继开工建设。2011年，接待游客126.75万人次，比上年增长24%,实现旅游收入11.94亿元，比上年增长25.55%。住宿餐饮业保持良好发展态势，全年完成零售额5.33亿元，比上年增长9%。全县实现社会消费品零售总额92.69亿元，比上年增长17.1%。2011年，全县供销合作总社系统实现农资、日用品连锁销售额12.32亿元；培育市级以上龙头企业和品牌产品各1个；实现农副产品交易额10.06亿元；新建为农服务社6个、改造升级为农服务社12个；新增农民专业合作社示范社7个，其中省级2个、市级2个、县级3个；完成基层社“三位一体”建设2个。县供销合作总社被省供销合作总社表彰为“进步幅度优胜单位”，获得“市‘五五’普法先进单位”称号和全市供销合作社综合业绩考评特等奖与“项目建设（经济效益）先进单位”、“村级便民服务中心（为农服务社）建设先进单位”、“基层社‘三位一体’建设先进单位”等称号。

县委书记仲生在2011中国·宝应荷藕节暨宝应生态旅游推介会上致辞

县长王庭国在2011中国宝应生态旅游推介会上讲话

扬州市供销合作总社副主任徐兆书（左）和县委常委、政法委书记陈金荣（右）一起为宝应县供销合作经济联合会揭牌

省长李学勇视察江苏省农副产品交易会宝应展区

扬州市政协副主席朱正海（右）和江苏省旅游局综合法规处副处长顾斌（左）共同为荷藕节节徽揭幕

2012年4月12日，县委常委、组织部部长王友芳（右）和副县长张利（中）共同为新成立的县服务业发展局揭牌

省农副产品交易会宝应展区

宝应县供销合作经济联合会成立大会暨第一次会员大会

宝应县总工会

县委书记仲生（前排右五）等领导与宝应县荣获全国、省、市劳动模范称号者合影

2011 年，宝应县新建基层工会 105 个，其中联合基层工会 34 个、外资企业工会 9 个。新吸纳会员 1.1 万人，其中农民工 6 600 人，直选企业工会主席 28 人。县总工会抓好基层工会换届改选工作，按期换届率 92%。组织首届“宝应县十大金牌工人”（10 人）和“宝应县能工巧匠”（30 名）评选表彰活动。全年深入推进职工职业技能竞赛活动、“工人先锋号”创建活动、“两争一树”活动、劳模先进选树和管理工作、工资集体协商及和谐劳动关系企业创建工作。

县委书记仲生（右二）向荣获各级劳动模范荣誉称号者颁发荣誉证书

党组书记：姚云成

县委常委、组织部长王友芳（左）向企业困难职工发放慰问金

党组书记姚云成（左）向荣获扬州市五星级基层工会单位颁发奖牌

庆“五一”表彰大会现场

宝应生态新城工程建设劳动竞赛启动仪式

扬州市住房公积金管理中心宝应分中心

主任：卢 海

2011 年，扬州市住房公积金管理中心宝应分中心按照《住房公积金管理条例》规定，以扩大住房公积金制度覆盖面、提高住房公积金归集量、防范个人住房贷款使用风险、提高窗口服务质量为重点，依法推进住房公积金制度建设。2011 年新增住房公积金开户单位 80 个，新增缴存职工 6 289 人，归集住房公积金 2.08 亿元；发放个人住房公积金贷款 1.08 亿元，个贷逾期率一直保持为零；增值收益率 2.46%，提取 201 万元支持县廉租房建设，风险准备金充足率 2.5%。2011 年被评为"十一五"期间宝应县档案工作先进集体、"扬州市工人先锋号"、扬州市住房公积金系统优秀单位。

江苏省建设厅领导视察宝应县住房公积金工作

分中心领导走进政风行风热线解答市民提问

分中心领导在扬州市住房公积金管理工作会议上接受颁奖

扬州市住房公积金系统"经典精读"青年读书沙龙在宝应县举行

举办纪念国务院《住房公积金管理条列》颁布实施十二周年大型广场咨询活动

分中心业务承办银行座谈会

宝应县气象局

局 长：顾 晶

县委书记仲生（左）到县气象局看望慰问奋战在防汛防旱和防台工作最前沿的气象职工

2011 年，县气象局共发布专题服务材料 89 期，其中重要天气报告 43 期，决策气象专报 22 期，农气专题服务材料 24 期，手机短信服务 1.5 万次，提前预警信息和温馨提示 60 次，节假日专题服务 6 次。全年测报总错比为 0.1‰，报表出站错情为 0 条，仪器工作正常，测报综合评定为甲等，有人自动站资料上传到报率为 99.1%，加密自动站资料上传到报率为 98.3%。晴雨预报准确率为 90.3%，常规气象资料上传及时率为 98.7%，各项业务考核指标均超过省市气象局下达的目标。在高考、麦收、“烟花三月”商机说明会、2011 中国 · 宝应荷藕节等重要活动期间，组织提供专题跟踪气象服务。

县领导视察气象工作

县长王庭国等（左一）视察气象工作

副县长杨步云（右二）视察气象工作

局长顾晶（右三）赴兴化市气象局参观学习

局长顾晶（左）慰问广洋湖镇白鼠村尿毒症家庭

县气象局组织党员干部参观反腐倡廉图片展

编　辑　说　明

一、2012 年版《宝应年鉴》是由中共宝应县委、宝应县人民政府主办，宝应县年鉴编纂委员会编纂，宝应县档案局年鉴编辑部具体编辑的地方综合年鉴，为大 16 开精装本。

二、本版年鉴较为全面翔实地记述宝应县 2011 年各行各业的新情况、新成就及大事、要事、新事、特事。为强化资料性、地方性、实用性，本版年鉴在 2011 年版《宝应年鉴》基础上增设《2011 中国·宝应荷藕节》篇和《科学技术协会》、《哲学社会科学界联合会》、《慈善会》、《市政公用事业》、《城市绿化》、《镇村建设》、《城市水务》、《环境整治》、《生态环境优化》、《院士风采》、《劳动模范名录》、《旅游景点》、《统计资料》等分目。

三、本版年鉴采用分类编辑法，设篇目、分目、条目 3 个层次。全书共有 37 个篇目、223 个分目、1225 个条目及 102 幅表格。设有彩页 135 页，其中地图 2 幅、宝应概貌 2 页、创新宝应 4 页、开放宝应 4 页、生态宝应 4 页、幸福宝应 4 页、宝地风采 115 页，文中配发照片 161 幅。

四、本版年鉴中统计数据凡县统计局有统计的，均以其公布的数据为准；县统计局不作统计的，以各专业部门提供的为准；县委、人大、政府、政协工作报告的内容、数据均保持原貌；对难以统一认定但不可缺的重要数据，采用多说并存方法，并注明数据来源。

五、本版年鉴稿件资料由全县各镇、区、部门单位提供，单位负责人审定，按《宝应年鉴》编辑部人员分工对所有稿件进行反复修改与编辑加工，并经县年鉴编纂委员会和县保密局、统计局审定，条目后写明撰稿人姓名。

六、本版年鉴检索系统有：卷首中英文总目和详细目录，卷末汉语拼音排列主题分析索引，书眉排有篇目标题。本版年鉴所有信息资料皆可由目录、索引、书眉系统获得，以供读者查阅。

七、本版年鉴所有记数与计量均使用阿拉伯数字，有小数的一般保留两位小数。为节省文字，组织机构名称第一次使用全称外，一般使用简称。

八、《宝应年鉴》系集体创作成果。本版年鉴的编辑出版得到全县各级领导、各部门、镇、区和广大撰稿人员的热情支持，对此深表谢意。同时，恳祈海内外各界人士提出宝贵意见，以便把《宝应年鉴》办得更好。

特　载

大　事　记

概　貌

2011 中国·宝应荷藕节

中国共产党宝应县委员会

宝应县人大常委会

宝应县人民政府

政协宝应县委员会

中共宝应县纪律检查委员会

社会团体

政　　法

地方军事

城镇建设与管理

环境保护与生态建设

交通·邮政·供电

信息化建设

开放型经济

农　林·水　利

水 产 业

工 业

建筑业·房产业

商贸服务业

金　　融

财　政·税　务

经济综合管理

科学技术

教 育

文 化·体 育

卫　生

社会生活

各镇经济与社会发展

人　　物

非物质文化遗产

调查研究

重要文献

附　　录

索　　引

Special Recordation

Calendar of Events

General Situation

2011 Bao Ying Lotus Festival China

Bao Ying County Committee of CPC

Bao Ying County Standing Committee of People's Congress

The People's Government of Bao Ying County

Bao Ying County Committee of Political Consultative Conference

CPC Discipline Inspection Committee of Bao Ying County

Social Association

Politics and Laws

Military Affairs

Urban Construction and Management

Environmental Protection and Ecological Construction

Transportation & Post & Power Supply

Information Industry

Open Economy

Agriculture and Forestry & Water Conservancy

Water Industry

Industry

Construction. Housing

Commerce Services

Finance

Finance and Taxation

Economic Management and Supervision

Science Technology

Education

Culture & Sports

Health Care

People's Livelihood

Rural Economy and Social Development

Figures

The Intangible Cultural Heritage

Investigation and Research

Important Documents

Appendix

Index

领导视察

■纪宝成应邀考察宝应湖国家湿地公园　4月3日，中国人民大学校长纪宝成一行应邀到宝应湖国家湿地公园考察。初春的生态园，绿意盎然；泛舟宝应湖，波光粼粼，湖底水草清澈可见。纪宝成说："宝应湖，扬州的'一盆清水'。在各地环境污染比较严重这一背景下，宝应能够保持这么一份清水，应当感谢宝应人民。当前生态文明、生态建设已成为贯彻落实科学发展观一个极其重要的方面。在经济高速发展的过程中，这个问题曾经遭到一定忽视，现在各级党委、政府都高度重视生态文明建设，这也是广大人民的迫切愿望"。纪宝成祝愿宝应县在生态文明建设方面迈出更加坚实的步伐，把宝应建设得更加美好，让人民生活更加殷实。县委书记、县人大常委会主任仲生，县委副书记周玉宝，副县长陈石等陪同考察。

■兰政一行到宝应县勘察防汛工作　6月18日，南京军区某集团军副军长、少将兰政一行到宝应县勘察防汛工作。在宝应县大汕子隔堤，兰政听取有关防汛工作情况汇报后说："按照中央军委和南京军区首长指示，集团军已经做好防汛抗灾各项准备工作，只要有需求，部队将立马赶到，来之能战，战之能胜，与地方一起，做好防汛抗灾的各项预案，确保安全度汛，确保人民群众生命财产安全。"市委常委、扬州军分区政委王松林，市防汛防旱指挥部副指挥、市水利局局长李春国、县委书记仲生等陪同。

■石泰峰到宝应县视察基层党建工作　8月6

南京军区某集团军副军长兰政(前中)视察大汕子隔堤

日，省委常委、组织部部长石泰峰率省委组织部有关方面负责人到宝应县视察基层党建工作。石泰峰一行先后到宝胜集团、山阳镇春光村、氾水镇庆丰农机合作社，实地察看和了解基层党建创新工程开展情况。视察结束后，石泰峰参加全县基层党组织工作情况汇报会。在听取情况汇报后，石泰峰说，“在宝应看了企业、村和合作社，听了宝应县基层党建工作的情况汇报，感到很有启发、深受鼓舞，宝应的基层党建工作不仅抓得实，而且有创新。省委提出‘八大工程’，其中核心工程、关键工程就是党建保障工程，这是抓好各项工作的重要抓手。党建创新工程重点在基层、难点在基层，最大的创新空间也在基层。只有把基层党建创新工程抓好了，才能把基层基础工作打牢。农村社会、经济结构发生了很大变化，要积极适应这一新情况、新挑战，不断加快基层党建工作创新步伐，加强组织设置创新、工作机制创新和服务功能创新，做到新经济组织发展到哪里，党组织建到哪里。”他要求宝应县委要认真研究基层党建工作面临的新情况、新问题、新挑战，继续探索基层党建创新工程的新路子，创造好经验、创出好品牌。扬州市委副书记、市长谢正义，市委常委、组织部部长丁纯，宝应县委书记仲生，县长王庭国等陪同。

■徐安到宝应县视察检察工作 10月12日，江苏省检察院党组书记、检察长徐安到宝应县视察检察工作。徐安一行先后视察县开发区检察工作站、检察院侦查指挥中心等现场，并与宝应县部分省市人大代表、政协委员座谈，听取他们对检察工作的意见和建议。徐安对宝应县检察工作给予肯定，要求宝应县检察工作紧紧围绕全县发展大局，开拓进取、创先争优，在省市检察系统争先进位，不断开创科学发展新局面。市人大常委会副主任、市委政法委书记陈卫庆，市检察院检察长闵正兵、宝应县委书记仲生等陪同。

■戴陆伟一行到宝应县检查人武工作 11月28日，省军区副司令员戴陆伟率检查组一行5人，到宝应县人武部检查工作。戴陆伟等在县人武部党委会议室先后听取县委书记仲生关于宝应经济社会发展情况汇报和县人武部党委关于年度工作情况汇报。同时，工作组两名成员到县民兵武器装备仓库检查安全管理情况。

■罗一民到宝应县视察城建工作 12月24日，省政协副主席、省委统战部部长罗一民一行到宝应县视察城建工作，先后视察宝胜集团、纵棹园、城南生态新城、邻里一号中心等现场。市政协副主席、市委统战部部长杨明荣，县委副书记、县长王庭国，县政协主席秦有芳等陪同。 （鉴　文）

重大事项

■工业总产值跨上千亿元级台阶 2011年，宝应县实现工业总产值1 076.31亿元，比上年增长34.1%。年末规模以上企业（年主营业务收入2 000万元及以上）总数281家，规模以上工业完成总产值571.06亿元，比上年增长34.2%。规模以上高新技术产业完成产值298.79亿元，占规模工业产值的52.3%。工业总产值首次跨上千亿级台阶，是全县经济发展向新型工业化迈进的一个重要节点。全县实现地区生产总值291.53亿元，按可比价格计算，比上年增长12.0%。其中，第一产业增加值49.75亿元，增长4.5%；第二产业增加值139.45亿元，增长14.1%；第三产业增加值102.33亿元，增长13.1%。全县人均地区生产总值为38 757元（按常住人口计算），比上年增加7 833元。三次产业增加值比例由上年的17.8∶48.0∶34.2，调整为17.1∶47.8∶35.1。

■中国共产党宝应县第十一次代表大会 6月10日下午，中国共产党宝应县第十一次代表大会在县行政会议中心开幕，仲生代表中国共产党宝应县第十届委员会向大会作题为《赶超创新、富民强县，为全面建成更高水平小康社会而努力奋斗》报告。会议历时3天，6月12日下午在县行政中心胜利闭幕。会议选举产生新一届县委委员、候补委员、纪委委员和出席市党代会代表，选举仲生、王庭国、周玉宝、陈金荣、侯承海、王友芳、朱宋华、翟士高、伏开新、顾长荣、王岚峰为中国共产党宝应县第十一届委员会常务委员会委员，仲生当选为书记，王庭国、周玉宝当选为副书记。通过中国共产党宝应县纪律检查委员会第一次全体会议选举结果的报告。朱宋华当选中共宝应县纪律检查委员会书记，陈卫荣、吴斌当选副书记。会议通过中国共产党宝应县第十届委员会工作报告和纪律检查委员会工作报告的决议。

■“宝应湖”商标被认定为“中国驰名商标” 6月，“宝应湖”商标被国家工商行政管理总局认定为“中国驰名商标”，这是扬州市首获“中国驰名商标”称号的农产品。8月17日，“宝应湖”获“中国驰名商标”庆功会在宝应县行政中心举行。会上，县委副书记、县长王庭国宣读县政府对县水产局、扬州市宝应工商行政管理局的嘉奖令，并向江苏水仙实业有限公司颁发奖金。市工商局负责人宣读国家工商总局的批文并向水仙实业公司授牌。扬州市副市长纪春明，县委书记、县人大常委会主任仲生，省海洋与渔业局渔业处处长费志良等出席会议。“宝应湖”品牌涵盖宝应县17大类136个品种水产品。“宝应湖”牌中华绒螯蟹、中华鳖先后被认定为“无公害农产品”、“有机产品”、“江苏省名牌产品”、“江苏省名牌农产品”，并多次在全国名蟹、名鳖大赛中获奖，为“宝应湖”商标成功申报“中国驰名商标”提供坚实保证。

“宝应湖”商标被认定为中国驰名商标

■建立射阳湖国家级水产种质资源保护区 7月份，根据农业部第1491号公告，批准宝应县建立“射阳湖国家级水产种质资源保护区”。保护区位于射阳湖镇境内的射阳湖荡区，以保护黄颡鱼、塘鳢、黄鳝、青虾、泥鳅、乌鳢等地方特色品种的种质资源为目的，有针对性地开展相关品种生物学、生态学、资源量、可捕量的调查研究，为地方特色水产品种的不同保护区域的保护力度与捕获量提供科学依据，实现渔业可持续发展总体目标。保护区规划面积666.7公顷，其中核心区面积100公顷、实验区面积566.7公顷。

■成功创建国家有机产品认证示范县 9月19日，由江西省出入境检疫局认证监管处处长兰祥光带队的国家认证认可监督管理委员会现场评审组对宝应县创建国家有机产品认证示范县工作进行为期5天的现场审查和资料查阅。11月，国家认证认可监督管理委员会批准11个县市为全国首批国家有机产品认证示范创建县，宝应县名列其中，是江苏省唯一获此称号的县市。“十一五”期间，宝应县按照“农业生产有机化、有机食品产业化”的发展思路，不断放大生态优势，积极打造特色产业。截至2011年，全县已建成有机农业园区15个、有机生产基地62个；有机食品基地7 200公顷，其中转换基地3 300公顷，实现有机稻米、有机水产、有机畜禽、有机果蔬产品系列化、专业化生产，拥有有机食品品牌35个，初步形成有机食品生产、加工、检测、集散和观光五大中心。

■创建国家生态县通过省考核验收 9月22～23日，江苏省环境保护厅副厅长赵挺率考核组对宝应县创建国家生态县工作进行考核验收。在创建工作汇报会上，县委书记、县人大常委会主任仲生首先代表县委、县政府向省考核组领导和专家致辞，县委副书记、县长王庭国汇报全县创建工作情况。同时，与会人员观看宝应县创建工作专题片和技术资料片。汇报会结束后，考核组成员在县领导陪同下分5组考察全县各镇(区)创建现场。宝应县在大力推进经济发展的同时，坚持以建设资源节约型、环境友好型社会为目标，以生态县建设统领社会、经济、文化和环境等各方面发展，大力实施生态县战略，2009～2011年累计投入20多亿元，推进污染防治、生态保护、环境监测和环境基础设施建设，有力促进全县经济社会与环境保护的全面协调发展。经考核，省考核组认为宝应县生态县建设各项指标已基本达到国家生态县考核要求。

■江苏宝应软件信息产业园开园 9月28日，江苏宝应软件信息产业园开园，宝应软件信息大厦奠基暨宝应光星电子有限公司和扬州懒洋洋科技有限公司竣工投产综合庆典仪式在生态新城举行。县委书记、县人大常委会主任仲生，县委副书记、县长王庭国，县政协主席秦有芳，县委副书记周玉宝和扬州纵横国际商务发展有限公司董事长蔡履健共同启动宝应软件信息产业园开园水晶球。江苏宝应软件信息产业园规划面积5平方千米，先期启动20公顷核心区，由扬州纵横国际商务发展有限公司投资，计划投资12亿元，建筑面积21万平方米。截至2011年9月，园区内已有韩国光星电子、扬州懒洋洋呼叫中心等项目相继落户发展。

■宝胜集团组建高压电力电缆国家地方联合工程研究中心 11月16日，国家发展和改革委员会批复，同意以宝胜集团为依托单位组建高压电力电缆国家地方联合工程研究中心，并在全国高新技术成果展示与交易会(深圳高交会)开幕式上举行授牌仪式。这是全国电线电缆行业获批的唯一一家国家工程研究中心。

■仁恒实业控股有限公司在香港上市 11月18日，仁恒实业以配售股份方式在香港创业板上市(股份代码：8012)，成为扬州市第11家上市企业、第3家境外上市企业。县委书记、县人大常委会主任仲生、仁恒置地集团有限公司主席兼总裁钟声坚、仁恒实业控股有限公司主席魏胜鹏等出席在香港香格里拉大酒店举办的上市庆祝晚会。宝应仁恒实业是集科研、设计、制造、技术服务等于一体的高新技术企业，公司主要为烟草、食品、麦芽、啤酒、制药、电力等行业提供机电一体化设备，是全国36家烟草机械专卖行业公司之一。

■宝应县城获“全国文明镇”称号 12月20日，在北京举行的全国精神文明建设表彰大会上，宝应县城获得“全国文明镇”称号。宝应县始终把精神文明建设作为促进“三个文明”建设的基础工程，认真学习宣传贯彻《公民道德建设实施纲要》，利用“市民大学堂”、“市民学校”广泛开展文明创建标准、文明礼仪、“十要十不”市民公约、环境保护等知识的学习、培训、宣传；成立社区交通维护志愿者服务队、阳光照志愿者服务队、社区阳光党员义工服务队等，积极开展清洁家园、交通维护、扶贫帮困等志愿服务活动；开展“十佳道德模范”、“十星级文明户”、“十佳文明市民”、“十佳社区党员志愿者”、“好婆媳”等评选活动；组织文艺爱好者开展春节踩街、送对联、民间文艺及“和谐社区大家乐”演出活动；成立太极拳指导站、老年戏剧票友队、艺术舞蹈队、歌咏队、安宜书画院等群众业余文艺团体，有效推动文明创建活动不断深入开展。 (鉴　文)

工　作　报　告

赶超争先 创新转型
加快向更高水平小康社会迈进

——在中共宝应县委十一届三次全体(扩大)会议上的报告

仲　生

(2011年12月30日)

县委书记　仲生

同志们：

这次县委全体(扩大)会议的主要任务是，认真贯彻落实党的十七届六中全会、中央和全省经济工作会议以及省、市党代会和市委六届二次全会精神，回顾总结今年工作，按照县党代会总体部署，认真分析当前形势，明确明年各项任务，动员全县上下以科学发展观为统领，解放思想，坚定信心，赶超争先，创新转型，为加快建设更高水平小康社会而努力奋斗。

一、今年工作的回顾

今年以来，在宏观环境紧缩、要素制约突出

的形势下，全县上下按照中央和省、市委的要求，着眼长远发展，主动应对挑战，紧紧围绕“四个突破”目标，主攻重点，狠抓难点，各项工作都取得了新的成绩，实现了“十二五”良好开局。主体指标完成较好。预计全年完成地区生产总值291.53亿元、增长12%；财政收入40.22亿元、增长31.4%，一般预算收入20.58亿元、增长31.3%；全部工业产值过千亿，开票销售395亿元、增长39.5%；全社会固定资产投资166亿元；实际利用外资1.73亿美元；城镇居民人均可支配收入增长12.4%，农民人均纯收入有望突破万元。项目建设明显突破。全县在建5亿元或5 000万美元以上工业项目13个，其中20亿元以上项目1个、10亿元以上项目7个。获批迅达产业园、康源纺织、昌辰化纤3个点供项目。“双亿”工程继续推进，新增了一批亿元企业、亿元项目。宝胜科创实现增发再融资，仁恒实业在香港创业板成功上市。开发区基础设施建设不断加快，科技服务中心进展顺利，综合实力逐步提高。全年争取国资7亿元；银行新增贷款规模过40亿元。创新发展开始破题。输变电装备科技城、新城信息软件产业园两大创新平台启动建设。创办了天马工业设计中心、天地软件产业园、懒洋洋呼叫中心等信息软件、服务外包项目。新增国家高新技术企业9家。宝胜集团获批国家工程中心，继续保持良好发展势头。人才引进取得明显进展。全年引进高层次人才33名，其中7人获批省“双创”计划，11人获批市“绿扬金凤”计划，均名列全市前茅。服务业发展有新提升。文峰大世界投入运营，华美达五星级酒店、亚细亚中央商城、时代国际商业综合体等一批重点项目加快建设。新创房屋总承包一级资质建筑企业1家。新城建设扎实推进。先导区建设全面启动，1 000多户动迁任务基本完成，宝射路、农民集中安置区等重点工程加快实施，一号邻里中心主体即将封顶。主城区改造有序推进，城市和集镇管理水平不断提升。“三农”工作取得新进展。粮食生产再夺丰收，被国务院授予“全国粮食生产先进单位”。宝应县被命名为国家有机食品认证示范县，宝应湖有机农业开发区成为国家农业产业化示范基地，宝应湖湿地公园被命名为国家级湿地公园，“宝应湖”牌创成中国驰名商标，新创省级农业产业化龙头企业2家，各项惠农政策得到落实，新农村建设扎实推进。民生建设力度加大。成功创成全国文明县城，国家卫生县城、省文明城市通过复检，国家生态县创建顺利通过省级验收，全面小康创建任务有望完成。区域供水两年任务一年基本完成。污水处理厂二期、运东垃圾填埋场即将建成投运。安大路实现全线通车，氾水运河大桥启动建设。社会事业全面发展，开发区国际学校投入使用，高考本一、本二达线率和总人数均列全市第一。跻身全国科普示范县、省人口协调发展先进县行列。社会管理及创新不断深化，有效化解和妥善处理涉及社会稳定的突出难题，全县大局保持和谐稳定。党的建设全面加强。县镇党委换届圆满完成，县镇人大换届工作有序展开。年轻干部培养选拔力度加大，村级组织“四有一责”建设全面推进。党风廉政建设进一步加强。能力作风建设以及“点述点评”等系列活动扎实开展，严管干部工作不断深入。督查考核和重点工作推进机制继续强化。坚持紧贴中心、服务大局，人大、政协工作进一步强化。人武、统战、群团等工作取得新成绩。全县各方面工作都有了新进步。

在今年十分复杂的国内外背景下，能够取得这些成绩，确实来之不易。一年来，在省、市委的领导下，全县上下大力弘扬新时期宝应精神，始终保持奋发有为、勇于争先的精神状态，想大事、干大事、成大事；保持主动加压、负重奋进的昂扬斗志，不畏难、不退缩、不让步；保持求实、务实、落实的优良作风，抓重点、抓推进、抓突破；保持和衷共济、团结干事的良好氛围，顾大局、识大体、讲和谐。这一年，全县人民干得很辛苦，干得很充实，也干得很有激情，很有信心。在此，我代表县委，向全县广大干部群众，向所有企业家、投资者，向离退休老领导、老前辈，向关心支持参与宝应发展的社会各界人士，表示崇高的敬意和衷心的感谢！

在回顾总结的同时，我们更要保持清醒头脑，看到自身的不足，进一步增强危机感、紧迫感、使命感，充分认识到我们的工作与上级的要求相比、与周边县市的发展相比、与人民群众的期盼相比，还有明显差距。突出表现在：重大项目新的信息源还不够多，尤其是支撑带动作用明显的大项目储备不够，实力强、影响大的大公司落户不多；工业产业集聚度不够高，企业规模普遍不够大，装备实力、创新能力不够强；第三产业发展不够快，新的业态培育不够，创新型经济较为薄弱；面对各种要素制约，解决的办法和路径还不够多、不够有效；民生工作还有许多不足，尤其是财力增长与民生保障的要求不相适应，城乡居民收入增长的压力比较大；维护社会稳定面临许多新的挑战和压力，创新社会管理需要进一步加强；城镇化步伐还不够快，中心城区和集镇建设管理水平还需要进一步提高；严管干部需要进一步巩固、深化，有的干部在以身作则、不怕疲劳、持之以恒、苦干实干、以更高标准抓工作方面还做得不够。这些问题，责任主要在县委。我们必须高度重视，在今后工作中着力加以解决。

二、明年工作的主要任务

明年是党的十八大召开之年，是宝应建设更高水平小康社会、为基本实现现代化打牢基础的起步之年，也是实现“三年跨越”的决胜之年。科学研判当前经济形势，是我们做好新一年工作的前提。最近召开的中央、全省经济工作会议和市委全会，对当前经济形势进行了全面分析、作出了科学判断，对明年工作提出了稳中求进、又好又快的总基调，为我们进一步指明了方向，我们必须把思想和行动坚决统一到中央和省、市委的要求上来。

从目前来看，明年国内外经济环境将更为严峻，不确定性不稳定性上升，突出表现为三个“压力加大”。一是世界经济下行风险压力加大。国际金融危机深层次影响继续显现，欧美等主要经济体增速下滑，国际市场陷入低迷，世界经济复苏的过程艰难曲折、充满变数。二是保持经济平稳较快增长的压力加大。外需明显减弱、国内投资放缓、消费增长难度加大，资源要素价格上涨呈长期化趋势，部分企业生产经营困难。三是在转型中促发展的压力加大。土地供应趋紧，原材料、劳动力、融资等成本持续上升，特别是小微企业融资难问题比较突出。讲宏观形势，讲要素制约，不是要给自己找理由、留退路，更不能被困难吓倒，举步不前，而是要在不利环境下寻求有利因素，在分析比较中看到自身优势，在应对挑战中做好足够准备，在被动中争取更多主动。

我们要充分看到，世界经济虽然处在不确定时期，但危机到了一定时候也会逐步回升，低谷总会过去，曙光总会出现。要看到国内经济发展的重要战略机遇期没有改变，特别是随着党的十八大召开，将给经济发展带来新的重大机遇。要看到一个地区经济发展具有一定的周期性，总有那么几个阶段会发展得快一些，这几年我们一直坚持抓项目、抓投入，为经济快速发展积蓄了一定的能量，再加上我们的经济结构是以实体经济为主，总体上看，宝应目前正处在加快发展的周期上。更重要的是宝应人民勤劳、智慧、实干，尤其是全县上下当前有一股不服输、不畏难、争一流的干劲和士气，有一种热爱家乡、振兴宝应的饱满激情和强烈责任，这是最难能可贵的，也是我们应对挑战、克服困难最重要的保证。

目前宝应经济总量还不大，仍处在奋力追赶时期，发展不充分仍然是我们面临的最大困难和问题。我们要辩证看形势，正确看自己，坚定信心不动摇，坚持和谐不折腾，坚决赶超不停顿，把稳中求进、“进”字当先，好中求快、“快”字当头作为新一年工作的总基调。

明年全县工作总的指导思想是：以党的十七届六中全会和中央、全省经济工作会议以及市委全会精神为指导，认真落实科学发展观，牢牢把握“赶超争先、富民强县”主题和“主攻重大项目、推动转型发展”主线，深入实施“四化”战略，切实加强党的建设、精神文明建设，注重社会管理创新，推进民生社会建设，努力开创建设更高水平小康社会新局面。

明年工作总的要求是：坚持“四个提升”。一是创新转型有新提升。创新造就机遇，创新决定未来。一方面做大总量，一方面加快创新，既要比增长，更要比创新，以创新促进调整，以创新破解难题，以创新赢得发展。二是项目建设有新提升。项目是发展之基、税源之基、民生之基。项目建设不可能一蹴而就，必须持之以恒、一以贯之抓下去。要举全县之力，走招引之路，辟项目之源，实现项目建设新突破。三是税源经济有新提升。惠民生、办实事，必须要有足够的财力支撑，发展税源经济实际上就是服务保障民生。要围绕税源引项目、培产业，把壮大税源经济作为组织经济工作的主抓手，作为政府、企业和社会各方面的共同追求。四是新城建设有新提升。新城是全县城市建设的主战场、产业发展的新载体、城乡统筹的“火车头”。要进一步集聚要素资源，推进新城建设，以新城建设带动城乡统筹发展、带动新兴产业崛起、带动城市能级提升，加快打造中心节点城市。“四个提升”是“四个明显”、“四个突破”的延续和传承，彼此相互联系、一脉相承，都是全县92万人民智慧的结晶，都是为了共包共保“赶超发展、富民强县”这一大目标。我们就是要这样一个目标干下去，一个路子走下去，锲而不舍，必有所成。

明年经济工作总的目标是：地区生产总值增长12.5%，财政总收入、一般预算收入增长25%，工业开票销售增长28%，全社会固定资产投资增长25%，实际利用外资增长15%，城镇居民人均可支配收入、农民人均纯收入分别增长14%、15%。这个目标是县委、县政府充分调研，认真听取各方意见，反复权衡后慎重决定的。与近几年较高的发展增幅相比不算高，这主要是考虑到宏观环境等因素的影响，也为调结构、转方式留出空间，有利于把工作重点放到经济转型升级上来。与全市平均增幅，与区域内其他地方相比，这个目标不算低，体现了“高于全市平均水平、高于周边”的赶超要求，这主要是考虑到与建设更高水平小康社会和“十二五”规划相衔接，考虑到我县的经济总量偏小，不保持一定的增幅，就难以支撑发展，甚至难以保“吃饭”。确定这样的目标，绝不意味着自我要求的降低、压力传递的减小，而是为了引导大家更加注重实实在在的增长。这个目标是指导性目标、是保底目标，下达各镇的要高于这个目标，大家还是要能高则高、能快则快、能超则超。

明年工作的主要举措是：

（一）坚持扩大开放，主攻重大项目，加快新型工业化进程

只有开放，宝应产业才能凸显；只有开放，宝应经济才能跨越。必须进一步集聚资源要素，加大招引力度，用开放来带动项目建设，带动新型工业化。

全力招引重大项目。重大项目是宝应赶超发展的“定海神针”，也是制约宝应未来发展的“软肋”。重大项目有新的更大突破之日，就是宝应更好更快发展之时。全县上下务必高度重视，将明年继续作为“重大项目突破年”，举全县之力推进。主攻重大项目的决心要更大。这两年全县重大项目从无到有表明，只要有目标，一切皆有可能；只要去奋斗，一切都能成为现实。重大项目的突破，关键要有决心、不畏难，有恒心、不松劲。不管有多大困难，主攻大项目不能有丝毫动摇！项目建设氛围要更浓。县领导要做项目建设的领头者，乡镇书记、部门局长要当项目的推进者，领导力量进一步向项目建设集聚，掀起项目建设新热潮。目标定位要更高。继续坚持高点定位、传递压力，把重大项目招引作为全县工作的重中之重来抓，确保全年招引、实施1个30亿元以上和5个10亿元以上的项目。开发区、安宜镇、宝胜集团各要主攻一个10亿元项目，并全力争取20亿元乃至30亿元以上的重特大项目。开发区与宝胜集团共建50亿元项目必须尽快启动，确保明年有实质性进展。各镇要集中精力主攻亿元项目，设法争取5亿元、10亿元项目。各相关经济综合部门也要着力招引、全力服务重大项目。招商成效要更实。转变招商思路，变引项目、办公司为引公司、做项目。加强产业策划研究，紧盯大企业、大集团，开展定向招商、产业招商、以企引商，多争取重大项目信息储备。突出强调重大项目建设，主要是因为重大项目的极端重要，但绝不意味着放弃中小项目。对那些有税源、有一定科技含量、有较好成长性、有利于产业聚集、实实在在的中小项目，我们都要全力争取，多多益善，通过与企业技术改造结合，通过盘活存量土地，通过建标准厂房等方式解决落地问题。一句话，只要是有价值的好项目，总有落地的好办法。当前，尤其要坚决防止和克服“大项目找不到，小项目又落不了地”的消极懒惰、无所作为的思想。项目推进要更快。围绕项目签约、开工、竣工等节点，排定序时，倒逼推进。特别是对目前在建的重大项目，进一步完善挂钩联系、联席会办、评估督察等制度，加快项目投产达效。明年将组织单月过堂、双月看现场，加大项目推进力度。

全力推动产业集聚。重点围绕“一主两特一新”产业，做规划、做项目、做平台、做园区，推动产业集约、集聚、集群发展。要分层分类，进一步优化工业布局，中心城区发挥产业主板块作用，着力打造主导产业、新兴产业园区，促进周边镇区融入发展；重点中心镇要立足现有基础，延伸拓展产业链，加快打造专业园区；其他镇要按照“一镇一特”建设特色园区。开发区、安宜镇、宝胜集团这三大板块要做大做强主导产业，同时要把新城打造成新兴产业区，形成“3＋1”的产业重点板块。今后凡是“一主两特一新”产业项目都要按照布局规划，落户相应园区。进一步强化区镇共建、镇镇共建、区企共建，明年对各镇要明确共建任务，提高共建实效，充分发挥“3＋1”主平台的作用，使之成为全县经济发展的“主引擎”。各镇要卧薪尝胆，矢志不渝，尤其要把调整结构、转型升级，把盘活存量土地、建设标准厂房，与培育产业特色、加快产业集聚相结合，着力打造产业集聚区，形成鲜明的产业特色。

全力加快企业培育。做大做强现有企业，是加快工业发展最直接、最现实、最有效的途径。生产要素越紧张，培育好、服务好现有企业越重要。要围绕“小微企业进规模、规模企业过亿元、亿元企业上台阶”，加大企业梯度培育力度，继续实施税源经济“亿千百”工程，挂钩领导和部门要“沉”到企业进行面对面地帮扶指导服务，实行一企一策，激励企业“跳起来摘桃子”，突破发展“天花板”。明年力争实现“3 个 2”目标，即：新增开票销售过亿元企业 20 家、5～10 亿元企业 2 家、10 亿元以上企业 2 家。宝胜集团 1～2 年要冲刺 300 亿元，迅达要冲刺 100 亿元，再有几家达到 30 亿元的规模。要坚持“靠大靠强、借大借强、引大引强、做大做强”，推动企业技术改造、合资合作、战略重组、品牌争创，实现发展“撑杆跳”。继续开展“十大杰出企业家”评选活动，既看开票，更看税收；既比规模扩张，更比科技创新、上市合作。亿元企业培育要围绕税收与销售同步，实打实地开展，以税源为导向，激励企业做实做强做优。要推动建筑企业开拓市场，拓展领域，提升资质，加快发展步伐。

全力破解要素制约。土地方面，要坚持争取点供、盘活存量、土地置换、现有厂房升级改造多着并举，特别是要下决心打好盘活土地存量攻坚战，对未达到投资强度的企业要限期追加投资，对低效企业要加快转型升级和“腾笼换鸟”，对关停企业、闲置厂房要依法收回土地，确保全年获批 1 个、力争 2 个点供项目，盘活土地存量 100 公顷以上。同时，对项目用地明确产出、税收等刚性要求，推动依法、节约、集约用地。资金方面，深入实施“上市助推、金融助推”工程，推动金融部门和地方经济融合发展、开放发展，确保全年新增信贷投入 35 亿元以上，1 家企业启动上市程序。用工方面，要充分发挥劳务基地作用，有计划地开展“订单、定向”培训，并全力争取在外务工人员回乡就业，保障各类企业用工需求。春节前后，各镇和相关部门要抓住有利时机，充分宣传发动，拿出服务企业用工的具体措施。各企业也要舍得花钱，提高工资标准，吸引外出人员留乡就业。

（二）加强人才建设，实施创新驱动，促进经济转型发展

创新是宝应赶超发展的主要动力，必须作为明年全县工作的一条主线，坚持以人才为根本、产业为基础、企业为主体，集聚各类创新要素，推进“创新宝应”建设。

加快构筑创新人才高地。大力宣传普及科学人才观，坚持“一把手”抓第一资源，树立人才投入是最有效投入的理念，创新人才发展体制机制，以高素质人才引领创新发展、转型升级。将“招商引资”与“招才引智”有机结合，“不求所有、不求所在、但求所用”，完善柔性引才机制，继续开展“三排三寻”招才引智活动，力争全年引进高层次创新创业人才 20 名以上，获批省“双创”、市“绿扬金凤”引才项目 10 个以上，并在引进带动高新技术产业发展的创新创业团队上取得突破。加快人才资源整体开发，统筹推进企业经营管理人才、企业技术人才、高技能人才队伍建设。要视人才为资源、为财富，努力创造“荐才、用才、爱才、护才”的社会环境。宝应有一大批在外事业有成的优秀人才，他们对家乡一直怀有深厚的感情，他们有丰富的资源，也有回乡创业发展的愿望，我们要实施“金凤还巢”工程，以乡情亲情为纽带，排线索，找资源，吸引他们带技术、带项目、带团队回乡创业，为家乡的发展作出新的贡献。

加快推进产业技术创新。要以开发区为龙头、新城为主战场，大力发展文化创意、信息软件等新兴产业，使星星之火逐步形成燎原之势。要加快输变电装备科技城和新城信息软件产业园“一北一南”两大创新平台建设，使之成为产学研合作、科技人员创业、科技成果转化、科技企业成长的基地。围绕“一主两特一新”产业，加快公共研发平台建设，着力解决重大技术难题。拓展天马工业设计中心等载体的服务功能，推动重点产业技术创新。

加快提升企业创新能力。推进科技创新，企业是主体。要进一步激发企业创新发展的内在动力，大力推进“两化融合”，加快实施“高新装备、高新技术、高新产品”攀升工程，强化企业“三站两中心”建设，县30强企业要加快建成市级研发机构。鼓励企业与高校院所建立校企联盟，推进产学研合作，力争每个企业都有一两个科研院校作靠山，都有一两个专家或技术团队作支撑。企业的创新发展离不开企业家的自我觉醒、自我提升，否则只能是“剃头挑子一头热”。宝应所有的企业家，不论从事什么行业，不论产业规模有多大，都必须常常思考“怎么不被对手打败、怎么才能做大做强、怎么才能走得更远”。这样就能增强招才引才育才用才的紧迫感、责任感，就能找到创新发展的新路径、新办法，就能使企业立于不败之地。

（三）加快新城建设，推动城乡统筹，促进服务业扩容升级

现在的区域竞争，一定程度上就是城市能级的竞争。目前新城建设的态势良好，必须因势利导，乘势而上，加快核心区打造，以新城建设提升全县城市化水平，带动现代服务业发展。

积极推进生态新城建设。明年要重点在“建”字上下功夫，以主骨干道路、新高中、二横河绿化景观带、宝射河驳岸四大重点工程为带动，加快实施一号邻里中心、莲花嘉苑、世纪新城等重点在建工程，启动公安指挥中心、信用大厦等项目建设，进一步拉开新城框架，完善配套功能，集聚人气商机。坚持产城同步，推进新兴产业区建设，积极发展楼宇经济、总部经济，研究政策杠杆，加快资源向新城集聚。坚持开放建城，突出招引有实力的品牌城市运营商，着手城市综合体的规划建设，实施连片开发，提升建设层次，增强核心集聚功能。坚持拆迁惠民，有序推进新城搬迁，积极探索失地农民保障机制，切实维护群众利益。同时，要把握建设节奏，科学经营土地，努力形成投入与回报良性互动。

统筹城乡建设与管理。围绕提升绿化、亮化、美化水平，有计划推进主城区改造。进一步巩固创建成果，完善城市管理综合执法机制，重点整治乱停乱放、乱搭乱建、乱拉乱挂，推动城市管理向精致化、生态化方向发展。突出重点中心镇建设，继续推进“十个一”工程，围绕做功能、做配套、做环境，排定项目，精心实施，进一步做美、做精、做特小城镇。切实加强新农村建设，积极稳妥推进农民集中居住，组织开展“美好城乡”建设行动，大力推进村庄环境整治，巩固完善农村环境长效管护机制，加快建设环境优美、充满活力的新农村。

大力发展现代服务业。服务业的发展与城市建设紧密相连，要以新一轮城市建设、路网建设为契机，加强规划引导，加快服务业集聚区建设，重点打造新城服务业示范区，及早做好新淮江复线区域物流业发展规划，丰富时代广场商圈服务业态，积极探索特色街区建设。强化对外招商推介，加强合资合作，着力招引有实力、有专业背景的品牌公司入驻。按照转型升级的要求，促进现有服务业企业的提升。加快华美达五星级酒店、一号邻里中心、五洲国际和时代国际城市综合体等重点项目建设进度。发挥节点城市的区位优势，重中之重在物流市场上下功夫。充分挖掘资源优势，进一步完善旅游业规划，推动旅游景点联网，在生态旅游、红色旅游上下功夫。

加快重大基础设施建设。以交通建设为重点，围绕“南北延伸、东西拓展、同城对接”，加快省道237宝应段三期、氾水运河大桥、宝应船闸扩容等重点工程建设，积极实施农村公路等级化、网络化改造，加快与省市干线及周边县市对接。加大争取国资力度，进一步改善水利、电力、通信等基础设施条件。

（四）突出龙头公司建设，做大规模效益，提升农业产业化水平

农业要实现转型升级，关键靠龙头、靠基地、靠规模，最根本靠市场，走产业化的路子。

在龙头公司引建上求突破。要进一步开动脑筋，创新思路，坚持一手抓招引，瞄准国内知名农业企业以及境外大公司、大集团，寻求投资合作，力争引进一批加工型、生产型、贸易型、科技服务型龙头公司；一手抓联合，扶持现有农业企业做大做强，力争通过3～5年的努力，打造宝应的农业上市公司。通过龙头公司的建设，让农民增加收益。

在建设规模基地上求突破。要在继续稳定粮食生产的前提下，坚持有所为有所不为，优化产业布局，发挥龙头公司带动作用，推动规模基地建设，每个镇都要打造在全市叫得响的产业基地，积极争创省级乃至国家级示范基地。尤其要加快宝应湖有机农业开发区建设，做大有机食品品牌，努力打造全国有机产业第一县。积极引进外资、民资和工商资本发展设施农业、现代农业。要深化农村经济组织改革创新，鼓励农民合作，以合作促进土地流转、促进规模化生产。重视加强农田基本水利建设，超前做好自然灾害防范工作。

在搞活现代营销上求突破。要建市场。既要立足县内，打造区域性有机农产品集散中心；又要走出去，鼓励龙头企业抢滩大中城市，创造条件在境外开设销售窗口，发展连锁经营、网上销售等营销业态。要抓品质。坚持走高端路线，加强农产品质量监管，提高宝应农产品档次。要做品牌。组建专业品牌运作机构，放大“宝应湖”品牌效应，形成稻米、水产品、水生蔬菜等几大系列，加大宣传推介力度，提升“宝应湖”品牌的市场美誉度和竞争力。

（五）加强文化建设，增强文化自觉，发挥先进文化引领作用

建设更高水平小康社会，物质是基础，文化是灵魂。要深入贯彻党的十七届六中全会精神，大力实施文化建设工程，发挥文化引领风尚、教育人民、服务社会、推动发展的作用。

着力增强文化凝聚力、引领力。把建设社会主义核心价值体系，与弘扬新时期宝应精神，与传承宝应传统文化结合起来，加强思想文化建设和精神文明建设，提升全县人民的文化自觉和文化自信。宝应历史悠久，文化积淀深厚。宝应的传统文化，是勤劳的文化、实干的文化、开明的文化、和谐的文化，这是我们宝贵的精神财富，是实现赶超发展的强大精神动力。要用文化引领风尚，打造宝应人勤劳、勤奋、勤力的鲜明特征；要用文化凝聚力量，让赶超发展、建设更高水平小康社会成为全县人民的共同追求；要用文化促进和谐，使人与人之间更加相互理解、相互宽容、相互抱团，同舟共济、守望相助；要用文化提升形象，一个县就像一个大集体、一个大家庭，我们每个干部、每个企业家、每个市民都要进一步增强大家庭的观念和集体荣誉感，时时处处要像爱护自己的眼睛一样爱护宝应的荣誉，热爱家乡、建设家乡，共同塑造、维护宝应的整体形象。

着力发展文化事业。加强公共文化设施建设，改造提升现有文化阵地，积极启动新城文化艺术中心规划建设。深入实施文化惠民工程，做响“和谐社区大家乐”、“文艺大篷车乡村行”等活动品牌，鼓励文艺创作，不断丰富群众精神文化生活。加强乱针绣、淮剧等非物质文化遗产的保护和传承，放大“全国微型小说之乡”、市“书法之乡”等品牌效应，争创省“诗词之乡”。建立健全人才引进培养、激励保障等机制，不断壮大文化人才队伍。

着力做大文化产业。科学编制完善文化产业发展规划，推动文化与乱针绣、教玩具、水晶和玻璃工艺等特色产业，与旅游、科技、金融、现代传播方式融合发展，加快打造文化产业基地。深化文化体制改革，抓紧组建广电传媒集团，鼓励各类资本进入文化领域，增强文化发展活力。强化文化市场监管，营造公平竞争、健康有序的文化市场环境。

（六）实施民生工程，促进民生改善，建设和谐幸福宝应

要把改善民生作为我们一切工作的出发点和落脚点，积极实施居民收入倍增计划，排定并办好一批民生实事，不断提高人民群众的幸福指数。大力推动全民创业。宝应作为一个90多万人口的大县，蕴藏着巨大的创业能量。我们要抓住当前鼓励发展实体经济的政策机遇，动员各个领域、各个层次、各种类型的发展主体投身创业实践。创业需要载体，要加快创业园建设，集中兴建标准厂房，同时也要通过土地置换开辟更多的创业场地。全民创业重在推动、重在指导，各级党政组织要认真落实创业激励政策，对百姓创业多引导、多扶持、多服务，努力改善创业环境。

坚持以创业带动就业，不断拓宽居民增收渠道，千方百计增加居民收入。积极发展社会事业。进一步调整优化教育布局，不断改善办学条件，继续保持教育质量全市领先。进一步深化医疗卫生体制改革，加强基层卫生服务机构标准化建设，建成覆盖城乡居民的公共卫生服务体系和“15分钟医疗急救圈”。统筹做好人口计生工作。切实改善民生。着力实施社会保障工程，进一步扩大保障范围、提高保障标准，启动实施城镇居民养老保险，推进城乡保障制度接轨。着力实施社会救助工程，落实社会救助、优待抚恤和社会福利标准自然增长机制，重视加强残疾人工作，积极发展慈善事业，加快建立多元化的社会养老服务体系。着力实施住房保障工程，大力发展公共租赁住房，积极推进廉租房、经济适用房和限价商品房建设。同时，鼓励房地产开发企业克服困难、渡过难关，促进房地产市场健康发展。

（七）加强生态保护，深化生态创建，提升生态建设水平

生态优势是宝应最大的后发优势，是决胜未来的核心竞争力。只要我们全力保护好这个优良的生态环境，就不愁没有机遇、没有发展。我们必须倍加珍惜、倍加呵护，本着对子孙负责、对长远负责，宁可少一些GDP，少几个项目，也一定要守住生态这个底线。要加强生态建设和保护。坚持“绿色招商”，严把项目环保“门槛”。再好的项目，只要影响环境，坚决不要；再大的客商，只要影响生态，坚决拒绝。用我们的良心，为后人守住这方碧水、蓝天、白云。积极实施生态修复和保护工程，加强对宝应湖国家湿地公园等重点生态功能区的规划、建设和管理。大力推进城乡河道整治和造林绿化，进一步完善污水处理等环保设施。要发展循环经济。大力推进节能减排，积极发展循环经济、低碳经济，推行清洁生产，鼓励创建绿色环保企业和生态产业链，加快建设资源节约型社会。要倡导生态文明。深入开展各种形式的生态文化活动，推动生态教育进农村、进社区、进企业、进家庭，不断提高全县人民的生态文明意识和素养，努力形成崇尚自然、追求健康、生态消费的良好社会氛围。明年要争取创成全国生态县，让生态真正成为宝应的闪亮名片。

（八）加强和创新社会管理，夯实基层基础，创造和谐稳定社会环境

稳定促发展，稳定聚民心，稳定树形象，稳定重于泰山。要强化维稳责任制，严格落实党政主要领导信访维稳第一责任，积极开展下访、接访，切实履行“一岗双责”，保一方平安。对各镇来说，就是要实行两条线分工负责，一条线抓发展、一条线保稳定。要进一步夯实基层基础，探索“网格化管理、组团式服务”模式和社区“一委一居一站一办”新型服务机制。强化基层政法信访队伍建设，加强联系、掌握信息，更好地促进基层维稳工作。进一步加强源头治理，畅通民意表达渠道，完善社会稳定风险评估机制、大调解机制、社会矛盾排查和预警机制、应急管理机制，及时化解社会矛盾。注意把解决群众困难、满足群众合理诉求与无理闹访区别开来，对违法乱纪、扰乱社会治安、破坏社会秩序、影响地区整体形象的人和事要依法严厉打击。进一步加强社会治安综合治理，始终保持严打态势，推进技防建设，完善防控体系，不断提高人民群众的安全感和满意度。坚持依法治县，深化普法宣传，办好法治实事，维护社会公平正义。严格安全生产责任制，加强食品药品安全监管，保障公共安全，促进社会稳定有序。

三、加强和改进党的建设

应对宏观经济环境的严峻挑战，全面完成明年各项任务，加快建设更高水平小康社会，既是对我们意志作风的重大考验，也对各级干部能力素质提出了新的更高要求。要以党建工作创新工程为统揽，突出提升能力作风，进一步加强党的思想、组织、作风建设。

加强学习，提升能力。眼界有多宽，发展就有多快；能力有多强，成效就有多大。只有重视学习的人，才能开阔眼界、提升能力。要把明年作为“学习之年”，以迎接党的十八大召开为契机，组织广大党员干部开展党的基本路线、基本方针、基本理论、基本知识的学习，坚定政治信念，提高理论素养和政治素质。充分利用宝应大讲坛、市民讲堂等平台，有计划地组织学习培训，邀请知名专家教授、优秀企业家来宝开设专题讲座，引导干部、企业家和市民多学习。各级干部要把学习作为一种自觉，静下心来，多读书，多思考，多研究新情况，多解决新问题，特别是要加强对宏观形势的分析和研判，对新的政策的学习领会，增强工作的预见性、针对性和有效性。实践是最好的课堂，干事是最好的学习。各级干部、广大企业家要把学习与实干有机结合，干中学、学中干，使自身的能力素质不断提高，更好地适应赶超发展的需要。

强化执行，崇尚实干。工作的差距、发展的差距，看上去是数字的差距、项目的差距，实质上是态度、责任、实干的差距。现在没有更多新口号新要求，关键是对看准的、定下的事，一着不让抓到位、见成效。全县上下一定要进一步营造“实干兴宝、空谈误县”的良好氛围，各级干部要带头扑下身子，不畏艰难，带着群众干，做给群众看。要大力弘扬新时期宝应精神，始终保持干事创业的激情、敢于担当的勇气，面对矛盾困难，主动迎上去，不推诿、不上交，多为基层解难，多给基层鼓劲。继续深化县四套班子领导“一人一事”，进一步完善重点工作推进指挥部工作机制，实行工作项目化、责任化，以目标倒逼责任、以责任倒逼实效。进一步聚焦重点、难点，突出实绩导向，完善考核奖惩，引导镇区比实干、比实效、比口碑，推动部门争资金、争项目、争位次、争牌子，促进干部讲实话、干实事、求实效，激励干部打基础、谋长远、惠民生，让那些图虚名、务虚功的人没有市场。对于干部而言，做官就要做事，做事就要尽责，尽责就要见效。一心为民做事的干部，只要不谋私，工作中即便有点失误，也仍然是个好干部；干部不做事，其他方面再好，也不能算是个好干部。坚持德才兼备、以德为先的用人标准，以县镇两级人大、政府和县政协换届为契机，把工作有思路、干事有激情、发展有成效、群众公认、素质优良的干部选出来、用起来。同时，要积极推进基层组织特别是农村基层组织创新，强化村级组织“四有一责”建设，实施大学生村官培养工程，加强村级后备干部的选配。广大农村基层干部长期奋战在第一线，肩负着发展村级经济、带领群众致富、维护农村稳定三副重担，工作非常辛苦。各级党组织要更多地给予关心爱护，激发基层干部的工作活力。

联系群众，凝聚力量。民心可贵、民力无限，人民群众是我们战胜困难、推动发展的力量源泉。要坚持以人为本、执政为民，始终把群众放在心上，带着深厚感情、带着政治责任、带着敬畏之心做好群众工作，同人民群众同呼吸、共命运、心连心。要按照“三下三解”要求，下基层、进企业、住农村，了解民情民意、破解发展难题、化解社会矛盾，促进干群关系融洽、机关作风转变，做到科学发展向上攀登、联系群众向下扎根。要健全维护群众权益机制，做到谋划发展思路向群众问计，查找发展问题听群众意见，改进发展措施向群众请教，衡量发展成效由群众评判，把全县上下的智慧和力量进一步凝聚到赶超发展上来。

突出问责，优化服务。围绕抓巩固、抓深化，在全县组织开展“三问三治”（问责、问廉、问效，治庸、治懒、治散）活动，使严管干部工作常态化。明年要重点强化问责，做到有错要问责、低效要问责、无为也要问责。要“问”出更优服务。明年企业的发展将更加困难。要把服务企业作为部门工作的重中之重，严厉查处乱收费、乱摊派、乱罚款等行为，继续组织机关部门联系镇区、挂钩企业，组建企业服务顾问团，为基层、为投资者解难题、做向导、当保姆。要“问”出更高效率。坚决整治拈轻怕重、不愿担当、目标定位不高、工作被动应付等问题，进一步拧紧发条、开足马力，使满负荷、快节奏、高效率成为工作常态。要“问”出更好形象。加强对“双十”规定执行情况的检查，引导各级干部树立过“紧日子”的思想，把有限的财力物力用到发展经济、改善民生上。要严格执行党风廉政建设责任制，进一步健全惩防体系，不断完善用制度管权、按制度办事、靠制度约束人和保护人的机制，加大案件查处力度，推动反腐倡廉建设。广大党员干部要珍惜岗位、珍惜信任、珍惜机遇，做官要知足、做人要知不足、做事要不知足，进一步增强使命意识、纪律观念，淡化“小我”，把心思放在谋发展上，把精力用在做工作上，把功夫下在抓落实上，努力干事、清白做人，以自身的良好形象，聚人心、鼓干劲、谋发展、勇争先。

要切实推进社会主义民主政治建设，精心组织好县镇人大、政府和县政协换届工作，支持人大、政协依法开展工作、履行职责。推进军民融合发展和国防后备力量建设，巩固和发展最广泛的爱国统一战线，更好地发挥工会、共青团、妇联等群团组织的桥梁纽带作用，全力做好各方面工作，汇聚赶超发展的强大合力。

同志们，做好明年各项工作，推动宝应赶超发展，任务艰巨，责任重大，使命光荣。让我们紧密地团结在以胡锦涛同志为总书记的党中央周围，高举中国特色社会主义伟大旗帜，深入贯彻落实科学发展观，大力弘扬新时期宝应精神，进一步解放思想、坚定信心、埋头苦干、攻坚克难，为加快建设更高水平小康社会而努力奋斗，以优异的成绩迎接党的十八大召开！

政府工作报告

——2012 年 3 月 26 日在宝应县第十五届人民代表大会第一次会议上

王庭国

县长　王庭国

各位代表：

现在，我代表县人民政府，向大会作工作报告，请予审议，并请县政协各位委员和其他列席人员提出意见。

2011 年及过去四年工作回顾

2011 年是"十二五"开局之年。一年来，我们认真贯彻县第十一次党代会精神，紧紧围绕"四个突破"奋斗目标，同心协力谋发展，创新思路破难题，改善民生促和谐，全县经济社会发展取得了新的成绩，较好地完成了县十四届人大四次会议确定的目标任务。全年实现地区生产总值 291.53 亿元，增长 12%；财政总收入 40.22 亿元，其中一般预算收入 20.51 亿元，分别增长 31.4%和 31.3%；城镇居民人均可支配收入 16 848 元，农村居民人均纯收入 10 327 元，分别增长 17.6%和 18.5%。

一、坚持重点重抓，发展基础更加坚实

重大项目取得突破。以"重大项目突破年"活动为抓手，扩大开放开发，着力招大引强，健全共建机制，项目建设与园区开发取得新成效。宝生聚酯、昌辰化纤、森萨塔汽车传感器等 5 个 10 亿元或 1 亿美元以上项目开工建设，宝胜普睿司曼超高压电缆、康源纺织等项目进展顺利。工业技改投入增长 39.8%，购进设备抵扣增值税增长 41.7%。开发区北区一期工程近 4 平方千米基本完成配套，二期工程近 8 平方千米启动建设，输变电装备科技城先导区着手规划。

税源经济持续发展。突出税源培育，推进综合治税，健全激励机制，财税收入实现较快增长。"亿千百"工程成效明显，新增纳税过千万元企业 4 家、过百万元企业 78 家，重点企业对地方税收的贡献份额继续攀升。

新城建设强势推进。生态新城 2 平方千米先导区建设开局良好，搬迁农户 1633 户，3 个农民集中安置区加快推进，宝射路全面建成，"一纵一横"中轴线主干道启动建设，绿化景观及宝射河驳岸示范段完成工程设计。一号邻里中心主体工程完工，新城高中正式奠基。招商推介有效开展，相关功能性项目积极运筹。

小康创建进展顺利。强化组织推进和宣传发动，狠抓重点工程和重要环节，注重上下衔接和数据监测，省定四大类 18 项 25 个指标总体达标，日前通过省级考评验收。新创省新农村建设先进村 3 个、市全面小康达标村 31 个，人民群众对全面小康的参与度和满意度明显增强。

二、紧扣转型升级，运行质态不断优化

三次产业协调并进。新增工业开票销售过

亿元企业24家，总数达64家。重点产业发展稳中有升，“一主两特”产业规模以上企业实现开票销售228.6亿元，增长29.8%。民营经济加快发展，新增私营企业1 870家，民资注册增长21.4%。实现建筑业施工产值245亿元，增长22.7%；安宜建设晋升一级资质。粮食生产再夺丰收，被国务院表彰为全国粮食生产先进单位。新增高效农(渔)业面积8 000公顷，畜禽规模养殖比重提高5.2个百分点。荣获国家有机产品认证示范创建县称号，有机农业开发区创成国家农业产业化示范基地。新创农业“三品”品牌161个，“宝应湖”农产品商标被认定为中国驰名商标，宝应慈姑获批国家地理标志产品。新增农村“三大合作”组织155家。全社会消费品零售总额92.7亿元，增长17.1%。宝应文峰大世界投入运营，华美达大酒店、软件信息产业园等项目加快建设。成功举办首届生态旅游推介活动，创意设计等新型业态不断涌现。

发展方式加快转变。开放型经济增长迅速，实际到账外资1.73亿美元，增长20.2%。外贸自营出口4.14亿美元，增长27.7%，成立苏中地区首家县级海关事务联络处。实现外经营业额780万美元，出国劳务市场秩序进一步规范。科技创新成效显著，新获批国家高新技术企业9家、国家重点新产品3个、省高新技术产品88个。宝胜集团创成扬州市首家国家级工程研究中心，迅达公司建成省博士后创新实践基地。签约产学研合作项目87项。新创省名牌产品9个、著名商标3件。专利申请数1 720件，其中发明专利218件。新增全国标委会工作组7家，获批国家有机食品质量监督检验中心。宝胜股份增发融资8.5亿元，仁恒实业在港成功上市。组建江苏宝粮控股集团。万元地区生产总值综合能耗下降3.6%。

要素保障更加有力。金融助推工程有效实施，全年新增各类融资49.2亿元，域内金融机构人民币各项贷款余额比年初实际增加30.4亿元，其中工业信贷投放净增11亿元。射阳农商行宝应支行挂牌运营，新办农村小贷公司2家。争取各类政策性资金7亿元。落实土地点供项目3个，盘活存量土地100公顷。引进高层次人才33名，其中7人获批省“双创”计划，11人获批市“绿杨金凤”计划，均名列全市前列。引导外出人员返乡就业，加大县外劳务引进力度，各类企业新增用工8 200人。220千伏澄安线改造、220千伏黄塍变等工程加快建设。

三、统筹城乡发展，人居环境日益提升

城镇建设积极推进。实施一批城建民生工程，改造建设北河路、林庄路等6条道路，推进白田北路、泰山路等10条主次道路维修养护，改造中小街巷面积4.4万平方米，新增绿化面积近17万平方米。完善城区亮化设施，实现老城区路灯全覆盖。全面完成各镇总体规划修编，“十个一”工程建设成效明显，小城镇面貌大为改观。在建农民集中居住区近30万平方米。城市管理机制逐步完善，创成市优秀管理城市，农村集镇管理进一步加强。

基础设施加快完善。332省道宝应段、安大公路宝应段、恒黄公路三期建成通车，237省道二期工程竣工，氾水运河大桥开工建设，宝应船闸扩容改造进展顺利。改造农村危桥75座，建成通村公路80千米。区域供水主体工程提前一年完成，县自来水厂二期工程投入运行，建成潼河夏集水厂。继续加强农田水利基础设施建设，实施4个国家级水利项目和1个农业综合开发项目。万顷良田建设工程以及土地整理开发有序推进，新增耕地800公顷。

生态环境不断优化。新获批国家生态镇4个，创成省级生态镇2个，国家生态县创建通过省级考核。建成县污水处理厂二期工程，新建集镇污水管网65千米。实施“美好城乡建设行动”，推进村庄环境整治，清理河道2 600多条，建设垃圾池6 700个。运东垃圾填埋场完成主体工程，城乡垃圾集中处理实现全覆盖，农村“四位一体”长效管护机制进一步健全。新建农村户用沼气池1 600座，改厕1.5万座。秸秆综合利用率95%以上。成片造林1 466.67公顷。宝应湖湿地公园正式命名为国家湿地公园，荷园获批省级湿地公园。积极开展环保专项整治，完成化学需氧量、二氧化硫等减排任务。

四、着力惠民安民，人民生活持续改善

保障体系日趋完善。县镇村三级公共就业服务平台功能不断强化，12个镇建成人力资源市

场，242个村建立就业服务平台。采集就业岗位4.7万个，推荐就业7 000多人，培训农村劳动力1.1万人次。企业工资集体协商深入推进，劳动关系日趋和谐。各项社会保险覆盖面不断扩大，社会救助体系进一步健全。落实低保标准自然增长机制，资助1.8万名低保对象参合参保。五保供养经费实现县统一发放。县老年公寓、残疾人康复中心和托养中心建成并交付使用，按政策发放尊老金。完成第三轮农村扶贫脱贫攻坚工程。建设廉租房65套、经济适用住房100套，筹集公共租赁房936套（间）。归集住房公积金2.07亿元。年度确定的十项实事工程全面完成。

社会事业协调发展。开发区国际学校建成使用，安宜高中创成省四星级高中。教育教学质量稳步提升，高考再创佳绩。完成清理规范改制学校任务。新建、改造校舍15.1万平方米。医改各项工作有序开展，实施基本药物制度。4个镇卫生院以及县精神病防治院、县人医基础设施升级改造全面完成。新农合人均筹资标准达250元，参合人数近60万人，门诊、住院报销比例稳步提高。通过国家卫生县城复检。宝应淮剧入选省非物质文化遗产名录，新创省体育产业基地1个、市文化产业示范基地2个。城区有线电视数字化整体转换基本完成，建成省有线电视示范县。新农村新家庭计划成效明显，低生育水平进一步稳定，人口计生惠民政策有效落实。第六次人口普查工作获得省级表彰。着力推进文明创建，先进典型不断涌现，通过省级文明城市复检，被命名为全国文明县城。

社会管理和谐有序。“平安宝应”建设扎实推进，防控体系日益加强，技防网络逐步健全，公众安全感不断提高。积极创新社会管理，基层基础工作进一步夯实。畅通群众诉求表达渠道，一批信访突出问题和积案得到有效化解，大排查、大调解、大稳控等长效机制不断完善。“六五”普法全面启动，法治创建成效明显。强化县镇两级应急救援队伍建设，应急管理工作得到整合和加强。严格落实校园安保、食品药品监管等措施，加强企业安全生产标准化建设，深入推进安全隐患排查治理，扎实开展“打非治违”、“清剿火患”等专项行动，安全生产形势总体平稳。人武人防、外事侨台、民族宗教、防震减灾、档案、气象等工作进一步加强，工会、共青团、妇联、科协、文联、社科联、工商联、关工委等群众团体在经济社会发展中的作用得到较好发挥。

与此同时，政府自身建设取得新的进展。自觉接受县人大及其常委会的法律监督、工作监督，主动接受县政协的民主监督，全年办理人大代表建议138件、政协委员提案176件。完成县级政府和乡镇机构改革。法治政府建设加快推进，行政权力网上公开透明运行全面实施。完善行政审批服务，加强机关效能建设，政务环境进一步优化。加大审计监督力度，强化行政效能监察，推进行风政风建设，党风廉政建设责任制得到有效落实。

各位代表，县十四届人大一次会议以来的四年，是宝应应对重大挑战、抢抓重大机遇、取得重大成就的四年。四年来，我们接力加速，发力奋进，全面完成了“十一五”主要目标任务，顺利实现了“十二五”发展良好开局，全县经济社会发展迈上了一个又一个新的台阶。

四年来，我们坚持科学发展、赶超发展，综合实力快速攀升，经济总量实现倍增。2011年全县地区生产总值是2007年的2.1倍，现价年均增长20.6%；财政总收入和一般预算收入分别是2007年的2.7倍和3.3倍，年均分别增长28.4%和34.8%；全社会消费品零售总额年均增长19.5%；全社会固定资产投资年均增长23.7%。经济结构日趋优化，二三产业比例从2007年的80.6%提高到82.9%，初步形成现代农业加快发展、先进制造业和现代服务业“双轮驱动”的产业发展新格局。

四年来，我们坚持开放开发、创新突破，机制活力不断迸发，发展后劲大为增强。2011年实际到账外资是2007年的3.1倍，年均增长33.2%；外贸自营出口是2007年的2.5倍，年均增长25.6%。民资注册是2007年的3.3倍，年均增长35.1%。奋力主攻重大项目，布局集中、企业集群、产业集聚进一步加快，净增开票过亿元企业46家，创成一批国、省级产业基地、出口基地。着力破解要素制约，推进服务管理创新，发展环境不断优化。

四年来，我们坚持城乡一体、统筹推进，基础设施加速配套，区域面貌焕然一新。新一轮城市总体规划编制实施，生态新城启动建设，主城功能不断完善，累计投入城建资金35亿元，城市建成区面积扩展到28.5平方千米，城市化水平由2007年的40.2%提高到45.7%。小城镇和新农村建设各具特色，交通、水利、电力、通信、区域供水、污水处理等一批重点工程相继建成使用，城乡发展水平、承载能力和生态环境明显提升，创成国家园林城市、江苏省生态县。

四年来，我们坚持协调发展、全面进步，社会事业共同繁荣，公共服务惠及城乡。深入实施科教兴县、人才强县战略，创新能力不断提升，转型发展步伐加快。基本公共服务均等化积极推进，教育、文体、卫生、人口计生等社会事业长足发展。扎实推进平安创建和法治建设，加强和创新社会管理，保持社会和谐稳定。荣获“全国科技进步先进县”、“全国科普示范县”、“国家卫生县城”、“省文明城市”、“省人口协调发展先进县”和“省社会治安综合治理先进县”等称号。

四年来，我们坚持以人为本、富民优先，居民收入大幅增加，生活水平持续改善。2011年城镇居民人均可支配收入、农村居民人均纯收入分别比2007年净增6 837元和4 198元，年均分别增长13.9%。城镇和农村居民人均住房面积分别达到33.3平方米和44.2平方米，比2007年净增1.8平方米和4.9平方米。就业服务、社会保障和救助等体系基本实现城乡全覆盖。

各位代表，在2011年扬州市目标管理综合考评中，我县农业农村、工业经济、开放型经济、质量兴县、综治和平安建设等方面工作都取得了较好成绩，为本届政府工作划上了圆满的句号。四年的拼搏奋斗令人难忘，四年的探索实践给人启迪，四年的发展成果催人奋进。上述成绩的取得，是县委正确领导的结果，是县人大、县政协监督支持的结果，是历届班子不懈努力、持之以恒，打下坚实基础的结果，是全县上下辛勤劳动、共同奋斗的结果。在此，我谨代表县人民政府，向全县广大干部群众，向各位人大代表、政协委员，向所有关心支持宝应发展的社会各界朋友，表示衷心的感谢并致以崇高的敬意！

回顾过去的工作，我们也清醒地认识到，全县经济社会发展中还存在不少困难和问题，主要表现在：突破重大项目与转变发展方式步伐不快，需要进一步统筹推进；生产要素保障与城乡建设发展制约明显，需要进一步创新突破；公共服务投入与财政收支平衡压力加大，需要进一步开源节流；创新社会管理与政府自身建设任务艰巨，需要进一步加强提升，等等。对此，我们将高度重视，采取有力措施，切实加以解决。

今后五年政府工作总体构想

今后五年，是宝应发展实现更大突破，建设更高水平小康社会的重要时期，也是加快转变发展方式，推动赶超争先、创新转型的关键阶段。我们要以“三创三先”为引领，大力弘扬新时期宝应精神，始终保持强烈的发展意识、责任意识，巩固向上势头，增创竞争优势，推动宝应经济社会发展五年迈大步，一年更比一年好。

今后五年政府工作的指导思想是：认真贯彻党的十八大精神，全面落实科学发展观，紧紧围绕县委关于宝应发展的新定位、新部署、新要求，以赶超争先、富民强县为主题，以做大做强、转型升级为主线，以改革创新、开放开发为动力，以民生幸福、社会和谐为根本，大力实施“四化战略”，提升“四个宝应”建设水平，加快向更高水平小康社会迈进，奋力开启基本实现现代化新征程。

今后五年全县经济社会发展的主要目标是：

——经济更快发展。到2016年，全县地区生产总值达到660亿元以上，现价年均增长18%以上。财政总收入达到100亿元以上，其中一般预算收入达到55亿元以上。推进农业大县向农业强县跨越，农业现代化建设取得突破性进展；工业经济实力进一步增强，规模企业达450家以上，“一主两特”产业开票销售突破1 000亿元；城市经济日趋繁荣，现代服务业加快发展，二三产业比例力争达到90%，经济内生动力和发展活力明显增强。

——城乡更显秀美。坚持城乡统筹发展，完善政策推进体系，加快基础设施建设，打造生态新城区、活力中心镇、魅力新农村。到2016年，城市建成区面积达到35平方千米，城市化率53%以上。生态文明建设迈出新步伐，生态及环境指标保持较好水平，森林覆盖率22%以上。

——社会更加和谐。基本形成社会保险、社会救助、社会福利、慈善事业有机衔接、覆盖城乡的保障体系。民主法制建设不断加强，公民综合素质和社会文明程度稳步提升，社会利益协调机制进一步完善，安全稳定保障有力。

——民生更为幸福。全面实施居民收入倍增计划，人民生活在小康的基础上走向富裕。到2016年，城镇居民人均可支配收入、农村居民人均纯收入分别突破3万元和2万元。社会就业更加充分，城镇登记失业率控制在3.5%以下。教育、文体、卫生、人口计生等社会事业全面进步，人人享有基本公共服务，人民群众的满意度和幸福感进一步增强。

根据上述指导思想和奋斗目标，今后五年政府工作将坚持发展为要、实干为先、惠民为本，努力以发展凝聚力量，以实干成就事业，以惠民促进和谐，全力推动经济社会又好又快发展。

发展为要。坚持发展高于一切、大于一切、先于一切、重于一切，始终把科学发展、赶超发展、和谐发展贯穿于经济社会发展的各个环节，聚精会神搞建设，一心一意谋发展，创新发展理念，转变发展方式，破解发展难题，提高发展水平，增创发展优势。

实干为先。倡导思想求实、工作务实、措施落实，潜心谋事，精心干事，决心成事，坚持各项工作都建立在调查研究基础之上，各项部署都有切实可行的抓手，各项任务都有明确的责任主体和完成时限，以实绩实效取信于民。

惠民为本。深怀爱民之心，恪守为民之责，多办利民之事，真正做到重大决策依民而定，工作措施由民而出，安危冷暖唯民而系，努力使改革发展的成果更多地惠及于民。

2012年工作任务

2012年是党的十八大召开的喜庆之年，是实施“十二五”规划承上启下的重要一年，也是新一届政府的开局之年，做好今年政府工作至关重要。今年政府工作将按照县委十一届三次全体（扩大）会议的总体部署，牢牢把握稳中求进、“进”字当先，好中求快、“快”字当头的总基调，紧扣主题主线，突出又好又快，奋力实现创新转型、项目建设、税源经济、新城建设“四个新提升”。主要预期目标是：地区生产总值增长12%以上；财政总收入和一般预算收入均增长18%以上；全部工业开票销售增长28%以上；全社会固定资产投资增长20%以上；城镇居民人均可支配收入、农村居民人均纯收入分别增长14%和15%以上。

围绕上述要求和目标，重点抓好五个方面工作：

一、突出抓大抓重，增强发展后劲

主攻重大项目。坚持把重大项目建设作为全局工作的第一重点和第一任务，精心组织“重大项目突破年”活动，全年招引、实施1个40亿元以上和4个10亿元以上重大项目。突出招大引强。加快由招商向择商、由引资向选资转变，进一步提升招商理念，优化招商方式，提高招商质效，切实把发展的增长点和转型的着力点落实在更多更优的重大项目上。聚合招商力量，创新招商路径，继续强化以荷藕节为龙头的节会招商，组织开展富有实效的专题产业招商和定向敲门招商，加强与世界500强、行业100强、“中”字头、“国”字号企业的对接，努力在重特大项目上实现突破。强化国资争取，争取政策性资金8亿元以上。推进项目建设。提升重大项目投资服务水平，落实挂钩联系、集中会办、交流观摩、督查通报等工作机制，促进迅达产业园、兴发铝型材、汉金富泰铜业等项目加快推进，康源纺织、昌辰化纤等项目加快投产，宝生聚酯、森萨塔汽车传感器等项目加快实施，抓好总投资50亿元的宝胜特种电缆项目建设。加快园区发展。强化开发区招引重大项目主阵地作用，继续推进北区二期工程建设，完善共建共享机制，促进资源要素集聚，提升服务保障水平，增强吸引力竞争力，在省级开发区综合排名中前进1～2个位次。完善安宜工业园、望直港工业园、城西工业园等临城园区功能配套，加快特色园区转型提升，进一步提高产业园区建设水平和集聚能力。

推进工业强县。坚持工业经济主体地位不动摇，把握扩张总量、优化结构、提升效益的要求，进一步加快新型工业化进程。突出产业集聚。推进新兴产业优先发展，制定实施新兴产业发展规划，集中力量、集中资源、集中政策，加快培育以重大科技突破、重大市场需求为基础的新能源、新光源、新材料等新兴产业，强化技术支撑，拉长产业链条，推动新兴产业上规模、上水平。推进优势产业高端发展，扶持引导输变电装备、泵阀管件和压力容器、有机食品“一主两特”产业做大做强，放大品牌优势和集聚效应，大力引进战略投资和先进技术，加快向产业链、价值链高端攀升。推进传统产业提升发展，引导纺织服装、玻璃水晶、文体教玩具、汽车配件等行业加快关键设备、工艺的升级改造，提高产品档次，提升竞争能力。加快建筑业发展，培强龙头企业，推进多元经营，实现建筑业施工产值290亿元以上，华轩建设争创一级资质。培育骨干企业。强化政策扶持，落实激励举措，促进龙头企业发展壮大、重点企业升档进位、中小企业加快成长。围绕建设“千亿集团、百年宝胜”，支持和服务宝胜集团加快项目建设，提升创新水平，拓展市场空间，继续保持较快发展。积极引导面上企业特别是重点企业加大投入、引育人才、创新转型，更好地发挥骨干支撑作用，全年力争实现“3个2”目标，即新增开票销售过亿元企业20家、5～10亿元企业2家、10亿元以上企业2家。设立中小企业发展基金，进一步完善中小企业服务体系，在更高层次、更宽领域上推进民营经济发展，新增私营企业1 850家，有限公司注册资本金实际到账62亿元。提升开放水平。充分利用国际国内两个市场、两种资源，创新发展路径，增强竞争能力。坚持引独资、抓合资、促增资并举，一二三产齐抓，进一步扩大利用外资规模，创新利用外资方式，提高利用外资实效，全年完成到账外资2亿美元。实施出口企业信用等级升级计划，提高自主品牌、高新技术、特色产品的出口比重，全年实现外贸自营出口4.8亿美元以上。推进玻璃水晶、荷藕等现有国、省级出口基地建设，启动申报省级输变电产业出口基地。加强外派劳务管理，推动有权公司承揽境外工程，实现外经营业额900万美元。加强与发达地区合作交流，借鉴先进经验，承接产业转移。

破解发展难题。拓展用地空间。落实严格的耕地保护制度，加大土地复垦开发力度，努力保障经济发展各类用地需求。积极争取各类用地指标，获批土地点供项目2个46.67公顷以上，使用挂钩指标33.33公顷。坚持节约集约用地，强化项目准入审核，严格投资强度管理，依法处置闲置土地和低效利用土地，全年盘活存量土地66.67公顷。完善金融保障。新办村镇银行1家、农村小贷公司2家。鼓励金融机构增加信贷投放，优化信贷结构，全年新增贷款33亿元以上，其中工业贷款15亿元。加强信用建设，优化金融生态，创新融资方式，多渠道筹措建设发展资金。强化智力支持。完善人才引进配套政策，引进高层次领军人才20名以上、产业发展急需专门人才200名以上、各类储备型人才1 300名以上。开展订单、定向培训，深化异地劳务合作，全力保障各类企业用工需求。加强电力建设。优化电力资源配置，完成220千伏黄塍变建设，启动实施220千伏上安线改造、110千伏齐心变等工程。

二、坚持调优调强，优化产业结构

大力发展现代农业。推进产业化经营。坚持特色化、规模化、集约化发展，着力打造“一区两沿三线”农业产业带，新增“百亩”以上园区面积4 000公顷，畜禽规模养殖比重达80%。围绕“四水”和有机特色，瞄准农业龙头企业和上市公司，加强招商推介，寻求投资合作，着力在加工流通上求突破，农业利用“三资”15亿元。突出抓好现代渔业、高效设施农业、农副产品深加工等一批重点项目建设，打造发展亮点，增强带动能力。培育壮大农业龙头企业，加快宝粮集团上市步伐，推进水仙实业改革重组，做大培强荷仙集团，新培植亿元农产品加工企业1个以上，市级以上农业龙头企业产销增长20%以上。完善政策性农业保险，继续实施“米袋子”、“菜篮子”工程，争创省“亩产吨粮县”。突出市场化引领。加快农产品市场体系建设，大力培育营销龙头和新型业态，注重发挥县镇农产品流通组织、特色专业市场和农民经纪人队伍的作用，促进产销有效对接，不断提高农产品市场终端销售份额。规划建设区域性农产品物流中心，在大中城市开设农产品专卖店10家以上。强化“宝应湖”品牌开发、利用和保护，加快实现从“销售产品”向“经营品牌”转变。坚持科技化提升。大力实施农业“四新”工程，引进新品种30个，推广新技术20项，运用新模式10项，培育新型职业农民3 000人。建设农业科技成果转化基地40个，农业科技贡献率60%以上，粮食生产综合机械化水平达

87.5%。加强农产品质量建设，严格“产地准出”和“市场准入”制度，争创农业“三品一标”品牌50个。创新农村经营机制，推进土地适度规模经营，提升“三大合作”组织运行质态。

培育壮大服务业。坚持把发展服务业作为产业优化升级的主攻方向，促进服务业发展提速、比重提高、水平提升。加快总量扩张。充实服务业重大项目库，加强对外招商推介，引导各类资本投向服务业，推进汽车城、大卖场、创业园等服务业重大项目建设，力争新开工10亿元以上项目1个、亿元以上项目10个。完善和落实相关扶持政策，引导服务业企业规模经营、转型发展。加快业态提升。重点发展现代物流业，启动建设国际集装箱港口，提升粮食物流服务功能，推动宝胜物流做大做强。改造提升商贸服务业，建设完善“一主两副”商业中心以及农村、社区商业网点等多级商贸体系，新建、改造城乡农贸市场3座以上。实现全社会消费品零售总额110亿元，增长18%。精心打造生态旅游业，完善旅游配套功能，提升旅游接待能力，力争旅游行业收入达12亿元。启动规划重建泰山殿。策应产业升级和消费升级，注重发展创意设计、软件信息等科技服务业，积极发展社区服务、医疗保健等家庭服务业。加快融合发展。加强对服务业集聚区建设的统筹和整合，创新集聚区建设体制机制，提高综合配套功能和产业集聚能力。高起点规划建设生态新城服务业先导区，继续推进五洲国际、时代国际和开发区城市河南区域等城市综合体建设，新创市级服务业集聚区2个。

扎实推进自主创新。深入实施科技创新奖励工程，促进各类创新要素向企业集聚，强化企业“三站两中心”建设，县30强企业加快建设市级以上研发机构。争创国家高新技术企业7家、省高新技术产品50个，申请专利2 000件。持续开展“双百”活动，推进产学研紧密结合。探索建立科技成果转化风险基金，贯通创新资源转化链条，加快科技成果产业化步伐。加强创新载体建设，输变电装备科技城新建研发和孵化用房15万平方米，软件信息产业园新建研发和产业用房4万平方米。推进“两化”融合，提升企业信息化水平。加大品牌创建和标准制定力度，新创中国名牌产品1个、省名牌产品3个，争创省著名商标2件，主导参与制定国家、行业标准3个以上。推进创业投资公司实质性运作，支持有条件企业实施股改、尽快上市。

三、围绕互促互进，推进城乡统筹

加快城镇建设。积极推进生态新城建设，重点实施“一纵一横”中轴线主干道、二横河滨河风光带、宝射河驳岸等工程，进一步拉开新城框架，扩大城市容量。完成新城高中主体工程建设，新开工3个高品位住宅小区。继续推进农民集中安置区建设，适时启动新一轮搬迁工作。创新投融资模式，积极寻求与品牌城市运营商、大企业的合作，推动资源向新城集聚、人口向新城集中。统筹推进主城改造和老城保护，实施东升北路等一批道路工程，完善相关主次干道慢车道、人行道，配套一批环卫设施，推进绿化亮化建设，提升城市整体品质。加强市容市貌和农村集镇管理，推行综合执法，健全长效机制。继续实施集镇建设“十个一”工程，加快重点中心镇发展，完善特色镇功能，进一步提升小城镇的档次和品位。

改善农村面貌。加强村级组织“四有一责”建设，持续开展“三村创建”活动，新创市级优美乡村1个、综合能力百强村4个、集体收入达标村50个。大力推进新一轮扶贫脱贫攻坚工程，进一步支持经济薄弱村建设。规范实施村级公益事业建设“一事一议”财政奖补项目。继续实施宝射河中型灌区续建配套与节水改造、河塘疏浚整治等项目，建成金宝河、大三王河主体工程。完成区域供水扫尾任务。加大农业综合开发力度，建设高标准农田660.67公顷，完成一般土地治理660.67公顷。继续推进237省道三期、氾水运河大桥等一批重点工程建设。实施危桥改造44座，新建、改造农村公路30千米。加快城乡公交一体化进程，完善镇村公交线路，改善人民群众出行条件。

优化生态环境。全力推进生态建设，争取创成国家生态县。完善县镇污水处理厂配套管网，强化污水处理设施运行管理。加强农村沼气新能源建设，推进秸秆禁烧和综合利用。深入开展“美好城乡建设行动”，实施村庄环境整治工程，新创三星级“康居乡村”10个。加强城乡一体化垃圾集中处理，进一步完善“四位一体”长效管护机制。农村改厕2万座。成片造林660.67公顷。强化节能减排，万元地区生产总值综合能耗下降3.6%，化学需氧量、二氧化硫排放量分别削减287吨和11吨。

四、着眼共建共享，加强社会建设

提升公共服务水平。牢固树立税源为本工作导向，突出财源建设，坚持依法治税，狠抓增收节支，不断增强公共财政保障能力。进一步稳定和扩大就业，提供就业岗位3万个，推荐就业6 000人。全面建成村级劳动保障公共服务平台，培训农村劳动力1万人次。深入开展企业工资集体协商，努力构建和谐劳动关系。加大养老、医疗、失业、工伤、生育等保险扩面征缴力度，健全低保及重点优抚标准自然增长机制。加快发展社会救助、社会福利和慈善事业，提高五保集中供养水平，完善县老年公寓、残疾人康复中心、托养中心及各镇敬老院附属设施，新建居家养老服务中心(站)30家以上。继续扩大住房公积金覆盖面，通过低利率的公积金贷款提升职工购房能力。建设廉租房60套、经济适用住房60套，筹集公共租赁房450套。深化学校内涵发展，全面提升教育现代化水平和教育教学质量。加快医疗卫生事业改革发展，完善公共卫生服务体系和基本药物制度。新农合人均筹资标准达300元，争创省农民健康工程先进县。围绕创建省“十二五”人口协调发展先进县，创新人口计生基层基础管理，实施人口家庭发展工程。启动县档案馆数字化建设。稳步推进企业“一套表”统计改革。做好外事侨台、民族宗教、防震减灾、气象等工作。

提升社会文明程度。弘扬社会主义核心价值观，加强社会公德、职业道德、家庭美德和个人品德建设。深入开展学雷锋活动，健全社会志愿服务体系，加强未成年人思想道德建设，突出打造“宝应好人”等一批精神文明建设品牌。着力完善公共文化设施，改造提升现有文体阵地，推进农村文化建设“十个一”工程。保护文化遗产，繁荣文艺创作，培育文艺人才，净化文化市场，启动创建中国书法之乡，争创省诗词之乡。加快文化产业改革发展，推进广电传媒集团先行先试。基本完成农村有线电视数字化整体转换。广泛开展全民健身运动，增强人民体质。大力普及科学知识，提高公民科学素质。

提升社会管理能力。深入实施社会管理创新工程，完善社会管理工作格局。加快依法治县进程，深化“六五”普法宣传，办好法治惠民实事，维护社会公平正义。以群众工作统揽信访工作，畅通群众诉求表达渠道，推进矛盾纠纷排查调处，妥善化解各类社会矛盾。强化社会治安防控体系建设，积极推进和谐社区创建，不断提高人民群众安全感和满意度。健全应急管理机制，加强应急救援队伍建设，及时有效应对各类突发公共事件。抓好事关群众切身利益的食品药品、物价、农资、接送学生车辆、建筑工程质量安全等专项整治，建立规范有序、公平竞争的市场经济秩序。抓好安全生产，强化责任落实，扎实开展企业安全生产标准化建设，深化职业卫生安全监管，保持安全生产形势持续稳定好转。建设人武人防指挥中心。

五、注重创新创优，强化自身建设

坚持科学执政。以解放思想为先导，切实把科学的理念、制度、方法贯穿于政府工作全过程，加强对宏观形势的分析研究，把握趋势，顺应形势，发挥优势，努力营造宽松有利的发展环境。理性思考、积极应对新情况、新问题，将工作重点聚焦到突破重大项目、转变发展方式、促进社会和谐上来，将主要精力投放到融资、用地、搬迁等问题的解决上来，找准加快发展的着力点和突破口，不断增强政府工作的前瞻性、针对性和实效性。

坚持依法行政。深入贯彻依法治国基本方略，进一步规范行政权力，强化行政责任，加强行政监督，不断增强依法行政的自觉性和坚定性，着力打造法治政府、责任政府。自觉接受县人大及其常委会的法律监督、工作监督和县政协的民主监督，认真办理人大代表建议和政协委员提案。支持法院、检察院公正司法，重视发挥工会、共青团、妇联、工商联等群团组织作用。完善政务服务体系，启用新政务中心，加快公共资源交易中心建设。完善政府信息公开制度，加强舆论引导和政府与公众的沟通，保障人民群众的知情权、参与权和监督权。

坚持亲民施政。问政于民、问需于民、问计于民，以民为本、体恤民情、纾解民困，扎扎实实解决民生问题，用政策暖人心、用保障稳民心。紧紧围绕就业、保险、医疗、教育、住房、出行等热点难点问题，千方百计提高公共服务和社会保障水平，切实解决好群众最关心、最直接、最现实的利益问题。今年，县政府将继续按照“群众急需解决、财力能够承受、年内基本完成”的原则，重点为民办好十项实事工程。深入开展“下基层、心连心”活动，改进为民服务，密切干群关系。

坚持廉洁从政。全面落实党风廉政建设责任制，扎实推进惩治和预防腐败体系建设。强化行政监察和审计监督，加强财政资金使用、工程项目建设、行政执法等重点领域监管，从源头上预防和治理腐败。深入开展行风评议和纠风治乱工作，切实解决群众反映强烈的突出问题。坚持勤俭办一切事业，严格预算管理，严控一般性支出。坚持适度负债，强化对县镇两级负债的管控。以“三问三治”为抓手，加强公务员教育、培训和管理，提升能力，改进作风，树立为民、务实、清廉的良好形象。

各位代表，新的蓝图已经绘就，新的征程已经开启。让我们在中共宝应县委的坚强领导下，紧紧团结和依靠全县人民，把科学发展的大旗举得更高，把赶超发展的举措抓得更实，把和谐发展的氛围营造得更浓，解放思想，开拓创新，扎实工作，为全面完成本次会议确定的目标任务，加快向更高水平小康社会迈进而努力奋斗！

纵棹园

行，集中签约项目24个，协议总投资40.8亿元。

△　在扬州市海峡两岸（扬州）农业合作试验区投资项目签约仪式上，宝应县共有8个农业项目参加集中签约。

△　宝应县举行“小康宝应一日游”启动仪式，全县各界代表600多人参加活动，先后参观安宜高中、北河公园、老年公寓、宝应湖粮食物流中心、安宜工业园、宝胜电缆城等地（单位）。

19日　上海市社会工作委员会巡视员徐明率领23名民营企业家到宝应县考察。

△　县人武部举行新老政委交接仪式，扬州市军分区宣布南京军区决定：宝应县人武部政委夏学永任仪征市人武部政委，南京市浦口区人武部副部长陈宝任宝应县人武部政委。

△　江苏宝生聚酯科技有限公司年产30万吨聚酯项目举行奠基仪式，项目协议总投资12亿元，其中固定资产投入6亿元。森萨塔科技（宝应）有限公司5号楼暨传感器项目同日举行奠基仪式。

22日　县政府在杭州市举行“江苏宝应2011年城市经营推介会”。

24日　南京宝应商会成立一周年庆典大会在南京举行。

25日　扬州市政府法制办主任会议在宝应县召开。

△　省旅游局通过初选，确定扬州白鹿岛生态旅游区作为省自驾游基地试点单位。

26日　扬州职业大学、扬州科技学院党委书记张网女、校长周胜一行60余人到宝应考察。

△　江苏省土地学会2011年度第一次学会工作座谈会在宝应县召开。

27日　江苏迅达产业园项目在安宜工业园（南区）举行开工奠基仪式，该项目由江苏迅达电磁线有限公司实施，计划总投资12亿元，其中固定资产8亿元，注册资本2.12亿元。

△　国家林业局宣传办公室副主任叶智，中国林业科学院首席科学家、教授彭镇华率工作组到宝应县考察验收创建国家森林城市工作。

△　扬州白鹿岛生态旅游区等景区单位参加2011中国国内旅游交易会（在陕西省西安市举办），进行宝应旅游业推介展示活动。

△　县委组织部、团县委联合举办宝应县“十佳大学生村官”颁奖暨论坛活动。

28日　宝应县召开庆“五一”暨“当好主力军、建功‘十二五’、创新促发展”立功竞赛动员大会。

△　江苏大成羽绒制品有限公司主办的中国家纺行业高层论坛暨新品发布会在宝应湖国家湿地公园举行。中国家纺协会秘书长何锋、中国羽绒协会秘书长姚小蔓及“罗莱”、“富安娜”等全国知名家纺企业代表百余人出席活动。县委书记、县人大常委会主任仲生到会致贺辞。

△　县文学艺术界联合会第四次代表大会在县城召开。

29日　宝应县举行2011年当选全国、省、市劳模人员到市参加表彰会欢送仪式。宝应县共有13人当选全国、省、市劳动模范。其中，宝胜科技创新股份有限公司副总裁房权生获全国“五一”劳动奖章，朱瑞、徐中、王步勇、李永政、沈晓军、刘先知6人当选江苏省劳动模范，另有6人当选扬州市劳动模范。

△　中共江苏省委贯彻“六个注重”实施“八大工程”推进“两个率先”宣讲团到宝应县进行宣讲活动。

宝应县举行2011年全国、省、市劳模先进赴扬参加表彰会欢送仪式

5月

1日 县委宣传部、县广电总台、县文联、汇银家电宝应店联合主办的“汇银家电杯”庆祝建党90周年、新宝应·新气象·新风尚有奖征文大赛颁奖仪式在扬州汇银家电有限公司宝应旗舰店举行。

4日 县委宣传部、县环保局、夏集镇人民政府共同举办的第六届中国绿歌会——“夏花烂漫”在夏集镇人民广场举行。

5日 市委书记、市人大常委会主任王燕文率市相关部门负责人到宝应县调研企业发展及项目建设等工作。

△ 宝应县党员干部远程教育工作推进会暨党建手机报开通仪式在安宜镇大桥社区举行。

5～6日 中国玩具协会会长石晓光一行到宝应县考察。

6日 省人口与发展研究中心副主任陈国斌，省人口学会秘书长刘保华一行到宝应县调研城乡一体化进程中的人口计生工作。

△ 宝应县召开“5·19慈善一日捐”动员大会暨县慈善会二届四次理事会议。

7日 宝应县安宜高级中学晋升为省“四星”级普通高中。

9日 中国药科大学党委组织部部长孙军一行到宝应县考察。

10日 江苏安宜建设工程有限公司举行晋升国家房屋建筑工程施工总承包一级企业庆典仪式。

10～11日 省质量技术监督局副局长曾大平一行到宝应调研有机产品认证示范区创建工作。

12日 省食品药品监督管理局副局长朱勤虎一行到宝应县视察指导工作。

15日 “翰墨有情”书画助残捐赠作品展在新落成的县残联大楼前揭幕。

17日 县地名委员会、县民政局举办《宝应县地名通典》内部发行首发式。

17～18日 宝应县巩固“国家卫生县城”工作通过省爱卫会组织的专家组复审。

21日 “宝胜杯”全国第二届电线电缆制造工(拉线工)职业技能竞赛总决赛在宝胜集团开赛。中国电器工业协会终身理事长、中国机械工业企业管理协会名誉理事长陆燕荪，中国机械工业企业管理协会名誉理事长孙祖海等出席总决赛开幕式。

24日 宝应县成立县哲学社会科学界联合会。

26日 市人大常委会领导与宝应县大学生村官“结对牵手、交友连心”座谈会在县行政中心举行。

27日 江苏二妹子食品有限公司举行揭牌仪式。

28日 宝应在沪人士联谊会暨上海宝应商会筹委会成立大会在上海市延安饭店召开。

6月

1日 县委常委、组织部部长王友芳，副县长陈石等代表县委、县政府分别到县直机关幼儿园和实验幼儿园新区分园，慰问幼教工作者，探望幼儿，与师生们共度“六一国际儿童节”。

3日 市委宣传部、市文明办、宝应县委、县政府联合主办的“我们的节日——端午”大型文艺演出在射阳湖镇荷园举行。

8日 “宝应湖”商标被国家工商行政管理总局正式认定为“中国驰名商标”。

10～12日 中国共产党宝应县第十一次代表大会在县行政会议中心召开。仲生代表中国共产党宝应县第十届委员会向大会作题为《赶超创新、富民强县，为全面建成更高水平小康社会而努力奋斗》报告。会议选举产生县委第十一届委员会，十一届一次会议选举产生常务委员会委员，书记、副书记。

11日 农业部专家组到宝应县开展抗旱减灾科技指导服务工作。

16日 市人大常委会副主任王康华率领市人大《中华人民共和国老年人权益保障法》执法检查组到宝应检查该法落实情况。

△ 市政协副主席、苏北人民医院院长王静成率10多名知名专家教授到宝应县开展“关注民生、回报社会”公益性系列活动。

18日 南京军区某集团军副军长兰政一行

到宝应县勘察防汛工作。

19日 扬州市关心下一代工作委员会纪念建党90周年主题教育活动推进汇报会在宝应县召开。

22日 宝应中学被命名为“扬州大学优秀生源基地”。

24日 宝应县2011年高考“本二”以上达线3 890人，比上年增加535人。普通类“本一”和“本二”达线人数、体艺类文化和专业双达线人数以及增长率居扬州各县(市、区)之首。

△ 宝应县第十届全民健身体育节启动仪式在县体育馆举行。

△ 宝应县庆祝中国共产党成立90周年诗书画摄影作品展在纵棹园举行。

25日 县委宣传部、县人武部、县文体广新局、县广播电视总台、县文联主办的庆祝建党90周年墨香苑之声综艺音乐会——“党啊，亲爱的妈妈”在宝淮影剧院举行。

28日 宝应县庆祝建党90周年大会在县行政中心举行。会后，举行庆祝建党90周年歌咏大会——“党旗颂”。

29日 县委组织部、县委老干部局、县关工委联合主办的离退休干部党员纪念建党90周年文艺演出——“颂歌献给党”在宝淮剧场举行。

△ 宝应县“为中华之崛起而读书——周恩来少儿时期学习生活故事”展览和“追寻伟人足迹——全国周恩来纪念馆”图片展在周恩来少年读书处开幕。

30日 “全县反腐倡廉成果展”在县博物馆开幕。

△ 瑞尔轨道交通新材料产业园在安宜工业园区举行开工典礼。

△ 宝应县召开机关部门服务赶超发展推进会。

7月

2日 市委书记、市人大常委会主任王燕文，市委副书记、市长谢正义率全市城镇化推进工作会议全体与会人员，到宝应县参观县城第一商圈改造、生态新城一号邻里中心、氾水镇人民广场和氾水镇农民集中居住区等建设现场。

8日 国家水产技术推广总站站长魏宝振一行到宝应县督导调研基层水产技术推广体系改革与建设情况。

△ 扬州市文化产业(宝应)示范基地授牌仪式在宝应县举行，基地包含扬州盛德工艺品有限公司和鲁垛乱针刺绣产业园等两家企业和园区。

9日 宝应县质量技术监督局与江苏省产品质量监督检验研究院在南京举行国家有机食品质检中心合作共建协议签字仪式。

11日 宝应县首批27名企业家赴新加坡研修管理学欢送仪式在县行政中心举行。

18日 2011中国·宝应荷藕节开幕式暨宝应生态旅游推介会在宝应县射阳湖镇荷园举行。

21日 嘉兴市秀洲区政协副主席张志能一行到宝应县考察湿地农业。

△ 中央政策研究室正局级研究员倪力亚率中国县域经济社会科学发展调研组到宝应县开展专题调研。省政府参事、省政协原秘书长刘立仁等陪同。

△ 扬州市市级机关挂钩帮扶宝应县经济薄弱村试点村工作座谈会在安宜工业园(南区)举行。

22～23日 县委召开经济工作会议，县委书记、县人大常委会主任仲生作题为《坚持赶超发展，确保“四个突破”》的工作报告。

23日 省、市创争办公室领导一行到宝应县调研“群众满意窗口服务单位”创建活动情况。

△ 《大众摄影》、县委宣传部、县文联共同举办的2011中国·宝应荷藕节“《大众摄影》影像·传承”全国百名摄影家荷乡宝应行采风开镜仪式暨扬州市摄影家协会(宝应)摄影创作基地揭牌仪式在射阳湖镇举行，北京、上海及省内200多名摄影家参加活动。

30日 中共宝应县委召开常委议军会议。

△ 省美术家协会会员、离休老干部吴先敬个人画展在县博物馆开幕。

8月

2日 宝应县申报全国有机产品认证示范县

工作通过江苏省质监局专家组现场评估。

△ 扬州市农业委员会《白马湖（扬州）水域养殖功能规划》论证会在宝应县召开。

△ 宝应县召开省级文明城市迎检暨创建全国文明县城动员大会。

3日 扬州市基层应急管理工作会议在宝应县召开。

5日 宝应县首家0～3岁幼儿早教中心——“乐贝儿”早教中心在县妇女儿童活动中心成立。

6日 省委常委、组织部部长石泰峰一行到宝应县视察基层党建工作。

9日 扬州市文艺界知名人士座谈会在宝应县召开。

11日 宝应县举行2010年度获省、市人才资助奖金颁发仪式暨招才引智工作座谈会。宝应县9名领军人才共获省、市586万元资助。

14日 “凯菱杯”“唱响青春”宝应县企业青年歌唱达人赛决赛暨颁奖典礼在县实验小学报告厅举行。

15日 在南京召开的江苏省出口品牌工作会议上，宝胜集团入选“2011～2013年度江苏省重点培育和发展的国际知名品牌”单位。

16日 2011中国·宝应荷藕节系列活动之一的全县百名少儿书画大赛颁奖仪式在县委党校举行。

17日 “宝应湖”获得“中国驰名商标”庆功会在县行政中心举行。

18日 江苏省南水北调里下河水源调整大三王河工程在夏集镇举行开工仪式。

△ 中央政策研究室原局长王念宁、中联城乡统筹发展研究中心主任谢华平率城乡统筹发展调研组到宝应调研。

20日 宝应县2011中国·宝应荷藕节大型人力资源招聘洽谈会在县人力资源市场举行。

25日 宝应县慈善会、安宜镇慈善分会与安宜房地产公司、江苏广厦房地产公司在安宜镇举行慈善助学金发放仪式，134名贫困大学生，共获得助学金20.05万元。

28日 全国船舶舾装标准化技术委员会纤维索制品工作组成立大会在宝应县召开。全国船舶舾装标准化技术委员会秘书长杨安礼等出席会议。

30日 市委书记、市人大常委会主任王燕文到氾水镇，为党员干部宣讲胡锦涛“七一”重要讲话精神。

△ 宝应县召开领导干部大会，传达贯彻市第六次党代会精神。

31日 县总工会、县生态新城指挥部办公室、县住房和城乡建设局、县建筑工程管理局和安宜镇举行生态新城工程建设劳动竞赛启动仪式。

9月

1日 宝应县救助管理站成立揭牌。

2日 中国玩具和婴童用品协会会长石晓光率中国玩具协会专家考评组到宝应县考察认定“中国文体教玩具生产基地”创建工作。

5日 共青团扬州市委追授宝应县因公牺牲民警肖瑶为“扬州市新长征突击手”。

8日 宝应县召开庆祝第27个教师节暨教育现代化迎检动员大会，表彰县十佳教师、优秀教育工作者和部署迎检工作。

9日 县纪委、县委宣传部、县文联联合举办的“清风扬帆”全县廉政文化书画作品展在纵棹园揭幕。

19日 由江西省出入境检疫局认证认可监督管理处处长兰祥光带队的国家认证认可监督管理委员会现场评审组对宝应县创建国家有机产品认证示范县工作进行现场审查。

△ 扬州市学习贯彻《江苏省农产品质量安全条例》现场推进会在宝应县召开。

20日 县委宣传部、县诗词之乡创建办公室、县文联在县博物馆举办赵文澜诗词书法展。

22～23日 江苏省环保厅副厅长赵挺率考核组对宝应县创建国家生态县工作进行考核验收，考核组认为宝应县已经达到国家生态县考核标准。

23日 第十三届江苏农业国际合作洽谈会在扬州召开，宝应县有6个项目参加集中签约，合同利用外资4 040万美元。

25日 省委第一巡视组组长杭天珑、省海洋与渔业局局长唐庆宁一行到宝应县调研专业渔民生产生活情况。

28 日　江苏宝应软件信息产业园开园、宝应软件信息大厦奠基暨宝应光星电子有限公司和扬州懒洋洋科技有限公司竣工投产综合庆典仪式在生态新城举行。

△　2011 中国·宝应荷藕节重大招商项目，投资 15 亿元的江苏兴发新能源材料有限公司铝型材项目和投资 2 亿美元的汉金富泰（扬州）铜业有限公司铜杆项目同日在江苏宝应经济开发区举行开工奠基仪式。

△　2011 中国·宝应荷藕节科技创新、产业合作暨项目签约仪式在县行政中心举行。参加集中签约的工业项目和产学研合作项目共 25 个，协议总投资逾 60 亿元。签约前，南京海关企管处处长季光，中国工业设计协会副会长、上海理工大学艺术设计与传媒学院院长程建新和县领导仲生、王庭国共同为宝应工业设计中心及宝应海关联络处揭牌。

△　2011 中国·宝应荷藕节闭幕式暨文艺晚会在宝应县中学体育馆举行。

29 日　老干部邹杰书法篆刻展在纵棹园举行。

30 日　扬州市见义勇为基金会会长冀仁贵到宝应县人民医院，看望慰问火海救人英雄孙超。

10 月

1 日　宝应县在县行政中心举行庆祝中华人民共和国成立 62 周年升旗仪式。

12 日　省市质监、农委等部门专家到宝应县检查验收省级有机稻米标准化示范区建设工作。

△　江苏省人民检察院党组书记、检察长徐安到宝应县视察。

△　民政部、财政部、农业部和中央农村工作领导小组办公室联合组成的中央农村低保政策落实情况检查组到宝应县检查农村低保工作。

13 日　省见义勇为基金会副理事长朱义泉一行，到宝应县看望火海救人英雄孙超。

14 日　全省建设工程安全生产文明施工现场工作推进会在宝应县召开，省住房和城乡建设厅副厅长徐学军出席会议。

15 日　宝应湖国家湿地公园举行“扬州宝应湖国家湿地公园上海至宝应旅游直通车”开通仪式。

△　市委副书记、市长谢正义率市相关部门负责人到宝应县调研了解工业经济和企业运行情况。

17 日　上海华夏文化经济促进会会长宋仪侨一行到宝应县考察。

21 日　宝应县召开纪检监察学会成立暨第一次会员大会。

22 日　江苏宝粮控股集团有限公司成立庆典在宝应湖粮食物流中心举行。

27 日　江苏省残疾人联合会在宝应县举行部分康复项目纳入基本医疗保障试点工作座谈会，省残疾人联合会副理事长肖敏，省人力资源和社会保障厅医疗保险处副处长张自岭等出席会议。

28～29 日　扬州市第七次学校精致管理现场推进会在宝应县召开。

29 日　江苏省百名艺术家百场惠民演出宝应专场暨宝应县“十佳宝应好人”“十佳孝亲敬老之星”颁奖典礼在县宝淮影剧院举行。

11 月

1 日　江苏宝应经济开发区与宝胜集团联手打造的输变电装备科技城宝胜核心区项目举行签约仪式。

2 日　中共宝应县委召开常委扩大会，传达学习中共十七届六中全会、省委十一届十二次全会和全省政协工作会议精神。

6 日　县委宣传部、县环保局主办的第七届“中国绿歌会”在县城白田广场演出。县荷莲艺术团、县环保局、留守儿童合唱团、绿天使舞蹈团等 10 个演出团队共 500 人参加演出。

9 日　扬州市党风廉政建设调研座谈会在宝应县召开。

12 日　县委、县政府在氾水镇举行氾水运河大桥开工仪式。

△　宝应县举行生态新城高级中学建设工

程奠基仪式。

15 日 韩国 21 世纪韩中交流协会会长金汉圭偕夫人及韩国企业家代表一行 5 人到宝应县考察访问。

△ 扬州市基层医疗机构创建规范化妇儿保门诊现场会在宝应县召开。

16 日 国家发改委批复，同意以宝胜集团为依托单位组建高压电力电缆国家地方联合工程研究中心。

△ 江苏省"四星"乡村旅游区(点)验收组一行到宝应县，对荷园创建省"四星"旅游区进行验收。

18 日 仁恒实业控股有限公司在香港联合交易所创业板挂牌上市，成为宝应县第一家境外上市公司。

△ 省海洋与渔业局局长唐庆宁一行到宝应专题调研现代渔业建设情况。

19 日 县委宣传部、团县委联合举办的"青春集结为赶超发展助威"2011 宝应青年千人毅行活动在县城花城广场举行出征仪式。

20～23 日 省文明委创建省级文明城市第四考评组领导和专家一行到宝应县测评创建省级文明城市工作。

22 日 省委宣讲团成员、省委组织部副部长、省人力资源和社会保障厅厅长谭颖到宝应县宣讲省第十二次党代会精神。

25～27 日 第九届江苏名特优农产品(上海)交易会在上海国际农展中心举行。宝应县的江苏水仙实业有限公司、江苏莲馨园食品有限公司、扬州花仙子食品有限公司、扬州莲顺食品有限公司、扬州瘦之莲食品有限公司、宝应汇隆农产品产销专业合作社等 6 家企业参加交易会。

△ 省旅游局自驾游基地评审专家组王初、杨春先一行到宝应县对扬州白鹿岛生态旅游区申报省自驾游基地进行验收。

△ 市总工会、市人力资源和社会保障局联合主办，县总工会、县人力资源和社会保障局等协办的扬州市"光华杯"计算机操作员职业技能竞赛在宝应县举行。

26 日 扬州市新四军研究会、市中共党史学会、市委党史办公室与宝应县委、县政府联合在宝应县召开纪念新四军开辟苏中抗日根据地 70 周年座谈会。

29 日 宝应县在花城广场举行"全面小康、你我同行"启动仪式及小康知识明信片首发式。

29～30 日 省水利厅农水处汤建熙等一行到宝应县检查冬春水利建设工作。

12 月

2 日 2011 海峡两岸(江苏)名优农产品展销会暨产销对接洽谈会"句容、宝应、泗阳农产品重点推介专场"在南京凤凰台饭店举行，宝应县的江苏水仙实业有限公司、扬州天禾食品有限公司、扬州莲顺食品有限公司等企业参展，共获订单 6 600 万元。

△ 宝应县召开县镇人大换届选举工作会议。

7 日 宝应籍科学家钱旭红当选中国工程院院士。

8 日 省委常委、市委书记王燕文到宝应县视察奥新科技有限公司、宝应天马工业设计中心、扬州天地软件产业园、华美达大酒店、江苏宝生聚酯科技有限公司、曹甸镇惩防体系建设、森萨塔科技(宝应)有限公司传感器项目、生态新城邻里中心、韩国光星电子有限公司、扬州懒洋洋科技有限公司等企业和项目现场。

10 日 座落于射阳湖镇鹅村的

仁恒实业有限公司在香港联交所创业板上市

大慈庵观音殿举行落成暨佛像开光庆典仪式。

13日 中国残疾人联合会副理事长孙先德、省残疾人联合会副理事长肖敏一行到宝应县视察残联工作。

14日 宝应县举行经济形势分析报告会暨江苏省企业高级职业经理人任职资格培训开班典礼。省工业经济联合会、企业联合会、企业家协会“三会”会长吴冬华出席开班典礼并作经济形势报告。

15日 省交通厅厅长游庆仲到宝应县视察。

△ 市委常委、扬州军分区政委王松林到宝应县视察宝胜集团人武工作。

17日 宝应县伊斯兰教协会成立暨第一次代表会议在县城召开。

18日 宝应县生态新城主干道“大金十字”工程举行开工仪式。

△ 上海市闸北区工商联宝应商会在沪成立。

20日 宝应县城获“全国文明镇”称号。

24日 省政协副主席、省委统战部部长罗一民一行到宝应县视察城建工作。

△ 扬州晚报网、小官庄镇党委政府、团县委和扬州力宝广场共同主办的中国·扬州首届圣诞文化节平安夜主题活动在扬州市区开幕。

25日 扬州市政府农业亮点工程领导小组组长丁华国一行到宝应县检查现代农业亮点工程建设，先后考察望直港镇军师村设施农业园区、曹甸高效农业园区、北郊生态农业园区（黄塍镇）。

△ 扬州乱针绣文化产业园开园仪式在鲁垛镇举行。

26日 宝应县获得“全国粮食生产先进县”称号，受到国务院表彰奖励，县委书记、县人大常委会主任仲生参加在人民大会堂举行的表彰大会。

△ 截至11月底，宝应县实现工业总产值1 021.1亿元，首次跨上千亿级台阶。

27日 省委老干部局副局长王建明一行到宝应县验收创建省示范性老干部活动中心工作。

28日 江苏玉华容器制造有限公司成立10周年庆典活动在县行政中心报告厅举行，中国城市燃气协会秘书长刘波等出席活动。

30日 中共宝应县委十一届三次全体（扩大）会议在县行政中心召开，县委书记、县人大常委会主任仲生作题为《赶超争先 创新转型 加快向更高水平小康社会迈进》的工作报告。

中共宝应县委十一届三次全体（扩大）会议

自然地理

■位置面积　宝应县位于江苏中部，淮河下游，里下河地区西部，扬州市北缘，北纬33°02′46″～33°24′55″，东经119°07′43″～119°42′51″之间。东与建湖县、兴化市、盐城市盐都区交界；南与高邮市接壤；西与金湖县、洪泽县相连；北与淮安市楚州区毗邻。县域略呈梨形，射阳、广洋两湖环其东，宝应、白马两湖绕其西，京杭大运河纵贯南北。最北缘自西安丰镇崔渡村至南端夏集镇三洋河村，直线距离约47.4千米，东端自广洋湖镇团头荡至西界山阳镇顺河村西白马湖中，直线距离约55.7千米。总面积为1 467平方千米。其中，陆地979平方千米，占66.7%；水域488平方千米，占33.3%。

■地形　宝应县属里下河浅洼平原区，古地貌原为大型湖盆洼地。在第四纪时，洼地经由江、河、海合力堆积，经历海湾—泻湖—湖沼—水网平原的演化过程，形成多湖荡、沼泽的地貌特征。全县地形低平，受地质构造运动和黄泛影响，地势呈西高东低。以运河为界分为运西、运东两部分，地面高程分别为4.8米～8.8米和0.5米～5.6米。境内有主要河流15条，主要支排河27条，河渠密度平均每平方千米8.6公顷，构成稠密的水系河网，分属高宝湖区和里下河区射阳湖两大水系，水资源总量约1.5亿立方米。土壤肥沃，以水稻土、沼泽土和潮土为主。农田植被占总面积的53%，全县绿化覆盖率为15.4%。

（鉴　文）

■气候　2011年，全县平均气温15.3℃，最高气温36.5℃（7月3日），最低气温－8.8℃（1月16日）。日照时数2 088.8小时，初霜日期为2010年11月24日，终霜日期2011年4月5日。极大风速出现在4月10日，达18.3米/秒（8级）。全年降水量为907.6毫米，日最大降水量出现在6月24日，为91.8毫米（山阳镇南站），最长连续降水日期为7月11～20日，共10天，雨量118.6毫米，最长连续无降水日数为34天，出现在2010年12月15日～2011年1月17日。初雪日为2010年12月15日，终雪日为2011年3月1日。

（汪　丽）

■水文　2011年，宝应县总体气象特点是先旱后涝，1～6月份全县降雨持续偏少，出现严重的气象干旱天气。6月上中旬，里下河北部地区夏栽用水一度较为紧张，宝应湖水面下降至▽ 5.4米。射阳湖水位降至▽ 0.20米，达到历史最低点。1～4月份，射阳湖站累计降雨量59毫米，低于常年同期降雨量。汛期水情比较正常，全县主要河湖水位均低于历史最高水位。夏栽期间连续高温少雨。5～9月份，全县累计平均降雨量

708毫米，是常年降雨量635.7毫米的1.11倍。6月14日入梅，7月21日出梅，梅雨量为331.25毫米。8月4日出现全年最大日降雨，达到135毫米（氾仑水文站）。代表宝应运东地区水位的射阳湖站全年最高水位为7月15日的2.45米，超过警戒水位0.45米。宝应湖山阳站全年最高水位为8月23日的7.05米，超过警戒水位0.05米；白马湖山阳站全年最高水位为8月23日的7.26米，未超过警戒水位。（张维新）

■资源 宝应自然资源比较丰富，农作物种植面积5.28万公顷，粮食作物以水稻、小麦为主，经济作物以油菜为主，兼种棉花、旱地蔬菜等。水域4.88万公顷，滩地面积1.76万公顷。水产养殖面积常年保持3万公顷以上，年水产品总量15万吨，除养殖常规鱼种外，龟、鳖、河蟹、青虾等特种水产养殖面积占水产养殖总面积的80%，产量6万吨以上。“宝应湖”商标被国家工商行政管理总局认定为中国驰名商标，“宝应湖”牌大闸蟹在全国历次河蟹大赛中蝉联金奖、“最佳口感奖”；“宝应湖”牌中华鳖获首届“中国名鳖”评比第一名，第八届、第九届中国国际农交会金奖。水生蔬菜以荷藕、慈姑、水芹菜为主，宝应县为“中国荷藕之乡”、“中国慈姑之乡”和“中国水鲜美食之乡”。全县野生药用植物305种，总蕴量3 560吨。境内栖息着多种野生动物，以野鸭、野鸡、大雁为多。宝应地下矿产资源主要有泥炭、黏土、铁锰结核和石油天然气等，境域大部分地区钻孔内部钻遇比较完整的第三系地层，是富含油气的远景层位。射阳湖镇黄荡温泉一号钻井深1 355米，穿过4个地下储水溶洞，水温73℃，日出水量2 500吨，经国家、省有关专家评估论证，为硅酸医疗热矿水，对皮肤、关节、心血管等疾病有医疗保健作用，有较高的开发利用价值。（鉴 文）

史 略

宝应，系文明古县，境域置县已有2 200余年。始名“东阳”，后称“平安”、“安宜”，唐上元三年(676年)更名为宝应，沿用至今。

春秋战国时期，宝应先属吴，后属越，复属楚。秦时建东阳县，属东海郡。汉为东阳、平安、射阳3县地，先后属临淮、广陵郡。汉末，“建安七子”之一的陈琳即出生于广陵射阳。省文物保护单位之一的“九里一千墩”汉墓群，即座落在距古射阳遗址西南1 000米处。隋初，境内统一为安宜县。唐肃宗上元三年(762年)，境内获宝上献朝廷，嗣后，“安史之乱”平息，五谷丰登，唐王朝视为定国之宝，谓得宝之应，遂将上元三年改为宝应元年，赐安宜县为宝应县，此为宝应得名之始。唐代的宝应，农业、商业和手工业较为发达。县境为南北漕运必经之地，是里下河地区主要商埠之一。

北宋时，宝应县隶属楚州。南宋宝庆三年(1227年)升宝应为宝应州，领宝应、盐城、山阳、淮阴4县。元至元十六年(1279年)，改宝应军为安宜府。至元二十五年(1288年)，意大利旅行家马可·波罗奉世祖忽必烈之命，沿运河路经宝应往南巡视，将宝应境内特产、风俗、民情录入其力作《东方见闻录》中。

明、清两代宝应经济有一定发展，食品加工、酿造业较为兴旺，商业、手工业作坊增多。县城小新桥一带商号鳞次栉比，形成全县商业中心。全县私营商业店铺3 000多家，其中县城1 000多家、氾水镇近300家、射阳镇100多家。其间文化方面人才辈出，著述丰富。画家陶成，文学家朱应登、乔莱、刘岳云，经学家刘宝楠，戏剧家高朗亭，词人冯煦等，分别在中国绘画、文学、戏剧史上占有重要地位。宝应是淮剧发源地之一，民间文艺蕴藏丰富，成果颇丰。

宝应人民具有御外反霸斗争精神和爱国传统。秦末，东阳起义军首领陈婴，组兵2万人反秦。南宋绍兴三十一年(1161年)，宝应地区兵士及民众与金军在射阳湖交战，焚毁其舟船，致使金军溃散。明嘉靖三十六年(1557年)，倭寇掳掠宝应，义士丁效恭集合数十名青壮年手持兵器，痛击倭寇。清宣统三年(1911年)，辛亥革命爆发。革命军经宝应时，县城商店悬旗以示响应，一些宝应籍人士加入孙中山领导的同盟会。

1927年，中国共产党开始领导宝应人民进行新民主主义革命的伟大斗争。1928年，中共六大在莫斯科召开，周恩来作组织工作报告，提及中共宝应特别支部是全国已建立的138个特别支部之一。1939年以后，中共苏北特委和新四军部

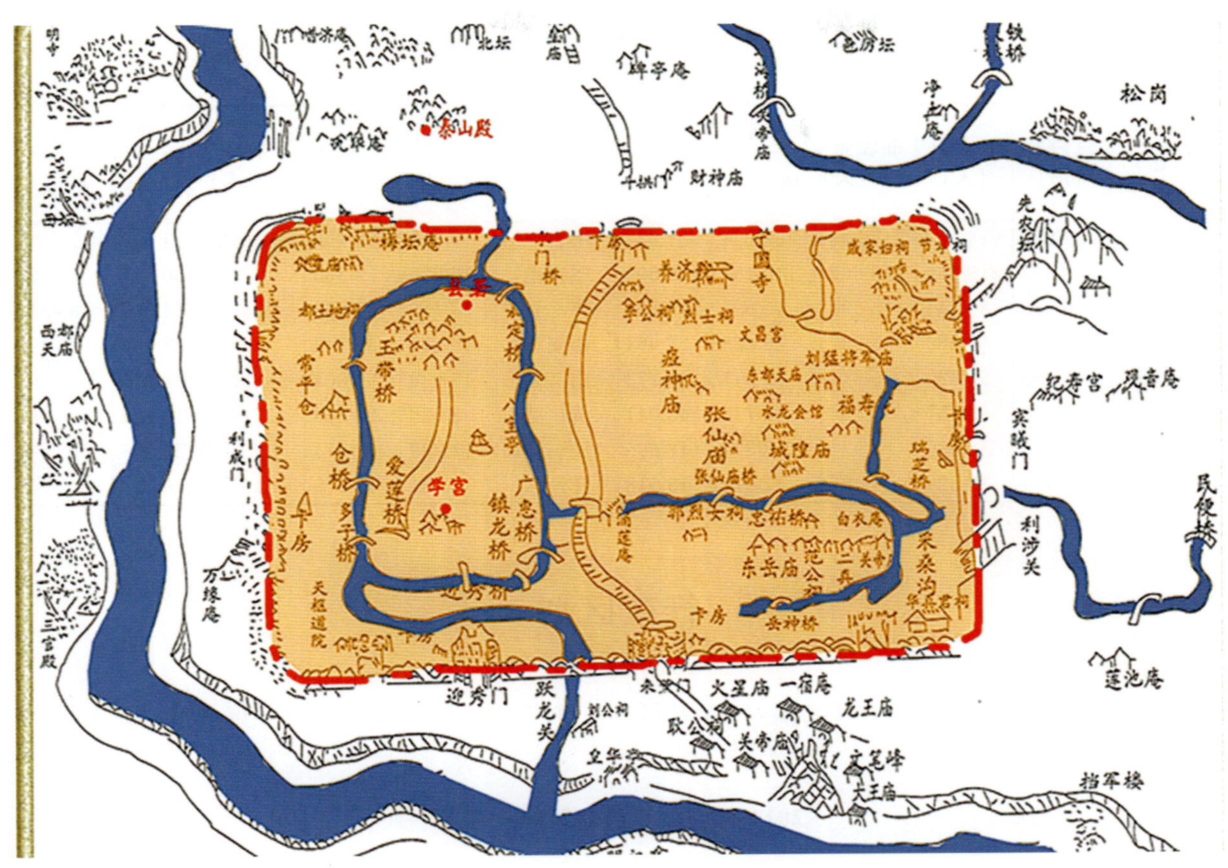

清道光元年(1821 年)宝应城区图

队相继派员进入宝应地区,创建抗日根据地。1940 年底,华中总指挥部发起曹甸战役,打击国民党顽固派。抗战后期,新四军一师和苏中区党政机关进驻宝应东荡地区,领导苏中人民抗击日寇,谱写出辉煌的历史篇章。1945 年 8 月,新四军部分主力部队和宝应县独立团攻占县城,宝应成为苏中地区被收复的第一座县城。在解放战争中,中共宝应县委面对国民党反动派的“清剿”,转移农村开展武装穿插、坚持原地斗争,于 1948 年 12 月 9 日解放宝应全境。

在民主革命时期,宝应许多仁人志士为国捐躯。陈处泰曾任中国左翼文化界同盟书记,民国 24 年(1935 年)被国民党当局秘密杀害于南京。夏凤山于民国 17 年(1928 年)加入中国共产党,在宝应热土上引燃革命火种,在狱中坚持斗争,留下“死有重于泰山,死有轻于鸿毛,死得其所,死有何妨”的遗书。在武装斗争中,宝应有 1 000 多名儿女壮烈牺牲,其英名彪炳史册。(鉴　文)

人口和民族

■人口　2011 年末,全县户籍人口 914 207 人,比上年增加 380 人。其中,非农人口 24.87 万人,增加 2 208 人;农业人口 66.55 万人,减少 1 828 人。男性 462 224 人、女性 451 983 人,男女性别比 102∶100;全年出生人口 8 029 人,出生率为 8.79‰;死亡人口 7 968 人,死亡率为 8.72‰;人口自然增长率为 0.07‰。

■民族　据《宝应县 2010 年人口普查资料》,在全县户籍人口中有 36 个民族,汉族 913 254 人,占 99.9%;少数民族有 35 个,953 人,占 0.1%。

(周厚梅)

2011 年宝应县各镇人口情况一览表

表 1

镇(区)	总户数(户)	总人口(人)	非农业人口(人)	按性别分		镇(区)	总户数(户)	总人口(人)	非农业人口(人)	按性别分	
				男(人)	女(人)					男(人)	女(人)
合　计	294 635	914 207	315 939	462 224	451 983	小官庄	9 310	29 159	3 012	14 608	14 551
安　宜	80 892	219 666	219 666	110 157	109 509	望直港	16 670	59 336	7 770	30 411	28 925
氾　水	26 983	81 741	18 596	40 633	41 108	曹　甸	20 139	68 238	6 561	34 920	33 318
夏　集	19 226	56 889	3 057	28 228	28 661	西安丰	10 211	35 343	3 142	18 144	17 199
柳　堡	17 049	51 720	5 941	25 947	25 773	山　阳	15 639	53 804	4 981	27 275	26 529
射阳湖	27 708	89 757	7 124	46 716	43 041	黄　塍	8 526	28 356	2 771	14 289	14 067
广洋湖	11 323	36 520	4 934	18 821	17 699	泾　河	17 289	57 574	10 314	28 935	28 639
鲁　垛	10 409	33 529	5 495	17 011	16 518	开发区	3 261	12 575	12 575	6 129	6 446

行政区划

■概况　至 2011 年底，全县有 14 个镇，44 个社区，225 个村，14 个村、社区合一单位，面积1 467.5平方千米。

2011 年宝应县行政区划一览表

表 2

镇	村(社区)
安　宜	村：北港、西刘堡、西郊、西港、北闸、南闸、金湖渔业、郑河、刘堡、潘桥、贾桥、陈家、刘庄、官沟、三团、船闸、白田、郭庄 社区：闸北、罗巷、刘沟、东门、学墩、城中、安宜、画川、牌楼、桃园、苏中、安民、泰山东村、白田、世纪园、南窑、南园、北河 村(社区)：铁桥、东升、三里、齐心、花庄、大桥、七里、金湾
氾　水	村：迎丰、苏律、新民、宋埠、成庄、郎儿、长沙、戈店、石桥、龙河、太平、江宝、新阳、高阳、柘沟、韦北、京杭、瓦甸、金宝渔业村、牌坊、范西、新荡 社区：东风、红旗、胜利、东园、花园、西园、北园
泾　河	村：泾河、张北、钱庄、泾农、松竹、陈桥、灶户、蔡桥、大同、左堡、黄浦、刘上、台许、虹桥、曹坝、刘家潭、东红、陈东 社区：泾河、黄浦集镇 村(社区)：张桥
黄　塍	村：徐甸、小垛、新丰、联合、江跳、大陆、大李庄、鱼桥 社区：黄镇
望直港	村：月蟾、兴旺、大树、北河、国强、火花、张楼、军师、和平、马垛、蛤拖、吴堡、西荡、望直、仲墩、狮庄、牌楼、南沙、北沙 社区：兴港、獐狮荡
小官庄	村：小官庄、诚忠、祖全、南场、范沟、石先、王圩、双闸、杨蒋 社区：小官庄集镇
夏　集	村：蒋庄、苏雅、双塘、双琚、三洋河、王营、卫星、王桥、丰收、万民、潼口、塘北、相庄、赵雍 社区：子婴河 村(社区)郭桥、夏集

续表

镇	村(社区)
柳 堡	村:迎湖、团庄、雍尹、张元、廷柏、寿林、王通河、建设、仁里、新安、联丰、清元、芦东、郛阳、塘新、柳堡 社区:亚宝、芦村 村(社区):郑渡
鲁 垛	村:五顷、陶林、何家、鉴青、三新、贾林、鲁垛、鲁庄、朱斗、荡口、崔王、陈幸 社区:鲁垛集镇
广洋湖	村:鹤湾、葛庄、严桥、桥头、白鼠、肖家、东进、兰亭、蒯家、东溪、西溪、三联、万新 社区:兴洋
射阳湖	村:桥南、油坊、王坤、高夏、廖徐、射阳湖渔业、四联、戴庄、平江、射南、风车头、姬风、马墩、泗河、大槐、柳树、赵勤、平南、潘舍、钱沟、姜庄、鹅村、蒋堡、林上、落潮、黄荡、冲林、魏荡、戴堡、刁夷 社区:臧陈、天平、水泗
曹 甸	村:曹甸、茆舍、李沟、康庄、金吾、古塔、黄家、陆庄、崔堡、曹南、周管、新南、溪北、屈舍、下舍、三元、梁沙、甄庄、郝舍、舍新、官河、夏庄 社区:曹甸、下舍
西安丰	村:南舍、花亭、林溪、太仓、苗圃、朱郭、崔渡、张吉 社区:西安丰镇 村(社区):集丰、天亭
山 阳	村:合心、顺河、吴坝、大东、徐扬、中南、光辉、颂阳、公民、春光、兴同、龚陈、沿湖、金庄、杨河、徐庄 社区:山阳、万缘

说明:1. 安宜镇铁桥、东升、三里、齐心、七里、金湾、花庄、大桥村与社区合一;泾河镇张桥村与社区合一;广洋湖镇兴洋村与社区合一划分为万新村、兴洋社区;西安丰镇集丰、天亭村与社区合一;柳堡镇郑渡村与社区合一;夏集镇郭桥、夏集村与社区合一。

2. 经济开发区七里、金湾(村、社区合一),列安宜镇序列。

国民经济和社会发展

■概况 2011 年,宝应县围绕奋力实现重大项目、税收经济、新城建设、小康创建“四个突破”的奋斗目标和“赶超发展、争先进位”的总体要求,实现“十二五”规划发展的良好开局。全县实现地区生产总值 291.53 亿元,按可比价格计算,比上年增长 12.0%。其中,第一产业增加值 49.75 亿元,增长 4.5%;第二产业增加值 139.45 亿元,增长 14.1%;第三产业增加值 102.33 亿元,增长 13.1%。全县人均地区生产总值为 38 757 元(按常住人口计算),比上年增加 7 833 元。经济结构进一步优化。三次产业增加值比例由上年的 17.8∶48.0∶34.2,调整为 17.1∶47.8∶35.1。全面小康建设实现总体达标。根据省定全面小康社会四大类 18 项 25 个指标,除第二、三产业增加值占 GDP(地区生产总值)比重、森林覆盖率两个非核心指标外,其余 23 个指标全部达标。

■农林牧渔业 全县农林牧渔业实现总产值 89.37 亿元,比上年增长 16.6%。粮食总产量 91.08 万吨,其中小麦 36.43 万吨、水稻 54.22 万吨,被国务院表彰为全国粮食生产先进单位。油料总产量 1.38 万吨。新增高效农(渔)业面积 8 000公顷,新创农业“三品”品牌 161 个,获“国家有机产品认证示范创建县”称号,江苏宝应湖有机农业开发区创成“国家农业产业化示范基地”。“宝应湖”农产品商标被认定为“中国驰名商标”,宝应慈姑获批“国家地理标志产品”。

全年完成各类水利土方 780 万立方米,宝射河治理、金宝河整治工程等全部完工,小型农水、芦氾河治理工程基本完成,大三王河、里下河水源调整、灌区渠系配套等工程开工建设。实施 4 个国家级水利项目和 1 个农业综合开发项目。万顷良田建设工程以及土地整理开发项目有序推进,新增耕地 786.67 公顷。农业机械化水平进一步提高,新增各类农机装备 3 140 台套,综合机械化作业水平 86%以上。

全年新组建农村“三大合作”组织 155 家,累计 810 家。新创“省级新农村建设先进村”3 个、“市全面小康达标村“31 个。新创电气化镇 1 个、电气化村 10 个。建成市级卫生镇 2 个、省市级卫生村 17 个。农村改厕 1.5 万座、新建户用沼气池 1 600 口、沼气工程 7 处。新建公厕 143 座、垃圾池 6 700 个。疏浚整治县乡河道 65 条，清理河道 2 600 多条。运东垃圾填埋场完成主体工程，城乡垃圾集中处理实现全覆盖，健全完善农村环境卫生长效管护机制。

■工业、建筑业 全年实现工业总产值 1076.31 亿元，比上年增长 34.1%，工业总产值首次跨上千亿级台阶。年末规模以上企业（年主营业务收入 2 000 万元及以上）总数达 281 家，规模以上工业完成总产值 571.06 亿元，增长 34.2%。规模以上高新技术产业完成产值 298.79 亿元，占规模工业产值的 52.3%。工业用电量 8.33 亿千瓦时，增长 11.5%。全县规模以上工业企业实现主营业务收入 541.76 亿元，增长 33.7%；实现利税 42.21 亿元，增长 44.7%；实现利润 24.48 亿元，增长 46.2%。

全县有资质等级的建筑企业 72 家（不含劳务），完成施工产值 245.24 亿元，比上年增长 22.9%；竣工产值 226.10 亿元，增长 26.5%。资质以上建筑企业从业人员 10.87 万人。房屋建筑施工面积 3 034 万平方米，其中 2011 年新开工面积 1 763 万平方米。

■固定资产投资 全年固定资产投资完成 160.15 亿元，比上年增长 22.0%。其中，城镇项目投资 79.83 亿元，增长 23.7%；农村项目投资 65.34 亿元，增长 21.9%。按产业分，第一产业完成投资 1.56 亿元，增长 19.8%；第二产业完成投资 113.14 亿元，增长 22.9%；第三产业完成投资 45.46 亿元，增长 34.8%。

新开工亿元以上项目 49 个，其中 10 亿元以上项目 5 个。宝胜普睿司曼电缆有限公司电缆扩产项目、康源纺织有限公司 30 万纱锭项目、江苏昌辰实业有限公司锦纶长丝项目、江苏宝生聚酯科技有限公司 30 万吨聚酯项目、森萨塔科技（宝应）有限公司传感器项目等进展顺利，迅达产业园、汉金富泰（扬州）铜业有限公司 30 万吨连铸连轧铜杆、江苏兴发新能源材料有限公司 12 万吨铝型材等项目开工建设。天地软件产业园、扬州懒洋洋科技有限公司呼叫中心项目填补信息软件产业和服务业外包的空白。文峰大世界投入运营，中央商城基本建成，科技服务中心、华美达大酒店建设进展顺利。生态新城先导区建设加快进行，一号邻里中心主体项目完工，主轴线干道宝射路工程和跨二横河桥工程建成竣工。

全年房地产开发投资 14.98 亿元，比上年增长 7.2%。全县房屋施工面积 137.28 万平方米，比上年下降 10.0%。其中，新开工面积 44.13 万平方米，比上年下降 42.7%。商品房销售面积 15.76 万平方米，比上年下降 4.4%。

■国内贸易 全年实现社会消费品零售总额 92.68 亿元，比上年增长 17.1%。按销售地域分，城镇实现消费品零售额 70.03 亿元，增长 22.9%；农村实现消费品零售额 22.65 亿元，增长 2.2%。按行业分，批发零售业完成零售额 87.35 亿元，增长 17.6%；住宿餐饮业完成零售额 5.33 亿元，增长 9.0%。按规模分，限额以上企业实现 13.12 亿元，增长 14.9%；限额以下企业实现 79.56 亿元，增长 17.4%。

■开放型经济、旅游 全年自营进出口总额 5.67 亿美元，比上年增长 27.9%。其中，自营出口 4.14 亿美元，增长 27.7%。完成协议注册外资 4.12 亿美元，增长 41.2%；实际到账外资 1.73 亿美元，增长 20.2%。

启动《宝应湖旅游度假区规划》编制工作，成功举办 2011 中国·宝应荷藕节及生态旅游推介会。白鹿岛生态旅游区列入全省乡村旅游二十强，被评为省自驾游基地。射阳湖荷园旅游区获省四星级乡村旅游点称号。宝应湖国家湿地公园和扬州射阳湖省级湿地公园正式获批。白鹿岛大酒店通过国家三星级旅游酒店验收。华美达五星级大酒店建设工程进展顺利。开通上海至宝应的旅游直通车，延伸纵棹园—白鹿岛旅游专线。2011 年，全县接待游客 126.75 万人次，比上年增长 24.0%，实现旅游收入 11.94 亿元，增长 25.6%。

■交通运输、邮电通信 全年客运量 1 263 万人，旅客周转量 99 700 万人千米，分别比上年增长 25.1%和 26.6%。全年货运量 1 478 万吨，货物周转量 263 000 万吨千米，分别增长 25.2%和 26.1%。其中，公路货运量 730 万吨，货物周转量 48 000 万吨千米，分别增长 22.7%和 25.5%；水路货运量 748 万吨，货物周转量 215 000 万吨千米，分别增长 27.7%和 26.3%。

全年邮电通信业完成业务收入 4.88 亿元，比上年增长 11.4%。年末移动电话用户 57.05 万户，比上年增加 6.31 万户。国际互联网用户 9.48 万户，比上年增加 2.95 万户。全县有线电视用户率达 92.4%，比上年提高 5.5 个百分点。推进有线电视数字化整体转换工作，城区转数基本完成，农村转数全面开展。

■财政、金融、保险　全年实现财政总收入 40.22 亿元，比上年增长 31.4%。其中，一般预算收入 20.58 亿元，增长 31.3%。全年财政支出 41.32 亿元，增长 31.5%。其中，一般预算支出 32.30 亿元，增长 22.6%。

年末金融机构人民币存款余额 221.90 亿元，比年初增加 32.61 亿元。其中，城乡居民储蓄存款余额 143.13 亿元，比年初增加 16.87 亿元。年末金融机构人民币贷款余额 137.53 亿元，比年初增加 22.46 亿元。江苏射阳农村商业银行股份有限公司宝应支行正式运营，成都银行发起设立江苏宝应村镇银行申请获批设立，新办农村小额贷款公司 2 家。

全年实现保费收入 8.38 亿元，比上年增长 0.2%。其中，财产险保费收入 1.63 亿元，增长 35.5%；人身险保费收入 6.75 亿元，下降 5.7%。

■科学技术和教育　组织申报各类科技项目 372 项，获批 216 项。新增国家高新技术企业 9 家、国家重点新产品 3 项、省高新技术产品 88 项。签订产学研合作协议 78 项。新增省市级企业工程技术研究中心 17 家。获批国家有机食品质量监督检验中心。宝胜集团获批国家级工程研究中心。申请专利总量 1 700 件，其中发明专利 218 件。获专利授权 620 件。引进储备性人才 2 600 多人，引进支柱产业急需技术人才 170 人。引进高层次人才 33 人，其中 7 人获批省“双创”计划、11 人获批市“绿杨金凤”计划。上海高校技术转移扬州分中心正式运行，成功组建天马工业设计中心、东南大学和扬州大学技术转移中心宝应分中心。

新建、改造校舍 15.1 万平方米。开发区国际学校建成使用。新增省优质幼儿园 1 所、市优质幼儿园 8 所。安宜高中通过省四星级高中验收。高考本二以上达线 3 890 人、净增 500 多人。新获批市特级教师 9 人。

■文化、卫生、体育　组织下乡送戏 60 场、送电影 2 900 场、送图书 8 万余册，创作剧(节)目 40 多个。实施周恩来少年读书处提升、数字影院改造等工程。新建(改造)鲁垛等镇文体阵地 6 个。完成第三次全国文物普查阶段工作。扬州市宝映乱针绣品有限公司、扬州盛德工艺品有限公司获扬州市首批文化产业示范基地称号。

宝应县人民医院改造、夏集镇卫生院迁建等 10 个项目全面建成投运。新增省示范镇卫生院 1 所、市中医药特色社区卫生服务中心 3 个，新创市标准化镇卫生院(社区卫生服务中心)3 所。医疗卫生机构新增医疗设备投入 1 800 万元，城乡免费公共卫生服务项目增加到 10 类、41 项，“15 分钟健康服务圈和医疗急救圈”逐步完善。基层医疗卫生机构综合改革基本完成，15 所镇卫生院(社区卫生服务中心)及规划设置的 210 所村卫生室、21 个社区卫生服务站，全面实施基本药物制度。新农合人均筹资 250 元，县镇两级住院补偿比例达 70%。成功举办县第十届全民健身体育节，承办市健美锦标赛暨全国健美选拔赛等重大赛事 3 次，全民健身活动获国家体育总局优秀组织奖，获第七届全国城运会女子足球乙组比赛

志愿者行动

冠军。曹甸镇创成省体育产业基地。

■城乡建设、环境保护 改造建设北河路、林庄路等道路6条，完成白田北路、泰山路等10条主次道路维修养护，改造中小街巷面积4.4万平方米，新增绿化面积17万平方米。在建农民集中居住区近30万平方米。省道332宝应段、安大公路宝应段、恒黄公路三期建成通车，省道237二期工程竣工，氾水运河大桥开工建设，宝应船闸扩容改造进展顺利。改造农村危桥75座，建成通村公路80千米。区域供水主体工程提前一年完成，县自来水厂二期工程投入运行，建成潼河自来水厂。城镇化进程不断加快，年末城镇化率达45.7%。

全年化学需氧量、二氧化硫排放量分别削减375.6吨和63.9吨，万元GDP能耗下降3.6%。完成造林2 200公顷，成片造林1 466.67公顷。森林覆盖率18.4%，城市绿化率41.1%。农村饮用水水质卫生监测覆盖率100%。大气环境质量良好以上天数比例97.4%。集中式饮用水源地水质达标率100%。公众生态环境质量满意率90.9%。7个镇获国家生态镇命名，2个镇获省级生态镇命名。累计建成市级以上绿色学校107所、绿色社区25个、绿色家庭19个，县级绿色机关10个、绿色宾馆3个。强力推进湿地生态系统保护恢复与生物多样性保护工作，国家生态县创建通过省级验收，国家卫生县城通过省市复检，创建国家森林城市接受国家林业局专家组验收。

■人民生活、社会保障 根据城乡住户抽样调查，全年城镇居民人均可支配收入16 848元，比上年增长17.6%；人均消费性支出10 889元，增长15.9%。城镇居民家庭恩格尔系数为39.8%。全年农村居民人均纯收入10 327元，增长18.5%；人均生活消费支出7 354元，增长16.6%。农村居民家庭恩格尔系数为36.7%。城镇居民人均住宅建筑面积为33.3平方米，农村居民人均钢筋混凝土、砖木结构住房面积为43.9平方米。

职工养老保险净增参保人数14 212人，医疗保险净增参保人数7 128人，新增工伤、失业保险参保人数分别为4 523人、7 512人，生育保险参保总人数达6万人。城镇居民医疗参保6万人以上。机关事业单位养老保险金征缴率99%。新型农村合作医疗覆盖率99.2%，参保率99.4%。征地农民社保覆盖率100%。城乡低保实现应保尽保，9 863户、1.8万人。新建廉租房65套、经济适用住房100套，筹集公共租赁房936套(间)。

完善县、镇、村三级公共就业服务平台，12个镇建成人力资源市场，242个村建立就业服务平台。采集就业岗位4.7万个，推荐就业7 000多人，新增农村劳动力转移就业7 252人，城镇登记失业率2.42%。培训城乡劳动者1.5万人次，组织创业培训963人，扶持创业201人、带动就业1 352人。

注：地区生产总值、各产业增加值，绝对数按2011年价格计算，增长速度按可比价格计算。

(吕　松)

精神文明建设

■公民思想道德建设 1月中旬，县文明办组织开展2010年度“十佳宝应好人”评选活动，在《宝应日报》和中国宝应网同时启动投票程序，成功评选出2010年度“十佳宝应好人”。他们是：王斌、尤凤英(女)、朱春才、吕志军、吴寿松、张信荣、蒋长凤(女)、颜冬梅(女)、潘生友、衡金莲(女)。

3月，县文明办与安宜镇党委联合开展第三届“宝应县十佳文明市民”评选活动，在9月25日安宜镇社区艺术节闭幕式上对获奖者公开表彰。他们是：于明德、尤凤英(女)、冯百英(女)、李志光、张德祥、张素珍(女)、芦爱平(女)、陈锡古、赵勤妹(女)、唐素兰(女)。

8月，衡金莲入选“江苏好人榜”，是截至8月份扬州市唯一获此殊荣的好人。10月，县文明办与民政局等八部门联合开展2011年度“宝应县孝亲敬老十佳之星”评选活动。9月20日，县委宣传部，安宜镇党委、政府，县文体广新局联合主办纪念全国第九个公民道德宣传日暨宝应县庆祝建党90周年红色经典歌曲大赛。10月29日，举办江苏省百名艺术家百场惠民演出暨2010年度“十佳宝应好人”和2011年度“宝应县孝亲敬老十佳之星”颁奖典礼。

春节前夕，县委宣传部、县文联在亚细亚广场开展现场写春联送春联活动。元宵节，县委宣传部、县文联联合安宜镇、县文体广新局、县房管局等单位在盛世嘉园小区和世纪园社区举办猜灯谜晚会、“兔年世纪园元宵节”主题晚会，通过晚会形式传播科学、生活知识和文明礼仪。端午节前夕，县委宣传部、县文明办与市委宣传部、市文明办等单位联合在射阳湖镇荷园主办“我们的节日——端午”大型文艺演出，弘扬优秀传统文化。

9月28日，青年农民孙超在大火中勇救老人，自己被严重烧伤，县文明办联合团县委、县妇联等单位及时发出向孙超学习倡议书，号召广大干部群众向英雄学习，筹集善款，在全县掀起学习英雄、宣传英雄、关爱英雄、争做好人热潮。

■群众性文明创建 2月24日，县委、县政府召开全县党建暨机关作风建设、“三个文明”总结表彰大会，对243名先进个人和186个先进集体进行表彰。“五一”前夕，县文明办联合县总工会召开庆“五一”暨“当好主力军、建功‘十二五’、创新促发展”立功竞赛动员大会，对一批先进集体和先进个人进行表彰。组织开展2009～2010年度扬州市“百城万店无假货”活动示范街、示范店申报评选工作。组织开展各级文明单位开展文明科室、文明窗口、文明班组、文明宿舍、文明职工等创建活动。在全县农村推广“三和六好”、“和谐之星”、“五个十佳”、“十星文明户”等评选活动，广泛评选好公婆、好媳妇、好家庭、好邻里、好干部、好少年。实施“1＋1城乡文明共建工程”，组织各类文明单位帮扶结对村镇，提升全县农村精神文明建设水平。县委宣传部联合文化、科技、卫生部门开展文化、卫生、科技“三下乡”活动，把文化知识、农业科技、法律常识、便民服务送到农民的家门口。基层精神文明创建工作取得重大突破，鲁垛镇“三和杯”创建评选活动被省政府确定为基层思想道德建设创新案例。

■未成年人思想道德建设 7月14日，省林业局、省教育厅、共青团省委组成的考核小组对宝应湖国家湿地公园创建工作进行考核验收，授予该公园“江苏省生态文明教育基地”称号。1月29日，举行“共享阳光”安宜地产春蕾助学基金成立暨首发仪式，安宜房地产开发公司董事长周百珠向县妇联捐赠基金10万元。2月26日，举办在校孤儿慈善资助金发放仪式，县安宜房地产开发有限公司董事长周百珠向106名在校孤儿每人捐赠1 000元。春节前夕，以“情暖童心、爱心助学”为主题，在全县范围内广泛开展“成长1＋1爱心送温暖”希望工程特别助学行动，发放捐助款6万余元。清明节前后，组织中小学生开展革命烈士事迹报告会、“英烈事迹展”、“唱红歌 读经典”、慰问烈士亲属等系列教育活动。在全县小学中开展“小学生养成20个好习惯”、“做新时代的小雷锋”、“热爱科学 远离毒品 珍爱生命”、“红领巾心向党 祖国发展我成长”、“积极向上 快乐成长”等主题教育活动。在全县中学生中开展“学规范争‘五好’ 学礼仪讲文明”、“雷锋精神伴我成长”、“自主学习 快乐生活”、“感恩父母 励志成才 报效祖国”、“懂礼仪 杜陋习”和纪念建党90周年“学党史 感党恩 跟党走”主题教育活动等。开展交通安全、防火安全等专项安全教育及法制宣传教育，利用主题班会、“国旗下讲话”、团队活动、法律知识竞赛、模拟法庭、看守所人员“现身说法”等多种形式开展丰富多采的学法用法实践活动。5月，举办中小学“红五月”校园艺术节；“六一”儿童节期间，举办第二届“青少年宫杯”绘画大赛；组织全县中小学生参加全国“诵读经典 感悟成长”作文大赛、“江苏省第四届中小学网络读书活动”和“学党史·唱赞歌·树美德——纪念中国共产党成立90周年网上读书活动”；举办第三届中小学网络读书征文活动和“七彩夏日”少儿才艺大赛。

■文明城市创建 8月3日，县委、县政府召开省

3月5日学雷锋街头服务咨询活动

级文明城市迎检暨创建全国文明县城动员大会，将创建任务落实到 83 个部门、单位。10 月 24 日，市创建省级文明城市测评组组长、市委宣传部副部长、市文明办主任李继业率测评组到宝应县，对创建省级文明城市工作进行检查测评，并就做好创建工作提出要求和意见。11 月份，宝应县针对市检查测评结果，对暴露出来的城市基础设施建设、交通秩序、环境卫生等问题进行重点整治。11 月 20～23 日，省文明城市测评组分五组对宝应创建工作进行测评。12 月 20 日，中央文明委发出通知，授予宝应县城“全国文明县城”称号。2012 年 1 月 13 日，省委、省政府发出通知，宝应县第三次蝉联“江苏省文明城市”。

■志愿者服务　10 月，宝应县志愿者协会成立。协会在县精神文明建设指导委员会领导下，由全县各志愿服务团体自愿组成，负责宣传志愿服务法规，制定志愿服务制度，指导志愿服务活动，开展志愿服务培训。1 月 6 日，县文明办下发《关于春节期间组织开展“红红火火过大年”主题志愿服务活动的通知》，组织动员全县各镇及机关部门在春节期间开展丰富多彩的志愿服务活动，营造温馨和谐、文明祥和的节日氛围。2 月 28 日，县文明办印发《关于在全县组织开展“学雷锋、创文明”主题志愿服务活动的通知》。3 月 5 日，县文明办在花城广场举行全县各机关部门及企事业单位的 300 名志愿者参加的“小康达标创建齐参与，青年志愿服务争先锋”活动启动仪式。3 月 30 日，县文明办组织宝应县市民观察团成员到扬州市考察学习。市民观察团全年积极开展文明观察活动，发挥监督创建功能作用，参加政风行风评议，社会影响力、公信力得到提升。4 月 29 日，举办第六届“中国绿歌会”，宣传生态环保知识。

■“十佳宝应好人”“十佳孝亲敬老之星”颁奖典礼　10 月 29 日，江苏省百名艺术家百场惠民演出宝应专场暨宝应县“十佳宝应好人”“十佳孝亲敬老之星”颁奖典礼在县宝淮影剧院举行。2010 年度“十佳宝应好人”是：王斌、尤凤英、朱春才、吕志军、吴寿松、张信荣、蒋长凤、颜冬梅、潘生友、衡金莲。2011 年度“宝应县孝亲敬老十佳之星”是：李金祥、张明华、阚义国、孙超、金士刚、杨玉珍、蒯永生、刁品芹、陈金亮、汤东。省著名艺术家和省各大艺术院团的国家一级演员范以程、杨晓苇、陈庆祥、云飞、林云、关世雄、刘涛等参加现场演出。

（郎海燕　董　雷）

宝应县“十要十不”市民公约

要文明出行，不闯红灯、混道行驶；
要清洁卫生，不乱扔垃圾、随地吐痰；
要整齐有序，不乱搭乱建、乱停乱放；
要规范经营，不乱设摊点、占道出店；
要爱护公物，不损毁绿化、损坏设施；
要珍惜市容，不乱贴乱画、乱晒乱挂；
要举止文雅，不粗言秽语、寻衅滋事；
要团结和睦，不侵扰他人、搬弄是非；
要维护稳定，不无理取闹、扰乱秩序；
要崇尚新风，不封建迷信、铺张浪费。

党政社团组织机构及其主要负责人名录

中共宝应县委员会

书　　记　仲　生
副 书 记　王庭国
　　　　　周玉宝
常　　委　仲　生
　　　　　王庭国
　　　　　周玉宝
　　　　　陈金荣
　　　　　侯承海
　　　　　王友芳(女)
　　　　　朱宋华
　　　　　夏学永(5 月免)
　　　　　翟士高
　　　　　伏开新(5 月任)
　　　　　顾长荣(6 月任)
　　　　　王岚峰(6 月任)

中共宝应县纪律检查委员会

书　　记　朱宋华

县委办公室

主　　任　杨洪国(8月免)
　　　　　傅春景(8月任)

县委组织部

部　　长　王友芳(女)

县委宣传部

部　　长　陈金荣(6月免)
　　　　　顾长荣(6月任)

县委统一战线工作部

部　　长　吴晓荻

县委政法委员会

书　　记　秦有芳(1月免)
　　　　　陈金荣(1月任)

县委农村工作办公室

主　　任　夏信林

县机构编制委员会办公室

主　　任　傅春景(8月免)

县委研究室(与县委办公室合署办公)

主　　任　胡安祥(8月任)

县委机要保密局

局　　长　王守亮

县政务信息网络管理中心

主　　任　王守亮

县委台湾工作办公室

主　　任　卢立旺(3月免)
　　　　　吴宝海(8月任)

县信访局

局　　长　王志鹏

县档案馆(局)

馆(局)长　王春兰(女)

县委党史办公室

主　　任　张　磊

县委老干部局

局　　长　杨秀英(女)

县级机关工作委员会

书　　记　仲兆兰(女)

县精神文明建设指导委员会办公室(与县委宣传部合署办公)

主　　任　谭炳才

县民族宗教事务局(在县委统战部挂牌)

局　　长　吴宝海(8月免)
　　　　　何建国(8月任)

县依法治县领导小组办公室

主　　任　秦有芳(1月免)
　　　　　陈金荣(1月任)

县社会治安综合治理委员会办公室

主　　任　钱克华

县委党校

校　　长　(缺)

县新闻信息中心

主　　任　范敬波

*县人才工作办公室

主　　任　周军家

*县农村党员干部现代远程教育办公室

主　　任　徐迎春(女)

宝应县人大常委会

主　　任　仲　生

副 主 任　杨善慧
　　　　　夏征宇
　　　　　李长春
　　　　　王振亚

办 公 室

主　　任　闵信华

财政经济委员会

主　　任　徐永林(12月免)
　　　　　郭林山(12月任)

农村经济委员会

主　　任　周新华

社会事业委员会

主　　任　徐　斌(8月任)

内务司法委员会

主　　任　王　进

人事代表联络委员会

主　　任　王　跃

宝应县人民政府

县　　长　王庭国(1月任)

副 县 长　侯承海
　　　　　王友芳(女,2月免)
　　　　　江　涛(2月免)
　　　　　顾长荣(7月免)
　　　　　华德荣
　　　　　陈　石(11月免)
　　　　　左智慧

王岚峰
杨洪国(7月任)
杨步云(7月任)

县政府办公室
主　　任　刁端明

县发展和改革委员会
主　　任　周文秀

县经济和信息化委员会
主　　任　杨泽元(8月免)
衡连宝(8月任)

县教育局
局　　长　蔡祥云

县科学技术局
局　　长　徐生力

县公安局
局　　长　左智慧

县监察局(与纪律检查委员会合署办公)
局　　长　陈卫荣

县民政局
局　　长　居殿功

县司法局
局　　长　朱　军

县财政局
局　　长　郭锡山

县人力资源和社会保障局
局　　长　刘忠民

县住房和城乡建设局
局　　长　蔡锦忠

县城市管理局
局　　长　徐　文

县交通运输局
局　　长　何　刚

县水务局
局　　长　吕立新

县农业委员会
主　　任　吴永生

县商务局
局　　长　刘春贵

县文化体育广电新闻出版局
局　　长　钱永建

县卫生局
局　　长　何干成

县食品药品监督管理局
局　　长　苏洪美

县人口和计划生育委员会
主　　任　黄如萍(女)

县审计局
局　　长　陈金海

县统计局
局　　长　胡文忠

县安全生产监督管理局
局　　长　姚宏斌(6月免)
谢存道(8月任)

县环境保护局
局　　长　徐　峰

江苏宝应经济开发区管委会
党工委书记　王庭国
管委会主任　翟士高

县有机农业开发区
党工委书记　陈金荣
管委会主任　李学勇

县广播电视总台
台　　长　吉沐和

县政府研究室
主　　任　谢存道(8月免)

县政府法制办公室
主　　任　吴宝占

县外事侨务办公室
主　　任　夏心明(8月任)

县金融办公室
主　　任　徐礼康

县政务服务中心
主　　任　刘泽洪(8月任)

县物价局
局　　长　吴志林

县旅游局
局　　长　周文秀(8月免)
姚绍瑜(女,8月任)

县中小企业局
局　　长　杨泽元(7月免)
衡连宝(8月任)

县职业教育集团
校　　长　刘　俊

县地震局

局　　长　（缺）

县知识产权局

局　　长　（缺）

县规划局

局　　长　潘焕祥

县房产管理局

局　　长　王文庆

县人民防空办公室

主　　任　蔡锦忠（3月免）

　　　　　郁忠浩（3月任）

县建筑工程管理局

局　　长　蔡锦忠（3月免）

　　　　　吴　斌（3月任）

县水产局

局　　长　徐　进

县农业资源开发局

局　　长　张兆军

县农业机械管理局

局　　长　夏维善

县农业技术推广中心

主　　任　吴永生

县粮食局

局　　长　陈书勤

县建安总公司

总 经 理　蒋　彬（9月免）

县供销合作总社（商贸总公司）

主　　任　董洪章

县机电（轻纺）工业公司

经　　理　杨泽元（7月免）

　　　　　衡连宝（8月任）

*县委、县政府接待办公室

主　　任　蔡　健

*县退休干部服务中心

主　　任　周书宏

*县地方海事处

处　　长　张跃华（8月任）

*宝应县人民医院

院　　长　蔡安章（4月免）

　　　　　徐建林（4月任）

垂直管理部门

县国家税务局

局　　长　方　林

县地方税务局

局　　长　施益松（2月免）

　　　　　樊正军（2月任）

扬州市宝应工商行政管理局

局　　长　滕志宏（1月免）

　　　　　姜道广（1月任）

县国土资源局

局　　长　梁鹤富

扬州市宝应质量技术监督局

局　　长　沈宝玲（女）

县气象局

局　　长　顾　晶

江苏省电力公司宝应县供电公司

经　　理　陈维荣

县邮政局

局　　长　朱其庭（12月免）

　　　　　庞应峰（12月任）

县电信局（中国电信股份有限公司宝应分公司）

局　　长　陈乃海

县烟草专卖局（公司）

局　　长（经理）　刘海鹏（7月免）

　　　　　　　　　陈晓伟（7月任）

县盐务管理局（公司）

局　　长（经理）　沈　辉

中国人民银行宝应县支行（国家外汇管理局宝应县支局）

行　　长（局长）　胡章灿

中国工商银行股份有限公司宝应支行

行　　长　嵇　洋

中国银行股份有限公司宝应支行

行　　长　赵立新（4月免）

　　　　　薛卫民（4月任）

中国农业银行宝应县支行

副 行 长　华占仁（主持工作）

中国建设银行股份有限公司宝应支行

行　　长　李定华（8月免）

　　　　　唐海林（8月任）

中国农业发展银行宝应县支行

行　　长　常强生

江苏银行股份有限公司宝应支行

行　　长　杨玉林

中国邮政储蓄银行江苏省宝应县支行

行　　长　张开鹏

县农村信用合作联社

理 事 长　李佳发

主　　任　张　杰

扬州市住房公积金管理中心宝应分中心

主　　任　周家和(3月免)

中国人寿保险股份有限公司宝应支公司

经　　理　鞠永吉(女,5月免)

　　　　　郑　斌(5月任)

中国人民财产保险股份有限公司宝应支公司

经　　理　衡　锋

中国移动通信集团江苏有限公司宝应分公司

经　　理　孙　瀚(10月免)

　　　　　施永春(10月任)

中国联合网络通信有限公司宝应县分公司

经　　理　梁永华

政协宝应县委员会

主　　席　韩国柱(1月免)

　　　　　秦有芳(1月任)

副 主 席　华德荣

　　　　　黄才堂

　　　　　吴晓荻

　　　　　徐建林

　　　　　王松年

秘 书 长　王振海(4月免)

　　　　　强建华(12月任)

办 公 室

主　　任　王振海(4月免)

　　　　　强建华(12月任)

文史和学习委员会

主　　任　赵　进

提案委员会

主　　任　郝宝群

经济科技委员会

主　　任　(缺)

社会事业和法制委员会

主　　任　钱昌龙

海外、对外联络委员会

主　　任　耿丽娜(女)

法院　检察院　人武部

县人民法院

院　　长　刘　强(女,5月免)

代理院长　黄顺祥(5月任)

县人民检察院

检 察 长　李春青

县人民武装部

部　　长　伏开新

政　　委　夏学永(3月免)

　　　　　陈　宝(3月任)

＊县人民法院执行局

局　　长　(缺)

＊县人民检察院反贪污贿赂局

局　　长　华　永

＊县人民检察院反渎职侵权局

局　　长　章　东

群众团体

县总工会

主　　席　(缺)

共青团宝应县委员会

书　　记　姚绍瑜(女,8月免)

　　　　　李　宁(女,8月任)

县妇女联合会

主　　席　郭　萍(女)

县科学技术协会

主　　席　陈兆兰(女)

县归侨、侨眷联合会

主　　席　夏心明(8月任)

县工商业联合会

会　　长　夏征宇

县文学艺术界联合会

主　　席　何开文

县哲学社会科学界联合会

主　　席　左步进(3月任)

县残疾人联合会执行理事会

理 事 长　徐兴东

乡　镇

安宜镇

党委书记　杨步云

镇　　长　徐　锋(3月免)
　　　　　范敬春(3月任)
人大主席　吕国卿

氾水镇

党委书记　陈　勇
镇　　长　左步进(3月免)
　　　　　周正威(3月任)
人大主席　陈　勇(3月免)
　　　　　杨发俊(3月任)

夏集镇

党委书记　吴建志(3月免)
　　　　　徐　锋(3月任)
镇　　长　王爱锦(3月任)
人大主席　吴建志(3月免)
　　　　　徐　锋(3月任)

柳堡镇

党委书记　衡连宝(8月免)
　　　　　沈学权(12月任)
镇　　长　沈学权
人大主席　衡连宝(3月免)
　　　　　乔玉忠(3月任)

鲁垛镇

党委书记　朱长贵
镇　　长　朱长贵(3月免)
　　　　　罗国军(3月任)
人大主席　周乃前(3月免)
　　　　　朱长贵(3月任)

广洋湖镇

党委书记　苗培俊
镇　　长　殷九高
人大主席　苗培俊

小官庄镇

党委书记　顾锡芳(女)
镇　　长　顾锡芳(女,3月免)
　　　　　王尧岭(3月任)
人大主席　唐学发(3月任)

望直港镇

党委书记　屠春荣
镇　　长　周正威(3月免)
　　　　　王爱军(3月任)
人大主席　周恩进(3月任)

射阳湖镇

党委书记　徐银古
镇　　长　郝大明
人大主席　夏美忠(3月免)
　　　　　徐银古(3月任)

西安丰镇

党委书记　陈洪林
镇　　长　于祝君(3月任)
人大主席　王洪顺

曹甸镇

党委书记　孙学龙
镇　　长　沈伯宏(3月免)
　　　　　谢爱华(女,3月任)
人大主席　谈盈忠(3月免)
　　　　　孙学龙(3月任)

泾河镇

党委书记　吴　斌(3月免)
　　　　　吴建志(3月任)
镇　　长　姜文明
人大主席　吴　斌(3月免)
　　　　　刘贵志(3月任)

黄塍镇

党委书记　郁忠浩(3月免)
　　　　　沈伯宏(3月任)
镇　　长　杨庆洋
人大主席　高家俊(3月免)
　　　　　沈伯宏(3月任)

山阳镇

党委书记　李　林
镇　　长　李　林(3月免)
　　　　　吴爱平(3月任)
人大主席　丁永华

说明:注“*”符号者为副科级建制单位

(县委组织部)

综 述

宝应自古就是荷藕种植大县。改革开放以来，宝应人民因地制宜大力发展荷藕产业，形成种植、加工、外销的荷藕生产产业化链条，夺得荷藕种植面积、荷藕产量、荷藕出口量三项全国第一。宝应县被农业部命名为“中国荷藕之乡”，宝应荷藕获得国家地理标志产品称号。宝应年加工藕制品4万多吨，拥有保鲜藕、速冻藕、藕粉、藕汁饮料、荷叶茶等8大系列100多个品种。十多家荷藕批发市场，年成交量15万吨以上，畅销全国20多个省、市、自治区。每年7～8月间，荷叶接天、荷花飘香。许多年来，海内外嘉宾到宝应赏白莲花、品荷文化、尝花香藕成为宝应的特色风景。1999年，宝应县委、县政府决定利用这一本地特色资源举办“中国·宝应荷藕节”，除2000年外至2010年已连续成功举办11届。每逢荷藕节期间，四海嘉宾汇聚宝应，这不仅是传播宝应荷文化的重要节日，又是共商宝应发展大计、实现招商引资的重要平台。

7月18日～9月28日，县委、县政府成功举办2011中国·宝应荷藕节。荷藕节期间先后举办科技创新、产业合作、招才引智、重大项目、生态旅游等13项活动。在9月28日举办的“2011科技创新、产业合作推介会暨项目签约仪式”中，参加集中签约共有25个工业项目和产学研合作项目，工业项目全部为亿元以上项目，其中正式项目14个，总投资逾60亿元。9月28日上午，汉金富泰(扬州)铜业有限公司总投资2亿美元的年产30万吨连铸连轧铜杆项目、江苏兴发新能源材料有限公司投资15亿元的年产12万吨铝型材项目和宝应软件信息产业园项目举行集中开工仪式。 (鉴 文)

节前筹备

■县“两办”印发《2011中国·宝应荷藕节实施方案》 6月13日，县委办公室、县政府办公室印发《2011中国·宝应荷藕节实施方案》，对于及早做好这届荷藕节各项筹备工作从指导思想、工作目标、活动安排、工作要求和组织领导等方面提出具体要求。

■成立2011中国·宝应荷藕节筹备委员会 6月14日，县委、县政府成立2011中国·宝应荷藕节筹备委员会，县委副书记、县长王庭国任主任。筹备委员会下设办公室及项目、宣传、环境、会务、专题活动等工作组，县“两办”负责活动组织协调，县工业重点项目推进指挥部为招商活动牵头单位，各镇区和各部门分别负责荷藕节有关筹备和服务工作。

■召开2011中国·宝应荷藕节筹备工作第一次会议 6月14日，2011中国·宝应荷藕节筹备工作第一次会议召开。会上，县委副书记、县长王庭国要求，各镇区、各相关部门一定要牢固树立精品意识，认真做好各项活动的筹备工作，真正把这届荷藕节办成一次客商称赞、群众满意、社会评价良好的盛会。要根据相关活动举办的具体时间，倒排序时进度，加快工作节奏，从快从紧抓好筹备工作。要借办节之机，强化招商攻势，着力招大客商、签大项目、引大企业，尤其是把注意力放在10亿元以上的重大项目上。要突出抓好开幕式暨生态旅游推介会、重大项目集中开工活动、科技创新产业合作推介会暨项目签约仪式、闭幕式晚会等活动。县委副书记周玉宝主持会议，县委常委、副县长顾长荣及荷藕节筹备委员会成员等参加会议。会上，顾长荣通报筹备活动实施方案。

■强化招商活动 在组织2011中国·宝应荷藕节招商活动中，县委、县政府确立集中力量、集中资源招引重大项目的招商引资工作指导思想，全力以赴招引投资规模大、产品档次高、产出贡献多的大项目、好项目。各镇区党政主要负责人实行招商引资"AB"角制，把主要工作精力投放到招商活动上。重大信息、重要客商、重大项目县领导亲自参与和推进，千方百计化解制约项目落地的各种制约因素。在扎实做好项目招引工作基础上，各镇区和有关部门，抓紧签约项目准备、重要客商和专家邀请工作。

■营造节庆氛围 宣传、文化、新闻部门强化2011中国·宝应荷藕节宣传报道工作，通过设立专栏、组织专题文章、召开推介会、开展系列文化活动，大力宣传宝应生态优势、产业优势，宣传宝应、推介宝应、提升宝应形象，努力营造节庆氛围。县委宣传部、县文体广新局、县文联积极筹办百名摄影家荷乡宝应行、大型文艺晚会、书画大赛和展览等宣传文化活动。《宝应日报》推出《荷藕节进行时》、《一个项目一个故事》、《跟踪重大项目落地》、《十大工业杰出企业家访谈》等栏目，对各镇区重要招商活动、重大项目落地及节庆活动等进行跟踪报道。

（鉴 文）

节期活动

■2011中国·宝应荷藕节开幕式 7月18日，2011中国·宝应荷藕节开幕式暨宝应生态旅游推介会在荷园隆重举行，市政协副主席朱正海和省旅游局综合法规处副处长顾斌共同为荷藕节节徽揭幕，县委书记、县人大常委会主任仲生致辞并宣布荷藕节开幕。仲生在致辞中说，宝应历史悠久、人杰地灵，素有"宝地"美誉。宝应县坚持以科学发展观为统领，大力弘扬新时期宝应精神，围绕"赶超发展、争先进位"，深入实施"工业化强县、城市化带动、产业化兴农、项目化推进"战略，扎实推进"开放宝应、创新宝应、生态宝应、幸福宝应"建设，全县经济社会发展和人民生活不断跃上新台阶，宝应大地正呈现出一片生机勃勃、活力四射的喜人景象。宝应县以节会友、以节招商、以节引才、以节兴业，努力把荷藕节办成"市民节、企业节、产业节、旅游节、创新节"，让宝应更好地走向全国、走向世界。宝应历史遗迹众多、旅游资源丰富，尤其是自然风光旖旎秀美，良好的生态禀赋把宝应装扮成自然含蓄、楚楚动人的靓丽"村姑"，手捧生态、绿色的"名片"，邀迎天下宾朋。

县委副书记、县长王庭国作题为《水韵荷乡 生态画廊》的生态旅游推介，用三句话概括出宝应县生态旅游的主要特色：万顷荷花别样红，捧

2011中国·宝应荷藕节开幕式暨宝应生态旅游推介会

出绿色也醉人，水鲜美食远名扬。市旅游局局长汤天波、上海快乐游旅行社总经理汤文俊分别致辞。

县委、县人大常委会、县政府、县政协领导和上海、南京、扬州等地百家旅行社的老总出席开幕式及推介会。仪式结束后，与会领导和嘉宾兴致勃勃地参观游览荷园、宝应湖国家湿地公园。

■百家旅行社宝应行 2011中国宝应·荷藕节开幕式暨生态旅游推介会邀请100多家国内知名旅行社的负责人到宝应县旅游采风，成为这届荷藕节开幕式的重头戏。其中，上海70多家、南京30多家。在100多家知名旅行社中，有上海春秋、大众国际、江苏金陵商务国际、南京南国国际等20家全国百强旅行社。

■"双百"产学研活动 荷藕节期间，宝应县把组织"双百"（百家企业进高校，百名专家、教授、院士、博士宝应行）活动作为节期系列活动重要内容，实施科技招商，组织招才引智。8月，相关部门、镇区分头组织企业小分队进院校技术对接，累计邀请110人次博士及博士团队到宝应县为企业服务。9月，分产业、分行业组织企业赴高校引进技术、成果和聘请人才。其中，9月6～7日，组织机械制造、新材料企业到华东理工大学、上海交通大学；9月8～9日，组织金属材料、输变电、管件企业到南京航空航天大学、南京工业大学；9月15～17日，组织食品制造、绳缆、绝缘材料企业到江南大学、浙江大学；9月19～21日，组织电工电器企业到合肥工业大学、华中科技大学；9月20～23日，组织配变电、电力测试企业到西安交通大学、西安高压电器研究所等，累计组织到高校院所招引技术和人才的企业120家次。

■百名摄影家荷乡宝应行 7月23日，《大众摄影》杂志社、县委宣传部和县文联共同举办的2011中国·宝应荷藕节"《大众摄影》影像·传承"全国百名摄影家荷乡宝应行采风开镜仪式暨扬州市摄影家协会（宝应）摄影创作基地揭牌仪式在射阳湖镇举行。北京、上海及省内兄弟摄影家协会220名摄影家参加活动，他们用手中的相机尽情诠释宝应县风光美景。

■荷藕节闭幕式暨文艺晚会 9月28日，荷花飘香，3 000多市民齐聚在宝应县中学体育馆观看

2011年荷藕节文艺晚会演出

2011中国·宝应荷藕节闭幕式暨文艺晚会。闭幕式上，县委书记、县人大常委会主任仲生在致辞中说，经过全县上下的共同努力，历时70天的2011中国·宝应荷藕节取得丰硕成果，圆满完成既定的各项任务。荷藕节的成功举办，必将更好地推动全县的对外开放、加快发展。全县上下要借助荷藕节的东风，再接再厉，乘势而上，深入实施"四化"战略，加快推进富民强县。

晚会在开场舞《荷之韵》中拉开序幕。动听的旋律、优美的舞蹈，点燃观众们的热情，欢呼声、喝彩声此起彼伏。晚会以荷为主题，展示宝应的荷文化特色，演出二胡齐奏、歌舞、男女二重唱、杂技、表演唱等多个节目。（鉴 文）

重要成果

■科技创新、产业合作暨项目签约仪式 9月28日下午，2011中国·宝应荷藕节科技创新、产业合作暨项目签约仪式在县行政中心隆重举行。参加集中签约的共有25个工业项目和产学研合作项目，其中工业项目全部为亿元以上项目，正式项目14个，总投资逾60亿元。

项目签约前，举行宝应工业设计中心和宝应海关联络处揭牌仪式，县领导仲生、王庭国，南京海关企管处处长季光，中国工业设计协会副会长、上海理工大学艺术设计与传媒学院院长、教授程建新参加揭牌仪式。

在签约仪式上，仲生代表宝应县委、县政府致辞。王庭国作题为《携手合作向未来、增创发展新优势》的专题推介。扬州海关关长杨建国、常州华盛天龙光电设备股份有限公司董事长冯金、东南大学科技处处长黄培林分别作贺词。

■12 万吨铝型材项目、30 万吨铜杆项目同日开工 9 月 28 日，江苏宝应经济开发区举行 2011 中国·宝应荷藕节重大招商引资项目——江苏兴发新能源材料有限公司年产 12 万吨铝型材项目和汉金富泰（扬州）铜业有限公司年产 30 万吨铜杆项目开工仪式。年产 12 万吨铝型材项目由广东兴发铝业有限公司投资兴建，项目总投资额 15 亿元，固定资产投资额 7 亿元，项目分两期建设，主要生产应用于航天航空、交通运输、船舶及高科技军工产品的铝型材。汉金富泰 30 万吨铜杆项目是宝应县输变电装备产业链延伸项目，总投资 2 亿美元，其中固定资产投资 4 000 万美元，主要生产无氧铜杆及铜加工延伸产品。

■江苏宝应软件信息产业园开园 参见《特载》篇《重大事项》分目。

■首届射阳湖镇旅游文化节开幕 7 月 18 日，2011 中国·宝应荷藕节在射阳湖镇拉开帷幕，借着这一盛事，首届射阳湖镇旅游文化节同台开幕。射阳湖荷园旅游风景区占地面积 266.67 公顷，荷藕、睡莲、芦苇、蒲草、芡实、菱角等传统湿地植物遍布景区，弯弯的河流、星罗棋布的绿岛构成独特的自然景观。射阳湖镇围绕建设“旅游特色镇”，坚持大规划、大投入、大造势，先后投入2 000多万元，着力打造荷园风景区，开发利用温泉地热资源，恢复修建陈琳故居、臧陈旧址、唐建龙竿寺、九里一千墩古汉墓群、新四军军械处等特色旅游文化资源，成功创成国家 AA 级旅游风景区、全国农业旅游示范点、江苏省湿地公园。旅游文化节期间，射阳湖镇举办大型民俗文艺表演、旅游业发展研讨会、龙竿寺文殊院揭牌、“陈琳像”落成揭幕、招商洽谈、省湿地公园授牌等十多项活动，并向参加旅游文化节的海内外嘉宾赠送《风光无限射阳湖》一书。

■射阳湖湿地公园获批省级湿地公园 8 月，省林业局批复，同意建立扬州射阳湖省级湿地公园。该公园东、北至宝应荷园，西联三横河，南接戴庄荡，总面积 1 200 公顷。射阳湖湿地公园地处湿地板块，属于里下河浅洼平原区，气候宜人，河湖密布，自然风貌优美。规划区内的荷园河水弯弯、荷叶田田、鱼翔浅底、鹭鸟低飞，是省莲藕新品种引进和良种培育基地、国家 AA 级风景区、全国农业旅游示范点。

湿地植物主要有荷藕、芦苇、蒲草、慈姑、荸荠、浮莲等；湿地鸟类主要有东方白鹳、白鹭、野鸭、野雉、大苇莺等。另外，射阳湖镇黄荡村有着丰富的优质温泉资源。

■宝应湖湿地公园获批“国家湿地公园” 9 月，宝应湖国家湿地公园获国家林业局批复，成为扬州市唯一的“国字号”湿地公园。宝应湖湿地公园于 2006 年经国家林业局批准列入高宝邵伯湖湿地保护与恢复示范区，2007 年经省林业局批准建立省级湿地公园，面积 667 公顷，其中森林面积 200 公顷。公园设有观鸟区、鸟类标本展示室、探险乐园、农业采摘园、动物园、内堤休闲风情带、沿湖风光带、水上庆典园、观荷采菱等景点设施，立足保存完好的原生态环境为根本，围绕“水”、“绿”、“野”、“趣”四大主题，绘就湖广林幽、鸭鸣鸟啼、芦花飞扬、荷花飘香、田园渔歌的优美画卷。园区内动植物资源丰富，仅鸟类就有 147 种，天鹅、丹顶鹤、大鸨等国宝级鸟类每年迁徙栖息于此。公园被省林业局、省教育厅、团省委授予“江苏省生态文明教育基地”称号。 （鉴 文）

扬州射阳湖省级湿地公园

重要会议

■**政法信访工作会议** 1月22日，县委召开政法信访工作会议。县委书记、县人大常委会主任仲生出席会议并讲话。县委常委、政法委书记、宣传部部长陈金荣作工作报告。仲生提出，要始终绷紧稳定这根弦，把维稳各项措施落到实处；通过认真细致的思想工作钝化矛盾、化解矛盾；继续保持严打声威，对影响发展环境和社会稳定的违法行为露头就打；继续加强政法队伍建设，给予政法干警更多的关心和支持。会上，表彰2010年度政法信访工作先进集体和个人。各镇、有关部门签订2011年政法信访工作目标责任状。

■**领导干部警示教育会议** 1月29日，县委召开领导干部警示教育会议。县委书记仲生对全县领导干部提出3点要求：一要始终坚持警钟长鸣；二要始终坚持以身作则；三要始终坚持执政为民。

■**建筑业工作会议** 2月11日，宝应县召开建筑业工作会议。会议要求宝应县建筑业提升资质，主攻新兴市场；加强合作，发挥品牌效应；转型升级，拓展新的空间；重视人才，提高管理水平；全县行动，加快做大做强。会议表彰2010年建筑业先进单位和个人，签订2011年度建筑业目标责任状。

■**工业创新发展大会** 2月12日，县委、县政府召开全县工业创新发展大会。县委书记仲生要求全县上下一着不让抓工业，坚持工业强县、项目突破、做大做强、创新转型、全力服务“五个不动摇”，把全县工业发展推向新台阶。县委副书记、县长王庭国作工作报告。县委副书记周玉宝宣读县委、县政府关于表彰2010年度工业经济目标管理、开放型经济目标管理、民营经济目标管理、重大工业项目信息提供者等表彰文件。会上，表彰2010年度工业发展先进集体和个人，表彰十大工业杰出企业家。24家2011年开票销售有望冲刺亿元的企业负责人进行集体宣誓。

■**党建暨机关作风建设、“三个文明”总结表彰大会** 2月24日，县委、县政府召开全县党建暨机关作风建设、“三个文明”总结表彰大会。会上，县委书记仲生强调要加强思想政治建设，为实现重大项目、税源经济、新城建设、小康创建“四个突破”提供强大动力；加强干部能力作风建设，为实现“四个突破”打造坚强干部团队；加强干部人才队伍建设，为实现“四个突破”提供坚实组织保障；深化创先争优，为实现“四个突破”夯实基层基础；加强反腐倡廉建设，为实现“四个突破”营造良好发展环境。周玉宝宣读《关于表彰2010年度工作目标综合考核先进单位的决定》、《关于表彰2010年度“创新突破特别贡献奖”的决定》；

县委常委、政法委书记、宣传部部长陈金荣宣读《关于命名表彰2010年度全县“三个文明”建设先进集体和先进个人的决定》；县委常委、纪委书记朱宋华宣读《关于表彰2010年度全县“服务赶超发展先进部门”和“企业满意执法大队”的决定》、《关于表彰2010年度宝应县“群众满意基层站所”的决定》。

■宣传思想文化工作会议　2月25日，县委、县政府召开宣传思想文化工作会议，贯彻落实中央、省市宣传工作会议精神，部署全年宣传思想文化工作。会上，县委书记仲生要求全县宣传思想文化战线要传达好党的声音，与党中央保持一致，从讲政治、讲大局的高度把上级各项决策部署贯彻落实好；紧扣县委、县政府确立的“四个突破”目标开展工作；围绕凝聚人心，鼓舞士气、消除杂音、统一思想；善于发现典型、总结典型，放大典型效应，发挥典型的示范引导作用；加强学习，提高素质，提升能力，不断适应新要求。会议对宣传思想文化工作先进集体和个人进行表彰。

■中共宝应县第十一次代表大会　参见《特载》篇《重大事项》分目。

■中国共产党成立90周年大会　6月28日，宝应县举行庆祝建党90周年大会。会上，县委书记仲生在讲话中回顾党的光辉历程，总结宝应县在社会主义革命和建设以及改革开放中取得的巨大成就，强调要大力推进思想解放，进一步激发赶超创新的强大动力；牢记党的宗旨，进一步加快富民强县步伐；夯实基层基础，进一步锻造战斗堡垒；永葆党的先进性，进一步发挥先锋模范作用。坚持从严治党，进一步塑造新时期党员干部形象。周玉宝宣读《关于表彰先进基层党组织、优秀共产党员和优秀党务工作者等的决定》。与会人员集中观看党史专题片《光辉历程，红色记忆》。庆祝大会结束后，举行“党旗颂”庆祝建党90周年歌咏大会。

■县委经济工作会议　7月22～23日，县委经济工作会议在县城召开，县委书记仲生作题为《坚持赶超发展，确保“四个突破”》工作报告，全面总结上半年全县各项工作，强调做好下半年工作要紧抓重点，确保全面完成“四个突破”目标任务。周玉宝在会上通报全县上半年经济运行、重大项目建设以及各镇区、各相关部门预考核情况。县领导和镇、区及相关部门主要负责人到各镇、江苏宝应经济开发区项目建设现场参观。

■全县领导干部会议　8月30日，全县召开领导干部大会，传达贯彻市第六次党代会精神。县委书记仲生要求全县上下以饱满的状态、创新的思路、扎实的举措贯彻落实市党代会精神，大干一百天、项目求突破、全力保目标。

■传达贯彻省第十二次党代会精神会议　11月11日，宝应县召开会议传达贯彻江苏省第十二次党代会精神。县委书记仲生要求全县上下传达贯彻好会议精神，迅速掀起学习贯彻热潮，以省第十二次党代会精神为指针，进一步统一思想、振奋精神、明确目标、谋划未来，坚定不移走赶超争先、富民强县之路。

■“抓冲刺、保目标、谋来年”交流推进会　11月24日，宝应县召开“抓冲刺、保目标、谋来年”交流推进会。会上，有关县领导分别围绕2012年指标安排、主攻重大项目、企业梯度培育、人才创新建设、生态新城建设、民生实事工程等15个重点工作调研课题分别作交流发言。县委书记仲生要求全县上下在谋划来年工作中要突出抓精神、抓项目、抓管理、抓班子，实现创新转型、项目建设、税源经济、新城建设“四个提升”。周玉宝通报1～10月份全县经济运行情况，对贯彻会议精神提出具体要求。

■县委十一届三次全体(扩大)会议　12月30日，中共宝应县委十一届三次全体(扩大)会议在县城召开。会议回顾总结2011年工作，明确2012年各项任务。县委书记仲生代表县委作题为《赶超争先，创新转型，加快向更高水平小康社会迈进》工作报告。会议审议通过《县委十一届三次全体会议决议》。县政府与15个镇区及宝胜集团签订2012年经济工作目标责任状。

(县委办)

重要活动

■各界人士迎春茶话会　1月28日，县委、县政府举行各界人士迎春茶话会，县委书记仲生代表县委、县人大常委会、县政府、县政协，向全县各界人士致以新春的亲切问候和美好祝福。县领导与各界人士共聚一堂，共话发展。

■重点企业负责人新春茶话会 2月11日，县委举行重点企业负责人新春茶话会，全县工业、服务业、房地产业、建筑业的50家重点企业负责人及家属欢聚一堂，共话发展。县委书记仲生勉励全县企业家比税收争贡献、比投入争做强、比创新争品牌，为全县赶超发展争作新贡献。

■谢波一行到宝应县视察指导工作 4月12日，省档案局局长谢波一行到宝应视察指导工作。谢波先后参观县档案馆、县供电公司、安宜高中和宝胜集团，听取宝应县档案事业的发展状况汇报，对宝应县档案事业发展取得的成绩给予高度评价。县委书记仲生参与接待并会见，周玉宝全程陪同视察活动。

■于幼军一行视察南水北调工程宝应站 4月14日，国务院南水北调办公室副主任于幼军一行视察南水北调工程宝应站，听取有关情况介绍，仔细询问工程建设、运行、设备及技术等情况，对相关工作表示满意。

■王燕文一行到宝应县调研企业及项目建设情况 5月5日，市委书记、市人大常委会主任王燕文率市相关部门负责人到宝应调研企业及项目建设等工作。王燕文一行先后到扬州华贵食品有限公司、扬州旭阳春玻璃制品有限公司、江苏中恒铝业有限公司、江苏康源纺织有限公司30万纱锭项目、江苏润扬重工有限公司、铱美特殊合金有限公司，深入车间和建设现场，了解企业生产经营和项目建设情况。王燕文希望宝应县要扭住项目尤其是重大项目不放，抢抓发展新机遇，打牢工业基础；紧扣创新发展，为未来打牢基础；紧扣城镇化这一重点，加快中等城市、节点城市建设步伐；紧扣全面小康创建，把创建过程变成宣传小康和凝心聚力的过程，营造心齐气顺劲足的良好发展氛围。

■王燕文等观摩宝应县城镇化建设现场 7月2日，市委书记、市人大常委会主任王燕文，市委副书记、市长谢正义率领出席全市城镇化推进工作会议的全体与会人员观摩宝应县城镇化建设现场。与会人员先后参观宝应县第一商圈改造项目、生态新城一号邻里中心、氾水镇人民广场和氾水镇农民集中居住区建设现场。

■兰政一行到宝应县视察防汛工作 参见《特载》篇《领导视察》分目。

■石泰峰到宝应县视察基层党建工作 参见《特载》篇《领导视察》分目。

■王燕文到氾水镇宣讲胡锦涛“七一”重要讲话精神 8月30日，市委书记、市人大常委会主任王燕文到党建联系点氾水镇，为广大党员干部宣讲中共中央总书记胡锦涛“七一”重要讲话精神。宣讲中，王燕文要求宝应县和氾水镇突出工业强镇，加大项目建设力度，加快招商引资；大力培育新增长点，全力打造创新发展平台；突出致富百姓，拓宽农民增收渠道；突出优化环境，提升小城镇建设水平；突出社会和谐，加快改善民生；突出强基工程，强化基层组织和干部队伍建设，为科学发展、转型发展、和谐发展提供坚强组织保证。

■徐安到宝应县视察检察工作 参见《特载》篇《领导视察》分目。

■谢正义到宝应县调研工业经济和企业运行情况 10月15日，市委副书记、市长谢正义率市相关部门负责人到宝应调研工业经济和企业运行情况。谢正义深入江苏奥新科技有限公司、江苏远扬科技集团公司、江苏星洋电机有限公司、扬州全华玻璃工艺品有限公司和宝胜集团生产现场，与企业家们亲切交谈，听取他们在市场开拓、科技创新、人才引进等方面的情况介绍。对于做好经济工作，谢正义强调三点意见。一要密切关注宏观经济走势和企业生产运行，确保企业平稳较快增长和全年各项目标任务完成；二要加快推进重大项目落户，推进与大企业、大项目、大品牌的合作，着力抓好2012年重大项目、重要订单的落实；三要解放思想，创新思路，为重大项目、重点企业提供要素保障，各级政府和部门要聚力聚焦重大项目、重点企业，推进集中集约集聚发展。

■赴日韩招商推介活动 10月23～29日，县委书记仲生率宝应代表团赴日本、韩国开展招商推介活动，先后拜访日本生协、东海澱粉、源清田和石光商事、韩国光星集团投资有限公司总部；分别参加扬州市在日本、韩国举行的相关招商推介活动。

■生态新城高级中学奠基仪式 11月12日，县委、县政府举行生态新城高级中学工程奠基仪式。县委书记仲生在致辞中强调，要把生态新城高级中学建成全县乃至全市、全省一流中学，加快宝应生态新城建设步伐。

■谢正义到曹甸镇调研工业经济和社会发展情况 11月14日，市委副书记、市长谢正义到宝应县曹甸镇调研工业经济、社会发展情况，并以人大代表身份与选民代表见面座谈。谢正义先后调研扬州新奇特电缆材料有限公司、晨化科技集团和曹甸镇农民集中居住区。在曹甸镇曹南村村部听取选民们建议后，谢正义说，他是宝应县选举的人大代表，受市人大常委会统一安排，到宝应与选民见面。一方面作为人大代表听取选民意见，另一方面作为市长到村里了解基层情况。就曹甸镇下一步发展，谢正义提出四点意见：一要坚定不移地发展特色经济；二要发展现代农业；三要挖掘地方特色文化，弘扬淳朴、勤劳、沉稳，重教的民风；四要千方百计致富百姓。

谢正义（右一）在曹甸镇调研工业经济和社会发展情况

■唐庆宁到宝应县调研现代渔业建设情况 11月18日，省海洋与渔业局局长唐庆宁到宝应县专题调研现代渔业建设情况。唐庆宁先后调研山阳镇沿湖村“宝应湖”牌中华鳖生态养殖基地、安宜镇渔场河蟹生态健康养殖基地、江苏省宝应现代渔业产业园区和射阳湖镇水蛭高效养殖园区，与基地负责人和养殖户进行沟通交流，详细询问基地建设、养殖品种种苗来源、生产及市场等情况。唐庆宁对宝应县渔业健康发展的良好势头给予充分肯定并希望宝应县在今后的发展中，能加大渔业科技推广力度，坚持生态优先的理念，加强信息化管理，加大推广、做强做响“宝应湖”品牌。

■谭颖到宝应县宣讲省第十二次党代会精神 11月22日，江苏省委宣讲团成员、省委组织部副部长、省人社厅厅长谭颖到宝应县宣讲省第十二次党代会精神，全面阐述省第十二次党代会召开的概况和意义、大会的主题、基本实现现代化的目标内涵、今后五年的主要任务、加强和改善党的领导等内容。谭颖要求宝应县深入贯彻省党代会精神，持续激发率先发展的强大动力；大力实施创新驱动战略，全力推进经济转型升级；全面落实以人为本理念，更大力度保障和改善民生。

■纪念新四军开辟苏中抗日根据地70周年座谈会 11月26日，纪念新四军开辟苏中抗日根据地70周年座谈会在宝应县召开，新四军老战士、北京新四军研究会副会长、原海军政治学院副政委朱介元，扬州市新四军研究会常务副会长洪军以及部分新四军抗日将领后代等出席座谈活动。

■王燕文到宝应县视察经济社会发展和惩防体系建设 12月8日，江苏省委常委、扬州市委书记王燕文到宝应县视察经济社会发展和惩防体系建设情况。王燕文先后视察江苏奥新科技有限公司、宝应天马工业设计中心、扬州天地软件产业园、华美达大酒店、江苏宝生聚酯科技有限公司30万吨聚酯项目、曹甸镇惩防体系建设、森萨塔科技（宝应）有限公司传感器项目、生态新城邻里中心建设、韩国光星电子有限公司投资项目、扬州懒洋洋科技有限公司等企业和项目现场。王燕文充分肯定宝应县2011年的新变化、新面貌、新气势，要求宝应县做大做强县域经济总量；全力以赴抓项目；集中精力抓好中心城市和重点中心镇建设；高点定位，打造有机农业第一县；全心全意为人民办实事办好事。

■游庆仲到宝应县视察交通基础设施建设 12月15日，省交通厅厅长游庆仲到宝应视察交通基础设施建设情况，先后视察新汽车客运总站、237省道临城段、氾水渡口、332省道京杭运河特大桥等现场。游庆仲对宝应县高度重视交通基础设施建设的做法给予充分肯定，希望宝应县进一步加快交通基础设施建设，按照打造“节点中心城市”的规模做好交通基础设施规划，惠及民生、助推地方经济发展。

■仲生会见江阴浩博科技有限公司董事长潘岳明 2月18日，县委书记仲生在县行政中心会见江阴浩博科技有限公司董事长潘岳明，双方就加大技改、引进人才等话题进行深入交流。县领导王友芳、扬州格莱德公司董事长陈金忠等陪同。

■仲生会见中钢集团公司党委书记、副总裁张涵光 2月25日，县委书记仲生在县行政中心会见中国中钢集团公司党委书记、副总裁张涵光，双方就共同关心的话题进行友好交谈。张涵光一行到江苏兴洋管业股份有限公司进行实地考察，县领导顾长荣及兴洋管业董事长朱瑞等陪同。

■仲生会见意大利普睿司曼公司中国区首席执行官 6月20日上午，县委书记仲生在县行政中心会见意大利普睿司曼公司中国区首席执行官路奇和高级顾问格来奇，双方就进一步开展深度合作，扩大合作领域，共同研究新产品、新市场等方面进行交流。县委常委、副县长顾长荣，宝胜集团董事局主席夏礼诚及县经信委主要负责人参加。

（县委办）

组 织 工 作

■概况 2011年，全县组织工作以县镇党委换届工作为重点，推进各级领导班子结构优化和领导干部能力提升，推进各行各业优秀人才加快集聚，推进基层党组织、广大党员创先争优，并同步推进组织部门自身建设。至年底，全县有基层党委53个，其中镇14个、镇工业园区(集中区)15个、城区24个；党工委3个；党总支130个，其中农村74个、在城56个；党支部2 003个，其中农村1 506个、城区497个。党员44 622人，其中，正式党员43 459人、占97.4%，女党员6 409人、占14.4%，高中以上文化24 037人、占53.9%，35岁以下6 547人、占14.7%，城镇党员34 642人、占77.6%。全年发展党员878人，其中，女党员243人、占27.7%，高中以上798人、占90.9%，35岁以下549人、占62.5%。全县建制村239个，其中党总支建制27个、党支部建制212个；社区(居委会)44个，其中党总支建制20个、党支部建制24个。招才引智的排人脉资源、排合作项目、排意向企业；寻在外乡贤、寻科技项目、寻企业“靠山”“三排三寻”项目成功入选市组织工作创新项目，并获得县“创新突破特别贡献奖”金牌；县委组织部被表彰为“县结对联系工作先进单位”。

■镇党委换届 2011年，镇党委换届工作按照县委提出的“好蓝图、好班子、好氛围”要求，有力、有序推进。所有组织提名人选均高票当选，换届风气测评满意率100%。新一届镇党委委员平均年龄40.2岁，比换届前下降3.7岁。以换届为契机，新选配镇党委书记2人，新提拔镇长8人，新当选委员22人，其中35岁以下9人，1985年后出生的3人。

■干部队伍建设 2011年，全县选派干部200人参加省、市党校调训；举办“镇党委领导干部培训班”，培训新一届镇党委班子成员100人；举办为期1个月的“青干班”，对81名青年干部进行集训。组织机关部门服务到镇村、到企业、到农户，组织领导干部进村入户、下基层解民忧，启动实施“党员进基层、服务到村居”活动，推动党员干部察民情、办实事。深化干部一线锻炼，选送150名机关干部到税源经济发展指挥部、工业重点项目推进指挥部、城市建设与管理指挥部、小康建设指挥部、督察考核指挥部、优化经济发展环境指挥部、金融服务指挥部、生态新城指挥部“八大”指挥部实践锻炼，组织20名机关年轻干部到镇(区)挂职，面向全县公开选拔10名副科级干部到乡镇任职。坚持“为发展配班子、凭德才用干部”的用人导向，不断提高干部工作的公正性、民主性、竞争性，在年终进行的选人用人“一报告两评议”测评中，干部工作的满意率和新提拔干部的满意率均达98%。

■人才引进与培育 2011年，县委组织部创新开展招才引智“三排三寻”活动，梳理企业人才、技术需求170多项，组织40多家企业到清华大学、上海交通大学、东南大学等重点高校找人才、找技术、找靠山，并分别举办高层次人才联谊会，邀请100多位在外乡贤参加。全年引进高层次人才33人，其中7人入选省高层次创新创业人才引进“双创”计划，3人入选省“企业博士集聚计划”，20人入选市引进国内外创业创新领军人才和优秀博士人才"绿扬金凤"计划，共获得资助资金1 714万元，列扬州市第一名。加强人才培养选拔，8人入选省"333高层次人才培养工程"，全年举办6期宝胜大讲坛及企业家沙龙，邀请20多位知名学者、成功企业家到宝应县讲学；组织16名企业家到北京大学、清华大学、中国人民大学研修；选派27名重点企业负责人到新加坡国立大学进行专题培训。

■大学生村官培养 4月份，县委组织部、团县委联合组织全县首届"十佳大学生村官"评选活动，各镇上报初选候选人39人，经在《宝应日报》、中国宝应网站公示，社会各界投票选举产生20名候选人，再经过现场面试、社会评议、考察确定等环节，肖衡波、徐志龙、宗荷君、柏明荫、陈婷婷、王成聪、胡振军、金晓扬、尹晓光、朱树松10人被授予首届"宝应县十佳大学生村官"称号。全年新招聘大学生村官49人，提拔、公选大学生村官进入镇党委领导班子4人，招录大学生村官进入公务员队伍2人。继续开展社会各界人士与大学生村官"牵手连心"活动，深化"五老"与大学生村官"夕阳托朝阳"工程，举办各类创业培训班和联谊活动20多场次。全县提供大学生村官创业扶持资金560万元，帮助争取省、市创业贷款和扶持资金168万元，全县大学生村官领办或创办项目20个，大学生村官在干事创业中不断成长成才。

■村级组织建设 2011年，县委组织部举办全县村党支部书记、村委会主任培训班和第二期农村基层干部大专学历班，加强村党支部和村委会"两委"班子建设，突出抓好带头创业致富、带民共同致富，领导发展能力强、做群众工作能力强"双带双强"型领头雁队伍建设，评选表彰全县"十佳双带双强型村支书"，先后选配6名村支书进入镇党委、人大、政府班子。加强村综合服务中心建设，累计争取省补专项资金780万元，占全市的70%。加强经济薄弱村的帮扶工作，确立市级帮扶村24个、县级帮扶村30个，多渠道增加村级集体经济收入。

■创先争优活动 2011年，围绕纪念建党90周年，县委组织部组织"学党史、唱红歌、讲故事、话发展"主题系列活动，制作宝应党史宣传片、开展党史巡回展、组织经典诵读、举办十大"党员故事会"集中宣讲等，选树机关服务赶超发展"党员示范窗口"、推动企业争先进位"党员示范岗"、强化社会管理"和谐建设党员标兵"等各类先进典型，在全社会营造崇尚先进、学习先进、争当先进的良好氛围。围绕改进机关作风，提升干部能力，开展窗口单位和服务行业创建活动。

■青年干部培训班 9月13日，全县青年干部培训班开班，81名青年干部接受培训。学员平均年龄33.8岁，35岁以下67人，其中副科长级干部33人、女学员31人，年龄最小的26岁。培训班为期一个月，采取请进来、送出去方式和互动交流、情景模拟、现场考察的教学形式，前15天为集中授课和观摩学习阶段，后15天为调研实践阶段。集中授课分宝应、江阴和苏州吴中区委党校三个板块，考察江阴市长江村、常熟市蒋巷村、苏州新加坡工业园等地区和单位。案例教学围绕社会热点、难点问题，让学员模拟处理突发、棘手问题，并请相关部门领导现场点评。调研实践阶段，每位学员结合学习收获和工作实际，撰写一篇高质量调研文稿。

■组织27名企业家到新加坡研修 7月11日，宝应县组织27名企业家到新加坡国立大学，开

"党员故事会"活动到社区

始为期9天有关管理学等方面知识的学习培训。这次研修活动由县委、县政府和县企业家协会组织，河海大学商学院鼎力支持，是宝应县首次集中组织企业家到境外培训。

■开展“党员故事会”活动 2011年，全县以基层党支部为单位，通过问卷调查、座谈会、自荐等方式广泛征集党员故事，组织党员群众讲亲身经历或身边的党员故事，先后举办“新农村故事大家谈”、“文明社区故事大家谈”、“和谐单位故事大家谈”等系列活动。全县共举办“党员故事会”100多场次，党员群众参与近1万人次，发掘先进党员典型事迹100多个。5月27日，“纪念建党90周年十大党员故事会”在县电视台演播大厅举行，县委常委、组织部部长王友芳与100多名党员群众参加故事会。“十大党员故事会”宣讲的是王富强、卢之云、尹晓光、李春桂、吴巧珍、陆书永、胡安村、秦玉华、顾爱红、徐中10名优秀党员的先进事迹。他们中有投身实业、奉献社会的企业家，有扎根农村、默默耕耘的村干部，有服务项目、助推发展的机关人员，有爱岗敬业、展示风采的人民教师、白衣天使、销售精英、社区志愿者等。

■“党员进基层，服务到村居”活动 9月份，在全县党员干部中广泛开展“党员进基层、服务到村居”系列主题实践活动，动员和引导广大机关党员干部、党员志愿者走进基层、走进群众、走向一线。活动内容主要有“送文化、送科技、送医疗、送法律”乡村行活动、“我的社区我的家——在职党员进社区”主题实践活动、深化“携手1+1，共建新农村”主题实践活动等。

■“三亮三赛三评”活动 从3月份开始，县委组织部为推进创先争优活动深入开展，在全县窗口服务单位开展亮人员身份、亮办事流程、亮创争承诺，赛作风、赛业务、赛形象，员工自评、群众参评、上门点评“三亮三赛三评”主题实践活动，激发窗口服务单位创争热情，更好地服务群众、服务基层。

（县委组织部）

宣传思想工作

■概况 2011年，全县宣传思想文化工作围绕县委、县政府奋力赶超、创新争先要求，突出解放思想、提振信心、助推发展，弘扬先进文化主基调，成功组织一系列重大宣传活动，有力推动全县经济社会又好又快发展。组织“经典诵读”读书活动和“做人做事做官”大讨论活动；编印《宝应籍在外人士通讯录》，收集宝应籍在外乡贤1 953人的重要信息；组织80多篇重点宣传报道稿件、多个重要电视专题报道节目在中央、省、市主流媒体刊播。宝应县创成“全国文明县城”、蝉联“江苏省文明城市”。县委宣传部获县2011年度“创新突破特别贡献奖”金牌奖，“红色经典诵读”获2011年度全市宣传思想文化工作创新奖。

■中心组学习 2011年，县委中心组印发年度学习计划，调整县委中心组成员，制定中心组学习制度，做好县委中心组学习组织和服务，邀请著名经济学家、清华大学中国经济研究中心高级研究员韩秀云，省委宣讲团成员、省国资委副主任蔡荣国，江苏常发集团副董事长、副总经理谈乃成，省委党校副校长桑学成等专家学者，到宝应县分别作“中国经济走势展望”、实施“八项工程”推进“两个率先”、企业创业创新与做大做强、中共中央总书记胡锦涛“七一”重要讲话精神等专题报告。县委中心组成员作“做人做事做官”讨论交流，并在《宝应日报》刊登心得体会摘要。定期编印中心组学习参考资料，发放到县委中心组成员和县基层单位主要负责人。9月份，县委常委、县人大常委会、县政协主要负责人和党员副县长分头深入基层宣讲胡锦涛“七一”重要讲话和扬州市第六次党代会精神。11月，县领导开展“谋划2012年工作”调查研究活动，围绕15个重点课题深入基层开展调查，形成调研报告24篇。

■“经典诵读”读书活动 3月，围绕提升干部的思想政治素养，编印《毛泽东、邓小平、江泽民、胡锦涛论能力作风建设》红色经典读本近万册，发放到机关党员干部和基层单位负责人。3月30日，举办“经典诵读”读书活动启动仪式，组织各地各单位开展学习与诵读活动，向全县机关部门推荐新书30多种，推行“三个一”读书行动，即每天学习一小时，每两月精读一本书，每季度写一篇学习心得。

■“做人做事做官”大讨论活动 4月，在全县机关干部中组织开展“做人做事做官”大讨论。各地各部门围绕“正确对待组织、正确对待自己、正确对待名利”三个问题和“做官与做事、职业与事业、立业与立身、组织与个人”四个关系，利用中心组学习、支部课堂开展学习交流活动。《宝应日报》、县广播电视总台电视新闻栏目开辟《做人做事做官大家谈》、《做人做事做官访谈》专栏，刊播领导干部心得。各基层单位推荐科级以上干部学习体会文章近200篇，形成《三做谈——全县做人做事做官大讨论体会文章汇编》。11月1日，举办机关部门中层干部参加的“做人做事做官”主题演讲会，67名参赛选手经过初、复赛和决赛，决出一、二、三等奖15名和优秀奖13名。

■建设学习型党组织　2011年，健全建设学习型党组织工作领导机构，成立以县委书记为组长的建设学习型党组织工作领导小组和建设学习型党组织工作协调小组，明确各协调小组成员单位的职责。积极上报学习型党组织建设典型，宝应工商局突出学习制度创建，提升工商执法能力被列入扬州市学习型党组织建设典型。宝胜集团被评为全市建设学习型企业党组织先进单位。20个单位被确定为全县学习型党组织建设示范单位。

■农村党员干部冬训　11月，在山阳镇、曹甸镇等镇开展冬训准备调研活动，研究确定2011～2012年度全县农村党员干部冬训主题为“赶超发展、富民强县，加快建成更高水平小康社会”。根据这一主题编印《农村冬训宣讲材料》和《小康宝应宣传手册》通俗读本1万册，组织县委宣传部讲师团和全面小康宣讲团进村入户宣讲，开展多种形式结对联训和各类主题实践教育活动，提高农村党员思想素质和发展能力。12月26日，召开农村党员干部冬训工作会议，各镇区党员冬训工作全面展开，组织开展典型事迹报告、专题片播放、讨论交流、电化教育、参观考察等形式多样的冬训活动，利用网站、微信、掌上党建、流动党员群等向在外流动党员提供冬训学习资料。各镇区共有3万多名党员参加教育培训。冬训结束后根据《宝应县农村党员干部冬训百分考核办法》对各镇区冬训工作考评表彰。2010年度“以量化考核促冬训创新”和“‘红色驿站’QQ群冬训平台”获市委宣传部冬训创新项目奖。

（郎海燕　张大庆　董　雷）

■新闻宣传　2011年，全县新闻宣传战线特别是主流新闻媒体，始终把赶超创新、“四个突破”作

2011宝应青年千人毅行出征仪式

为“头版头条”新闻，精心组织工业重大项目建设、新城建设、小康创建等重大主题宣传，扎实开展“烟花三月”经贸旅游节、中国·宝应荷藕节、县第十一次党代会等重大活动宣传，推出孙超、孙云凤、“星星点灯”留守儿童合唱团等一批先进典型，全县新闻宣传主流声音明显增强。各主流媒体围绕事关全局的重点工作和社会关注的热点话题，及时进行多元解读、跟踪报道，加强言论、评论、讨论、访谈类宣传，着力为赶超发展加油鼓劲。新闻宣传主阵地得到进一步增强，《宝应日报》增至周六版，宝应电视台增设一个频道并调整栏目设置、包装提升形象。

■对外宣传 2011 年，全县对外宣传工作立足县情特色，挖掘地方亮点，加强新闻策划，以扬州“烟花三月”国际经贸旅游节、中国·宝应荷藕节、世界运河博览会等重大活动为契机，开展与中央、省、市主流媒体的合作交流，有针对性地宣传推介宝应发展优势、发展成果，《生态经济主导宝应县域经济发展》、《江苏宝应：从“支前光荣城”到“绿色产业城”》、《宝应上演洼地崛起》、《宝应：有机可贵、生态无价》等 80 多篇重点稿件、多个重要电视专题报道节目在中央电视台、《人民日报》、新华网、人民网、中新网、《农民日报》、《科技日报》、《解放日报》、《新华日报》、《群众杂志》、《扬子晚报》、江苏卫视、《扬州日报》等主流媒体刊播，其中《宝应上演“洼地崛起”》刊登在《新华日报》头版头条。

■新闻“三优”评选 7 月，县委宣传部与县公安局党委联合开展“平安宝应杯”2010 年度全县优秀新闻工作者、优秀通讯员和优秀新闻作品“三优”评选活动。经广泛推荐、认真评选，姜春华等 10 人被评为优秀新闻工作者，侯荣等 10 人被评为优秀通讯员，《充满活力的市民观察团》等 35 件优秀新闻作品分获一、二、三等奖。11 月 3 日，县委宣传部召开全县新闻宣传工作座谈会，对 2010 年度全县优秀新闻工作者、优秀通讯员和优秀新闻作品进行表彰，并下发文件向全县公布评选结果。

■文化事业 2011 年，县委宣传部围绕庆祝建党 90 周年，分别组织开展荷藕节歌咏大会、红歌会、诗书画摄影作品展等系列活动，开展社区文化、广场文化、校园文化、企业文化活动；实施下乡“三送工程”，全年送电影 2 900 场、送图书 8 万多册、送戏 60 场；组织“文艺大篷车乡村行”活动，进行全面小康创建宣传。推进文化体育、广播电视体制机制改革步伐，在扬州市首家成立广电传媒集团，引资改造建成数字影院，城区数字电视转换率 95%。全年创作剧(节目)40 多个，《湖畔风雨情》参加省淮剧节获 10 个奖项。

■文化产业 2011 年，县委宣传部举办文化创意产业商函传媒推介会，曹甸镇体育玩具产业申报省文化产业基地并获 100 万元引导资金，鲁垛乱针绣、西安丰水晶工艺生产获批扬州市文化产业示范基地。全县全年文化产业实现增加值 9.4 亿元，比上年增长 20%，占全县国内生产总值的 4%。

■乡情联络 2011 年，县委宣传部健全乡情联络工作网络，广泛收集在外乡贤信息，充实完善在外乡贤信息库，编印《宝应籍在外人士通讯录》，截至年底，收集宝应籍在外乡贤 1 953 人的重要信息。每周定期给 400 多位在外乡贤寄发《宝应日报》，让更多的在外宝应人了解家乡的发展、变化。全年编印《乡情联络工作简报》16 期，介绍各地、各部门乡情联络工作动态，及时反映县委、县人大常委会、县政府、县政协领导班子成员走访慰问乡贤亲属活动和会见重要乡贤情况。7 月 3 日，上海市扬州人联谊会一行 7 人到宝应县，向特殊教育学校赠送电脑 6 套、向柳堡镇郑渡村 7 户贫困家庭送慰问金 1.3 万元。春节、中秋节前夕，县委、县人大常委会、县政府、县政协领导慰问部分乡贤在宝应生活的父母，各镇(区)部门的主要负责人慰问各自联系的乡贤在宝应生活的亲人。县乡情办春节、中秋节向在外乡贤邮寄贺卡 4 000 多份，发祝福短信 6 000 多条。2 月 5 日，县委、县政府举行宝应在外乡贤新春联谊会，县领导和相关部门负责人以及 70 多位宝应在外乡贤代表出席。（郎海燕　张大庆　徐名新）

统一战线工作

■概况 2011 年，县委统战部围绕中心，发挥优势，积极探索，锐意进取，切实做好各领域统战工作。县委办公室发文转发县委组织部、统战部

《关于进一步加强党内外合作共事工作的意见》，就进一步规范党内外合作共事作出具体规定，要求全县各级党组织从战略和全局高度充分认识搞好党内外合作共事的重要性，扩大党外人士的知情渠道，加强与党外人士的联系交流，切实加强党外干部队伍建设，保证党外干部有职有责有权，支持党外人士的考察调研活动等。引导统一战线成员为经济社会发展献计出力，全年共形成有价值的调研报告6篇，建议、提案40多份。

■巩固统一战线共同思想政治基础 “七一”前后，县委统战部组织召开全县各界人士庆祝建党90周年座谈会，举办统一战线庆祝建党90周年书画展，开展“颂党恩、感党恩、报党恩”主题征文活动，通过系列活动的开展，增强统一战线成员接受党的领导，走中国特色社会主义道路的自觉性和坚定性，巩固统一战线共同的思想政治基础。继续教育引导非公有制经济人士投身光彩事业，感恩社会、回馈社会，全年全县非公经济人士投身公益、光彩事业资金共300万元。树立践行社会主义核心价值体系，通过评比表彰、培树典型等多种形式，把“同心”共识教育引向深入。县委统战部联合工商、税务等10个部门评选表彰县优秀中国特色社会主义建设者35人。

■党外代表人士队伍建设 2011年，县委统战部调整充实党外代表人士队伍，为人大、政协和工商联换届选举提供人才储备。注重培养民企二代，遴选民企二代后备队伍20人。选送民企二代4人参加市青年企业家“沙龙”。配合县委组织部选拔党外正科级领导干部2人，公开选拔乡镇党外副镇长3人，选派党外副科长级干部到乡镇园区挂职锻炼5人。

■维护社会和谐稳定 2011年，县委统战部先后召开城区和乡镇统战工作进社区推进会，强化社区统战工作“五个一”（建立一个组织机构、建立健全一套基础台账、制定一套制度、搭建一个平台、开展一系列活动）建设，为创新社会管理工作，化解社会矛盾打牢基层工作基础。促进民族团结进步，做好散居少数民族工作，新建西安丰镇、鲁垛镇、山阳镇3个“少数民族之家”，新增少数民族扶贫项目2个，争取扶贫资金10万元；组织社会各界为1名少数民族烫伤儿童捐款2万元；在黄塍镇、西安丰镇、山阳镇、鲁垛镇4个镇试点开展关爱少数民族留守儿童活动，共帮扶少数民族留守儿童100人。创建“和谐寺观教堂”，推进宗教团体班子建设，提升依法管理宗教事务水平，向各宗教场所发放《“和谐寺观教堂”评比考核细则》、《基层民族宗教工作问答》、《民族宗教政策法规汇编》等学习宣传资料，创建市级宗教模范场所3家。在宗教场所和信教群众中，开展“拒绝邪教”宣传教育活动，组织“崇尚科学、拒绝邪教”万人签名活动。

■结对联系镇活动 2011年，县委统战部结对联系山阳镇，整合部门优势，帮助山阳镇解决发展中遇到的难题，协调县农委为山阳镇落实建设项目6个、争取项目资金300万元。协调县人行牵头8大商业银行在山阳镇召开银企对接会，现场为5家企业提供贷款5 000万元，落实2011年贷款指标1亿元。支持山阳镇小康创建活动，组织结对部门进村入户宣讲小康知识，慰问困难群众，为农村环境整治捐资近40万元；帮助山阳镇顺河村少数民族户养殖项目争取资金5万元。

■统战宣传 2011年，县委统战部继续加强统战宣传信息工作，扩大统战工作影响力，提高统战工作地位，把宣传信息工作纳入统战部（民宗局）全年十项考核目标之一，着力做好重点工作、重大活动、重点人物宣传。全年共向各类报刊投稿80篇，被采用73篇，省市统战和民族宗教网采用信息38条。统战宣传信息工作市考评获690分，受到市委统战部表彰。（王先楼）

机关党建

■概况 2011年，县级机关新建直属党支部1个、基层党支部1个，换届改选党总支6个、直属党支部9个、基层党支部38个。因工作需要，撤销县广电局、县人社局党总支2个，撤销县环保局机关一支部、机关二支部和县商务局企业基层党支部计3个。组织186名入党积极分子进行党的基础知识培训。发展新党员48人，审批33名预备党员转正。县级机关工委（以下简称“工委”）下辖机关党委2个、党总支20个、直属党支部36个，机关党委、党总支所属基层党支部104个，共有党员2 458人。

服务中心工作 2011年，县机关工委组织机关党员干部开展服务发展、服务基层、服务群众，推进学习型机关建设、推进创新型机关建设、推进效能型机关建设“三服务三推进”和“携手1+1、共建新农村”等主题实践活动。利用机关部门的优势，提供项目、招工等信息，协调解决资金、土地、技术等难题。工委为扬州皇裕精密冲件公司协调解决工程建设中遇到的难题，并积极督促企业早日投入新厂房生产。机关工委领导到苏南等经济发达地区招商引资，为江苏宝应经济开发区提供有价值的招商信息3条。帮助江苏康源纺织有限公司协调解决招工、水系配套等难题。走进农村、社区等生产生活一线，了解社情民意，开展爱心结对、捐资扶贫等活动。牵头开展“党员进基层、服务到村居”活动，组织机关1 000多名在职党员持党员服务卡到社区开展义务讲学、义务劳动等志愿者活动。组织党员干部诵读红色经典，开展“做人、做事、做官”大讨论活动。举办县级机关党务干部培训班，参训人员158人。

创先争优活动 2011年，县机关工委举办“小康杯”创先争优工作经验交流会，组织党员干部撰写展示县级机关创先争优活动的思想理论成果和实际工作成效文章42篇，其中32篇论文被编印成册，发至各基层党组织学习借鉴。县科技局、国土局、经信委、物价局、残联、住房公积金中心6家单位创成2011年度机关党组织规范化建设合格单位。

纪念建党90周年活动 2011年，围绕“知党、爱党、跟党走”这一主线，县机关工委组织开展“忆党史、铭党恩、强党性、促党建”系列主题活动。召开县级机关庆祝中国共产党成立90周年大会，缅怀党的历史，纪念党的生日，35名新党员在党旗下进行集体宣誓。举办县级机关“药监杯”党的知识书面闭卷答题竞赛、“红盾杯”“党在我心中”机关团员青年演讲比赛。

廉政建设 2011年，县机关工委组织党员干部学习《中国共产党党员领导干部廉洁从政若干准则》、县委《关于从严管理干部的十项规定》和《宝应县党政机关厉行节约过紧日子暂行规定》，促进党员领导干部廉洁从政，健全干部管理机制，维护党纪严肃性。深入开展廉政文化进机关活动，积极参与不同层次的廉政文化示范点创建。全年协助县纪委查办机关党员干部违法违纪案件1件。

（赵小平）

涉台事务

概况 2011年，县台湾事务办公室（简称县台办）全年接待回乡探亲台胞68人次，接待到宝应县考察台商团组23批75人（次），其中有台湾地区“中华文化交流协会”会长张顺心一行到射阳湖镇考察温泉项目，台湾地区台北狮子会会长陈新焕一行到宝应县考察玻璃工艺、特色农业项目。全年获批台资项目1个，总投资2 000万美元。截至年底，全县实有台资项目28个，总投资1.4亿美元，实际到账资金6 000万美元。全年向台商发放招商指南等宣传资料120份，为县委、县政府提供有价值招商信息12条，走访服务台资企业25家，帮助台资企业解决实际困难10件，受理涉台投诉3件次，协调解决2批次。台资企业江苏宝航特钢有限公司因产品质量问题受有关部门起诉，已进入司法程序。中秋节前夕，举行台商台属中秋茶话会，驻宝台商、台属共聚一堂，畅叙宝应快速发展大局。

赴台经贸考察 2011年，全年赴台经贸考察3批5人（次）。5月份，宝胜集团副总经理邵文林等2人赴台塑集团商务考察，并与台塑集团签订一批购销合同。7月份，县发改委主任周文秀随省旅游局考察团赴台考察。

开展招商活动 8月份，县台办领导参加苏州台湾文化合作交流会成立活动，邀请一批台商到宝应考察，收集一批台商投资信息。

涉台宣传管理 2011年，县台办向各镇区发放《涉台学习资料汇编》读本，提高涉台工作人员业务能力和水平；加强对电视等媒体管理，执行县台办、县委宣传部对涉台宣传统一扎口管理的规定。

郝柏村到射阳湖镇祭祖 4月3日，台湾地区原“行政院院长”郝柏村携夫人郭莞华和亲友一行39人到射阳湖镇高夏村祭祖。其间，郝柏村及其亲友受到省台办副主任王少邦、市委副书记王荣平、县委书记仲生等领导接见。县领导向郝柏村介绍家乡的发展状况，并祝老人家健康长

寿。郝柏村对宝应县长期关心其亲属表示感谢，对家乡快速发展表示美好的祝愿。 （奚长春）

党校工作

■概况 2011年，县委党校共举办各类主体培训班3期，培训党员干部1 100人；到基层单位开展专题宣讲30多场次，受训人数2 650人。承办各类专业专科、本科学历班10个，毕业学员179人；相继开办农村基层干部大专班2期，在册学员300人。发表科研文章8篇，完成教学案例17篇。完成学员宾馆楼土建工程。

■主体班次 围绕领导干部能力提升工程，以中共十七届五中、六中全会和县委重要会议精神学习宣传为主线，先后举办新经济组织和新社会组织“两新”组织入党积极分子培训班、青年干部培训班、村（社区）党组织书记培训班主体班次3期；协助县经信委、县妇联、县级机关工委联合举办招商引资人员培训班、“二妹子”家政服务培训班和党务干部培训班等，全年参加培训学员1 100人。

■基层宣讲 组织教师认真备课，深入基层开展“送课下乡”、“送课到部门”活动。全年，先后为安宜镇、鲁垛镇、夏集镇、小官庄镇、西安丰镇、广洋湖镇、射阳湖镇、望直港镇等镇及县级机关工委、县科技局、县药监局、县联社等部门开展专题宣讲30场次，听讲人数2 650人。继续利用县委党校网站，及时更新公布专题菜单，为基层党员干部网上理论学习提供服务，扩大党校理论宣传教育覆盖面。

宝应县2011年青年干部培训班开班仪式

■协助办班 全年先后协助县纪委、县人社局、县经信委、县委宣传部、县级机关工委、安宜镇等部门单位举办纪检监察干部综合业务培训班、新录用公务员培训班、省职业经理人培训班以及“做人做事做官”演讲比赛、“药监杯”党的知识竞赛、“市先进基层党组织和优秀共产党员先进事迹报告会”等活动，参加人员1 840人。结合纪念建党90周年活动，对机关、农村基层干部及入党积极分子等进行党史、党建、能力作风建设、宝应“十二五”规划展望等专题辅导授课，参训人数920人。

■理论研究成果 全年县委党校教师撰写的论文在《科学发展在中国》、《中国集体经济》、《经济研究导刊》、《扬州市纪念建党90周年论文集》、《宝应情况》等刊物上发表文章8篇。在《宝应日讯》开辟专栏，详细解读胡锦涛“七一”讲话精神。组织教师参加省、市委党校和宣传、计生等相关部门组织的理论研讨会和征文活动，共有3篇论文入选，其中一篇获省级研讨会优秀论文奖。

■调研活动 组织理论教员围绕县委中心工作，就全县工业化、城镇化、新农村建设、基层党建、民生建设等课题，分组到安宜镇、射阳湖镇、夏集镇、曹甸镇等镇及部分重点企业调研，编写点评教学案例17篇，编印《教学案例选编七》。组织教员先后到赣榆县、溧阳市，山东省寿光市等地党校学习调研，拓宽干部培训工作视野。

■函授学历教育 2011年，县委党校共承办党校函授大专班、省青年管理干部学院和南京中医药大学大专班8个，学员计295人；各类本科、大专函授班共179名学员顺利毕业。县委党校与县委组织部、省青年管理干部学院联合举办第二期农村基层干部大专学历班，招收学员88人。村干部大专班在课程设置上除安排公共课程外，结合农村工作需求，先后安排新农村建设、发展高效农业、村级事务管理、劳动力输出等专题讲座，并组织学员到先进镇村实地参观学习和交流研讨。

■远程教育 县委党校依托省青年干部学院与兰州大学达成联合办学协议，开设远程网络教育专科、本科学历班，经资格审查和入学考试，招收学员17人。

■新校区建设 按照新校区建设规划，顺利完成教学办公楼内部改造、办公家具购置、音响电器设备安装调试和配电房改造等相关附属设施的建设工作，保证教学和各项培训活动的开展。截至年底，学员宾馆楼土建工程全部完成。

（潘国斌）

老干部工作

■概况 至2011年底，全县共有离休干部337人（含上级直属单位代管55人，易地安置4人，未列入统计的退改离教师8人），其中享受地市级待遇6人、享受县处级待遇101人。全年老干部工作围绕县委工作中心，服务经济发展大局，保持老干部队伍稳定和谐，开展老干部活动，发挥老干部作用。落实老干部政治生活、经济生活待遇，做好自收自支事业单位、改制单位离休干部的管理服务工作，分批分期解决老干部的住房补贴问题。

■离退休干部党员创先争优活动 开展离退休干部党员创先争优活动，把为"十二五"期间地方经济社会发展作贡献作为离退休干部党支部和离退休党员创先争优的重要内容，在全县离退休党员干部中开展"我为建设'四个宝应'献一计"活动。县委组织部、县委老干部局、县关工委联合开展"老干部与大学生村官结对交友共谋发展"主题实践活动，共有科级以上离退休干部110人参加结对交友。成立以原县老领导和农业、农村、农民"三农"问题专家为主体的宝应县老干部结对大学生村官创新、创业、创优"三创"工作指导团，为大学生村官创业搭建平台。全年共指导大学生村官新办创业项目20个、做大项目13个。

■关爱未成年人成长 县委老干部局组织170名离退休干部担任网吧义务监督员，让未成年人远离经营性网吧；协调建立遍布全县城乡村（社区）爱心小书屋，成立校外辅导站90个，组织250名离退休党员干部担任辅导老师。联合县关工委，组织离退休党员干部扶贫扶智，关爱贫困生、学困生、留守儿童、单亲子女、孤残儿童，300多名困难儿童得到呵护。

■老干部纪念建党90周年系列活动 6月29日，县委组织部、县委老干部局、县关工委联合主办"颂歌献给党"离退休干部党员纪念建党90周年文艺演出，县领导观看演出，县委书记、县人大常委会主任仲生出席并致辞，演出分为"党恩泽心田"、"为党旗增辉"和"永远跟党走"3个篇章，有大合唱《南湖的船，党的摇篮》、歌舞《亲吻祖国》、表演唱《快乐老年》、大合唱《在灿烂的阳光下》等多个节目。演出过程中，20多位县老领导走上舞台，集体重温入党誓词并高唱《革命人永远是年轻》。6月，组织离退休干部"与党同呼吸、共命运、心连心"征文活动，共收到离退休干部稿件116篇，其中遴选40篇报省、市委老干部局参赛，同时在《宝应日报》开辟专栏进行选登。"七一"前后，县委宣传部、县委统战部、县委老干部局联合举办纪念建党90周年全县老干部及各界人士"忆党恩、颂发展"书画摄影展。

■为老干部办实事 2011年，县委老干部局全年为近100名老干部解决住房、护理、丧葬等困难，为10名有特殊困难的老干部遗属补办医疗保险；走访看望重病、住院的老干部150多人次，接待老干部信访300多人次。"七一"前夕，完成提高离休干部生活补贴标准和扩大发放范围工作。

（陈 新 时长春）

档案工作

■概况 2011年，全县档案工作坚持为党委政府工作大局服务、为经济发展服务、为广大社会公众服务正确方向，加强档案资源体系、档案利用体系、档案安全体系"三个体系"建设。5月份，县"两办"转发市"两办"《关于进一步加强依法治档工作的意见》，完成行政执法网上公开运行系统，组织对全县在城110个部门及15个镇（区）档案工作执法检查，县委办公室发文对检查评比结果进行通报，50个单位、63名个人受到表彰。全年先后指导县电信公司完成省四星级验收，指导县残联、县粮食局及县国土资源局6个基层所达三星级标准，帮助氾水镇、射阳湖镇、山阳镇3个行政村达到省档案工作示范村标准。县委办、县政府办发文公布第三批民生档案建档责任单位和档案类别，涉及8个单位9大类档案；对全县林权档案进行上门指导，并帮助收集、整理、全面接收进馆680卷；逐步推进交通、规划、生态新城等一批重点工程建档工作。县档案局被县委、县政府表彰为“三个文明”建设文明单位，在部门工作考核中获三等奖；被评为“扬州市档案方志宣传工作先进集体”，全年被各类媒体采用稿件73篇(条)。

县档案局举办“国土资源杯”首届档案业务技能比武活动

■省档案局局长谢波一行到宝应县视察指导工作 参见“中国共产党宝应县委员会”篇“重要活动”分目。

■召开全县档案工作会议 3月28日，县政府主持召开全县档案工作会议，会议期间县政府表彰全县“十一五”期间档案工作先进集体69家和先进个人100人。市档案局局长宗金林、县相关领导出席会议。

■建立“宝应县档案网” 10月，“宝应县档案网”成功建立。网站首页设有“局馆概况”、“馆藏指南”、“新闻中心”、“走进宝应”、“政策法规”、“档案业务”、“宝应年鉴”、“交流服务”等栏目，并设有“全宗指南”、“珍贵档案”、“图片新闻”、“工作动态”、“档案利用”、“查档预约”、“服务之窗”、“兰台学苑”、“大事记”、“宝应名人”等分栏目。

■征集城市荣誉档案 9月，县委办、县政府办发出《转发县档案局〈关于征集县镇机关和事业单位荣誉、外交礼品档案的意见〉的通知》，在全县范围内征集解放以来，特别是改革开放以来宝应县取得的各种荣誉档案。截至年底，共征集到宝应县荣获省、部级以上颁发的奖牌、奖状、锦旗、奖品、证书等城市荣誉档案127件。

■“国土资源杯”首届档案系统技能比武活动 11月25日，县档案局为提高基层档案管理人员电脑操作业务技能，运用全省档案管理统一采用的“永乐档案软件”进行电脑操作技能比武活动，全县各单位98名档案员参加比赛，评出特等奖1名，一等奖2名、二等奖3名、三等奖4名，由县档案局出文表彰，并给予相应的物质奖励。

■企业建档工作 6月28日，县档案局组织注册资金2 000万元以上规模企业建档工作培训班，120多名企业负责人和档案员参加培训。下半年，抽调骨干力量全程参与拟上市的宝应仁恒实业有限公司、扬州晨化科技集团有限公司、扬州华宇管件有限公司3家企业档案收集、分类、整理、归档。其中，宝应仁恒实业有限公司于11月21日成功在香港交易所整体上市。

■编印《家庭建档手册》 为推进家庭及个人建档工作，县档案局编印《家庭建档手册》共2 000册并免费向市民发送，宣传家庭及个人建档的重要性、必要性和可行性，就子女成长、教育、保险、学历方面建档的程序、需收集的资料、利用的渠道等进行详细说明，为开展家庭建档工作打下基础。

■创新《宝应年鉴(2011)》纲目和装帧 《宝应年鉴(2011)》卷实现纲目设计“三创新”。创新彰显宝应主导优势产业篇目。在工业篇中围绕宝应县“一主两特”主导产业，增设《输变电装备制造业》、《泵阀管件·压力容器业》、《有机食品制造业》3个分目。创新反映宝应新兴产业发展篇目。在商贸服务业中设立《旅游业》、《住宿·餐饮业》分目，在大纲中列出《信息化建设》篇目和《电子政务》、《物流业》、《投资担保》等分目。创新弘扬宝应传统文化精髓篇目。在扉页上展示宝应名胜古迹“八宝亭”，并由此介绍宝应县名的由来。增设《非物质文化遗产》篇，选登介绍宝应传统技艺、民间文学、民俗文化文章共10篇。同时，装帧设计实现“三创新”。图片主题的设计创新。精选12项年度经济社会发展重大事件分别制作成彩页，书内随文配发照片152幅。首次进行全彩化设计，提高成书的全面性、地方性、艺术性和观赏性。版式结构的设计创新。彩页采取系列化、专题化组合方式，分别是县域及城区地图、宝应概貌及城市荣誉、数字“十一五”、领导活动、年度要闻、宝地风采等127页，突出公益彩页分量。书型设计的创新。首次采用大16K全彩印刷，封面照片设计与年份、卷号、书名形成和谐整体，全书借助电子编排系统对文字、图形、图像进行融合变色、变形，使全书风格、基调协调一致。

（张晴湘）

党史工作

■概况 2011年，县委党史办充分发挥党史“征、编、研、宣”职能，完成《中共宝应地方史（第二卷）》出版发行工作，开展红色资源保护开发利用，提出《发展宝应红色旅游设想和建议》；围绕纪念建党90周年开展系列党史宣传活动，推动党史宣传教育进学校、进社区、进机关、进企业、进农村。10月份，召开全县建国后革命烈士资料征编工作会议，部署在全县开展《英烈传》资料征编工作。截至年底，按照真实、准确、充分反映烈士个性和崇高品质要求，85%的镇基本完成工作任务，形成近13万字的《英烈传》相关文稿。全年组织撰写党史工作宣传报道稿件28篇，被上级部门和市县各类媒体采用35篇（次）。

■《中共宝应地方史（第二卷）》出版发行 12月，《中共宝应地方史（第二卷）》出版发行。《中共宝应地方史（第二卷）》编撰工程于2008年7月全面启动，历时两年半完成。该书编撰过程中，共收集1949～1978年期间宝应社会主义建设地方党史研究长篇专题资料60多篇，经多方征求意见、反复修改，成书共4篇17章26万字。

■建党90周年系列党史宣传活动 4～10月间，县委党史办围绕纪念建党90周年开展系列党史宣传活动。开展“四红一新”（唱红歌、布红展、送红书、讲红史，育新人）进校园活动。4月23日，县委组织部、县委宣传部、县委党史办等单位联合主办的“四红一新”进校园活动启动仪式在安宜高级中学举行。启动仪式上，成立由县老领导、党史工作者和党员志愿者组成的县党史宣讲团，县领导陈金荣等向宣讲团授旗；县委党史办、县新四军研究会向学生赠送宝应革命斗争史书籍；安宜高中学生演唱红色歌曲。县党史宣讲团到学校、机关、社区、企业、农村巡回宣讲党史近百场。开通党史知识手机报。县委党史办与中国移动通信集团江苏有限公司宝应分公司、中国联合网络通信有限公司宝应县分公司共同建立手机报平台，定期向全县党员干部发送综合党史信息，每周1期，共30期。开办党史大讲堂。配合县委组织部制作党史专题讲座视频，并上传县党员干部现代远程教育平台。举办党史巡回展览。制作18块戗牌，在烈士陵园集中展示20天，全县机关、企业、学生5 000多人观看展览；与安宜镇、县教育局合作，将戗牌送到社区、园区、学校等地（单位）进行巡展。在县党员干部现代远程教育平台、《宝应日报》、县电视台及县广播电台开设党史专栏，每周介绍1个党史故事。举办党史知识竞赛。配合县直机关工委组织开展党史知识竞赛，共编写400道竞赛题发至各县直机关单位，6月份组织书面闭卷竞赛。制作党史宣传画册、电视专题片。编印《红色记忆》画册，浓缩介绍宝应革命斗争史，无偿赠送社会各界人士。与县电视台联合重新整理制作反映宝应人民开展革命斗争的电视专题片《日出水乡》，在纪念建党90周年大会上播放。

■纪念新四军开辟苏中抗日根据地70周年座谈会 参见“中国共产党宝应县委员会”篇“重要活动”分目。

■开发利用红色资源 2011年，县委党史办在对全县红色资源和革命遗址遗迹进行调查摸底的基础上，向县委、县政府提交《发展宝应红色旅游设想和建议》，内容主要包括加强对涉及党史题材纪念场馆布展陈列的审查和指导；启动苏中革命斗争纪念馆建设申请立项工作；集中仿建苏中革命斗争历史遗迹，打造新四军村旅游景点等。

（杨素娟）

综 述

2011 年，县人大常委会共召开常委会会议 8 次、主任会议 14 次，听取并审议“一府两院”工作报告 18 项，作出决议、决定 10 项，接受“一府两院”领导人员辞职 5 人，决定任免县政府组成人员 6 人次，任免“两院”工作人员 16 人次，任免常委会办事机构工作人员 3 人次。重点审议宝应县税源经济发展、改善金融环境优化金融服务、重大基础设施项目向上争取、工业重大项目突破、两年翻番目标实现、“全面小康县”和生态县创建、启动生态新城建设和推动法治宝应建设等情况的报告；对全县新兴战略性产业、推动工业企业转型升级、技术创新、文化产业发展和商贸服务业发展、土地整理复垦情况等方面的工作分别进行调查、视察、审议；审议县人民政府工作部门主要负责人全年履职情况的报告，同时开展现场询问和应询活动，进行“满意度”测评。精心组织“百名代表、公民”走进常委会活动，扩大人大代表和社会公众参与人大监督工作，增强人大监督合力。密切联系群众，做好信访工作。

（万丽莉）

重要会议

■县十四届人民代表大会第四次会议 1 月10～13 日，宝应县第十四届人民代表大会第四次会议在县城举行。会议听取并审议县人大常委会、县人民政府和县人民法院、县人民检察院的工作报告，并作出相应的决议；审查和批准宝应县 2010 年国民经济社会发展计划执行情况和 2011 年国民经济社会发展计划（草案）的报告；审查 2010 年财政预算执行情况和 2011 年财政预算（草案）报告，批准 2011 年县级财政预算。会议选举王庭国为宝应县人民政府县长，王庭国作题为《当好表率尽职为民》的讲话。会议期间，代表们积极履行职责，向大会提出议案 75 件，建议、批评、意见 136 件。根据代表议案处理的有关规定，并经大会主席团通过，75 件议案全部转为建议、批评和意见办理。

■县十四届人大常委会会议 2 月 28 日，宝应县十四届人大常委会第二十三次会议在县行政中心六楼人大常委会会议室举行。会议听取并审议县人大常委会 2011 年工作要点和议题安排；听取并审议县人民政府关于税源经济发展目标、路径和举措情况的报告；审议通过县“一府两院”有关干部的任免事项。

4 月 29 日，宝应县十四届人大常委会第二十四次会议在县人大常委会会议室举行。会议听取并审议县人民政府关于改善金融环境 优化金融服务情况的报告;关于生态新城建设启动情况的报告。

6 月 27 日,宝应县十四届人大常委会第二十五次会议在县人大常委会会议室举行。会议听取并审议县人民政府关于重大基础设施项目向上争取情况的报告;关于"全面小康县"创建情况的报告;关于生态县创建情况的报告。会议审议并通过县"一府两院"有关人事任免事项。

7 月 14 日,宝应县十四届人大常委会第二十六次会议在县人大常委会会议室举行。会议听取县长王庭国所作的关于县人民政府有关干部任命提名的报告,审议并通过县政府有关干部任免事项。

8 月 22 日,宝应县十四届人大常委会第二十七次会议在县人大常委会会议室举行。会议听取并审议县人民政府关于 2010 年县级财政决算草案的报告和关于 2010 年财政预算执行情况与其他财政收支情况的审计工作报告;审查批准 2010 年县级财政决算;听取并审议县人民政府关于 2011 年上半年国民经济社会发展计划和财政预算执行情况的报告;听取并审议县人民政府关于突出农业龙头公司建设,加快产业化兴农情况的报告。会议审议并通过有关人事任免事项。

11 月 3 日,宝应县十四届人大常委会第二十八次会议在县行政中心举行。会议专题听取县人民政府经由人大任命的 26 个工作部门主要负责人履职情况的汇报;社会各界代表与常委会组成人员共同对 26 个工作部门主要负责人履职情况进行满意度测评,测评结果当场向全体与会人员公布通报。会议听取并审议县人民政府关于全县工业重大项目突破情况的报告;听取并审议县人民政府关于县十四届人大四次会议代表建议办理情况的报告;听取并审议县人民政府关于全县"六五"普法规划情况的报告,审议通过县人大常委会关于进一步加强法制宣传教育的决议;审议并通过县政府有关干部的辞职事项。会议集中学习中共第十七届六中全会精神。

11 月 29 日,宝应县十四届人大常委会第二十九次会议在县人大常委会会议室举行。会议审议并通过关于全县县、镇两级人民代表大会换届选举问题的决定;审议并通过县人大常委会主任会议关于任命县、镇两级选举委员会组成人员的议案。

12 月 27 日,宝应县十四届人大常委会第三十次会议在县人大常委会会议室举行。会议学习《中华人民共和国人民调解法》,听取并审议县人民政府关于依法完善社会矛盾排查调解机制,推动法治宝应建设情况的报告;听取并审议县人民政府关于 2011 年县人大常委会审议意见落实情况的报告;审查批准 2011 年县级财政预算调整方案;审议并批准镇级人大代表名额具体分配方案;审议并通过有关人事任免事项。

■县人大常委会主任会议 2011 年,县人大常委会召开有议题主任会议 6 次,分别听取县人民政府关于培育新兴战略性产业、推动工业企业转型升级技术创新、文化产业发展、商贸服务业发展、土地整理复垦等方面情况的报告,听取县人民法院关于诉讼调解工作情况的报告。 (万丽莉)

重要活动

■组织"三个百名代表参与"活动 6 月,邀请百名代表和公民参与专题询问活动。共两场:一场是结合"小康县创建"议题,在审议过程中增设代表、公民询问环节;另一场是常委会就"建设用地问题"开展询问活动,邀请百名代表和公民参加询问,要求政府职能部门负责人现场作答。10 月,邀请百名代表和公民以无记名投票方式对 26 个政府组成部门在依法履行职责等方面满意度进行测评。测评采取无记名投票方式,按满意、基本满意、不满意三个档次进行测评,并按得分高低排出名次,当场公布测评结果。全年多次邀请百名代表和公民参与重点视察活动。结合议题邀请相关领域的人大代表、公民代表参加常委会组织的工业重大项目、生态新城建设、区域供水 3 项重大事项视察活动,展示工作成果,听取民声、集中民智。

■督促"新农合"成果巩固 县人大常委会组成人员和部分农村代表深入基层医院、医务室,视察服务窗口,查阅新型农村合作医疗结算资料,现场听取农民意见,督促政府继续巩固"新农合"成果,扩大群众受益面,优化便民服务措施。

■察访"三校"回归运行质态 2011 年,县实验小学、实验初中、宝应中学"三校"依规由民办回归公办,县人大常委会支持县委教育惠民理念和县政府"审慎操作、平稳着陆"原则，关心"三校"回归后的运行质态，组织常委会部分组成人员察访"三校"，督促"三校"在公办教育中植入民办活力机制，力保回归后教育质量继续稳中有升。

■视察城乡建设重大工程 先后三次组织常委会组成人员、部分人大代表和公民代表视察生态新城建设莲花嘉园安置小区、一号邻里中心等建设工地。安大公路宝应段全程通车后，常委会组织组成人员、部分人大代表和公民代表"金秋安大行"，实地视察安大公路沿线各镇的接线工程和道口产业园区建设。

县人大常委会部分组成人员视察重大工程项目建设

■参与全面小康创建 常委会第25次会议围绕全面小康达标创建工作，组织常委会委员和相关部门开展专题询问，委员们就如何抓好"硬件"、补课"软件"，提高群众的认可度和满意度，将全面小康县创建与生态县创建结合推进等关键性问题发问，由到会相关部门负责人一一作答，并通过媒体进行现场录播。常委会动员和组织全县1 400余名市、县、镇三级人大代表，投身"千名代表宣讲进万家"活动。各代表组以"代表之家"为阵地，每位代表联系10户以上选民，采用入户访谈、邀请座谈、随机交谈多种形式，广泛宣讲全面小康知识。县人大常委会主任会议成员及其委办干部带头进村入户，重点联系困难群体，通过作宣讲、谈变化、解困惑、答质疑、送"温暖"，努力使受访对象认知小康、感受小康。 （万丽莉）

建议办理

■138件代表议案和建议全部办毕 2011年，共收到代表议案和建议138件，全部办答完毕，代表满意与基本满意率98.6%。全年代表建议中，需由两个以上部门联合办理的有35件，占建议总数的25.4%。主要有校车管理、农村基层干部保障、控制房价、发展品牌经济等建议。对于这类建议在交办时明确主办、协办部门，要求按照各自职责，分别提出办理意见，由主办部门综合后面答代表。县人大对于允诺列入办理的建议事项定期进行督察，发现错过年度工作安排计划的建议事项，要求在制订下年度工作计划时，优先安排落实。北河路升级改造工程未能在2010年组织实施，2011年度优先安排，兑现县政府及有关部门对代表和人民群众的允诺。对于条件不具备、不符合规划等原因一时不能办理的如：要求提高社区办公经费，向城区独生子女家庭60岁以上无退休金人员发放奖励金，规划建设城北商业服务、教育设施等建议，承办部门主要负责人亲自到场，向代表宣讲政策，分析县情，反复作出解释，直至取得代表理解。

■加强农业基础设施建设建议办理 宝应县第十四届人民代表大会第四次会议期间，部分代表提出加强农业基础设施建设建议，县财政局、县水务局等部门在深入调查研究、掌握实情基础上，提出办理意见。县财政专项拨款1 876万元，新建农桥108座，方便群众生产生活。

■整顿城市交通秩序建议办理 宝应县第十四届人民代表大会第四次会议期间，部分代表提出要求整顿城市交通秩序的建议，县公安局从完善路网结构、发展公共交通、完善安全设施、实行齐抓共管等方面形成调查报告，引起县委、县政府的重视。县委、县人大常委会、县政府、县政协领导亲自上街执勤，交警、城管部门加大管理力度，城市交通秩序明显好转。

■整治改善农村环境建议办理 宝应县第十四届人民代表大会第四次会议期间，部分代表提出要求整治改善农村环境的建议，县政府第13次常务会议进行专题研究，出台整治方案和实施长效管理的意见，并召开集中整治会议进行动员部署。县、镇财政分别投入650万元、2 200多万元，拆除废旧厕所13 453座、废旧猪圈13 290座、破旧危房2 806间，新建公厕143座，落实管护人员2 324人。

（万丽莉）

综 述

2011年，全县实现地区生产总值291.53亿元，比上年增长12%；财政总收入40.22亿元，其中一般预算收入20.58亿元，分别比上年增长31.4%、31.3%；城镇居民人均可支配收入16 848元，农村居民人均纯收入103 27元，分别比上年增长17.6%和18.5%。新增工业开票销售过亿元企业24家，累计总数64家。“一主两特”重点产业规模以上企业实现开票销售228.6亿元，比上年增长29.8%。新增民营企业1 870家，民营企业注册资本比上年增长21.4%。实现建筑业施工产值245.24亿元，比上年增长22.9%；安宜建设集团成功晋升国家房屋建筑施工总承包一级资质。粮食生产再夺丰收，宝应县被国务院表彰为“全国粮食生产先进单位”。新增高效农(渔)业面积8 000公顷，畜禽规模养殖比重比上年提高5.2个百分点。宝应县获“国家有机产品认证示范创建县”称号，有机农业开发区创成“国家农业产业化示范基地”。新创农业无公害农产品、绿色食品、有机食品“三品”品牌161个，“宝应湖”商标被认定为“中国驰名商标”，宝应慈姑获批“国家地理标志产品”。新增农村“三大合作”组织155家。实现全社会消费品零售总额92.68亿元，比上年增长17.1%。宝应文峰大世界投入运营，华美达大酒店、软件信息产业园等项目加快建设。成功举办首届生态旅游推介活动等。

■重大项目取得突破 2011年，投资15亿元的江苏康源纺织有限公司30万纱锭项目、投资10.2亿元的江苏昌辰实业有限公司锦纶长丝项目、投资12亿元的江苏宝生聚酯科技有限公司30万吨聚酯项目、投资2亿美元的汉金富泰(扬州)铜业有限公司年产30万吨连铸连轧铜杆项目和投资15亿元的江苏兴发新能源材料有限公司年产12万吨铝型材项目等开工建设，宝胜普睿司曼超高压电缆等项目进展顺利。工业技改投入比上年增长39.8%，购进设备抵扣增值税比上年增长41.7%。开发区北区第一期工程近4平方千米基本完成配套设施建设，启动第二期工程近8平方千米建设，投资50亿元的输变电装备科技城宝胜核心区项目获得签约。

■工业税收持续攀升 工业企业对地方税收的贡献份额继续攀升，全县工业入库税收12亿元，比上年增长33.2%。至年底，全县工业入库税收超100万元的企业有193家。其中，1 000万元以上的18家、比上年增加6家，500万元～1 000万元的11家、比上年增加2家，300万元～500万元的22家比上年增加6家。

■强势推进新城建设 生态新城2平方千米先

导区建设开局良好，搬迁农户 1 633 户，加快建设 3 个农民集中安置区，全面建成宝射路，启动建设"一纵一横"中轴线主干道，绿化景观及宝射河驳岸示范段完成工程设计。一号邻里中心主体工程完工，新城高级中学奠基开工。

■小康创建进展顺利 省定小康县创建四大类 18 项 25 个指标总体达标，新创省新农村建设先进村 3 个、市全面小康达标村 31 个，人民群众对全面小康的参与度和满意度明显增强。

■转变经济发展方式 开放型经济增长迅速，实际到账外资 1.73 亿美元，比上年增长 20.2%。实现外贸自营出口额 4.14 亿美元，比上年增长 27.7%。成立苏中地区首家县级海关事务联络处。实现外经营业额 780 万美元，规范出国劳务市场秩序。新获批国家高新技术企业 9 家、国家重点新产品 3 个、省高新技术产品 88 个。宝胜集团创成国家级工程研究中心，迅达公司建成省博士后创新实践基地。签约产学研合作项目 78 个。新创省名牌产品 9 个、著名商标 3 件。专利申请数 1 700 件，其中发明专利 218 件。新增全国标委会工作组 7 家，获批国家有机食品质量监督检验中心。江苏宝胜科创股份有限公司实现股份增发融资 8.5 亿元，仁恒实业有限公司在香港成功上市。组建江苏宝粮控股集团。万元地区生产总值综合能耗下降 3.6%。

■要素保障更加有力 全年新增各类融资 49.2 亿元，域内金融机构人民币各项贷款余额比年初实际增加 30.4 亿元，其中工业信贷投放净增 11 亿元。江苏射阳农村商业银行宝应支行挂牌开业，新办农村小额贷款公司 2 家。争取各类政策性资金 7 亿元。落实土地点供项目 3 个，盘活存量土地 100 公顷。引进高层次人才 33 名，其中 7 人获批省"双创"计划，11 人获批市"绿杨金凤"计划。引导外出人员返乡就业，加大县外劳务引进力度，各类企业新增用工 8 200 人。加快 220 千伏澄安线改造、220 千伏黄塍变等电力工程建设步伐。

■积极推进城乡建设 全年城市建设总投入 30 亿元，其中基础设施投入 2.68 亿元。实施一批城建民生工程，改造建设北河路、林庄路等 6 条道路，推进白田北路、泰山路等 10 条主次道路维修养护，改造中小街巷面积 4.4 万平方米，新增绿化面积近 17 万平方米。完善城区亮化设施，实现老城区路灯全覆盖。全面完成各镇总体规划修编，村镇建设成效明显，小城镇面貌大为改观。在建农民集中居住区 30 万平方米。城市管理机制逐步完善，创成市优秀管理城市，农村集镇管理进一步加强。

■加快完善基础设施 332 省道宝应段、安大公路宝应段、恒黄公路第三期工程建成通车，237 省道第二期工程竣工，氾水运河大桥开工建设，宝应船闸扩容改造工程进展顺利。改造农村危桥 75 座，建成通村公路 80 千米。区域供水主体工程提前一年完成，县自来水厂第二期工程投入运行，建成潼河（夏集镇境内）自来水厂。继续加强农田水利基础设施建设，实施 4 个国家级水利项目和 1 个农业综合开发项目。万顷良田建设工程以及土地整理开发有序推进，新增耕地 800 公顷。

■不断优化生态环境 新获批国家生态镇 4 个、累计 7 个，创成省级生态镇 2 个，创建国家生态县通过省级考核验收。建成县污水处理厂第二期工程，新建集镇污水管网 65 千米。实施"美好城乡建设行动"，推进村庄环境整治，清理河道2 600多条，建设垃圾池 6 700 个。运东垃圾填埋场完成主体工程，城乡垃圾集中处理实现全覆盖，农村"四位一体"长效管护机制进一步健全。新建农村户用沼气池 1 600 口，改厕 1.5 万座。秸秆综

宝应县创建国家生态县省级评估汇报会

合利用率95%以上。成片造林1 466.67公顷。宝应湖湿地公园正式命名为国家湿地公园，荷园获批省级湿地公园。积极开展环保专项整治，完成化学需氧量、二氧化硫等减排任务。

■完善社会保障体系 县镇村三级公共就业服务平台功能不断强化，12个镇建成人力资源市场，242个村建立就业服务平台。采集就业岗位4.7万个，推荐就业7 000多人，培训农村劳动力1.1万人次。深入推进企业工资集体协商制度，和谐创建企业劳动关系。各项社会保险覆盖面不断扩大，社会救助体系进一步健全。落实低保标准自然增长机制，资助1.8万名低保对象参合参保。“五保”供养经费实现县统一发放。县老年公寓、残疾人康复中心和托养中心建成并交付使用，按政策发放尊老金。完成第三轮农村扶贫脱贫攻坚工程。建设廉租房65套、经济适用住房70套，筹集公共租赁房936套(间)。归集住房公积金2.08亿元。

■社会事业协调发展 开发区国际学校建成使用，安宜高中创成省四星级高中。完成清理规范改制学校任务。新建、改造校舍15.1万平方米。医改各项工作有序开展，实施基本药物制度。4所镇卫生院以及县精神病防治院、县人民医院基础设施升级改造工程全部完成。新农合人均筹资标准250元，参合人数近60万人，门诊、住院报销比例稳步提高。通过国家卫生县城复检。宝应淮剧入选省非物质文化遗产名录，新创省体育产业基地1个、市文化产业示范基地2个。城区有线电视数字化整体转换工作基本完成，整转率达95%。新农村新家庭计划成效明显，有效落实人口计生惠民政策。第六次人口普查工作获得省级表彰。通过省级文明城市复检，被命名为全国文明县城。

■社会大局保持稳定 “平安宝应”建设扎实推进，防控体系日益加强，技防网络逐步健全，公众安全感不断提高。积极创新社会管理模式，夯实基层综治基础工作。畅通群众诉求表达渠道，一批信访突出问题和积案得到有效化解，不断完善大排查、大调解、大稳控等长效机制。“六五”普法工作全面启动，法治创建成效明显。强化县镇两级应急救援队伍建设，应急管理工作得到整合和加强。严格落实校园安保、食品药品监管等措施，加强企业安全生产标准化建设，深入推进安全隐患排查治理，扎实开展“打非治违”、“清剿火患”等专项行动，安全生产形势总体平稳。

■民主法制更加健全 完成县级政府和乡镇机构改革，加快推进法治政府建设，全面实施行政权力网上公开透明运行。完善行政审批服务，加强机关效能建设，不断优化政务环境。加大审计监督力度，强化行政效能监察，推进行风政风建设，党风廉政建设责任制得到有效落实。

(朱　雨)

重要会议

■县政府全体(扩大)会议 1月26日，县政府召开政府全体(扩大)会议。会上，县长王庭国就做好政府工作，加快推进全县经济社会赶超发展、争先进位，努力实现“十二五”规划良好开局提出4个方面要求。一是适应新形势，始终保持奋发有为的精神状态。二是把握新要求，始终保持真抓实干的务实作风。三是迎接新使命，始终保持敢于担当的责任意识。四是塑造新形象，始终保持勤政廉政的为民本色。

■县政府常务会议 2011年，县政府共召开四次常务会议。3月12日，召开县政府第13次常务会议，会议讨论廉租住房建设、交通工程建设、创建国家生态县、国有粮食企业重组上市、调整人防易地建设费征收标准、医药卫生体制重点改革、残疾人事业发展、潼河自来水厂建设、地名管理9个议题。

5月6日，召开县政府第14次常务会议，会议讨论依法行政、开征职工教育经费统筹、推行国库集中支付、农村水利工程建设、对持有“独生子女证”退休企业职工实行一次性奖励、新型农村合作医疗、城镇职工基本医疗保险、县有突出贡献中青年专家选拔评审、加快发展现代服务业、城市市容和环卫责任区管理、城市管理相对集中行政处罚权、安全生产12个议题。

9月9日，召开县政府第15次常务会议，讨论依法行政、有线电视配套工程建设收费、水利现代化建设、组织实施建设项目前期报批阶段“一费制”、农产品质量安全建设、技术标准、城乡农贸市场升级改造、设立创业投资公司、粮食流通产业转型升级、集中式饮用水源突发事件应急预案编制、农村扶贫脱贫、交通工程建设、城乡公交运营 13 个议题及相关事宜。

11 月 25 日，召开县政府第 16 次常务会议，讨论顺达渡口管理有限公司资产回购、村卫生室（社区卫生服务站）实施国家基本药物制度、老龄事业发展、建筑工程质量安全监管、安全生产、供销合作社改革发展、组建广电传媒集团、应急避难场所建设、镇级污水处理厂运行管理 9 个议题及相关事项。 （朱　雨）

重要活动

■“五琼浆杯”2011 中国扬州鉴真国际半程马拉松火炬传递暨宝应县元旦长跑活动　1 月 1 日上午，宝应县举行“五琼浆杯”2011 年中国扬州鉴真国际半程马拉松火炬传递暨宝应县元旦长跑活动。参加长跑活动的有县委、县人大常委会、县政府、县政协领导，市体育局负责人，老干部、企业家、人大代表、政协委员、机关干部、市民、农民和学生代表等 2 000 人。长跑队伍由 34 个方阵组成，起点设在画川高中体育场，结束点设在县行政中心，全长 3 500 米。首届亚洲残疾人运动会金牌获得者王宏婵、叶华作为第一棒火炬传递手参加活动。

■森萨塔决定在宝应县增资扩产　1 月 19 日，美国森萨塔科技公司在扬州与宝应县签订增资扩产协议，在宝应建设世界级的传感器基地，加快森萨塔配套产业园建设。森萨塔科技总裁兼首席运营官玛莎·苏利文女士，市委书记王燕文、市长谢正义、宝应县委书记仲生及市经信委、市商务局、市质监局、市海关、市商检局相关负责人等出席签约仪式。仲生主持签约仪式。签约仪式上，王燕文向森萨塔科技（宝应）公司颁发 2010 年度江苏省卓越绩效管理奖牌。

■成立县重大项目投资服务中心　3 月 25 日，县重大项目投资服务中心在县政务服务中心揭牌成立。县委常委、纪委书记、县优化经济发展环境指挥部总指挥朱宋华，副县长、县金融服务指挥部总指挥王岚峰出席并为中心成立揭牌。县重大项目投资服务中心着重对总投资 3 亿元人民币或注册资金3 000 万元人民币以上的内资企业项目、总投资3 000 万美元或注册资金 500 万美元以上的外商投资项目、总投资 5 000 万元人民币或 500 万美元以上的技术改造项目、总投资 3 亿元人民币以上的重大建设工程项目，从投资洽谈到项目落地涉及的政策咨询、项目申报审批、相关证照办理、矛盾问题协调提供全过程、“一条龙”帮办服务。

■参加海峡两岸（扬州）农业合作试验区投资项目集中签约　4 月 16 日，在 2011 中国·扬州烟花三月经贸旅游节——扬州市海峡两岸（扬州）农业合作试验区投资项目签约仪式暨合作恳谈会上，宝应县共有 8 个农业项目参加集中签约，分别是：迪拜东方经贸有限公司与柳堡镇签约的投资 500 万美元的肉鸡产业化项目；河北以岭药业与射阳湖镇签约的投资 550 万美元的特种生物基地项目；台湾客商谢祥华与曹甸镇签约的投资 500 万美元、2 000 万元的食用菌生产项目；浙江仙居县先荣工业品厂与小官庄镇签约的投资5 000万元的木制工艺品加工项目；上海振森木业机械有限公司与泾河镇签约的投资

江苏射阳农村商业银行宝应支行开业庆典

2011 年全县各界人士中秋联谊会

8 300万元的秸秆板材加工项目；北京客商昌文骏与鲁垛镇签约的投资 5 000 万元的畜禽产品深加工项目；黄山山华集团有限公司与县农委签约的投资 1 亿元的现代农业项目；浙江南方彩印有限公司与山阳镇签约的投资 6 000 万元的羽绒制品加工项目。活动期间，宝应县共落实签约项目 20 个，合同利用外资 3 050 万美元、内资 6.93 亿元。

■举行“宝应湖”荣获“中国驰名商标”庆功会 8 月 17 日，“宝应湖”荣获“中国驰名商标”庆功会在县行政中心举行。副市长纪春明代表市政府对宝应县成功创成国家级品牌表示热烈祝贺，县委书记仲生致辞，县长王庭国宣读嘉奖令。省海洋与渔业局渔业处处长费志良到会祝贺。

■氾水运河大桥开工建设 11 月 12 日，县委、县政府在氾水镇举行氾水运河大桥开工仪式，这是宝应县实施建设的一项重要民生工程。氾水运河大桥是宝应县“四纵六横”公路网骨架的控制性、节点性工程。项目全长 1 147 米，总投资 1.2 亿元，桥面宽 15 米，标准为公路二级，双向四车道，建设周期 24 个月。

■江苏射阳农村商业银行宝应支行开业 12 月 16 日，江苏射阳农村商业银行宝应支行正式开业，成为全县企业融资新的要素支撑渠道，开业之初即向宝胜科创股份有限公司等 7 家企业授信 2 亿元。县委书记仲生发表讲话，人行扬州市中心支行行长张强，射阳县委书记、县人大常委会主任徐超分别致辞，扬州银监分局局长杨龙玉及县领导王庭国、秦有芳等参加剪彩活动。

（朱　雨）

重要工作

■完成各项工作 100 件实事目标 2011 年，县政府将各项工作目标任务分解为 100 件实事，按照工业和开放型经济、项目和园区建设、财税金融、农业和农村工作、服务业和建筑业、生态创建和环境优化、城乡建设、民生保障、社会事业及其他等方面内容，分别下达给 50 余家责任单位。根据年终督查，100 件实事已全部完成。

2011 年县政府工作 100 件实事目标任务分解表

表 3

序号	工作目标	分管领导	责任单位
1	第二产业实现增加值 133 亿元，可比价增长 14%。	王庭国、顾长荣 王岚峰	经信委、中小企业局 统计局
2	全部工业产值 1 000 亿元，增长 25%，全年工业开票销售增长 35% 以上，规模工业实现产销利税均增长 35%以上。	顾长荣	经信委、中小企业局
3	新增开票销售亿元企业 20 家以上。	侯承海、顾长荣	经信委、中小企业局 国税局
4	加强对“一主两特一新”产业发展的规划引导和扶持推进，加快打造千亿级输变电产业和百亿级特色、新兴产业。	顾长荣	经信委、商务局 中小企业局
5	协议利用外资 3.6 亿美元，增长 20%，实际到账外资 1.73 亿美元，增长 20%。	顾长荣	商务局
6	完成自营出口 3.6 亿美元，增长 20%。完成外经营业额 600 万美元，增长 20%。	顾长荣	商务局
7	力争实现企业上市 1 家，启动上市程序 1 家，完成增发 1 家。	王岚峰	金融办
8	新增私营企业 1 800 家，民营企业注册资本 100 亿元。	顾长荣	中小企业局、工商局
9	新创国家级高新技术企业 6 家，新认定省高新技术产品 50 个，高新技术产业产销增长 35%以上。	陈　石	科技局
10	申请专利 1 200 件，其中发明专利 120 件。	陈　石	科技局
11	新获批市级以上企业研发机构、共性关键技术服务平台 10 个。	顾长荣、陈　石	经信委、科技局
12	引进高层次领军人才 10 名、专业技术人才 100 名以上、储备性人才 1 800 名以上。	侯承海	人社局、科技局
13	争创市级以上名牌产品 20 个、市长质量奖企业 1 家。	王岚峰	质监局
14	新创国家驰名商标 1 个、省著名商标 2 个。	顾长荣	工商局
15	引进、实施亿元以上项目 40 个，其中 5 亿元以上项目 10 个。	顾长荣	经信委、商务局 中小企业局
16	全社会固定资产投资增长 25%以上，其中工业投资增长 30%以上。	侯承海、顾长荣	发改委、经信委
17	办好“烟花三月”节、荷藕节等重点招商活动。	侯承海、顾长荣 陈　石	经信委、商务局 中小企业局、科技局
18	设立重大项目招商策划中心，新聘一批规模企业负责人参与招商，面向外国驻华机构新聘一批招商顾问，引进一批重大节点项目。	顾长荣	经信委、商务局 中小企业局
19	健全招商引资奖励制度，设立重大项目引导资金。	侯承海、顾长荣	经信委、财政局
20	实施开发区北区二期工程，推进安宜工业园东扩北延，加快建设信息软件产业园，推进森萨塔配套园、骏升科技园等专业园区建设。	顾长荣	经济开发区 安宜镇、氾水镇
21	各类园区完成基础设施投入 3.5 亿元以上，新建标准化厂房 20 万平方米以上。	顾长荣	中小企业局 经济开发区
22	加快荷仙集团资产重组等重点项目建设。	华德荣	农　委
23	实现财政收入 39.78 亿元，其中一般预算收入 18.85 亿元，均增长 30%。	王庭国、侯承海	财政局、国税局 地税局
24	全年争取政策性资金 6.5 亿元以上。	侯承海	发改委、财政局
25	抓好税源经济“亿千百”工程，切实提高重点企业对地方税收的贡献份额。	侯承海、顾长荣	财政局、经信委 国税局、地税局
26	健全融资担保体系，加快振宜公司实体化运作，新增融资规模 10 亿元以上。	王岚峰	人　行、金融办

续表

序号	工作目标	分管领导	责任单位
27	推进本土金融组织建设，引进域外金融机构落户宝应县。	王岚峰	金融办
28	第一产业实现增加值 44 亿元，增长 4.5%。	王庭国、华德荣 王岚峰	农工办、农　委 统计局
29	农村居民人均纯收入 9 630 元，增长 12%。	华德荣、王岚峰	农工办、统计局
30	新增“百亩”以上农业园区面积 4 000 公顷，高效有机农业占比 40%以上。	华德荣	农　委、水产局
31	农业利用“三资”15 亿元，力争引进大型龙头公司 1 家。	华德荣	农　委、水产局
32	培植 10 亿元农业产业化企业 1 家、5 亿元企业 2 家、1 亿元企业 3 家，县级以上农业产业化龙头企业销售收入增长 25%以上。	华德荣	农　委
33	推行农超对接、市场与产地对接、批发与配送对接等现代营销模式，在大中城市开设农产品专卖店 10 家以上。	华德荣	农　委、水产局
34	启动新一轮农村扶贫脱贫工程。	华德荣	农工办
35	稻麦生产综合机械化水平达 86%，水稻机插秧面积 33 330 公顷以上。	华德荣	农　委、农机局
36	加快国家有机食品质量监督检验中心和县镇农产品质量安全检测检疫站建设。	华德荣、王岚峰	农　委、质监局
37	新发展农民合作组织 100 个，创建国家级示范社 1 个、省市级“五好”示范社 50 个。	华德荣	农工办
38	推进高效设施农业保险，继续提高农业保险保障水平。	华德荣	农工办 人保财险公司
39	第三产业实现增加值 95 亿元，可比价增长 13%。	王庭国、王友芳 王岚峰	发改委、商贸总公司 统计局
40	实现全社会消费品零售总额 91 亿元，增长 16%。	王友芳、王岚峰	发改委、商务局 商贸总公司、统计局
41	推进粮食物流、宝胜物流建设，规划建设大型专业市场和区域性农副产品集散中心。	王友芳、华德荣	发改委、粮食局
42	合理调整城乡商贸布局，完善提升城区“一主两副”商贸集聚区，加快推动白田路两大商业综合体等重点服务业项目。	王友芳	发改委、商务局 商贸总公司
43	完善旅游发展规划，改造提升现有景点和接待场所，科学开发宝应湖生态以及东荡地热资源。	王友芳	旅游局
44	建筑业完成施工面积 2 400 万平方米，实现施工产值 220 亿元。	华德荣	建管局
45	万元地区生产总值综合能耗下降 4%。	顾长荣	经信委
46	化学需氧量排放量削减 200 吨，二氧化硫排放量削减 70 吨。	王友芳	环保局
47	建成县污水处理厂二期工程、运东生活垃圾卫生填埋场。	侯承海	水务局、城管局
48	完善镇污水处理厂配套管网建设，氾水、望直港、曹甸、黄塍等镇污水处理设施实现正常运营。	侯承海、王友芳	环保局、水务局
49	开展造林绿化，新增林地 2 000 公顷以上。	华德荣	农　委
50	加强运西湿地生态保护，推进东荡湿地生态修复。	王友芳、华德荣	农　委、环保局
51	成立重大项目投资服务中心，建立重大项目建设会办联席制度，提高重大项目的履约率、开工率和投产率。	顾长荣、王岚峰	经信委、政务中心
52	深化行政审批制度改革，实行“三集中、三到位”，加快政务中心建设，完善便民利企服务。	王岚峰	政务中心

续表

序号	工作目标	分管领导	责任单位
53	加大土地复垦整理力度，争取落实"点供"项目2个，盘活存量土地66.67公顷，新增挂钩指标100公顷以上。	侯承海	国土局
54	加强农村沼气新能源建设，统筹推进秸秆禁烧和综合利用。	华德荣	农　委、农机局 环保局
55	加快220千伏黄塍变、110千伏白田变等工程建设，进一步完善电力基础设施布局。	顾长荣	供电公司
56	启动新城2平方千米先导区建设，重点加快安置小区建设，做好农户拆迁和企业搬迁工作。	侯承海	住建局
57	实施宝射路、莲花路等道路及桥梁建设，同步完善相关管网设施。	侯承海	住建局
58	实施邗沟路、北河路改造建设，整治背街小巷及城区河道。	侯承海	住建局、水务局
59	实施旱厕改造，更新环卫、亮化等设施，完善相关路段绿化、亮化，粉刷出新沿街立面。	侯承海	住建局、城管局
60	推进重点街道、节点街景、棚户区改造和古街古巷古建筑修复工程。	侯承海、陈　石	住建局、城管局 文广新局
61	实施宝射河城区段改造，启动运河风光带建设。	侯承海、顾长荣 华德荣	规划局、水务局 交运局
62	根据新一轮城市总体规划，加快编制控制性详细规划，完善重大基础设施规划和各类专业规划。	侯承海	规划局
63	建设城市规划展览馆。	侯承海	规划局
64	启动数字化城管建设，重点开展环境卫生、交通秩序、市场经营、违法建设等专项治理，创建优秀管理城市。	侯承海	城管局、工商局
65	突出新农村能力建设，新创小康达标村30个。	华德荣	农工办
66	加大农村环境整治力度，创成市级农村环境综合整治和四位一体长效管护达标镇7个。	华德荣	农工办、环保局
67	加强农村水利基础设施建设，重点推进宝射河以南片水源调整、大中型灌区末级渠系建设、小型农田水利重点县建设等项目。	华德荣	水务局
68	加强市场监管，提升开发层次，引导房地产市场平稳健康发展。	侯承海	住建局、房管局 国土局
69	加强农业综合开发，继续推进安大线高标准农田建设。	华德荣	开发局
70	农村改厕1.5万座，疏浚清理河道64条，实现生活垃圾集中收集、转运体系和"四位一体"长效管护镇区全覆盖。	侯承海、华德荣 陈　石	农工办、卫生局 水务局、城管局
71	继续推进省道S237和安大公路宝应段建设，启动改造三横河公路。	顾长荣	交运局
72	规划建设氾水运河大桥，改造农村危桥80座。	顾长荣、华德荣	交运局、财政局 水务局
73	强化县镇村三级公共就业服务平台功能，提供就业空岗3万个，介绍就业6 000人，培训农村劳动力1万人次；开展农民实用技术培训3万人。	王友芳、华德荣	人社局、农　委
74	城镇居民人均可支配收入16 100元，增长12%。	王友芳、王岚峰	人社局、统计局
75	城镇登记失业率控制在3.5%以内。	王友芳	人社局
76	实施城乡低保扩面提标，资助低保户参合参保，以县统筹五保供养经费。	王友芳	民政局 财政局
77	完善农村敬老院附属设施，建成县老年公寓、残疾人康复中心和托养中心，按政策发放尊老金。	王友芳	民政局、残　联

续表

序号	工作目标	分管领导	责任单位
78	归集住房公积金1.7亿元，发放公积金贷款1.5亿元。	侯承海	公积金中心
79	新增廉租房40套、经济适用住房100套、公共租赁房150套(间)，规划建设人才公寓。	侯承海	住建局、国土局 房管局
80	新建农民集中居住区6个，面积60万平方米。	侯承海	住建局、国土局 规划局
81	铺设供水干线管网92千米，新增受益人口17.3万人；建成潼河自来水厂。	侯承海	水务局
82	全面小康建设力争全面达标。	王庭国、侯承海 华德荣、王岚峰	发改委、农工办 统计局
83	通过省级文明城市、国家卫生县城复检。	侯承海、陈　石	卫生局、文明办及 相关部门
84	建设扬州市未成年人社会实践基地，建成开发区国际学校，规划建设新城中学。	陈　石	教育局、经济开发区 规划局
85	新建、改造校舍3.8万平方米，加强接送学生车辆安全管理，落实校园安保措施。	顾长荣、陈　石 左智慧	教育局、公安局 交运局
86	开展全民健身，鼓励文艺创作，保护文化遗产。	陈　石	文广新局
87	完成城区有线电视数字化整体转换。	陈　石	广电总台
88	实施新农村新家庭计划，落实计生惠民政策，稳定低生育水平。	陈　石	计生委
89	强化食品药品监督管理和专项整治，确保人民群众食品药品及医疗器械安全。	陈　石	食药监局
90	新农合人均筹资标准达250元，提高补偿比例。	陈　石	卫生局
91	实施基本药物目录制度，推进医疗卫生机构改革试点。	陈　石	卫生局
92	完成4个镇卫生院以及县精神病防治院、县人医基础设施升级改造。	陈　石	卫生局
93	积极创建全国科普示范县。	陈　石	科　协
94	全面启动“六五”普法，推进大调处中心建设。	陈　石	司法局
95	严格落实企业安全生产主体责任制，强化政府监管监察，注重隐患排查治理，加大安全投入和基础建设，推进企业安全生产标准化，严防重特大事故发生。	顾长荣	安监局
96	逐步推行工资集体协商制度，开展和谐劳动关系企业创建活动。	王友芳	总工会、经信委 人社局
97	完善价格监测预警，落实物价调控措施，保证市场价格总体稳定。	侯承海	物价局
98	启动县应急指挥中心和交管指挥中心建设，推进以道路320工程为龙头的技防城建设。	左智慧	公安局
99	认真办理人大代表建议、政协委员提案，办好政府公开电话和行风政风热线，做好行政权力网上公开透明运行工作。	侯承海	政府办公室 及各部门
100	强化对重点部门、重点行业、重点项目的效能监察与审计，规范财政性资金和社会公共资金管理，深化节约型机关建设。	侯承海	财政局、监察局 审计局

■印发贯彻《关于全面推行行政指导工作的实施意见》　3月28日，县政府印发《关于全面推行行政指导工作的实施意见》，完善行政指导的方式方法，抓好行政权力网上公开透明运行工作，行政权力网上公开透明运行工作被列入县政府对各部门年度依法行政工作考核体系，对各部

门行政权力运行质态实时监督，定期下发督察通报。

■政务信息化 全县政务信息化水平逐步提升，按照“二网一站一库”（电子政务外网平台，政务内网，门户网站，中心数据库）的要求，电子政务工作取得较快发展。对内，公文流转系统覆盖127家单位及部门，覆盖率达到100%；对外，依托“中国宝应”门户网所建立的宝应县政务公开网（zwgk. baoying. gov. cn）取得良好的效果，全年通过系统报送的各类新闻和信息6 200多条，有效利用4 500条，采用率73%。同时，“网上政府”加强政务公开，提高公众服务能力，累计公开各类政务信息3 200条，其中领导讲话300篇，最新文件612件，人事任免信息175期，招投标、实事项目、政府采购等政务公告375条。“中国宝应”门户网增设县委书记信箱和“行风政风热线”。信箱自开通后累计接受处理各类信件632余封，回复率达到98%。“行风政风热线”通过与县纪委合作，定期将各单位负责人与市民访谈对话内容公布于网络，并配合市民论坛进行相关讨论，有效调动市民参政议政的积极性与热情。办理省长信箱转办信件108件、寄语市长留言956条、市长公开电话41个、县长热线电话159个，办复率均100%。

（朱 雨）

扬州市编办机构调研座谈会在宝应县召开

机构编制

■概况 至2011年底，省市核定全县县级机关行政编制682人，实有行政在编人员735人，全县共有行政附属在编人员19人。全县共有机关事业编制252人，实有165人。全县共有中央、省政法专项行政编制724人，县定公安机关地方事业编制362人，政法机关实有在编人员939人。全县乡镇机关行政编制816人，实际核定乡镇机关行政编制716人，实有在编721人（含财政所99人）。全县共有事业单位446个，其中全额拨款245个，差额拨款59个，自收自支142个。全县共有事业编制12 533人，实有在编人员11 435人，其中全额拨款事业编制8 250人，实有在编人员8 742人；差额拨款事业编制2 402人，实有在编人员1 860人；自收自支事业编制1 881人，实有在编人员833人。2011年，宝应县机构编制委员会办公室（简称“县编办”）被省机构编制委员会办公室评为“全省机构编制研究工作先进集体”。

■批复“三定”方案 县编办在各镇、各部门形成“三定”（定机构、定职责、定人员编制及领导职数）基础上，与各单位分别对接，反复沟通磋商，严格审核把关。3月底，各镇、各部门“三定”方案全部印发执行。县编办为让各单位领会县政府暨乡镇机构改革精神，了解县政府及各镇、各部门“三定”规定，总结全县机构改革经验，及时编印《宝应县政府暨乡镇组织机构》一书。

■执行“三定”规定评估 县编办组织对县政府工作部门“三定”规定执行情况进行评估。评估采取自查和抽查相结合的方式，全面查找执行过程中存在的突出问题，其中重点督查县政府25个工作部门。各部门执行“三定”规定情况总体良好，能够积极采取竞争上岗方式择优选聘人员，机关活力有所增强。

■规范机构编制管理 县编办认真贯彻执行市编委《关于进一步加强和

规范全市机构编制管理工作的意见》，对涉及县委、县政府重大决策和民生问题的机构编制及各单位提请的机构编制事项，均从政策依据、现实需要、同比对照等方面进行调查论证及多方联系协调，为县编委决策尽可能提供真实、准确、详尽的依据。全年共受理机构编制事项70余件，在调查论证的基础上提交县编委通过52件。

■推进“中文域名”注册 县编办推进全县政务和公益专用中文域名应用普及工作，加强政务和公益专用中文域名注册管理，利用事业单位年检时机，要求有网站的事业单位必须办理中文域名注册手续。至2011年底，已审核通过8家。

■事业单位登记管理 结合县镇机构改革，开展事业单位名称变更、法定代表人变更、业务范围变更等内容的集中清理规范工作，严把受理关、审核关、核准关，保证登记管理工作质量。全年共办理年检364家、年检率100%，新设立登记9家，变更登记39家，整理装订事业单位登记管理资料400余份。 （范方红）

人事人才

■概况 2011年，全县引进储备性人才2 600人，引进支柱产业发展急需的专业技术人才180人；新增专业技术人员1 983人，机关事业单位工勤技能岗位培训及教育人员410人，新增高技能人才734人，其中技师、高级技师240人。专业技术人员职称评定共有720人获初级资格、744人获得中级资格、295人获得高级资格。全年新招录公务员48人、专项招录警官20人、大学生村官48人、首批大学毕业到农村基层从事支农、支教、支医和扶贫工作的“三支一扶”人员19人。

■人才项目申报 2011年，县人社局指导企业申报省“高层次创新创业人才引进计划”、省“企业博士集聚计划”和市“绿扬金凤”计划等人才项目。组织7人申报省“高层次创新创业人才引进计划”，5人进入实地考察，3人获省资助资金250万元；组织9人申报省“博士集聚”计划中，3人获省资助资金45万元；组织27人申报市“绿杨金凤”引进计划，14人进入实地考察，考察人数居全市首位，11人获评，共获市资助资金1 151万元，单人最高获资助资金300万元；申报市“优秀博士”14人，9人获评，全市排名第二。组织3家企业申报省博士后创新实践基地，迅达电磁线有限公司获得批准。

■引进国外智力 县人社局开展引进国外智力工作，全年共组织宝胜科技创新股份有限公司、江苏扬工动力机械有限公司、江苏奥新科技有限公司、江苏菲达宝开电气有限公司、扬州宝玛电子有限公司、扬州宝飞机电有限公司6家企业申报引智项目7项，均获市外国专家局审批。兴泰（扬州）农牧科技发展有限公司、扬州福宝园艺有限公司获批“市引智成果示范推广基地”称号。

■开展“三排三寻”招才引智活动 5月31日，县委、县政府出台《关于开展“三排三寻”招才引智活动的意见》，由县人才办牵头开展全县“三排三寻”（排人脉资源、排合作项目、排意向企业，寻在外乡贤、寻科技项目、寻企业靠山）招才引智活动。在“三排”阶段，参与企业200余家；在“三寻”阶段，组织40多家企业走进高校开展人才对接，在校园举办推介会，深入宣传宝应县人才政策。多批次组织企业到省内外高校招揽本科及以上毕业生，达成就业意向753人次。组织重点企业到北京、上海、广州等知名高校及参加市举办的高层次人才招聘会和推介会，全年共引进博士以上高层次人才20人。

■高技能人才培养 县人社局将企业内高技能人才评价和社会化培训考核相结合，全年对宝胜集团、扬州恒鑫特种钢管有限公司、骏升科技（扬州）有限公司等企业的392名职工开展高技能人才鉴定，共有273人获得技师职业资格证书，参加鉴定的392人全部获得高级工职业资格证书，获证率达100%；与县园林绿化公司联合举办花卉园艺工高级工培训班，培养高级工32人；为宝胜集团申报省高技能人才培养示范基地，这是扬州市2011年唯一的一家省高技能人才培养示范基地，为在全国电线电缆制造工（拉线工）比赛中获得第一名的杨从银成功申报“江苏省首席技师”和“江苏省技术能手”两项荣誉称号。

■公务员考核培训 2011年，共考核科长级以下公务员2 032人，对503名被确定为优秀等次人员进行奖励，其中记三等功72人、嘉奖431人。开展公务员培训教育工作，配合市人社局，对68

名初任公务员进行培训，送 62 人到基层开展实践锻炼，对 3 000 名公务员分 19 期进行法律知识轮训。

■特种行业专业技术人员职称评定 全年特种行业专业技术人员职称评定共有 143 人获得中级资格。其中，参照《扬州市民间工艺美术人员中、初级专业技术资格初定、评审、认定实施办法》，水晶工艺行业首次进行职称评定，获得中级资格 13 人、初级资格 18 人。

■招录政府雇员 面向全国招考镇（区）机关雇员，吸引省内外 499 名考生报名参考，38 人被聘用，其中博士 1 人、硕士 4 人。同时，面向在职雇员公开招聘事业人员，16 名雇员列入事业编制，其中研究生 6 人。（赵 金）

政府法制

■概况 2011 年，县政府印发《宝应县全面推进依法行政建设法治政府五年规划（2011～2015）》，明确推进依法行政、建设法治政府的指导思想、总体目标、主要内容、具体措施和保障措施，将 29 项工作任务和 5 项保障措施细化落实到各镇、各部门，并明确牵头部门和配合单位。在 30 个行政执法大队开展评选“企业满意执法大队”活动，宝应工商局经济检查大队、县公安局治安警察大队、县公安局防控大队、县环境保护局环境监察大队、宝应国家税务局稽查局、县人力资源和社会保障局劳动监察大队、宝应地方税务局稽查局、县城市管理局城市管理执法大队、县食品药品监督管理局稽查大队、县物价局物价检查分局获得“2011 年度企业满意执法大队”称号。开展“依法行政示范单位”创建活动，细化依法行政示范单位的评比范围、申报时间、条件、程序和要求。3 月份，县政府法制办依据《宝应县依法行政示范单位（机构）评比办法》开展“依法行政示范单位”创建活动，共 43 个单位参评。县农业委员会获得“省依法行政示范单位”称号。县政府、县国土资源局、县水务局、县财政局、县公安局、宝应地方税务局、县卫生局、县工商管理局 8 个单位获得“市依法行政示范单位”称号。县人力资源和社会保障局、县住房和城乡建设局、县交通运输局、县粮食局、县质量技术监督局、县物价局检查分局、县渔政管理站、县农林行政执法大队、县城市管理行政执法大队、县卫生监督所 10 个单位获得“县依法行政示范单位”称号。

■“十佳行政执法标兵”和“十佳行政执法案卷”评选活动 10 月，县政府法制办组织开展“十佳行政执法标兵”和“十佳行政执法案卷”评选活动。全县共有 24 人及 19 件案卷参评。通过部门单位推荐、评审团评议与群众投票相结合的方式进行评选，获得宝应县“十佳行政执法标兵”称号的是吕平、杨南飞、葛永高、衡峰、郜强、梁军、苏红波、曹曙东、陈强、周伟军 10 人；获得全县“十佳行政执法案卷”称号的是宝公（白）行决字〔2011〕第 356 号、宝卫食罚字〔2011〕第 050 号、（宝应）药立申〔2011〕20 号、宝粮罚字〔2011〕第 1 号、宝工商案〔2011〕00359 号、宝地税稽罚告〔2011〕7 号、宝城管许字〔2011〕051 号、宝交道许字〔2011〕00416 号、宝房管许字〔2011〕第 16 号、宝渔政许准决字〔2010〕第 61 号等 10 件卷宗。

■规范重大事项决策程序 2011 年，县政府建立常务会议学法制度，组织学习中共中央总书记胡锦涛关于“推进依法行政，弘扬社会主义法治精神”的重要讲话、国务院《关于加强法治政府建设的意见》；建立重大决策合法性审查和专家咨询论证制度，落实重大事项集体决策制度，增强行政决策透明度和公众参与度；实行规范性文件统一编号、统一审核、统一发布和五年有效期制度，按规定及时报送市政府和县人大常委会备案，报备率 100％。

■规范行政执法行为 11 月份，县政府法制办组织全县行政执法人员进行法律知识培训，参训人员共 1 865 人，重点学习《中华人民共和国行政强制法》、行政诉讼、应诉实务和行政执法、行政复议实务。县政府印发《关于全面推行行政指导工作的实施意见》，完善行政指导的方式方法，抓好行政权力网上公开透明运行工作，行政权力网上公开透明运行工作列入县政府对各部门年度依法行政工作考核体系，对各部门行政权力运行质态实时监督，定期下发督查通报。

■行政监督“六件惠民实事” 2011 年，县政府规范创新行政监督方式，认真做好“六件惠民实事”，即：加大对网吧违法经营查处力度，加强对生产和流通农产品质量安全监管，加强城市秩序管理，加大对食品、危险化学品行业和娱乐场所无（证）照经营专项整治力度，加强医疗行业管理，加强对妇女、儿童、青少年和老人的法律援助工作。全年县政府依法受理行政复议案件 11 件；县法院受理行政诉讼案件 16 件，行政机关负责人出庭应诉率达 100%。县政府邀请行政执法特邀监督员对 39 个行政执法部门 2010 年 7 月～2011 年 6 月期间实施的行政处罚、行政许可、行政征收案卷进行抽查，对抽查中发现的问题，现场督促有关部门进行整改。（张　铁）

信访工作

■概况　2011 年，县信访局共受理、接待人民群众信访 1 718 件（批）。受理人民上访信件 796 件，其中初信 607 件、联名信 98 件。接待群众上访 922 批、3 987 人次，其中集体上访 189 批、2 864人次。全县共发生越级上访 152 批、356 人次，其中越级集体上访 8 批、115 人次。到省上访 71 批、204 人次，其中到省集访 5 批、84 人次。到市上访 66 批、123 人次，其中到市集访 1 批、15 人次。县委、县政府领导共阅批人民上访信件 144 件，占信访总数的 18%，接待群众上访 177 批次，占上访总数的 19%，会办处理各类信访事项 12 件次。县信访局共受理上级党政部门交办信访案件 11 件，完成 11 件，结案率 100%；受理县领导批示交办的信访事项 192 件，结案 189 件，结案率 98%。县信访局交办信访事项 189 件，结案 185 件，结案率 98%；向寄信人复信 320 件，回访 64 人次。

■信访工作获省绩效考核优秀等次　2 月 23 日，省信访工作领导小组发出《关于 2011 年度全省信访工作绩效考核结果的通报》，宝应县获得省信访工作绩效考核优秀等次。2 月 22 日，市委、市政府发出《关于表彰 2011 年度全市信访工作先进县（市、区）先进单位和先进个人的决定》，宝应县信访工作排名全市第一。

■首批信访一线实践锻炼干部全部提拔任用　截至 9 月份，首批从县法院、县检察院、县委组织部、县妇联、县司法局、县住建局、县人社局、县水务局、县民政局、县粮食局 10 部门抽调的 10 名中层干部到信访维稳一线实践锻炼，经组织考察等程序，10 人全部被提拔任用。

■县主要领导专题研究信访突出问题　2 月 28 日，县委书记仲生召集 4 位县长、副县长和 9 个部门主要负责人，专题研究 4 件信访突出问题。5 月 20 日，县长王庭国召集 6 位分管副县长和 10 个部门主要负责人，集中会办处理 5 件突出信访问题。11 月 22 日，县长王庭国召开政府常务会议，集中研究化解 12 件民生问题。其中，原县电机厂和无线电厂宿舍居民反映出行难、尿毒症病人要求提高医药费报销比例、原县多管局的局编老兽医要求解决老有所养、翔宇教育集团（宝应中学）收回公办、乡村医生要求解决基本养老金、出国到利比亚劳务人员有可能要求返还中介费、县城退休教师要求提高工资待遇、出租汽车公司驾驶员因“油”改“气”引发的矛盾等一批信访突出问题得到妥善处理。

■“信访积案化解攻坚年”活动　2～12 月，县委、县政府在全县开展“信访积案化解攻坚年”活动。活动分为动员部署、排查交办、化解攻坚、检查验收四个阶段。县处理信访突出问题及群体性事件联席会议办公室下发《关于开展“信访积案化解攻坚年”活动的实施意见》，省、市处理信访突出问题及群体性事件联席会议办公室交办的 6 件信访积案全部化解结案，县处理信访突出问题及群体性事件联席会议办公室交办的 32 件信访积案 90%化解结案。

■14 个镇（区）被命名为扬州市信访工作“四无”乡镇　2 月 17 日，市信访工作领导小组发出《关于表彰 2011 年无越级上访乡镇（街道）暨命名信访工作“四无”乡镇（街道）的通知》，宝应县安宜镇、氾水镇、夏集镇、柳堡镇、鲁垛镇、广洋湖镇、望直港镇、射阳湖镇、西安丰镇、曹甸镇、泾河镇、黄塍镇、山阳镇、经济开发区 14 个镇（区）被命名为扬州市信访工作“四无”乡镇。

■平息高考英语听力事件　6 月 9 日，宝应县发生一起高考英语听力事件（又称“6・9”事件）。6 月 8 日下午，高考英语科目考试后，在实验初中的部分考生及家长反映英语听力部分播音不清楚。6 月 9 日上午，200 多名家长集体到县教育局讨说法，后有 60 多名家长到县政府上访。6 月

9日下午，整个高考结束后，部分考生及家长滞留实验初中考点外聚集，后沿城区主干道簇拥行进至淮江路口，加上围观群众，人数最多时近千人。6月9日晚上，20多名家长到江苏省考试学院上访。市高考巡视组及负责监听的外语教师、县招办人员进行复听，广播系统正常。县委书记仲生、县长王庭国坐镇县公安局，研究部署应对工作。县委、县政府分管领导在一线具体指挥。县领导按照联系点分工连夜包镇做工作，各镇（区）主要负责人与相关村（社区）干部一道上门逐一家访重点学生及家长，做思想疏导、解释答复及稳控工作。经过四天三夜的努力，事态得到平息，未造成重大影响。（王　清）

外事侨务

■概况　2011年，县外事侨务办公室（简称“县外侨办”）共审核报批因公出国（境）人员34批、113人次，其中扬州市组团12批、非扬州市组团22批；办理外国人到华到宝应11批、18人次；接待日本东京四叶律师事务所律师姜杰、21世纪韩中交流协会会长金汉圭等重要客人6批、33人次；为5家企业成功办理商务旅行卡。县侨联被市侨联表彰为侨联工作优胜单位。县外事、侨务工作获省《江苏外事》通联工作先进单位、市外办“出国服务先进奖”和市侨办“侨务工作优胜奖。

■外事侨务宣传　利用《江苏侨讯》、《江苏外事》、《扬州侨务》、《华人时刊》等宣传刊物以及侨务网站，积极宣传宝应县外事工作和宝应籍在外有影响的华人华侨。全年共向省市外事侨务宣传刊物投稿22篇。县外侨办与县司法局联合开展侨务法律知识宣传3场，散发宣传资料1 000份。

■建立分类侨情信息库　按照“信息全、要素全”的原则，分类建立完成宝应籍海外留学生信息库、海外华人华侨信息库、宝应县侨港资企业信息库、侨界捐赠信息库、侨港商往来信息库、宝应县归侨侨眷信息库、宝应县海外高层次人才信息库、在华高层次外籍人才信息库等侨情信息库共13个。

■服务侨港资企业　全县共有侨港资企业57家，重点联系宝应仁恒实业有限公司、骏升科技（扬州）有限公司、宝应协鑫生物质发电有限公司、永顺泰（宝应）麦芽有限公司、扬州宝泰米业有限公司等侨资企业，为侨资企业搭建平台，整合资源，做大做强提供服务。骏升科技（扬州）有限公司、宝应协鑫生物质发电有限公司被评为省优秀侨港资企业。

■维护归侨权益　重视涉侨信访，做到事事有落实，件件有回音。全年接待涉侨信访6件次，结案6件次，结案率100%。3月，日本发生强震、海啸的第一时间，电话联系12名旅日华人华侨及在宝应县亲属，转达组织对他们的关心，了解在强震中生命财产安全、学习生活等是否受到影响，并积极提供法律咨询。多次与上级有关部门协调，帮助落实王红卫归侨身份。

■“送温暖、暖侨心”活动　举办2011年度“庆中秋、系侨情、汇侨智”座谈会，30名归侨侨眷代表畅所欲言。积极为全县侨务工作及招商引资、招才引智工作献计献策，制作便侨“连心”卡，架起与归侨侨眷联系畅通的连心桥。中秋节、春节期间，对全县66户归侨侨眷逐户登门慰问拜访，送去党和政府的温暖。暑假开学前和春节前夕对结对帮扶的3名贫困学生送去慰问金和学习用品费用5 000元。（顾　芹）

行政审批

■概况　2011年，宝应县政务服务中心各窗口全年共受理各类审批服务事项56 328件，办结56 307件，办结率99.96%。建立完善适合中心自身需求的网络平台，提供涵盖用户多种需求的功能，提高网站信息的更新效率，简便网站信息审核与管理的流程，在县“权力公开”平台的基础上配套建立政务服务统计监管平台。从11月1日起，施行《宝应县人民政府关于实施建设项目集中收费“一费制”的意见》、《宝应县建设项目集中收费“一费制”实施细则》，规范涉企收费行为，杜绝乱减免行为。全年收取行政事业性和服务性规费16.8亿元。

■推行行政审批“三集中、三到位”　归并行政审批职能，推行行政审批“三集中、三到位”，即：部门行政许可职能向一个科室集中，部门行政许可科室向县政务服务中心集中，行政审批事项集中在网上办理；部门行政许可项目进县政务服务中心落实到位，部门对窗口工作人员授权到位，行政审批事项网上规范办理到位。县级政府机关进驻中心部门均设置行政服务科，其中3个部门采取单列方式。开展权力事项清理，明确全县具有行政审批职能部门43家，共有行政权力事项4 566项，其中许可272项、审批157项、处罚3 640项、强制194项、征收112项、给付21项、奖励24项、确认21项、裁决6项和其他119项。截至6月底，进驻中心部门共29个，工作人员73人，办理事项197项，其中许可138项、审批33项、征收1项、确认1项、其他24项。

全县工业企业集中联合年检启动仪式

■成立县重大项目投资服务中心 参见《宝应县人民政府》篇《重要活动》分目。

■推行集中联合年检 3月24日～4月15日，县优化经济发展环境指挥部牵头，政务服务中心承办，组织有关部门，深入全县14个镇和江苏宝应经济开发区，对全县工业企业工商证照、排污许可证、企业代码证、劳动保障书面审查报告书和投资者优待证等进行集中联合年检。集中联合年检工作期间，工商部门应年检企业1 377家，通过年检1 307家，年检率94.9%；环保部门集中联合年检率100 %；质监部门年检率100 %；人社部门年检率100%；优待证年检138本，年检率53.1%。

（毛志祥）

地方志工作

■《宝应县志(1990～2005)》总纂篇目通过市评审 1月13日，扬州市《宝应县志(1990～2005)》总纂篇目评审会在宝应县召开。经市专家组认真评审，肯定《宝应县志(1990～2005)》总纂篇目能够把握全县大局、彰显地方特色、反映时代特点，宣布顺利通过市评审。在此基础上，汲取专家意见，突出地方特色，将"水生蔬菜业"升格成篇，将"电缆业"升格成章。

■整体推进修志工作 2011年，全县修志工作做到抓平衡发展。调整责任编辑篇目分工，召开相关单位会议重新发动，并逐户上门开展工作。至年底，全县《宝应县志(1990～2005)》初稿完成95%。抓"三审"质量。在志稿"三审"中，强化质量意识，制定并形成完备的志稿"三审"机制，要求志稿承编单位责任期限内历任领导、科室主要负责人和专业人士必须审读志稿，就志稿内容的完整性、准确性和记述内容的深度等进行把关，全年共完成17个篇次志稿"三审"工作。抓分纂启动。7月份，启动志稿分纂工作，制订志稿分纂方案和实施细则；组织责任编辑进行专题学习；制定相关激励措施。组织对《水利篇》先行分纂，摸索分纂流程、分纂质量把关及应注意的事项，请市方志办专家对《水利篇》分纂稿进行现场点评，定时间、定标准全面开展分纂工作。

■部门志、乡镇志编修工作 2011年，继续抓好部门志、乡镇志编修工作。《宝应县军事志》、《宝应县文化体育志》内部出版发行，《宝应县人口和计划生育志》完成送审稿，《宝应县各镇概览》已定稿待出版。

综　　述

2011年，县政协紧紧围绕宝应县“四个突破”工作目标，积极服务“工业化强县、城市化带动、产业化兴农、项目化推进”发展战略，坚持团结民主，认真履行职责，为建设开放宝应、创新宝应、生态宝应、幸福宝应作出积极努力。先后就“十二五”规划、基本药物制度改革、税源经济培育、现代服务业发展、加强法制宣传教育和社会管理、小康社会创建和保障“三农”投入、重大项目建设、生态新城建设、民生实事工程、《中华人民共和国残疾人保障法》实施等议题开展调研视察、专题协商，形成12篇调研报告。全体政协委员积极投身全县经济社会发展事业，各界别委员工作组、各镇政协工作委员会(工作组)充分履行职能，积极开展调研视察和协商议政活动，主动邀请并协助做好驻宝应的扬州市政协委员开展活动，配合做好上级政协和兄弟县政协关于促进基本公共卫生服务逐步均等化、生态创建等相关调研视察、学习研讨活动。

■工作创新　县政协为适应基层民主政治建设需要，延伸政协工作触角，在扬州市范围内率先组建镇政协工作委员会。创新提案督办方式，对主席督办的重点提案定期送达办理提示函。拓展政协工作外延，将部分宝应在外创业成功人士和外地在宝应县投资兴业的企业界人士吸纳为县政协委员，为促进地方经济发展引智聚力、牵线搭桥。县政协通过中秋联欢会、专题走访、节日慰问等多种形式，加强与社会各界的联系。

■县委下发《关于进一步做好新形势下人民政协工作的意见》　6月20日，县委召开政协工作会议，下发《关于进一步做好新形势下人民政协工作的意见》，为全县政协组织更好地履行职能提供坚强的政治保证。

重要会议

■县政协十二届四次全会　1月9～12日，县政协召开十二届四次全体会议，全县各行各业的275名政协委员和112名列席人员参加会议。县委书记仲生在会上作题为《想大事、干大事、成大事》的讲话。讲话对县政协2010年的工作予以积极评价，并就进一步加强政协工作提出意见和要求。会议期间，委员们认真听取并讨论县委书记仲生代表中共宝应县委在大会上所作重要讲话，听取并审议政协主席韩国柱所作的工作报告，听取并审议政协常委会关于提案工作情况的报告；列席县十五届人大四次会议，听取并讨论《政府工作报告》和其他有关报告。大会期间共征集提案183件，立案176件。1月12日，会议举行闭幕大会，通过县政协第十二届四次会议决议，同意韩国柱因年龄原因辞去政协宝应县第十二届委员会主席职务，选举秦有芳为政协宝应县第十二届委员会主席。

■县政协十二届全体委员会议 12月16日，县政协召开十二届全体委员会议，会议对十二届政协工作进行全面回顾。全年政协委员以推动赶超发展、促进社会和谐为己任，立足岗位实际，认真开展各项履职活动。在科技创新、税源经济发展、重大项目建设等涉及全县经济发展的重大问题方面和推进农村饮用水安全、新型农村合作医疗等事关农民切身利益的民生实事方面，积极参与，广泛调研，认真思考，提出意见和建议；围绕全县工作中心，充分发挥人脉资源丰富、联系渠道广泛优势，踊跃投身全县赶超发展大局，把力量汇聚到服务经济工作的大局上来，为全县经济发展出谋划策、贡献力量。会议对政协2011年度优秀委员、优秀工作组长和优秀提案进行表彰。

■县政协主席会议 全年县政协围绕经济社会发展的重点和人民群众关注的热点召开主席会议5次，分别就法制宣传教育和社会管理、小康社会创建、“三农”投入、重大项目建设、生态新城建设、民生实事工程、实施《中华人民共和国残疾人保障法》等方面工作进行协商视察，听取县政府情况通报。

■县政协常委会议 县政协召开常委主要会议4次。3月份，听取县发改委代表县政府作“十二五”规划辅导学习。5月份，抓住基本药物制度改革这一热点问题，组织相关委员和部门负责人开展调研活动，摸清全县改革工作准备情况，学习先进地区的做法和经验，为政府决策提供参考。7月份，以税源经济发展为重点，调查了解多个镇特色经济发展情况，召开综合部门、企业代表、建筑和三产服务业不同类型座谈会，走访地域经济发展基础与宝应县相近的县份，在此基础上召开常委会议与政府进行专题协商。9月份，围绕现代服务业发展，组织部分常委、委员和有关部门负责人开展专题调研，对全县现代服务业发展情况进行全面调查了解，形成综合调查报告，召开常委会议与政府及相关部门协商。

重要活动

■委员活动 县政协组织全体政协委员和驻宝应的12名市政协委员，以“建设全面小康，共创美好生活”为主题，开展内容丰富、形式多样的活动。共组织小康知识巡回演出15场(次)，举办小康知识讲座10场，收集各方面意见建议130件，电话随访居民2 000多户，发放宣传资料近万份。

■举办古城保护与利用论坛 4月26日，县政协举办古城保护与利用论坛，邀请南京大学教授贺云翱作专题报告，县住建局、县旅游局、县商务局、安宜镇等单位和历史文化研究方面的专家学者作交流发言，从新城建设与古城保护、古文化资源整合与利用、特色文化品牌打造等方面进行交流探讨。

■提案办理 建立政协主席与政府县长协商重点提案办理工作制度，实行县长领办和主席督办重点提案、主席会议专题视察和听取提案办理情况汇报、有关委组现场视察会商会办、新闻媒体跟踪宣传促办等提案办理方式。政协领导结合督办提案走访县住建局、县房管局、县交运局等办理大户和重点提案办理部门，帮助协调解决相关矛盾和问题。对一些因政策条件限制暂时难以办理的提案，积极与相关部门沟通衔接，制订计划，实施滚动办理。召开提案专题答复和重点提案归口办理协调会，为承办部门和委员搭建协商对话、交流互动的平台。全年政协共立案交办提案176件，办复率100%，委员满意和基本满意率100%。

■文史工作 2011年，县政协征集、挖掘文史资料10篇，编发《宝应清官现象》、《著名音乐家刘炽在宝应》等5篇历史文化资料，组织撰写关于廉吏文化的研究文章和廉吏人物故事，完成廉吏史料的收集和整理工作。广泛收集宝应县建置沿革、地貌变化、历史遗存、文化名人、民俗风情、地方特产等方面历史文化史料，为编辑《宝应史话》丛书准备史料素材，为推动古城保护提供史料佐证。

（卢志云）

综 述

2011年，全县纪检监察工作坚持标本兼治、综合治理、惩防并举、注重预防，全面履行党章赋予的职责，扎实推进党风廉政建设和反腐败工作。全县纪检监察组织共立案148件，其中科级干部案件13件。为贯彻中共中央《建立健全惩治和预防腐败体系2008～2012年工作规划》文件精神，县委调整充实惩防体系建设领导小组，建立常委联系点制度。县纪委发挥组织协调职能，牵头组织相关职能部门扎实推进惩防体系建设。加强对权力运行的监督制约，强力推进行政权力网上公开透明运行，对不上网运行或网下办理、网上登记等现象，及时督促整改。宝应县行政权力网上公开透明运行工作顺利通过市考核验收，并获"优秀奖"。贯彻落实《宝应县"三重一大"事项监督办法（试行）》文件要求，县纪委对运东垃圾填埋场、污水处理厂二期工程等13项重大事项进行立项监督，基层纪检监察组织立项监督101项，保证各类"三重一大"事项高效、廉洁实施。深化党务、政务、村务和站务"四务公开一体化"，按照有组织、有目录、有载体、有制度、有考核的标准，健全组织领导网络，设计公开目录，规范公开栏建设。全县共规范建设村公开栏278个、公示点183个。全面推进以"教育经常化、决策民主化、管理流程化、监督制度化"为主要内容的农村党风廉政建设标准化工程，出台《宝应县村级"勤廉指数"测评工作实施意见》，强化对村级组织的勤廉考核，促进基层干部勤政为民、廉洁履职。

■**重要会议** 2月25日，中国共产党宝应县第十届纪律检查委员会第六次全体会议在县城召开。会议听取县纪委常委会工作报告，明确年度党风廉政建设和反腐败工作任务，主要是围绕科学发展，切实加强对中央和省、市、县重大决策部署落实情况的监督检查；深化严管干部，推动干部队伍能力大提升、作风大转变；加大查案力度，始终保持惩治腐败的高压态势；坚持以人为本，着力解决群众反映强烈的热点难点问题；注重源头防腐，加快构建反腐倡廉惩防体系。

■**反腐倡廉教育** 在全县党员干部中组织开展《红色经典》颂读、"做人做事做官大讨论"活动，加强对党员干部的理想信念教育；组织学习贯彻中共中央印发的《中国共产党员领导干部廉洁从政若干准则》，组织开展举办廉政知识测试，加强对干部的法纪教育；选树、宣传勤廉先进典型，加强对干部的示范引导教育；召开警示教育大会，举办反腐倡廉成果展、书画展；建立"5·10"、"12·9"党风廉政学习日、对照日制度，加强对干部的岗位廉政教育；强化日常教育和监管，建立

预警约谈制度，对27名新任领导干部开展任职廉政谈话，对6名存在苗头性问题的领导干部开展警示谈话，对4名轻微违规领导干部开展诫勉督导谈话；加强节日期间党风廉政教育，全年党员干部主动上缴廉政账户43万元。深入推进廉政文化建设，培植具有“荷乡清风”特色的廉政文化，组织实施“廉剧、廉戏、廉吏、廉文、廉园”创作，编排大型现代淮剧《湖畔风雨情》，并成功举办首演式。

■开展“服务企业园区行”活动 牵头抓好县级机关单位结对联系镇区、挂钩培育企业工作，定期组织有关部门开展“服务企业园区行”活动，帮助镇区、企业解决各类问题1 800多件，协调解决资金5 000万元。

■自身建设 按照“政治坚强、公正廉洁、纪律严明、业务精通、作风优良”要求，切实加强纪检监察干部思想建设、组织建设、作风建设、制度建设。出台《关于加强县纪委领导班子自身建设的意见》，要求班子成员从六个方面带头做好示范表率作用；出台《县纪委、监察局机关及农村工作室工作人员行为规范“十个严禁”的规定》，强化对委局机关干部的监督管理。组织开展读书学习活动，举办“忠诚·奉献·激情”演讲比赛；成立县纪检监察学会，定期组织理论研讨活动，有两篇论文分别获得中纪委、市纪委表彰奖励。8月27日，《中国纪检监察报》整版介绍宝应县农村党风廉政建设标准化工程、执纪护农专项行动等工作。全年纪检监察信息和对县外宣传工作受到省、市纪委表彰，县纪委、监察局被表彰为扬州市先进纪检监察集体。

监督纠风

■监察检查 强化对县委、县政府中心工作的效能监察，组织对生态新城建设、小康创建、生态县创建、文明城市创建、秸秆禁烧、区域集中供水等重点工作监督检查，确保政令畅通。全年加强对经济结构调整、转变经济发展方式、市场价格调控、节能减排、规范和节约用地、保障房建设、保障和改善民生等重大决策部署执行情况的监督检查，发现和纠正违法违规问题25个，提出监察建议8项，给予责任追究13人。加强对党委集中换届、公务员招录、干部选拔任用等工作的督查，提高选人用人的公信度。加强对县委“双十规定”执行情况监督检查，先后组织开展明察暗访42轮150多次，召开新闻发布会3期，刊播《观察》栏目21期，公开曝光16起典型案例，问责处理68人。先后对相关部门服务企业、劳动用工、推进小康创建、政风行风建设等工作，开展“点述点评”6批次。

■纠风治乱 以解决人民群众反映强烈的突出问题为重点，着力纠正损害群众利益的不正之风。加强对征地拆迁、房地产开发、食品药品安全、环境保护、安全生产等领域突出问题的整治，强化对社保基金、住房公积金、扶贫资金和救灾救济资金的监管；组织开展11个重点部门政风行风民主评议；组织开展“群众满意学校、群众满意医院”创建工作，14所学校、6家医院通过市考核检查；组织开展公车专项治理，整改超标使用车辆14辆；深化“小金库”治理，对3个单位49万元违规资金予以处理；创新政府投资项目联合监管机制，对工程建设领域排查出的397个问题进行专项治理，逐一落实整改措施；开展党政机关举办庆典、研讨会、论坛活动清理，取消4项，保留2项；组织32个单位主要负责人走进“政风行风热线”

县纪委十届六次全体会议在县城召开

直播室，接受群众的举报投诉和咨询，帮助解决问题300多件。

案件查处

■**概况** 2011年，县纪委坚持党要管党、从严治党，始终把惩治腐败放在反腐倡廉建设的重要位置，保持查办案件强劲势头。全县纪检监察组织共立案148件，其中科长级干部案件13件；经济案件51件，万元以上案件36件；挽回直接经济损失400万元。树立查办案件、惩治腐败是政绩，澄清是非、保护干部也是政绩的办案观，旗帜鲜明地惩治腐败者，追究诬告者，宽容失误者，保护干事创业者。通过查案执纪，严明党的纪律，严惩腐败分子，教育党员干部，增强人民群众反腐败信心。

■**警示案例** 2011年，县纪委对县卫生局原副局长王某某在担任广洋湖镇副镇长、卫生院院长期间收受药品、医疗器械供应商好处费案件进行立案查处。经查，王某某在任宝应县广洋湖镇卫生院副院长（主持工作）、院长期间，利用职务之便，于2005年3月至2010年5月，在该院药品、医疗设备采购和门诊楼扩建过程中，先后收受药品供应商、医疗器械商以及工程建筑商等人好处费合计人民币36.84万元，其行为已构成受贿罪。2011年7月28日，王某某因受贿罪被宝应县人民法院依法判处有期徒刑7年。为严肃党纪，根据《中国共产党纪律处分条例》第三十条第一款第（一）项之规定，经县纪委常委会讨论并报11月14日县委常委会议批准，同意给予王某某开除党籍处分。 （王　华）

荷　花

工商业联合会

■概况 2011年，宝应县工商业联合会（简称“县工商联”）提出服务兴会、活动兴会、舆论兴会、会员兴会的工作基调和“工”字上多服务、“商”字上论门道、“联”字上活全盘的工作重点，指导和推进全县非公有制企业创先争优，组织动员全县民营企业家争当“优秀社会主义事业建设者”，推进组建异地宝应商会。市工商联（总商会）副会长、县工商联副主席、江苏迅达电磁线有限公司董事长卢之云当选2011年度扬州市工业“十大明星企业家”。在全县受表彰的17名“2011年度杰出企业家”中，孙振华、周春华、张传炬、朱瑞、卢之云、张爱平、周家峰、黄玉华、许继忠9人是县工商联会员企业负责人。县工商联被评为市工商联系统综合工作、组织工作、宣传工作先进集体，获得全县“三个文明”建设先进集体和宝应县希望工程“特别贡献奖”等荣誉称号。

■对外交往合作 全年先后接待南京、上海、广东等地商会及企业家代表团计50多人。2月份，县工商联参与筹办南京宝应商会周年庆典活动。10月份，县工商联为召开扬州市宝应商会两周年座谈会提供服务。南京、扬州两地商会先后牵线搭桥5名宝应籍人士到宝应县投资兴业，总投资2亿多元。

■成立上海市闸北区工商联宝应商会 12月18日，上海市闸北区工商联宝应商会在沪成立，这是在上海市成立的首家宝应商会。上海市委常委、统战部部长杨晓渡，全国人大法律委员会副主任、全国工商联原副主席王以铭，中国生产力学会常务副会长、原国务院国资委监事会主席翟立功，上海增爱基金会理事长胡锦星，上海市工商联副主席陈平田，上海市闸北区委常委、政协副主席、统战部部长石宝珍和县领导仲生等出席成立仪式。翟立功、胡锦星为闸北区工商联宝应商会揭牌。县工商联、县乡情办负责人及上海宝应商会会员、在沪乡贤代表等出席活动。

■组织民营企业家学习培训 春节前夕，县工商联与宝胜集团联办一场“宝胜大讲坛”，邀请清华大学教授韩秀云到场作“中国经济展望”专场报告，民营企业负责人、员工等共1 000多人接受培训。邀请省工商联到宝应举办“企业外贸政策及出口信保”专题培训班，全县150多名企业家参训。上半年，选送孙振华、朱瑞、单怀宽、赵怀庆等民营企业家参加省“传承与发展”民企高层论坛和扬州市转型升级浙江大学培训班。

■宣传民企先进典型 1月22日，江苏迅达电磁线有限公司董事长卢之云进入江苏教育电视台《苏商》栏目，访谈他的创业事迹。上半年，在《扬州日报》上推出5个整版，宣传宝应县民营企业赶超发展业绩。同时，编印“活力商会 魅力宝商”画册1 000册，赠送给宝应县的内外嘉宾。

■推进全县非公有制企业创先争优 2011年，牵头组织34个非公有制企业党组织与村支部结对，开展“携手1+1，共建新农村”主题实践活动。“七一”期间，4个会员企业党组织和3个会员企业党员负责人受到县委表彰。卢之云、朱瑞、周春华、张传炬、周家峰5名民营企业家被县委、县政府授予“2010年度十大工业杰出企业家”称号；5月，周家峰获“扬州市首届十大创新型企业家”称号。

■捐资助学助困活动 县工商联继续实施“爱心助学，会长行动”，2009～2011年累计资助32名贫困大学生近10万元。9月27日，县慈善会、宝宇置业有限公司举行慈善助学活动，宝宇置业有限公司董事长鲁曙宝向县特殊教育学校和画川初中宏志班各捐赠10万元。8月28日，县工商联被县希望工程办公室授予希望工程“特别贡献奖”。

■成立扬州水晶行业商会 4月20日，原宝应水晶行业商会经扬州市工商联批准，升格为扬州水晶行业商会。市工商联副主席吴钧宣读《关于成立扬州水晶行业商会的批复》。会议选举产生会长1人、副会长13人、秘书长1人以及副秘书长1人。西安丰镇人大主席王洪顺当选为扬州水晶行业商会会长。

■助推中小企业银企合作 联手邮储银行宝应县支行推出“助推中小企业，服务会员单位”专项活动，全年有4家会员企业签约获得贷款共3 000万元。11月，组织召开银企座谈会，促成4家执委企业与扬州招商银行小企业贷款中心落实贷款4 000万元。

■启动县、镇工商联（商会）换届工作 11月18日，宝应县召开县、镇两级工商联（商会）换届工作会议，传达学习中央、省委关于工商联换届工作的意见，对县、镇两级工商联换届工作进行部署。宝应县工商联（总商会）换届工作要求在2012年1月底前进行。县工商联（总商会）新一届执委会规模为130名，由非公有制经济代表人士、经济界人士、经济服务部门领导、基层分会与行业协会责任人、工商联机关干部以及部分镇（区）工商联分会会长组成。 （刘正业）

工商联宝应经济开发区（商会）第一次会员会议

工　会

■概况 2011年，宝应县新建基层工会105个，其中联合基层工会34个、外资企业工会9个。新吸纳会员1.1万人，其中农民工6 600人。直选企业工会主席28人。县总工会抓好基层工会换届改选工作，按期换届率92%。3～4月份，组织首届“宝应县十大金牌工人”（10人）和“宝应县能工巧匠”（30人）评选表彰活动。全年深入推进职工职业技能竞赛活动、“工人先锋号”创建活动、“两争一树”活动、劳模先进选树和管理工作、工资集体协商及和谐劳动关系企业创建工作等。

■基层工会建设 4月1日～7月10日，县总工会开展“工会组建百日行动”，对50人以下的企业工会主席实行直选；在宝应经济开发区开展创建工会工作模范开发区活动。全年重点推进基层工会建设“331”工程，即从2011年起，3年内在全县选树30名优秀工会干部，建设100个模范职工之家。

■技能竞赛 11月25日，县总工会承办扬州市“光华杯”计算机操作员技能竞赛，全市各县（市、区）及产业工会10个代表队280余名选手参加比赛，创历次竞赛之最。全年各级工会共举办各类职业技能培训班410期，培训职工3.6万人（次）；组织1.25万人（次）参加基层工会组织的练兵活动，1 100人参加18个工种的各级技能比武竞赛活动，共有550人晋级职业资格等级。

■班组建设 2011年，县总工会下发《关于在全县广泛开展创建“五型班组”活动的通知》，对基层班级建设示范点进行专项督查指导。宝胜集团有限公司中压事业部绝缘班组等 23 个集体被授予宝应县“工人先锋号”荣誉称号。经评审，全县共有达到市级“工人先锋号”要求的先进班组 70 个。

■工资集体协商 3 月 10 日～4 月 10 日，县总工会开展“工资集体协商要约月”活动，组织各基层工会主动向所在企业提出集体协商工资要求，通过召开专题会议动员部署、创新要约主体和协商内容、规范要约流程、强化督查指导等措施，推动工资集体协商工作全面开展。50 人以上建会企业工资协商履约达标率 75％，其中优秀率 12％。50 人以上建会企业工资专项集体合同报县人社局审查率 100％。

■创建和谐劳动关系企业 2011 年，县总工会全面落实《宝应县创建和谐劳动关系企业三年行动计划》，坚持会议表彰引导、企业倡议引导、专题培训引导、推荐就业引导和企业文化引导“五个引导”，实现全县生产经营正常的建会企业创建和谐劳动关系参与率 100％，和谐劳动关系星级企业创建率 65％，申报市星级和谐劳动关系企业 168 家，其中“一星级”118 家、“二星级”31 家、“三星级”19 家。

■困难职工帮扶 元旦、春节期间，县总工会组织各基层工会开展以“心系职工情、温暖进万家”为主题的送温暖活动，共慰问困难职工 480 户，慰问金额 28.47 万元。2 月 18 日，县总工会联合县法院、县人社局、县司法局举办劳动纠纷仲裁诉讼案件法律援助金发放仪式，向 19 名困难职工发放法律援助金 1.85 万元。5 月，开展“红五月”走访慰问活动，走访慰问困难职工家庭 127 户，发放慰问金 7.3 万元。8 月 23 日，举行“金秋助学金”发放仪式，向 48 名困难职工子女发放助学金 6.84 万元。免费举办各类技能培训，培训下岗失业职工（农民工）700 人，向企业推荐就业 520 人。建立全县特困职工动态档案 134 份。

■开展“两争一树”活动 继续开展争创学习型组织、争做知识型职工、树新时代职工形象“两争一树”活动，评选表彰县“文明职工”、“文明职工标兵”57 人，县“文明班组（科室）”、“文明班组（科室）标兵”55 个。县环保局法制宣传科科长许芩（女）被省总工会授予“江苏省文明职工”称号。新建职工书屋 8 家，宝胜集团、县供电公司职工书屋被评为“全国职工书屋”。在安宜镇、江苏银宝集团有限公司、宝胜集团等单位开展扬州市职工网上大学百名专家企业行活动，县总工会副主席薛宝和、宣教部部长傅萍被市总工会授予“2011 年度扬州市职工网上大学暨百名专家企业行优秀组织者”称号。

■评选劳模和先进工作者 2011 年，通过推荐评选，宝应县获得“全国五一劳动奖章”和省、市劳动模范及先进工作者荣誉称号共 13 人。宝胜科技创新股份有限公司总工程师房权生获得“全国五一劳动奖章”，宝胜科技创新股份有限公司上海办事处主任徐中、江苏兴洋管业股份有限公司总经理朱瑞、宝应县射阳湖镇林上村养殖户沈晓军、宝应县绿宝荡水产养殖专业合作社养殖户李永政和宝应县兰馨精致农业有限公司总经理刘先知获得“江苏省劳动模范”称号，宝应县氾水高级中学校长王步勇获得“江苏省先进工作者”称号。扬州晨化科技集团有限公司技术员王庆丽（女）、宝应县国凤刺绣厂技术员莫元花（女）、江苏迎浪科技集团有限公司技术负责人陈进、宝应县望直港镇北河村党支部书记杨寿林和江苏润扬管件有限责任公司总经理杨献元获得“扬州市劳动模范”称号，宝应县地方税务局第一分局副分局长蔡华娈（女）获得“扬州

宝应县庆“五一”暨立功竞赛动员大会

市先进工作者”称号。（张　丽）

共青团

■概况　2011年，全县共有基层团委47个，其中团工委2个（机关团工委、开发区团工委）；基层团支部1 030个，团员64 678人。团县委先后推出青春创业行动、青年志愿服务、宝应青年千人毅行、希望工程等品牌活动，累计吸引参加活动的青少年19万人次。先后表彰县“青年岗位能手”42人、县“新长征突击手”6人、县“十佳少先队员”65人、“五四红旗团委”10个、“五四红旗团支部”8个。组织中国药科大学“大书包”青年志愿者开展关爱留守儿童夏令营活动，被入选“2011千场暑期公益夏令营省级示范营”。

■组织建设　2011年，全县15个镇区完成团组织换届选举工作。这次团组织换届采取“编制内与编制外相结合”、“副科长级领导干部兼任书记”、“大学生村官创新使用”等方式配齐配强镇区团干部，其中7名副科长级干部任镇团委书记；15个镇区团委负责人共65人，其中3个镇团委领导班子达5人以上；镇区团委领导班子平均年龄27.5岁，比上届下降2.6岁。

■助推青年创业　2011年，团县委先后联合县人社局在黄塍镇举办创业培训班，联合县农委举办农村青年创业指导培训班，联合县委组织部举办“返乡党员、青年就业创业培训班”；推报刘吉荣获得“省农村青年致富带头人”称号；推荐“鳜鱼池塘高效养殖”项目参加全省农村青年创业项目大赛，获优胜奖并得奖金1万元。全年积极进行项目调研，向上推荐大学生村官创业项目，争取市创业扶持资金88万元。

■青年志愿服务活动　2011年，团县委联合县卫生局、县小康建设指挥部办公室、县文明办开展“小康达标创建齐参与、青年志愿服务争先锋”主题活动，组织“和谐社区大家乐”青年志愿者送文艺进社区活动，组织暑期返乡大学生担任文明交通志愿者，组织志愿者参与荷藕节、元旦长跑等重要节庆活动。5月，在市创建全国文明城市推进大会上，团县委获得“市志愿服务先进集体”称号。“荷藕节青年志愿者魅力行动项目”被表彰为“省优秀青年志愿服务项目”。

■青年千人毅行活动　11月19日上午8时，县委宣传部、团县委在花城广场联合举办“青春集结为赶超发展助威”2011宝应青年千人毅行活动出征仪式。毅行活动分为中线、南线和北线3条路线，总路程90千米，每条路线均约30千米，沿途共设置11个签到点。在县委常委、组织部部长王友芳的出发令下，1 000人的毅行队伍由骑行队、滑轮队、彩旗队开道，浩浩荡荡开始为期1天的毅行征程。县领导王友芳、顾长荣带头毅行全程。活动采取使用“护照”、方巾，到签到点盖章等时尚文化元素吸引凝聚青年。活动宣传注重使用新媒体，开辟专题网页、微博、论坛、QQ群和手机短信，在搜狐网、天涯论坛、猫扑网等国内知名网站进行宣传。

团县委“严冬送棉衣 关爱暖童心”2011年温暖行动

■青年文明号集体与农民工子女结对行动　2011年，团县委组织开展“情暖童心——全县青年文明号集体集中关爱农民工子女行动”，动员全县31家基层团组织、112家“青年文明号”集体，与63所中小学的1 500名农民工子女结对，以“用一束爱的光芒温暖孩子的心房”为主题，通过学业辅导、亲情陪伴、自护教育、爱心捐赠等形式，开展关爱行动。在全省“青年文明号”创新创效示范行动推进会上，宝应团县委作题为《运用青

年文明号老品牌　激发县域团工作新活力》典型交流发言。

■捐资助学　5 月 30 日，团县委与县信用联社举办“我们在路上”慈善募捐文艺晚会，共募集希望工程款 5 万元。在“携手共进·圆梦大学”2011 希望工程圆梦行动中，募集发放助学款 21 万元，资助贫困大学生 68 人。春节前开展“成长 1+1 希望送温暖”助学行动，发放助学金及物品累计金额 22 万元，资助贫困学生 1 200 人。（胡伟伟）

妇女联合会

■概况　2011 年，宝应县妇女联合会（简称“县妇联”）围绕建设“坚强阵地”和“温暖之家”总体要求，强化“妇女儿童之家”阵地建设；开展首届“新宝应·新女性”创业创新人物评选活动；推进妇女就业创业，全年共发放妇女创业小额担保贷款 602 万元；重视基层妇女干部素质能力提高，10 月份组织各镇妇联主席、村妇代会主任等 270 人参加“群众工作技巧”、“新《中华人民共和国婚姻法》与家庭矛盾纠纷调解”、“基层妇女工作实务”等专题培训；挂牌成立江苏“好苏嫂”宝应加盟店、乐贝儿早教中心。县妇联获得扬州市妇联重点工作和创新工作两个“特等奖”。

■评选“新宝应·新女性”创业创新人物　3 月 8 日，宝应县“新宝应·新女性”首届创业创新人物颁奖典礼在县行政会议中心报告厅举行，夏晴等 10 人获得“新宝应·新女性”荣誉称号，姜文武等 10 人获提名奖。各界妇女代表近千人观看颁奖典礼。

■创建“妇女儿童之家”　4 月 14 日，县妇联在黄塍镇召开全县村（社区）“妇女儿童之家”现场推进会，明确“因地制宜、分类指导、服务需求”的创建思路，交流推广“妇女儿童之家”建设模式。8 月下旬，县妇联对全县 32 个行政村开展“妇女儿童之家”专项检查。至年底，全县村（社区）“妇女儿童之家”基本达到全覆盖。

■巾帼志愿者服务行动　7 月 30 日，县妇联在花城广场举行“共创小康、同建生态”巾帼志愿者服务行动启动仪式，1 000 多名巾帼志愿者代表参加活动。启动仪式上，县领导向 21 支巾帼志愿服务示范队授旗。巾帼志愿者代表进行集体宣誓、宣读倡议书，公布《宝应县巾帼志愿者服务行动计划》。全年共有 4 200 名巾帼志愿者踊跃参加法律援助、爱心助困、文化宣传、国家生态县及全面小康创建活动。

■巾帼建功创建活动　全县各级妇联通过自办、联办、协办等多种形式，共举办家禽养殖、蔬菜及经济果林种植等各类农业实用技术培训班 50 多期，培训妇女 9 650 人，发放科技资料 1 万份。为推进、指导巾帼示范基地创建工作，县妇联组织对全县 26 个有机稻米、鳜鱼养殖示范基地专项检查，命名 5 家县级“巾帼来料加工基地”、9 家县级“高效农业示范基地”、4 家县级“女大学生创业实践基地”。宝胜科创公司特缆事业部编织班组获得全国“巾帼文明岗”称号，县殡仪馆服务组等 4 个岗位被评为省“巾帼文明岗”，公安局交巡警大队金湾岗女子班等 6 个岗位被评为市“巾帼文明岗”。

■推进妇女就业创业　全年共举办女性专场招聘会 30 多场。3 月 19 日，县妇联联合人社局举办“架金桥促就业”专场招聘会，10 多家女企业家会员单位为下岗妇女和女大学生就业创业提供帮助，县内外 130 多家企业提供各类就业岗位 1 167个。县妇联联合人社局免费举办两期家政服务培训，城区 200 多名妇女踊跃参加；在县妇女儿童活动中心挂牌成立江苏“好苏嫂”宝应加盟店。助推妇女创业，全年共发放妇女创业小额担保贷款 602 万元。其中，城镇妇女 432 万元，农村妇女 170 万元。发放贷款项目注重向高效农业倾斜，向留守流动妇女、单亲母亲等弱势群体倾斜。11 月 15～20 日，在厦门大学举办女企业家管理能力提升高级研修班，全县 30 多名优秀女企业家和企业家贤内助参加学习，并获得厦门大学研修班结业证书。

■维护妇女权益　举办多场维护妇女权益宣传活动，现场发放妇女法律维权手册、妇女法律援助指南、女性知识读本 2 000 多册。精心制作发放“12338 维权卡”，保持县“12338”维权热线畅通。协调县法院建立婚姻家庭案件审判合议庭，建立特约调解员队伍，构建婚姻家庭案件专业化审判机制。全面推行妇女议事制度，制定下发实施意见，培训妇女议事实务，全县确定妇女议事示范点 16 个。

■"春蕾"帮扶公益行动 2011年，全县妇联系统共募集"春蕾"助学金30多万元，资助贫困女童312人。宝应企业家周百珠出资10万元成立"共享阳光"安宜地产"春蕾"助学基金，首发仪式上为全县60多名孤女发放助学金3万元。宝应女企业家杨立梅成立巴黎婚纱"春蕾"助学基金，为15名贫困女童捐助助学金5 000元。春节前夕，10名爱心女企业家捐款近4万元，为全县200名贫困女童捐赠羽绒服。

■关爱留守儿童 2011年，继续扩大"爱心妈妈"队伍，全县共有3 000名爱心妈妈牵手结对留守儿童。举办关爱留守儿童"十佳爱心妈妈"事迹报告会，表彰10名"十佳爱心妈妈"、10名"优秀爱心妈妈"。围绕留守儿童健康成长主题，春节前后举办15场返乡女农民工座谈会，发放《致返乡女农民工的一封信》。各镇妇联积极实施"儿童快乐家园"项目，截至年底，望直港镇、黄塍镇、曹甸镇、西安丰镇、广洋湖镇、山阳镇、泾河镇7个镇建立起儿童快乐家园。

■乐贝儿早教中心项目化运作 8月5日，宝应县乐贝儿早教中心在县妇女儿童活动中心举行揭牌仪式，市妇联主席杨敏，县委常委、组织部部长王友芳等参加活动。至年底，早教中心依托妇女儿童活动中心和机关幼教中心的优秀教师，在安宜镇北河社区、东门社区、南园社区等社区共举办亲子教育活动24场。（张丽玲）

宝应县乐贝儿早教中心揭牌仪式

科学技术协会

■概况 2011年，宝应县科协围绕创建品牌科普项目，深入实施"科技专家兴农富民工程"，成功申报国家级和市级"科普惠农兴村计划"项目各1个；开展"院士专家宝应行"活动，在企业中推广企业科协科技信息库，帮助企业引进先进技术；开展科普周、科普日、青少年科学调查体验活动月、"科技乡村行"等活动，做到有规模、有层次、有影响。组织科技工作者参加2008～2010年度扬州市自然科学优秀学术论文评选，有4篇论文被评为三等奖，受到市政府表彰。是年，宝应县再次成功创建"全国科普示范县"。县科协荣获"省科普宣传先进集体"、"2006～2010年度江苏省科学素质工作先进集体"等荣誉称号，连续4年获扬州市科协目标管理综合考核一等奖。

■再次创成"全国科普示范县" 2004年、2008年，宝应县曾两次成功创建"全国科普示范县"。再次争创"全国科普示范县"，被列为2011年县政府100件实事之一。3月，省科普示范县创建检查组对宝应县创建"全国科普示范县"工作进行检查验收，对创建工作给予充分肯定。5月，宝应县被中国科学技术协会命名为"2011～2015年度全国科普示范县"。

■第二十三届科普周活动 5月17日，县委宣传部、县科协、县科技局共同主办的"2011年全国科技活动周暨宝应县第二十三届科普周活动"启动仪式在县实验小学举行，各界代表1 000余人参加启动仪式。启动仪式上，宝应县青少年科普工作队正式成立，县领导陈石等向工作队授旗；向安宜镇铁桥等社区代表赠送科普传播机；向实验小学赠送科普宣传资料。科普周期间，全县开展100个站（栏）同宣科普知识、科普孵化基地一日游等系列活动。

■科普日大型专题活动 9月20日，宝应县政府办公室牵头，县科协具体

全县科普日大型专题活动在县花城广场举行

承办的科普日大型专题活动在县花城广场举行。县全民科学素质工作领导小组23个成员单位分管负责人及各界代表近千人参与活动。科普日活动内容丰富。300多米的科普画廊集中宣传节能环保、衣食住行等知识；集中咨询台为民众解答科技知识及医生义诊活动；青少年科普移动馆现场展出60多件科学体验装置，包括杠杆原理、声音弦波、风力发电、太阳能转化、电磁感应等。科普日期间，全县组织参加全国农民科学素质网络知识竞赛；进社区，向万名城镇居民宣传低碳生活知识；组织万名学生参加寻梦“天宫”——全国青少年载人航天科技知识竞赛活动；举办“珍爱生命之水”青少年科学调查体验宝应一日行活动；科普惠农服务站服务“三农”活动等。

■青少年科技活动 5月份，组织2011年宝应县青少年“七巧科技”市、县级现场比赛，46所中、小学的700名学生参赛；举办宝应县“科学学英语”竞赛活动，36所中、小学的600多名学生参加初赛，400多名学生晋级参加总决赛。6月份，成功举办宝应县首届中小学生航空模型比赛，29所中、小学的400余名学生参赛；创新举办宝应县首届青少年机器人大赛，21所中、小学的260多名学生参赛。10月份，承办主题为“我身边的榜样人物”江苏省2011年“求知计划”项目活动。

■服务科技创新 4月份，开展“院士专家宝应行”活动，促成上海电缆研究所专家、中国工程院院士黄崇祺与宝胜科技创新股份有限公司签订合作协议，共建企业院士工作站，开展高性能电工导电材料及特种电缆方面的研发和科技成果转化。县科协为12家企业安装科技信息库，促进企业技术进步；在3家企业实施“厂会协作”项目4个；在宝胜电缆集团实施“金桥工程”项目获扬州市科协2010～2011年度的“金桥工程”优秀项目奖，1人获评先进个人。

■“科技乡村行”活动 9月中旬至11月份，县委组织部、县科协组织“党员进基层、服务到村居”之“科技乡村行”活动。县科协组织涉农学会的党员科技工作者，深入田间地头举办农业实用技术讲座。全县共举办科技讲座40多场，40多名科技工作者参与主讲，2 000多名种植、养殖户，村干部参加培训，提供技术指导1 000多人次，解决技术难题近百个。

（钱美喜）

文学艺术界联合会

■唱响“主旋律”文艺活动 1月18日，县书法家协会和县公安局共同在博物馆举办“平安宝应、警民同心”宝应县公安局警营文化书画展，现场展示书画作品60余件。2月28日～3月6日，省电台“每周一歌”播放由安宜镇东门社区老党员刁伯辉作词，李崇德作曲，王亚伦编曲的歌曲《你和百姓心连心》。5月15日，“翰墨有情”书画助残捐赠作品展在县残联大楼前揭幕，这批捐赠书画作品展出后，由润扬拍卖有限公司负责拍卖，所得善款全部捐赠残疾人事业。7月2日，江都市收藏家协会主席卞明华一行8人到宝应县参观柳堡二妹子民兵班，并与宝应收藏家进行红色收藏品交流交换。7月26日，县文联中国画研究会在消防大队开展送书画进军营活动。7月31日，县文联花鸟画家协会组织部分书画家到县人武部，创作书画作品作为“八一”建军节礼品送给部队官兵。9月9日，县纪委、县委宣传部、县文联联合举办的“清风扬帆”全县廉政文化书画作品展在纵棹园举行，县委常委、纪委书记朱宋华和县委常委、宣传部部长顾长荣等出席并为展览揭幕。9月12日，县文联组织“正润杯”宝应诗人走进生态园中秋笔会。9月17日，县委宣传部、县委组织部、县文体广新局等部门在曹甸镇联合开展送文艺下乡演出活动，全年共有曹甸镇、西安丰镇、泾河镇、望直港镇、氾水镇、广洋湖镇、山阳镇、夏集镇、射阳湖镇9个镇的农民群众享受到送文艺下乡的艺术大餐。

■迎新春文艺活动 1月14日，县文联组织书画家专程到安宜镇白田社区为村民书写春联，现场书写春联620副。1月22日，县委宣传部、县纪委、县文联共同在典尚家居门前举办“典尚家居杯”宝应县书画名家为市民书写廉政春联活动。1月下旬，县文联、县新闻信息中心联合主办“庆元旦、迎新春”九九“百老汇杯”全县楹联征稿大赛。2月17日，县诗协、白田诗社在县卫生学校会议室举办元宵节新年新诗朗诵会，20多位老诗人现场朗诵新诗作品。

■庆祝建党90周年文艺活动 4月份，县委宣传部、县广电总台、县文联共同主办“汇银家电杯”庆祝建党90周年新宝应、新气象、新风尚征文大赛。5月2日，县文联主办，县博物馆、怡然画室承办的庆祝建党90周年怡然高考画室师生作品展在县博物馆举行，现场展示作品500多件。5月21日，县委宣传部等部门联合主办的庆祝建党90周年红歌晚会在宝淮影剧场举行。6月3日，县文博研究家协会在县博物馆举办庆祝建党90周年红色收藏展，共展示藏品100余件，在城部分中小学生和收藏爱好者观看展品。6月24日，庆祝中国共产党成立90周年宝应县诗书画摄影作品展在县纵棹园举行。6月25日，县委宣传部、县人武部、县文体广新局、县广播电视总台、县文联主办的“党啊，亲爱的妈妈”庆祝建党90周年墨香苑之声综艺音乐会在宝淮影剧院举行。6～7月，县委宣传部、县文联、县房地产协会联合举办“墨香苑杯”“为党旗增辉添彩 为家乡奉献才智”有奖征文活动。7月1日，县文联主办，县音乐家协会、县古筝协会、咏玲古筝艺术中心承办，天地人房地产开发公司、宝应安宜物业管理总公司协办的“墨香苑之夜”古筝歌舞音乐会在宝淮影剧院举行，泰山小学、县直机关幼儿园、珊珊舞蹈培训中心等单位的师生参与表演歌舞节目。

■百名摄影家荷乡宝应行 参见《2011中国·宝应荷藕节》篇《节期活动》分目。

■举办百名少儿书画大赛 8月6～16日，县委宣传部、县文联、江苏安宜房地产开发公司主办，信得文化用品公司协办“凯润金城杯”全县百名少儿书画大赛，10人获一等奖，20人获二等奖，30人获三等奖。

■文艺精品创作及推介 1月1日，县文联、县国画院在新华书店举办《赵祥安梅花作品选挂历》首发式，县美协、县书协部分书画家参加。1月8日，扬州市文联、江苏省微型小说研究会在扬州琼花观共同举办何开文微型荒诞小说集《梦笔生花》首发式，中共扬州市委宣传部副部长、市社科联主席董雷、扬州市文联主席曹永森等出席首发式，《扬州日报》、扬州电视台等主流媒体现场采访报道。6月15日，县作协举行汪济洋诗文集《清水过心》作品讨论会，县作协、县诗人协会部分副主席等出席讨论会。7月16日，县微型小说学会在新华书店四楼会议室召开“作家笔下的宝应”文学创作笔会，中国矿业大学教授、省微型小说学会副会长顾建新作创作报告。7月30日，省美术家协会会员、离休老干部吴先敬个人画展在县博物馆开幕。9月29日，老干部邹杰书法篆刻展在纵棹园开幕。

宝应县举办“翰墨有情”书画助残捐赠作品展

■创建“省诗词之乡” 7月5日，宝应县召开创建“江苏省诗词之乡”动员会，正式启动省诗词之乡创建工作。9月20日，省诗协副会长周道中、市诗协赵昌智会长等一行6人到宝应县指导创建工作，并出席县委宣传部、县创建“江苏省诗词之乡”办公室和县文联举办的2011年中国·宝应荷藕节咏荷诗会暨诗词书画网开通仪式，为赵文澜诗书展揭幕。

■县文联召开第四次文代会 4月28日，宝应县文联第四次代表大会召开，县委书记、县人大常委会主任仲生出席会议并寄语全县广大文艺工作者牢记使命、高扬主旋律，讴歌人民、反映火热生活，为全县赶超发展、争先进位鼓与呼。全县200多名文艺工作者代表参加会议，市文联、县群众团体代表向大会召开表示祝贺，县文联负责人作工作报告，会议表彰一批优秀文艺作品和优秀文艺工作者。

（于玲玲）

哲学社会科学界联合会

■县哲学和社会科学界联合会成立 5月24日，宝应县哲学和社会科学界联合会成立大会举行。县有关领导参加会议，县委书记仲生到会讲话。市委宣传部副部长，市社科联党组书记、主席、市社科院院长董雷致辞。参会代表104人，社团11个。成立大会前，召开县社科联第一次会员代表大会，选举产生理事78人，常务理事17人，以及主席、副主席、秘书长等。县社科联在全年工作中整合社会科学优势资源，在专题研究、社科普及、活动落实、学会管理、高层论坛等方面开拓创新，为全县经济社会发展提供智力支撑。

■重点应用课题研究 2011年，全年确定25个社科重点应用课题，共征集论文70多篇，经多轮评选，评出优秀社科论文30篇，其中一等奖4篇、二等奖6篇、三等奖8篇、优秀奖12篇，并汇编成册。

■7篇论文在省年会获奖 11月21日，省委宣传部、省社科联举办江苏省哲学和社会科学界第五届学术年会扬州专场会议，宝应县有7篇社科论文在此次年会上获奖，这是宝应县社科论文在省级获奖最多的一次。7篇论文是：《关于宝应文化产业发展研究》（作者何开文、郎海燕、乔永华、顾云琪、于玲玲），《宝应县生态化水平的评价及对策研究》（作者金剑），《电线电缆行业发展现状与未来发展趋势研究》（作者樊正军、周建民、周任明、朱生清），《宝应县村级党组织执政能力建设的调查与思考》（作者夏红霞），《水产养殖效益比较研究》（作者潘怀龙、袁春根），《经济发展转型背景下完善县域金融服务的路径选择》（作者胡章灿），《土地流转问题的研究》（作者徐志龙）。

（乔永华）

残疾人联合会

■概况 2011年，全县共有残疾人5.9万人。3月，县委、县政府出台《关于推进残疾人事业发展的实施意见》，内容共分五大部分、十八条，涵盖残疾人事业的各个方面和残疾人民生的主要需求，并明确和细化多项政策与措施。4月29日，宝应县残疾人联合会迁至安宜镇花庄村中心组（白田北路161号）新地点办公。全年县残联工作以残疾人社会保障和服务体系建设为主线，全方位为全县残疾人提供高效优质服务。春节期间，全县开展访贫问苦送温暖活动，各级领导走访慰问残困户3 000户，累计发送慰问金40万元。县残联会同民政、财政等部门出台《宝应县特殊困难残疾人生活救助实施办法》和《关于向低保中的重度残疾人发放重残补贴金的通知》，全年共向3 300多名低保对象和无固定收入重度残疾人按低保标准全额发放生活救助金，对1 186名低保对象中的重度残疾人按低保标准全额发放低保金，为3 000名低保家庭中的残疾人每月增发低保标准20%的低保金；为200名家庭人均收入在低保标准200%以内的一户多残、依老养残等特困家庭中的残疾人，按照低保标准的60%发放生活救助金；发放重度残疾人护理补贴775人，发放低保中重度残疾人重残补贴金1 264人；118名残疾学生和贫困残疾人子女获得市县发放的一次性考学奖励，18名残疾高中生、20名残疾大学生获得省市教育专项补贴；为农村贫困残疾人改造草危房13户，城镇残疾人家庭住进廉租房和经济适用房共12户。县残联被中残联表彰为"全国'十一五'残疾人康复工作先进单位",档案工作被评为省"三星级"。县残疾人康复中心被命名为省"巾帼文明岗"。

■服务体系建设 2011 年,县残疾人联合会以"两个中心"(县残疾人康复中心、托养中心)、"一站一所"(残疾人康复指导站、托养所)建设为重点,加快构建覆盖全县城乡的残疾人服务体系。5 月份,县残疾人康复中心(白田北路 161 号)投入运行,共四层、3 250 平方米。年底,建筑面积 2 850平方米的县残疾人托养中心完成装饰装潢,可为 100 名重度肢体和中轻度智力、精神残疾人提供托养服务。县残联会同卫生部门,在各镇卫生服务中心设立康复指导站,170 个村(社区)实现规范化社区康复服务,累计配发康复训练器材 100 套。14 个镇完成托养机构建设,总床位数 210 张。

■康复工作 县残疾人康复中心有 6 岁以下在训儿童 239 人,其中,肢体障碍 71 人,智力障碍(含孤独症)57 人,视力障碍儿童 111 人。县特殊学校在训听力言语儿童 38 人。为提升康复服务质量,县残联投入 100 万元,特色化装饰装潢残疾人康复中心,添置先进康复器材、大型娱乐玩耍教具、增设多媒体多感官综合训练设施一套和水疗设备两台;引进本科康复专业人才 4 人,选送康复治疗人员到佳木斯专业培训 2 人,选送到上海、苏州、常州等地考察、培训人员 10 人,聘请高层次康复顾问 8 人。邀请省人民医院、南京儿童医院专家上门指导评估 3 人(次),并举办家长培训班 3 期 230 人(次)。探索"快乐康复训练"新途径,聘用文化、娱乐、体育等方面专职教师,设立残疾儿童学前教育班,为残疾儿童开设启智课、体育课、娱乐课。12 月 13 日,中残联副理事长孙先德在省、市残联领导陪同下,到宝应县视察残疾儿童康复工作,给予充分肯定。全年施行白内障复明手术 770 例,其中贫困白内障患者减免费手术 300 例;建设无障碍进家庭 580 户,适配辅助器具1 200 件;免费药给贫困精神病患者 733 例、住院补贴 18 例,配发轮椅 150 辆;6 岁以下听语儿童配备双耳助听器 100 副;施行 18 岁以下肢体矫治手术 3 例,安装假肢 16 例;发放残疾预防、康复知识读本 2 万册,盲杖、拐杖 200 根。全年县级为残疾人提供康复服务计 3 万人次。

■残疾人意外伤害保险 2011 年,县残联联合人保健康保险公司,对全县 3 至 65 周岁的持证残疾人,开办享受残疾人意外伤害保险优惠补助新险种,即残疾人一次交 15 元,享受一年 45 元保费的人身意外伤害保险,最高医疗补贴 2 000 元、人身意外保障 2 万元。全年共为 1.2 万名持证残疾人办理意外伤害保险,在扬州市第一家实现残疾人意外伤害保险全覆盖。

■残疾人就业 2011 年,全县有福利企业 67 家,累计集中安置残疾人就业 2 300 人;按比例分散安置残疾人就业 85 人,征收残疾人就业保障金 410 万元。县人力资源市场设立残疾人自主求职专区,在县残联服务大厅设置劳动就业岗位信息显示屏,对 90 多名就业困难残疾人实行再就业补贴。建成残疾人创业示范点 14 个、残疾人创业示范基地 1 个。设立盲人保健按摩机构 13 家,安置残疾人从业 40 多人。新建省级残疾人扶贫基地 1 个、市级 2 个、县级 8 个,安置带动残困户脱贫 260 户。县、镇举办农村实用技术和各类职业技术培训班 8 期,共培训残疾人 220 人。

■宣传工作 全年向省、市、县网站报送稿件 200 多篇。与县广电总台、县新闻信息中心联办电视专题栏目《共享阳光》10 期,电台专栏《同一片蓝天》37 档,《宝应日报》专栏《残联视窗》20 篇。通

宝应县第三届残疾人运动会乒乓球比赛

过自办网站、信息短信平台，宣传残疾人事业、宣传党和政府涉残政策、宣传人道主义、宣传残疾人自强不息与命运抗争的精神，同时宣传普及残疾预防、康复知识，形成广播有声、电视有像、报纸有文、短信可读（听）、网络可览的立体宣传格局。

■“助残日”活动 5月15日，第二十一次全国助残日期间，县残联以“改善残疾人民生、保障残疾人权益”为主题，举行“未来星”微公益（蒙牛牛奶和鸡蛋）捐赠仪式，100多名残疾儿童接受捐赠；观看县特殊残疾儿童自编自演的《把爱传出去》等节目，赠送慰问金近10万元；联合县文明办发送公益短信5万条；与县书法家协会、县美术家协会、扬州润扬拍卖公司联合举办“翰墨有情”书画助残作品捐赠、展览和义卖，共筹集善款8万余元；召开全县残联专职委员优秀工作案例交流会，评出优秀交流案例3个，良好交流案例5个，并颁发荣誉证书和奖金；组织100位残疾人“回娘家”，参观康复中心；举行捐赠轮椅、电饭锅和残疾人机动轮椅车燃油补贴发放仪式，集中发放轮椅150辆、电饭锅160台，为51人发放燃油补贴1.86万元。

■残疾人体育 8月24日，在扬州市残疾人游泳比赛中，宝应县5名选手共获得2金2银3铜。在全国第八届残疾人运动会上，宝应县残疾人选手王宏婵夺得女子52千克级举重银牌。12月27日，全县第三届残疾人运动会的室内比赛项目开赛，176名残疾人选手参与乒乓球、羽毛球、飞镖、定点投篮、象棋6个项目的比赛。

■换发二代“残疾人证” 全年残疾人基础信息采集录入累计60 133份，核发二代“残疾人证”1 599份，累计换发14 613份。按照“公平、公正”的原则，对1 000名疑似重残人员进行2次集中复评。根据国家、省、市统一部署，完成安宜镇城中社区、氾水镇东园社区2个小区新一轮残疾人状况监测工作。

■残疾人维权 2011年是《中华人民共和国残疾人保障法》实施20周年，县残联组织宣传纪念活动，县政协对《中华人民共和国残疾人保障法》执行情况进行专题视察，全县14个镇设立残疾人信访维权工作站，县残联建立残疾人维权服务中心，设立专门岗位负责接待工作；县残联与县司法局联合建立残疾人法律救助工作站，负责残疾人上访接待、登记，听取残疾人意见，对有康复、教育、文体、维权等需求的残疾人提供转介服务。

（胡　林）

慈善会

■概况 宝应县慈善会成立于2004年9月，是由全县热爱慈善事业的企事业单位、社会团体、社会各界人士自愿组成的民间非营利性社会组织，是社会团体法人，业务工作接受县民政局指导和监督管理。县慈善会有理事36人、常务理事16人；会长1人，副会长7人，秘书处设在县民政局。2004年9月10日，县慈善会会员代表大会通过《宝应县慈善会章程》，共八章、四十七条。县慈善会宗旨是遵守宪法、法律、法规和国家政策，遵守社会道德风尚，发扬人道主义精神，开展慈善公益活动，倡导“我爱人人、人人爱我”，促进社会文明进步；制定出台《宝应县慈善会基金管理办法》，明确慈善资金和物资接收程序、管理程序、使用程序、审批程序。2004年，县财政拨付县慈善会开办工作经费10万元。

2011年，全县慈善工作围绕关注民生总体要求，扎实有效地开展慈善资金募集和慈善救助工作，全年共募集慈善资金到账1 196万元，其中镇区募集慈善资金到账647.4万元；全年共发放慈善救助金826.57万元。截至3月底，全县14个镇全部建立慈善分会。

■“5·19慈善一日捐”活动 5月12日，宝应县“5·19慈善一日捐”启动仪式在县城花城广场举行，县领导率先捐款。县慈善会、县人武部、县总工会、团县委、县妇联向全县人民发出“慈善一日捐”倡议书。全县共募集慈善资金到账1 196万元，其中镇区募集慈善资金到账647.4万元。黄塍镇、鲁垛镇、泾河镇、夏集镇、宝应县经济开发区5个镇区募集慈善资金分别占全年募集计划的105%、100%、99%、97.2%、90%。

■培植企业捐赠骨干 在全年慈善募捐工作中，各镇区在广泛宣传发动，推动社会各界广泛参与基础上，着力培植企业捐赠骨干，收到显著效果。全县企业募捐额在20万元以上的8家，比上年增加7家;10万元以上的6家,比上年增加4家;5万元以上的27家,比上年增加20家。

氾水镇慈善分会成立暨"5·19"慈善一日捐动员大会

■拓展慈善救助项目 县慈善会根据关注民生的总体要求,确定的年度救助计划,拓展慈善救助项目。县慈善会全年共发放慈善救助金396.57万元。其中,助学90万元(资助贫困家庭大学生400人次、65万元,资助宏志班学生生活补助160人、15万元,资助教育局特困生100人、10万元),助医171.42万元(资助尿毒症患者237人次、70.4万元,资助白血病患者65人次、28.9万元,资助儿童重大疾病17人次、57.47万元,资助其他重大疾病45人次、14.65万元),助残65万元(资助特殊学校学生生活补助120人、15万元,资助精神病药品补助费30人、10万元,资助白内障复明手术100人、10万元,资助智障儿童康复训练5万元,资助残联配套设施建设25万元),助困45.2万元(资助慈善超市补助1 200人次、35.2万元,资助县老区促进会扶贫项目10万元),资助2所镇敬老院设施建设10万元,资助孤儿在校生100人、10万元,其他救助4.95万元。按照省慈善总会的统一部署,组织开展18周岁以下儿童大病救助工作,为33名患者向省市和县财政争取97万元慈善救助金,其中最多的一名患者获得资助26.67万元,受到社会和患者家庭的好评。

同时,各镇区按照全县慈善救助统一部署,积极开展各种慈善救助活动,共发放助学、助医、助残、助老、助困、助灾等慈善救助金430万元。

■慈善教育 为激发社会各界关心慈善事业、参与慈善捐赠的热情,在"慈善一日捐"活动中,通过印发"公开信"、电视讲话、报纸、电视、工作简报,以及组织宣传车、悬挂横幅、张贴标语、制作板报、印发宣传单等多种形式,广泛宣传、大造舆论,形成强烈的慈善舆论氛围。在"5·19慈善一日捐"活动开展前,县慈善会联合县广电总台、《宝应日报》等单位开展系列慈善宣传月活动,并组织宣传车到有关镇区进行宣传。 (冯晓碧)

关心下一代工作委员会

■概况 至2011年底,全县共有基层关工委组织585个。其中,镇(区)关工委15个,镇(区)教育关工委15个,村(社区)关工委282个,学校关工委70个,县直部门关工委22个,民企关工委181个。全县有老干部、老战士、老专家、老教师、老模范"五老"志愿者4 525人。10月,县关工委、安宜镇关工委被省关工委、省文明办授予"全省关心下一代工作先进集体"称号;王佳驹、许芩、王家亮、何寿阳4人被授予"全省关心下一代先进工作者"称号。

■主题教育活动 全年重点开展"传红、传文、传德"主题教育活动。县关工委举办主题教育图片展出和文艺演出250场,举办故事会270场,开展主题团队活动230场,组织17 400人参加主题征文活动。各镇组织"五老"报告团,编写宣讲材料250份,进村入校举办党史讲座300场。在县关工委支持下,射阳湖镇关工委在油坊村建立"吴运铎同志纪念室"。县关工委代表扬州市参加全省主题教育观摩会并作书面发言,扬州市关工委纪念建党90周年主题教育推进汇报会在宝应县召开。

■关爱青少年弱势群体 2011年,全县1 580名"五老"志愿者与贫困学生、留守儿童、孤残儿童结对帮扶。全县关工委组织累计筹集发放助学解困资金88万元。8月17日,《新华日报》专题报道宝应县"五老"志愿者关爱留守儿童工作。

■开展法制教育 县教育局关工委和各镇(区)关工委协助84所中小学聘请、配备85名法制副校长和375名法制辅导员,组织法制报告团32个,举办报告会150场,图片展览200场,受教育青少年25.4万人次。全县共成立273个"五老"帮教小组,组织1 130多名"五老"志愿者,对376名失足青少年、"问题青少年"开展"一对一"、"几帮一"的帮教活动,实现转化335人,转化率

89%。省优秀法制辅导员雍立泰举办图片展览、报告会 100 场，受教育人数 16 万人次。全县有 50 多名“五老”参与网吧义务监督。

■校外教育辅导站建设 全县共有镇、村校外教育辅导站 273 个，办站率 96.8%，参加校外辅导工作的“五老”志愿者 1 700 多人，辅导中小学生 2.62 万人次。安宜镇泰山东村社区关工委副主任李万银与该镇大学生村官共同创办“星火助教社”，利用节假日给留守中小学生开设形式多样的兴趣课程，成为留守儿童新的学习园地。《新华日报》、《扬州日报》先后作报道。

■开展“讲学比达”活动 全县关工委组织开展“讲理想、学科技、比创业、达小康”活动，举办或协办各类科技培训班 842 期，培训青年农民 12.5 万多人次，参加培训讲课的老科技工作者 82 人。

市关工委主任张厚宝(前排右一)参观吴运铎纪念室

■提升“双阳”工程 继续开展老少携手阳光行“双阳”工程。宝应县“五老”成员夏本金和大学生村官陈清的署名文章《领着“新兵”向前走》在中国关工委机关刊物《中国火炬》2011 年第 4 期全文刊载，《中国火炬》杂志社专门撰写编者按。县委组织部、县委老干部局、县关工委在全市率先组建“五老”志愿者牵手大学生村官创新、创优、创业“三创”指导团。

老区扶贫开发促进会

■挂钩帮扶 2011 年，县、镇老促会挂钩联系民营企业 23 家，推荐安排贫困户劳动力到厂务工 98 人，实现脱贫 89 户。县老促会帮助挂钩联系的射阳湖镇油坊村组建“宝应县碧水河大闸蟹产销合作社”，新建生产桥 5 座，维修圩口闸 2 座、泵站 2 座，清洁河道 3 600 米，向上争取资金 5 万元，促进该村建成全面小康村。全年选拔 1 名家庭贫困、品学兼优的初中毕业生到广东国华纪念中学免费读书，推荐 74 名家庭贫困的初中毕业生到扬州天海职业技术学校学习专业技能。各镇老促会组织理事中的 31 个专业大户，帮助带动 72 个贫困户和低收入户脱贫增收致富；挂钩联系经济薄弱村 15 个，先后帮办实事 31 件。

■调查研究 2011 年，县老促会根据全县养猪业发展变化的新情况、新态势，深入调查研究，撰写《向现代化迈进的宝应养猪业》的调研报告。该调研报告在《江苏老区》2012 年第 2 期上全文刊发。配合完成中国老区建设促进会和省、市老促会下达的革命老区情况调查、城乡发展一体化调查、老区发展现代农业亮点调查工作任务。

■组织编印《谱写老区情与爱》 6 月 22 日上午，县老促会举行《谱写老区情与爱》赠书活动仪式。该书着重介绍宝应县 23 位民营企业家历经风雨、艰辛创业、扶贫济困、奉献爱心的典型事迹。该书成功编印得到省、市、县领导的大力支持和热忱关心，省老区开发促进会理事长凌启鸿题写书名，省扶贫基金会、省扶贫开发协会“两会”理事长曹鸿鸣题词，县委书记仲生作序。县委常委、县政法委书记、县老区扶贫开发促进会名誉会长陈金荣出席赠书活动并致辞。

■县镇老促会的换届选举 2011 年，县、镇老促会均已届满。10 月 28 日，县“两办”批转下发县老促会《关于做好县镇老促会换届工作意见》。12 月 20 日，县老促会第五次会员代表大会召开，会议总结上一届县、镇老促会工作，修改通过新的章程，选举产生新一届理事会。改选后，县、镇两级老促会理事共 514 人，会员小组 356 个，共有会员 4 709 人；选举沈汉庭为会长，王长奎、单德馨、王恒明、徐振山为副会长，王恒明兼任秘书长；聘请陈金荣、华德荣、仇学程、徐珠、张新武为名誉会长，并吸纳一批民营企业家、重点企业负责人为理事、常务理事。 (王恒明)

综　述

2011年，县委、县政府先后召开政法、综治平安、法治建设工作会议，落实综治平安建设40项重点工作任务和法治宝应建设6件实事，实施一批社会管理创新项目。建立完善20多个部门和有关镇分管领导参加的社会形势月度分析例会制度，明确各镇党委副书记主抓政法和社会管理，农村13个派出所所长提拔为镇党委政法委员，进镇党委班子。深化严打整治，开展涉车、“清网”、“打四黑”(即严厉打击整治制售假劣食品药品的“黑作坊”、制售假劣生产生活资料的“黑工厂”、收赃销赃的“黑市场”和涉黄涉赌涉毒的“黑窝点”)专项行动，打击“两抢一盗”等多发性侵财犯罪。加强社区(村庄)义务巡防力量、街头路面巡防力量、场所治安守望力量，提升技防建设水平，实现创建绩效、群众满意度“两个提升”和刑事案件、信访总量“两个下降”的目标，连续48个月无恶性杀人案件。政法系统组织开展“发扬传统、坚定信念、执法为民”主题教育实践和政法领导干部下基层活动，培植政治思想工作和执法为民示范单位(岗)，评选“每月一星”优秀干警。宝应县政法综治平安工作绩效列扬州市第一，获得“江苏省社会管理综合治理先进县”、“江苏省平安县”荣誉称号。安宜镇、团县委被授予“江苏省社会治安综合治理先进集体”。

■综合治理“个十百千”工程　2011年，为进一步落实社会治安综合治理各项措施，深化平安县建设，推进社会管理创新，宝应县在各镇启动实施“个十百千”工程，全力夯实综治基层基础。即每个镇完善一个政法综治中心及接待大厅建设、培植十个综治示范村居(单位)、建立百个综治工作小组(矛盾化解组、义务巡逻组、重点帮教组等每村不少于5个)、选聘千个治安中心户(结合邻里技防项目建设，同时作为红袖标志愿者力量，数量不低于人口数的3%)。

■“技防城”建设　县综治办、县公安局根据全县经济发展、地理区位、治安特色和风险等级等联合制定技防城建设实施方案，确立“全区域覆盖，全天候监控，全防区联动”的建设目标，明确建设标准及任务，实行每旬报送进展情况，加大督察通报力度。全年共新建高清卡口抓拍点74个，建成社会治安监控系统1 454组，安装摄像头7 021个，CK报警终端865个，联网农电变压器报警器451台，安装十户联防(邻里技防)8.2万余户。145所中小学校、幼儿园建设安装突发情况紧急声音报警系统、校园周界报警系统等技防设施。全县技防镇区、技防小区、技防村覆盖率分别达100%、80%、65%。结合新农村建设，各镇区1 790名村居保洁员兼任治安防范员，统一佩戴

“红袖标”上岗。

■开展“社会管理创新先锋行动” 2011年,县综治委、县创先争优活动领导小组决定“十二五”期间,重点在镇区、村(社区)基层党组织和党员中开展“社会管理创新先锋行动”,主要内容是党组织得到“五加强”(加强社会管理创新中的核心作用、加强联系服务群众工作、加强矛盾纠纷排查调处、加强社会治安防范、加强特殊群体服务管理)、党员做到“五带头”(带头参与社会管理创新、带头做好群众工作、带头化解矛盾纠纷、带头参与治安防范、带头遵纪守法)。整个“行动”通过征求意见、公开承诺、组织培训、典型引路、评比表彰等方式,不断把全县创新社会管理工作引向深入。

■推广“社区党员平安承诺”活动 2011年,县委政法委、县综治办在全县各镇探索推广社区党员平安创建承诺活动。按照“自愿报名、民主推荐、组织确定”的原则,社区党员可选定治安巡防、矛盾调处、宣传教育、帮扶转化、反邪禁毒等涉及社会治安综合治理和平安建设的内容,通过提诺(结合个人特色自愿申请)、审诺(社区党支部审核)、定诺(个人认定党组织的意见并填写《党员参与平安创建承诺书》)、亮诺(公示)等程序后,参加平安创建活动,基层党支部和镇综治办对党员参与承诺履职情况进行监督和考评。

■法治惠民6件实事 2011年,县法治办印发《关于办好法治宝应六件实事的通知》,会同各牵头单位制定具体实施方案,邀请法治宝应监督员、人大代表、政协委员等进行评议,确保法治惠民6件实事有序推进。6件实事是:组织相关部门加大网吧违法经营查处力度,规范网吧经营行为;全县强化农产品源头管理,建成市场准入、产地准出检测室31个;加强城市管理,整治交通秩序;整治无证(照)经营食品、危险化学品和娱乐场所等行业,消除社会安全隐患;加强医疗行业管理,严厉打击非法行医、违法执业和规范诊疗服务行为;加大对妇女、未成年人和老年人法律援助力度,维护其合法权益。省司法厅随机抽查宝应县法律援助受援对象、满意率100%。

■法治文化建设 2011年,县法治办印发《关于“开展社会主义法治文化建设提升年”活动的实施意见》,会同有关部门着力打造具有地方、部门、行业特色的法治文化品牌,举办全县“法治征文”、“法治书画展”活动,建成扬州市首个法治文化建设成果展览室。全县镇、村(社区)共建成法治文化广场(街、廊、墙)30余个,271个村(社区)创成市级以上“民主法治村(社区)”。(吴仕宁)

公　安

■概况 2011年,县公安局破获宝应县域内各类刑事案件777起,其中破获抢劫、绑架等重大复杂案件48起,八类案件破案率达93.75%;“赛尔达”特大盗窃案、系列跨省盗窃货车柴油案等有一定影响的案件在第一时间得以破获,实现连续10年命案全破目标,打处绩效连续三年保持扬州市第一。全年共化解重大矛盾纠纷259起,妥善处置各类突发群体性事件46起,圆满完成县内22批次各类重大安全保卫任务。公安信访案件办结率达100%,初信初访化解率、息诉率均达98%。全年共有83个(次)集体和112人(次)民警受到上级表彰。中央电视台专题报道社区民警李树干的先进事迹。

■严打刑事犯罪 2011年,县公安局先后组织开展社会治安春季攻势暨“涉车犯罪”、“春雷”、“清网”、“打拐”等一系列专项行动,全年共抓获刑事作案成员1 075人,刑事拘留615人,逮捕510人,劳教81人。特别是“清网”行动,抓获各类在册逃犯73人,清网率98.65%。其中,市督捕逃犯12人、故意杀人逃犯1人,潜逃10年以上逃犯1人。挖出潜逃8年且已“漂白”身份的两地上网逃犯韩某。重点严厉打防入室盗窃、盗窃电动车、街头诈骗等犯罪,全年共破获此类案件445起,抓获犯罪嫌疑人457人。

■优化发展环境 先后组织开展“天网”、“亮剑”、“打击假发票经济犯罪”、“打击假币类经济犯罪”等经侦专项行动,全年共受理经济案件35起,立案31起、破案24起、结案20起,抓获作案成员80人、打击处理57人,涉案总值24 950万元,为企业群众挽回损失20 628.5万元。全年共为企业办好事实事5 000余件,收到锦旗28面,感谢信10封。指导全县校园新购置钢叉180件、防割手套115副、辣椒水80瓶、头盔75个,增高围墙16处，安装防盗门窗20个，整改安全隐患12条。相继开展酒后驾驶、“三疲劳一整治”等专项整治行动，抓源头管理，抓路面控制，交通事故起数、死亡人数、受伤人数和直接经济损失“四项”指数分别比上年下降14.5%、14.6%、19.1%和8.6%。积极推行“阳光户政”，共办理户口迁移9 959件，变更更正审批2 014件，接受群众查询、咨询服务19 786人次，办理网上咨询投诉答复165件；共办理“二代身份证”42 334张、办理临时证8 496张，全县16周岁以上人员办证率94.8%，比上年上升2.37个百分点，16周岁以上人员图像挂钩率98.67%。出入境管理推出“一号窗口”、设置“接待服务评价器”、设立境外人员服务站等便民利民创新举措，全年共受理公民因私出国境申请6 745人次，为境外人员办理签证、签注手续92人次。

■整治治安秩序　县公安局充分运用信息化手段，多措并举，强化治安乱点整治，有力解决一批突出的社会治安问题。开展严厉打击黑作坊、黑工厂、黑市场、黑窝点“打四黑除四害”专项行动，立案查处58起，其中立刑事案件查处13起，立治安案件查处45起，于某生产销售假药案、熊某生产销售“毒鸭血”案等大要案件先后告破。专项行动共抓获处理违法犯罪人员136人，其中逮捕2人、刑事拘留40人、治安处罚94人。开展吸毒人员动态管控，堵截毒品在宝应县流通渠道，全年共破获毒品案件37起，刑拘37人，缴获毒品1 000余克。强化逃犯及各类违法犯罪人员易于藏身的城中村、城郊村以及建筑工地、中小旅馆、私房出租户、网吧、留宿洗浴等外地人员聚集地管理，先后3次组织开展集中清查整治，清查旅馆556家次、网吧108家次、私房出租户2 500余户次、建筑工地65处次，核查住宿人员4 300余人次、暂住人口5 500余人次，盘查人员6 600余人，处罚场所15家。开展治爆缉枪专项行动，共收缴仿真枪122支、管制刀具455把、弩4把、烟花爆竹233箱，行政拘留6人。加强废旧金属收购业治安管控和专项治理，全年共抓获收销赃人员15人，摧毁收销赃窝点3个。

■技防建设　县公安局根据全县经济发展、地理区位、治安特点和风险等级，科学界定、具体量化技防城市、技防镇、技防小区（村）和技防单位的定义和标准，确立“全区域覆盖、全天候监控、全防区联动”的建设目标。全年共新建高清卡口抓拍点74个，建成社会治安监控系统1 454组，安装摄像头7 021个。开展以“送技防进万家”为主题的技防建设宣传活动，全县建成CK报警终端865个；联网农电变压器报警器451台；推广安装十户联防（邻里技防）8.2万户；指导全县145所中、小学校、幼儿园建设安装突发情况紧急声音报警系统、校园周界报警系统等报警类技防设施。加大移动监控系统建设力度，在县公安局29辆警车上安装3G移动视频监控系统。全年利用监控系统相继破获“5·10”系列跨省流窜盗窃货车柴油案件、“6·27”特大盗窃案、“7·30”跨市诈骗团伙、特大撬车盗窃案等一系列大案要案。

■规范执法　2011年，县公安局重点围绕执法细则、执法标准、执法执勤用语等重点内容，组织开展各类法制培训21场，受训民警达2 200余人次。依托省公安厅网上法律知识考试系统，组织网上学法考试8 000余人次，在职民警全部通过省初级法律知识考试，400余名民警通过中级法律知识考试，7名民警通过省厅高级法律知识考试。全年群众执法投诉比上年下降9.3%，未发生复议变更、诉讼败诉案件；被审查、监管人员非正常死亡、脱逃事件实现“零增长”；监管场所连续30年未发生安全责任事故。10月份，宝应县公安局在全市率先通过省公安厅执法规范化考核验收。

■选树典型　2011年，县公安局以“三让”（让吃苦的人吃香，让实干的人实惠，让有为的人有位）为鲜明导向，不断巩固队伍建设成效。出台《关于选树十大典型的实施意见》，评选产生“巾帼标兵民警”、社区警务“月度之星”和“年度之星”、“十佳青年民警”等典型。《新华日报》两次报道县公安局警民恳谈活动的做法和成效。深入宣传报道因公牺牲的泾河派出所社区民警肖瑶和氾水派出所基层社区民警李树干的先进事迹。肖瑶事迹先后在《人民公安报》、“中国警察网”予以大篇幅报道。李树干事迹先后被中央电视台《法治在线》栏目、《扬州日报》头版登载。全年人民群众对社会治安的满意度达97%。

（吴红广）

检　察

■概况　2011年，县检察院受理公安机关提请批捕案件332件496人，审查批捕276件412人，其中纠正漏捕13件15人；不批捕37件51人；公安机关撤回16件30人；期末未结3件3人。受理公安机关移送审查起诉案件470件716人，自侦部门移送审查起诉案件15件17人，上年结存70件112人，退查重报59件146人。审查起诉470件679人，其中纠正漏诉10件24人；不诉6件6人；退查63件153人；侦查机关主动撤回33件47人；移送其他检察院3件5人；年末未结39件99人。反贪局受理案件线索18件，初查18件，立案11件，侦查终结并移送审查起诉10件，结存1件，挽回经济损失196万元；反渎局受理案件线索4件，其中初查4件，立案后侦查终结并移送审查起诉4件，挽回经济损失258万元。受理控告申诉举报案件77件，县检察院处理69件，移送其他机关处理8件，奖励1名举报人。受理民事行政检察案件32件，审查后立案31件，其中提请抗诉12件、结案处理17件、结存2件。刑事立案监督36件，其中对公安机关应当立案而不立案监督12件，对公安机关应当不立案而立案的监督24件。纠正看守所违法9件，办理在押人员控告、申诉案件15件。发出预防职务检察建议3份，跟踪2个重大工程2亿元资金的安全拨付和使用，提供档案查询443次。在全国性报纸、刊物、网站上发表信息、论文97篇。新招录干警4人。

■驻看守所检察室通过全国“一级规范化检察室”验收　2011年，县检察院驻县看守所检察室成功通过全国第三届“一级规范化检察室”验收。驻所检察室争创工作在四个方面实现突破：对减刑、假释实行全程同步监督，坚持暂予监外执行文证审查制度，加强对留所服刑犯的事先检察和对执行过程中罪犯表现的观察；突出检察重点，规范监督行为，驻看守所检察人员每天深入生产、生活、学习三大现场巡视检查2次以上，重点监督未成年犯留所服刑、羁押期限，在押人员超时劳动、晚时就寝、“牢头狱霸”等多发性问题；加

县检察院参加市检察机关庆祝建党90周年大合唱

大投入，新添置驻所检察专用车1辆、摄像机1台，安装高清晰监控等设备；多次邀请县人大代表、政协委员、人民监督员、特约检察员视察评议驻所检察室工作，接受社会监督。

■渎职侵权案件查办　2011年，县检察院全年共立案侦查渎职侵权案件4件4人，主要是依法查处假福利企业背后的渎职案，假病害猪骗取国家财政补贴背后的渎职案等。在侦查过程中做到查办案件和维护社会稳定同步推进，与有关单位、乡镇沟通、座谈，与涉案单位一起做好被侵权群众调解工作，全年反渎职侵权局共召开各类座谈会、协调会6次，参与调解和息访工作57人次。

扬州市中级人民法院院长蒋惠琴（右二）视察宝应县人民法院工作

■实行“五提醒”制度　2011年，县检察院党组为从严治检、拒腐防变，制定日常监督“五提醒”制度，即在日常工作中或全院干警大会上，用党纪条规、检察官法、公务员法等规定经常提醒；对侦监、公诉、反贪、反渎、控申、监所等重点部门随时提醒；对外出办案等薄弱环节进行专门提醒；发现个别苗头性问题及时作出单独提醒；对承办大要案件人员事前作出特别提醒。　（古跃华）

审　判

■概况　2011年，县法院受理各类案件6 148件，审（执）结6 035件，分别比上年上升1.79%、2.57%；法官人均办案143.7件，其中个人最高办案数324件，有8人办案超过200件。27项审判绩效指标中，有15项指标处于全市前三名，其中审判绩效水平首次进入全市前三名；各项工作综合考评排名全市法院第二名；涉诉矛盾化解、文明单位创建、司法公开工作、平安法治建设等工作相继受到省、市法院表彰。

■刑事审判　2011年，县法院审结各类刑事案件448件，比上年下降9.2%。对666名被告人作出刑事判决，其中判处3年以上有期徒刑106人，判处3年以下有期徒刑、拘役532人。贯彻“宽严相济”刑事政策，对故意杀人、强奸、抢劫、盗窃、诈骗等严重危害社会治安、严重影响人民群众安全感的犯罪依法从重从快打击，对15名严重刑事案件被告人判处10年以上有期徒刑；对具有从轻或减轻处罚情节的初犯、偶犯及未成年被告人依法从轻或减轻处罚，其中宣告缓刑249人，单处罚金16人，免予刑事处罚12人。严格贯彻执行《中华人民共和国刑法修正案（八）》，依法审理危险驾驶案件77件、77人。稳步推进量刑规范化工作，将量刑作为相对独立部分，纳入法庭审理程序之中，增强刑事审判透明度。

■民商事审判　2011年，县法院审结民商事案件4 085件，比上年增长10.8%。重视涉民生案件的审理工作，审结婚姻家庭案件1 430件，为234名劳动争议案件当事人追讨劳动报酬和经济补偿金142万元，为552名道路交通人身损害赔偿案件受害人追讨赔偿款3 600余万元；审结民间借贷案件506件、农村土地承包合同案件25件，化解多起群体性矛盾纠纷，切实维护农民合法权益和农村社会稳定。

■行政审判　2011年，县法院审结行政诉讼案件19件，审查非诉行政执行案件112件，行政首长出庭应诉率100%。深入推进审判机关与行政机关良性互动机制，定期与县工商、卫生、城管等部门召开联席会议，组织案件协调会议，举办法制讲座，悉心解答行政执法中的疑难问题，协助化解行政纠纷。

■执行工作 2011年，县法院全年办结执行案件1 361件，执行到位案值标的1.3亿元。创建“无执行积案先进法院”，多次组织执行案件会战，将常态执行和集中执行有机结合；充分运用执行威慑联动和快速反应机制，用足用好执行强制措施，依法制裁规避执行行为，加大执行积案集中清理工作，纳入清理范围的340件执行积案全部清结。

县人民法院集中发放农民工被拖欠工资30万元

■化解涉诉矛盾 2011年，县法院把诉讼调解作为化解涉诉矛盾的基本方式，贯穿于审判执行工作的全过程，运用诉前调解方式处理案件2 265件，民商事案件调解撤诉率74.3%，比上年增长9.8%。把信访积案清理作为化解涉诉矛盾的有力保障，深入开展“信访积案化解攻坚年”活动，上级交办20件重点信访案件办结18件，自行排查的25件信访案件全部办结。

■助推企业发展 2011年，县法院开展“倾听企业呼声，服务企业发展”专项活动，依法妥善处理涉企案件619件，为企业追回债权8 400余万元，其中为县重点企业追回100万元以上债权10笔，总金额2 000余万元。走访企业60余家，接受企业电话或到院求助30余次。积极参与县级机关挂钩培育规模企业活动，主动协助挂钩企业解决法律、用工等方面难题。

■参与社会管理 2011年，县法院开展司法研判工作，及时向县领导、上级法院呈送调研报告、情况反映、动态信息60余篇，向有关部门和单位提出司法建议17件。加强青少年法制教育，进入校园开展巡回审判5次，举办法制报告会14场，近万名中小学生接受法制教育。推进结对联系镇（区）活动，为结对联系镇（区）提供综合治理、和谐共建、扶贫帮困支持。

■改进诉讼服务 2011年，县法院在3个人民法庭设立诉讼服务站，建立覆盖城乡的诉讼服务网络。开展一体化“门诊式”诉讼服务，全年为当事人提供法律咨询、诉讼引导、案件查询、法律解释等诉讼服务4 500余人（次）。以“法官行动在基层”活动为载体，开展巡回审理、送法下乡、指导民调等活动，将司法服务送到群众家门口。

■促进司法公开 2011年，县法院建立完善“12368”声讯查询、服务窗口人工查询、电子触摸屏自助查询和“江苏法院网”网络查询“四位一体”的诉讼查询系统。全院15个审判庭全部实现庭审同步录音录像、同步记录和同步显示，庭审透明度显著增强。在全市法院率先开展裁判文书上互联网公开发布工作，让司法裁判接受人民群众检验。全年邀请人大代表、政协委员及社会各界人士观摩案件庭审292人次，视察法院248人次。依法保障人民陪审员的参审权，人民陪审员参与审理案件341件。

（相　明　庄　志）

司法行政

■概况 2011年，全县有15个司法所，4个律师事务所、有注册执业律师42人，1个公司律师事务部（宝胜集团）、有注册公司律师2人，1个公证处、有注册公证员4人，18个基层法律服务所、有注册基层法律服务工作者68人，县法律援助中心有注册律师2人。全年办理法律援助案件855件，办理各类公证1 800件；接受刑释解教人员324人、社区矫正人员321人；全县各类调解组织受理矛盾纠纷5 894件，法律工作者办理各类案件2 893件。县司法局被市委、市政府表彰为“2006～2010年度社会治安综合治理先进集体”。

■法律服务　2011年，县司法局投资20万元对县法律援助中心窗口进行改造扩建，面积达180平方米，内部设施先进、功能齐全，被省司法厅评为“全省首批法律援助示范窗口”。加强“12348”电话专线服务，专门聘请2名律师到中心办案并负责专线值班工作。开展促转型、促升级，助稳定、助发展“双促双助深化年”活动，组织律师进园区、进企业，走访企业420多家，助推企业转型升级，帮助企业防范经营风险；与宝应电器厂、扬州孟仕玻璃有限公司两企业结成共建单位，提供面对面的法律服务。成立机关人员、律师、公证员参加的法律顾问团，积极参与生态新城建设、翔宇教育集团3所重点学校回收、宝应船闸扩容拆迁改造等重点工程和重点工作的法制宣传和法律服务工作，引导相关人员理性表达诉求，依法维权。法律工作者担任企业（单位）法律顾问1 082家，办理各类案件2 893件，为单位和个人避免和挽回经济损失1.2亿元。

■开展“大调解工作规范年”活动　2011年，县司法局履行综治成员单位职能，主动参与社会管理，促进社会和谐稳定，开展“大调解工作规范年”和“争当人民调解能手”活动，积极推进医患、劳资、交通事故等专业调委会建设和个人调解工作室建设，全县累计建成个人调解工作室302个。同时，推进调解队伍职业化、专业化建设，在全县范围内首批选聘专职调解员50人。

■开展“社区矫正规范化建设推进年”活动　2011年，县司法局开通社区矫正管理系统，对重点对象实施适时定位监控。投资20万元购置心理测试、心理矫正等器材，租用开发区金湾村办公用房建立功能齐全的规范化社区矫正管理教育服务中心（基地），为矫正对象提供心理咨询、公益劳动、技能培训、就业指导等服务，全年进中心接受矫正教育人员共385人（次）。9月份，副局长昌丽带领相关镇（区）分管负责人、司法所长等一行28人到高淳监狱对宝应籍服刑人员进行“看家乡变化，听亲人教诲，创改造佳绩”主题帮教活动。

■启动“六五”普法　2011年，宝应县全面启动“六五”普法工作，召开“六五”普法工作调研座谈会，县委、县政府正式颁布实施《宝应县“六五”普法规划》。召开全县学法用法经验交流会，收集学法用法文章40篇，编印《宝应县学法用法征文集》。9～10月，举办21期培训班，对3 000多名公职人员进行法律知识轮训。开展“12·4”法制宣传日及“党员进基层、服务到村居”活动，组织50名党员干警、法律服务工作者到50个村开展送法活动。在县电视台开设《法制纵横》电视专题栏目，在《宝应日报》、宝应广播电台开辟法制宣传专题栏目。聘请40名市民观察团成员为普法宣传员，开展经常性的普法进社区活动。

■出台《宝应县法律服务市场管理规定》　2011年，县司法局与县人民法院联合出台《宝应县法律服务市场管理规定》，要求进一步规范法律服务从业人员的行为、进一步规范公民代理诉讼案件的行为、进一步加大对违规违纪行为的处理。强化基层法律服务机构集中整治，结合年度注册，对执业人员达不到要求、管理不规范的法律服务所进行整合，所有法律服务所执业人员要达到3人以上。

■争创“群众满意的窗口服务单位”　2011年，县司法局以庆祝建党90周年为契机，深入开展争创“群众满意的窗口服务单位”主题实践活动，聘请10名人大代表、政协委员、社区代表担任全系统政风行风监督员。深入开展“发扬传统、坚定信念、执法为民”主题教育实践活动和“做人做事做官”大讨论，激发干警荣誉感、使命感。

■举办首届法治书画摄影比赛　1～4月份，县司法局、县地税局联合举办“地税杯”首届法治书画摄影比赛，共征集各类参赛作品1 396幅，评选出特别奖3名、一等奖10名、二等奖20名、三等奖30名、优秀奖100名、组织奖5名。5月18日，在纵棹园举行获奖作品颁奖仪式。　（高　斌）

人民武装

■概况 2011年，县人武部以国防和军队建设科学发展及加快转变战斗力生成模式为主题，重创新、求突破、创特色、抓落实，全县国防后备力量建设保持整体提高、协调发展良好态势。发挥党委核心领导作用，积极推进学习型党组织建设。2～11月，在全体党员中开展“加强党性修养，锤炼思想作风”教育整顿，重点围绕“政治信念、党性修养、工作作风、严于律己”4个方面查找问题，剖析原因，制订措施，狠抓整改，统筹抓好“坚定理想信念，忠实履行使命”和主官教育管理等专题教育活动。

扎实开展日常战备综合整治，制定完善处理突发事件应急预案，对全县战场核生化环境基础数据进行采集。组织首长机关“两实”（实弹、实投）作业、信息化知识学习、指挥技能训练，接受省军区对人武部主官岗位练兵考核，全体主官参加全军信息化知识网上竞答活动。圆满完成新兵征集任务，对全县符合条件的退役士兵进行服预备役登记。按照“精干合成、管用能用”要求，组建合成化民兵应急救援连。优化民兵组织布局，在县经济开发区、宝胜集团拓展民兵组织。认真组织民兵应急分队和抗灾防洪专业分队训练，出色完成抗旱救灾、重大活动维稳执勤任务。安全顺利完成民兵报废弹药调运工作。开展学法规、用法规、守法规活动，扎实抓好保密工作。抓好经济动员中心建设，宝应菲达宝开电气有限公司申报成立省级电气控制设备应急动员中心。

协助县委组织召开县委常委议军会和部分镇党政领导过军事日活动。持续开展“双带双扶”活动，部机关人员走访慰问贫困户、县特殊教育学校，开展军民共建工作。发动广大民兵为军烈属帮耕助种，解决生产生活困难，组织民兵参加环境整治、交通疏导、文明宣传、志愿者服务等活动。

■军人保障卡应用 1月1日，宝应县人武部根据中央军委《关于在全军推广军人保障卡的意见》，在全体军人中使用军人保障卡。军人可持卡转接供给关系、用卡发薪、刷卡消费、持卡就医、依卡领装和进行个人住房档案电子化管理等。

■《宝应县军事志》内部发行 3月份，《宝应县军事志》完成编纂印刷工作并内部发行。《宝应县军事志》编修历经10年，全书40万字，主要记载宝应军事环境、军事组织、军事活动、军事人物等内容，起止时间：公元前486年至公元2005年，大事记下延至2009年。志书正文设9章、38节，文中插图63幅、表格58张，正文前冠以图片96幅和序、目录、凡例、概述、大事记，正文后置附录、索引等。《宝应县军事志》旨在帮助读者了解和探讨宝应军事斗争历史，宣扬人民军队光荣传统，展示人民军队革命化、现代化、正规化建设崭新风貌；巩固和完善党管武装领导体制，加强国防后备力量建设；激励民众牢记历史，居安思危，爱国拥军，是一部反映宝应军事建设发展演变的专著和进行国防教育的生动教材。

■组织核生化数据采集 3月份，县人武部根据扬州军分区核生化基础数据普查部署会精神，指定专人负责，积极与相关部门协调、对接，按先城区后乡镇的步骤，采取登记、核查、摄像、定位等方式对全县42家危险源单位进行普查，认真采集录入核生化有关数据，并按时上报。

■新建“二妹子”民兵分班15个 3月，县委、县政府、县人武部出台《宝应县“二妹子”民兵班建设实施意见》，以柳堡“二妹子”模范民兵班为中心班，按照一班一品、各具特色要求，在宝胜集团、县卫生局和13个镇新建立“二妹子”民兵分班15个（全县共16个班），将柳堡“二妹子”模范民兵班这面旗帜插到全县各条战线，实现从“一枝独秀”到“满园春色”的创新发展。9月12日，《中国国防报》头版头条以《15支“二妹子”式女民兵班成领头雁——江苏省宝应县人武部挖掘身边典型深入开展创先争优》为题作专题报道。

■省军区工作组到宝应县检查指导工作 4月14～15日，省军区副参谋长傅沿江率工作组一行到宝应县检查工作。14日，傅沿江一行检查指导县人武部“加强党性修养，锤炼思想作风”教育整顿工作，中共扬州市委常委、军分区政委王松林和军分区政治部主任曹云林陪同。15日，傅沿江在扬州军分区参谋长李国强、县委书记仲生、县人武部部长伏开新、县人武部政委夏学永等陪同下，到安宜镇北园区对县民兵合成化应急救援连进行人员、装备点验。县民兵合成化应急救援连成立于3月份，由江苏宝应经济开发区、安宜镇和宝胜集团派员组建。

■新老政委交接仪式 4月19日，县人武部在部视频会议室举行新老政委交接仪式。军分区政治部主任曹云林宣布南京军区决定：宝应县人武部政委夏学永任仪征市人武部政委，南京市浦口区人武部副部长陈宝任宝应县人武部政委。宣读任职命令后，人武部原政委夏学永、新任政委陈宝分别作表态发言。市委常委、军分区政委王松林，县委副书记周玉宝等出席交接仪式。

■“二妹子”民兵班举行庆“七一”红歌会 6月28日，全县16个“二妹子”民兵班在县行政会议中心举行“庆七一、颂党恩、铸军魂、赞宝应”大型红歌会。各班在大合唱后进行精彩纷呈的表演赛，经评委现场打分，评出一、二、三等奖，柳堡“二妹子”模范民兵班、宝胜集团凯博丝“二妹子”民兵班和安宜“二妹子”民兵班获一等奖。全县各镇、各系统代表100人参加红歌会。7月1日，江苏电视台公共频道对红歌会及柳堡“二妹子”模范民兵班建设情况予以报道。

宝应县新兵欢送大会

■开展高中毕业生网上报名预征工作 6月27日，县征兵办根据国防部《关于开展高中毕业生网上预征工作的通知》精神和扬州市征兵办要求，召开各基层人武部干部会议，部署高中毕业生网上报名预征工作。截至10月底，全县共有400余名高中毕业生在网上报名，为宝应县完成冬季新兵征集任务，向部队输送高素质兵员奠定基础。

■实行“部财区管”制度 扬州军分区按照解放军总后勤部关于探索建立师以下单位资金收付与经费预算相分离管理制度要求，依据军队有关财经法规，借鉴地方财政“乡财县管”做法，要求各县（市、区）人武部全部实行“部财区管”。7月1日始，在不改变人武部经费所有权、使用权、审批权前提下，由扬州军分区对宝应县人武部预算执行、资金收付、经费核算、账户票据等实行统一管理。

■复员、退伍军人档案移交工作 7月份，县人武部根据档案保管有关要求，将1954年前入伍的复员军人档案4 930份（士兵4 491、干部439）移交县档案局保管（在此之前，1997年6月，为方便复员、退伍军人查寻档案，将1955年入伍至1982年退伍的军人档案移交各乡镇。从1983年始，退伍军人均到县退伍军人安置办公室报到，档案均存在退伍军人安置办公室）。至此，县人武部保管的全县复员、退伍军人档案全部移交完毕。

■柳堡“二妹子”民兵班到“郭兴福连”挂钩联训 9月24～29日，县人武部协调组织柳堡“二妹子”模范民兵班11人到安徽滁州某部“郭兴福连”挂钩联训，参观“郭兴福连”荣誉室，学习“郭兴福教学法”，主要进行单个军人队列动作、单兵战术基础、战场卫生救护、电台调试与使用等科目集训。县人武部拍摄“二妹子”班运用“郭兴福教学法”组织训练专题片。扬州军分区将专题片在“创新发展‘郭兴福教学法’暨日常战备综合整治”集训中进行展播。

（刘志平　王齐亮）

武警消防大队

■概况 2011年，宝应县武警消防大队定期组织力量对县城道路、消防栓和水源进行清查、统计，及时编写和修改软件台账。全年共接处警483起，出动车辆683台（次），出动消防官兵3 495人（次），抢救被困人员32人，疏散10人，抢救财产价值35.3万元。圆满完成元旦、春节、“魅力宝应2011双沟青花瓷之夜”演唱会、国庆、圣诞节等节庆活动安全保卫任务。

■消除火灾隐患 着力提高部队精细化和消防监督执法正规化建设水平，连续开展消防安全“大排查、大整治、大宣传、大培训、大练兵”，高层公共建筑“打违除患”集中整治、“清剿火患”战役等专项活动。在消防监督检查中共排查各类建筑6 793处（幢），发现火灾隐患1.5万处，下发“责令改正通知书”3 699份。全年办理消防行政处罚案件527起，其中，一般程序处罚案件90起，当场处罚程序案件387起，责令停产、停业、停止使用“三停”整改单位50家，指导派出所办理消防行政处罚案件104起，行政拘留8人。

宝应武警消防大队参加市消防铁军比武活动

■打造铁军部队 县消防大队以打造铁军活动作为全年工作重点，开展岗位练兵活动，强化体能和消防装备操作。组织官兵熟悉人员密集场所、发生火灾后易发生重大伤亡的98家二级重点单位基本情况，确保每名官兵对辖区内重点单位做到底数清、情况明。组织高层建筑、化工行业和人员密集场所灭火救援实战演练，先后在皇冠大酒店、宝胜集团、宝应县人民医院等人员密集场所和高层建筑开展战术演习，对相应火灾或事故的特点、扑救措施等进行战术研究。与宝应中学、画川中学、亚细亚商城等单位建立共建关系，开展“春风行动”和“大走访”活动，与留守儿童结对帮扶；坚持18年帮扶老山前线英雄苗廷龙；组织“社区群众进消防”，“网民代表进警营”活动。县消防大队获得支队唱“红歌”比赛一等奖、党务知识竞赛第二名和精品党课评比三等奖。

武警中队

■概况 2011年，武警宝应县中队投入30万元，在全支队率先完成“四防一体化”（人防、物防、技防、联防一体化）建设。全年担负押解勤务4起，出动兵力15人（次），行程2 400千米，实现24年执勤无事故。参与处置“英语听力上访”、非法聚集、协助抓捕机动等备勤任务3起，参与完成2011年中国·宝应荷藕节等大型活动安保任务2起。分5批次共排查整治执勤隐患32处。

■思想建设 开展“培育当代革命军人核心价值观、永远做党和人民的忠诚卫士”主题教育和“和谐内部关系 增进战友情谊”、“正风气、促和谐”、“转作风交朋友”专项教育，成功转化重点关注战士；“慰问兵妈妈”、“庆八一”、中秋联谊会等3次有影响的共建活动分别被宝应电视台和《宝应日报》报道；中队团支部被支队团委评为“先进团组织”，指导员卢永超被省武警总队表彰为“优秀共产党员”、“优秀基层带兵干部”，并荣立三等功；中队被省武警总队评为“基层建设先进中队”。

武警战士认真学习《中国共产党历史》

■部队管理 贯彻从严治警要求，开展“条令学习月”、“暑期百日安全”和“警容风纪整顿”活动，坚持敏感时期干部每天营区巡视、点名和查铺等制度。落实战士外出两人以上同行、干部带队，做到人员不失控，管理不断线。落实《安全工作条例》和“双人双指纹”、“五同”枪弹管理制度，全年共查找整治隐患36处。改善官兵工作和休息环境，投入5万元建设谈心亭。

■军事训练 制订严格训练计划，因地制宜开展训练，坚持以考代训和每周会操制度。开展应急小分队、三人应急小组建设和兵力抽组演练，提升处突制胜能力。03式步枪射击成绩位列全支队第三名，中队干部共同科目和单兵专业科目全优。

（卢永超）

人民防空

■概况 2011年3月，按宝应县人民政府机构改革方案，宝应县人民防空办公室原下设综合科、指挥通信科、工程科3个科室，调整为综合科（挂“指挥通信科”牌子）、工程管理科（挂“行政服务科”牌子）两科室。2011年，县人防办与市民防局签订《十二五目标任务书》，修订《宝应县人民防空袭预案》、《重要经济目标防护方案》、《突发性灾害事故应急救援方案》和各种保障计划，重点推进民防工作进社区、人防专业队建设、民防工程标识标注、警报系统建设、民防宣传、经费筹集等工作，被省民防局表彰为“民防工作成绩突出单位”、“人防机关‘准军事化’达标单位”；被扬州市民防局表彰为“民防工作进社区先进单位”。

■调整人防易地建设费征收标准 3月，县政府第十三次常务会议通过，自2011年3月1日起，民用建筑应建而未修建防空地下室的，城区按照建筑面积每平方米50元标准收取人防易地建设费，乡镇减半征收。

■开通宝应人防网站 4月，县人防办开通“宝应人防”网站，公开人防政务、工作动态、政策法规、办事指南和宣传民众应对空袭和自然灾害的相关知识等。

■“5·12”人防宣传日活动 5月12日是全国第三个“防灾减灾日”之一。县人防办在花城广场举行“5·12”防灾减灾宣传活动，活动采取现场参观咨询、发放宣传材料、摆放防灾展板等宣传形式，发放人防宣传材料1 000份，接待群众咨询100人次。

■组建人防专业队伍 7月15日，县政府办公室转发县人防办《关于县人防专业队2011年度整组训练的通知》，县人防办联合12家相关单位、部门，整组抢险抢修、医疗救护、消防、治安、运输、通信等人防专业队，共260人。人防专业队伍主要任务是：战时承担人民防空勤务、重要经济和政治目标防护，消除空袭后果，配合部队进行城市防卫；平时协助有关部门参加抢险救灾任务。

■民防进镇(社)区工作 9月，县人防办在安宜镇、开发区设立民防办公室，在安宜镇刘沟社区、世纪园社区、南园社区、七里社区、金湾社区设立民防工作站。12月27日，市民防局领导滕泽宏率考核组到宝应检查考核民防进镇(社)区工作，并视察安宜镇南园社区民防工作站。

■学校民防教育 9月，县人防办与县教育局协作，对城区5所初级中学的初中二年级，共71个班级、3 500名学生，实施人防知识宣传教育工作，发放《民防知识》宣传材料；与教育局联合发文、召开民防教育推进会，规范中学民防教育工作。

■防空警报试鸣 10月29日为防空警报试鸣日，县人防办为增强全民防空与防灾意识，检验城区防空警报设备性能，组织城区防空警报试鸣活动，警报鸣响率100%。

■标识标注人防工程 12月，县人防办在城区人防工程中安装标识牌、指示牌，使市民知晓民防工程的识别、位置和使用方法。

■创建准军事化机关 12月19日，省民防局考核组到宝应县考核宝应人防办创建“准军事化”机关工作，授予县人防办“准军事化建设达标单位”称号并授牌。 (冯　瑾)

组建人防专业队伍

综　述

2011年，按宝应县人民政府机构改革方案，宝应县规划局作为一个新的政府职能部门，在县住房和城乡建设局挂牌。7月，县规划局成立规划管理科、规划督察科、测绘科、设计科和办公室5个科室，下设宝应县规划设计院（事业性质）。县规划局加大规划编制力度，完成《宝应县城市总体规划（2010～2030）》报批工作，并根据总体规划，组织编制城市综合交通、城市抗震防灾、城市地块控制、城市设计、道路、街景、学校布局、工业园区等建设规划。

强化规划引领作用，优化项目办理流程，更新规划服务手册。10月，实行建设项目网上审批制度，建设项目均做到批前公示、批后公布。

全年城市建设总投入30亿元，其中基础设施投入2.68亿元。新增绿化面积37万平方米，城区建成区绿地率38.63%，绿化覆盖率41.07%。新增城市道路长4.4千米，改造维修城市道路面积10万平方米，新增城市路灯1 470盏。全年新铺雨水管道5.57千米，天然气管道30.3千米，新增天然气用户3 367户。疏通下水管道143千米，维修更换雨水井、窨井420座。完成城市建设招标工程175个标段，中标价26.37亿元。办结各类建设项目施工图审查133项131万平方米。核发商品房项目手册15本，“质量保证书”和“使用说明书”2 500套。积极推进集镇“十个一”工程建设和村镇规划建设管理。村镇规划编制有序展开，完成各镇规划布局修编调整。核发村镇建设工程选址意见书9份，建设用地规划许可证48份，建设工程规划许可证49份、个人建房规划许可证129户，办理设计要点（现状出让说明）137份，规划审查意见69份。归集房屋维修基金1 400万元、工程质量保证金1 200万元。组织收集城建档案1 980卷。新墙材应用率达50%，计50万平方米。县住建局被省经信委评为“‘十一五’全省墙材革新工作先进集体”。

（蔡　欣　肖章凤）

城镇规划

■规划编制　2011年，县规划局完成《宝应县城市总体规划（2010～2030）》报批工作。根据总体规划，组织人手编制完成《城市综合交通规划》、《城市抗震防灾规划》、《城市河两侧及花城路两侧地块控制性详细规划》、《城市设计规划》、《城市户外广告设置专项规划》、《安宜东路街景整治专项规划》、《城北工业园区规划》。配合有关部门完成宝射路改造、生态新城邻里中心、公安指

挥中心、二横河绿化、九年一贯制学校建设、南淮江路东延、东淮江路南延等项目规划。

■规划管理 全年组织召开县规划委员会会议5次，审批规划项目及方案123个，召开局规划审批例会12次，对15个项目方案进行扩初设计论证。发放建设项目选址意见书43份、建设用地规划许可证23份、建设工程规划许可证76份，编制各类地块规划设计文件27份。绘制1号邻里中心、宝射路等各类用地红线图100余幅，完成阳光锦城、阳光水岸等14个居住小区的竣工测量。巡查施工现场58次，参与放验线21次(预放线7次)，规划竣工核实3期，向建设单位递交告知书和承诺书各29份。

审查通过“五洲国际”、“世纪新城”、“荷香盛世”、“锦绣新都”等优秀居住小区规划方案，重点推进安宜镇郭庄村、三团村，江苏宝应经济开发区七里村和莲花嘉园、滨港花园5个农民集中安置小区的建设。

■中心镇详规编制 氾水镇、曹甸镇、射阳湖镇等3个重点中心镇在镇总体规划编制完成基础上，全面开展镇控制性详细规划的编制。分别完成《氾水镇工业集中区控制性详细规划》、《氾水镇老镇区控制性详细规划》、《曹甸镇中部片区控制性详细规划》、《曹甸镇东南片控制性详细规划》、《射阳湖镇工业园区控制性详细规划》。其中，《曹甸镇中部片区控制性详细规划》项目，被省住房和城乡建设厅评为2011年省城乡建设系统优秀勘察设计三等奖。

■规划建设新城一号邻里中心 邻里中心是生态新城建设规划中引入的全新规划理念，整个生态新城共规划设置邻里中心10座，每一座邻里中心都以500米为服务半径，集商业、文化、体育、卫生和教育等功能性项目于一体，周边配套有小型城市广场、停车位及小品绿化景观。6月份，一号邻里中心项目由县房管局组织实施。该项目位于白田南路东侧、宝射路北侧，占地面积2.9万平方米，建筑面积为地上2.64万平方米，地下7 000平方米，为4层框架结构。

■拍摄完成县城数字化航测图 2月，县规划局通过招标方式委托江苏省测绘工程院，拍摄完成县城规划区航测摄影影像图，并制作1/1 000航摄数字地形图483幅，项目总投资130万元。航摄覆盖范围东至望直港镇军师村，西至京杭大运河，北至泾河镇曹坝村，南至新民干渠，总面积100平方千米。该项目统一使用1980西安平面坐标系统、1985国家高程基准。航摄影像图可广泛应用于城市规划、城市建设与行业管理，是宝应县经济发展重要的基础保障条件之一。

■启动建设城市规划展示馆 2011年12月，宝应县城市规划展示馆项目启动建设。该项目位于宝应大道北侧，宝应科技创新服务中心大厦裙楼(东北角)，总建筑面积1 950平方米，布展总投资1 000万元。布展设计方案由江苏华博创意产业有限公司中标。整个工程计划于2012年6月底建成展示，是宝应县第一个城市规划馆，主要功能是展示全县城市规划发展历程、成就和前景，向市民介绍和传播城市规划信息，向县外人士展示宝应县城市建设新形象。 (蔡 欣)

市政公用事业

■城市道路建设 宝射路(一横河至淮江路)新建工程。道路全长1.2千米，规划红线宽42米，道路分主车道、慢车道、路灯工程，同步实施宝射路跨二横河桥。该项工程4月29日开工，10月底竣工。工程总投资2 500万元。

北河路(苏中北路至淮江路)改造工程。道路全长2.7千米，实施7米～8米宽的混凝土道路。2010年11月开工，2011年5月底竣工通车。工程总投资560万元。

林庄路(邗沟路至白田路)改造工程。道路全长540米，实施5米～7米宽的混凝土道路。5月开工，7月中旬竣工。工程总投资80万元。

白田北路(淮江路至大兴干渠)完善工程。道路全长750米，实施8米宽非机动车道。8月开工，12月竣工。工程总投资324万元。

南园路(阳光水岸段)完善工程。道路全长450米，实施5米宽非机动车道。2月开工，4月竣工。工程总投资58万元。

原电机厂宿舍区间路改造工程。实施3米～5米宽的砼道路。8月上旬开工，9月竣工。工程总投资40万元。

■城市桥梁建设 邗沟路跨城市河桥建设工程，

桥长25米、宽12米，9月开工、12月竣工，工程总投资160万元。油厂桥改造工程，实施长10米、宽3.5米桥面改造，10月开工，12月竣工，工程总投资13万元。

■城市亮化工程 中小街巷路灯工程。对老城区部分街巷分三期实施亮化工程，架设安装路灯近1 500盏。1月开工，11月竣工。工程总投资150万元。

北河路（安宜北路至淮江路）亮化工程，安装路灯73盏。8月开工，10月竣工。工程总投资70万元。

白田北路（淮江路至大兴干渠）亮化工程，安装路灯17盏。9月开工，11月竣工。工程总投资61万元。

叶挺路、安宜南北路路灯改造工程。叶挺路（安宜南北路至苏中路）改造路灯31盏；安宜南北路（泰山路一南城根路）改造路灯85盏。10月开工，11月竣工，工程总投资37万元。

■燃气供应与管理 2011年，县城新增天然气用户4 447户，累计近2万户；添置加气车282辆；新敷设管道31.11千米。县住建局与宝应中石油昆仑燃气公司签订《宝应县管道燃气项目特许经营协议》；公布宝应县燃气设施安全保护范围。县燃气办定期组织季度检查、节日检查、专项检查，共下发燃气安全隐患责令整改通知书154份，查找出安全隐患累计300多项（次）；通过对天燃气管线安全专项整治，对3个老小区存在安全隐患的1 000米钢质管道进行更换，对67个居民区地埋燃气管道进行气密性检测；对城区45个小区、8 000户居民进行安检。联合相关部门对液化气供应安全进行安全专项整治，取缔存在安全隐患的供应站（点）4个。组织燃气企业开展规模较大的储罐、管道、调压站燃气泄漏应急救援演练共6次。

■白田广场高压电缆入地工程 白田广场高压电缆入地工程全长540米。5月开工，8月竣工。工程总投资170万元。

■生态新城主干道“大金十字”工程开工建设 12月18日上午，生态新城主干道“大金十字”工程举行开工仪式。“大金十字”工程北起宝射路，南至规划中的纬十三路，全长2.4千米，全程6车道，其中建3座桥梁1座涵闸，工程计划于2012年6月底前完成快车道的施工任务。东西向的疏港公路西起运河路，东至新淮江路，位于新城中部，东西向贯穿新城核心区，南侧紧邻贯穿新城东西向的中央景观轴线，是新城最重要的东西向干道。疏港公路项目全长5.52千米，工程分两期实施，第一期实施白田南路至淮江复线路段，第二期实施运河路至白田南路段。“大金十字”工程对于拉开新城框架，开拓新城空间，推进新城建设，具有重要意义。（肖章凤）

城市绿化

■城市绿化覆盖率41.07% 2011年，宝应县城市绿化建设投入3 000万元，实施京沪高速入口绿地、威尼斯花园北侧道路绿化、齐心路绿化等绿化建设工程，新增城市绿地面积37万平方米，累计城市建成区绿化总面积1 232万平方米，绿化覆盖率41.07%。

■京沪高速入口绿地景观建设 2011年，实施京沪高速入口东侧绿化改造工程，总面积10万平方米，投入资金400万元，种植苗木品种70多种，主要有雪松、香樟、银杏、女贞、朴树、国槐等地方树种，辅以桂花、毛鹃、樱花、紫薇、垂丝海棠等花草、灌木为点缀，并开挖人工湖取土进行地形改造。

■城市绿化长效管理 2011年，城市绿化管理投入700万元，对200万平方米以上绿地定期进行修剪、治虫、锄草和施肥等管理，对所有公园、广场和绿地的破损路面、凉亭、边石等基础设施进行维修，座椅、垃圾箱、健身器材等附属设施进行修缮和增添，使其整体环境和功能更加优美和完善。年底，县政府颁布《宝应县城市绿化管理办法》。（肖章凤）

镇村建设

■概况 2011年，全县完成镇村建设投资共7.67亿元，其中住宅建设投资2.41亿元，建筑面积25.14万平方米；公共建筑投资3 219万元，建筑面积2.55万平方米；生产建筑投资2.35亿元，建筑面积23.08万平方米；道路、照明、供水等公共设施建设投资2.59亿元。全县新增村镇供水管道183千米，自来水受益人口66.83万人，新增道路长度125.58千米，道路面积188.87万平方米，新增照明灯743盏，新增桥梁15座，新增防洪堤长度4.08千米，新增排水管道长度30.56千米，新增排水暗渠长度3.2千米，新增绿地面积31.94公顷。

■重点中心镇建设 氾水镇、曹甸镇、射阳湖镇3个重点中心镇获市奖补推进城镇化资金1 350万元，开工建设基础设施、社会服务等项目18个，投资总额达5 873万元。其中，氾水镇人民广场、曹甸镇农民公园、射阳湖镇滨河驳岸等工程建设体量大、品位高。

正在建设中的安宜镇农民集中居住项目——莲花嘉苑

■村庄环境整治 8月8日，省政府办公厅公布2011年全省环境整治试点村名单，射阳湖镇桥南村、柳堡镇团庄村、望直港镇北沙村3个村名列其中。为此，共投入440万元用于3个村环境整治，新铺村庄内部道路4.61千米，村内主要道路基本实现硬质化；新建排水管、沟500米，新增垃圾箱(池)105个，添置垃圾收运车1辆，建立“长效管护体系”；新建桥梁1座，扩建沿河驳岸400米；添置路灯60盏，新建道路绿化和绿地2 200平方米；新建公共厕所25座，清理乱搭乱建740平方米、乱堆乱放61处、露天粪坑和猪圈542座，建筑物出新1.1万平方米。

■农民集中居住区建设 全县共有13个农民集中居住区开工建设，计154幢，建筑面积97.5万平方米。截至年底，建成面积37.42万平方米，未完工在建面积60.08万平方米。在农民集中居住区建设中，推广《扬州市农村康居住宅通用施工图集(2010)》受到农民欢迎，土地利用率得到提高。（肖章凤）

城市管理

■概况 12月16日，县政府下发《县政府关于成立宝应县城市管理行政执法局的通知》，正式成立宝应县城市管理行政执法局，正科级建制，与县城市管理局合署办公，负责全县城市管理领域相对集中行政处罚权工作，核定城市管理行政执法局编制135人，其中局机关行政编制5人，执法人员全额事业编制130人，参照公务员管理。全县城市管理工作着力于打造整洁、靓丽、有序的城市环境，围绕创建国家生态县、国家文明县城和迎接省文明城市复检，积极开展各类专项市容环境整治，城市形象得到明显改善。

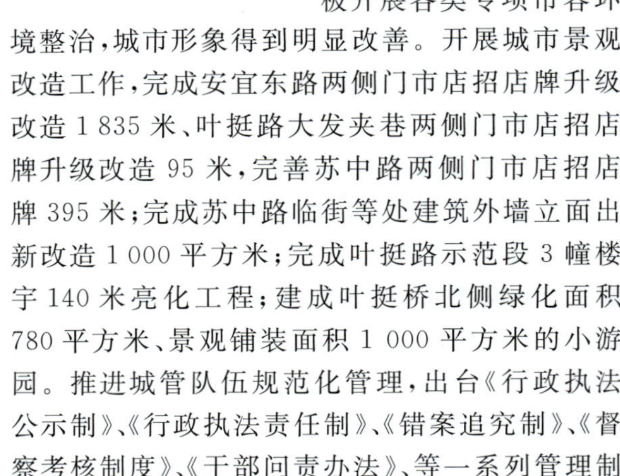
开展城市景观改造工作，完成安宜东路两侧门市店招店牌升级改造1 835米、叶挺路大发夹巷两侧门市店招店牌升级改造95米，完善苏中路两侧门市店招店牌395米；完成苏中路临街等处建筑外墙立面出新改造1 000平方米；完成叶挺路示范段3幢楼宇140米亮化工程；建成叶挺桥北侧绿化面积780平方米、景观铺装面积1 000平方米的小游园。推进城管队伍规范化管理，出台《行政执法公示制》、《行政执法责任制》、《错案追究制》、《督察考核制度》、《干部问责办法》、等一系列管理制

度。创建“扬州市优秀管理城市”工作通过市检查组考评验收，综合评分全市第一名。

（郑强容　王向荣　陈　强）

■市容市貌管理　市容市貌管理工作在强化日常管理的同时，突出对流动摊点、店外占道经营（作业）、户外广告（城市“牛皮癣”）、招贴画等影响市容市貌的行为实施专项整治。店外占道经营、流动摊点专项整治，严格按照“主干道严控、次干道规范、背街小巷自治”原则，对城区主次干道两侧的店外经营（作业）、流动摊点实行集中整治。落实早、中、晚市摊点“定时、定点、定位”管理，全年疏导取缔流动摊点 1 208 个，规范店外经营 1 986 处，暂扣经营物品 860 余件，清除有碍市容观瞻物品 367 处，发放《致广大市民一封信》6 700份，发放《责令改正通知书》879 份；招贴画专项整治，对安宜东路、叶挺路、苏中路、白田路、泰山路等城区主干道两侧门点橱窗的招贴画进行清除，共整治4 585户；电话亭棚专项整治，共搬迁拆除亭棚 36 个，面积 380 平方米；马路市场专项整治，会同工商、安宜镇等相关单位对大昌路马路市场、泰山西路马路市场实施整治取缔，确保道路畅通。扎实推进乱搭乱建整治工作，全年拆除有碍市容观瞻的各类违章搭建 247 处。实施惠民工程，先后在运河大桥、丽人街、安宜北路、白田派出所西侧、西园路等处建设摊位集中疏导点。同时，全力做好春节、“五一”、国庆等重大节日及“烟花三月”旅游节、荷藕节等重要节庆活动期间市容保障工作。（王向荣）

■规划监察管理　城市规划监察管理工作建立健全控违、拆违机制，加大巡查频率，按照“定人、定岗、定区域、定目标、定责任”的模式，实行网格化管理。全年共查处违法建设 569 起，面积 11.2 万平方米，拆除违法建设 144 处，面积 4 900 平方米，控制停工违法建设 44 起，面积 8 889 平方米。按照《宝应县建设工程规划批后管理暂行规定》要求，对规划区内在建开发项目、单位建设及乡镇工业园区建设实施全过程监察。全力做好生态新城防违、控违、拆违督察工作，有效遏制新城规划区域里各类违建行为，维护新城规划严肃性。（陆连生）

■户外广告管理　编制《宝应县中心城区户外广告专项规划》、《京沪高速宝应段户外广告专项规划》的文本已通过相关部门和专家论证，并向县政府申报。开展户外广告专项整治，对各类不规范户外广告牌进行清除，对亚细亚商圈、时代广场商圈等重点区域户外广告统一规范，建成叶挺路、苏中路两个“户外广告示范街”。全年共拆除各类不规范广告牌 239 块、面积 6 570 平方米，清除城市“牛皮癣”1.9 万处，清除门市招贴画 1.2 万处，没收宣传单 8 900 份。

（朱　健）

■建设城南惠民商业集中区　2011 年，宝应县城建监察大队在安宜南路县柴油机厂旧址建设城南惠民商业集中区。该项目占地面积 2 公顷，总投资 750 万元，主要用于小吃、水果、花卉、商品零售、商品展销等各类经营，可安置经营摊位 280 余个。至年底，项目主体工程基本建成。

省村庄环境整治工作调研座谈会在宝应召开

■环境卫生保洁与监察 按照“保洁全天候，管理无缝隙，责任全覆盖”要求，健全岗位责任制，明确质量标准，优化作业流程，实现城区背街小巷全覆盖，环卫保洁质量得到明显提升。制定百分考核细则，对环卫工作考核督察，对叶挺路、安宜东路、苏中路、泰山路、白田路等主干道上的商业集中区、人员密集区等重点地段实行延时工作制。坚持垃圾日产日清，城区每日清运处理生活垃圾 220 吨，每日清运处理粪便 50 吨，清理卫生死角 350 多处，清运垃圾 6 200 余吨，新建、改建城区砖制垃圾箱 20 多处，更换垃圾桶 600 多个，果壳箱 46 个，修缮环卫设施 80 处，新建垃圾池 50 处，清洗垃圾桶 5.9 万桶(次)。环卫执法人员对城区主要道路实行不间断巡查，及时查处污染道路违法行为，及时与施工队或运输方进行工作衔接，并处置各类有碍市容环境卫生的违章违规行为。全年共查处乱拖乱倒垃圾等违规行为 580 起。

■道路保洁工作市场化 2011 年，城区道路保洁面积共 240 多万平方米，其中 110 万平方米的主干道保洁清扫工作由县环卫处承担；部分主、次干道和背街小巷计 130 万平方米保洁工作实行市场化运作，分别由安宜物业和东阳物业承担。修订市场化保洁考核办法及细则，签订道路保洁服务合同。通过市场化运作，城区试点区域主干道和背街小巷环境卫生水平有较大提高。

(张桂富　吕　华)

垃圾处理“组保洁、村收集、
镇转运、县处理”体系正常运转

■建设运东垃圾场 4 月 18 日，运东生活垃圾卫生填埋场项目在望直港镇和平村开工建设，项目总投资 5 000 万元。工程建设的主要内容包括填埋库区、调节池、生产管理区、渗沥液处理区、道路及绿化等。至年底，库区、填埋区、调节池及管理用房、配电房、泵房、排水站、消防水池、渗滤液处理车间等主体工程完工。

■城镇生活垃圾统筹集中处理 2011 年，宝应县按照创建国家生态县要求，实行全县城镇生活垃圾统筹集中处理。4 月份，全县 13 个镇(安宜镇除外)各建有垃圾中转站 1 所，购置垃圾中转车 9 辆。5 月份，全县生活垃圾实现“组保洁、村收集、镇中转、县处理”的“四位一体”统筹集中处理模式。

(王向荣)

城市水务

■城市河道整治工程 6～7 月份，实施城市河道整治工程，总投资 370 万元，清淤河道 3.9 千米，建设护岸 3.1 千米，对窑河明河口至泰山路段河道、芦松路至窑河菜场段河道、城市河跃龙关至多智桥段河道、多智桥至叶挺路段河道、城市河叶挺路至百货公司段河道、柳沟河河道进行清淤和护岸建设，对窑河菜场至国土局南段河道、实验初中西侧河道进行清淤。建成郜家河活水泵站，城区水环境得到明显改善。

■城区生活污水处理第二期工程 4～12 月份，实施城区生活污水处理第二期工程，总投资 1.11 亿元，新增处理规模 2.5 万吨/日，新建深度处理和除臭规模 5 万吨/日。　(刁品顺　贝久兵)

■城市水厂第一期扩建工程 11 月份，城市水厂第一期扩建工程完工并投入使用，工程总投资 3 168万元，建设时间近 1 年，新增日供水能力 4 万吨。

■城市供水 加强城市供水企业生产监管，组织开展应急预案演练，确保安全供水、优质供水。铺设城市供水骨干管道 16.28 千米，提供新建小区(单位)接水服务 32 个(家)。“供水 110”全年出动抢修 4 038 次。

(刁品顺　潘树荣)

综　　述

2011 年，县环境保护局围绕“服务经济和生态建设”主线，扎实推进各项环保工作，生态县创建通过省级考核验收。开辟重大项目建设环评审批“绿色通道”服务，依法审批建设项目 361 件，否决重污染项目 51 个。开展环保专项整治行动，打击违法排污行为，依法关停企业 3 家、拆除对饮用水源安全构成威胁的隐患 2 处，下达限期整改通知书 95 份，实施行政处罚 4 起，处理环境信访件 381 件。争取上级生态环境补助资金到账 2 267 万元，比上年增长 37.05%。经济、社会与环境呈现协调发展的良好态势，经省民调中心调查，全县公众对生态环境质量满意率 90.9%。

■环境宣教　深入学校、农村、企业和社区，开展“共建生态文明、共享绿色人居”、“绿色系列创建”、“节能减排”等宣传活动，展示环境保护、生态创建的进程和成果。举办“中国绿歌会”环保文艺演出、组织开展生态宝应摄影展、中小学生环保征文竞赛、企业家环保座谈会等创建宣传活动。全年编发《宝应环保资讯》12 期，编报各类环保政务信息近 800 条，其中省、市采用 99 条，信息编报工作列全省县级排名第一位。　（陶书峰）

环境监测

■概况　2011 年，宝应县环境监测站完成地表水、地下水、环境空气、噪声等各类环境监测任务，取得各类数据 2 万多个，编制完成《2010 年宝应县环境质量报告书》，全年定期编制《环境质量监测季度简报》、《饮用水源监测月报》、《水质污染源监测月报》等各类分析报告。定期监测全县主要河流和乡镇饮用水源地，完成 2 次全县农村环境地表水普查监测；完成 209 个点位城市区域环境噪声、36 个交通噪声监测。组织对辖区内国控、省控重点污染源实施总量监测，完成各类污染源监督监测，并开展污染源在线装置比对监测，完成减排项目定期监测。参与重点行业、重点企业排污监督执法检查，为污染减排、国家级生态镇建设等工作提供监测支持。加强空气自动站和水质自动监测系统的运行维护，数据准确率、仪器开机率、数据捕捉率均达 99%。参加省、市标样考核和质控检查，合格率 100%。

■环境质量　2011 年全县环境质量状况与上年相比，总体保持稳定，部分监测因子有所好转。县域内大运河、宝应湖和主要河流水质基本符合国家地表水Ⅲ类标准；集中式饮用水源地水质达标率 100%；大气环境质量符合国家环境空气质量二级标准天数比例为96.99%；区域环境噪声符合各功能区域要求，交通噪声达到国家相关标准要求。县境降水pH值在6.19～7.70之间，年平均为7.12，没有出现酸雨现象。

2010年、2011年宝应县城区大气环境质量监测结果情况表

表4

项　目	二氧化硫浓度（毫克/立方米）		二氧化氮浓度（毫克/立方米）		可吸入颗粒物浓度（毫克/立方米）		降尘量（吨/平方千米·月）	
年度	2010年	2011年	2010年	2011年	2010年	2011年	2010年	2011年
年均值	0.021	0.016	0.017	0.026	0.076	0.070	9.84	9.23
超标率(%)	0	0	0	0	8.5	3.0	(背景值)+3	

（陶书峰）

环境整治

■污染减排　制订年度减排计划，列出14个减排项目，建立健全通报、公示和预警制，月度进展督察和报告制，数据规范台账制等减排工作制度，加大对减排项目的督察推进力度。强化监测、统计、和考核“三大体系”建设，严格数据核查和在线监控比对，确保减排数据真实、可靠。全年化学需氧量削减375.6吨、二氧化硫排放量削减63.9吨。

■水源地保护　保护饮用水源地水质。开展集中式饮用水源地专项整治行动，拆除对饮用水安全构成威胁的宝应县华盛化学品公司危险化学品储罐和扬州展鹏肥业有限公司码头，经县环境监测站监测，城市饮用水源地水质达标率100%。

■机动车尾气防治　实施机动车尾气防治“蓝天工程”，淘汰黄标车，实施出租车油改气，县机动车尾气监测站投入正常运行，全年核发机动车环保标志3 416张。

■重点污染源监管　加强对重点污染源的实时监控，及时、全面、准确掌握污染治理设施运转状况。分别对协鑫生物质发电有限公司等11家重点污染源安装在线监控设备13台套，县与市环保部门联网。对13座镇污水处理厂统一采购、安装COD(化学需氧量)、氨氮自动监测设备及流量计并与县中心平台联网。　（陶书峰）

■工业节能降耗　全县工业全年新增工业用电变压器扩容量4.2万千伏安、增长73.9%，新增315千伏安以上变压器工业企业用户47家。坚持结构节能、技术节能、管理节能，全县实施节能技术改造项目16项，循环经济项目4项，15家企业通过清洁生产审核，对14家企业开展节能执法监察，淘汰落后高耗能设备436台(套)，关闭“三高一低”及“五小”企业10家，组织江苏宝南木业制造有限公司、江苏布利杰针织有限公司、江苏金夏纺织有限公司、宝应宏阳纺织有限公司4家企业申报创建“扬州市节能示范企业”，节约标煤4万多吨。全县万元GDP能耗比上年下降3.6%。

■“三废”资源利用　2011年，全县资源综合利用有3家企业通过重新认定，协鑫生物质发电有限公司等15家企业年检合格，共综合利用“三废”资源80.5万吨，其中植物秸秆37.2万吨，次小薪柴15.1万吨，“三废”综合利用产品产值达4.66亿元，帮助企业落实减免税1 688万元。

（张　健）

■农村环境整治　出台《宝应县农村环境集中整治实施方案》，开展“十万人清洁家园”大行动，着重抓好村庄保洁、道路管护、绿化美化、改厕、秸秆禁烧禁抛等重点工作，共拆除废旧厕所、猪舍2万多座、清理道路1 098条、疏浚整治县乡河道65条、176.2千米，清理河道2 614条、垃圾5.2万吨；新建垃圾池6 698座，无害化户厕所1.5万座。出台《宝应县农村环境“四位一体”长效管护实施意见》，1 889人的农村“四位一体”长效管护队伍全面上岗，农村环境面貌明显改善。加大秸秆禁烧巡查力度，夏、秋两季未发生连片焚烧现象，环境保护部卫星监控到焚烧着火点8个，比上年同期下降27.3%，城区未出现因焚烧导致的严重烟霾污染天气。　（陶书峰）

■**协鑫生物质发电有限公司** 宝应协鑫生物质发电有限公司是协鑫(集体)控股有限公司投资兴建的热电联产企业,位于安宜工业园区,占地面积12公顷,建设规模为三炉两机,2台15兆瓦机组,配套2台循环硫化床锅炉和一台生物质直燃振动炉排炉。2007年公司将已投运的75吨/小时燃煤循环流化床锅炉改造为掺烧80%以上生物质锅炉。2009年11月,公司完成两台机组循环流化床运行系统全燃生物质技术改造,实现从燃煤热电联产改造为生物质混燃到全燃生物质发电供热的转变,年节约标煤10多万吨,分别减少二氧化硫和氮氧化物排放量1 600吨、600吨,每年为农民增收1 000多万元,解决农民就业1 500个岗位。2011年,公司实现产值1.34亿元、销售1.32亿元。 (曹吉勇)

生态基础设施建设

■**污水处理厂及管网建设** 8月,投资4 470万元新建的城区仙荷污水处理厂第二期工程进水运行。出台《宝应县镇级污水处理厂管网建设目标考核办法》、《关于加强镇级污水处理厂运行管理的工作意见》,全年新建镇污水管网65千米,各镇污水处理厂运行基本正常。

■**潼河自来水厂第一期工程开工建设** 5月份,根据全县区域供水规划,潼河自来水厂(宝应县第二水厂)第一期工程开工建设。该项目由广东粤海集团投资,位于夏集镇境内南水北调潼河段,投资额3 300万元,供水能力2.5万吨/日,主要供给夏集、柳堡、鲁垛、小官庄、氾水、广洋湖等镇。同时,配套建设水质自动监测系统站房。

■**沼气利用** 全县新建农村沼气工程7处,户用沼气池2 000口。 (陶书峰)

生态环境监管

■**日常监管** 县环保局对全县重点企业建立"一厂一档",建立健全污染源现场检查和月度分析制度,对重点污染源实行严密监控。全年污染防治设施执法检查共出动900多人(次),检查企业、单位400多家(次)。

■**执法查处** 全年先后开展环保专项行动、突出环境问题专项行动、涉铅企业专项行动、百日环保专项行动,依法关停扬州欧畅电源科技有限公司、宝应县东钻电源有限公司以及宝应县凤蝶染化有限公司红、黑两个品种染料生产线等;下达限期改正整改通知书95份,实施行政处罚4起;对水晶、电镀、食品行业共46家企业实施规范整治,新上污染防治设施10套。

■**环境信访** 坚持把信访投诉作为发现环境隐患的第一信号,畅通"12369"24小时环保举报热线,重视县委书记信箱、"寄语市长"、市政府公开电话转办的环境信访件处理结案时限。全年受理环境信访

宝应县潼河自来水厂第一期工程开工建设

件381件，比上年增长38%。全年信访结案率100%，群众满意率90%。（陶书峰）

生态环境优化

■**创建"国家生态县"通过省考核验收** 9月22～23日，江苏省环保厅副厅长赵挺率考核组对宝应县创建"国家生态县"工作进行考核验收。在创建工作汇报会上，县委书记、县人大常委会主任仲生代表县委、县政府向省考核组领导和专家致辞，县委副书记、县长王庭国汇报全县创建工作情况，与会人员观看宝应县创建工作专题片和技术资料片。汇报会结束后，考核组成员在县领导陪同下分5个组考察全县各镇（区）创建现场。宝应县在大力推进经济发展的同时，坚持以建设资源节约型、环境友好型社会为目标，以生态县建设统领社会、经济、文化和环境等各方面发展，大力实施生态县战略，2009～2011年累计投入20多亿元，推进污染防治、生态保护、环境监测和环境基础设施建设。全县14个镇污水处理厂基本正常运行，农村生活垃圾处理体系全面建立，出台《宝应县农村环境"四位一体"长效管护实施意见》，建成1 889人的长效保洁管护队伍。经考核，省考核组认为宝应县生态县建设各项指标已基本达到国家生态县考核要求。12月6日，省环保厅发文向环保部推荐宝应县申请国家考核验收。

省环保厅副厅长赵挺（中）检查宝应生态县创建工作

2007～2011年宝应县创建"国家生态镇"验收与命名情况表

表5

镇名	验收部门	验收时间	命名时间
安宜镇	省环保厅	2007.12	2010.03
曹甸镇	省环保厅	2007.12	2011.10
柳堡镇	省环保厅	2008.12	2010.03
望直港镇	省环保厅	2008.12	2010.03
氾水镇	省环保厅	2009.09	2011.10
夏集镇	省环保厅	2009.12	2011.10
黄塍镇	省环保厅	2009.12	2011.10
射阳湖镇	省环保厅	2010.08	待命名
西安丰镇	省环保厅	2010.08	待命名
广洋湖镇	省环保厅	2010.08	待命名
鲁垛镇	省环保厅	2010.08	待命名
小官庄镇	省环保厅	2010.08	待命名

■**湿地保护** 宝应县湿地资源极为丰富，全县河流、湖泊、滩涂等湿地资源占国土面积的1/3。宝应县全力打造"水乡湿地"生态城市，先后在全县划定湿地保护区、成立运西湿地保护区管委会和县湿地及野生动植物保护站，在全省率先编制《宝应县生态保护规划》，将东荡地区湿地纳入保护范围，湿地保护力度进一步加大。通过实施退网还湖、退塘还滩，推行湖泊轮渔轮休、推广生态养殖等方式，开展湿地生态修复。2011年8月，宝应湖湿地公园通过国家林业局评估验收正式确定为国家级湿地公园，总面积667公顷。同月，江苏省林业局同意建立扬州射阳湖省级湿地公园。该公园东、北至宝应荷园，西连三横河，南接戴庄荡，总面积1 200公顷。

■**"绿色系列"创建活动** 宝应县积极开展"绿色系列"创建活动，全年创成县级绿色机关10个、绿色宾馆3个，创成市级绿色社区12个、绿色学校21所，省级绿色学校6所，省级绿色社区3个。截至年底，累计建成市级以上绿色学校107所、绿色社区25个、绿色家庭19个，县级绿色机关10个、绿色宾馆3个。（陶书峰）

交　通

■概况　2011年，全县交通基础设施建设完成投资6.5亿元，其中省干线公路建设完成投资4.4亿元，县内干线公路建设完成投资0.5亿元，农村公路建设完成投资0.6亿元，航道、船闸建设完成投资1亿元。截至年底，境内公路总里程达2 367.01千米，公路密度162.13千米/100平方千米，其中高速公路40.3千米，一级公路39.6千米，二级公路155.53千米、三级公路125.51千米、四级公路1 537.08千米、等外公路428.39千米；航道总里程590.32千米，其中二级航道35.22千米、四级航道39.22千米、六级航道12.14千米、七级航道200.44千米、等外航道303.30千米。全县有通航船闸3座，港口4个，码头泊位124个，码头总延长4 168米；国家一级客运站1座，农村客运站10座，农村候车亭98对。全年公路客运量1 260万人次，客运周转量9.97亿人千米；公路货运量730万吨，公路货运周转量4.8亿吨千米；客运班线54条。水路货物运输量748万吨，货运周转量21.5亿吨千米；港口货物吞吐量450万吨。交通系统安全形势总体平稳，全年未发生安全责任事故。

■重点工程建设　1月11～12日，宝应县分别召开省道332宝应段、安大公路331至高邮分界段交工验收会议。省道332宝应段全长9.47千米，按一级公路标准规划，一级公路标准实施，路基宽度24.5米，双向四车道，设计速度100千米/小时，总投资4亿元，投资主体宝应县人民政府。安大公路宝应段项目全长40.55千米，按一级公路标准规划，二级公路标准实施，路基宽度12米，设计速度80千米/小时，总投资4.5亿元，投资主体宝应县人民政府。经过省市专家组成的交工验收委员会的综合评定，项目各项指标均达到国家规定标准，项目顺利通过交工验收，并进入试运行。

省道237宝应段第二期工程建成通车。省道237是省“十一五”公路规划网中的重点项目之一，也是江苏省中部南北通道的重要组成部分。项目全长41.58千米，一级公路标准规划，一级公路标准实施，路基宽度26.5米，其中临城段10千米，路基宽度48米，双向六车道；设计速度80千米/小时，总投资14亿元，投资主体宝应县人民政府。第一期工程3.01千米于2009年底建成通车；第二期工程7.8千米于2011年底建成通车；第三期工程30千米，总投资7.6亿元，计划2013年底全线建成通车。

4月26日，宝应船闸扩容改造工程监理及土建施工合同签约会在扬州举行。项目总投资2.2亿元，投资主体扬州市航道处，建设工期24个月，2011 年 6 月开工，规划于 2013 年 5 月竣工。宝应船闸是连接京杭大运河与盐宝线航道的口门船闸，是沟通京杭运河和里下河地区的水上重要运输枢纽。原宝应船闸年通过量设计标准 300 万吨，实际年通过量已达 2 000 万吨，严重不适应船舶过闸运量增加、船型标准化、船舶吨位提高的需求，成为盐宝线的运输瓶颈。扩容改造后的船闸位于现有船闸闸址，船闸规模调整为 23 米×180 米×4 米（口门宽×闸室长×槛上水深），设计年通过量 3 611 万吨。

11 月 12 日，县委、县政府在氾水镇举行氾水运河大桥开工仪式。氾水运河大桥是宝应县“四纵六横”公路网骨架的控制性、节点性工程。项目全长 1 147 米，总投资 1.2 亿元，投资主体宝应县人民政府。大桥面宽 15 米，公路二级标准，双向四车道，建设周期 24 个月，计划于 2013 年 11 月建成通车。

12 月 18 日，宝应县举行疏港公路建设工程开工典礼。疏港公路是生态新城主干道“大金十字”工程的组成部分，西起运河路，东至新淮江路，位于生态新城中部，东西向贯穿新城核心区，南侧紧邻贯穿新城东西向的中央景观轴线，是新城最重要的东西向干道。项目全长 5.52 千米，总投资 2.8 亿元，分两期实施：第一期工程实施白田南路至淮江复线路段，第二期工程实施运河路至白田南路段。

■农村公路网建设 全年共建成县乡公路 22.8 千米，完成投资 8 000 万元。着重围绕完善“六纵七横”骨干公路网建设，实施“等级化”、“网络化”、“快速化”工程，完善镇村公交线路通达工程，加大危桥改造和撤渡建桥力度。恒黄公路第二期工程 17.3 千米建成通车。西夏公路南段 12.8 千米改造任务全面完成。新建通村公路 6 条 10 千米，实施桥梁建设和改造 35 座。

■发展城乡公交 以“统筹城乡客运快发展，推进镇村公交全覆盖”为目标，加快推进镇村公交建设，投入 100 万元开通氾水镇、射阳湖镇、曹甸镇 3 个中心镇镇村公交线路 8 条，实行统一站点发车，统一定线经营，统一标志标识，统一班线票价的“四统一”管理，方便沿线居民出行。落实“公交优先”战略，新辟、优化公交线路 32 条，投入 4 500 万元更新新型节能环保客车 75 辆、出租车 118 辆，车辆档次和运力结构不断优化。

■农村公路养护 围绕“通、畅、洁、美、安”目标，继续实施农村公路养护改善工程。全年农村公路养护共投入 3 000 万元，完成大兴金公路、淮江公路宝应北段和氾柳线等公路大中修 10 千米，实施县道标准化养护 19 千米，完成公路小修保养 100 千米，增设公路桥梁警示标志 126 处，完善交通安全设施 142 千米。

氾水镇开通镇村公交线路

■路政管理 全年共查处违章利用、侵占路产路权违法建筑 10 起，查处超限运输案件 24 起，集中开展公路环境整治 2 次，清除路障 1 100 立方米，拆除非交通标志 17 块。加大对县乡公路险桥患段监控力度，共查处安全隐患 100 多处，特殊地段设置标志牌 7 组，警示桩 100 根，公路通行状况和公路环境得到改善。结合县文明城市创建，针对客运市场“黑车”营运、出租车乱涨价、公交车服务态度差等群众关注的热点问题，整合执法力量，开展集中整治。全年共查处非法营运“黑车”120 多辆，其中非法合乘“黑车”33 辆，其他违章行为 600 多起。

■海事管理 重点加强航道、渡口渡船的安全监督，加大水上巡航、巡查力度，开展水上应急救援和事故处理，做好大运河枯水期防堵保畅，确保境内水域安全畅通。全年组织上港上航 2 640 人次，检查各类船舶 5 200 艘次，检查渡口 24 次，检查渡船 232 艘次，纠正违法行为 2 641 艘次，消除各类事故隐患 10 起。

■航道管理 加大重点航道巡查力度，查处各类违法违规行为，维护航道的安全通畅。全年累计上航上线 930 天，巡航 1.94 万千米，清除渔网、渔簖 3 处、暗桩 8 根、碍航树木 28 株、航道废弃物 167 立方米；完成干、支线扫床 645.88 千米；新建航道护岸 180 米；航标发光率达省标。

■安全监管 开展“安全管理提高年”和“平安交通示范点”创建活动，深入交通工程施工现场、客运站场、渡口等重点环节和重点部位，排查治理安全生产隐患。全年共开展专项安全检查 18 次，形成安全检查记录 180 多份，纠正和整改安全隐患 680 起，现场纠正和制止不规范行为 150 多起。

■行业文明创建 推行行业质量信誉考核，100 多辆出租车被评为星级出租车，全县 3 家客运企业被评为 AA 级信誉企业，18 家道路货运企业、17 家水运企业被评为 AAA 级企业。推进“江苏快客、快货、快修”品牌创建，参与市机动车救援网络建设。组织开展“十佳公交车、出租车驾驶员”评比活动，20 名驾驶员获“十佳驾驶员”称号。

（卢之翔　罗　倩）

邮　政

■概况 2011 年，宝应县邮政局成立“苏邮惠民”体系建设办公室，累计建成加盟店、便民店 207 家。1 月 5 日，恢复开办城南金融网点，完成黄浦、獐狮、芦村等八家网点改造。同步实施理财专区和自动柜员机建设，全年共投放自动柜员机 9 台，推进自动柜员机监控升级达标工作。县邮政局设立银企账单邮件专投小组，出台贺卡投递管理办法，与各网点负责人、营业员、投递员签订承诺书，连续两年实现高考录取通知书投递无申告；完成手机银行、个人网银和银联等上线升级工作；加强数据库建设，开展“帮客户建库”服务，基础地址准确率 98%，维护率 100%；新增运钞车 1 辆，对运钞车运行路线及网点交接时间进行科学调整。在创先锋党支部、创先锋团队、创先锋班组“三创”活动中，组织职工制作随身携带的服务提示卡学习服务规范，14 人被市邮政局表彰为优秀投递员，1 人被评为“服务之星”，1 人被评为“十佳营业员”，2 个支局被评为“十佳营业窗口”，2 个支局被评为“十佳农村支局”。截至年底，全局实现储蓄余额 25.3 亿元，市场占有率 17.66%，其中活期储蓄占 26.02%；拓展中邮人寿保险业务，完成保费 1.5 亿元；全局实现业务收入 6 293 万元，比上年增长 18.5%。

■举办“文化创意产业邮政信函传媒推介会” 4 月 12 日，县邮政局在曹甸镇举办“文化创意产业邮政信函传媒推介会”，主题是“新思维新产业邮政信函助您腾飞”。这是宝应邮政为支持地方特色产业和中小企业发展举办的一次专业盛会，得到曹甸镇 40 多家企业的积极参与。

■“全面小康、你我同行”暨小康知识明信片首发式 11 月 29 日，县邮政局策划的“全面小康、你我同行”活动启动仪式及小康知识明信片首发式在花城广场举行。活动主要通过 20 万份有奖问卷调查明信片的形式，将小康达标创建内容通过百名邮递员送到全县城乡居民家里，让广大群众进一步认识小康、感受小康、认可小康。

■启动“自邮一族”业务 6 月份，县邮政局为积极探索邮政商务会员管理模式，构建具有邮政特色的中高端个人客户服务平台，在扬州全区率先启动“自邮一族”业务。“自邮一族”会员以私家车主为主要对象，借助邮政的营业平台、信函通知、短信平台等资源整合个人消费服务业务，为有车一族提供免费洗车、特惠加油、保险到期提醒等系列优惠服务。县邮政局积极谋划，精心安排，制作会员卡和“自邮一族”会员手册，通过手册将各项权利和服务项目详细告知会员，并组织会员俱乐部，注册 QQ 群，举行年会、组织会员自驾游和相关的商务会谈、休闲聚会以及爱心活动，受到会员一致好评。全年共发展“自邮一族”会员 1 715 户。

■制作个性化集邮册 为服务地方经济建设，宣传地方特色人文、历史和企业，全年专业制作射阳湖镇个性化邮票折 2 000 份，江苏宝应经济开发区企业形象年册 300 册和扬州晨化集团 25 周年纪念章。

（吕　伟）

供 用 电

■概况 2011年，宝应县境内有220千伏变电所2座，110千伏变电所8座，35千伏变电所11座，总容量139万千伏安。共有35千伏以上送电线路494千米。全县用电客户34.52万户。2011年完成供电量13亿千瓦时，比上年增长10.19%；售电量11.9亿千瓦时，比上年增长10.46%。落实安全生产责任制，实行企业、车间工区、班组安全目标“三级控制”，加强应急体系建设，推进电力设施保护、通道清理和防钓鱼触电工作。宝应县供电公司被江苏省电力公司表彰为“2011年度安全生产先进集体”，被扬州供电公司表彰为“安全生产先进单位”、“文明单位标兵”，获得县“目标考核一等奖”、“创新突破特别贡献奖”等。

■电网建设重点工程 220千伏澄安线改造工程。投资1.54亿元，对220千伏澄安线进行改造调整，对原斜跨苏中贸易城、开发区线路改为沿淮江路向南架设。线路改造后，节约线路通道土地35公顷，间接释放苏中贸易城、开发区，南部新城土地约200公顷。

110千伏白田输变电工程。投资8 395万元的110千伏白田输变电工程5月份竣工，10月18日全部投运，有效缓解城区变电站容量紧张局面，为南部新城、安宜工业园(南园区)、迅达工业园等区域发展提供电力支撑。

农、配网建设和改造工程。投资9 854万元，完成配网建设项目500个，投资5 227万元，完成农网建设项目253个。加快老旧10千伏线路改造工作，强化用电信息采集系统的建设与应用，新建新农村电气化镇1个、新农村电气化村10个，全县累计建成新农村电气化镇7个、新农村电气化村101个。

■服务重大项目建设 成立重大项目服务办公室，对到宝应投资重大项目实行“用电服务绿色通道”，安排专人为企业用电服务。江苏康源纺织有限公司等投资10亿元以上重大项目，由公司分管副总直接负责，提供一对一全程服务。江苏昌辰实业有限公司的用电设备安装、调试和接电投运时间，从常规至少1个月缩短到10天。开展“客户—电力零距离”、“电参谋进企业”优质服务特色活动，与15家用电大客户签约“电企服务合作”，为30强重点企业和30强成长性企业量身定制《用电状况分析报告及建议书》，安排专人深入企业开展用电安全检查、督促整改安全隐患，指导企业安全用电、合理用电、经济用电。

■服务农业抗旱 2011年，宝应县遭遇60年未遇的重大旱情。县供电公司迅速开通农业抗旱保电“紧急通道”，确保用电故障和业务申请在第一时间得到处理和答复，及时为旱情特别严重的鲁垛镇紧急更换配变4台、增加容量1 030千伏安，为夺取全面抗旱胜利做出积极贡献。

■服务社会发展 继续开展“绿色电能，创新服务”供电服务提升活动，规范服务行为，提升服务品质。严控停电时间和范围，推广应用带电作业，推进“社区客户经理制”，完善低电压处理“绿色通道”，拓展电费支付渠道，推广“福农卡”业务，为客户提供个性化定制服务。在省公司第三方满意度调查中，客户满意度达84.53%。

■行风建设 坚持定期开展供电服务内部品质评价考评和明察暗访。3月29日，县优化指挥部、能力作风办、“市民观察团”和部分重点企业代表参加对公司完成重点工作情况、部分中层管理人员和供电所长履职情况“点述点评”活动。11月24日，召开行风监督员暨大客户座谈会，县文明办、县总工会、县经信委、重点企业代表、新聘的10名行风监督员听取公司工作情况汇报，并就有序用电、预收电费、安全用电等问题进行交流和沟通。12月15日，公司领导走进《行风政风热线》，就宝应县电网发展、行风建设、优质服务等工作情况与广大听众进行沟通和交流。12月份，邀请宝应县人大、政协相关领导对公司视察。公司精心编制月度《宝应供用电信息》，通过行业电量比较、业务扩增容统计、工程进度说明和客户服务情况分析，为县领导了解地方经济发展和公司工作动态提供参考。 (王 克)

综　　述

2011年，宝应县出台《软件和信息服务业三年发展行动计划》，全县信息化建设成效显著，各项指标全面完成市下达任务，全年完成软件与服务业收入3.3亿元，宝胜科创股份有限公司获批市级工业化和信息化“两化”融合示范企业，15家企业获批市“两化”融合试点企业；31家企业通过省软件企业认定，其中扬州奥鼎软件有限公司成为省规划布局内重点软件企业，宝胜集团获批省“两化”融合示范企业，获得中国两化融合50佳企业称号；江苏宝应经济开发区获批省两化融合服务产业示范园；森萨塔科技（宝应）有限公司、骏升科技（扬州）有限公司、宝应迅达电磁线有限公司、宝应协鑫生物质发电有限公司4家企业获批省级“两化”融合示范试点企业，获批数列扬州市各县市区第一。规模以上企业的成套设备及传统产业整机产品智能化率30%、信息技术应用率65%、电子商务应用率40%。全县30强企业有专人负责信息化工作，90%重点企业建有企业网站，36家企业实现信息化管理。

■江苏宝应软件信息产业园开园　参见《特载》篇《重大事项》分目。

■创办扬州天地软件产业园　4月份，扬州天地软件产业园成立，该园注册资本1亿元，由宝应经济开发区和小官庄镇共同创办，并得到县交运局支持。宝应经济开发区提供5 000平方米写字楼作为办公场地和活动会所。产业园成功招引企业16家，分别从事软件开发、系统服务、游戏开发、动漫制作等软件相关产业。其中，通过软件企业认定和软件产品登记的“双软”认定企业9家，拥有自主知识产权项目20个，形成以海归人才为引领，本科生以上人才为主体的80多人研发团体。产业园已成为江苏软件产业公共服务平台——扬州分中心和省软件产品检测中心宝应分中心，是省软件行业协会重点会员单位。

■政务信息化　参见《宝应县人民政府》篇《重要工作》分目。

■社会信息化　2011年，宝应县已建成以光缆为主、无线网络为辅的全数字化传输网络，覆盖全县各镇区。截至年底，县内光缆总长度达4 538皮长千米，城域网主干带宽220G，形成覆盖全县城乡的立体通信传输网络和VPN宽带多媒体城域网。移动通信信号实现城乡无盲点覆盖。电信宽带基本实现“村村通”。城区20兆带宽覆盖率90%，12兆带宽覆盖率98%；集镇8兆带宽覆盖率100%，12兆带宽覆盖率92%；村庄8兆带宽覆盖率83%。截至年底，全县固定电话交换机总容量29.8万门，移动交换机容量93.5万户。固定电话用户18.9万户，平均每百户家庭拥有

91.7部；移动电话用户54.4万户，平均每百户家庭拥有263.9部；互联网宽带用户7.8万户，达到10.4户/100人口。（马顶云）

中国电信宝应分公司

■概况 2011年，中国电信宝应分公司围绕“行业信息化应用、业务融合、移动互联网服务”三个领先要求，把握智能3G发展机遇，实现全业务运营能力、企业价值与市场地位持续提升。截至年底，全县固定电话、手机、宽带、iTV网络电视等各类电信用户累计35.9万户，完成业务收入1.45亿元。1月，分公司全面启动宽带提速暨FTTH光纤覆盖小区建设活动，全年完成102个小区光纤覆盖建设任务，城区FTTH光纤入户覆盖率80.45%。9月份，全县天翼3G旗舰店、合作厅、龙门店等多家社会卖场陆续开业。2011年，宝应分公司先后获得“江苏省价格诚信单位”、“江苏省消费者满意单位”、“扬州市文明单位”、“扬州市用户满意明星企业”等荣誉称号。

■服务能力提升活动 宝应分公司全年开展窗口服务能力、装维服务能力提升活动。1月份，分公司开始实行“一张账单明白消费、一键接入便捷沟通、一站服务首问负责、一点查询自主订退、一声提醒温馨关怀”的“五个一”服务承诺。窗口服务能力提升瞄准6个目标，即营业厅服务的感知质量、投诉处理的限时办结、自助终端及网上营业厅的熟练掌握、服务设施的优化提升、客户辅导能力的明显增强、各渠道业务受理的差错明显下降等目标，全面提升营业厅整体服务水平和窗口人员营销服务能力。装维服务能力提升立足响应能力、服务质量、网络质量、队伍建设4个方面，通过搭建培训场景、开展FTTH光纤安装操作培训、建立装维案例信息库、加强装维服务管理、开展装维能手选拔活动等方式，高效提升装维人员的服务能力。

■建成县人大常委会、县政协综合信息应用系统

1月8日，宝应分公司运用信息技术，建成开通县人大常委会、县政协综合信息应用系统。系统由电子签到系统、智能信息终端网站、若干智能信息终端构成，通过县人大常委会、县政协总机、互联网、智能信息终端交互应用，共开通县人大常委会、县政协总机，代表、委员管理，建议、提案管理，会务管理，专栏和综合资讯服务等六大功能。系统的建成开通，有效提升县人大常委会、县政协机关与县人大代表、县政协委员的沟通效率，方便人大代表、政协委员更好履行参政议政职责。

■开通“保险e通”业务 10月，宝应分公司与县人寿公司联合推广开通“保险e通”业务。“保险e通”通过开发保险费用核算网站，一线保险业务员利用3G智能手机在第一时间快速核算保险清单，大幅提高工作效率，促进签单额提升。

■“阳光水岸”建成“智慧小区” 12月，宝应分公司在“阳光水岸”小区成功建成全县首个“智慧小区”。“智慧小区”主要包括光速宽带、高清影视、数字社区、智能安防、智能家居五大类产品。家庭光速宽带实现家中任何角落高速上网，高清互动影视实现足不出户自由享受高品质视听娱乐，智能家电实现用手机遥控空调、窗帘、微波炉、洗衣机等家电和设施，智能安防实现随时随地远程查看家中情况，并提供手机或网络水电气费用实时查询和缴纳等多元化便民服务。（陈　青）

中国移动通信集团江苏有限公司宝应分公司

■概况 中国移动通信集团江苏有限公司宝应分公司（简称“宝应移动分公司”）拥有“全球通”、“动感地带”、“神州行”等知名品牌，并相继开发出秘书服务、短信息、信息点播、语音信箱、呼叫等待、呼叫转移、手机银行、IP电话、移动QQ、音信互动、娱音在线、彩信、彩铃、随e行、个性化充值卡等业务。公司秉承“正德厚生、臻于至善”的企业核心价值观，坚持以客户需求为导向，大力提升企业综合竞争力和社会影响力，实现持续、健康、高效发展。截至2011年底，在职员工190人，全县设有自办营业厅20座，其中县城6座，指定专营店和特约代理店183座，移动电话用户数40.3万户，全年实现运营收入2.47亿元。

■工程网络建设 全年工程网络建设投资6 500万元，新建2G基站17座，3G基站5座；新建传输光缆900皮长千米，杆线350千米。全县累计有2G基站265座，3G基站50座，配套光缆4 500皮长千米，网络总容量70万户。

■全县移动用户突破40万户 宝应移动分公司着力打造一流通信网络，努力提供一流服务，并不断降低资费标准，移动通信用户市场份额逐年提升。10月份，在网用户总数突破40万户，截至年底达40.3万户，占全县市场份额的75%。

■优化服务 2011年，宝应移动分公司狠抓服务品质管理，努力提升服务协同能力。主要是成立客户满意度提升虚拟团队，重点提高客户资费套餐满意度；通过彩信培训、店长沙龙、岗位交流等手段，有效提升员工营销服务水平；建立客户服务溯源管理机制，从各个关键环节狠抓服务业务协同管理；开通官方微博，结合“12580”线下体验，有效开展网评互动、热点宣传等活动；通过集团服务热线有效提升专线开通、派障及时率，缩短报障处理时长等。 （李 剑）

中国联合网络通信有限公司宝应县分公司

■概况 2011年，中国联合网络通信有限公司宝应县分公司（简称“宝应联通分公司”）共设4个部门，内部员工60人，下设50个营业网点。公司围绕“争创群众满意窗口、争创优质服务品牌、争创优秀服务标兵”目标，开展比技能、比作风、比贡献活动，打造优质服务品牌。在推出“世界风”、“新势力”、“如意通”三大品牌后，相继推出3G三种A、B、C套餐和Iphone专用套餐，满足不同用户群不同层次的多元化服务。全年实现通信业务收入3 000万元，比上年增长20%。2011年度被评为扬州市诚信单位。

■工程网络建设 宝应联通分公司全年新建GSM基站10个，WCDMA基站20个，EPON小区3个，新增宽带用户1万户，顺利完成宝应船闸改造杆线迁改工作。

■3G技术推广应用 2011年，宝应联通分公司利用联通3G传输优势，与宝应县公安局开展公安车辆移动视频远程监控；利用3G网络优势，与宝应县气象局开展无纸化移动办公系统项目；利用人员定位产品，与宝应县司法局开展对矫正对象的定位工作。同时，拓展沃·3G无线上网卡业务，为电脑用户提供在3G移动通信网络覆盖范围内高速无线上网的服务。

■建立“果粉”俱乐部 宝应联通分公司建立“果粉”（形容对Iphone苹果产品热衷的数码用户）俱乐部，全年成功开展多场Iphone下午茶活动，“果粉”们相聚一起互相交流、互相学习，分享联通3G应用心得，在“3G管家”与“3G达人”带领下，共同感受联通3G时尚、快捷的高品质生活。

■多元化话费查询 宝应联通分公司建立多元化话费查询系统，用户通过拨打客户服务热线“10010”、登陆联通沃3G门户网站、营业厅密码查询、自助打印机、多媒体触摸、如意邮箱订制账单等多种方式均可查询详细话费，实现明明白白消费。开通“10016”热线，用户足不出户就能申请宽带服务。 （张 洁）

宝应联通第一家村级营业厅——张桥村营业厅开业

对外经贸

■概况 根据宝政办发〔2011〕42号关于印发《宝应县商务局主要职责、内设机构和人员编制规定》的通知精神，组建宝应县商务局，将原县对外贸易经济合作局、原县粮食局、原县商贸局的职责整合划入，挂“宝应县粮食局”牌子，主管全县外向型经济和商贸流通业，为县政府工作部门，正科级建制。新组建的商务局内设办公室、市场运行秩序科、商贸服务管理科、对外贸易和服务贸易科、外国投资管理科、对外投资和经济合作科、招商科、行政服务科、园区管理科9个科室。

2011年，宝应县外向型经济实现持续稳定增长。全年协议注册外资4.12亿美元，实际到账外资1.73亿美元，比上年分别增长41.2%、20.2%；实现外贸进出口总额5.67亿美元，比上年增长27.9%，其中，出口额4.14亿美元，比上年增长27.7%；完成对外经济合作营业额778万美元，比上年增长43%。全县外向型经济各项主要指标均完成或超额完成市下达目标任务，获扬州市年度考核一等奖。

■重点出口产业 2011年，全县机电、玻璃水晶、食品加工和纺织服装4类产业出口均实现稳定增长。其中，机电产业实现出口2.85亿美元，比上年增长36.2%；玻璃水晶产业实现出口额4 320万美元，增长32.1%；食品加工产业实现出口额3 800万美元，增长19.3%；纺织服装产业实现出口额3 300万美元，增长69.6%。全年出口1 000万美元以上企业7家，新增2家。其中，骏升科技（扬州）有限公司、森萨塔科技（宝应）有限公司两家企业实现出口额均达到7 000万美元，宝胜普睿司曼电缆有限公司、宝胜科创股份有限公司两家企业实现出口额均达到3 000万美元以上。江苏宝应阿斯塔导线有限公司、扬州诚泰制衣有限公司两家企业实现出口额为2 000万美元以上，江苏菲达宝开电气有限公司实现出口额超1 000万美元。

■重大外资项目建设 1月19日，森萨塔科技（宝应）有限公司传感器项目增资扩产在扬州正式签约。扬州市委书记王燕文、市长谢正义等出席，并会见到扬州市参加项目签约的美国森萨塔科技公司总裁兼首席运营官玛莎·苏利文（女），执行副总裁、首席财务官、首席行政官杰夫·科特等。县长王庭国与森萨塔科技运营高级副总裁迪克·丁分别代表双方签约。该项目新增注册资本3 000万美元，由美国森萨塔公司将新收购的霍尼韦尔汽车传感器业务整体搬迁至宝应工厂，新建厂房3.6万平方米。4月19日，森萨塔增资扩产项目举行开工典礼。

1月21日，光星电子项目签约仪式在安宜工业园(南园区)举行,县人大常委会主任、县委书记仲生,韩国光星集团投资有限公司董事长、香港光星电子有限公司总裁梁在星出席签约仪式。该项目由韩国光星集团投资有限公司投资兴办,总投资2 000万美元,注册资本 1 000 万美元,主要生产陶瓷介质滤波器、电子元器件等。

9 月 28 日,汉金富泰(扬州)铜业有限公司举行项目开工仪式,该项目由佳鑫国际铜业集团有限公司独资设立,项目总投资 2 900 万美元,注册资本 2 000 万美元,主要生产无氧铜杆及铜加工延伸产品。

■“宝胜”入选江苏省重点培育和发展的国际知名品牌 10 月份,宝胜集团获得省商务厅颁发的“2011～2013 年度江苏省重点培育和发展的国际知名品牌”奖牌。

■宝应县海关联络处挂牌成立 9 月 28 日,在 2011 中国 · 宝应荷藕节科技创新、产业合作暨项目签约仪式上,县长王庭国和南京海关企管处处长季光共同为“宝应县海关事务联络处”揭牌,扬州海关关长杨建国等参加揭牌仪式。宝应县海关事务联络处经省市海关和县机构编制委员会批准同意设立,为全额拨款事业单位,隶属县商务局。主要负责为省市海关和宝应县出口企业之间搭建沟通交流平台,宣传促进海关业务在宝应的落实,积极争取通关优惠政策,帮助出口企业集中代办报关业务,推动出口企业信用等级提升等工作,是苏中地区第一家县级海关事务联络处。

■赴利比亚劳务人员全部安全回国 2 月,利比亚国内发生动乱。据统计,经宝应劳务公司输出在利比亚从事劳务人员共 825 人,其中宝应籍工人 562 人、淮安等外地工人 263 人。县委、县政府高度重视,专门召开会议,研究部署人员撤离、接护、安置等相关问题。县商务局明确专人负责与 9 家相关劳务公司对接落实具体事宜。3 月 2 日,江苏天宇建设工程有限公司首批 55 名劳务人员回国并由专车从北京接回宝应,县政府在县长途汽车站举行欢迎仪式。经宝应劳务公司输出所有劳务人员陆续安全回到国内,未发生任何重大群体性事件。

■国家轻工商会玻璃器皿分会在宝应县召开理事会议 3 月 22 日,中国轻工工艺品进出口商会玻璃器皿分会理事会在宝应县召开。中国轻工工艺品进出口商会副会长张杰介绍轻工行业外贸进出口形势和商会主要工作,玻璃器皿分会理事长张玉成作工作报告,全国近 40 家玻璃水晶产业龙头企业到宝应县参加会议,并参观扬州全华玻璃工艺品有限公司、扬州盛银水晶礼品有限公司等玻璃水晶生产企业。副县长顾长荣、县商务局局长刘春贵全程参加活动。

国家轻工商会玻璃器皿分会在宝应县召开理事会议

■争取专项资金 2011 年,县商务部门共向上争取资金 764 万元。其中,外贸发展资金 503 万元,主要包括扶持中小企业国际市场开拓资金 135 万元,推动地方企业开展转型升级资金 129 万元,省专项外经贸切块资金 232 万元,其他资金 7 万元;全年拨付内贸发展资金 261 万元,主要包括创建省级商务服务平台项目扶持 100 万元,推动乡镇农贸市场升级改造资金 40 万元,市级生猪活体储备项目资金 52.5 万元以及家电下乡流通网络建设等项目资金。

■7 家食品企业参加第 36 届东京国际食品饮料展 3 月 1～4 日,宝应县组织扬州华贵食品有限公司、扬州蓝宝石有限公司、扬州天成食品有限公司、扬州天禾食品有限公司、扬州和信食品有限公司、中京食品(扬州)有限公司、扬州新世纪蔬菜食品有限公司7家食品出口企业，参加第36届日本东京国际食品饮料展，摊位数比上年增加2个，成为全省参展企业最多的县。各参展企业均取得较好成效，共接待客商500人，获得订单比上年增长30%。

■**17家企业参加第109届广交会** 4月15日～5月5日，县商务局组织扬州市飞鹰电子科技有限公司、扬州精达车业有限公司、扬州宝飞机电有限公司、扬州全华玻璃工艺品有限公司、扬州六堡玻璃工艺制品有限公司等17家企业参加第109届广交会，接待客商共1 200人次，落实订单3 200万美元。

■**19家企业参加第110届广交会** 10月15日～11月5日。县商务局组织全县19家企业参展第110届广交会，争取计划展位32个，比上届新增2个。扬州全华玻璃工艺品有限公司4个展位进入国家品牌展区，有7家企业的17个展位进入特装区，参展正式代表96人。在机电、玻璃水晶、纺织等传统产业参展基础上，新增教玩具和节日用品新产业，现场签单或协议成交额突破3 000万美元。

2011年宝应县外贸出口额“十强”企业名录

表6

企　　业	出口额（万美元）	比上年增长%
扬州骏升科技有限公司	7 152	33
森萨塔科技(宝应)有限公司	6 993	13
宝胜科技创新股份有限公司	3 885	16
宝胜普睿司曼电缆有限公司	3 260	112
江苏宝应阿斯塔导线有限公司	2 654	285
扬州诚泰制衣有限公司	2 396	80
江苏菲达宝开电气有限公司	1 194	30
扬州蓝宝石食品有限公司	904	36
扬州华瑞金属制品有限公司	861	50
扬州美瑞华圣诞礼品有限公司	829	－3

（傅红军）

招 商 引 资

■**概况** 2011年，县委、县政府坚持把突破重大项目作为推动“赶超发展、争先进位”的关键措施去抓，不断增强招引大项目、实施大技改的意识，提高招商引资和项目建设组织程度和实效，工业重大项目招引和建设取得明显成绩。根据招商形势发展，调整招商方式和工作机制，全县着重举办烟花三月节、2011中国·宝应荷藕节两大综合性招商活动，不再举办其他专题招商和产业招商推介活动。烟花三月节、荷藕节两大综合性招商活动期间共集中签约项目49个，计划总投资100亿元。全年共签约、注册10亿元和1亿美元以上项目6个；新开工亿元和千万美元以上项目49个；竣工亿元和千万美元以上项目7个，基本实现年初确定的工业重点项目建设目标。

■**项目服务** 县工业重点项目推进指挥部具体负责全县重点产业招商的策划和重大招商活动的组织；全县重大项目的招引和重大技改项目的推进；全县重大招商项目的落地和重点技改项目建设的服务；全县重大招商项目信息的收集、汇总、分析、评估和研判，对全县重大项目的实施实行统一调度和管理。2011年，为加大服务重大项目工作力度，工业重点项目推进指挥部成立重大项目服务小组，分别从县中小企业局、县环保局、县建管局各抽调1名中层以上干部，与原工作脱钩，为重大项目建设开展一条龙帮办服务；定期到各亿元以上项目建设现场，查看项目实施进度，了解项目建设过程中出现的矛盾和问题，并主动与相关部门、单位沟通、协调，推动重大项目的顺利实施。

■**调整招商重点** 2011年，随着全县工业经济发展，土地、资金、劳动力等资源要素日益缺乏，县委、县政府确立集中力量、集中资源招引重大项目的招商引资工作指导思想，全力以赴招引投资规模大、产品档次高、产出贡献多的大项目、好项目，并作出固定资产投资5 000万元以下工业项目不予供地的规定。同时，对招商方式和机制进行调整，弱化驻点招商，强化产业招商、策划招商、流动招商。截至年底，全县各镇区、部门驻外招商办事处45个，其中改为流动招商、策划招商的办事处27个，保留固定住所的驻点办事处18个。

■**成立项目策划中心** 工业重点项目推进指挥部成立项目策划中心，专业从事重大招商项目的策划和包装工作。全年先后策划编制出针对中

萨塔配套产业园、空调产业园。安宜工业园进入扬州市乡镇示范工业集中区前三强。

■宝应光星电子有限公司 1月21日下午，投资2 000万美元的光星电子项目签约仪式在安宜镇城南工业园举行。光星电子项目由韩国光星集团投资有限公司投资兴建。该集团是一家实力雄厚的上市公司，主要生产车用及家庭电子产品。项目一期投资2 000万美元，注册资金1 000万美元，征地2公顷，建设1.2万平方米的多层标准化厂房，主要生产陶瓷介质滤波器、双工器功率电阻片、电子元器件等，项目规划年开票销售4亿元人民币。9月28日，光星电子项目竣工投产。

■江苏宝应软件信息产业园开园 参见《特载》篇《重大事项》分目。

■迅达产业园开工建设 4月27日，江苏迅达产业园开工奠基仪式在安宜工业园举行。迅达产业园项目由江苏迅达电磁线有限公司实施，项目总投资12亿元，其中固定资产8亿元，注册资本2.12亿元，分两期实施，规划2013年竣工投产。其中第一期投入5亿元，第二期投入7亿元，建设生产厂房15万平方米，研发大楼5 000平方米，主要生产高铁接触网导线、高铁用新型铜合金导线、风电用离子绕组线等。迅达产业园位于安宜工业园南园区，用地面积20.67公顷，其中获批省点供用地15.07公顷。

■扬州赛尔达尼龙制造有限公司 该公司是一家专业从事MC尼龙系列产品的研发制造、销售及服务工作的民营独资企业，创办于1986年。公司位于安宜工业园内，占地面积8.36万平方米，注册资本2 000万元。公司自主研发生产的MC尼龙滑轮、滑块、衬套、齿轮等产品具有以塑代钢(铜)的优越性能，广泛运用于建筑、起重、电梯、矿山、印染等领域。产品检测手段完备，生产工艺先进，具备专业的生产过程质量控制和产品终端检测，获得ISO 9001质量管理体系和OTIS(电梯)的Q^+等级质量认证。2011年，公司“高强度超耐磨耐高温铸型尼龙电梯滑轮”获批国家重点新产品，建成省工程和技术中心，实现产值1.36亿元、销售1.35亿元、利税1 129万元。

（曹吉勇）

江苏耿耿工业园

■概况 江苏耿耿工业园建于2003年10月，由上海耿耿建设有限公司与望直港镇共同投资开发的股份制乡镇园区。园区规划面积666.7公顷，项目总投资18.6亿元，注册资本0.5亿元。截至2011年底，园区建成面积600公顷，累计园区基础设施投入8 600万元，初步形成“四横四纵”主道路框架。亮化、绿化、电力、给排水、技防等设施配套齐全，并建有一座日处理量2 000吨的污水处理厂，基本建成承载大产业、大项目落地平台。已招引德国、加拿大、土耳其、日本及国内工业项目89个，其中亿元以上项目9个、5 000万元以上项目21个，协议投资额29.8亿元。园区以汽车配件和机械制造为特色产业，有汽车配件、机械制造企业57家，产出总量占园区经济总量61.6%；起草制订国际标准1个、国内行业标准6个，成立国家标委会分委会2个，获批国家新技术企业4家、省高新技术产品16个、省市名牌产品22个、省著名商标4件、各类专利362件。园区全年实现工业产值56.2亿元、利税5.1亿元，分别占全镇工业总量的72%、75%，被扬州市人民政府表彰为“2011年度十强乡镇工业集中区”，位列扬州市各乡镇工业集中区第八名。

■扬州中远九力绳缆有限公司 扬州中远九力绳缆有限公司（原宝应县绳缆厂）创建于1981年。截至2011年底，公司拥有固定资产6 000万元，占地面积3.8万平方米，生产设备54台套，员工268人，其中大专学历以上人数71人。公司拥有国内唯一德国进口的制绳设备和技术领先的产品检测手段，年产化纤绳索能力8 000吨，是中国船舶工业总公司船用绳缆的定点单位，主要生产锦纶、丙纶、涤纶、乙纶、高分子聚乙烯等系列尼龙绳缆产品。2011年，公司实现销售2.98亿元，实现利税0.36亿元。

■江苏耐安特种电缆有限公司 该公司始创于1998年，是一家专门从事特种电线电缆生产的科技创新型企业，“耐安”牌电线电缆主要品种有：电力电缆、控制电缆、计算机电缆、本安电缆、变频器电缆、耐寒电缆、硅橡胶电缆、耐火电线电缆、防火电缆、高压点火线、直流高压电缆等，广泛应用于电力、化工、冶金、能源、机械、家电、国防等工矿企业，其中电力电缆、控制电缆获国家颁发的生产许可证，产品通过CCC中国强制性产品认证和美国UL认证，公司质量管理通过ISO 9001～2000质量管理体系认证。2011年实现销售1.67亿元，实现利税0.14亿元。

■扬州明智车业有限公司 该公司第一期工程8月份开工建设，由湖南易通汽车配件科技有限公司投资兴建，总投资1.1亿元，其中固定资产投资6 000万元（设备投入3 800万元，厂房及附属设施投入2 200万元），用地1.67公顷。主要生产轿车、货车、农用车、特种车外包围、内饰等汽车塑料件，与湖南省猎豹牌汽车形成配套。该项目填补宝应县汽车塑料件生产制造空白，带动全县汽配产业向多元化方向发展。第一期工程计划于2012年5月份竣工投产。

■江苏德联特种车车身制造有限公司 该公司第一期工程于12月份开工建设，由陕西汽车集团有限公司投资新建。项目总投资5.6亿元，其中固定资产投资3亿元（设备投入2.3亿元，厂房及附属设施投入7 000万元），用地4公顷，建筑面积4.6万平方米。公司专业生产大型货车、工程车等特种车型的驾驶楼总成，设计年生产量1.5万台驾驶楼，与陕汽重卡形成全面配套，是陕西汽车集团有限公司零部件生产基地之一。项目一期工程计划于2012年7月份竣工投产。

（殷连军）

宝应县城西工业园

■概况 城西工业园（山阳镇）始建于2002年4月，是扬州市37个“乡镇工业示范园”之一，位于宝应二桥西首。园区规划面积5平方千米。截至2011年底，园区建成面积200公顷，在建面积66.67公顷，累计基础设施投入1.2亿元，进园企业80多家，其中规模企业32家，主要是羽绒、家纺、机械制造、电工电器、建筑材料、纸品包装、针织服装等行业，其中羽绒、机电已成为山阳镇的主要特色产业。全年加快进行园区开发第三期工程，继续实施调土填塘扩面，开展宝应二桥至张港河3平方千米内路网框架和配套工程建设，完成二桥以西1.5千米的园区绿色长廊工程，对外形象宣传牌、路名牌全部安装到位。2009年4月，工业园开工建设城西科技孵化园，是承接中小项目、孵化培育中小型企业的重要平台，重点吸纳科技含量高、成长性强的项目入园创业。规划面积13.33公顷，投资1亿元。截至2011年，已建成标准化厂房41幢、6万平方米，园区管委会大楼正式交付使用。科技孵化园已实现对外招租厂房37幢，落实入园项目32个。2011年，城西工业园实现产值35亿元、利税1.9亿元，其中规模企业实现产值30亿元、利税1.5亿元。

■扬州裕兴纸品包装有限公司 该公司成立于2009年，是江苏利民包装材料有限公司在宝应县投资设立的分公司。公司占地面积40 000平方米，建筑面积3万平方米，有员工100多人，是一家专门从事包装用瓦楞纸板、纸箱制品的生产企业，产品主要出口日本、韩国及东南亚国家和地区。2011年，公司实现产值1亿元、销售1亿元、利税633万元。

■江苏苏隆水泥有限公司 该公司是经省发改委核准设立的专业水泥生产企业，注册资本1 720万元，总投资6 000万元，年产优质苏隆牌PC32.5、PO42.5及其他特种水泥130万吨。2011年，公司实现产值1.43亿元、销售1.41亿元、利税1 212万元、入库税收714万元，获得“县文明单位”、“县民营企业纳税之星”、“县税费贡献优胜企业”等称号。

江苏苏隆水泥有限公司

■江苏尚宝罗泵业有限公司 该公司成立于2004年，是专门从事泵类产品及给排水设备生产经营的企业，具备承接各类造纸、钢铁、冶金、环保、电力、制药、印染、化工、市政工程泵类产品配套生产和安装能力。公司占地面积3.58万平方米，拥有大型加工设备65台套，精密加工机械15台套，年泵产量5 000余台。公司坚持科技创新，与江苏大学合作成立"纸浆泵工程研究中心"，拥有国家专利6项，江苏省高新技术产品8项，先后被授予"扬州市AAA级重合同守信用企业"、"江苏省民营科技企业"、"江苏省创新型企业"、"国家高新技术企业"等称号。2011年，公司实现产值9 760万元、销售9 585万元、利税686万元。

（侯　荣　王建云）

江苏扬州文体教玩具工业园

■概况 江苏扬州文体教玩具工业园位于宝应县曹甸集镇西首，始建于1996年。2001年初，聘请南京大学城市规划设计院为园区制定总体规划和详细规划。2003年、2005年分别实施园区第二、三期建设工程。2002年10月被命名为"江苏省乡镇工业小区"，2003年3月被命名为"扬州市乡镇工业示范园区"。截至2011年底，园区累计投入资金10.5亿元，建成面积173.33公顷；现有文体教玩具生产厂家200多家，其中规模企业4家；全年实现工业产值26亿元，占全镇工业总产值40%。2009年，为加快教玩具产业由传统产品向文化创意产品转型升级，在文体教玩具工业园内兴建教玩具文化创意产业园，10多家企业先后投入资金3.5亿元进行技术改造，新上20多个项目、48条生产线。主要生产文化用品、玻璃钢玩具、金属玩具、智能玩具、木制玩具、雕塑、滚塑、注塑、吹塑、健身器材、塑胶跑道、橡胶地板、草坪地毯、水上船艇、游乐设备、幼教玩具16大系列产品、1 000多个品种，共获专利364项。

■科技研发 1月，经扬州市科技局批准成立曹甸教玩具工程技术研究中心，并与华东理工大学、常州工学院签订联合研发教玩具新品合作协议。2月，江苏玉河教玩具有限公司和江苏米奇妙教玩具集团有限公司先后成立教玩具研发中心，提高自主研发水平，争创名牌产品、高新技术产品。

■营造产业环境 2011年，园区投入1 500万元，并获得省级体育产业资助资金100万元，建立文体教玩具文化创意体验区、展示中心，建设卡通文化创意一条街，努力营造文体教玩具创意产业发展氛围。园区管委会通过宣传引导、组织学习考察、举办文体教玩具文化节等，增强文体教玩具企业文化创意意识，提高文体教玩具企业自主文化创意开发积极性，推进文体教玩具产业向文化创意产业转型升级。

■江苏米奇妙教玩具集团有限公司 该公司前身为宝应县大华玩具厂，创办于2001年。2010年，正式成立江苏米奇妙教玩具集团有限公司，注册资本3 058万元。公司主要生产注塑、滚塑、吹塑、木制等室内外大、中、小型玩具，有幼儿教学用品、桌面益智玩具近千种，产品通过ISO 9001质量管理体系认证、ISO 14001环境管理体系认证、CCC中国强制性产品认证、GB/T 28001—2001职业健康安全管理体系认证，符合欧洲EN71玩具安全标准，获得出口产品质量许可证。截至2011年底，公司占地面积2.5万平方米，吸纳劳动用工180人。全年实现产值1.21亿元、销售1.16亿元、利税1 773万元。

■扬州东方娃玩具有限公司 该公司成立于2002年，是集研制、开发、生产、销售于一体的专业化企业，主要生产各种儿童玩具、幼儿室内外大型玩具、桌面教玩具、安全橡胶地垫、体育器材、课桌椅、木制系列玩具等，产品通过ISO 9001质量管理体系认证。截至2011年底，公司占地面积2.6万平方米，建筑面积2万平方米，资产总额5 000万元，其中固定资产4 600万元，职工260多人。全年实现产值9 026万元、销售8 664万元、利税932万元。

（吉咸旺）

综　述

2011 年，宝应县农林牧实现产值 53.75 亿元，比上年增长 17.71%。其中，农业产值 35.10 亿元、林业产值 1.34 亿元、牧业产值 14.06 亿元、农林牧等服务业产值 3.25 亿元。新增高效农业面积 5 733.33 公顷、设施农业面积 1 546.67 公顷，畜禽规模养殖比重提高 5.2%；粮食生产综合机械化水平达 86.8%，被省农机局授予“率先基本实现水稻种植机械化县”称号；水稻、小麦总产量突破 90 万吨，被国务院授予“全国粮食生产先进县”称号。全县农民人均纯收入 10 327 元，比上年增长 18.5%，连续三年农民收入净增加千元以上。新组建农村“三大合作”组织（农民专业合作社、土地股份合作社和社区股份合作社）155 家，新创市级以上“五好”示范社 53 家，成立全市首家农资消费类合作社——宝应县曹甸镇绿草香农资服务专业合作社。

■新农村建设　全面实施以“有持续稳定的集体收入、有功能齐全的活动阵地、有先进适用的信息网络、有群众拥护的带头人、强化村党组织领导责任”为内容的村级“四有一责”建设，村级收入 20 万元以上的村 139 个，占全县总村数的 56.5%。采取省、市、县、镇“四级联动”，全面启动新一轮农村扶贫脱贫工作，县委召开农村扶贫工作大会，出台专项文件，实施造血帮扶工程。组织县级部门（单位），帮扶 30 个经济薄弱村，为每个经济薄弱村筹集资金 100 万元，集中在县经济开发区兴建 1 000 平方米标准化厂房，年增加村级集体经营性收入 10 万元。截至年末，省、市、县、镇帮扶的 65 个经济薄弱村实现脱贫，脱贫率 55.6%；帮助低收入农户 3 145 户、6 649 人，实现人均纯收入 3 600 元以上，低收入农户脱贫率 50%。强势推进农村环境综合整治。县委、县政府出台《宝应县农村环境集中整治实施方案》和《宝应县农村环境“四位一体”长效管护实施意见》，4 月和 10 月作为全县农村环境集中整治月，全县农村改厕 1.5 万座、废旧猪圈 1.33 万座、破旧危房 2 806 间，清理垃圾 5.19 万吨，清理河道 2 614条，新建垃圾池 6 700 个，新建公厕 143 座。县财政投入 1 050 万元资金，650 万元用于对农村环境集中整治突击月活动的以奖代补。按 1∶1∶1的比例由县、镇、村三级共同筹集 1 200 万元，用于全县农村长效管护保洁人员工资报酬，县设立专项账户，进行统一考核发放，确保农村环境常洁久清。全年新创“省级社会主义新农村建设先进村”3 个，市级“新农村建设优美乡村”1 个、村级组织“五项能力建设百强村”4 个、“集体经济收入达标村”53 个、“全面小康达标村”31 个。

■全面小康达标创建　2011年是宝应县全面小康达标创建突破年。县委出台《宝应县全面小康达标创建目标管理考核办法》等一系列政策文件，明确各地、各部门工作职责，与镇（区）和有关部门签订《全面小康达标创建工作责任书》。县小康建设指挥部围绕创建全面小康的四大类18项25个指标，组织多部门、多阶层，开展形式多样、内容丰富的宣传活动，提高民众全面小康达标创建知晓率和认可度。成功组织“小康宝应城市游、乡村游”系列活动，全县近千名农民和市民代表亲眼目睹、亲身感受到宝应县城和乡村的发展变化；利用青年志愿者活动、村干部培训班、政协委员活动周等活动，开展“共建小康宝应，共创美好未来”青年志愿者送文艺进社区、“党员进基层、服务到村居”等主题活动；组织创作小康创建文艺节目10多个，组成文艺宣传队在全县巡回演出。集中开展农村环境综合整治，社会保障体系实行全覆盖、城乡低保实现应保尽保，筹建公租房290套（间）、配建人才公寓600多套（间）、开工建设农民集中居住小区8个、33.1万平方米。继续实施区域供水工程，投入6 600万元铺设供水主管道30多千米；交通道路建设投入5亿元以上、完成危桥改造15座；145所中小学校（幼儿园）安装视频监控及联网报警等设施。年底，宝应县对照省定小康县标准总体达标，全面小康知晓率、认可度符合要求。

■完成“一事一议”财政奖补项目154个　全县共安排财政奖补村118个，占总村数的46%；项目154个，其中村内道路项目117个、92千米，小型水利设施项目7个，桥梁7座，环卫设施项目17个，环境整治、植树造林和文化活动设施等项目6个；项目总投资2 197万元，其中“一事一议”筹资筹劳资金509万元、财政奖补资金1 617万元、村集体和社会捐助资金71万元。截至年底，154个奖补项目全部完工。

■农村“三资”管理　3～4月份，全县组织开展农村集体资金、资产、资源的“三资”清理审计和公开工作，明确清理审计和公开工作的范围、界限、内容以及工作要求。3月初，组织新一届1 528名民主理财人员参加培训，参训率和发证率均达100%。4月中旬，针对农村集体“三资”清理审计中暴露出的问题和平时管理中的薄弱环节，按照农村集体“三资”规范化建设要求，进一步规范农村集体“三资”管理制度和发包程序，确保农村集体“三资”保值增值。从9月份开始，重点推进农村集体“三资”信息化监管，落实“三资”信息化软件，全县14个镇全部建立“三资”管理信息化终端平台。

县农工办获2011年度全省农工办工作创新奖

■政策性农业保险　2011年，全县主要种植业品种（水稻、小麦、油菜）的投保标准1.65万元/公顷，比上年增加0.6万元/公顷；利用多种形式宣传高效农业保险的意义，争取相关部门支持，把是否参加政策性农业保险作为获得财政扶持项目的条件之一；全面推行通过财政部门“一折通”发放理赔资金到户，提高农业保险理赔资金发放的规范性和及时性，防止农业保险资金被截留使用。

■争创“群众满意基层站所”　全县农经系统把争创“群众满意基层站所”主题实践活动作为创先争优、干部队伍能力作风建设的重要内容。14个镇农经中心积极参与“群众满意基层站所”创建工作，围绕“公开服务承诺、健全规章制度、设立示范岗位、提升服务质量、建立服务网络”五方面具体要求，通过新闻、网络等媒体向社会公开承诺，接受社会各界特别是服务对象的评议和监督。7月、12月分别召开全县农经系统创建“群众满意基层站所”现场述职述评会议，聘请10名农经系统政风、行风监督员，对全县农经系统政风、行风情况进行监督；将14个参创部门分成7组，开展横向“六比”（比学习增强素质、比调研创新工作、比服务提高效能、比作风奉献社会、比管理规范有序、比工作争先进位)结对服务竞赛活动;开展红色经典诵读、“做人做事做官”大讨论、党员志愿者服务等活动,不断提升农经队伍形象。射阳湖镇农经中心2003~2005年、2006~2008年、2009~2011年连续三次被扬州市委、市政府授予“最佳群众满意基层站所”称号,广洋湖镇农经中心连续两次被评为市级“最佳群众满意基层站所”。 (姚春萍)

现代高效农业

■概况 2011年,宝应县以农业科技创新为突破口,以园区建设为载体,加快推进高效有机农业发展。全年新建高效农业5 733公顷、设施农业1 567公顷、“百亩”以上园区5 067公顷、有机农业2 333公顷。累计建成高效农业3.31万公顷,占耕地总面积42.1%;设施农业6 367公顷,占耕地总面积8.3%。新扩建规模农业园区55个,园区累计总数174个。宝应县被农业部授予“全国特色农业加工基地”称号,江苏扬州宝应湖有机农业开发区被农业部认定为“第一批国家农业产业化示范基地”,江苏省荷藕产业基地被江苏省农业委员会授予“江苏省现代特色产业基地”称号。 (韩学宽 何国俊)

■春光村获“江苏省现代农业示范村”称号 年底,经申报和专家评审,山阳镇春光村被江苏省农业委员会授予“江苏省现代农业示范村”称号,这是宝应县村级组织获此荣誉的第一村。春光村围绕优势特色产业,实施农业现代化工程,全村高标准农田比例达75%以上,良种覆盖率100%。先后成立山阳镇春光土地股份合作社、宝应县山阳镇二桥土地股份合作社、山阳镇园区高效农业土地股份合作社等3家土地股份合作社,花木及蔬菜70%以上实行规模生产,喷滴灌及钢架大棚设施面积66.67公顷,冷库2 000立方米。全村各类专业技术人员近100人,国标自来水入户率100%,互联网入户率35%,医疗、养老等社会保险覆盖率100%,人均住房40平方米,并配备专职保洁人员10人,全村无害化厕所率达100%。 (韩学宽)

■新增县以上“龙头”企业23家 全年新增县以上农业产业化龙头企业23家,其中省2家、市7家、县14家。全县累计有县以上农业产业化龙头企业48家,其中全国性龙头企业1家、省6家、市17家、县24家。全县农业产业化龙头企业共实现销售额60.2亿元、利税2.8亿元,分别比上年增长27.9%、25.5%,农产品出口创汇6 205万美元,比上年增长38.5%;引进各类农业项目128个,到账县外资金20.8亿元。 (黄永军 李国军)

■年销售农产品21.6亿元 在上海、南京、扬州等大中城市新建营销窗口16个。累计建成各类农产品批发市场32个,流通专业合作组织64个,年销售农产品21.6亿元。20多种农产品进入江苏、浙江、上海及周边地区大型批发市场,借助“淘宝网”、“阿里巴巴网”、“江苏优质农产品营销网”等电

生态养殖

子商务平台，开设优质农产品网店 40 家。

（黄永军 史桃玉）

■省级蔬菜例行监测合格率 99.5% 在全市范围内，宝应县率先建成市场准入和产地准出速测室 46 个。全县各农产品批发市场、各镇农贸市场以及城区苏果、乐天玛特、农工商“三大”超市全面实施索证索票、入市登记、分类查验检验、市场准入和产地准出制度，省级蔬菜例行监测合格率 99.5%、畜产品例行监测合格率 100%，全年未发生农产品质量安全事故。在江苏省农产品质量安全年度考核中，宝应县获一等奖，位列第三名。 （施 媛 高晓玲）

■新增农业“三品”161 个 大力开展无公害农产品、绿色食品、有机农产品“三品”创建活动，新增农业“三品”161 个，累计 351 个，列扬州市第一位。全县“三品”基地面积 7 万公顷，占耕地总面积 91.3%，被农业部确定为“全国绿色食品原料（稻、麦）标准化生产基地”，“宝应湖”牌农产品获批“中国驰名商标”，产品涉及 17 大类 136 个品种，全县累计获批市级知名农产品商标 25 个、省级名牌产品 9 个。 （李国军 姚从彬）

■宝应慈姑获批“国家地理标志产品”称号 2011 年，“宝应慈姑”通过农业部验收，获批国家地理标志产品，成为宝应县继“宝应荷藕”之后的第二个国家地理标志产品。 （姚从彬 高晓玲）

■农林执法 宝应县全面落实农资打假护农、农产品质量安全监管和林木资源保护各项工作，全年多次开展种子、农药、肉品等市场专项检查，共出动执法车辆 860 台次、执法人员 3 520 人次，组织各类市场执法检查 320 次，检查农资经营网点 1 620 家，肉品经营摊点 1 800 多家。全年共查处农林牧各类案件 125 起，结案 113 起，移送公安机关 8 起。县农林行政执法大队先后获得农业部“综合执法规范化建设示范单位”、江苏省“农业综合执法系统办理农资打假大要案先进单位”、江苏省“种子质量管理工作先进单位”、江苏省“农药市场监管年活动先进单位”、扬州市“农业行政综合执法目标考核先进单位”等称号。

（邵耕耘 高剑波）

■农村沼气池建设 全年建成农村户用沼气池 2 000口，建设乡村沼气服务网点 7 处，柳堡镇廷柏村、鲁垛镇鉴青村、安宜镇北闸村等 3 个村建成沼气样板村。全县新建规模养殖场沼气治理工程 9 项，总池容 3 200 立方米。

（唐瑞森 陈定松）

■秸秆禁烧和综合利用 继续推进秸秆禁烧和综合利用工作，累计召开现场会、推进会 48 场（次），与会人员 1.6 万多人（次）；组织培训班 286 期，受训人员 2.34 万人（次）。夏秋两季推广秸秆多途径利用，承担江苏省农业委员会在宝应县召开的全省麦套稻秸秆还田现场会。新建秸秆固化成型加工点 3 处，收集加工点 2 处，秸秆预处理站 3 处，实施秸秆机械化全量还田消化秸秆 41.4 万吨，多种形式利用秸秆 37.5 万吨，全县实现秸秆综合利用率 93%。

（李国军 唐瑞森）

农业资源综合开发

■概况 2011 年，宝应县农业资源开发局（简称“县开发局”）按照“向上争取，对下服务”要求，积极争取省级土地治理项目。5 月 4 日，江苏省农业资源开发局、江苏省财政厅批准宝应县实施 2011 年度氾水“万亩水稻生产基地”建设项目，项目总投资 968 万元，其中省财政补贴 800 万元。积极做好 2012 年度项目争取工作，科学编报项目申报材料，全县被纳入省农业综合开发项目建设库项目共 10 项。其中，高标准农田建设项目 1 项，建设面积 866.67 公顷；一般土地治理项目 3 项，治理面积 1 000 公顷；农业产业化经营项目 1 项；扶持农业专业合作组织项目 1 项；农业产业化贴息项目 4 项。省农业资源开发局批准宝应县立项 2012 年农业开发土地治理项目计划总投资3 184.5万元，其中高标准农田建设投资1 716万元，一般项目 1 468.5 万元。

■恢复“农业资源综合开发项目县”资格 2010 年下半年，国家农业综合开发办公室依据国家审计署审计意见，因宝应县开发局存在违规资金问题撤销宝应县“农业综合开发项目县”资格。2011 年，县开发局从三方面认真整改：抓好项目审计问题整改工作，狠抓机关内部管理，严控各类费用支出，将违规资金用于增做项目工程，迎接省、市项目整改专项检查验收；争取国家、省、市各级职能部门领导关心支持，专程到北京向国家农业综合开发办公室汇报审计问题整改情况，递交恢复宝应县“农业资源综合开发项目县”资格申请；在完成实体工程建设的基础上，做好整改总结及申请恢复开发县资格的软件资料准备。整改工作顺利通过省农业资源开发局、省财政厅联合组织的整改专项检查验收。9月上旬，国家农业综合开发办公室同意宝应县恢复“农业资源综合开发项目县”资格，10月下旬，省农业资源开发局下发文件予以确认。

■完成2010年度高标准农田项目建设 上半年，县开发局继续在鲁垛、小官庄两镇项目区组织实施2010年度高标准农田建设项目：全面完成项目工程建设任务；组织实施项目区防护林网绿化工程，共植树29 335棵，建成农田林网7.4千米、护林绿化农田667公顷；组织科研院所，推广全量麦草旋耕还田、轻简稻作技术、水稻优质新品种扬辐粳8号等农业新技术、新品种，培训农民1 830人次。5月6日，宝应县2010年度高标准农田建设项目通过市农业资源综合开发局、市财政局验收，项目建设质量优良。

■推进农业产业化经营 争取财政资金220万元，帮助扬州宝泰米业有限公司实施年产1.5万吨有机稻米加工生产线项目建设，完成项目建设投资735万元。成立宝应湖滨农产品营销中心，组织推销宝应县优质农产品。 （仲怀春）

种 植 业

■概况 2011年，宝应县继续开展高产增效创建活动，推广精确定量超高产配套栽培技术，粮食总产量突破90万吨，水稻、小麦平均每公顷产量分别为9.3吨、6.6吨，实现粮食产量“八连增”目标。粮食单产水平列全省第三位，其中小麦单产连续三年位列全省第二位，水稻单产列全省第十四位。 （许美刚 姚从彬）

■发放惠农补贴资金1.07亿元 全年通过“一折通”发放惠农补贴资金1.07亿元，其中，粮食直补发放面积为5.57万公顷，补贴资金1 672.4万元；农资综合补贴发放面积5.58万公顷、补贴资金6 827.26万元；水稻良种补贴发放面积5.82万公顷、补贴资金1 309.05万元；小麦良种补贴发放面积5.66万公顷、补贴资金848.7万元；油菜良种补贴发放面积0.5万公顷、补贴资金74.5万元；玉米良种补贴发放面积0.04万公顷，补贴资金5.8万元。 （姚从彬 缪建国）

■创建省级以上粮油高产增效“万亩示范方”11个 2011年，宝应县创建农业部及省粮油高产增效“万亩示范片”11个，其中农业部示范方6个，分别为水稻3个、小麦2个、油菜1个；省级示范方5个，分别是水稻4个、小麦1个。获批A级示范片3个，其中水稻2个、小麦1个；B级示范片8个。西安丰镇被农业部确立为“高产增效创建整体推进镇”。全县水稻、小麦、油菜高产田块每公顷产量为12.3吨、8.77吨、3.83吨，分别比上年增长10.4%、2.4%、6.7%。

（李国军 缪建国）

■水稻总产量54.22万吨 2011年，宝应县水稻面积5.83万公顷，比上年增加0.02万公顷，全县水稻平均每公顷产量9.3吨，位列扬州市第一名。全年水稻总产54.22万吨，单、总产均创历史新高。 （许美刚 缪建国）

■小麦总产量36.43万吨 全年小麦实收面积5.52万公顷，比上年增加0.07万公顷，实收单产平均每公顷6.6吨，比上年增长2.33%，再创历史新高。实收总产36.43万吨，比上年增加1.26万吨，增长3.59%。 （缪建国 李国军）

■油菜籽总产量1.38万吨 2011年，全县油菜实收面积为0.55万公顷，比上年减少0.04万公顷，平均每公顷产量2.51吨。全县油菜籽总产1.38万吨，比上年减少0.09万吨。

（施 媛 李锦霞）

■植保专业化服务面积28.3万公顷 全县新增注册登记植保专业服务组织63个，累计123个。基本建成县、镇、村三级服务网络。全县植保专业化服务面积28.3万公顷次，高产创建示范区专业化防治覆盖率达100%。建成植保专业化服务“万亩片”2个、“千亩方”90个、“百亩方”255个和266.67公顷的全承包防治示范方10个。

（李国军 陈全宏）

■曹甸镇成立绿草香农资服务专业合作社 4月份，曹甸镇成立绿草香农资服务专业合作社，实行“0123”农技服务新模式，即农资直供“零差价”，村组服务全覆盖“一体化”，农资供应及时、保质“两承诺”，农技、农资、农机服务“三结合”。截至年底，入户农户8 320户，占全镇种植户的72%。入社耕地2 104公顷，实现全镇村组全覆盖。（李国军 姚从彬）

■推广应用商品有机肥6 256吨 在柳堡镇、小官庄镇、夏集镇、射阳湖镇、氾水镇5个镇推广应用商品有机肥，共涉及9个村民小组的488农户、2个有机生产基地和7个专业合作组织。全县使用商品有机肥面积1 386.67公顷，共6 256吨。商品有机肥用量为1 400千克/公顷～6 000千克/公顷。其中在普通水稻上推广应用506.67公顷，1 575.45吨；在有机水稻上推广应用660公顷，3 953.6吨；在蔬菜苗木上推广应用220公顷、726.95吨。（徐桂红 姚从彬）

■推广测土配方施肥面积10万公顷 全年推广测土配方施肥10万公顷，其中水稻5.33万公顷、小麦4.67万公顷。发放施肥建议卡10万份，施肥建议卡入户率95%；为100名种植大户、科技示范户、农民专业合作组织开展测土配方施肥个性化服务，涉及耕地面积0.82万公顷；采集化验土样600个、提出肥料新配方4个、推广应用配方肥2.3万吨、应用面积5万公顷，其中水稻3.33万公顷、小麦1.67万公顷。（姜新文 徐桂红）

■新增设施蔬菜种植面积3 013公顷 全县蔬菜复种面积1.68万公顷，钢架大棚设施蔬菜面积0.3万公顷，新增安宜镇贾桥村、小官庄镇石先村、曹甸镇古塔村、安宜镇南农场等设施蔬菜园区，扩建曹甸镇郝舍村、望直港镇北河村、泾河镇刘上村、安宜镇南场村、黄塍镇联合村等设施蔬菜园区。示范推广欣优西瓜、玉兰西瓜、新疆“8424”西瓜，海南特大青椒“998”、苏椒五号博士王、绿源三号青椒等25个高产优质品种，推广应用穴盘基质育苗技术1 000公顷，冬春钢架大棚四膜保温技术2 100公顷，应用草莓——丝瓜——青椒等高产种植模式5项、1 000公顷。（秦 文 李国军）

水生蔬菜业

■概况 2011年，宝应县水生蔬菜种植面积9 000公顷，总产量20万吨。种植作物主要有荷藕5 733公顷、慈姑867公顷、芡实1 467公顷、水芹233公顷、菱角233公顷等，其中高效复种、套养面积2 500公顷。荷藕产量15.05万吨，与上年基本持平。水生蔬菜价格继续上涨，荷藕和慈姑均价2.6元/千克，比上年上涨8.3%，芡实价格180元/千克，比上年上涨22.2%。5月中旬，县荷藕研究所邀请苏州市蔬菜研究所所长鲍忠洲、研究员陈虎根到宝应县考察指导芡实生产，讲授苏芡种植相关知识。7月中旬，扬州大学博士李良俊到射阳湖镇举办专题讲座，为广大农户讲授莲藕、慈姑标准化栽培和病虫害防治技术。（夏建顺 许 丽）

■水生蔬菜园区 全年新建望直港镇仲墩村芡实基地、射阳湖镇藕慈复种园区、黄塍镇鱼桥村水生蔬菜园区、鲁垛镇鲁庄村水生蔬菜园区、广洋湖镇蒯家村芡实科技示范园区、山阳镇徐扬村芡实种植园区、西安丰镇宁宝水生蔬菜种植示范园区等10个园区，累计全县水生蔬菜园区43个。

■品种及农药试验示范 在望直港镇和平荡村的苏芡示范基地进行苏芡、野芡在内的7个品种芡实比较试验。在广洋湖镇进行“康宽”杀虫剂、茶籽饼等藕田杀虫比较试验，筛选出适合全县莲藕生产的低毒、低残留、高效农药，为大面积推广应用提供科学依据。

■荷藕产业宣传推介 省农委宣教中心、江苏教育电视台“走进新农村”栏目组到宝应县拍摄特色莲藕产业基地宣传片。9月份，《当代中国》杂志全面报道宣传中国地理标志产品“宝应荷藕”。10月上旬，中央电视台第二套节目“消费主张”栏目播出以宝应县乱针绣和藕菜为内容的《乱针绣花，多变藕宴》专题片。（许 丽）

畜 牧 业

■概况 2011年，宝应县大力发展畜禽规模养殖，加快实施“菜篮子”工程，实现畜产品高产、安全、有效供给。全县出栏生猪 57.92 万头，比上年增长 8.1%。生猪存栏 27.99 万头，比上年增长 9.3%。其中，能繁母猪存栏 2.56 万头，比上年增长 5.6%。三禽饲养 2 271.52 万羽，比上年增长 10.2%。三禽存栏 516.14 万羽，其中蛋禽存栏 310 万羽。肉禽出栏 1 711.38 万羽。生猪规模养殖场(户)960 个，其中年出栏 50 头的大户 854 户，年出栏 500 头的中等猪场 86 个，年出栏 2 000头以上的大型猪场 20 个。全年累计争取上级财政投入 585 万元，落实能繁母猪补贴资金 167.2 万元，参保母猪 2.55 万头。

(相　峰　袁文华　梁永晔)

■创建养殖示范场　全年创建省农业科技成果转化基地 9 家，省生态健康养殖示范场 3 家、市 8 家，省良种化养殖示范场 4 家、省动物防疫规范达标示范场 3 家、省农业产业化养殖业重点龙头企业 1 家、部生猪标准化示范场 1 家。全县累计先后创建畜禽规模养殖示范场 56 个。

■畜禽规模养殖　全年新建省规模场 5 个，获批省农业产业化重点龙头企业原种猪场 1 个，打造生猪发展基地 2 个，形成生猪产业集群 1 处，全县生猪年出栏 2 000 头以上的猪场 20 个。肉禽年出栏 5 万羽的肉禽场 42 个，蛋禽存栏 1 万羽的蛋禽场 40 个。生猪规模养殖比重 71.8%，比上年增长 9.2%；肉禽规模养殖比重 76.53%，比上年增长 7.3%；蛋禽规模养殖比重 76.68%，比上年增长 11.4%。

(相　峰　陈　彬)

■新增肉鸡加工企业 2 家　发展“龙头企业＋基地＋养殖场户”的产业化经营模式，建成江苏二妹子食品有限公司和骏达食品有限公司两个大型肉鸡加工企业。其中，江苏二妹子食品有限公司建成生产流水线 2 条、3 000 吨冷藏库 2 座、20 吨速冻库 4 个，年加工能力 1 000 万羽。

(相　峰　袁文华)

林　业

■概况　全县完成造林 2 180 公顷，其中成片造林 1 452 公顷、成片造林面积列全省第六名。安大公路等骨干公路两侧新建绿色通道 110 公顷，创建省绿化示范村 14 个，沿安大公路新建林苗一体化高效林业 220 公顷，新建农田林网 6 974 公顷，四旁栽树 222 万株，育苗 504 公顷，全县森林覆盖率 18.83%。城区新增城市绿地 19 万平方米，其中公共绿地 10 万平方米；全县集镇新增绿地 112.2 万平方米，其中集镇公共绿地 36 万平方米；创建绿化模范镇 1 个、绿化模范单位 3 个。宝应县被省林业局表彰为“绿色江苏建设先进单位”，宝应县森林病虫害防治检疫站，被省林业局表彰为“十一五林业有害生物防治工作先进单位”，县湿地及野生动植物保护站，被扬州市林业局表彰为先进单位。(于洪林　胡天新)

蛋禽规模化养殖场

■召开全县春季造林现场推进会　3 月 2 日，县政府召开全县春季造林现场推进会。县长王庭国要求各镇(区)政府主要负责人当好一个月的“林业一把手”，“突击一个月，造林三万亩”。县政府主要领导，

县委、县人大常委会、县政协分管领导，县绿化委员会成员单位负责人、各镇分管书记、镇长等参加会议。 （于洪林 钮兆花）

■义务植树活动 3月11日，县领导、县各部委办局主要负责人、县绿化委员会成员单位主要和分管负责人、各镇镇长和分管负责人、县30强企业负责人及老干部、共青妇等社会各界代表近400人，在安大公路射阳湖镇戴堡段，参加主题为“开展义务植树，打造苏中绿洲，建设生态宝应，共建全面小康”的义务植树活动，共栽植杨树2 000多株。

■有害生物防控 全县采用阻隔法防治杨树草履蚧25万株；防治舟蛾类杨树食叶害虫1 000公顷，其中采用树干注射法防治杨树食叶害虫500公顷。全县森林害虫防治率90%，其中无公害防治率85%，病虫害发生率2.7%。全年共印发《森林病虫害测报信息(杨树)》5期。县森防站与省林业科学研究院合作，在京沪高速泾河段利用赤眼蜂开展对杨树舟蛾类害虫生物防治试验。6月8日，县农委发出《关于切实加强杨树食叶害虫防治及美国白蛾防控工作的紧急通知》，要求各地、各相关单位严控美国白蛾侵入。

■刘国强一行到宝应县考察湿地保护工作 10月12日，国家林业局规划设计院副院长刘国强、湿地与野生动植物监测中心主任王志臣在省林业局副局长丁翠柏陪同下，到宝应县考察东荡地区里下河湿地保护工作。考察组一行先后到扬州市射阳湖省级湿地公园、西安丰镇东荡实地考察，了解湿地保护情况。刘国强说，“在里下河地区，特别是宝应，开展湿地保护工作非常重要。扬州南水北调东线源头湿地保护与恢复建设工程项目，已纳入国家“十二五”湿地保护项目库，此次考察就是项目编制前的前期考察活动之一”。 （于洪林）

农业科技

■农业科技项目 2011年，县农委全年向上争取农业科技项目78个，获批资金6 406万元，通过项目建设提高农业产出效益，增加农民收入。

■农民培训班 2011年，全年举办各类农民培训班808期，受训农民7.06万人。其中，举办农业实用技术培训班777期，受训农民6.9万人次；举办职业农民培训班14期，培训805人；举办农民创业培训班3期，培训311人；举办农业信息技能(电脑上网)培训班14期，培训501人。全县有471人获得国家农业行业特有工种职业资格证书。 （顾茂才 朱成明 张大华）

农民培训班现场

■科技入户指导 连续第六年实施省“农业科技入户指导”工程。项目涉及荷藕、瓜菜、畜禽和水稻4类农产品，实施范围涉及14个镇、224个村。县农委招聘189名技术指导员，遴选2 900户科技示范户，其中荷藕1 000户、瓜菜600户、畜禽800户、水稻500户，辐射带动3万余农户。县农业科技推广学校被江苏省农业委员会表彰为“农业科技入户工程先进集体”。

（张大华 李 峰）

■**建设“五有”乡镇农业科技推广综合服务中心** 县农委在全县开展有先进服务手段、有优良专业人员、有规模示范基地、有严格责任制度、有稳定财政保障“五有”乡镇农技推广综合服务中心建设，同时把“五有”建设与争创“群众满意的窗口服务单位”相结合，推动为农服务和农业科技进村入户。 （陆 艳）

■**涉农学历教育** 县农业科技推广学校对农业生产和加工从业人员开展涉农中专学历教育（非全日制）。2011～2012学年度共有在校涉农专业班11个、学员490人。其中，农产品保鲜与加工专业班4个、现代农艺技术专业班5个、畜牧兽医专业班1个、农村电气技术专业班1个。 （张大华）

■**“阳光工程”培训** 2011年，宝应县实施农村劳动力培训“阳光工程”，共培训788人。其中，围绕农业农村重大工程项目，开展沼气生产工培训100人、病虫专业防治员培训102人、畜禽养殖员培训204人、蔬菜园艺工培训100人、农机驾驶操作与维修人员培训200人、大学生村官和优秀青年农业创业培训82人。 （朱万明 张大华）

农业机械化

■**概况** 2011年，全县新增农机动力2.94万千瓦，其中更新、报废农机动力1.48万千瓦，年末农业机械总动力保有量44.57万千瓦。新增农业机械主要有：大中型拖拉机140台；小型拖拉机322台；稻麦联合收割机31台；水稻插秧机505台。其中乘坐式插秧机49台、植保机械343台、渔业机械1 463台，资金总投入3 830万元。新建排灌泵站116座、改造泵站7座，新增排灌流量85.3立方米/秒、排灌动力4 500千瓦。稻、麦生产综合机械化作业水平86.8%，水稻、小麦机械化收获水平分别为98.8%、99.6%。全县新成立农机专业合作社42个。县农机局被江苏省农机局表彰为“2011年度农机化工作先进单位”和“全省推进农机合作社发展先进单位”。

秸秆机械化全量还田

■**宝应县获省“率先基本实现水稻生产机械化县”称号** 全县水稻机械化种植面积4.43万公顷。其中，水稻机械化插秧面积3.98万公顷，比上年增加34.8%。7月，宝应县被江苏省农机局授予“率先基本实现水稻生产机械化县”称号。

■**农机跨区作业** 全县有农机跨区作业队44个，共有891台联合收割机、252台大中型拖拉机、231台水稻插秧机、4 200多名农民机手参加外出农机跨区作业，从事稻、麦机收割作业13.87万公顷，机耕作业7 300公顷，机插秧作业4 473公顷，实现跨区作业总收入1.42亿元。

■**农机购置财政补贴** 根据中央和省下达宝应县的农机购置补贴项目，全县农民共购置各类财政补贴农业机械3 452台，机具购置总金额3 774.52万元，获各级财政补贴资金1 152.74万元，占农民机具购置总金额的30.54%。其中，中央财政补贴951.19万元、省级财政补贴112万元、市级财政补贴12.6万元、县级财政补贴76.95万元。另外，镇、村对农民购置部分农机具补助资金34万元。

■**秸秆机械化还田6.83万公顷** 县农机部门继续以推进秸秆机械化全量还田为重点，积极推广秸秆还田与机插秧、秸秆还田与机条播等集成技术，实现秸秆机械化全量还田面积6.83万公顷，其中夏季3.75万公顷、秋季3.08万公顷。

■**农机安全监理** 深入开展“农机安全生产年”

及专项整治活动。全年共上路检查各类拖拉机和收割机 1 482 台、驾驶员 1 350 人，排查隐患 236 项；查纠黑机非驾、违法载人、酒后驾驶、超速超载等违法违规行为196起，治理黑车119台、无证驾驶人员 124 人。创建“平安农机”示范镇1个、示范村5个、示范农机合作社4个。县农机安全监理所注册登记拖拉机 311 台、联合收割机65台、新发农业机械驾驶证273本；检验拖拉机3 165台、收割机 802 台，与农机手签订安全责任书 4 241 份，签订率 98%。全年未发生较大以上农机事故，农业机械道路外事故死亡人数为零。

（冯生文　傅华锋）

■农机推广培训　县农机部门承担并完成省农机推广能力基地建设、农机阳光工程培训、江苏省农作物秸秆综合利用推进县建设3个农机化推广项目。组织实施水稻插秧机械、高效植保机械、渔业机械、秸秆还田机械、粮食烘干机械等农业机械试验和推广应用。全年培训各类农机人员7 562人次。其中，拖拉机驾驶员培训10 期、221 人，联合收割机操作手培训 3 期、68 人，插秧机操作手和育秧员培训 855 人次，稻麦秸秆机械化还田技术培训 5 976 人次，基层农机化知识更新培训 42 人，阳光工程农机培训 200 人，农村劳动力转移培训 200 人，农机职业技能鉴定合格人数 590 人。宝应县农机技术推广服务站获得省政府授予的“第六届江苏省农业技术推广奖”二等奖。（朱枫成）

水　　利

■概况　2011 年，全县完成各类水利土方 780 万立方米，其中加固圩堤 50 万立方米，配套小沟级以上建筑物 700 座，改造中低产田 666.67 公顷，建设高效农田 666.67 公顷，建设节水示范区 200 公顷。组织实施小型农田水利重点县、区域供水、农村饮水安全、宝射河治理、芦氾河治理、大中型灌区末级渠系工程以及南水北调金宝河整治、大三王河整治、里下河水源调整等工程。组织开展汛前水利工程大检查，完成汛前急办土方 11.53 万立方米，储备“三袋”（编织袋、麻袋、草包）44.26 万只，清除县属骨干河道阻水障碍 143 处。上半年，全县发生严重气象干旱，强化用水管理和调度，对自灌区各类抗旱引水建筑物进行检修改造，组织流动机泵实施分级提水，确保全县夏插用水需要。完成宝应城区水厂第一期扩建和仙荷污水处理厂第二期工程建设。提升城区水厂供水能力和城市治污能力；开展河道长效管护，对城市河道实行全天候保洁，适时开启活水工程，确保水清常流；抓好城区供水管理和服务，继续实施城区饮用水源地二级保护区整治，确保城区饮用水源地安全。加强水法规宣传和水资源管理。实行取水计划管理，开展取水许可日常监督、地下水动态监测，强化执法巡查，全年共查处水事违法行为 32 起，办理水行政审批项目 60 件。组织编制《宝应县县域农村水利建设规划》、《宝应县区域河道治理规划》、《宝应县地涵除险加固工程初步设计报告》3 个水利基础设施建设规划。县水务局被评为“2009～2010 年度扬州市文明行业”，获得县争取国资“创新突破特别贡献”金牌奖。（朱德勋　张维新　马国强）

永安干渠灌区续建配套与节水改造工程建成运行

■农村河道疏浚　按照农村河道疏浚规划的总体要求，全年共疏浚县乡河道 65 条、180.75 千米、228.54 万立方米，整治村庄河塘 143 个、396.52 万立方米，占省下达计划数的 120.03%。工程总投资 2 540 万元，其中省、市财政补助 889 万元。（李　俊　杨小秋）

■小型农田水利重点县 2011 年度工程　4 月，该项工程开工，总投资额3 171万元。其中，中央、省财政补助1 900万元，涉及西安丰镇、曹甸镇、黄塍镇、泾河镇、山阳镇、江苏宝应经济开发区共 6 镇区，计划新建改造泵站 55 座、闸涵 35 座，建设节水灌溉农田 200 公顷、高标准农田 333.3 公顷、高效节水灌溉区 66.7 公顷。截至年底，完成全部工程量的 80%，完成投资额 2 536 万元，建设泵站 44 座、闸洞 30 座。（李　俊）

■完成宝射河治理工程　6 月份，宝射河治理工程全部完成。该项工程于 2010 年 4 月开工建设，西起大官河、东至营沙河，总投资 3 800 万元。其中，中央、省财政补助 1 345 万元，争取省交通部门投入 1 605 万元。拓浚河道 11.3 千米，新建块石驳岸 7.5 千米，加固建筑物 7 座。

■芦氾河治理工程　5 月份，芦氾河治理工程开工建设。该项工程西起氾水镇四里桥，东至柳堡镇后舍村，总投资 2 346 万元。其中，上级补助 1 173万元，计划疏浚河道 18 千米、加固圩堤 9.7 千米、拆建加固配套建筑物 30 座。截至年底，完成 18 千米河道疏浚和 9.7 千米的圩堤加固任务，配套沿线建筑物 20 座。

■大中型灌区末级渠系项目开工建设　11 月份，大中型灌区末级渠系项目开工建设，总投资1 000 万元，计划新建混凝土衬砌斗渠、农渠 37.24 千米，新建机耕路 2.8 千米、配套田间建筑物 2 896 座，疏浚斗渠 7 条 26.4 千米，新建排涝泵站 1 座、斗渠节制闸 2 座。截至年底，衬砌农渠 25 千米，完成田间配套建筑物预制 1 850 座。（朱德勋）

■区域供水工程　2011 年，同步实施区域供水 2011～2012 年度工程，总投资 2.33 亿元。截至年底，铺设县到镇主管道 112.3 千米，完成 6 个镇 3 542千米的镇村管网改造任务，关闭镇村小水厂 80 个，基本完成曹甸镇曹南增压站、望直港镇牌楼增压站和鲁垛增压站建设。

■新增农村饮水安全工程　10～12 月份，实施新增农村饮水安全工程，总投资 4 787 万元。涉及望直港镇、曹甸镇、西安丰镇、射阳湖镇、柳堡镇、广洋湖镇、鲁垛镇、小官庄镇等 8 个镇，铺设供水主管网 402.6 千米，新增受益人口 9.51 万人。

■潼河自来水厂第一期工程开工建设　参见《环境保护与生态建设》篇《生态基础设施建设》分目。

■南水北调大三王河整治工程　8 月份，开工建设南水北调大三王河整治工程。该工程南起新潼河，北至芦氾河，总长 11.68 千米，总投资 2.7 亿元，征地 125 公顷，拆迁 272 户，拓浚老河槽 6.28 千米，新挖河道 5.4 千米，新建跨河桥梁 11 座、节制闸 1 座、小型配套建筑物 64 座。截至年底，河道新开与拓浚工程全面开展，完成土方 50 万立方米，桥梁、泵站和涵洞建设进展顺利。

（张维新）

■法规宣传　在第 19 届“世界水日”、24 届“中国水周”期间，县水务局围绕“严格水资源管理，推进水利新跨越主题”，通过召开用水企业主座谈会、设立宣传台、出动宣传彩车、散发宣传资料、媒体报道等多种形式开展水法规宣传活动。组织开展节约用水进社区、到学校、入企业活动，通过多种形式广泛宣传节水知识、节水工艺和节水窍门，营造节水氛围。全年发放公开信 1.2 万份，着力提高全社会水法制意识。

■行政执法　强化执法巡查，全年共查处水事违法行为 32 起。组织开展城区浅层地下水专项整治行动，封填小水井 9 口。严格执行层级审批制度，办理水行政审批项目 60 件。继续实施城区饮用水源地二级保护区整治，完成运河二桥以北 3 千米 22 家砂石经营户的拆迁整治。继续开展“百湖执法大检查”，对湖泊湖荡的变更情况登记备案，制止查处违章圈圩、加圩 17 起。

（陈书东　朱金洪）

■资源管理　2011 年，县水务局实行取水计划管理，开展取水许可日常监督，每月对取水单位进行抄表、巡查。开展地下水动态监测，每月定期采集全县 14 眼地下水监测点数据。做好节约用水工作，指导企业（单位）实施省市节水技改项目 5 家，帮助企业进行节水节能技术改造 1 家。信息化系统工程第一期工程 73 个站点全部完成监控、监测设备的安装。（朱金洪）

水产业

综　述

2011年，宝应县水产业坚持以高效渔业规模化发展为主导，加强现代渔业基础设施配套改造，推进渔业科技入户工程，主攻“宝应湖”品牌经营战略，强化水产品质量安全监管，有效化解渔业生产前期干旱少雨及生产成本上涨等不利因素影响，全县水产业保持稳定发展态势。全年实现水产品总量14.67万吨，比上年减少0.8万吨，其中养殖产量12.97万吨、捕捞产量1.7万吨。完成渔业总产值38.6亿元(含水产品加工、流通业)，比上年增加7.6亿元。10月，“宝应湖”牌中华鳖获得第九届中国国际农产品交易会金奖、第二届“中国名鳖”冠军。

■**设施建设**　全县共投入各类资金2 000万元，完成土方600万立方米，新增标准化池塘630公顷，改造老化淤积池塘7 330公顷。建成高效渔业规模17 840公顷，其中设施渔业面积2 333公顷，位列全市第一。7月份，“江苏省宝应现代渔业产业园区”正式获批“省级现代渔业产业园”。县水产局被省海洋与渔业局表彰为“2011年工作先进单位”。　　(朱爱农)

■**“宝应湖”商标被认定为“中国驰名商标”**　参见《特载》篇《重大事项》分目。

■**“宝应湖”牌水产品获金奖**　9月23日，首届中国“华东杯”河蟹节暨水产品展销会开幕式在太仓市举行，“宝应湖”牌大闸蟹通过激烈角逐，获得首届“华东”杯全国河蟹大赛金奖；10月20日，“宝应湖”牌中华鳖参加中国渔业协会主办的第二届“中国名鳖”评比获冠军；10月29日～11月1日，“宝应湖”牌大闸蟹参展第九届中国国际农产品交易会(成都)，蝉联金奖，是江苏省水产参展企业获得的唯一金奖。通过品牌推进，“宝应湖”牌水产品市场竞争力、影响力、市场占有率进一步扩大，“品牌效应”为全县养殖户增加销售收

“宝应湖”牌中华鳖被评为中国名鳖冠军

入3亿元。（方云东）

水产养殖

■概况 2011年，全县水产养殖面积3.46万公顷，与上年基本相等。其中，河蟹养殖面积1.62万公顷，比上年增加0.08万公顷；大宗淡水鱼精养面积1.51万公顷，比上年减少0.09万公顷。全县共放养各类水产苗种2.07万吨，全年完成水产品养殖产量12.97万吨，比上年减少0.53万吨。其中，以河蟹为主的特种水产养殖产量5.59万吨，比上年增加0.09万吨；以鲫鱼为主的大宗淡水鱼产量7.38万吨，比上年减少0.62万吨。

■中华鳖提纯复壮工程 全县中华鳖养殖面积2 500公顷，年需中华鳖苗种1 800万只。2011年，县水产局在山阳镇特种水产养殖场开展中华鳖提纯复壮工程，对优质中华鳖品系进行相关生物学、分子生物学研究，查清遗传背景，并在此基础上进行选育和开发利用，培育优质中华鳖种苗。截至年底，培育优质中华鳖苗种50万只，可为70公顷中华鳖养殖池塘提供优质苗种来源。

■藕田套养小龙虾 2011年，全县藕田套养小龙虾养殖面积433公顷，每公顷产成藕11.25吨、成虾600千克，平均每公顷增加效益2.4万元。

（庄义祥）

渔业科技

■概况 2011年，宝应县加强水产业科技推广体系建设，基本形成完善的水产技术推广体系。全县有县级水产技术指导站1个、水产区域指导站7个。县级水产技术指导站定编人员10人，其中专业技术人员7人（高级职称3人，中级职称4人），在职博士研究生1人、硕士1人、硕士研究生2人。7个基层水产区域站分别设在西安丰镇、射阳湖镇、柳堡镇、氾水镇、山阳镇、安宜镇、广洋湖镇，共有定编、聘用人员30人。全县水产技术推广人员中有3人晋升水产中级职称。至年底，基层技术推广人员中具中级职称者累计10人，7个水产区域站均做到有技术人员、有办公经费、有试验示范基地、有办公场所。

■渔业科技入户工程 2011年，是宝应县实施渔业科技入户工程第七年。全县渔业科技入户以发展生态、高效、特色、绿色渔业为目标，以提高指导员综合水平、提高示范户辐射能力、提高养殖户业务素质为核心，以推广主导品种、主推技术、养殖模式和实施主体培训为内容，通过调整入户思路、创新工作方式、强化督查考核，稳步实施、扎实推进渔业科技入户工作。全县遴选13个镇、88个村（场）的科技示范户440户（其中新调整示范户135户），示范面积1 582.75公顷。同时，确定渔业科技整体推进村10个。全县选聘7名县级专家、24名渔业技术指导员，累计入户指导3 410天，平均每人入户指导110天。组织养殖户去外地参观学习6批次、150人次。举办各类各层次水产技术培训班87期，参加培训人员7 386人次。县水产局精心挑选养殖模式优、管理经验足、经济效益高、演讲口才佳的10名优秀示范户成立"优秀示范户讲师团"。讲师团在县渔业科技入户领导小组统一安排下，到全县水产重点镇、村、场巡回进行河蟹、中华鳖、青虾、龙虾等各类主推品种养殖技术培训。全年对科技示范户发放物化补贴20万元。科技示范户辐射带动养殖户7 160户，辐射面积1.51万公顷，平均效益比上年增加11.2%。

■推广应用EM菌 2011年，宝应县在池塘河蟹养殖过程中广泛推广应用EM菌，使用面积1.2万公顷、占河蟹养殖总面积的74.07%，对全县河蟹养殖业稳定健康发展起到重要促进作用。

资料链接：EM菌是由酵母菌、乳酸菌和光合菌等组成的微生物制剂，能够控制水环境中氨、硫化氢等有害物质含量，调控养殖池微生物生态结构，净化水质，改善环境，延长换水间隔，增进河蟹健康，降低发病率及死亡率，减少抗生素的使用。

■日光温室大棚培育仔鳖 2011年，扬州市金绿健生态农牧有限公司建有日光温室大棚1 500平方米，中华鳖养殖面积40公顷，利用日光温室大棚成功培育仔鳖10万只，为中华鳖苗种培育开辟出新的途径。

（庄义祥）

基地建设

■概况 2011年，宝应县水产业继续实施高效渔业园区、苗种基地、宝应湖精品蟹养殖"三大"基地建设，大力推广高效养殖模式。至年底，全县已建成各类渔业高效园区31个，其中"万亩高效渔业园区"5个，面积3 200公顷，分别为西安丰"万亩种养殖园区"、柳堡仁里"万亩生态种养园区"、射阳湖"龙虾养殖万亩园区"、山阳镇"万亩中华鳖养殖园区"、宝应湖大闸蟹"万亩高效生态养殖园区"。县级"千亩"以上重点园区10个，面积1 066.7公顷，分别为安宜镇高效设施渔业示范园区、氾水镇池塘标准化龙虾养殖园区、鲁垛镇三林荡中华鳖养殖园区、广洋湖镇设施养殖青虾示范园区、氾水镇宝应湖区精品蟹养殖示范园区、柳堡镇鳜鱼养殖高效渔业示范园区、山阳镇河蟹高产高效养殖示范园区、射阳湖镇精品蟹养殖示范园区、广洋湖镇鳜鱼养殖示范园区、夏集镇种养结合高效示范园区。全县建成专业培育扣蟹、中华鳖、青虾等苗种基地面积共266.67公顷。在全县河蟹养殖中，全面普及"稀大高"生态养殖技术；建成精品蟹基地10个、合计面积3 330多公顷；中华鳖生态养殖推广面积6 666.67公顷，建成精品鳖基地4个、合计面积1 000公顷；新增微孔增氧养殖设施渔业面积333.34公顷，累计微孔增氧面积1 333.34公顷。

■扣蟹培育基地建设 2011年，宝应县扣蟹专业化培育形成规模，全县有"百亩"以上连片培育扣蟹基地13个，其中射阳湖镇刁夷村扣蟹养殖专业合作社面积21.74公顷，扣蟹产量5吨；安宜镇金湖渔业村通过整体推进，进行养殖结构调整，扣蟹连片培育池面积66.67公顷，为全县河蟹养殖苗种本地化、良种化奠定基础。刁夷村扣蟹养殖专业合作社、金湖渔业村均获批省级良种繁殖场。

■获批"江苏省宝应现代渔业产业园区" 2011年6月，原"江苏宝应湖现代渔业园区"经省政府办公厅文件批准正式命名为"江苏省宝应现代渔业产业园区"。截至年底，园区建设发展单位江苏水仙实业有限公司共投入基础设施资金9 600万元，实施完成三横二纵水泥道路建设4.8千米，完成两座桥梁建设，建成涵闸5座，架设供电线路1.8千米，改造池塘120公顷，加固圩堤5.8千米，建设护栏5千米。完成200平方米水产养殖与水产品检测和病害防治实验室建设，购置PCR仪、电泳仪、高速冷冻离心机、电子天平、紫外分光光度计等专业仪器42台套。完成园区标牌和主干道亮化工程建设。建成生产用房600平方米，添置垃圾箱50个，水质净化处理区种植荷藕100公顷。2010年，园区引进的水产品加工企业——江苏省山水食品有限公司淡水鱼深加工项目已完成第一期工程4 000平方米厂房、实验室的改造建设，水产食品加工线设备安装到位并投入生产。 （陆廷和）

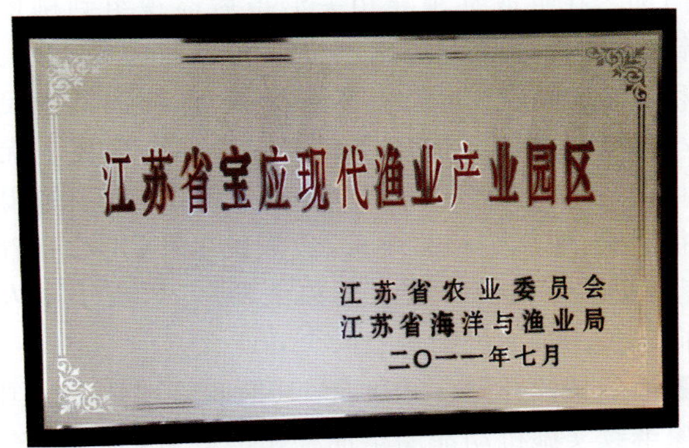

获批"江苏省宝应现代渔业产业园区"

渔政管理

■质量安全监管专项整治 2011年，县水产局制定出台《宝应县2011年水产养殖与水产品质量安全专项执法工作实施方案》。8～10月，宝应县开展水产品质量安全专项整治活动，共检查水产养殖企业、苗种生产场、水产养殖户55户次，发出整改通知书3份。

■质量安全广场宣传活动 6月13日，县水产局在花城广场开展水产品质量安全宣传活动，现场摆放水产品质量安全宣传戗牌10块、散发宣传资料1 500份，接受群众咨询200人次。

■白马湖(扬州)水域养殖功能规划通过论证 8月2日，扬州市农业委员会在宝应县召开《白马湖(扬州)水域养殖功能规划》专家论证会。省淡水水产研究所、白马湖渔业管理委员会、市政府、市农委、市环保局、市水利局、县政府、县水产局等单位的领导和专家组对该项规划进行评审。一致认为该项规划在充分分析白马湖水域渔业资源开发利用现状的基础上，遵照“尊重历史、服务现实、立足当前、着眼长远、环保优先、适度养殖”的原则，对白马湖（扬州）水域作出科学、合理规划，规划内容与《江苏省白马湖保护规划》、《白马湖渔业管理办法》相符合，同意《白马湖（扬州）水域养殖功能规划》通过论证。

■省委巡视组到宝应县调研渔民生产生活 9月25日，省委第一巡视组组长杭天珑、省海洋与渔业局局长唐庆宁率巡视组一行调研宝应县专业渔民生产生活情况。县委副书记、县长王庭国等陪同。在听取县领导相关汇报后巡视组到柳堡镇迎湖村、广洋湖镇南湖渔业村进行实地调研。杭天珑、唐庆宁与渔民亲切交谈，详细询问渔民生产生活情况。唐庆宁说，“有少部分渔民上无片瓦，下无寸土，以船为家，生活漂泊，日子过得很艰难，要制定相关政策，让渔民生产、生活有着落，帮助渔民早日过上幸福生活”。唐庆宁个人向一位困难渔民赠送慰问金500元。

■渔船柴油补贴 2011年，县渔政管理站遵照国家继续实施机动渔船柴油补贴的政策，通过核查资料、建立数据、群众监督、公开数额等措施，及时、足额地将国家补贴款发放到每一个补贴对象的手中。全县享受国家柴油价格补贴的渔船共2 721条，补助金额2 900万元。

■放流水产种苗 4月8日，县小康创建指挥部牵头、县水产局主办，县渔政站承办的2011年度人工放流增殖渔业资源活动正式开始。此次人工增殖放流活动为期15天，放流水产种苗总价值20万元，比上年增加5万元。共投放花骨鱼、银鲫、花白鲢、草鲲等各类鱼种600万尾，比上年增加100万尾；幼蟹50万只，比上年增加40万只。投入资金额、投放数量和规模均创历史新高。

■渔业执法 2011年，县水产局继续采用县站管理和区域站管理相结合方式，建立完善效率高、覆盖面全的渔政管理网络。在渔业违法违规活动高发季节，开展打击电力捕鱼为主要内容的专项行动。全年组织各类巡查30次、比上年增加10次，查处渔业违法违规案件26起、结案26起，均比上年减少50%。全县渔业违法违规案件发生率有明显下降。

■渔业安全生产 县渔政管理站全年对全县范围内的捕捞、养殖渔业船舶2 700余艘实施年检工作，检验合格率98%。对长期在外地捕捞生产的渔船坚持上门服务，到其生产所在地实施检验。继续坚持实地登船检验，提高检验质量，保障渔业生产安全，全年渔业安全生产保持平稳，未出现重特大安全事故。

■建立射阳湖国家级水产种质资源保护区 参见《特载》篇《重大事项》分目。 （陈　强）

人工放流水产种苗

综　述

2011年，全县工业完成总产值1076.31亿元，比上年增长34.1%；实现开票销售额395.1亿元，比上年增长39.5%；工业入库税收12亿元，比上年增长33.2%；工业用电量8.33亿千瓦时，比上年增长11.5%。规模以上工业产值、销售、利税、利润指标增幅均达到或超过35%。工业各项主体指标均完成或超额完成市、县下达目标。宝应县工业和信息化目标考核获市一等奖、“创新扬州”目标考核获市二等奖。

全县输变电(智能电网)产业、泵阀管件和压力容器产业、有机食品制造产业“一主两特”三大重点产业规模以上企业实现开票销售额228.6亿元，比上年增长29.8%，占全部工业开票销售总量的57.6%。其中，输变电(智能电网)产业71家规模企业实现开票销售额191.4亿元，比上年增长31.4%；泵阀管件和压力容器产业24家规模企业实现开票销售25.3亿元，比上年增长22.5%；有机食品制造产业13家规模企业实现开票销售11.9亿元，比上年增长20.7%。

全县重点监控的30家企业实现开票销售202亿元，增长25.7%，占全县工业总量的51.1%。其中，宝胜集团、迅达电磁线公司实现开票销售分别达110亿元、10.9亿元，分列全县工业企业和全县民营工业企业第一位。281家规模以上企业实现开票销售308亿元，比上年增长31.9%，占全县工业总量的78%。至年底，全县工业开票销售额亿元以上且税收超100万元企业64家，比上年增加24家。开票销售额5亿元以上7家，3亿元～5亿元企业7家，均比上年增加2家。至年底，全县工业入库税收超100万元企业193家。其中，1 000万元以上18家，比上年增加6家；500万元～1 000万元11家，比上年增加2家；300万元～500万元22家，比上年增加6家。

■工业投资　全县完成工业投资140.8亿元，比上年增长39.8%；完成设备抵扣税1.2亿元，比上年增长41.7%。实施亿元或千万美元以上项目64个，其中10亿元或1亿美元以上项目6个，获市认定新开工10亿元或1亿美元以上项目3个，分别是投资15亿元的江苏康源纺织有限公司30万纱锭项目、投资10.2亿元的江苏昌辰实业有限公司锦纶长丝项目、投资12亿元的江苏宝生聚酯科技有限公司30万吨聚酯项目。汉金富泰(扬州)铜业有限公司投资2亿美元的年产30万吨连铸连轧铜杆项目和江苏兴发新能源材料有限公司投资15亿元的年产12万吨铝型材项目，均在“荷藕节”期间举行开工仪式；投资12亿元的迅达产业园项目正式启动。　(胡舜新)

■**工业创新** 全年工业企业开发新产品计 230 个，其中获批国家重点新产品 3 个、省高新技术产品 78 个、省级技术创新项目 21 个，其他新产品 128 个。全年新增国家高新技术企业 9 家、中国驰名商标 1 件、省名牌产品 6 个、省著名商标 3 件。专利申请数 1 599 件，其中发明专利申请数 208 件。宝胜工程技术中心获批国家级工程研究中心，宝胜电气股份有限公司、菲达宝开电气有限公司、扬州赛尔达尼龙制造有限公司三家企业创成省级企业技术中心，扬州赛尔达尼龙制造有限公司、江苏扬工动力机械有限公司、江苏永一泵业有限公司三家企业创成省级工程中心，江苏迅达电磁线有限公司获批省级博士后创新实践基地，迎浪科技公司国家纸浆泵标准化工业组正式发布国家纸浆泵标准。

全县工业企业获创新奖励扶持政策资金 838 万元，比上年增长 12.8%。争取市发展创新型经济财政奖励资金 294 万元。

宝应县“输变电装备产业集群”进入第二批江苏省特色产业集群，并创成扬州智能电网特色产业基地分基地。县城西创业园、广洋湖（木渎）创业园被认定为省重点培育小企业创业基地、县城南创业园被认定为省小企业创业示范基地。江苏宝应经济开发区被认定为江苏省“两化”融合服务产业示范园。江苏宝胜科创股份有限公司实现上市再融资 8.5 亿元、仁恒实业控股有限公司在香港成功上市、扬州龙鼎创业投资有限公司成立股权投资基金。

在扬州市科技创新目标管理年度考核中，宝应县获得二等奖。（凌红辉　姚荣俊　胡舜新）

■**工业信息化** 2011 年，宝应县工业信息化工作成效显著，获批市级信息化、工业化“两化”融合示范企业 1 家、试点企业 15 家；全县规模以上企业成套设备及传统产业整机产品智能化率达 30%、信息技术应用率达 65%、电子商务应用率达到 40%；新认定软件企业 31 家，获批省“两化”融合示范企业 1 家、试点企业 4 家、省重点布局软件企业 1 家。（马项云）

■**镇村工业实现产值 901.4 亿元** 2011 年，全县镇村工业共完成产值 901.4 亿元，比上年增长 32.52%；销售 875.4 亿元，比上年增长 32.49%；

江苏奥新科技有限公司生产现场

利税 65.4 亿元，比上年增长 41.22%；利润 39.3 亿元，比上年增长 38.55%。全县民营工业完成固定资产投资 103.7 亿元，占市下达计划 104.77%，比上年增长 10.04%。全年各镇共新建标准化厂房 12 万平方米。江苏宝杰隆电磁线有限公司、江苏王牌直流电机制造有限公司被认定为 2011 年度江苏省中小企业创新能力建设示范企业；江苏赢洋实业股份有限公司被认定为 2011 年度江苏省中小企业创新能力建设重点培育企业；江苏奥新科技有限公司、宝应县九力绳缆有限公司被认定为 2011 年度高成长型中小企业；江苏润扬管件有限责任公司被认定为 2011 年度高成长型中小企业重点培育企业。在全市工业集中区年终考核评比中，安宜工业园、望直港耿耿工业园排名全市 10 强园区，氾水镇、夏集镇、柳堡镇、山阳镇、曹甸镇工业集中区排名全市 30 强园区。县中小企业局被农业部乡镇企业局授予“全国乡镇企业信息统计直报优秀单位”称号、获“2011 年度全市中小企业工作目标管理考核一等奖”。（李锦云）

■**组织部分企业负责人到新加坡研修** 7 月 11～19 日，县企业家协会组织部分重点企业、成长型企业以及冲刺亿元企业主要负责人共 27 人到新加坡国立大学研修。参培企业家通过学习培训，特别是参观新加坡横河电机公司，对该企业精细化的管理模式感到非常“震撼”，一致认为非常值得学习和借鉴。（王　成）

■**召开全县企业管理创新现场推进会** 11 月 10 日，县委、县政府召开全县企业管理创新现场推进会。会议贯彻全省企业管理创新大会精神，参观企业管理现场，听取相关企业经验介绍，动员全县工业企业，尤其是 30 强重点企业、成长型和

"冲亿"(向亿元企业冲刺)企业负责人转变管理理念,创新管理方式,加快创新步伐,全面提升管理水平和竞争力。　(王　成)

■徐吉明一行到县中小企业服务中心调研　11月24日,省中小企业发展中心主任徐吉明一行到宝应县考察调研县中小企业服务中心。徐吉明一行实地察看服务中心的办公设施、部门设置、服务指南和工作流程,详细询问服务中心人员配置情况,并召开县中小企业局领导、县中小企业服务中心负责人和安宜律师事务所、扬州弘瑞会计师事务所、江苏富源达担保公司、县邮政储蓄银行有关人员座谈会。徐吉明要求县中小企业服务中心进一步加强自身建设,继续对企业在发展中遇到的热点、难点开展各种服务活动,以出色的业绩推动服务中心工作再上新台阶。　(李锦云)

■举办高级职业经理人任职资格(宝应)培训班

12月14～15日,县经信委首次举办江苏省企业高级职业经理人任职资格(宝应)培训班。邀请省政协原副主席、省工业经济联合会、企业联合会、企业家协会"三会"会长吴冬华、省经信委副主任俞军作"当前宏观经济形势"、"两化深度融合"专题报告,省经信委原副巡视员、省"三会"执行副会长施友成作实务培训。全县共有36名高级职业经理人参加培训。　(王　成)

■3家企业被命名为市诚信守法企业　2011年,县经信委指导企业开展法企合作,推动20家企业与法律服务机构签订法企合作协议。着力提升全县企业诚信守诺整体形象,推动江苏迅达电磁线有限公司等18家企业申报市信用管理贯标企业,推进诚信守法企业创建工作。扬州华宇管件有限公司、宝胜集团有限公司、宝胜科技创新股份有限公司3家企业被命名为全市首批诚信守法企业。　(王　成)

■2人获市工业"十大明星企业家"称号　2012年2月8日,在全市工业发展暨"四大战略"推进大会上,宝胜集团董事长、总经理、党委书记杨泽元和江苏迅达电磁线有限公司董事长卢之云获得扬州市2011年度工业"十大杰出企业家"称号。　(王　成)

2011年宝应县30强工业企业主要经济指标实绩一览表

表8　　单位:万元

单位名称	工业产值			主营业务收入			利税总额			利润总额		
	2011年实绩	2010年实绩	增幅%	2011年实绩	2010年实绩	增幅%	2011年实绩	2010年实绩	增幅%	2011年实绩	2010年实绩	增幅%
合　计	2 918 890	2 292 543	27.3	2 714 957	2 139 489	26.9	184 973	140 915	31.3	113 152	85 222	32.8
宝胜集团有限公司	1 381 323	1 129 734	22.3	1 197 828	976 764	22.6	30 022	25 765	16.5	15 252	14 119	8.0
江苏迅达电磁线有限公司	360 125	299 200	20.4	358 749	296 323	21.1	56 538	29 127	94.1	45 412	20 177	125.1
骏升科技(扬州)有限公司	153 468	117 843	30.2	154 495	117 351	31.7	17 706	12 717	39.2	9 864	7 436	32.7
宝胜普睿司曼电缆有限公司	105 827	56 729	86.5	85 229	66 323	28.5	938	2 885	−67.5	352	670	−47.5
森萨塔科技(宝应)有限公司	88 215	77 977	13.1	86 932	78 251	11.1	10 162	17 693	−42.6	10 062	17 515	−42.5
江苏兴洋管业股份有限公司	76 349	56 777	34.5	75 295	56 763	32.6	6 865	5 205	31.9	2 668	2 220	20.2
扬州市安宜阀门有限公司	62 985	44 670	41.0	59 935	45 558	31.6	8 807	6 077	44.9	4 191	2 253	86.0
江苏远扬科技集团	57 406	35 879	60.0	50 452	28 262	78.5	3 628	2 194	65.4	1 439	900	60.0
江苏金夏纺织有限公司	55 997	39 998	40.0	54 594	38 996	40.0	9 876	5 597	76.4	5 447	1 998	172.6
江苏宝杰隆电磁线有限公司	51 705	33 962	52.2	52 306	32 918	58.9	769	820	−6.3	188	243	−22.5
扬州晨化科技集团有限公司	44 998	38 893	15.7	46 464	38 031	22.2	5 126	4 868	5.3	3 750	3 972	−5.6
扬州市名佳面粉有限公司	44 244	23 655	87.0	43 987	23 437	87.7	356	499	−28.6	218	416	−47.5
扬州格莱德科技有限公司	43 008	30 006	43.3	42 254	29 503	43.2	3 658	1 205	203.5	534	313	70.6
扬州市天宝电气集团	40 231	30 316	32.7	40 231	30 316	32.7	5 416	4 905	10.4	3 124	2 785	12.2
江苏江鹤电气集团	35 963	22 646	58.8	33 683	23 166	45.4	5 345	3 507	52.4	3 028	1 679	80.3
江苏宝应阿斯塔导线有限公司	33 000	18 055	82.8	32 111	19 369	65.8	386	448	−13.9	386	448	−13.9
江苏宝航特钢有限公司	32 853	31 626	3.9	31 909	31 626	0.9	1 744	1 082	61.2	789	735	7.3
江苏大成羽绒制品有限公司	28 970	16 860	71.8	28 740	16 680	72.3	1 864	933	99.8	1 212	595	103.7
永顺泰(宝应)麦芽有限公司	24 565	26 263	−6.5	32 423	23 671	37.0	1 564	1 134	38.0	412	119	246.2
江苏银宝实业股份有限公司	24 056	21 805	10.3	22 330	21 928	1.8	2 167	1 871	15.8	931	635	46.7
江苏菲达宝开电气有限公司	23 504	22 816	3.0	23 170	20 429	13.4	716	889	−19.5	389	455	−14.6

续表

单位名称	工业产值			主营业务收入			利税总额			利润总额		
	2011年实绩	2010年实绩	增幅%	2011年实绩	2010年实绩	增幅%	2011年实绩	2010年实绩	增幅%	2011年实绩	2010年实绩	增幅%
江苏润扬管件有限责任公司	22 252	14 853	49.8	21 955	15 348	43.0	1 888	1 215	55.4	1 137	930	22.3
扬州杰特沈飞车辆装饰件有限公司	21 025	12 596	66.9	21 025	12 596	66.9	1 480	1 282	15.4	465	835	−44.3
江苏玉华容器制造有限公司	17 867	16 015	11.6	23 926	23 926	0.0	874	622	40.5	321	189	69.7
江苏宝源高新电工有限公司	17 533	13 766	27.4	21 574	12 295	75.5	615	154	299.6	157	9	1 572.3
扬州华宇管件有限公司	17 183	11 850	45.0	16 345	11 850	37.9	2 070	621	233.2	1 433	215	565.5
扬州赛尔达尼龙制造有限公司	16 122	13 089	23.2	19 750	13 089	50.9	942	1 069	−11.9	145	365	−60.2
江苏五琼浆酒业有限公司	13 902	12 187	14.1	13 163	11 733	12.2	2 262	2 210	2.4	210	181	15.8
宝应协鑫生物质发电有限公司	13 353	12 215	9.3	13 244	12 724	4.1	−2 472	28	−9 055.8	−3 090	−521	492.9
宝应仁恒实业有限公司	10 861	10 262	5.8	10 861	10 262	5.8	3 662	4 293	−14.7	2 724	3 336	−18.3

输变电装备制造业

■概况 2011年，宝应县输变电装备(智能电网)主导产业拥有以宝胜集团为龙头的企业300家，从业人数1万多人。其中，产销规模5 000万元以上企业100家。拥有A股上市公司2家，即宝胜科技创新股份有限公司(简称“宝胜股份”，股票代码600973)和浙江菲达环保科技股份有限公司(简称“菲达环保”，股票代码600526)的全资子公司。已有美国、意大利、瑞典、奥地利等国家和中国香港等国家和地区的20多家知名企业到宝应县兴办相关产业独资企业或与该县企业合资合作。其中，世界500强企业5家，拥有国家工程中心1个、国家技术中心1个、省市技术中心20多个、博士后工作站1个。每年开发国家、省新产品超百个，年获授权的发明专利30个以上。拥有中国名牌产品、驰名商标和江苏省名牌产品、著名商标50多个。其中“宝胜”牌商标被评为中国电缆电线行业标志性品牌。宝应输变电装备产业被认定为第二批江苏省特色产业集群。

全县输变电装备(智能电网)产业包括输变电装备、传感器、电子信息三大类产品，主要有电力电缆、控制电缆、特种电缆、网络电缆、通信电缆、电缆附件、换位导线、电磁线、变压器、箱式变电站、电力控制设备、直流电机、振动电机、聚酰亚胺薄膜、传感器、热保护器、遥控器、数字监控系统等。其中，超导电缆、风能电缆、中高压和超高压交联电力电缆、铁路信号电缆、防火电缆、变压器铁芯件、换位导线、聚酰亚胺薄膜、直流电机、热保护器、遥控器等产品在国内市场的占有率最高、出口份额最大，是行业内的“冠军”。输变电装备(智能电网)产业71家规模企业全年实现开票销售191.4亿元，比上年增长31.4%。

■输变电装备科技城核心区项目签约 参见《开放型经济》篇《江苏宝应经济开发区》分目。

■汉金富泰30万吨铜杆项目开工建设 9月28日，香港佳鑫国际铜业集团有限公司出资成立的汉金富泰(扬州)铜业有限公司30万吨铜杆项目在宝应经济开发区举行开工典礼。该项目是全县输变电装备产业链延伸项目，总投资2亿美元，其中固定资产投资4 000万美元，主要生产无氧铜杆及铜加工延伸产品。

江苏迅达电磁线有限公司获省优秀民营企业称号

■江苏迅达电磁线有限公司 该公司成立于1997年11月，系国家高新技术企业、江苏省优秀民营科技企业，是全县输变电装备(智能电网)产业重点骨干企业。公司占地面积8万平方米，建筑面积2.5万平方米。企业年生产绕组线产品能力2万吨。公司拥有国际先进、国内一流的连续挤压设备、热风循环全自动漆包机、一级五模拉丝机、组合导线绕包机、换位导线、薄膜烧结线、玻璃丝包线等生产设备50多套。主要产品有：纸绝缘热黏合缩醛漆包换位导线、薄膜烧结铜扁线、纸包扁铜线及纸绝缘组合导线、漆包铜扁线、玻璃丝包漆包铜扁线、玻璃丝包薄膜及云母带绕包铜扁线等6个系列50多个品种的绕组线产品，被广泛应用于大型油浸变压器、干式变压器、电抗器、电机、电抗器等厂家。该公司与上海电缆研究所、中国绝缘材料研究所、中国风力电机技术研究所、哈尔滨理工学院、南京工业大学等科研院所建立长期的技术合作关系。2006年，该公司生产的聚酯亚胺漆包铜扁线于被评为江苏省名牌产品。2008年，公司拥有的“宝池”牌商标被评为江苏省著名商标。2011年，该公司获批国家高新技术企业、风力发电机用聚酰亚胺薄膜2个产品获批国家重点新产品、荣获“江苏省优秀民营企业”称号、建成省工程和技术中心及省级博士后工作站。4月27日，该公司新建的江苏迅达产业园开工奠基仪式在安宜工业园举行，项目总投资12亿元，其中固定资产8亿元，注册资本2.12亿元，主要生产高铁接触网导线、高铁用新型铜合金导线、风电用离子绕组线等。迅达产业园用地面积20.67公顷，其中获批省点供用地15.07公顷。2011年，该公司实现产值36.01亿元、利税5.65亿元。　　（凌红辉）

泵阀管件·压力容器业

■概况　宝应县泵阀管件和压力容器产业是全县工业中成长性优、集中度高、竞争力强、区域比较优势明显的特色产业。拥有相关产业企业110家，其中产销规模5 000万元以上规模企业24家，亿元以上企业11家。全县泵阀管件和压力容器产业拥有国内先进的大型中频弯头推制机、大R弯管机、金属三通和不锈钢弯头挤压液压机、4 000吨四柱液压机、大功率热处理电阻炉和磁粉探伤机、超声波在线探伤机、光谱分析仪、火花光电全读光谱仪等生产检测专用设备。“远扬科技”获中国金属管件行业标志性品牌。主要产品有水泵、阀门、压力容器、特种管道、弯头、三通、弯管、法兰等。其中，民用液化石油气钢瓶、车用压缩液化气(LPG)钢瓶、车用压缩天然气(CNG)钢瓶、核能管件、陶瓷内衬复合钢管、QCC出口阀、YGZB型高效无堵塞无泄漏纸浆泵等为重点产品。2011年，泵阀管件和压力容器产业24家规模企业实现开票销售25.3亿元，比上年增长20%。

■玉华容器举行成立10周年庆典活动　12月28日，江苏玉华容器制造有限公司成立10周年庆典活动在县行政中心报告厅举行。玉华公司成立10年来，紧紧依靠技术改造、科技创新，已发展成为亚洲最大的钢瓶生产基地，累计生产各类钢瓶2 000万只，销售38亿元，上缴税收6 000万元，捐赠公益事业1 000万元以上。庆典仪式上，县委书记、县人大常委会主任仲生代表县委县政府向玉华公司成立10周年表示热烈祝贺，中国城市燃气协会秘书长刘波代表嘉宾致辞，玉华公司董事长黄玉华介绍公司发展历程及未来发展规划。

■江苏润扬重工有限公司　该公司位于宝应县安宜工业园，注册资金1.15亿元，设有两个厂区，占地15万平方米，建筑面积7.5万平方米，主要生产、配套100万千瓦超临界机组所需锻件、高温高压管件、工厂化配管。公司有员工400人，其中各类专业人员80人。拥有4 000吨液压机、2 500吨液压机、3 150吨锻造液压机、1 500吨锻造液压机、天然气热处理炉、天然气加热炉、1 000吨中频推制机、Co60探伤室等各类生产装备200余台套；配备化学成份分析仪器、机械性能试验机、金相分析仪、直读光谱仪、低温冲击试验机等检测设备；先后通过ISO 9001：2008质量管理体系认证、ASME(PP＋U)认证、API(6H)认证、PED(CE)认证、GB/T 28001—2001职业健康安全体系认证；ISO 14001：2004环境体系认证，并取得国家特种设备制造许可证(压力管道)、企业AAA资信等级证书、计量保证确认证书。公司主要产品被广泛应用于电力、机械、海洋工程、石油、石化、造船等行业，是中石化采购供应商、中海油合格供应商、中石油能源一号网成员，是上海电气、哈电集团、东方电气三大动力集团供应商。2011年，公司实现产值2.23亿元、利税1 888万元。

■扬州华宇管件有限公司　该公司位于宝应经济开发区，成立于2000年，总建筑面积3.56万平方米，有员工240人，专业技术人员40人。该公司主要生产钢制(低、中、高压)无缝或有缝对焊管件，包括弯头、三通、异径管、锻制管件、管帽、法兰等，拥有完整的弯头、三通、异径管、煨制弯管、管帽等冷挤及热成型生产线和锻制管件、法兰加工生产线。该公司先后通过 ISO 9001:2008 质量管理体系认证，获得 ISO 14001:2004 环境管理体系认证证书、GB/T 28001—2001 职业健康安全管理体系认证证书、中华人民共和国特种设备制造许可证(压力管道)、中华人民共和国核承压设备制造许可证、美国石油协会 API 证书、欧盟 PED 证书、采用国际标准产品标志证书、计量合格确认证书、中国 CCS 工厂认可证书、美国 ABS 工厂认可证书、法国 BV 工厂认可证书、德国 GL 工厂认可证书等，是中石化、中石油一级网络供应商，AAA 资信单位。2011 年，公司实现产值 1.72 亿元，利税 2 070 万元。（凌红辉）

有机食品制造业

■概况 宝应县相继获“江苏省荷藕产业出口基地”、“有机食品基地示范县”称号。共有食品生产企业近 700 家，主要产品有藕制品、藕汁饮料、水煮菜、大米、面粉、白酒、香醋、麦芽等。国家有机食品检验检测监督中心在宝应建成，极大促进全县有机食品制造产业提升发展层次，增强宝应县有机食品产业在行业内话语权。2011 年，有机食品制造产业 13 家规模企业实现开票销售 11.9 亿元，比上年增长 20.7%。（凌红辉）

■扬州天禾(富田)成为荷仙集团控股公司 江苏荷仙食品集团创建于 1993 年 10 月，集团总注册资本 1.13 亿元。2002 年被命名为全国农业产业化重点龙头企业，是全国唯一一家从事莲藕加工、出口的国家级龙头企业，主要生产“荷仙”牌系列藕制品、“厚福”牌莲藕汁，产品有 15 个系列 200 多个品种。由于松散型管理模式，集团优势彰显不力，成员企业持续退出或停产，直接影响集团公司的良性发展。4 月 20 日，江苏荷仙集团进行资产重组，扬州天禾(富田)食品有限公司成功成为其控股公司。4 月 27 日，江苏荷仙集团综合楼项目在扬州天禾(富田)食品有限公司举行开工典礼，项目总投资 2 000 万元，主体三层，建设面积 4 500 平方米。项目规划年新增销售 5 000万元、利税 400 万元，为天禾(富田)食品冲刺亿元企业打下基础。（蒯义邦）

煤炭工业

■概况 2011 年，江苏宝矿煤业有限公司(简称县矿业公司)全年生产原煤 27.25 万吨，实现销售收入 1.51 亿元。其中，拾屯煤矿生产原煤 15 万吨，实现销售收入 1.05 亿元；旭东煤矿生产原煤 12.25 万吨，实现销售收入 4 568 万元。加大技改投入力度，引进先进设备和设施，提高煤炭生产安全和信息化、自动化、机械化水平，全年实现技改投入总额 1 300 万元，其中拾屯煤矿 800 万元，旭东煤矿 500 万元。

■安全生产 县矿业公司始终坚持“安全第一、质量第一”理念，在加强职工安全教育，加大安全违章处罚力度同时，通过技术改造增强煤炭安全生产可靠性。拾屯煤矿安装井下人员定位系统、安全应急数字广播系统、模拟信号和 IP 网络信号双重功能电话系统、KTJ4I 网络调度通信系统，实现对井下部分重要场所实施远程 24 小时视频监控。拾屯煤矿再次通过国家煤矿安全监察局检查验收，继续保持“一级安全质量标准化矿井”等称号。旭东煤矿把煤矿安全作为技改工作重点，努力提升矿井文明生产管理水平。全年进一步完善监测监控系统，安装人员定位系统，提前淘汰存在安全隐患设备，全面更新井下路标牌板，规范处置井下管线吊挂，矿井安全生产可靠性、事故应急能力得到大幅提升。拾屯煤矿连续安全生产 6 169 天，实现第 16 个安全年；旭东煤矿连续安全生产 2 415 天，实现第 7 个安全年。

■基础设施建设 拾屯煤矿新建 2 500 平米的办公大楼、生产调度指挥中心和设有大屏电视、暖气、广播、洗靴机等设施的候罐室，改建地面机电维修车间，完成井底车场段巷道大理石墙面和不锈钢吊顶改造装修，重新铺设井下主皮带道硬化底板皮带。通过技术创新，实现电子皮带秤对煤炭生产远程自动计量控制、压风机远程控制和无人值守。旭东煤矿顺利通过矿井 30 万吨技改验收，取得矿井 30 万吨“安全生产许可证”和“煤炭生产许可证”，为实现可持续发展打下坚实基础。（朱文凯）

建筑业·房产业

建筑施工安装

■**概况** 2011年,全县建筑业实现总产值245亿元,比上年增加46亿元,比上年增长23.11%。建筑施工面积2 400万平方米,其中县外双包面积1 300万平方米。全县建筑业完成税收2.8亿元,比上年增长140%。全县拥有各类资质企业85家,建筑业从业人员8.1万人。

■**拓展县外市场** 全年完成出省施工产值141亿元,比上年增长27%。西安、太原两大市场总规模350万平方米,其中,西安市场200万平方米,太原市场150万平方米;上海、天津、青岛分公司总规模210万平方米;长沙、石家庄、牡丹江等市场施工面积均达130万平方米;深圳市场施工面积达160万平方米;南宁、惠州市场施工面积总规模120万平方米。新开辟呼和浩特、石家庄、岳阳等市场,新承接工程200多万平方米。开拓非洲建筑市场,累计境外建筑劳务输出4 000多人,实现境外营业额2 000万美元。

亚细亚商业中心建成运行

■**培植企业资质** 全年新申办企业资质18家,企业资质增项26家,总承包二级升一级1家、三级升二级3家,专业承包三级升二级2家。安宜建设工程公司房屋施工总承包晋升一级资质,是全县唯一获一级资质的镇建筑企业。安宜建设工程公司、天宇建设工程公司先后被国家工商总局批准为集团公司。

■**科技创新和人员培训** 2011年,全县建筑业获批国家级工法1项,省、市级新技术应用示范工程3项;获省QC成果三等奖2项、优秀奖1项;获市QC成果一等奖3项、二等奖3项、三等奖4项。新增地方高级职称48人、中级职称121人。通过国家高级职称评审5人、中级职称评审27人、初级职称评审341人。新增一级建造师39人,二级建造师136人。

■**天宇公司获批省级以上施工工法2项** 2011年,江苏天宇建设工程公司徐新等4人编制的排水系统UPVC套筒直埋法施工工法获批建筑业国家施工工法,傅成贵等3人编制的FTC复合阻燃保温体系防火隔离带施工工法获批建筑业省施工工法。

(郭庆军)

2011年宝应县建筑业获得国家专利项目一览表

表9

序号	专利名称	发明单位	发明人
1	带有勾缝槽的干砌砌块	江苏天宇建设工程有限公司	刘丰铭
2	不缠线墨斗	江苏天宇建设工程有限公司	张 跃 刘丰铭
3	建筑物竖向洞口钢筋防护栏杆	江苏天宇建设工程有限公司	刘丰铭
4	建筑垃圾下运装置	江苏天宇建设工程有限公司	刘丰铭
5	混凝土结构便于预留钢筋的定型模板	江苏天宇建设工程有限公司	刘丰铭

2011年宝应县建筑业产值过亿元企业主要指标实绩表

表10

单位名称	建筑业总产值（万元）	竣工产值（万元）	房屋建筑施工面积（平方米）	年末自有机械设备（净值）（万元）	企业总产值（万元）	营业税金附加（万元）	利润总额（万元）
江苏天宇建设工程有限公司	880 394	661 014	1 172 933	39 605	915 894	20 431	20 462
安宜建设集团有限公司	139 144	183 352	244 601	10 527	168 398	3 209	3 806
江苏银河建设工程有限公司	133 781	89 801	119 195	6 137	133 781	4 256	2 329
江苏华轩建设工程有限公司	123 061	74 253	109 166	2 379	123 061	2 029	3 419
扬州市港宇建筑安装有限公司	111 998	154 278	103 034	3 006	111 998	1 854	3 385
宝应县东亚建筑安装工程有限公司	110 788	106 868	189 741	1 549	110 788	2 471	1 880
江苏金汜水建设有限公司	104 188	45 491	115 108	2 367	106 280	3 673	2 561
扬州市兴厦建筑安装有限公司	102 576	101 076	109 929	4 764	102 576	3 513	2 216
宝应县润阳建筑安装有限公司	100 066	97 272	89 867	2 512	100 066	2 455	1 342
宝应县华鑫建筑安装有限公司	96 680	92 680	102 650	1 019	96 680	1 948	1 272
扬州市兴成建设工程有限公司	95 808	70 832	128 979	2 130	95 808	1 792	1 780
宝应县万达建筑工程有限公司	84 154	77 258	53 454	369	84 154	1 720	1 090
宝应县华胜建筑安装有限公司	77 120	85 370	84 680	2 969	77 120	2 129	2 296
宝应县中天建筑安装工程有限公司	52 416	72 267	86 322	3 299	52 416	1 199	653
宝应县安康建筑安装工程有限公司	45 256	45 256	55 950	342	45 256	1 289	684
扬州科盛建筑安装工程有限公司	40 747	39 244	45 630	432	40 747	1 191	516
扬州丰祥建筑安装有限公司	39 413	47 960	41 177	3 240	67 759	1 419	849
江苏轩宇建筑安装工程有限公司	27 841	21 636	34 008	2 682	27 841	437	1 038
扬州伟业建筑安装有限公司	20 632	16 472	32 755	807	20 632	591	760
宝应县飞翔建筑安装工程有限公司	20 077	7 407	21 688	507	42 377	272	362
宝应县电信工程公司	18 454	18 454	—	788	18 454	588	387
宝应县水利建筑安装工程处	13 829	11 597	—	1 396	13 829	475	166
扬州市宝宇建设工程有限公司	13 500	15 500	16 600	1 350	15 000	287	451
江苏飞宇建筑安装有限公司	13 281	8 083	17 430	2 121	13 281	267	416
宝应县永安建筑安装工程有限责任公司	12 134	11 914	16 728	1 951	12 134	271	157
江苏飞跃道路桥梁建设有限公司	11 992	11 992	—	1 467	11 992	858	1 359
宝应县华扬建筑安装工程有限公司	11 379	8 247	21 316	963	11 379	272	390
扬州宏林建筑安装工程有限公司	10 346	9 556	7 559	1 427	10 346	543	124
合　计	2 511 055	2 185 130	3 020 500	102 105	2 630 047	61 439	56 150

工程建设管理

■施工许可与竣工备案管理 2011年发放建筑工程施工许可证83份，施工面积123万平方米。全年质量受监工程536个、面积245.76万平方米，其中新报受监工程262个、面积131万平方米。竣工工程155个、面积62万平方米，其中竣工备案工程152个、面积60万平方米。

■安宜建设工程有限公司晋升房屋总承包一级资质 3月25日，江苏安宜建设工程公司被住房和城乡建设部批准为房屋总承包一级资质。5月10日，该公司举行晋升房屋总承包一级资质庆典仪式，县委书记、县人大常委会主任仲生到场，向公司董事长简春国转授"国家房屋建筑工程施工总承包一级资质"证牌。这是宝应县继江苏天宇建设工程公司之后，第二家获批的一级建筑资质企业。

■工程创优 全年创省优质工程3项(含在外省施工工程)、市优质工程(含外市施工工程)29个；创省文明工地7个(含外省施工工程)、市安全文明工地25个(含外市施工工程)；创成县优秀项目经理部11家。江苏天宇建设工程公司承建的长沙泊爱蓝湾项目被评为"湖南省首届绿色施工示范工地"。

■全省建设工程安全生产文明施工现场工作推进会在宝应县召开 10月14日，全省建设工程安全生产文明施工现场工作推进会在宝应县召开。全省各省辖市和部分县、区建设(筑)建设局质安处(科)长、安监站站长、部分建设单位、施工企业、监理单位等400余人参加这次推进会。省住房和城乡建设厅副厅长徐学军出席会议。参会人员首先观摩江苏安宜建设工程有限公司承建的宝应县科技服务创新大楼施工现场，了解项目使用建设工程监督档案、施工现场管理台账、安全管理人员定位系统等工作亮点。江苏安宜建设工程有限公司等3家企业分别就施工现场的安全生产、文明施工管理、中小型施工企业安全生产内部控制、以及施工现场绿色施工作典型发言。会议明确要求参会人员推广江苏安宜建设工程有限公司施工现场安全生产、文明管理经验。

(郭庆军)

香格里拉花园小区6～7号楼项目荣获市建筑施工文明工地称号

2011 年度宝应县获江苏省建筑施工文明工地一览表

表 11

序号	施工单位	项目名称
1	江苏天宇扬州分公司	扬州财富广场 1 号、2 号楼
2	江苏省建工集团公司	华美达大酒店
3	江苏安宜建设工程有限公司	宝应县科技创新服务中心大厦
4	江苏安宜建设工程有限公司	广厦兰郡 1 号、10 号、11 号、12 号、15 号、16 号、17 号、19 号楼
5	江苏天宇建设公司	莲花嘉苑二标段 1 号、2 号、3 号、4 号、5 号、6 号、10 号楼
6	启东建筑集团	鸿盛新城 1 号楼、地下车库及商业综合楼

2011 年度宝应县获扬州市“琼花杯”优质工程奖一览表

表 12

序号	工程名称	承建单位
1	宝应盛世家园 24、25 号楼	江苏天宇建设工程有限公司
2	宝应盛世家园 26 号楼	江苏天宇建设工程有限公司
3	宝应盛世家园 56 号、59 号楼	江苏银河建设工程有限公司
4	宝应阳光水岸 5 号楼	江苏安宜建设工程有限公司
5	宝应汽车客运站商业楼	江苏天宇建设工程有限公司
6	宝应汽车客运站综合楼	江苏天宇建设工程有限公司
7	宝应汽车客运站候车楼	江苏天宇建设工程有限公司
8	宝应汽车客运站办公楼	江苏天宇建设工程有限公司
9	宝应大道拓宽改造工程(道路)一标段	江苏飞跃建设工程有限公司
10	山东临沂市沂龙湾 09 地块 4 栋	江苏天宇建设工程有限公司
11	山东菏泽上海嘉园一期工程	江苏天宇建设工程有限公司
12	河北廊坊华夏奥韵住宅 A 区 8 号楼	江苏天宇建设工程有限公司
13	江苏淮安苹果国际公寓	江苏天宇建设工程有限公司
14	山西太原北美新天地 3 号楼及裙楼	江苏天宇建设工程有限公司
15	山西太原中正悦湾 2 号高层住宅楼	江苏安宜建设工程有限公司
16	河北廊坊华夏奥韵住宅 B 区 11 号～14 号楼	江苏天宇建设工程有限公司
17	湖南长沙凯通国际(朝阳二村)4 号楼	江苏天宇建设工程有限公司
18	河北廊坊华夏奥韵住宅 B 区 20 号、21 号楼	江苏天宇建设工程有限公司
19	河北廊坊华夏奥韵住宅 A 区 23 号、24 号楼	江苏天宇建设工程有限公司

2011 年宝应县获扬州市建筑施工文明工地一览表

表 13

序号	施工单位	项目名称
1	宝应县飞翔建安公司	香格里拉花园 6 号、7 号楼
2	宝应县飞翔建安公司	香格里拉花园一期工程三标段
3	宝应县永安建安公司	宝应县盛世嘉园幼儿园
4	江苏天宇建设公司	行政图书信息楼、实验综合楼、食堂宿舍楼、体育馆工程
5	宝应县永安建安公司	南方凤凰城一期五标段 40 号～48 号楼
6	中亿建业集团公司	茗园天府二期高层住宅工程 7 号、8 号楼
7	中亿建业集团公司	茗园天府二期高层住宅工程三标段 1 号、2 号、3 号、5 号、6 号楼
8	中亿建业集团公司	茗园天府二期高层住宅工程五标段 38 号、44 号、45 号楼

续表

序号	施工单位	项目名称
9	宝应县通宝建安公司	氾水镇农民集中居住区一标段
10	宝应县通宝建安公司	氾水镇农民集中居住区二标段
11	宝应县通宝建安公司	氾水镇农民集中居住区三标段
12	江苏安宜建设工程公司	宝应科技创新服务中心大厦
13	扬州新盛建筑装饰公司	综合业务征收大厅内装饰工程
14	江苏银河建安公司	莲花嘉苑一标段
15	江苏安宜建设公司	广厦·兰郡5号、6号、13号、14号、20号、21号楼及地下车库1号、2号工程
16	江苏扬建集团	宝胜普睿司曼立式交联电缆生产车间工程
17	江苏天宇建设公司	莲花嘉苑二标段1号、2号、3号、4号、5号、6号、10号项目
18	宝应县华鑫建安公司	水煮车间
19	宝应县万达建安公司	天平初级中学教学楼、综合楼及食堂工程
20	启动建筑集团公司	鸿盛新城1号楼、地下车库及商业综合楼工程项目
21	启动建筑集团公司	鸿盛新城2楼、3号楼工程项目
22	江苏安宜建设公司	广厦·兰郡1号、10号、11号、12号、15号、16号、17号、19号楼

2011年宝应县获扬州市优质结构工程项目一览表

表14

序号	施工单位	项目名称
1	宝应县飞翔建安公司	香格里拉花园1号、2号楼
2	宝应县飞翔建安公司	香格里拉花园6号、7号楼
3	扬州伟业建安公司	江苏金虎电器科技有限公司2号、3号厂房
4	启东建筑集团公司	鸿盛新城2号、3号楼
5	江苏天宇建设工程公司	南方凤凰城一标段15号、16号楼
6	江苏天宇建设工程公司	宝应县国家税务局综合业务征收大厅
7	江苏安宜建设工程公司	宝应县老年公寓1号、2号楼
8	江苏天宇建设工程公司	扬州财富广场1号、2号楼
9	江苏天宇建设工程公司	宝应县开发区国际学校实验楼、宿舍、食堂、体育馆、行政楼
10	宝应县永安建安公司	盛世嘉园幼儿园
11	启东建筑集团	鸿盛新城1号楼
12	常州二建建设公司	南方凤凰城1号、2号、4号楼
13	常州二建建设公司	南方凤凰城6号、8号、9号楼
14	江苏安宜建设工程有限公司	广厦兰郡5号、13号、20号、21号楼
15	江苏安宜建设工程有限公司	广厦兰郡1号、10号、19号楼
16	宝应县通宝建筑安装工程有限公司	宝应县氾水农民集中居住区一标段31号、37号楼
17	宝应县通宝建筑安装工程有限公司	宝应县氾水农民集中居住区一标段21号楼
18	宝应县通宝建筑安装工程有限公司	宝应县氾水农民集中居住区一标段14号、16号楼
19	中亿建业集团有限公司	茗园天府小区1号、2号、3号楼
20	江苏银河建设工程有限公司	宝应县圆通物流有限公司1号、2号楼

房地产开发

■房地产开发企业 2011年，全县共有房地产开发企业52家(含县外开发企业17家)，其中二级资质3家、三级资质6家、四级资质6家、暂定资质开发企业37家。

■房地产开发投资 全年完成房地产开发投资14.98亿元，比上年增长7.3%，其中住宅投资12.64亿元，比上年增长12.9%，房地产开发新开工面积44.14万平方米，比上年增长42.7%，城区在建楼盘27处。

■商品房价格 3月份，县政府办公室印发《关于进一步加强全县房地产市场调控工作的通知》；成立由分管副县长任组长，房管、住建、国土、地税、财政、物价等相关部门主要负责人为成员的房价目标控制工作领导小组；确定全年商品房价格增长“低于城镇居民家庭人均可支配收入”的控制目标。至年底商品房成交均价4 849元/平方米，比上年上升9%，其中商品住房成交均价4 229元/平方米，比上年上升7%。

■商品房销售 2011年，随着国家对房地产多项调控政策发生作用，市场销售量下滑，全年商品房批准预售面积63.28万平方米，比上年下降12%；商品房合同成交面积37.23万平方米，比上年下降57%；商品住房合同成交37.75万平方米，比上年下降52%；二手房成交17.8万平方米，比上年下降34%；完成涉房税收2.77亿元，比上年减少0.83亿元；住房信贷总量9.36亿元，比上年下降28%。 (高金标)

住房保障和房产管理

■概况 2011年，全县开工建设廉租房65套、经济适用房70套，筹集公共租赁住房936套(间)，发放廉租住房租赁补贴122户，实施危旧房改造10.1万平方米，向国家、省争取住房保障奖补无偿资金2 203万元。全年收缴房屋维修资金1 581万元，累计归集维修基金9 062万元，批准使用维修资金123万元。受理房屋安全鉴定项目266个，防治、灭治各类工程白蚁面积130万平方米，维修公房1 000余户、2 000多间。

■住房保障 2011年，县政府调整住房保障标准为人均月收入600元及以下，常住城镇人口5年及以上、人均住房面积15平方米及以下的家庭可申请廉租住房保障，其中低保家庭和无房家庭可申请实物配租，其他家庭可申请租赁补贴。人均月收入800元以下，常住城镇人口5年及以上、人均住房面积15平方米以下的家庭可申请经济适用住房保障。申请实行社区登记、安宜镇初审、县房管局和县民政局复审的“三审核”原则。全年有394户家庭提出申请，县房管部

经济适用房——莲馨家园小区建成投入使用

门逐户进行现场核对，对符合保障条件的家庭通过媒体予以公示；对符合廉租住房实物配租保障条件的51户家庭和经济适用房保障条件的150户家庭进行摇号抽签，将房源一一落实到位。全年审核发放廉租住房租赁补贴122户、20万元。

■房屋产权登记 按照市统一要求，对原有的房屋权属登记系统升级改造，强化对查封、扣押房屋的实时监控。全年办理各类权属登记8 076户，登记面积140.52万平方米，其中初始登记1 684户、转移登记5 503户、变更登记889户。测量房地产面积67.4万平方米。

■启动房产档案数字化扫描 从9月份开始，县房管局投入70万元委托北京奥鹏数据信息技术有限公司，对馆藏8.5万卷房产档案进行数字化扫描，至年底，完成2.8万卷的扫描工作，成为扬州市各县(市、区)第一家开展房产档案数字化录入工作的单位。全年为社会各界提供档案查询服务1.2万人次，出具首套房证明6 200份。

■房屋征收 实施船闸扩容改造及苏中南路拓宽改造房屋征收(拆迁)工作，共拆除116户单位、个人的房屋，拆除房屋面积1.5万平方米，发布《房屋征收决定》一件。

■小区物业管理 县房管局配合全县技防城建设，开展物业管理小区的技防设施建设指导督查工作。至年底，38个物业管理小区中有35个小区完成技防设施任务。指导南方凤凰园、鑫宝佳园、碧水庄园、宝利莱、东方花园、人和家园、名仕华庭7个小区成立首届业主委员会，指导书香名府、宝丽花园2个小区业主委员会换届改选。对金源世纪城、华美达国际公寓、墨香苑、凯润金城、兵港花园5个项目进行物业服务公开招标，对明日家园、铂金公馆、翡翠家园3个不足3万平方米的项目进行物业服务议标。全年收取物业服务履约保证金60.95万元，监管前期补贴费用46.5万元。

2011年宝应县物业企业一览表

表15

企业名称	法定代表人	地址
宝应县金宝物业服务有限公司	张兆森	房管处三楼
宝应县安居物业管理有限公司	宁玉峰	世纪园内
扬州市安宜物业管理有限责任公司	何有时	苏中南路77号
宝应县经济开发区东阳物业管理有限公司	费书山	大上海国际公寓商业街4楼
扬州市温馨物业服务有限公司	问先荣	碧云国际花园会所
扬州市诚达物业管理有限公司	包士洋	时代广场二楼
扬州市宏大物业服务有限公司	张萍萍	中心国际城
宝应县平安物业管理有限公司	施传华	棉麻公司二楼
宝应华美达物业服务有限公司	祁乃兵	工农路春燕小区门市东1号
扬州市东日物业服务有限公司	陆秀红	交警大队事故股南侧
宝应鹏宇物业服务有限公司	屈飞鹏	望直港幸福路81号
宝应县嘉业阳光物业服务有限公司	董门才	京华国际
宝应县长城物业管理有限公司	何建亚	安宜商贸城二楼
宝应县金鑫物业服务有限公司	金慎艾	曹甸镇镇西路7号
扬州宝源物业服务有限公司	梁吉明	苏中贸易城
扬州明辉物业管理服务有限公司	李　进	时代广场3幢3101－3
扬州四通物业公司宝应分公司	葛　欣	威尼斯国际花园
苏州工业园区置信物业服务有限公司扬镇宁分公司	刘珍培	苏州工业园区东延路118号
上海博莱捷物业管理有限公司宝应分公司	张六宝	上海花园(张斌)
扬州双龙大成物业管理有限公司	葛晓泉	县政府行政中心
扬州华南物业有限公司宝应分公司	胡钰平	宝应县人民医院
上海良岚物业有限公司宝应分公司	解红青	经济开发区七里村郜庄组13号

(高金标)

住房公积金管理

■概况　2011 年，扬州市住房公积金管理中心宝应分中心新增住房公积金开户单位 80 个，新增缴存职工 6 289 人，归集住房公积金 2.08 亿元；发放个人住房公积金贷款 1.08 亿元，个贷逾期率保持为零；增值收益率 2.46%，提取 201 万元用于县廉租房建设，风险准备金充足率 2.5%。宝应分中心被评为“扬州市住房公积金系统优秀单位”。

■住房公积金归集　宝应分中心着力拓宽非公企业住房公积金制度覆盖面，全年新增住房公积金开户单位 80 个，新增缴存人数 6 289 人，共归集住房公积金 2.08 亿元，比上年增长 25.5%。截至年底，全县已有 57 855 名职工参加缴存住房公积金，累计归集住房公积金 10.84 亿元，归集余额 5.40 亿元。

■住房公积金使用　2011 年度提取住房公积金 1.01 亿元，其中主要包括：办理职工退休等销户支取1 712.87 万元，职工购建房及大修住房支取 1 993.82 万元，偿还住房贷款支取 6 343.99 万元，年度住房公积金支取额占全年归集额的 48.47%。截至年底，累计支取住房公积金 5.44 亿元。全年发放住房公积金贷款 474 户、共 1.08 亿元，累计向 7 204 户职工家庭发放购、建贷款 8.74 亿元，累计回收贷款 4.26 亿元，贷款余额 4.48 亿元，贷款余额占归集余额的 82.96%，贷款逾期率保持为零。全年全县实现住房公积金业务收入 2 603.36 万元，其中业务支出 1 274.76 万元，实现增值收益 1 328.60 万元。业务支出按规定用于支付职工个人住房公积金存款利息、提取贷款风险准备金、住房公积金管理费用、承办银行的手续费和城市廉租住房建设补充资金。

（沈风华）

公积金业务办理大厅

批发零售

■**概况** 2011年，全县实现社会消费品零售总额92.69亿元，比上年增长17.1%。其中，城镇实现消费品零售额70.04亿元，增长22.9%；农村实现消费品零售额22.65亿元，增长2.2%；批发零售业零售额87.35亿元，增长17.6%。商贸流通工作获评扬州市二等奖。

■**家电下乡** 自2009年2月江苏省实行家电下乡政策起，至2011年12月底，全县共销售冰箱、彩电、手机、洗衣机、计算机、空调、热水器、微波炉、电磁炉、电动自行车共十大类下乡产品16.1万台(件)，销售金额3.7亿元，其间，国家财政按13%的比例给予补贴，财政补贴总额4 648万元。其中，2011年销售金额2.02亿元，国家财政补贴2517.84万元。

■**以旧换新** 自2009年6月1日起，江苏省实行家电以旧换新政策，交售旧家电并购买新家电的购买者均可享受新家电销售价格10%的补贴。以旧换新家电产品补贴范围主要有电视机、冰箱、洗衣机、空调、电脑计五大类。2011年，全县通过以旧换新共销售产品57 310台(件)，销售金额2.03亿元。该项政策于2012年1月1日结束。

■**设立宏信龙连锁超市10家** 2011年，县商务局积极引进江苏宏信龙超市连锁股份有限公司到宝应县发展连锁经营，并注册设立宝应分公司。该公司是商务部“万村千乡”市场工程中标承办企业之一、也是扬州地区有较大影响的大型商贸流通企业，全年在宝应县农村地区新设立宏信龙连锁超市10家，并通过市商务部门验收。

■**有机食品质量监督检验中心获批“省商务服务平台”** 2011年，江苏省商务厅、省财政厅联合发出《关于认定江苏省商务服务平台的通知》，宝应县有机食品质量监督检验中心被认定为“江苏省商务服务平台”，并获得100万元项目资金。

■**重点批发市场** 2011年，全县纳入市统计范围的重点批发市场4个。其中，重点商品批发市场2个，分别是奥邦亿丰国际商贸城、苏中装饰城，两个市场全年实现成交额7.76亿元，比上年增长25.6%；重点农副产品批发市场2个，分别是苏中农副产品批发市场、荷仙荷藕批发市场，两个市场全年实现成交额12.19亿元，比上年增长44.2%。

■**曹甸、射阳两镇菜场列入省改造升级计划** 2011年，根据《乡镇菜场建设标准规范》相关规定，省商务厅、省财政厅联合发出通知，曹甸镇和射阳湖镇两镇菜场被列入省改造升级计划，并获得省农产品市场体系建设项目资金40万元，专项用于这两个镇菜场改造升级。

■酒类市场整治 2011年，县商务部门根据省商务厅要求，开展为期半年的酒类流通领域专项整治。重点围绕酒类备案登记制度执行情况、“随附单”溯源制度落实情况、购销台账制度落实情况、酒类经营者索证情况等主要内容开展转型检查。全年督促600多家酒类经营者完成办理酒类经营许可手续。（傅红军）

供销合作

■概况 2011年，全县供销合作总社系统实现农资、日用品连锁销售额12.32亿元；培育市级以上龙头企业和品牌产品各1个；实现农副产品交易额10.06亿元；新建为农服务社6个、改造升级为农服务社12个；新增农民专业合作社示范社7个，其中省级2个、市级2个、县级3个；完成基层社“三位一体”建设2个。县供销合作总社被省供销合作总社表彰为“进步幅度优胜单位”，获得市“‘五五’普法先进单位”称号和全市供销合作社综合业绩考评特等奖与“项目建设(经济效益)先进单位”、“村级便民服务中心(为农服务社)建设先进单位”、“基层社‘三位一体’建设先进单位”等称号。

■出台《关于进一步加快我县供销合作社改革发展的意见》 12月，县政府出台《关于进一步加快我县供销合作社改革发展的意见》，要求充分认识加快推进供销合作社改革发展的重要意义；确定加快供销合作社改革与发展的指导思想和主要目标，提出到2015年末，主要经济指标在2010年的基础上实现翻两番，建成覆盖县、镇、村三级为农服务组织体系。

■成立宝应县供销合作经济联合会 12月31日，县供销合作经济联合会成立。县委常委、政法委书记陈金荣，副县长杨洪国出席成立大会并被聘请为县供销合作经济联合会名誉会长。联合会的成立，在确保基层社人财物隶属关系不变情况下，把全县基层供销合作社及有关涉农组织吸收进联合会，组织会员统一制定为农服务策略、工作规范，统一布置为农服务工作，统一检查监督会员工作，发展壮大涉农经济组织，确保全县为农服务工作更有实效、再上新台阶。

■组织9家企业参加2011年海峡两岸农展会 12月2～4日，“2011海峡两岸(江苏)名优农产品展销会暨产销对接洽谈会”在南京规划建设展览馆举办。县供销合作总社牵头组织全县9家企业的名特优农产品参加展示展销。宝应展示区面积60平方米，现场销售额130万元，签订销售合同额6 600万元。

■苏中农副产品批发市场被认定为全国农业产业化重点龙头企业 9月，中华全国供销合作总社公布2011年供销合作社农业产业化重点龙头企业名单，确定全国358家企业为供销合作社农业产业化重点龙头企业，宝应县苏中农副产品批发市场榜上有名。

宝应县供销合作经济联合会成立大会现场

■两镇成立农村供销合作经济组织 5月，夏集镇供销合作社、宝应县子婴河特种水产研究所、宝应县佳宝有机桃合作社3家单位发起成立宝应县夏集镇农村供销合作经济组织联合会。7月，曹甸镇供销合作社、宝应县和平荡南芡实产销专业合作社、扬州联农包装材料有限公司、江苏省沪宜高效农业发展有限公司4家单位发起成立宝应县曹甸农村供销合作经济组织联合会。（赵茂生）

■文峰大世界开业 6月18日，宝应文峰大世界亚细亚购物中心有限公司开业。该公司是中国连锁20强企业——江苏文峰集团在扬州地区投资开办的第一家分店，是由文峰大世界连锁发展股份有限公司和原宝应亚细亚商城共同打造的一家现代化购物中心，地处宝应县城安宜东路与苏中路交汇处。宝应文峰大世界总投资2亿元，经营面积2万平方米，分为四个经营楼层，设有独特的共享中庭，经销黄金珠宝、化妆品、名表、数码电子、品牌服饰、风格鞋包等数百个不同种类、不同档次的品牌商品，是宝应县最大的精品百货商场。截至年底，实现商品销售额6 000万元。（赵茂生 高 源）

省长李学勇参观2011海峡两岸（江苏）名优农产品展销会宝应展区

粮食购销

■概况 2011年，全县粮食系统完成社会粮油总产值12.6亿元，实现利润990万元。粮食购销企业共收购粮食28.7万吨，其中小麦24.7万吨、稻谷3.8万吨、大豆0.2万吨；销售粮食72.45万吨，实现利润300万元。县粮食局先后获得“全省粮食流通监督检查先进单位”、“全省粮食信息工作先进单位”、“全市粮食工作目标管理先进单位”、“全市粮食行政执法先进单位”等荣誉和“全省粮食工作十佳创新创优奖”、

■“江苏宝粮控股集团”挂牌成立 10月22日，江苏宝粮控股集团有限公司在宝应湖粮食物流中心成立。江苏宝粮控股集团是以宝应县粮食购销总公司为母体，以宝应湖粮食物流中心为主体，吸收县骨干粮食企业组成。集团的组建将有效解决全县国有粮食企业规模小、实力弱、经营分散、各自为战问题，打造发展“航母”，形成规模经济。副县长华德荣、县粮食局局长陈书勤为“江苏宝粮控股集团”揭牌。

■国有粮食企业战略重组 县粮食局以江苏宝应湖粮食物流中心有限公司为核心，整合全县国有粮食企业优势资源，构建全产业链、集团化产业平台。通过股权转让与无偿划转的方式，将原县粮食购销总公司对各粮食企业所持的股权转入宝应湖粮食物流中心，实现股权重组。将优质收购库点及加工企业实物资产以及其他资产转入县粮食购销总公司，实行集中管理，实现资产重组。规范和划分各公司业务，明确经营范围，实现业务重组。形成以县粮食局行使行政职能、县粮食资产经营管理公司行使国有资产管理职能、集团公司行使产业经营主体职能的全县粮食工作新格局。县粮食局申报的“国有粮食企业战略重组项目”获省粮食局授予的“全省粮食工作十佳创新创优奖”。

■粮食行政监管 县粮食局联合县质监局、县建设局、县财政局对全县144家粮食经营户的粮食收购资格进行全面核查，规范全县粮食收购市场主体资格，共审核通过93家，暂停20家，取消31家。在粮食收购期间，会同县公安局、县工商局联合开展粮食市场监督检查，维护全县粮食流通市场秩序，对获批的93家各类粮食经营主体进行检查，责令整改30家，立案查处11起，罚款2.8万元。

■“放心粮油”建设 全县新创建“放心粮油店”2家，累计23家。江苏宝应湖粮食物流中心有限公司、扬州名佳面粉有限公司和扬州宝泰米业有限公司信用等级分别被中国粮食行业协会评价为AAA级、AA级、A级，并分别被授予“诚信粮油企业”称号。宝应湖粮食物流中心被省经济和

信息化委员会批准为“江苏省重点物流企业”;“名佳”牌商标获批江苏省著名商标。

■“示范粮库”建设 县粮食局将创建“示范粮库”与改善仓储设施有机结合,实行统一规划、重点实施、逐步推进。宝应湖粮食物流中心、县廷柏粮库按照省级示范粮库的创建标准要求,对仓储区、办公区硬件进行提升,加强软环境建设,建立完备的目标管理考核机制、购销储各环节的责任制、责任追究制,健全基础台账和应急预案。宝应湖粮食物流中心、县廷柏粮库两家单位均被省粮食局授予“江苏省示范粮库”称号。

■粮食烘干服务 县粮食局利用宝应湖粮食物流中心日烘干处理稻麦 1 000 吨、县廷柏粮库日烘干稻麦 400 吨、县洁莹粮油公司日烘干稻麦 400 吨的烘干设施,积极为农民提供烘干服务,对全县种粮大户交售的高水分粮实行随到随烘,对一般农户实行预约登记烘干。并且,根据种粮大户需求,提供运输车辆到田头,将高水分粮装车直接送到粮库,实现粮食收割、运输、收购、烘干、结算一条龙服务。全年共为农民烘干高水分粮 8.5 万吨,帮助农民增收 3 000 万元。 (曹洪义)

烟草专卖

■概况 2011 年,全县销售卷烟 2.88 万箱,比上年增长 0.78%;实现销售额 6.08 亿元,比上年增长 8.61%;单箱价格 2.11 万元,比上年增长 7.77%;实现毛利润 1.64 亿元,比上年增长 9.42%。其中,全国重点骨干品牌(30 个)销量 1.83 万箱,比上年增长 40.3%。县烟草专卖局获县“法制工作先进集体”、“农村扶贫脱贫攻坚工程优秀单位”、“扶贫助残先进单位”等荣誉。

■专卖管理 县烟草专卖局(分公司)与工商部门联合向全县卷烟零售户发布《关于取缔无证照经营卷烟的通知》的公开信,加强卷烟市场的管理与整治,建立违法大户、违法运输车辆、外地籍零售户花名册;召开由公检法司 4 部门参加的协调会,加强部门信息沟通,开展“冬季行动”、“闪电八号”、“闪电九号”、“闪电十号”等专项整治活动。全年共查处卷烟违法经营案件 387 起,比上年增长 15.52%,登记保存卷烟 4 840.4 条,比上年增长 31.14%,涉案总案值 143 万余元,比上年增长 48.23%,查缴罚没款 11.49 万元,比上年增长 55.27%,拘留 6 人,市场净化率达 96.72%。

■创建“省烟草稽查示范中队” 2011 年,扬州市烟草专卖局确定县烟草局泾河稽查中队为扬州烟草系统创“省烟草稽查示范中队”先行试点单位。县烟草局抓创建工作宣传发动,抓硬件设施投入,建立和完善市场监管、行政执法、专卖内管、办事公开等 26 项规章制度,推行“准军事化管理”模式管理,抓队员作风教育,提高文明执法水平和依法行政能力。12 月 13 日,全市烟草系统创建省烟草稽查示范中队现场会在宝应召开,推介泾河稽查中队创建工作经验。

■内部经营监管 加强对卷烟销量、订单采集、自营店的内部监管,开展对全县零售户信息的清查核对,完善停、歇业零售客户审批核查程序及固定大客户供货等级评分及审批模式,组织对销量前 100 名零售客户及月销量过千条零售客户的定期网上内部监管和外部市场调查。广泛宣传“12313”投诉举报电话,加强对员工行为规范监督。全年未发生一起有效投诉。

查获非法运输卷烟大案

■查获 220 万元违法运输卷烟大案 12 月 29 日,市、县烟草专卖局联合行动,在公安机关配合下,在京沪高速公路宝应进出口处成功拦截一辆违法运输卷烟厢式货车,查获一起无证运输卷烟大案,经清点,车上共装有“中华“、“苏烟”、“利群”、“熊猫”等卷烟 5 927 条,案值 220 万元。案件被移交公安机关处理。 (吴俊祥 陈 军)

盐业专营

■概况 2011年，江苏省苏盐连锁有限公司宝应分公司(宝应县盐务管理局)食盐零售网点登记在册客户1 752户，实现销售收入1 370万元，实现利润35万元；销售小包装食盐3 300吨，销售“320克小包装”精盐1 770吨、品种盐950吨，销售食盐6 885吨、工业用盐1 500吨。全县市场碘盐覆盖率98%，居民食用碘盐合格率100%。纸塑新一代小包装盐、绿标盐逐步占领市场，新一代小包装盐消费人均4.7千克。

■盐业市场管理 抓好盐政执法队伍建设，全年有56人次参加县级以上的法制人员培训。开展盐政执法检查工作，全年出动执法人员1 566人次，检查食盐零售户(商店)2 756户，走访用盐企业237家、盐渍藕生产企业28家、学校食堂55家、农贸市场39个、宾馆饭店235家、熟食炒货139家、酱醋生产企业23家，查获盐业违法案件31起，没收销毁私盐14.5吨，罚款3.56万元。抓好普法宣传，开展“3·15”、“5·15”和“元旦”、“春节”市场专项整治行动、“烟花三月经贸旅游节专项行动”、“国庆节、中秋节净化食盐市场行动”等专项活动，加大对盐业法规的宣传力度，接受群众咨询1 295人次，散发宣传材料12.08万份，设立标语戗牌17幅。

■平息食盐抢购风潮 3月17日，受县外“食盐抢购”风潮影响，全县出现食盐抢购现象。县盐业公司及时向市民宣传碘盐与预防核辐射常识，加强食盐调配工作。公司组织人员印发宣传材料，及时张贴到各大超市、农贸市场、学校、居民小区等人员密集场所；配合县委宣传部通过县电视台、手机信息平台向社会公众发布权威宣传信息。3月17日晚至18日凌晨，县盐业公司对全县19个大型商场超市和乡镇特许经销商的食盐补货工作顺利完成，配送食盐420吨，确保3月18日白天全县市民能够买到食盐，顺利平息食盐抢购风潮。

■门店建设 2011年度，江苏省苏盐连锁有限公司下达宝应盐业分公司建设苏盐连锁直营店目标数5个。分公司依据全县区域格局和人口分布状况，在安宜镇、鲁垛镇、氾水镇、曹甸镇共建成苏盐连锁直营店5家，其中安宜镇2家，其他3个镇各1家。 (沈 辉 高艰辛)

住宿·餐饮业

■概况 2011年，宝应县住宿餐饮业保持良好发展态势。商贸、旅游、餐饮行业合力打造名店、名师、名宴、名菜。3月份，《中国水鲜美食之乡—江苏宝应》一书由江苏科技出版社出版发行。宝应县顺峰大酒店、扬州远来酒店有限公司、扬州白鹿岛旅游有限公司入选2011年度“江苏诚信承诺联盟”企业。宝应县金尊大酒店、宝应县幸福家园美食城、扬州白鹿岛旅游有限公司获“江苏省诚信经营示范企业”。全县住宿餐饮业完成零售额5.33亿元，比上年增长9.0%。

■举办“罗马假日杯”第二届宝应县烹饪技术大赛 4月8～26日，在省餐饮协会支持下，宝应县商贸总公司、县广播电视总台、县烹饪(餐饮)协会共同举办的“罗马假日杯”第二届宝应县烹饪技术大赛在宝应罗马假日国际休闲会所开赛。这届比赛采取电视台现场录制，选手现场制作方式进行。组委会邀请扬州大学旅游烹饪学院副教授马建鹰、省餐饮职业教育集团执行秘书长胡畏、江苏淮扬菜烹饪学院副院长丁玉勇、南京乐和餐饮集团餐饮总监盖强、扬州市烹饪协会秘书长邱杨毅5人担任专家评委，另征聘观众评委5人，进行现场评比亮分。比赛分为初赛和决赛两个阶段进行，初赛由25家餐饮企业推出25道特色菜，最终评出宝应县“十大招牌菜”和13个“生态特色菜”。

■华美达大酒店主体封顶 11月23日，宝应华美达五星级大酒店主体工程提前两个月建成封顶，香港温德姆酒店集团亚太地区总裁李圣勇，华美达兄弟酒店代表，县领导仲生、翟士高、杨善慧、杨洪国、黄才堂及县相关职能部门负责人、企业家代表等100多人参加封顶仪式。华美达大酒店董事长张爱平致辞。副县长杨洪国代表县委、县政府对华美达大酒店的成功封顶表示热烈祝贺。宝应华美达大酒店是美国温德姆国际酒店集团特许授权，由扬州赛尔达房地产开发

公司建造，位于县宝应大道南侧、县政府西侧，占地面积9公顷，总建筑面积约18万平方米，包括1幢五星级酒店、和7幢公寓楼，绿化率62%，内设幼儿园、地下停车场、别墅、凤鸣湖、购物中心、精装修青年公寓等。大酒店主楼23层，建筑面积3.98万平方米，总投资2.5亿元，内部功能设计可24小时为入住宾客提供洗澡、游泳、桑拿、娱乐、健身、美容等多项服务，规划建成扬州市一流的豪华商务酒店及宝应住宿餐饮业标志性品牌。

宝应大运河建材物流中心开工奠基仪式

■组织评选宝应县绿色宾馆(酒店)

1～10月，宝应县商贸总公司、县环保局、县旅游局共同组织评选宝应县绿色宾馆(酒店)。经评审，宝应天元大酒店、扬州白鹿岛旅游有限公司、扬州远来酒店有限公司等3家旅游餐饮企业获首批“宝应县绿色宾馆(酒店)”称号。

■邵连云制作“荷藕杂粮狮子头”获“中国名菜”称号　12月份，中国烹饪大师、宝应金尊大酒店行政总厨邵连云制作的“荷藕杂粮狮子头”菜肴作品，参加在南京举行的全国烹饪技术大赛，被评为“中国名菜”。　(潘建中)

物　流　业

■概况　2011年，全县道路、水路交通物流业实现增加值8.5亿元，比上年增加10.4%。全年货运量1 478万吨，货物周转量26.3亿吨千米，分别比上年增长25.15%和26.14%。其中，公路货运量730万吨，货物周转量4.8亿吨千米；水路货运量748万吨，货物周转量21.5亿吨千米。全县有道路货运经营业户2 802户，比上年增长8.8%；营运货车3 248辆、货运1.83万吨，分别比上年增长17.6%和28.9%；现有货运船舶829艘、37.7万吨，分别比上年增长1.8%和32.1%。物流企业专业化、规模化程度不断提高。全县物流经营户超过150家，重点物流企业宝胜物流、宝应湖粮食物流全年共实现营业总额6亿元，比上年增长16%。圆通物流园完成主体工程建设，开工建设大运河建材物流中心。

■大运河建材物流中心开工建设　4月20日，宝应县举行大运河建材物流中心项目开工奠基。该项目位于安宜镇朱马闸北面，由江苏宝运新型建材有限公司投资兴建，项目总投资1.58亿元，规划用地9.06公顷，码头岸线1.5千米，年吞吐量500万吨，打造成全县最大的砂石、钢材、混凝土建筑材料集散中心。省交通运输厅苏北航务管理处处长薛扬、市水利局局长李春国、县领导王庭国等为项目开工培土奠基。　(徐振华)

■江苏宝应湖粮食物流中心　江苏宝应湖粮食物流中心是江苏省粮食现代物流发展规划中的一个重要节点，拥有年处理小麦15万吨专用面粉生产项目、12万吨粮食仓储区、日处理800吨原粮大型低温烘干系统及配套设施。2011年，县粮食局以江苏宝应湖粮食物流中心有限公司为核心，整合全县国有粮食企业优势资源，构建全产业链、集团化产业平台，成立江苏宝粮控股集团。年底，中心投资500万元、岸线长120米的大运河千吨级粮食专用码头建成使用。全年中心收购粮食15.9万吨，其中小麦13.98万吨、粳稻1.51万吨、籼稻0.21万吨、大豆0.2万吨；销售粮食22.38万吨，其中小麦18.03万吨、粳稻3.95万吨、籼稻0.4万吨；粮食储藏量7.19万吨。该中心被中国粮食行业协会授予“诚信粮油企业”称号，被江苏省经济和信息化委员会批准为“江苏省重点物流企业”，被省粮食局评为“江苏省示范粮库”，并获批“扬州市农业产业化重点

龙头企业"等荣誉称号。（曹洪义）

旅 游 业

■概况 2011年，县旅游局启动《宝应湖旅游度假区规划》编制工作，成功举办2011中国·宝应荷藕节及生态旅游推介会。白鹿岛生态旅游区被授予"全省乡村旅游二十强"称号，被评为"省自驾游基地"。射阳湖荷园旅游区获"省四星级乡村旅游点"称号。扬州宝应湖国家湿地公园和扬州射阳湖省级湿地公园正式获批。白鹿岛大酒店通过国家三星级旅游酒店验收。开通上海至宝应旅游直通车，延伸纵棹园—白鹿岛旅游专线。全县累计拥有国家级旅游景区（点）7家、星级饭店3家、旅行社7家。全年接待游客126.75万人次，比上年增长24%，实现旅游收入11.94亿元，比上年增长25.55%。

■启动宝应湖旅游度假区总体规划编制工作 2011年，县政府决定科学开发运西生态旅游资源，促进全县旅游业加快发展，并将此项工作列入政府全年的100件实事之中。经综合考虑，以打造宝应湖旅游度假区为工作切入点，按照国家级旅游度假区的标准，启动《宝应湖旅游度假区总体规划》编制工作。7月份，县政府通过招投标确定浙江远见旅游设计有限公司为宝应湖旅游度假区总体规划编制单位。11月7～9日，浙江远见旅游设计有限公司博士王忠带领宝应湖旅游度假区总体规划编制组对宝应湖旅游度假区资源现状进行考察，并对相关专题进行调研，标志着宝应湖旅游度假区总体规划编制工作正式启动。宝应湖旅游度假区规划范围为运西中心河以西、南闸河以南、团结圩以北、宝应湖以东，总面积9平方千米，区域内集生态、湿地、林地、湖泊和地热等资源于一体，其中宝应湖国家湿地公园是度假区的核心区域。

■白鹿岛生态旅游区获"省乡村旅游区（点）二十强"称号 5月13日，江苏省旅游发展大会在南京召开。会上，宝应县白鹿岛生态旅游区获"江苏省乡村旅游区（点）二十强"称号。这是继白鹿岛生态旅游区获"江苏精品乡村旅游区（点）"和"江苏省旅游行业文明单位"等称号后获得的又一荣誉称号。

■宝应灯组亮相"（扬州）海峡两岸大型春节灯会" 1月29日晚，"江苏（扬州）海峡两岸大型春节灯会"（第二届）在扬州宋夹城举行点灯仪式。宝应县承制的《恭贺新春》灯组也相继亮起。宝应县承制的灯组以"春、大红灯笼、中国结、荷花"为主体元素，将光雕手法与传统彩灯工艺有机结合，在背景光雕元素中融入低碳理念，配以内发光及霓虹灯带，在夜色中灯光变幻无穷。灯组下部四周以荷塘为背景，图片展示宝应县在工业化、城市化战略带动下取得的经济和社会丰硕成就。

■举办酒店从业人员业务提升培训班 10月31日，县旅游局联合县人社局、县商务局共同举办全县酒店从业人员业务提升培训班。这次培训班专门从扬州聘请职业培训师、教授进行授课，参训对象为全县星级酒店、计划申报星级的酒店以及具有相当规模、发展空间较大的宾馆酒店，共20多家。参训对象包括酒店、宾馆业务主管、中层骨干及部分一线服务人员近百人。

■举行"宝应湖国家湿地公园上海至宝应旅游直通车"开通仪式 10月15日，宝应湖国家湿地公园举行"扬州宝应湖国家湿地公园上海至宝应旅游直通车"开通仪式，副县长杨洪国宣布直通车开通，县旅游局、县交通局、上海仁谊旅行社、宝应湖国家湿地公园负责人出席仪式。

（邵成纯）

宝应县酒店从业人员业务提升培训班

综 述

2011年，宝应县金融业实现增加值6.56亿元，比上年增长14%。县银行业机构10家，其中新增1家。金融系统实施“金融助推”工程，全年实现新增融资额49.22亿元；县域银企合作集中签约授信46亿元，落实率90%；保险公司分支机构（含营销部）45家，实现保费收入9.35亿元，比上年增长11.9%；全县证券市场实现成交金额86.27亿元，实现净手续费收入1 163.3万元；新增农村小额贷款公司2家、融资性担保公司7家，全年实现担保余额13亿元；企业上市工作取得重大突破，仁恒实业控股有限公司在香港联交所创业板上市，宝胜科技创新股份有限公司实现上市再融资8.5亿元。江苏奥新科技有限公司、江苏宝粮控股集团有限公司、扬州晨化科技集团有限公司等企业加快启动上市程序，全县企业上市工作呈现“多点开花、全面发展”良好局面。

银企金融合作 组织实施成长性企业金融助推计划，确定100家成长性企业，开展“一对一”结对金融服务；金融顾问帮助企业完善基础财会制度、提高信用等级、疏通融资渠道、增加有效投放、降低融资成本、改善债务结构。2月23日，组织扬州市县域（宝应）银企合作签约仪式，全县75家企业与13家市级金融机构签订贷款合作协议46亿元，比上年增长28%。参加签约的75家企业中工业企业占59家，占总数80%，签约金额31亿元，占总数67%。其中，宝胜科技创新股份有限公司签约金额11.65亿元。宝胜股份实现再融资8.5亿元。

润翔农村小额贷款公司开业 5月10日，宝应县润翔农村小额贷款公司在射阳湖镇举行开业庆典仪式。润翔农村小额贷款公司是经省政府

宝应县鸿源农村小额贷款公司开业典礼

批准成立的准金融机构，注册资本5 000万元。该公司主要面向“三农”，为中小企业、农业种植养殖户、科技示范户等提供小额贷款服务。

■江苏射阳农村商业银行宝应支行开业　参见《宝应县人民政府》篇《重要活动》分目。

（唐丽萍）

中国人民银行宝应县支行

■概况　2011年，中国人民银行宝应县支行（简称县人行）密切关注经济形势的变化，引导银行业法人机构有效落实稳健货币政策，确保信贷投入平稳有序增长。通过政府会议、专题汇报等多种形式，向地方政府宣传货币政策，传递合理政策预期，为地方制定经济社会发展目标提供重要依据。截至2011年末，全县金融机构人民币存款余额221.77亿元，比年初增加33.37亿元，比上年多增2.27亿元。其中，储蓄存款余额143.13亿元，比年初增加16.87亿元，比上年多增1.32亿元；单位存款余额78.64亿元，比年初增加16.5亿元，比上年多增0.95亿元。人民币贷款余额137.53亿元，比年初增加22.46亿元，增长20%，增幅高于全市平均水平4个百分点。

■扩大贷款融资规模　2011年，县人行为解决镇域小企业、微小企业的资金需求，全年先后6次组织银行机构进乡镇、入园区，进行分类合作、专场洽谈，达成贷款协议6.2亿元。至年末，全县金融机构各项贷款余额137.53亿元，比上年末增加18.76亿元，增长14%。辖内社会融资余额167亿元，全县社会融资总量比年初增加49.22亿元。

■助推百家成长型企业　2011年，县人行联合相关部门“推出百家成长型企业金融助推工作计划”，在全县筛选出100家成长性强的中小企业，由县内银行业机构实行结对挂钩服务，助推企业加快发展；推动县政府分别建立1 000万元中小企业融资风险补偿基金和2 000万元中小企业互助基金，缓解中小企业贷款难、担保难问题。

■保证“三农”发展贷款　2011年，县人行将农村、农业和农民“三农”作为贷款的“必保”领域，县内各金融机构向农户及农村合作经济组织授信11亿元，农户贷款余额24.4亿元。引导农村信用社推行“农民议贷”新模式，推动农户贷款大幅增长。全县已有244个村组建立“农民议贷”小组，评议贷款12.7万户、33亿元。

■推介债务融资工具　2011年，县人行在认真筛选、保证质量、防控风险前提下，力促商业承兑汇票业务发展，增加企业融资2.35亿元。推介非金融企业直接债务融资工具，对相关企业开展专题业务辅导，筛选出9户企业开展融资评估，规划首次发行中小企业集合票据1.1亿元。

■“金融生态县”建设　2011年，县政府成立金融工作指挥部，印发《关于深化宝应县“金融生态县”建设工作的意见》、《宝应县金融生态优秀镇（区）优秀村创建工作实施意见》。举行农村青年信用示范户创建及融资扶持签约仪式，全年新征集农村农户（青年）信用档案1万份，评选农村青年信用示范户410户，授信金额共4 130万元。建立农户及农村合作经济组织信用信息系统，县人行与县多个相关部门联系，批量采集农户身份、财政一折通补贴、养老保险、新型合作医疗、商业保险等方面信息56万条。

2011年扬州市县域（宝应）银企合作签约仪式

■金融依法行政　2011年，县人行加强对法人银行业机构存款准备金、不良贷款、资本充足率等指标变化情况的监测，切实防范其流动性风险和支付性风险，按旬考核其法定存款准备金缴存情况。深入推进平安金融创建工作，通过现场检查、调查、定点收集数据等措施，强化对法人金融机构、小额贷款公司、民间借贷的监测和评估，有效防控金融风险。8月份，开展法人银行法定存款准备金缴存情况现场检查。联合宝应县公安局召开专题联席会议，全面部署开展打击银行卡犯罪“天网～2011”专项行动，健全银行卡安全的长效防控机制。

■国库业务 8月29日，TIPS系统(国库信息处理系统)正式上线运行，推动财政预算收入入库效率提升，实现社保基金的国库直接收纳。加强核算管理，国库会计核算质量稳步提高，差错率进一步降低。全年共办理预算收入入库37.53万笔、44.74亿元，退库1 284笔、5.85亿元；预算拨款1.45万笔、40.81亿元；国债实物券兑付38笔、650元。开展“送国债下乡”活动，全年实现国债销售4 008万元，其中在农村销售1 448万元，占36%。

■支付结算 2011年，国库直接拨付从渔业成品油价格补贴，拓展到城市低保领域，全年共办理国库直补5个批次8 834户(次)、3 000多万元，提高财政资金使用的安全性、合规性和使用效率。在扬州市辖内率先推广应用支付密码器，首批试点企业安装52台，至年末已推广使用3 200台，占企业基本存款账户总量的42%。强化人民币结算账户管理，全年核准开立基本存款账户1 489户、专用存款账户67户、临时存款账户13户、撤销核准类账户337户。

■外汇业务 2011年，全县各类外汇收入5.67亿美元，外汇支出1.23亿美元。年末，各银行外汇存款余额2 565万美元，其中储蓄存款余额386万美元。银行办理结汇4.74亿美元，售汇5 931美元。新增办理进出口网上核销业务企业24家、累计148家，共办理网上核销业务1 891批、1.36万笔、3.25万美元；接受企业申请，办理外汇结算账户开户登记36户。推进跨境贸易人民币结算试点工作，全年为6家企业办理结算业务金额共1.8亿元。

全县农村反假货币“壁垒工程”启动仪式

■人民币管理 2011年，各金融机构提高辖区人民币流通质量，推行现金收支“两条线”。开展柜面人民币收付质量检查和残损币兑换工作，全年残损币兑换共23万元。建设农村反假币壁垒工程，加大公众反假币宣传力度，加强对银行柜面人员反假币知识培训和参加“三师”考试，增添反假币设备，开展中国人民银行《假币收缴、鉴定管理办法》执行情况检查等。全年共收缴假人民币1 903张、共17.6万元。

2011年宝应县外汇指定银行外汇业务统计简表

表16　　单位：万美元

银行名称	贸易项下		资本项下		其他非贸易		外汇存款		结售汇		资本金入账额
	收汇	付汇	收汇	付汇	收汇	付汇	对公	储蓄	结汇	售汇	
工商银行	6 641	480	540	0	637	115	834	23	8 072	795	300
农业银行	4 494	1 901	13 657	0	322	163	290	8	17 735	1 415	13 457
中国银行	21 509	7 426	652	250	1 838	525	692	345	15 536	2 666	652
建设银行	3 473	716	2 097	15	52	725	336	10	5 246	1 055	2 097
江苏银行	798	0	0	0	0	3	27	0	798	0	0
小　计	36 915	10 523	16 946	265	2 849	1 531	2 179	386	47 387	5 931	16 506

说明：表中银行名称系简称，各行全称分别为，中国工商银行股份有限公司宝应支行、中国农业银行股份有限公司宝应支行、中国银行股份有限公司宝应支行、中国建设银行股份有限公司宝应支行、江苏银行股份有限公司宝应支行。

（高　翔）

中国农业发展银行宝应县支行

■概况　2011年末，中国农业发展银行宝应县支行（简称“农发行”）各类贷款余额14.74亿元，其中中长期贷款余额6.83亿元，比年初增加2.06亿元。各类存款余额2.85亿元，比上年末增加1.01亿元。实现经营性考核利润3 750万元，比上年增加1 151万元。信贷资产连续5年实现无不良贷款、无欠息、无逾期“三无”目标，继续保持“信贷资产优质行”荣誉称号，在农发行江苏省分行2011年度争先创优考核中再次实现“精品行”目标，分别被农发行江苏省分行、扬州市分行表彰为“先进集体”，获得县委、县政府“信贷投放高幅增长”项目“创新突破特别贡献奖”金牌单位。

■支持粮食收购　2011年，县农发行全年投放粮食收购贷款5.79亿元，支持江苏宝应湖物流中心有限公司、宝应县名佳粮油购销有限公司等7家公司收购粮食24.2万吨。

■支持新农村建设项目　截至2011年末，累计支持新农村建设中长期贷款项目7个，投入贷款9.65亿元，项目覆盖农村基础设施建设、农民集中住房建设、农业科技推广、农业生态保护等。其中，支持开发区、安宜镇农民集中居住区2011年新上项目2个，投放贷款4亿元。

■支持农村产业化发展　2011年，全年新增加产业化“龙头”企业流动资金贷款客户3家，投放贷款4 600万元；完成5家产业化“龙头”企业流动资金老客户贷款重新申报、发放工作，投放贷款7 480万元。

■中间业务　2011年，全行全年中间业务收入77.3万元。其中，代理各类保险业务收入15.6万元，在全扬州市农发行系统排名第一；开办企业信用等级评定、资产评估、信息定制、常年财务顾问、融资顾问5个品种的咨询顾问业务收入55万元；结算手续费收入6.7万元。

（陈洪斌）

中国工商银行股份有限公司宝应支行

■概况　2011年末，中国工商银行股份有限公司宝应支行（以下简称“县工行”）人民币各项存款总额33.03亿元，比年初增加5.75亿元，其中储蓄存款比年初上升8 375万元，对公存款比年初增加4.91亿元。全年新增信用总量4.21亿元，其中新增规模内本外币贷款3.34亿元，新增表外资产业务融资0.87亿元。在表外资产业务中，新增敞口银票0.07亿元；新增理财委托贷款业务金额0.8亿元。不良贷款余额2 050万元，比年初上升1 170万元，不良贷款率0.99%（表内统计）。全年实现扣除减值损失前利润9 420万元，比上年增加2 950万元，增长46.1%；实现中间业务收入3 730万元，比上年增加1 300万元，增长53.5%。

■创新表外资产业务　2011年，县工行将海外代付、理财委托、银信保业务等表外融资产品作为信贷产品创新的切入点，全年实现创新表外资产业务累计投放2.87亿元，年末投放余额1.7亿元，为重点规模客户做大做强提供资金保障。其中，县工行通过海外代付为宝胜科技创新股份有限公司融资1.42亿元，为宝胜普睿斯曼电缆有限公司融资0.18亿元，两项融资年末余额0.62亿元。

■公共基础设施信贷投入　2011年，县工行继续将基础设施建设融资作为信贷投放重点，围绕县农业“万顷良田”项目投放贷款8 000万元；围绕县生态新城建设，为江苏振宜实业发展有限公司报批授信9 500万元。

■优化中小企业融资　2011年，县工行实施积极的客户增长计划，调整产品结构，优先发展小企业贷款、融资及相关表外资产业务，全年新建立小企业信贷客户14户，新增融资1.22亿元，其中新增流动资金贷款5 460万元、新增银行承兑汇票融资1 700万元、新增理财委托融资4 050万元。

（金中全）

中国农业银行股份有限公司宝应支行

■概况 2011年，中国农业银行股份有限公司宝应支行(简称县农行)年末本外币各项存款余额31.63亿元，比上年末增加2.15亿元，完成市分行对接任务108.6%。全行本外币贷款余额为15.80亿元，比上年末增加2.47亿元。全年实现拨备后利润6 829万元。

■组织资金 县农行通过开展“春天行动”首季开门红竞赛、送金融知识下乡、举办客户联谊会、加大代发工资拓展力度、联系夏粮大户收购和出售资金归集、加强与第三方存管大户的联系、强化储蓄和对公存款管理等措施扩大存款市场份额，至年末，实现本外币各项存款余额31.63亿元，其中储蓄存款余额24.82亿元，比上年末增加1.68亿元，完成市分行对接任务107%，增量市场份额全县同业第一位；对公存款余额6.81亿元，比上年末增加0.47亿元，完成市分行年底对接任务113%。

■小企业贷款 县农行重点支持符合国家产业政策、第一还款来源充足，担保措施落实的优质中小企业。全年给予中小企业用信额度1.48亿元，实际发放中小企业贷款1.09亿元，比上年末增加0.57亿元、增长率110%。

■或有资产业务 按照“总量控制、结构优化、提高收益、贸易背景真实”原则，拓展经济资本占用低的国际国内信用证、保函、银行承兑汇票、承诺等或有资产业务，提高保证金比例和综合回报，或有资产总额达4.92亿元，比上年末增加0.51亿元。

资料链接：或有资产指过去的交易或事项形成的潜在资产，其存在须通过未来不确定事项的发生或不发生予以证实。

■个人贷款业务 截至年底，个人助业贷款余额2 830万元，比上年末下降525万元；农户小额贷款余额2 837万元，比上年末下降109万元，个人住房贷款余额8.68亿元，比上年末增加1 239万元。

■中间业务 全年实现中间业务收入3 302万元，比上年增加1 467万元、增长80.93%。其中，公司业务收入581万元，代理及委托业务收入381万元，国际业务收入321万元，信用卡业务收入415万元，其他业务收入1 604万元。

(徐海兵　殷永忠)

中国银行股份有限公司宝应支行

■概况 2011年末，中国银行股份有限公司宝应支行(以下简称“县中行”)各项存款余额25亿元，比年初增加2.2亿元；各项贷款余额18.2亿元，比年初增加1.86亿元，其中零售贷款余额9.17亿元，比年初增加1.45亿元，列全县同业第一位。国际结算业务2.5亿元，占全县同业市场份额50%。县中行被县委、县政府授予“文明单位”、“第三轮农村扶贫脱贫攻坚工程先进单位”称号，县中行党支部被表彰为省中行系统“先进基层党组织”。

县中行代表队参加扬州分行第二届运动会开幕式入场表演

■发展表外资产业务 县中行积极应对国家宏观政策和授信结构调整压力，谋求业务发展新突破口，对县域重大项目、重要企业和大客户实施名单式管理，成功营销一批重大资产项目。在把控风险前提下，利用同业代付、“融信达”、商贴、保函等产品，为企业缓解资金周转压力，累计实现表外资产7.52亿元。积极参与县“百家成长企业金融助推计划”活动，先后调研8家企业，投放贷款800万元。

■**更换核心业务系统**　6月6日，县中行成功上线中国银行新一代核心业务系统。新系统支持客户的唯一性和全行“一本账”，改变以前同一客户在中行多家机构开户，及同一个机构内不同业务有不同账号状况，能够更好地针对客户的不同需求提供个性化服务，并大幅提高客户资金收付效率。

■**风险防范**　建立健全安全保卫工作责任制，将安全稳定工作任务层层分解，做到要求明确、职责清晰。定期与“110”指挥中心合作，检查报警设备情况，全年组织两次全行员工参与的防火、防抢演练。加强矩阵式内控体系建设，实行业务经理派驻制度和内控管理人员轮岗交流制度。加强员工安全与合规知识教育，增强员工风险防范意识，提高员工遵章守纪的自觉性。加大合规与内控检查力度与频率，认真整改各种内审外查问题。县中行获得2011年“扬州市平安金融单位”称号。（周文君）

中国建设银行股份有限公司宝应支行

■**概况**　2011年末，中国建设银行股份有限公司宝应支行（以下简称“县建行”）本外币一般性存款余额27.87亿元，比年初增加2.23亿元。其中，储蓄存款余额14.83亿元，企业存款余额13.04亿元，分别比年初增加0.81亿元、1.42亿元。本外币各项贷款余额17.74亿元，比年初增加5亿元。其中，公司贷款余额12.57亿元，比年初增加4.18亿元；个人贷款5.17亿元，比年初增加0.82亿元。全年实现国际业务结算量7 336万美元，结售汇总额6 301万美元；实现中间业务收入3 590万元，比上年增加1 506万元、增长72%；实现利润7 673万元，比上年增加2 924万元、增长62%。

■**成功营销宝胜股份股票增发募集资金4.5亿元**　县建行贯彻中高端客户发展战略，把握市场重大发展机遇，强化银政企三方合作，成功营销宝胜股份股票增发募集资金4.5亿元，为支持宝胜集团的持续发展及实现全行一般性存款余额同业领先打下坚实基础。

县建行新城支行开业典礼

■**优化信贷投放**　县建行积极应对政策和市场变化，克服宏观信贷规模紧缩影响，优化信贷投放，积极营销符合国家产业政策的优质项目和重点民生项目，全年贷款投放保持较高增长水平。截至年末，累计投放公司贷款13.29亿元，其中小企业贷款7亿元，比上年增加1.98亿元；签发银行承兑汇票71笔、1.09亿元，办理保函259笔、1.4亿元。

■**压缩不良信贷**　综合运用包括法律途径在内的各种手段处置不良资产，资产质量显著提高。截至年末，县建行的公司不良贷款余额9.78万元，不良率0.01%，个人不良贷款余额20.73万元，不良率0.04%。（陈秀荣）

中国邮政储蓄银行宝应县支行

■**概况**　2011年，中国邮政储蓄银行宝应县支行（以下简称“县邮储银行”）加快实现向商业银行转型，不断推出新产品，改进服务手段，增强服务能力，提高服务水平。截至年末，全行存款余额38.4亿元，其中个人存款35.6亿元，对公存款2.8亿元；代理保险2.05亿元，实现基金理财国债产品有效销量1.17亿元；年末贷款余额4.3亿元，逾期率控制在0.69%以内；成功开办票据贴现业务，实现收入 12.82 万元。全年累计实现业务总收入 8 699.98 万元，未发生任何资金案件与安全事故，获得 2011 年度“扬州市平安金融单位”等荣誉。

■成立小企业贷款中心 年初，县邮储银行积极向上级行申请试点开办小企业贷款业务。3 月份，正式获得小企业贷款业务开办权，成立小企业贷款中心。开辟优质小企业客户资金融通绿色通道，全年实现增加小企业贷款 3 442 万元。

■网点建设 2011 年，县邮储银行为提升品牌形象和社会影响力，增强员工归属感和发展信心，对 5 个“一类支行”进行整体装修。同时，扩充、改造氾水支行信贷服务区；新建、装修夏集支行员工宿舍；完成新办公大楼的购置及相关权证办理工作及落实新增“盛世嘉园”支行的选址、洽谈、租赁、设计工作等。

■反假币宣传月活动 5 月 28 日和 6 月 11 日，县邮储银行以广洋湖镇、夏集镇作为开展反假币宣传月活动的主宣传点，通过在社区、农贸市场、集市等人口密集地段散发宣传资料、制作宣传板报、在电子屏幕上滚动播放反假币知识等多种方式，增强社会公众反假币意识，提高反假币技能。同时，组织全行员工进行反假币知识再学习、再教育，全年共依法收缴假币 4.68 万元。

（乔光路　黄欢欢）

江苏银行股份有限公司宝应支行

■概况 2011 年，江苏银行股份有限公司宝应支行实现各项存款 7.12 亿元，比上年增加 2.28 亿元，其中新增储蓄存款 4 657 万元、新增对公存款 1.8 亿元；各项贷款 7.97 亿元，比上年增加 2.27 亿元，其中个人住房贷款（含个人消费贷款）2.09 亿元、公司贷款 5.88 亿元。完成中间业务收入 208 万元。全年实现利润 2 600 万元。

■电子银行业务 全年信用卡有效发卡 267 张，新增理财类金融资产 2 323.9 万元，其中发售基金 1 180 万元、代理保险 122.9 万元、理财类产品 881 万元、销售国债 140 万元；发放借记卡 8 600 张，开通个人网银 291 个、企业网银 36 个，新增代发工资客户 25 户、代发额 350 万元；完成国际业务结算量 711 万美元。

■“管理提升年”活动 2011 年，江苏银行宝应支行开展“管理提升年”活动，强化依法经营、合规操作，狠抓内部管理规范化、制度化、标准化。支行成立以行长为组长的违规积分管理工作领导小组，明确分管副行长主抓内控工作，从制度学习、操作流程等多方面规范员工行为。全年通过强化管理，层层监控，纠错防弊，加大处理违规违章力度，扣除违规积分 9 人（次）、27 分，会计核算和信贷资产质量得到有效保障。

（高龙翔）

县邮储银行开办小企业贷款业务新闻发布会

宝应县农村信用合作联社

■概况　2011年，县农村信用合作联社（以下简称“县信用联社”）共有内设职能部室12个，撤销业务拓展部及信贷管理部，新设个人业务部、公司业务部、授信管理部，成立小额贷款中心；下辖营业部1个、农村信用社26个、信用分社5个，全社在职员工416人。截至年末，县信用联社资产总额63.76亿元，其中固定资产总额0.46亿元；各项存款余额55.45亿元，比年初增加11.48亿元，增长26.11%；各项贷款余额40.77亿元，比年初增加8.66亿元，增长26.96%；实现各项业务收入3.79亿元，比上年增加1.3亿元，增长152.31%。存款、贷款总量及增量均位居全县金融机构第一位。各项贷款增幅位列全省农信系统第八位，在省联社年度等级社考核中评为3A级，比上年晋升4级。继续推进人事制度改革，对全县信用社系统39名中层干部岗位组织公开竞聘上岗。优化员工队伍的年龄结构和学历结构，公开招聘大学生员工32人。加强与电视、报刊等地方新闻媒体合作，宣传推广农村信用社新产品、新服务和新形象。县信用联社获得县“创新突破特别奖”和“部门工作目标考核”二等奖。

■筹建“江苏宝应农村商业银行股份有限公司”

2011年，县信用联社加快深化改革步伐，正式启动“江苏宝应农村商业银行股份有限公司”组建工作。8月24日，召开第一次临时股东大会，形成同意定向募股、清产核资、资产评估等决议，获得政府注资4 000万元，用于清收不良贷款。截至9月30日，成功处置淮江高速公路资本金1 269万元，定向募集股金人民币1亿元，其中社会自然人股股金2 535万元、内部职工股股金465万元、法人股股金7 000万元，全部股本金增至2.5亿元。11月2日，召开第二次临时股东大会，形成同意组建“江苏宝应农村商业银行股份有限公司”等11项决议。县政府牵头成立筹建工作小组，制定筹建工作方案，开展全面清产核资，取得中天银会计师事务所出具的验资报告，并通过省银监局初审验收，完成净资产分配。

■发展存款业务　县信用联社先后开展各类组织资金专项竞赛活动，加大奖励力度，完善考核措施。积极推广电子银行业务，全年新增网银开户3 844户，交易金额65.31亿元。新发展POS商户152家，刷卡消费金额6 100万元。新增手机银行用户2 410户，总交易量8 000万元。不断改善网点服务环境，对6家网点进行整体装修。至年末，全年各项存款余额市场份额比年初上升1.76个百分点，达到24.99%，继续保持总量和增量全县第一位。

■加大信贷投放　县信用联社在信贷规模紧张的情况下，通过压贴现、降不良、调结构等措施，优先将信贷资源向小企业倾斜。深入推进“阳光信贷”工程，实行集中授信、优化贷款结构、严格贷款责任。全年授信农户1.26万户，授信总额10.74亿元；授信企业383家，授信总额22.5亿元。累计发放中小企业贷款40亿元，其中新增授信企业户数85户，新增授信金额1.8亿元；“易贷通”卡内用信5.8亿元。至年末，全辖各项贷款余额为40.77亿元，比年初增加8.66亿元，增长26.96%，扣除不良贷款核销额，实际增加贷款9.8亿元，增长30.52%，贷款市场份额29.64%，比年初上升1.3个百分点。及时开展各类清收专项活动，定期向全社公布新增不良贷款明细，严格执行信贷风险问责制度，启动信贷客户“黑名单”建设，加强与公安、法院部门的沟通合作，全年现金收回不良信贷资产2 300万元，五级分类不良资产余额比年初下降2.03亿元，占比比年初下降5.14%。

■拓展中间业务　县信用联社根据“优化收入结构、拓展创利渠道、加强财务管理、控制经营成本”的经营思路，积极拓展中间业务市场，开办代理保险、代理评估、签发银票、票据贴现、履约保函等业务，有效营运富余资金。全年办理票据、再贴现业务6笔，金额2.74亿元；办理存放、回购、调剂业务125笔，金额103.7亿元；办理债券申购业务3笔，金额2亿元。

■强化内控管理　全年共审查规章制度33项、修订12项；严格实施违规积分考核，强化员工业务操作和制度执行情况的监督。举办8期“一月一主题”合规文化视频教育活动及合规文化知识竞赛活动，全面增强员工的合规意识。建立案件防控动态管理工作机制，采取全面稽核和专项审计、条线检查互补方式，加大对经营管理工作的检查指导。全年共开展各类稽核检查 79 次，实现全年无案件、无安全事故。

■举办慈善晚会捐赠 20 万元 5 月 30 日，县信用联社结合省联社成立 10 周年及县信用联社存款超 50 亿元，举办慈善捐赠晚会，现场捐款 20 万元。（童 敏）

中国人民财产保险股份有限公司宝应支公司

■概况 2011 年，中国人民财产保险股份有限公司宝应支公司完成实收保费 8 282.91 万元，比上年增长 40.9%，提前 19 天完成扬州市分公司下达的 7 760 万元计划任务。其中，车险 4 840.51 万元，非车险 1 579.7 万元，农险 1 862.7 万元。各类保费市场份额高于上年 2.6 个百分点，达到 50.4%。全年共支付各类理赔案件赔款3 858.91 万元，比上年上升 34.5%。再次夺得宝应县行政、事业单位(2011～2013 年度)公务用车定点保险项目公开招标。连续第五年获评"扬州市劳动保障诚信示范单位"称号。

■水稻种植保费收入超 2 000 万元 截至 7 月 11 日，全县水稻种植参保面积达 5.42 万公顷，种植户基本做到"应保尽保"，总保费收入超过 2 000万元。按照 50%的共保比例，公司成为全市辖内首家秋熟作物保费突破千万元大关单位，保费收入全部到账。

■小麦受灾支付赔款 51.5 万元 2011 年上半年，宝应县出现较为严重旱灾，因旱灾引起的小麦受灾面积 365.09 公顷，受灾农户近 600 户。对此，宝应支公司高度重视，迅速组织力量对全县受灾农田进行现场查勘。7 月 18 日，在全市范围内率先完成小麦种植受灾理赔工作，共支付赔款 51.5 万元。

■"三农"保费收入 280.88 万元 宝应支公司全年实现农村、农业、农民"三农"保险业务保费收入 280.88 万元，比上年增长 40.16%，完成年度计划的 122.12%，提前 18 天完成市分公司下达的 280 万元"三农"保险任务。

■获"县服务业纳税之星"称号 全年上缴地方税务局各种税金 265.28 万元，比上年增长 21.75%。被县政府表彰为"县服务纳税之星"，成为全县 20 家服务业企业纳税大户之一。

（卢 娟）

中国人寿保险股份有限公司宝应支公司

■保费收入 2011 年，中国人寿保险股份有限公司宝应支公司(以下简称"县寿险公司")共完成保费收入 3.38 亿元，比上年增长 5.58%。重点保险业务：寿险实现首年保费 1.81 亿元、首年期交保费 4 389.76 万元、10 年期及以上首年期交保费 2 313.51 万元、短险保费 1 396.88 万元，意外险实现保费 812.27 万元，健康险实现保费 584.61 万元。意外险总量首次突破 800 万元，在扬州市全辖范围内排名第二位，全年发放保单红利支出 1 573.99 万元。

县寿险公司人员送"三农"赔款到农户

■给赔付支出 县寿险公司全年给赔付支出 6 748.85万元，其中死亡给付 255.74 万元，医疗给付 162.05 万元，满期给付 5 368.62 万元，年金给付 316.67 万元，赔款支出 645.77 万元。

■“计划生育系列保险”实现“零”突破　2011年，县寿险公司与县人口和计生委、计生协会联合将“计划生育系列保险”工作融入到计划生育的日常工作当中，完成计划生育系列保险保费收入44.74万元，完成目标数124.59%，共为全县1万多个计生家庭建立生育关怀保险保障，实现计划生育系列保险在宝应县“零”的突破。

■推出“国寿e家”电子投保服务　10月份，寿险公司在营销员中推出“国寿e家”寿险电子投保营销服务新模式，这种核保快、划账快、划账信息及时知晓的新型营销服务模式，能够满足高端市场和新兴客户的理财需求。首批参加“国寿e家”销售出单人数22人，实现保费23.28万元(30件)。全年“国寿e家”销售出单人数94人，出单保费581万元(471件)。

■“荷花奖”后援服务明星月评活动　县寿险公司在“能力作风年”活动中，开展“荷花奖”后援服务明星月度评选活动，将65名后援服务人员的照片、工作感言、服务承诺以及服务事迹挂在公司内部网页上，让员工和一线销售人员参与投票评选，每个月评选出6名服务明星进行公开表彰。(俞建群　夏　华)

中国大地财产保险股份有限公司宝应支公司

■概况　2011年，中国大地财产保险股份有限公司宝应支公司实现保费收入1 095.98万元，其中车险、意外险、非车险分别为795.96万元、159.62万元、140.40万元；全年理赔案件572起，支付赔款648.93万元，无一例有效投诉。组织开展“大地保险走进企业”、“我与大地心连心”等活动，宣传大地财产保险经营理念、企业精神和社会责任，获得社会较好评价。(樊成跃)

中国太平洋人寿保险股份有限公司宝应支公司

■概况　2011年，太平洋寿险宝应支公司实现总保费收入4 500万元，其中团寿险业务298万元、个险业务882万元、银邮业务400万元、续期业务2 920万元。全年发生理赔案件327件，赔付额59.62万元。拓展“安贷宝”(一款专门为申请小额农贷的农户提供短期人身意外伤害保险产品)代理业务，全年取得“安贷宝”保费160万元。

(钱文飞)

投资担保

■概况　2011年，全县继续加大融资担保体系建设，着力为中小企业融资提供优质、高效担保服务。全县共有融资性担保公司6家，从业人员48人，注册资金3.70亿元，实收资本3.70亿元。其中，宝应县民生担保有限责任公司，成立于1999年5月，注册资本7 000万元；江苏宜信达投资担保有限责任公司，成立于2007年11月，注册资本5 000万元；江苏富源达担保有限公司，成立于2009年10月，注册资本5 000万元；扬州通宝投资担保有限公司，成立于2010年3月，注册资本5 000万元；扬州宝粮担保有限公司，成立于2009年12月，注册资本1亿元；扬州恒信投资担保有限公司，成立于2009年9月，注册资本5 000万元。

6家担保机构全年合计担保企业649家、851笔，担保额14.94亿元；累计担保企业2 352家、2 860笔，担保总额47.91亿元。截至年底，在保企业数702家，比上年增长23.37%，在保责任总额12.66亿元，比上年增长48.24%。(李锦云)

中国大地财产保险宝应支公司揭牌仪式

财　政

■概况　2011年，全县实现一般预算收入20.58亿元，比上年增长31.3%，列扬州市第三名。其中，税收收入14.97亿元，比上年增长31.5%；非税收入5.61亿元，比上年增长30.5%。全县实现财政总收入40.22亿元，比上年增长31.4%；一般预算支出32.30亿元，比上年增长22.6%。全年财政总支出41.32亿元，比上年增长31.5%。

■财政增收措施　2011年，县财政局采取的增收措施有：认真分析税源状况，科学测算收入任务，细化任务落实分解；调整和优化税源经济考核办法，提高地方税收、实体经济税收、工业税收和重点企业税收在收入任务中的考核比重，促进实体税收增幅逐步提高；强化序时监控，逐镇了解税收状况，分析收入结构，逐月界定收入范围，规范收入秩序；坚持依法征收，推进综合治税，推广望直港镇综合治税经验，加强安宜镇个体工商户税收征管。协调税务机关挖掘潜在税源，非税收入全部纳入部门预算，健全非税收入收缴管理系统，实现应收尽收。

■发挥保障职能　2011年，县财政局筹措资金1亿元，重点支持154个"一事一议"财政奖补项目、小型农田水利重点县、区域供水、108座农桥等工程建设。加强水稻、小麦等政策性农业保险工作，增强农业生产抗风险能力，县财政补助503万元，配套巨灾风险基金441万元。稳步推进新型农村养老保险，健全城乡低保标准自然增长机制，实行县镇统筹以县集中发放的五保供养制度。加大城乡医疗救助、重度残疾人生活救助和低保户危房救助力度。积极组织资金，支持基本公共卫生体系建设，启动推进基层医疗卫生机构全面实施基本药物制度。多渠道筹措资金，完善农村义务教育经费保障机制，推进城乡教育均衡发展。

■落实扶持政策　2011年，县财政局积极落实各项扶持政策：落实税收优惠政策，促进企业做大做强。办理固定资产抵扣增值税11 950万元、企业出口退税18 722万元、兑现招商引资企业优惠政策资金4 200万元；争取省补助资金730万元，支持农村小额贷款公司和担保公司发展，完善中小企业融资服务体系建设，做大融资平台，融资和贷款额11.8亿元，有效破解经济发展资金瓶颈；落实家电下乡、以旧换新、汽车下乡等惠民政策，发放财政补贴9 600万元，拉动8.5亿元消费；通过梳理上级财政扶持政策，找准项目载体，向上争取专项资金比上年增加1.4亿元。

■财政资金监管　2011年，县财政局加强财政资金监管的措施有：完善预算管理，加大预算执行力度，严格执行预算追加、调整程序；加强资金监管，专项资金统一归口国库管理、统一核算，所有专户实行扎口审批、统一开设，29个涉农补贴项目1.2亿元资金全部通过“一折通”存折发放；组织对各项资金进行拉网式和突击检查，及时发现和整改资金管理中存在的问题。清理撤并银行账户，降低资金安全风险。强化信息技术支撑，提高财政管理效率，确保财政数据安全；深化财政改革，50个行政事业单位成功实现会计集中核算向国库集中支付业务转换；政府采购实行管办分离，加大监管力度，采购规模8 000万元，节约率11.7%；严格财政监督，深化“小金库”专项治理，收回43.8万元“空饷”；严格城建工程决算审核，41项市政工程报审金额7 257.2万元，核减率22.6%。

（赵贵戈）

开展财政宣传月活动

国家税务

■概况 2011年，宝应县国税系统完成国税总收入13.5亿元，比上年增长14.5%；组织政府口径收入12.84亿元，比上年增长14.1%；完成财政口径一般预算收入3.22亿元，比上年增长19.1%。全县国税一般预算收入在全省排第31位，比上年上升一位。县国税局获得宝应县2011年度“工作目标综合考核先进单位”、“三个文明建设先进集体”等称号和“创新突破特别贡献金牌奖”。

■税务稽查 组织开展税源普查和重点税源调查，运用风险管理理念，强化纳税评估和税务稽查，打击税收违法违规行为，规范税收秩序，全年评估427户（次），评估入库税款1 740万元；开展各类检查34户（次），查补税款353万元；强化所得税管理，全年共征收入库企业所得税1.58亿元，比上年增长15%。

■推进专业化管理 11月底，在进行专业化管理改革试点基础上，农村各分局全面推开专业化管理模式。主要做法是：加强税收风险分析识别，建立完善月度例会和月度通报、季度考核评价机制；强化专业化管理团队的日常运行管理和各层级间衔接互动，建立和修正风险特征库指标13个，累计产生发布风险信息数据2 960条；构建顺畅高效的风险应对体系，合理分解税源管理职能；按照风险等级进行分类管理，共开展风险应对1 087户（次），应对成效8 498万元，评估应对贡献率1.36%，户均应对成效6.73万元，纳税评估应对成效占总体应对成效的20.65%；积极探索税源分级分类管理，在注销户、非正常户、所得税、非居民税收等方面进行实践和探索，累计实施跟踪管理企业17户（次），实现首笔境外某金融企业预提所得税税款成功划缴入库，全年共扣缴非居民企业所得税274.6万元；拓展第三方信息增值应用，加强与工商、地税、供电等10多个部门沟通交流，收集利用有价值的税收情报，全年通过外部数据信息分析实施风险应对240户（次），实现应对成效2 220万元。

■争创“精细化管理分局” 县国税局修订下发《争创“精细化管理分局”活动方案》，对各分局争创活动按月通报、督促整改。6个管理分局先后围绕个体税收、风险管理等主题开展讲评活动，提升管理水平，全年组织入库个体税收3 473万元，比上年增收719万元，超额完成“两年翻番”目标，个体税收增幅列全市第一。截至年底，市国税局考核60项指标中，43项指标达标率100%、6项指标达

[illegible]%，高于全市平均水平；三、四、五、六分局被评为县国税系统“精细化管理分局”。

国税干部深入企业了解技术创新情况

■改进税收服务 抓好税收政策宣传解读，落实各项结构性减税措施，全年共审核办理减免退税 9 514 万元、落实固定资产抵扣额 1.2 亿元、出口退税 1.87 亿元、累计落实优惠政策 4.02 亿元，比上年增长 33.23%；办理调库 1.58 亿元，比上年增长 111%，有效缓解相关企业发展中的困难。加强成长性企业税收服务，实行结对帮扶，践行“税收与企业共成长”，31 户成长性企业入库税收比上年增长 50%。开展纳税服务需求、满意度、纳税遵从意识调查，调查样本 2 356 个，满意度 90.7%。优化办税服务项目，推进办税服务厅规范化建设，试行和推进国地税联合办税、“同城通办”、自助办税。落实内部流转，部分审批事项前移办税服务厅，全局 1.03 万件工作事项，平均用时 1.38 天，比上年平均用时下降 1.15 天。

2011 年度宝应县国税登记户数统计表

表 17

		上年末登记户数（家）	当年增减登记数（家）		当年末登记数（家）	增值税纳税人（家）	
			增加	减少		户数	其中：一般纳税人
合计		6 695	1 117	302	7 510	7 422	2 572
内资企业	国有企业	29	2	0	31	21	13
	集体企业	87	0	6	81	74	50
	股份合作企业	1	0	0	1	1	1
	联营企业	1	0	0	1	1	0
	有限责任公司	807	224	29	1 002	961	850
	国有独资企业	1	0	0	1	1	1
	其他有限责任公司	806	224	29	1 001	960	849
	股份有限公司	18	1	0	19	16	14
	私营企业	1 492	223	47	1 668	1 654	1 392
	私营独资企业	678	76	29	725	720	591
	私营合伙企业	20	1	1	20	20	15
	私营有限责任公司	751	146	16	881	872	750
	私营股份有限公司	43	0	1	42	42	36
	其他企业	5	3	0	8	6	3
	小计	2 440	453	82	2 811	2 734	2 323
港澳台投资企业	合资经营企业（港或澳、台资）	33	1	1	33	31	28
	港、澳、台商独资经营企业	36	2	0	38	34	25
	小计	69	3	1	71	65	53

续表

		上年末登记户数（家）	当年增减登记数（家）		当年末登记数（家）	增值税纳税人（家）	
			增加	减少		户数	其中：一般纳税人
外商投资企业	中外合资经营企业	38	1	0	39	38	36
	中外合作经营企业	1	0	0	1	1	0
	外资企业	21	2	0	23	21	17
	小计	60	3	0	63	60	53
个体经营		4 126	658	219	4 565	4 563	143

2011 年宝应县国税局基层分局和稽查局名录

表 18

单位名称	地　　址	联系电话
宝应县国税局第一税务分局	宝应县叶挺路交通局西侧	88276386
宝应县国税局第二税务分局	宝应县氾水镇东园路 11 号	88423368
宝应县国税局第三税务分局	宝应县夏集镇郭夏路	88721016
宝应县国税局第四税务分局	宝应县射阳湖镇项侯路 29 号	88520906
宝应县国税局第五税务分局	宝应县曹甸镇西路 2 号	88622595
宝应县国税局第六税务分局	宝应县叶挺路交通局西侧	88252768
宝应县国税局稽查局	宝应县叶挺路 48 号	88280135

（戴　祥）

地方税务

■**概况**　2011 年，宝应县地方税务局（以下简称“县地税局”）坚持依法组织收入，建立税源社会化监管新模式，排实税源，靠实征管，狠抓征管薄弱环节。全年共组织各项收入 20.8 亿元，比上年增长 27.7%，税费征收总量首次突破 20 亿元。其中，入库一般预算收入 11.75 亿元，比上年增长 35.4%；社保费 5.48 亿元、征缴率 100%；教育附加费 7 500 万元，比上年增长 38.7%；减免各类税费 2 500 万元，为地方经济和社会事业的发展提供强有力的财力保障。全年申报省、市地税局创新创优创建“三创”项目 42 个，其中 41 个项目、53 人次受到省、市、县表彰；被省以上刊物采用调研文章 8 篇。在扬州市 2011 年度“三个一流”（一流的干部队伍、一流的工作业绩、一流的服务水平）工程绩效考核中，位列第三名，并获得县“服务经济发展先进部门”等荣誉称号。

■**税收依法行政**　修订《执法问责办法》和《行政问责办法》，促进执法行为规范。细化 4 大类 45 项税收执法事项、设置 136 个执法岗位、制订 495 项执法职责和 454 项执法标准。开展打击发票

宝应县第二十个税收宣传月启动仪式

违法犯罪活动，查获非法取得发票案件 12 起。建立法制文化宣传基地，组织首届“地税杯”法治书画摄影比赛。宝应地税局先后获得省“五五普法先进单位”、市、县“依法行政示范单位”、市“综合治理先进单位”以及县“法治宝应建设先进单位”等荣誉。

■税收信息管理 围绕实现税务登记信息的完整性、真实性、准确性，全年修改税务登记数据 7 271项，补做鉴定 2 549 条，修改税源登记 1 823 户次。严把数据入口关，将 25 个部门的 55 项一级条目，细化成 160 个具体需求，建立建筑业、房地产业等数据风险分析模型，其中“电子陶瓷行业所得税风险控制模型”获扬州市地税局三等奖。重点税种管理加强对小税种、小税源征管力度，做到“抓大不放小”，在扬州市地税系统实现“四个率先”，即率先开展教育劳务税收专项整治、率先完成个人所得税汇算清缴任务、率先完成年所得 12 万元以上个人所得税申报工作、率先实现各类存量房评估模型全覆盖为全县房地产税收一体化管理打下基础。

■提升服务水平 推行“一窗式受理、一户式电子档案、一次性告知”便民服务措施，避免纳税人重复报送资料。开通“网上办税厅”，网上办理纳税业务 30 万笔。成立“纳税人学校”，受益人员1 000人次。深化涉税审批改革，全年办理各项税收优惠 2 500 万元。深入乡镇、企业开展第二轮“大走访、大服务”活动，进行“一企一策”和“一对一”帮扶，对年纳税额 5 万元以上企业建立“点对点”直通车服务框架。积极打造服务窗口“七姐妹”品牌，变“普遍化”服务为“个性化”服务。在扬州市地税局组织的首次网上办税厅业务知识竞赛中，取得团体总分第一、3 人并列第二的好成绩。

宝应县地方税务局成立纳税人学校

2011 年宝应县地方税务局基层分局和稽查局名录

表 19

单位名称	地　　址	联系电话
宝应县地方税务局第一税务分局	宝应县苏中北路 8 号	88212366
宝应县地方税务局第二税务分局	宝应县氾水镇东园路	88422228
宝应县地方税务局第三税务分局	宝应县柳堡镇团结路 50 号	88771904
宝应县地方税务局第四税务分局	宝应县泰山西路 2 号	88275502
宝应县地方税务局第六税务分局	宝应县射阳湖镇陈淋路	88524220
宝应县地方税务局第七税务分局	宝应县曹甸镇镇南路	88622170
宝应县地方税务局第八税务分局	宝应县泰山西路 2 号	88916051
宝应县地方税务局稽查局	宝应县苏中北路 8 号	88242120

（朱生清　牛　兵）

计划调控

■概况 2011年，宝应县发展和改革委员会(简称“县发改委”)加强计划管理，强化预警研判，提供对策建议，服务全县经济社会发展；主攻重大项目招引，全力上争资金；发展现代服务业；加快农业产业化经营；推进重点产业发展和重大项目建设；扎实做好各项改革改制工作，抓紧实施福利企业改制工作，积极推进夏集镇全国小城镇发展改革试点工作。全年全县完成全社会固定资产投资160.16亿元，比上年增长22%。其中，第一产业完成投资1.56亿元，比上年增长19.8%；第二产业完成投资113.14亿元，比上年增长22.9%；第三产业完成投资45.46亿元，比上年增长34.8%。全年办理投资项目审批、核准和备案项目411件，其中审批类项目101件、核准类项目30件、备案类项目100件、即办类180件，办结率、满意率均达100%。县发改委获得扬州市发改系统“目标管理工作先进单位”和县“创新突破特别贡献奖”。 (李 军 李茂华)

■重大项目 2011年，全县抓紧实施一批重大工业项目建设，相继开工建设宝胜普睿司曼电缆公司500千瓦超高压交联电缆项目、江苏康源纺织有限公司30万纱锭项目、江苏昌辰实业有限公司年产锦纶长丝项目、森萨塔科技(宝应)有限公司汽车传感器项目、江苏宝生聚酯有限公司年产30万吨聚酯项目、骏升科技(扬州)有限公司智能遥控器和射频遥控器项目等。重大非工业项目实施顺利，按计划推进实施宝应县城区及重点乡镇市政道路及景观绿化等基础设施项目、宝应经济开发区科技创业园项目、新宝宇百货商业开发项目、宝应亿丰国际商贸港综合市场项目等。 (李茂华)

■争取专项资金 全县38个部门获批各类专项资金项目400个，获项目无偿资金14.3亿元，比上年增加3.3亿元，其中25个部门争取资金量占总量的98.6%，县供电公司、县交运局、县水务局、县卫生局等部门争取上级资金分别超亿元，县发改委、县国土局、县财政局、县人社局、县民政局、县农委、县教育局等部门争取上级资金分别超5 000万元。 (苗 虹)

■第三产业 全县实现服务业增加值102.33亿元，比上年增长13.1%，占全县GDP(国内生产总值)比重35.1%；全县服务业继续保持10%以上增长速度，实现服务业税收9.84亿元，占全部税收收入的40%；实现社会消费品零售总额92.68亿元，增长17.1%。华美达五星级酒店、生态新城建设、宝应湖旅游度假区、宝应软件信息产业园、大型农副产品集散中心建设、时代国际商业综合体、扬州乱针绣文化产业园等一批重

大服务业项目相继开工建设。（徐振华）

■“三新”产业 全县新能源、新光源、新材料“三新”产业实现产值42.86亿元，比上年增长32%。其中，新能源产业产值6.08亿元（含非规模企业），比上年增长71%，完成市目标任务的101%；新光源产业实现产值1.44亿元，比上年增长120%，完成市目标任务的144%；新材料产业产值35.34亿元，比上年增长28%，完成市目标任务的136%。（马敬文）

■旅游业 参见《商贸服务业》篇《旅游业》分目。

■经济技术协作 2011年，县经协委发挥职能作用，拓展各类信息渠道，扩大经济联合与项目合作区域。4月6日，第十五届中国东西部合作与投资贸易洽谈会在西安曲江国际会展中心开幕，县经协委组织县经贸局、县科技局、宝胜电缆集团、县建管局、江苏天宇建设集团有限公司、扬州晨化科技集团有限公司等7个部门、单位共10人参会。扬州市统一编印的宝应县城市风貌、自然环境风光、主要基础设施、特色产品等图片11套（张）在“西洽会”上散发。洽谈会期间，11家西部地区企业（单位）与宝应县新签、续签投资、合作、商贸合同。其中，宝胜集团与陕西省交通厅公路遂道管理中心、西安万达广场，天宇集团与西安正大物业、玉龙花苑、陕西凯森置业等单位续签合同；宝胜集团、县建管局、天宇集团等单位与甘肃祁连山水泥集团，宁夏华御化工有限公司，陕西地方电力投资有限公司，内蒙古锡多铁路有限公司4家单位新签投资合作和商品贸易合同，总额11亿元。

县经协委先后牵头组织10多个部门、企业30多人次参加省、市经协部门年度经济技术项目商贸洽谈会、经济技术项目恳谈促进会，收集获取各类有价值的经济技术、横向联合、投资合作、产品供需等各类信息100余条。

县对口支援办公室继续抓好三峡库区湖北省秭归县对口支援工作，向秭归县提供项目、产品物资、人才等信息20余条，为受援地区筹措帮扶资金15万元，主要用于受援地区的学校房屋改造和基础设施建设；帮助受援地区销售脐橙8 000箱，超额完成市政府下达帮销任务。

（董培山）

物价管理

■概况 2011年，县物价部门积极应对价格波动，履行监管职能，优化发展环境，化解价费矛盾，切实维护民生利益。县政府建立县物价局、县农委、县财政局、县商务局、县粮食局等13个部门参加的市场价格调控联席会议制度，明确各个部门的职责任务，完善部门协调联动的工作机制，出台“2011年价格调控目标责任制的实施意见”，设立200万元的价格调节基金。县物价局强化价格监测工作，坚持市场采价制度，在做好15大类、120个品种定点定期价格监测的基础上，重点对58种主副食品、40种重要工业生产资料、16种重要农业生产资料市场价格定期进行价格监测，在粮食收购季节对稻谷主产区原粮收购价格进行监测，在市场价格出现波动的情况下实行价格日报制度和24小时值班制度。全年共上报监测报表620份，各类品种数据6 050次。先后开展食盐、日化用品等10次市场巡视调查。

■创建“涉农收费规范化村”活动 县物价局制订创建2010～2011年“涉农收费规范化村”活动意见，召开专题动员会和推进会。截至年底，全县累计有210个村创成“涉农收费规范化村”，占行政村总数的83%。全县“涉农收费规范化村”创建标准主要是“三个规范”，即涉农收费项目和收费标准规范、涉农收费的手续程序规范、涉农收费公示工作规范。“涉农收费规范化村”工作在扬州市得到推广。在此基础上，全县有10个镇通过扬州市“涉农收费规范化乡镇”考核验收。

■“部分蔬菜零利润销售”活动 春节前后，组织城区的苏果、乐天玛特、农工商等大超市开展为期40天的“部分蔬菜零利润销售”惠民活动，累计销售成本价、零利润蔬菜15吨。推进平价店建设，在乐天玛特三店、西荡食品有限公司、大昌路梅春副食品商店3家超市设立惠民蔬菜商店和直销区，实行“农超对接”式销售，共销售蔬菜7.5吨，销售额27万元。

■调价项目控制 2011年，除按政策规定出台调整数字电视收费、人防费等价费外，对要求调整的生猪屠宰、出租车、公交车、管道天然气、生态园旅游景点、自制药品等价费，都暂缓和停止实施。对农贸市场摊位费和商品房、液化气等价费实行备案管理。重新核定部分农村公交班线票价及核定车用天然气价格；慎重出台蒸汽价格；明确城区别墅、小高层及高层居民住宅管道天然气初装费标准，有线数字电视基本收视维护费标准；核定医院床位费标准、邮政代售长途客票服务费等。

■制止食盐抢购风波中乱涨价行为 3月份，市场出现抢购食盐风波，县物价局会同县药监、商务、盐务等7部门联合发出《告市民书》；联合工商部门在宝应电视台发布滚动字幕告示，正确引导市场价格，对少数乱涨价行为进行严肃处理，出动35人次开展为期3天的市场巡查和执法检查，及时平息抢购风波及乱涨价行为。

■清理涉企收费项目及标准 深化"阳光价费兴百业"主题活动，加大清费治乱力度，对涉企行政事业性收费项目89个、经营服务性收费项目48个、各类政府基金9个进行清理，公布2011年度涉企行政事业性和政府基金收费目录。联合9部门对政府定价、政府指导价12个经营服务性收费项目进行审核、认定和公示，规范收费行为。会同财政等有关部门对涉及全县建设项目行政事业性收费（包括政府性基金）、经营服务性收费进行专项清理，全年共取消24项收费标准，减免17项收费标准，减轻企业负担650多万元。

■"收费许可证"年审 3～4月，组织人员对全县收费部门和单位进行"收费许可证"年审工作，共审核"收费许可证"717本，其中审核保留688本，年审总额3.13亿元。

■增设涉企收费监测点 全年增设15家成长型企业为涉企收费监测点，累计全县有重点企业、成长型企业涉企收费监测点50个。县物价局领导带领职能科室工作人员每个季度末深入各个"涉企收费监测点"企业，全面了解全县重点企业、成长型企业各种缴费情况和缴费台账登记情况。全年帮助企业协调处理有关价费方面矛盾10多起。

■价格举报电话开通10周年广场宣传活动 5月8日，县物价局在望直港镇中心广场举行"12358"价格举报电话开通10周年大型价格宣传咨询活动，宣传价格法律法规，接受群众咨询和举报。全年"12358"价格举报电话共接受各类价格投诉74起，举报案件办结率96%，退还消费者金额37.56万元。

价格举报电话开通10周年广场宣传活动

■教育收费管理 结合创建"群众满意学校"活动，落实义务教育阶段收费惠民政策，在春、秋学期开学前组织相关职能科室工作人员到中、小学校，提醒、告诫、督查教育收费执行及公示情况。县物价局对5所市民投诉比较集中的中小学、幼儿园进行重点检查，清退违法违规收费2 200元。12月份，对14所学校"群众满意学校"创建情况进行考核验收。

■药品价格和医疗价格管理 认真落实药品价格政策，及时发布国家、省定药品价格调整信息，全年公布53个品种166个规格处方药品、458个品种1 297个规格非处方药品最高零售价格，平均降幅分别为22.4%和7.8%。以"群众满意医院"创建活动为载体，督促医院全面落实明码标价、收费公示和收费一日清单制度。配合县卫生等部门抓好基本药物制度的改革实施，提出全县一般诊疗费收费标准及医保支付比例的建议方案。

■房地产价格管理 规范商品房价格行为，维护消费者合法权益，制定出台并由县政府办公室批转《关于新建普通商品住房实行预(销)售价格备案制度的通知》，组织召开由全县商品房开发企业参加的商品房明码标价推进会，对全县20多家开发企业开展“一房一价”、“一价清”等制度执行情况专项检查。全年审核备案新建商品房27起，备案面积56万平方米，平均核减价格253.85元/平方米，核减金额1.4亿元。

■价格收费专项检查 开展“价格督查百家行”活动，重点开展供电、国土、教育、医疗、出租车价格等专项检查，先后组织重大节点市场巡查12次，开展出租车行业专项检查4次，先后对10多起存在乱涨价行为的经营者进行处罚曝光。

■创建“价格诚信单位”活动 2011年，着重在商贸零售、邮政通讯、旅游景点等行业开展“提倡价格诚信、反对价格欺诈”活动；组织全县10多家企事业单位参加全省创建“价格诚信单位”活动，通过媒体公示、考核验收，评选出省级“价格诚信单位”4个。

■整治市场价费秩序 制订《关于规范市场价格行为“六个一”活动意见》，即实施宣传、培训、指导、创建、督查、规范等“六个一”工程，稳定市场价格水平，维护企业和群众的价格权益。组织“规范市场价格行”活动，积极推进价格行政指导；召开银行业明码标价专题会议，规范银行业明码标价行为；实行城区大、中型零售企业促销活动备案制度，促进市场公平竞争，全年有11个企业14起促销活动进行价格备案；加大出租车行业规范整治，督促公交出租车两公司出台内部管理处罚措施。

■价格宣传 全年在县广电总台编发“价格之窗”24期、《宝应日报》“价格之窗”24期、《宝应物价》专刊4期，发布95种重要商品及生产资料价格行情60多次。

■价格监测 坚持市场采价制度，在做好15大类120个品种定点定期价格监测的基础上，重点对58种主副食品、40种重要工业生产资料、16种重要农业生产资料等市场价格等定期进行价格监测，在收购季节对稻谷主产区原粮收购价格进行监测，在市场价格出现波动的情况下实行价格日报制度和24小时值班制度。全年共上报监测报表620份，各类品种数据6 050个。先后开展食盐、日化用品等10次市场巡视调查。

■价格认证 以《江苏省涉案财产价格鉴证条例》颁布实施5周年为契机，拓展涉税财产、垄断行业、存量房等价格鉴证工作，全年共接受委托办理涉案价格鉴定449件，受理业务总量4 012.6万元；接受委托办理价格评估40件，评估标的1.2亿元；举办拍卖会10场，拍卖成交额为500多万元。县价格认证中心开展存量房等价格认证工作，完成供热、车用天然气、乡镇自来水等价费成本价格认证工作。 (李学霆)

统　　计

■概况 2011年，全县统计系统围绕党委、政府工作中心，全年共撰写各类统计分析42篇，报送各类信息170条次。及时发布《统计月报》、《宝应县服务业统计资料》、《统计公报》和《统计年鉴》等统计信息资料。结合农业、工业、投资、城乡居民收入等专业，积极开展年度分析、季度分析和专题分析，定期发布季度分析报告和年度公报。积极为工业企业申报省市名牌服务，进行咨询答疑，提供相关数据证明。完善《2011年局机关目标管理考核办法》，加大对统计工作和统计人员的考核奖惩力度。落实结对帮扶小康村创建资金3万元。县统计局被市统计局评为“全市统计调查工作先进集体”，15个专业统计受到市统计局表彰。

■小康监测 县统计局重点加强小康创建监测数据分析和反馈工作，对小康建设中的薄弱点、难点和热点问题，提出措施和建议。主动与各有关部门合作，加强业务指导，及时跟踪搜集、整理、反馈、交流各种信息，提高小康监测数据质量。组织相关人员到周边县(市)学习调研，建立健全小康台账。认真开展创建全面小康县满意度调查，两次入户问卷调查4 000多户家庭，随机电话访问1 000户家庭，并对调查数据进行录入、汇总和分析，发挥统计监测在全县小康创建进程中的作用。

■“企业一套表”改革 根据国家和省、市统计局部署，按照统一设计报表制度、统一管理调查单位、统一数据采集管理方式、规范统计业务工作流程，统一布置与分专业实施相结合的原则，开展以"企业一套表"改革为核心的统计"四大工程"建设，即建设基本单位名录库、数据采集处理软件系统、联网直报系统、企业一套表制度。县政府成立实施"企业一套表"统计改革工作领导小组。下发《县政府关于推进全县"企业一套表"统计改革工作的通知》，明确相关部门、各镇区和调查单位的工作职责。12 月 27 日，县政府召开全县推进"企业一套表"统计改革工作动员会，传达上级要求，明确目标任务及阶段工作安排。各镇区及有关部门向县政府递交目标承诺书。县统计局分 6 个督查组，对各镇、各部门的机构、人员、计算机装备等情况进行督查，及时解决"企业一套表"改革过程中出现的问题。全年采取手机短信、组织征文、报刊专栏等形式广泛开展统计法律法规和"四大工程"建设相关知识宣传。12 月份宣传月期间，先后向全县 10 多万户移动、电信手机用户发送宣传短信；组织县、镇、部门和企业的统计人员参加全国"四大工程"建设统计征文活动，向市统计局推荐征文 11 篇；在《宝应日报》专门开设两个宣传版面。

■基层基础建设 年初，县政府办公室印发《宝应县 2011 年度各镇区、部门统计工作考核细则》，从统计业务、统计服务、全面小康统计监测、人口普查、统计基础和统计法制六个方面进行量化考核。县统计局建立局领导班子及责任科室挂钩联系镇区统计基层基础建设工作制度，进一步加强对基层统计工作的指导；出台《宝应县统计局数据质量评估控制制度》，成立统计数据质量评估控制工作领导小组，加强每个数据生产环节的把关和质量控制；分专业成立指导组，积极组织镇区、部门和企业自查自纠，顺利通过省局对宝应县 20 家规模以上工业企业、6 家限额以上批零住宿餐饮、6 家资质以上建筑企业的实地核查工作。认真组织全县 34 名机关、企事业单位的统计人员参加全国初级、中级和高级统计职称报名考试工作，组织企事业尚未领证的 126 名专兼职统计人员参加全国统计从业资格的培训和考试。以国家统计局主要数据质量大检查为契机，广泛宣传新《中华人民共和国统计法》和《统计违法违纪行为处分规定》；组织 7 个专业对全县 23 家企事业单位开展工业、能源、贸易、建筑、固定资产投资、劳动工资等方面的专业统计监审，对望直港镇进行综合监审。对监审中发现的问题与镇、部门分管负责人进行约谈，并对相关企业作出处罚。（周厚梅）

审　计

■概况 2011 年，县审计局共完成审计项目 56 个，查出违规金额 1 467.4 万元、管理不规范金额 7.81 亿元，已上缴财政资金 656.5 万元，为政府和部门节约资金 4 534.3 万元，提出审计意见和建议被采纳共 186 条，向县政府等上级部门提交"审计报告"、"审计要情"22 篇，向社会公告审计项目结果 5 个，报送审计信息宣传稿件被上级机关、新闻单位采用或批示 278 篇次。县审计局被省审计厅表彰为"审计通联工作先进单位"，获 2011 年度县"工作目标综合考核先进单位"、"服务发展先进部门"、"文明单位"等荣誉称号。

■财政预算审计 全年财政预算执行审计包括对县财政、地税部门审计，对县文体广新局等 3 个部门预算执行情况审计及对县教育局等 7 家单位进行延伸审计，发现存在虚列国有资本经营收入 2.94 亿元和部分基金未完全纳入预算管理等问题，从细化预算编制、规范预算执行、防范债务风险等方面提出审计意见建议 16 条，得到县委、县政府领导高度重视和相关部门的采纳。审计整改工作取得明显成效，审计查出的问题基本上整改落实到位，上缴财政收入 391 万元，达到预期审计效果。

■专项资金审计 树立"民本审计"理念，围绕改善民生促进公平，开展县 2010 年度政策性农业保险资金、县 2010 年度慈善资金、县 2009～2010 年度农业综合开发资金等专项资金审计；配合扬州市审计局完成宝应县 2010 年度 7～12 月新型农村合作医疗专项资金审计调查，审计总金额 3.66 亿元。通过审计，揭示部分专项资金会计核算不规范、项目报账不及时以及未能专款专用等问题，依法查处和纠正违规问题，规范各项资金的管理和使用，推动国家宏观调控政策的落实及和谐社会的创建。

■固定资产审计 全年先后完成小官庄镇九年制学校、江苏宝应经济开发区市政设施BT(基础设施项目融资、投资、建设及移交)项目和6条道路工程等20个项目的结算(决算)审计,送审金额1.63亿元,核减金额3 354.64万元,核减率20.58%。通过审计,有效防止国有建设资金流失,促进项目投资管理的科学化、规范化,提高建设资金的使用效益。

■经济责任审计 会同相关部门及时启动领导干部选人用人责任、机构编制责任、任期经济责任"三责联审",在突出对领导干部用人、用编、用财权进行监督同时,加强对决策权、管理权、执行权等其他重要权力的监督,为组织部门识别干部和任用干部提供决策参考资料。受县委组织部委托,全年完成对县司法局、县交通局、县安监局、县农业开发局等单位原主要负责人共12人的经济责任审计。

■财务收支审计 组织开展对县市政工程管理处2008～2010年度财务收支审计,发现少缴税金5.04万元、资产负债填报不实等问题,及时提出整改建议;开展江苏飞跃道路桥梁建设工程有限公司2008年1月～2011年1月资产负债损益审计等项目,摸清该企业运营真实情况,发现该企业财务管理中存在工程收入7 495.16万元、工程结算成本6 605.74万元未如实反映、虚列资产负债1 447.61万元等会计核算不规范及少缴相关税费356.44万元等问题,审计组及时提出具体整改意见,得到被审计单位采纳。

■审计结果回访 按照2011年新修订的《国家审计准则》和《江苏省审计条例》要求,把质量管理贯穿于审计工作的全过程,建立健全审计质量控制体系,认真落实审计业务会议、三级复核、审计项目质量检查、审计执法责任和过错追究等制度,防范审计风险。健全审计回访和审计跟踪整改督查制度,及时向社会公告审计结果,稳步推进审计问责,促进审计查出问题整改。全年分别对56个被审计单位的审计结果执行情况进行审计回访,回访率100%,对作出审计决定的纠正率100%,对提出审计意见的采纳率87.6%。

(杨子建)

国土资源管理

■概况 截至2011年底,全县土地总面积14.62万公顷,其中耕地7.47万公顷、园地面积156.98公顷、林地面积1 594.55公顷、草地2.01公顷、城镇村及工矿用地1.55万公顷、交通运输用地5 225.42公顷、水域及水利设施用地4.76万公顷、其他土地面积1 436.85公顷。全年国土资源工作在服务重大项目、加快新城建设、严格执法监管、推进城乡统筹发展等方面取得突破性成果,为全县经济社会快速发展,提供强有力的国土资源保障。县国土资源局下属的柳堡镇国土资源所、氾水镇国土资源所、曹甸镇国土资源所、夏集镇国土资源所、泾河镇国土资源所、射阳湖镇国土资源所6个国土资源所档案工作通过省"三星"级验收。县国土资源局获得"省国土资源系统财务工作先进单位"、"县服务发展先进部门"、"县文明单位"等称号和"县创新突破特别贡献金牌奖"。

■耕地保护 全年全县实施的各类土地开发整理项目总规模6 666.67公顷,净增耕地800公顷,通过申报实施各类土地开发整理项目,共向上争取资金1.14亿元。全年申报并组织实施补充耕地项目67个,新增耕地593.33公顷,超额完成市政府下达年度目标任务。全县实施国投、省投、市投土地整理项目9个,其中5个项目通过省市验收,2个项目已完成工程量的90%,万顷良田土地整理项目、柳堡镇土地整理项目完成土方工程量70%。新申报市以上投资土地整理项目3个,涉及土地整理范围2 002.8公顷,可新增耕地59.93公顷,争取上级无偿资金5 685万元。"万顷良田建设工程"按照规划设计和序时进度要求顺利推进,基本完成搬迁519户,占地7.2公顷、建筑面积8万平方米的农民公寓安置区建成并交付使用。在各类土地开发整理项目中,新建泵站89座、桥梁116座、涵闸105座、节水渠道172千米、硬质化农村道路218千米、植树6.1万株。

■土地征收和利用 全县实际获省批准土地征收14个批次、144个项目、205.80公顷,其中农用地103.96公顷,建设用地99.97公顷,未利用地1.87公顷，有效保障87个工业项目落地建设。申报并获批省点供项目3个，独立选址项目5个。为南水北调东线金宝航道和大三王河两个国家重点工程上报国务院批准用地148.99公顷。全县核定参加被征地农民基本生活保障人数1 438人，参保资金4 697.79万元，累计核定参加被征地农民基本生活保障人数8 011人。全县供应土地150.39公顷，比上年增长5.36%。其中，出让142.27公顷，比上年增长10.8%，划拨8.12公顷，比上年下降43.3%。全年供应的各类用地中，商服用地18.73公顷，占12.45%，比上年增长125%；住宅用地34.05公顷，占22.64%，比上年下降26.43%；工矿仓储用地95.69公顷，占63.63%，比上年增长29.67%；公共设施用地1.92公顷，占1.28%，比上年下降866.5%。全县把盘活存量低效利用土地纳入政府考核，全年共盘活处置低效存量土地198宗、150.03公顷，追加投资额17.14亿元。规定宝应经济开发区和临城工业集中区投资强度每公顷3 000万元以上，其他工业集中区投资强度每公顷2 400万元以上。

■矿产资源开放 宝应县可开发利用矿产资源主要有砖瓦用黏土和地热水。2011年，全县设置砖瓦用黏土矿采矿权13宗，出让黏土资源25万吨，13家砖瓦生产企业中，集体企业3家、私营企业10家，从业人数896人。年生产标准砖0.9亿块，多孔砖1.3亿块，销售收入7 000万元，利润1 400万元。

宝应县在地质构造上位于下扬子地块建湖隆起和金湖盆地，地热资源条件优越。根据中国科学院和江苏省地质调查研究院初步调查，宝应县地下蕴藏静态地热水资源储量约300亿立方米。截至2011年，全县地热资源勘查许可(探矿权)共2个，一个是射阳湖宝热1井(2005年7月完井)；另一个是生态园宝热2井，该项目获2010年度省级地质勘查补助资金50万元，设计方案已通过省国土资源厅批准，勘查报告、选址报告、钻井设计等工作已完成，待省国土资源厅评审。

■国土资源市场建设 全县全年出让土地98宗、出让面积142.27公顷，成交价款15.76亿元，其中工业挂牌出让95.69公顷，成交价款1.39亿元；经营性出让46.58公顷，成交价款14.37亿元，比上年增加1.06亿元，土地收益主要用于全县城市建设和基础设施建设。规范土地市场运作，经营性用地公开出让率100%，坚持出让方案编制、起始价、底价集体研究，集中会办等“三堂会审”制度，出让金实行“收支两条线”管理，合同出让金到账率100%；出让供地实行计划管理，优先保障经济适用房、廉租房用地，全年为安居工程供地2宗、7.21公顷，建设经济适用房廉租房165套，拆迁安置房1 002套，建筑面积14.5万平方米；全年所有工业用地均实行挂牌出让。开展土地市场专项检查，规范土地市场建设，全年清查处理经营性用地项目7个，补缴土地出让金452.47万元。加强黏土资源管理，实行黏土采矿权有偿出让，全县13宗黏土采矿权全部挂牌出让，收取采矿权出让价款15.74万元、矿产资源补偿费9万元、矿山环境恢复治理保证金20.2

县国土局开展社区居民住房土地证现场发证活动

万元。

■土地资产经营效益 全县城市经营土地出让收益再创佳绩，实现出让金13.2亿元，超额完成县政府下达目标任务。县城市建设投资有限公司储备土地41.02公顷，超计划完成土地储备目标。全县亿元GDP（国内生产总值）建设用地占用70.5公顷，亿元GDP建设用地占用率下降18.89％。

■基础业务建设 编制新一轮土地利用总体规划成果获省政府批准。按照省、市主管部门的统一部署，完成统一时点2010年度变更调查、城镇土地分类数据汇总以及基本农田调整上图等土地二次调查工作，调查成果已全面应用。完善商品房、房改房土地登记制度，全面实现窗口办理制，确保按承诺期限发证。全县共发放“国有土地证书”9 677本，“集体土地使用证”688本，“集体土地所有权证”758本。加强地籍测绘工作，强化对技术人员的培训，全年共测绘243宗、240.77公顷，全面更新地籍信息系统。启动地质环境保护工作，建立《宝应县地质灾害防治方案》以及巡查、报告、应急、值班等各项制度，加强汛期地质灾害的巡查；全年共对7个独立选址和点供项目用地进行地质灾害危险性评估，涉及土地面积55.50公顷；委托省地质调查研究院编制《宝应县地质灾害防治规划》。加快国土资源信息化建设步伐，实现县国土局与省、市国土资源系统以及各镇区国土资源所远程联网，土地供应审批、地类审核、地价评估、土地市场交易、信息发布等主要业务实现网上办理。在实现城镇地籍管理信息化基础上，充分利用二次调查数据平台，开展农村土地数据库建设。建立国土资源齐抓共管机制，县政府加大对各镇区耕地保护责任、节约集约用地、土地执法监察、涉土民生保障等全面考核力度，形成国土资源“大家用、大家管”良好局面。

■国土资源执法监察 强化土地卫星摄片执法检查工作，建成“早发现、早处置、严监管”工作机制。全年新增建设用地占用耕地总面积比例控制在5.12％，较好实现零违法用地、零问责“双零”目标。全年共查处违法用地86宗，面积124.68公顷，下发处罚决定书73份，收缴罚没款985.69万元。发现并遏制在萌芽状态的违法用地23宗、43.46公顷。县纪检、监察、法院、检察院等部门落实共同责任，配合国土部门严格执法，共处理土地违法责任人22人，法院受理土地违法执行案件73宗。 （周志祥）

工商行政管理

■概况 2011年，全县新增民营企业1 834家，比上年增长5.89％，新增注册资本132亿元，比上年增长52.23％；新开工亿元以上项目32个，新注册亿元项目25个。至年底，全县共有内资企业6 473家，其中第一产业174家、第二产业3 802家、第三产业2 497家；共有外资企业179家，投资总额10.2亿美元。县个体劳动者协会获中国个协“2011年度‘光彩’杂志宣传发行工作先进单位”称号，县消费者协会被中国消费者报社评为“消费维权新闻宣传县市级优秀单位”。宝应工商局获得“全省工商系统农资监管工作先进集体”称号，被县委、县政府授予行风政风评议“创新突破特别贡献奖”，连续第5次获“省文明行业”称号、6次获“市文明行业”称号，获扬州市工商局目标考核第二名，其中外资分类核准业务、食品证照一体化、包干经费管理办法、诉调对接、基层党风廉政惩防体系等工作被作为典型经验在全市工商系统推广。

■服务企业发展 宝应工商局通过推进股权出质、商标专用权质押、动产抵押等融资服务，帮助江苏宝南木业有限公司、江苏银宝实业股份有限公司、扬州市安宜阀门有限公司、宝应县鑫宝纺织厂、江苏菲达宝开电气有限公司、扬州银鹭纺织有限公司、扬州凯翔电气制造有限公司、扬州市克利铜业有限公司、江苏润扬管件有限公司、扬州中宝制药有限公司、江苏金厦纺织有限公司、江苏科龙直流电机制造有限公司、江苏杰隆电磁线有限公司、江苏省香川绳缆科技有限公司、江苏迅达电磁线有限公司、扬州市管件厂有限公司、宝应县新华纸业有限公司、江苏五琼浆酒业有限公司18家企业融资共2.6亿元；在全市第一家争取到“外资分类核准业务”，为外资项目在宝应县快速落地创造有利条件。

■实施商标发展战略 2011年，县政府出台《关于深入实施商标战略的意见》。宝应工商局在发展商标工作中，通过“创业辅导”、“品牌创建”、“诚信建设”、“市场升级”等四大行动引导企业注册商标、发展“重合同守信用”企业；在全省率先开通全民创业服务热线“88912315”，向社会免费赠送1 200张创业指导光盘，对营业额10万元以下的中小企业及个体户免收工商登记费用。成功助推“宝应湖”大闸蟹获得中国驰名商标，全县累计拥有驰名、著名、知名商标93件。主动深入企业，引导和推动企业加强合同管理，恪守合同信誉，提高企业的知名度和市场竞争能力，截至年底，全县拥有全国“重合同守信用”企业2家、省“重合同守信用”企业8家、市“重合同守信用”企业338家。

■放心消费创建和消费维权 结合消费投诉“诉调对接”中重大疑难案件调查难、处理慢的实际，县消协在县法院、司法局、质监局等多家单位聘请特约调解员。全年成功调解重大疑难投诉案件36起，为消费者挽回经济损失72.56万元。为提高弱势群体维权意识和能力，在全县分别建立教育示范、教育维权、农民工、青少年、残疾人维权等五大基地，分别在各中小学、“金氾水建安公司”、柳堡“二妹子”民兵班设立消费维权服务点。全年向各中、小学校发放消费维权知识资料1.65万份，组织农民工开展消费维权知识讲座12场次。

■公平交易执法 宝应工商局在开展打击侵犯知识产权、打击制售假冒伪劣商品“双打”行动中，结合全县经营特点，分别组成汽配、服装、食品3个专项组，采取分时段、分区域、分节点等办法深入开展执法行动，共立案139起，结案139起，立案率、结案率均居全市之首。宝应工商系统全年共立案查处各类违法违章案件276件，其中查获假冒白酒2.43万瓶、案值37.33万元。

■服务新农村建设 开展商标富农、合同助农工作，培育农村经纪人队伍，引导农民抱团经营。全年新登记“三大合作组织”224户，累计全县共有农民专业合作社432户、农村土地股份合作社250户、农村社区股份合作社59户，新培育各类经纪人639人。宝应工商局市场合同科被省工商行政管理局表彰为“红盾护农先进集体”。

■流通环节食品安全监管 加大流通环节产品质量和食品安全监管力度，着重在建立长效机制上下工夫。继续巩固食品经营户索证、索票两个100%和对无证无照彻底取缔成果，共出动执法人员693人(次)，车121辆(次)，对全县食品生产企业和食品经营户进行全面检查，收缴各类过期变质食品2 273袋(瓶)，捣毁食品制假售假窝点2个，整治城乡结合部“六小”(小饮食店、小浴室、小美容美发店、小歌舞厅、小旅店、小网吧)店37个，建立食品安全示范店123个，查处食品经营违法案件19件，罚没款15.6万元。

县工商局强化市场监管、维护市场秩序

■广告监督管理 2011年，配合文明县城创建活动加大广告市场监管整顿力度，清理户外广告，严把广告市场准入关，把关系人民群众身心健康的药品、医疗、保健品、化妆品、美容服务等广告作为整治重点。共审查发放“户外广告登记证”21份。查处药品、医疗、保健品、化妆品、美容服务等虚假广告7件，罚没款12万元。

2011年宝应县全国和江苏省"重合同守信用"企业名录

表20

级别	企业名称	批准机关	批准时间
全国	宝胜科技创新股份有限公司	国家工商总局	2003年度
全国	江苏迎浪科技集团有限公司	国家工商总局	2003年度
省	宝胜科技创新股份有限公司	江苏省人民政府	1995年度
省	江苏五琼浆酒业有限公司	江苏省人民政府	1997年度
省	江苏菲达宝开电气有限公司	江苏省人民政府	1999年度
省	江苏迎浪科技集团有限公司	江苏省人民政府	2003年度
省	宝应亚细亚商城有限公司	江苏省人民政府	2003年度
省	江苏亚宝绝缘材料股份有限公	江苏省人民政府	2005年度
省	江苏银宝实业股份有限公司	江苏省人民政府	2008年度
省	江苏兴洋管件股份有限公司	江苏省人民政府	2008年度

2011年宝应县"驰名"、"著名"、"知名"商标一览表

表21

商标名称	注 册 企 业	类别	注册机关	注册时间
宝胜	宝胜科技创新股份有限公司	驰名	国家工商总局	2004.04
宝应湖	江苏水仙实业有限公司	驰名	国家工商总局	2011.05
宝胜	宝胜科技创新股份有限公司	著名	江苏省工商行政管理局	2004.12
宝应湖	江苏水仙实业有限公司	著名	江苏省工商行政管理局	2011.12
安宜	江苏玉华容器制造有限公司	著名	江苏省工商行政管理局	2010.12
五琼	江苏五琼浆酒业有限公司	著名	江苏省工商行政管理局	2010.12
迎浪	江苏迎浪实业有限公司	著名	江苏省工商行政管理局	2011.12
晨化	扬州晨化科技集团有限公司	著名	江苏省工商行政管理局	2009.12
金瓶	宝应县华东净化设备有限公司	著名	江苏省工商行政管理局	2011.12
宝瓷	宝应县电子陶瓷厂	著名	江苏省工商行政管理局	2009.12
兴洋	江苏兴洋管业股份有限公司	著名	江苏省工商行政管理局	2009.12
安宜	宝应电器厂	著名	江苏省工商行政管理局	2009.12
宝池	江苏迅达电磁线有限公司	著名	江苏省工商行政管理局	2010.12
T	扬州市天宝滑线电气有限公司	著名	江苏省工商行政管理局	2009.12
波达	扬州市双宝电力设备厂	著名	江苏省工商行政管理局	2009.12
苏宝	江苏亚宝绝缘材料股份有限公司	著名	江苏省工商行政管理局	2009.12
江鹤	江苏江鹤滑线电气有限公司	著名	江苏省工商行政管理局	2010.12
KANGLONG	扬州康龙玻璃工艺制品有限公司	著名	江苏省工商行政管理局	2010.12
远洋	扬州市管件厂有限公司	著名	江苏省工商行政管理局	2012.12
九力及图形	九力绳缆有限公司	著名	江苏省工商行政管理局	2010.12
宝胜	宝胜科技创新股份有限公司	知名	江苏省扬州工商行政管理局	2011.12
宝应湖	江苏水仙实业有限公司	知名	江苏省扬州工商行政管理局	2011.12
安宜	江苏玉华容器制造有限公司	知名	江苏省扬州工商行政管理局	2011.12
五琼	江苏五琼浆酒业有限公司	知名	江苏省扬州工商行政管理局	2011.12
迎浪	江苏迎浪实业有限公司	知名	江苏省扬州工商行政管理局	2011.12
晨化	扬州晨化科技集团有限公司	知名	江苏省扬州工商行政管理局	2011.12
金瓶	宝应县华东净化设备有限公司	知名	江苏省扬州工商行政管理局	2010.12
宝瓷	宝应县电子陶瓷厂	知名	江苏省扬州工商行政管理局	2010.12

续表

商标名称	注册企业	类别	注册机关	注册时间
兴洋	江苏兴洋管业股份有限公司	知名	江苏省扬州工商行政管理局	2010.12
安宜	宝应电器厂	知名	江苏省扬州工商行政管理局	2011.12
宝池	江苏迅达电磁线有限公司	知名	江苏省扬州工商行政管理局	2009.12
T	扬州市天宝滑线电气有限公司	知名	江苏省扬州工商行政管理局	2010.12
波达	扬州市双宝电力设备厂	知名	江苏省扬州工商行政管理局	2010.12
苏宝	江苏亚宝绝缘材料股份有限公司	知名	江苏省扬州工商行政管理局	2011.12
江鹤	江苏江鹤滑线电气有限公司	知名	江苏省扬州工商行政管理局	2010.12
KANGLONG	扬州康龙玻璃工艺制品有限公司	知名	江苏省扬州工商行政管理局	2010.12
远洋	扬州市管件厂有限公司	知名	江苏省扬州工商行政管理局	2010.12
九力及图形	九力绳缆有限公司	知名	江苏省扬州工商行政管理局	2010.12
宝开	江苏菲达宝开电气有限公司	知名	江苏省扬州工商行政管理局	2011.12
金禾	宝应县金禾商贸有限公司	知名	江苏省扬州工商行政管理局	2011.12
电力	宝应县安全工具厂有限公司	知名	江苏省扬州工商行政管理局	2011.12
玉华	江苏宝乐实业有限公司	知名	江苏省扬州工商行政管理局	2009.12
蜻蜓	扬州宝飞机电有限公司	知名	江苏省扬州工商行政管理局	2010.12
晨光	扬州晨光特种设备有限公司	知名	江苏省扬州工商行政管理局	2010.12
凯福	扬州市凯翔电器绝缘配套厂	知名	江苏省扬州工商行政管理局	2011.12
美家通	扬州市美家通管业有限公司	知名	江苏省扬州工商行政管理局	2010.12
安益	江苏安益钢瓶制造有限公司	知名	江苏省扬州工商行政管理局	2010.12
申宝	江苏康宝医疗器械有限公司	知名	江苏省扬州工商行政管理局	2011.12
安宜	江苏宝源电缆料有限公司	知名	江苏省扬州工商行政管理局	2009.12
春神	扬州市华电电气有限公司	知名	江苏省扬州工商行政管理局	2009.12
维高特	扬州市博斯特科技实业有限公司	知名	江苏省扬州工商行政管理局	2009.12
鹤迪	扬州市沪迪电器有限公司	知名	江苏省扬州工商行政管理局	2009.12
泾河	宝应县泾河食品厂	知名	江苏省扬州工商行政管理局	2009.12
Saierda	扬州赛尔达尼龙制造有限公司	知名	江苏省扬州工商行政管理局	2011.12
巨神	九力绳缆有限公司	知名	江苏省扬州工商行政管理局	2009.12
HX	扬州恒鑫特种钢管有限公司	知名	江苏省扬州工商行政管理局	2010.12
九州及图	江苏环宇起重运输机械有限责任公司	知名	江苏省扬州工商行政管理局	2010.12
康雅达	宝应县恒达针业有限公司	知名	江苏省扬州工商行政管理局	2010.12
玉华	江苏玉华容器制造有限公司	知名	江苏省扬州工商行政管理局	2010.12
清水口	江苏昌明车身制造有限公司	知名	江苏省扬州工商行政管理局	2011.12
新奇特	扬州新奇特电缆材料有限公司	知名	江苏省扬州工商行政管理局	2011.12
名佳	扬州市名佳面粉有限公司	知名	江苏省扬州工商行政管理局	2011.12
图形	江苏奥新路业电器有限公司	知名	江苏省扬州工商行政管理局	2009.12
绿洲	扬州晨化科技集团有限公司	知名	江苏省扬州工商行政管理局	2009.12
CAOYANG	江苏东方电缆材料有限公司	知名	江苏省扬州工商行政管理局	2011.12
XIANG CHUAN	江苏省香川绳缆科技有限公司	知名	江苏省扬州工商行政管理局	2009.12
宏阳	宝应宏阳纺织有限公司	知名	江苏省扬州工商行政管理局	2009.12
YYSB	江苏永一泵业有限公司	知名	江苏省扬州工商行政管理局	2009.12
尚宝罗	江苏尚宝罗泵业有限公司	知名	江苏省扬州工商行政管理局	2011.12
典尚	宝应典尚家居有限公司	知名	江苏省扬州工商行政管理局	2009.12
玛利斯	江苏大成羽绒制品有限公司	知名	江苏省扬州工商行政管理局	2010.12
飞鹰及图	扬州市飞鹰电子科技有限公司	知名	江苏省扬州工商行政管理局	2010.12
苏中	江苏苏中电缆厂	知名	江苏省扬州工商行政管理局	2010.12

续表

商标名称	注 册 企 业	类别	注册机关	注册时间
瓷原	扬州市万利精密陶瓷有限公司	知名	江苏省扬州工商行政管理局	2010.12
烨灿及图形	江苏四季馨家纺有限公司	知名	江苏省扬州工商行政管理局	2010.12
WPDJ	江苏王牌直流电机制造有限公司	知名	江苏省扬州工商行政管理局	2010.12
玉河	江苏玉河教玩具有限公司	知名	江苏省扬州工商行政管理局	2010.12
盈科加汉拼	宝应县科达汽配制造有限公司	知名	江苏省扬州工商行政管理局	2011.12
尼尔	扬州尼尔工程塑料有限公司	知名	江苏省扬州工商行政管理局	2011.12
晶龙	扬州盛德工艺品有限公司	知名	江苏省扬州工商行政管理局	2011.12
尚宝罗	江苏尚宝罗泵业有限公司	知名	江苏省扬州工商行政管理局	2011.12
博士特	扬州展鹏肥业有限公司	知名	江苏省扬州工商行政管理局	2011.12
欣泰	扬州欣泰电热元件制造有限公司	知名	江苏省扬州工商行政管理局	2011.12
四季馨	江苏四季馨家纺有限公司	知名	江苏省扬州工商行政管理局	2011.12
星洋	江苏星洋直流电机制造有限公司	知名	江苏省扬州工商行政管理局	2011.12
联奥	扬州巨业耐磨复合材料有限公司	知名	江苏省扬州工商行政管理局	2011.12
银宝	江苏银宝专用车有限公司	知名	江苏省扬州工商行政管理局	2011.12
宝南	江苏宝南木业制造有限公司	知名	江苏省扬州工商行政管理局	2011.12
亚宝	江苏亚宝绝缘材料股份有限公司	知名	江苏省扬州工商行政管理局	2011.12
冠每	宝应县冠每玻璃工艺品有限公司	知名	江苏省扬州工商行政管理局	2011.12
鼎创	宝应县光华陶瓷有限公司	知名	江苏省扬州工商行政管理局	2011.12
扬工	江苏扬工动力机械有限公司	知名	江苏省扬州工商行政管理局	2011.12
奇娃	扬州奇乐玩具有限公司	知名	江苏省扬州工商行政管理局	2011.12

（耿连宏）

质量技术监督

■概况 2011 年，扬州市宝应质量技术监督局（以下简称“宝应质监局”）以加快国家有机食品质量监督检验中心建设为重点，坚持“质量强县”，实施品牌和标准化战略，切实抓好各项目标任务的贯彻落实。根据省质监局要求，宝应县产品质量监督检验所增挂“食品质量安全监控中心”牌子；宝应县质量技术监督稽查大队增挂“质量技术监督举报投诉中心”和“食品稽查中队”两块牌子。国家有机食品质量监督检验中心通过实验室认可和资质认定现场评审；创建“国家有机产品认证示范县”通过国家认证认可监督管理委员会验收。全县新成立 7 个标委会工作组，正式发布实施国家标准 1 个，起草并获正式受理国际标准 1 个。宝应质监局所申报的“荣获首批国家有机产品认证示范县”项目获得 2011 年度县“创新突破贡献奖”金奖。宝应质监局连续八年获县“最佳服务部门”等荣誉称号。

■加快国家有机食品检测中心建设 2011 年，宝应县在江苏省有机食品质量监督检验中心（以下简称“有机中心”）基础上加快国家有机食品检测中心建设。6 月 9 日，省质量技术监督局、省粮食局正式批复在有机中心增挂“江苏省粮食产品质量监督检验站（扬州）”牌子。7 月 8 日，江苏省产品质量监督检验研究院与宝应质监局在省产品质量监督检验研究院签署合作协议书，共建国家有机食品质量监督检验中心，提升有机中心的检验能力和水平。9 月份，有机中心被列入江苏省第二批食品质量安全承检机构名单，获得粮食加工品、食用油、油脂及其制品、蔬菜制品、方便食品等 11 大类食品的发证检验、监督检验和委托检验资质。11 月 6 日，有机中心通过国家认证认可监督管理委员会的实验室认可和资质认定现场评审。

■成功创建“国家有机产品认证示范县” 参见《特载》篇《重大事项》分目。

■实施名牌发展战略 2011 年，宝应质监局提请县政府出台《宝应县名牌战略实施纲要（2011～2015）》，全县申报各级名牌的企业 40 多家。宝应质检局邀请专家对相关企业上门指导，实行全过程帮办服务；引导企业开展质量赶超和质量攻关，提高申报质量和效率；举办培训班，帮助企业掌握申报要求，准备申报资料。全县全年新增江苏省名牌产品5个，新增扬州市名牌产品24个。全县累计“江苏省名牌产品”33个、“扬州市名牌产品”39个。

■推进技术标准制订 2011年，全县新成立彩绘玻璃工艺制品、电梯尼龙轮、平板玻璃组装工艺制品、深海定位合成纤维绳缆、液化石油气钢瓶国家标准修订、YSP 35.5液化石油气钢瓶水压试验在线自动检测方法、电气绝缘用无卤低烟阻燃玻璃纤维布带7个标委会工作组。8月28日，江苏九力绳缆有限公司承担的全国船舶舾装标准化技术委员会纤维索制品工作组（SAC/TC129/WG1）在宝应成立，这是宝应县继江苏迎浪科技集团的纸浆泵工作组后的第二个工作组，主要承担船用纤维索制品领域国家、行业标准制修订工作。9月20日，江苏九力绳缆有限公司提交的《船舶与海洋技术——深海定位合成纤维绳缆》国际标准提案被ISO/TC8/SC4秘书处正式受理。10月1日，江苏迎浪科技集团起草编制的纸浆泵国家标准正式实施。宝应迅达电磁线有限公司、扬州新奇特电缆材料公司、扬州市管件厂有限公司、江苏兴洋直流电机制造有限公司4家企业被省质量技术监督局确定为江苏省第八批“标准化良好行为企业创建活动”单位。宝胜科技创新股份有限公司、江苏迎浪科技集团2家企业顺利地通过4A级、3A级“标准化良好行为企业”验收。10月12日，宝应县承担的省级有机稻米农业标准化示范区通过省质量技术监督局考核验收。做好标准化基础工作，全年共备案企业标准179个，完成采用国际标准25个。

■食品安全监管 组织开展全县食品生产企业、小作坊食品安全承诺，督促食品生产加工企业落实企业主体责任，对全县108家食品生产企业和56家小作坊实行分类分级分等监管。全年组织巡查食品生产企业213家（次）、小作坊80家（次），发出《食品及食品相关产品生产加工企业质量安全问题整改通知书》85份，对47家食品生产加工企业提交的年度报告进行核查，对33家许可证延续换证企业下达《宝应质量技术监督局监督检查意见书》，帮助42家企业完善生产许可证现场核查工作，对36家标签标识存在问题的企业进行规范整改。同时，选择四类食品企业开展四次“进厂一日”活动，防止同一类产品出现共性产品质量问题。开展“食品安全宣传周”系列宣传活动，制作戗牌8块，散发宣传资料300余份，进行食品安全知识现场咨询，并组织20家企业参加食品安全宣传周启动仪式和食品安全诚信倡议活动。7月5日，宝应质监局配合扬州质量技术监督局在宝应县举行全市质监系统食品安全突发事故应急演练。

■特种设备安全监管 分别召开“特种设备制造”、“气体充装”、“承压类特种设备安装维修改造”等相关单位安全监察工作会议，全面落实生产企业主体责任；开展特种设备使用单位安全告知；落实检验机构安全技术把关责任，全县1家法定检验单位（江苏省特检院扬州分院宝应所）、2家钢瓶监测站（宝应县太平钢瓶检测站、宝应县宝祥气体有限公司）分别作出安全承诺；重新修订《宝应质监局特种设备安全事故应急预案》，提高特种设备安全事故应急处置能力。开展全县冬季特种设备安全隐患自查自纠，积极推进气瓶条码管理工作，开展压力容器使用单位专项整顿、特种设备使用管理标准化和分类分级监管工作、电梯维保单位专项整治、公共机构蒸汽锅炉专项检查，并开展元旦、春节、中秋、国庆等节日安全检查；5月份，组织化工、充装、宾馆、制造、医院等12家单位积极开展“安全生产月”宣传活动，多次分别开展广场宣传咨询活动和特种设备安全文化普及活动，制作戗牌和条幅，印发宣传材料1 000余份。

■质量管理 4月份，县政府召开质量强县工作会议，县政府与各镇和有关部门签订质量强县目标责任状，对获得省、市名牌产品企业和质量工作先进的单位和个人进行表彰和奖励。邀请省质量管理专家，举办《卓越绩效评价准则》标准培训班两次。帮助企业申报各级质量奖，宝胜集团获2011年度扬州市市长质量奖，江苏迅达电磁线有限公司、扬州市名佳面粉有限公司、扬州尼龙工程塑料有限公司3家企业获扬州市质量管理奖，江苏迅达电磁线有限公司、扬州市名佳面粉有限公司获2011年度宝应县县长质量奖。组织力量对48家工业产品生产许可证获证企业进行日常巡查；对30多家CCC认证企业进行现场检查。开展送质量服务进乡镇活动，帮助15家企业取得ISO 9000质量管理体系、ISO 14000环境管理体系、HACCAP食品安全保证体系等。

■计量管理 全年完成152家村级卫生室442台、14家计生指导站31台、6家社会福利机构9台、26家乡镇卫生院375台医用计量器具的免费检修工作；全面完成34处集贸市场1 553台电子计价秤免费强检工作。“5·20世界计量日”期间，开展社区现场服务活动，免费为市民现场眼睛验光68人次，免费为市民清洗镜片26副，免费检测水银血压计8台，现场接受咨询200人次，散发各类宣传资料500份。全县首次组织计量注册师考核，通过一级计量注册师考核8人、二级计量注册师考核7人。

■依法行政 开展打击侵犯知识产权和制售假冒伪劣商品“双打”行动及进出口服装、节日市场、农资、汽车轮胎、餐巾纸、建材、玩具、购物袋、燃油等专项整治行动共10次。为提高全县机动车安全技术检验机构的检验工作质量和查验工作质量，规范安检机构工作行为，宝应质监局对全县两家机动车安全技术检验机构开展年度监督检查工作，督促两家安检机构按照规范开展工作，并要求提交年度自查报告表，保障经安检后上道路行驶车辆的技术状况和性能安全。

县质监局深入社区开展现场服务活动

2011年宝应县“江苏省名牌产品”名录

表22

产品名称	单位名称	批准机关	获批时间
宝胜牌电线电缆	宝胜科技创新股份有限公司	江苏省名牌战略推进委员会	2009.12
宝胜牌变压器	江苏宝胜电气股份有限公司	江苏省名牌战略推进委员会	2009.12
saierda牌尼龙电梯传动轮	扬州赛尔达尼龙制造有限公司	江苏省名牌战略推进委员会	2009.12
saierda牌MC尼龙滑块	扬州赛尔达尼龙制造有限公司	江苏省名牌战略推进委员会	2011.12
晨光牌B级锅炉	扬州晨光特种设备有限公司	江苏省名牌战略推进委员会	2009.12
宝开牌高低压开关设备	江苏菲达宝开电气有限公司	江苏省名牌战略推进委员会	2009.12
远扬牌钢制对焊管件	扬州市管件厂有限公司	江苏省名牌战略推进委员会	2009.12
远扬牌钢制对焊无缝三通	扬州市管件厂有限公司	江苏省名牌战略推进委员会	2011.12
宝池牌防水型聚酰亚胺复合薄膜烧结铜扁线	江苏迅达电磁线有限公司	江苏省名牌战略推进委员会	2009.12
宝池牌纸绝缘组合导线	江苏迅达电磁线有限公司	江苏省名牌战略推进委员会	2011.12
名佳牌小麦粉	扬州市名佳面粉有限公司	江苏省名牌战略推进委员会	2009.12
安宜、安益牌液化石油气钢瓶	江苏玉华容器制造有限公司	江苏省名牌战略推进委员会	2009.12
安宜牌特等籼米	扬州宝泰米业有限公司	江苏省名牌战略推进委员会	2009.12
苏宝牌聚酰亚胺薄膜	江苏亚宝绝缘材料股份有限公司	江苏省名牌战略推进委员会	2009.12
WPDJ牌直流电动机	江苏王牌直流电机制造有限公司	江苏省名牌战略推进委员会	2010.12
波达牌复合绝缘子	扬州市双宝电力设备有限公司	江苏省名牌战略推进委员会	2010.12

续表

产品名称	单位名称	批准机关	获批时间
新奇特牌高阻燃包带	扬州新奇特电缆材料有限公司	江苏省名牌战略推进委员会	2010.12
江鹤牌钢铝滑线	江苏江鹤滑线电气有限公司	江苏省名牌战略推进委员会	2010.12
江鹤牌母线槽	江苏江鹤滑线电气有限公司	江苏省名牌战略推进委员会	2011.12
尼尔牌MC尼龙电梯传动轮	扬州尼尔工程塑料有限公司	江苏省名牌战略推进委员会	2010.12
扬工牌汽车散热器	江苏扬工动力机械有限公司	江苏省名牌战略推进委员会	2010.12
安宜牌电线电缆用塑料	江苏宝源高新电工有限公司	江苏省名牌战略推进委员会	2010.12
五琼牌五琼浆白酒	江苏五琼浆酒业有限公司	江苏省名牌战略推进委员会	2010.12
怡味莲牌藕粉	江苏怡味莲朗伯食品有限公司	江苏省名牌战略推进委员会	2010.12
喜品牌莲藕汁	江苏怡味莲朗伯食品有限公司	江苏省名牌战略推进委员会	2011.12
宝应湖牌中华绒螯蟹	江苏水仙实业有限公司	江苏省名牌战略推进委员会	2010.12
宝应湖牌黄颡鱼	江苏水仙实业有限公司	江苏省名牌战略推进委员会	2011.12
星洋牌直流电动机	江苏星洋直流电机制造有限公司	江苏省名牌战略推进委员会	2011.12
九力牌绳索	九力绳缆有限公司	江苏省名牌战略推进委员会	2011.12
银宝牌涤棉布	江苏银宝实业股份有限公司	江苏省名牌战略推进委员会	2011.12
迎浪牌工业离心泵	江苏迎浪科技集团有限公司	江苏省名牌战略推进委员会	2011.12
宝应湖牌克氏螯虾	宝应县水鲜现代渔业科技示范园有限公司	江苏省名牌战略推进委员会	2011.12
宝应湖牌中华鳖	宝应县水鲜现代渔业科技示范园有限公司	江苏省名牌战略推进委员会	2011.12

2011年宝应县“扬州市名牌产品”名录

表23

产品名称	单位名称	批准机关	获批时间
润友牌耐高温绝缘螺栓	扬州润友复合材料有限公司	扬州市名牌战略推进委员会	2010.12
精创牌摩托车鼓式制动器总成	江苏精创电器有限公司	扬州市名牌战略推进委员会	2010.12
海葵牌水冷板变管补偿器	江苏旭日冶金环保设备厂	扬州市名牌战略推进委员会	2010.12
烨灿牌羽绒被	江苏四季馨家纺有限公司	扬州市名牌战略推进委员会	2010.12
耐安牌高温导线	江苏耐安特种电缆有限公司	扬州市名牌战略推进委员会	2010.12
星洋牌直流电动机	江苏星洋直流电机制造有限公司	扬州市名牌战略推进委员会	2010.12
润扬科创牌对焊无缝管件	江苏润扬管件有限责任公司	扬州市名牌战略推进委员会	2010.12
润扬牌丙纶长丝双层编织绳	扬州巨神绳缆有限公司	扬州市名牌战略推进委员会	2010.12
宝杰隆牌双玻璃丝包铜扁线	江苏宝杰隆电磁线有限公司	扬州市名牌战略推进委员会	2010.12
宝池牌纸绝缘组合导线	江苏迅达电磁线有限公司	扬州市名牌战略推进委员会	2010.12
宝腾牌ZR－GPT高温填充绳	扬州腾飞电缆电器材料有限公司	扬州市名牌战略推进委员会	2010.12
伟爱牌毛针织品(女式羊毛衫)	江苏远阳服饰有限公司	扬州市名牌战略推进委员会	2010.12
saierda牌MC尼龙滑块	扬州赛尔达尼龙制造有限公司	扬州市名牌战略推进委员会	2010.12
喜品牌莲藕复合果蔬汁	江苏怡味莲朗伯食品有限公司	扬州市名牌战略推进委员会	2010.12
康旺牌酱油	宝应康旺调味食品厂	扬州市名牌战略推进委员会	2010.12
环宇龙洋牌法兰	扬州市龙洋法兰管业制造有限公司	扬州市名牌战略推进委员会	2011.12
养鹅人牌羽绒被	江苏大成羽绒制品有限公司	扬州市名牌战略推进委员会	2011.12
华谊牌钢制对焊无缝管件	江苏华谊管件有限公司	扬州市名牌战略推进委员会	2011.12
新奇特牌无机矿物纸绳	扬州新奇特电缆材料有限公司	扬州市名牌战略推进委员会	2011.12
欣泰牌电加热元件	扬州欣泰电热元件制造有限公司	扬州市名牌战略推进委员会	2011.12
玉河牌静态塑胶玩具	江苏玉河教玩具有限公司	扬州市名牌战略推进委员会	2011.12
巨浪牌清水泵	江苏巨浪泵阀有限公司	扬州市名牌战略推进委员会	2011.12

续表

名牌产品	单位名称	批准机关	获批时间
天毅环保牌除尘滤袋	江苏天毅环保科技有限公司	扬州市名牌战略推进委员会	2011.12
赛锐牌铝蜂窝隔音地板	宝应县沈飞机电有限公司	扬州市名牌战略推进委员会	2011.12
柳堡牌耐高温封闭式专业安全滑触线	江苏云海电气有限公司	扬州市名牌战略推进委员会	2011.12
联奥牌陶瓷耐磨复合钢管	扬州巨业耐磨复合材料有限责任公司	扬州市名牌战略推进委员会	2011.12
九州牌带式输送机	江苏环宇起重运输机械有限责任公司	扬州市名牌战略推进委员会	2011.12
旭阳春牌玻璃灯罩	扬州旭阳春玻璃制品有限公司	扬州市名牌战略推进委员会	2011.12
PEARLo 派尔牌内置式电加热管用保护器	扬州宝珠电器有限公司	扬州市名牌战略推进委员会	2011.12
远扬牌钢制对焊无缝三通	扬州市管件厂有限公司	扬州市名牌战略推进委员会	2011.12
银宝(YB)牌半挂运输车	江苏银宝专用车有限公司	扬州市名牌战略推进委员会	2011.12
TeAnKeJi 牌微孔曝气增氧装置	扬州特安科技有限公司	扬州市名牌战略推进委员会	2011.12
偶得牌调味蔬菜	扬州天成食品有限公司	扬州市名牌战略推进委员会	2011.12
高得宝牌液化石油气钢瓶	扬州高得宝瓦斯器材制造有限公司	扬州市名牌战略推进委员会	2011.12
天海桥牌滑触线	扬州市天海滑线电气有限公司	扬州市名牌战略推进委员会	2011.12
风诞牌玻璃工艺品	宝应县东风圣诞礼品有限公司	扬州市名牌战略推进委员会	2011.12
大明牌橡胶或塑料制填充材料	宝应县大明电缆附件有限公司	扬州市名牌战略推进委员会	2011.12
飞鹰牌点煤气用摩擦点火器	扬州市飞鹰电子科技有限公司	扬州市名牌战略推进委员会	2011.12
MOOSTAR 牌玻璃花瓶	扬州全华玻璃工艺品有限公司	扬州市名牌战略推进委员会	2011.12

2011 年宝应县“省质量信用评价 A 级企业”名录

表 24

单位名称	批准机关	获评时间
江苏宝胜电气股份有限公司	江苏省质量技术监督局	2010 年
宝胜科技创新股份有限公司	江苏省质量技术监督局	2010 年
宝应电器厂	江苏省质量技术监督局	2010 年
江苏菲达宝开电气有限公司	江苏省质量技术监督局	2010 年
江苏水仙实业有限公司	江苏省质量技术监督局	2010 年
江苏迅达电磁线有限公司	江苏省质量技术监督局	2010 年
江苏银宝实业股份有限公司	江苏省质量技术监督局	2010 年
江苏迎浪科技集团有限公司	江苏省质量技术监督局	2010 年
扬州晨光特种设备有限公司	江苏省质量技术监督局	2010 年
扬州赛尔达尼龙制造有限公司	江苏省质量技术监督局	2010 年
扬州市管件厂有限公司	江苏省质量技术监督局	2010 年
江苏玉华容器制造有限公司	江苏省质量技术监督局	2010 年
扬州晨化科技集团有限公司	江苏省质量技术监督局	2010 年
江苏宝源电缆料有限公司	江苏省质量技术监督局	2010 年
扬州尼尔工程塑料有限公司	江苏省质量技术监督局	2011 年
江苏江鹤滑线电气有限公司	江苏省质量技术监督局	2011 年

（夏　蓉）

安全生产监督

概况 2011年，县安全生产监督管理局（以下简称“县安监局”）深入开展“安全生产年”活动，扎实推进安全生产隐患排查治理、专项整治、标准化建设等重点工作，落实安全生产镇区属地管理责任、部门行业监管责任和企业主体责任。全县发生各类安全生产事故273起，比上年增加58.7%。死亡46人，比上年减少9.8%，其中，工矿商贸企业事故死亡1人。重伤42人，比上年减少10.6%。直接经济损失159.5万元，比上年增加74.7%。全年未发生较大以上生产安全事故，安全生产工作连续4年获得市目标管理考核一等奖。

安全生产责任体系建设 县委、县政府出台《宝应县安全生产“十二五”规划》。根据部门职能调整，重新制定《宝应县各级人民政府、有关部门和单位安全生产工作职责暂行规定》，出台《关于进一步加强企业安全生产工作的意见》，企业安全生产主体责任得到强化和落实。年初，县政府召开安全生产工作会议，对全年安全生产工作进行部署，与镇区、有关部门签订安全生产目标管理责任书，落实安全生产目标管理履职保证金制度和“一票否决制”。对各级领导班子成员按照生产和安全“一岗双责”要求，落实安全生产责任。县政府常务会议坚持将安全生产工作列为重要议题，定期听取情况汇报，研究部署重点工作，协调解决有关矛盾和问题。各镇区、部门基本形成安全工作“主要领导亲自抓、分管领导具体抓、班子成员协同抓”的工作格局。

安全生产隐患排查 以全面排查、强化整改为主线，不断完善全员排查、登记报告、分级治理、动态分析等制度，定期召开会议，总结交流情况，坚持月上报、季通报、年考核，初步建立起隐患排查治理工作长效机制。全县全年共检查生产经营单位4 531家，排查出一般隐患2.05万条，已整改2.02万条，整改率99%，共投入整改资金1 570多万元。县安监局对苏果超市有限公司宝应分公司、宝应新都家俱批发中心、宝应县金鹰家居装饰有限公司3家单位实施重大火灾事故隐患挂牌督办，均按要求整改到位，并通过消防、安监等部门验收；在全县规模以上工业企业推广安全生产监控体系，在高危行业企业推行风险告知和安全承诺制度；开展作业场所职业危害申报与治理工作，完成作业场所职业危害申报247家，职业危害因素检测45家，检测点（样）347个，职工健康体检1.25万人。

县领导深入建筑工地视察安全生产

安全生产专项整治 全年在道路交通、消防、建筑施工、危险化学品、烟花爆竹、职业危害、农机、燃气等重点行业领域，有计划、按专题、分阶段开展专项整治活动，取得明显成果。在道路交通领域，不间断地开展集中整治“三超一疲劳”专项行动，组织客运车辆、酒后驾驶、城区交通秩序、农村交通秩序等专项整治行动。大力查纠交通违法行为，共查纠各类交通违法行为 23 万多起，处罚 13 万多人次，扣留车辆 9 852 辆，扣留证件1 872本，行政拘留 9 人。在全县化工企业开展反违章指挥、违章作业、违反劳动纪律“三违”专项整治，加强对重大危险源的监控。22 家危化品从业单位全部推行领导干部带班制度。扬州晨化科技集团有限公司重大危险源(储罐区)全面完成自动化控制改造。严厉打击非法生产经营活动，对 6 起违法行为予以立案处理。在烟花爆竹领域，开展打击无证经营、私储、私运专项整治，全年共开展“地毯式”检查 3 次，收缴各类违法经营、储存的烟花爆竹 1 500 多箱，立案查处 14 起。以换发证为契机，对批发公司宝应县金阳红烟花鞭炮有限公司和 388 家零售网点重新进行现场安全审查，取消不符合条件的零售点发证 3 家。在建筑施工领域，每季度开展一次重点部位安全整治，对脚手架、模板支撑系统、施工用电、大型机械设备、深基坑、保障性住房等开展全面安全检查，下达整改指令书 250 份。在火灾消防领域，全面推进“清剿火患”战役，实行网格化监管，发现重大火灾隐患 14 家、临时查封 343 家、责令“三停”85 家，拘留 40 人。在煤矿领域，加大安全投入，强化全员安全责任的落实，改善安全环境，重点整治习惯性违章。拾屯煤矿实现连续安全生产 6 169 天，旭东煤矿连续安全生产 2415 天。

■重要节点安全督查 2011 年，全县形成重大节日、重要活动、重点时段各级领导干部带队安全检查常态化制度。10 月 11 日，县委书记、人大常委会主任仲生一行调研安全生产工作，先后视察汽车客运总站、江苏奥顿车业有限公司、城区广厦兰郡工程工地、消防大队，对做好安全生产工作提出忠实履职尽责、突出教育防范、紧抓重点工作、严格依法管理、工作重心下移、提升应急处置能力六个方面要求。9 月 29 日，县委副书记、县长王庭国率安监、交运等部门负责人专项检查渡口安全工作，先后检查氾水渡口、五里渡口，并成立渡口安全专项整治领导小组，确保国庆节日期间水上交通安全。12 月 31 日，王庭国率住建、安监部门主要负责人专项检查燃气安全工作，先后检查中石油宝应昆仑燃气有限公司、宝灶液化气有限公司。各镇区、各有关部门均开展“五一”、“十一”、元旦、春节等重大节日前安全大检查，确保重大节日期间的安全稳定。9 月份，县安委会组织 8 个部门，组成 6 个督查组，对全县 15 个镇区、22 个部门和单位安全监管主体责任落实情况进行督查。

■安全生产基础建设 强化安全培训工作，全年共培训厂长、经理、安全管理人员 3 200 人、特殊工种作业人员 600 人。加大重点企业应急预案修改、完善、审查、备案工作力度，组织、指导开展应急演练，提高应急处置能力。贯彻《江苏省企业安全生产标准化评审工作管理办法(试行)》、扬州市《关于进一步推进企业安全生产标准化工作的实施意见》，扎实推进企业安全标准化达标创建工作，全县 62 家企业实现安全生产标准化三级达标。

■安全生产技术服务 县安监局成立重大项目和招商引资工程专项服务组，对新开工项目实行跟踪安全服务，及时协调解决项目建设和生产过程中遇到的安全问题，从源头上预防生产安全事故发生。发挥安全生产管理协会等组织作用，积极为企业提供无偿安全技术服务，帮助指导企业建立健全各项安全管理制度、操作规程，对全县 70 家重点企业、11 家危化品生产企业建立安全生产“一企一档”。

开展“安全专家园区行”活动，组织市县安全专家深入各镇区工业园区，帮助企业解决安全生产技术难题。按照行业类别，由 12 家主管部门牵头，39 名安全专家深入企业开展安全生产专家服务“百千万”(选百名专家，进千家企业，查万条隐患)活动。

■推行安全生产责任保险 完善企业安全生产投入保障、安全生产风险抵押金等制度，提高企业抓安全、管安全的内在动力；在高危行业大力推行安全生产责任保险，截至年底，全县共有 20 家企业参加安全生产责任保险。

■安全生产宣传教育 组织“安全生产月”，“安康杯”、“交运杯”知识竞赛，开展创建安全生产诚信企业、文化企业、“青安岗”活动，强化安全宣传活动。“安全生产月”期间，全县张贴安全宣传标语 3 万多条，散发宣传资料 1 万多份，悬挂横幅 300 多条，展览戗牌 600 多块；宝应电视台、《宝应日报》等新闻媒体开设“安全生产月”专栏、专刊，播放、编发反映安全生产活动的专题片、文章，营造“关注安全、关爱生命”社会氛围。组织参加全市“讲责任，懂安全”网上安全知识有奖竞答活动，宝应县参与答题和获奖人数均列全市第二位，15人获得奖项。在县安监、交运部门共同举办的“交运杯”安全生产知识竞赛中，全县镇区、部门33个代表队、165人参赛。宝胜科技创新股份有限公司、江苏银宝实业股份有限公司被评为省级安全生产诚信企业，扬州赛尔达尼龙制造有限公司被评为市级安全生产诚信企业。探索安全社区网格化管理模式，在安宜镇画川社区、铁桥社区组织开展安全社区创建试点工作，在北河社区、刘沟社区开展推进安全文化进社区活动，提高市民安全意识。（陆如刚）

药品食品监督

■概况 2011年，全县加强药品医疗器械生产和保健食品、化妆品商品质量监管，开展严厉打击食品非法添加和滥用食品添加剂、药械打假治劣专项整治活动，全年共出动执法人员1 098人次，检查单位300户次，查获各类假劣药械等20种次，立案查处58起，涉案货值30万元，移交县公安部门案件4件。重视药品食品监督宣传，在《宝应日报》开辟食品药品专栏，在各级媒体上发表信息、文章202条（篇），其中国家级16条（篇），省级36条（篇），市级65条（篇）。县食品药品监管局获“江苏省食品药品监督管理系统稽查工作先进集体”、“扬州市食品药品监督管理系统目标管理工作考核先进单位”和“医疗器械专项整治工作先进单位”等荣誉。

■药品医疗器械环节监管 在生产环节，突出扬州中宝制药、康宝医疗器械等生产企业，按照国家药械生产安全规范要求，落实质量受权人和驻厂监督员制度，完善约谈工作机制，推行药品电子监管，开展处方工艺核查，从原辅料购进，到生产过程和产品质量检验进行全程监管，全年未发生源头性药械质量安全事故。在经营环节，突出医药批发和零售企业，重点开展药品冷链、中药饮片、抗菌药物、疫苗、医疗器械、特殊药品的检查。开展隐形眼镜专项检查，查处违法违规案件38件，发出责令整改通知书138份，涉案金额10.74万元，取缔无证经营眼镜店1家。

■保健食品、化妆品经营监管 2011年，县委、县政府在机构改革中将保健食品和化妆品监管从县卫生部门调整到县药监部门，县药监局以公开信的形式，宣传保健食品、化妆品监管相关法规规定，组织开展重点保健食品、化妆品单位负责人法律知识培训。组织开展对全县范围内保健食品、化妆品单位全面调查摸底（共调查保健食品批发、零售单位167家，化妆品批发、零售单位320多家），监督检查药店、保健食品、化妆品专营店、商场、超市、美容美体等保化品经营使用单位55家，对存在问题的45家

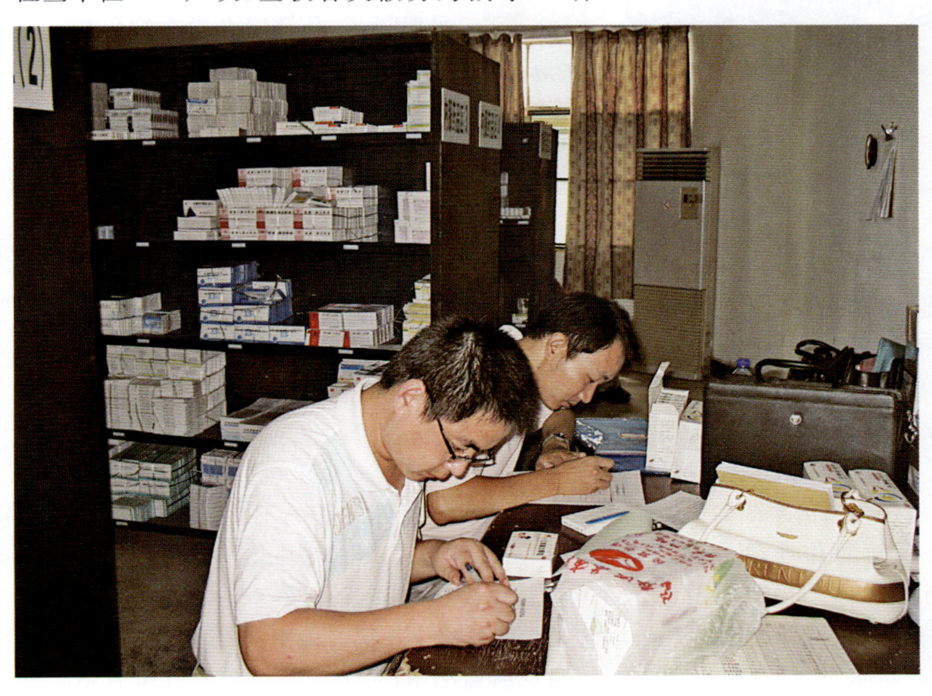

执法人员开展药品抽样检查

经营单位提出整改要求。抽样检测保健食品3个批次，其中不合格品种1个、假冒产品品种1个，抽查检测化妆品7个批次，全部合格。保健食品化妆品抽查检测有2个批次不合格，数量各5盒，涉案案值分别为240元和200元，并上报作进一步处理。

■**食品“两非”整治** 全县开展严厉打击食品非法添加和滥用食品添加剂专项整治行动，着重开展“地沟油”、“瘦肉精”、“问题豆芽”、有毒血豆腐等专项整治行动。5月，县食安办、农委、公安等部门联合查处开发区七里村、黄塍镇大陆村5户非法添加有毒有害物的豆芽加工户，清缴销毁问题豆芽6吨；组织对市场销售豆腐进行安全风险监测，发现有从淮安市流入宝应市场的含甲醛“血豆腐”经营户一家，质监、公安、药监部门成立专案组联手侦查，成功查清线索，及时移交案发地查处。10月，宝应县市场再次发现有“血豆腐”销售，重新启动专案组，成功破获安宜镇花庄组一地下有毒血豆腐加工点，销毁含甲醛“血豆腐”2 250千克，抓捕3人。司法机关依法对3名犯罪嫌疑人追究刑事责任，予以判刑并处罚金。同时，从环评、执照审批、签订购销合同、建立销售台账入手，查处县内3处“地沟油”粗炼加工点生产经营行为，并与泰州食安办联手，严格掌控产品去向。从生猪养殖、交易、屠宰三个环节，全方位开展“瘦肉精”检测，全年检测样品4 800批次，全部合格。

进社区开展食品药品安全宣传咨询活动

■**药械打假治劣** 7月份，县药监、公安部门从4瓶假药的线索入手，一举挖出跨省生产、邮售假药特大案件。该假药案涉及全国20多个省份，省外的制假窝点，抓捕犯罪嫌疑人40人，批捕2人。全年共抽验药品357批，其中评价性抽验112批、基本药物76批、日常监督抽验169批。

■**组织“三员”业务培训** 年初，县药监局组织并会同县农委、卫生等部门专家讲课，以食品药品知识、法律法规为内容，对全县300多名协管员、信息员进行为期两天的业务培训，按省标准发放协管员、信息员经费8万多元。围绕新版《药品不良反应报告和监测管理办法》实施，组织宝应县辖区内52家药品、医疗器械生产、经营和使用单位的监测员开展ADR（药品不良反应）培训。

■**健全监管机制** 县食安办规范出台食品药品安全投诉举报管理办法，公布各部门投诉举报电话，明确部门职责，规定处置程序。全年根据群众举报先后处理问题豆芽、小油脂作坊、非法销售保健食品、非法经营药品等20多起。规范食品小作坊、食品摊贩监管模式，县政府办发文细化相关行业、部门和单位监管职责，出台新的食品安全工作责任制和责任追究办法，消除监管盲区；建立健全药品、医疗器械生产经营企业日常监管档案，开展企业信用评定和药品零售企业优秀药师评选活动。

■**组织食品安全事故应急演练** 9月20日，宝应县在射阳湖镇开展Ⅳ级食品安全事故应急演练活动，以农家宴疑似食物中毒为背景，按照事故报告、指挥协调、应急处置、善后处理4个部分逐项进行。

■**县计划生育指导站药品不良反应监测工作受表彰** 11月17～18日，国家食品药品监管局和卫生部联合在北京召开第三次全国药品不良反应监测工作会议，会议通报表扬全国33家药品不良反应监测单位，宝应县计划生育指导站名列其中。

（高　俊　王先梅）

综 述

2011年，宝应县科技局按照“项目决定成败、一切服从项目”的思路，组织开展各项科技工作，为全县赶超进位和经济转型提供科技支撑。全年组织申报市级以上各类科技项目372项，比上年增加96项，增长34.8%；获批216项，比上年增加40项，增长38.5%。申请专利1 720件，比上年增加612件，增长55.2%；获专利授权620件，比上年增加188件，增长43.5%。向上争取项目无偿资金1 790万元，引进博士以上高层次创新创业人才15人。县科技局被授予“省精神文明建设先进单位”，市、县文明单位，“县机关部门目标管理综合考核先进单位”等称号；知识产权、防震减灾工作获省、市先进单位称号。县科技局、县委组织部、县人社局共同申报的“‘三排三寻’推动高层次人才引进取得明显突破”项目获县“创新突破奖”一等奖。

■创新平台建设 建设宝应县科技成果转化公共服务平台，汇集科技成果信息1.2万条、人才信息430条、企业信息290条。上海高校国家技术转移联盟扬州分中心作为全省唯一一家地方技术转移中心被省科学技术厅批准立项，组织专家教授与企业技术对接活动30多次，为县内企业引进上海高校科技成果20多项，推动解决一批企业技术难题。

资料链接：上海高校国家技术转移联盟扬州分中心于2010年7月6日在宝应县科学技术局挂牌成立，分中心由县政府与上海交通大学、中科院上海分院、华东理工大学共同建立，促进上海的产业、技术、成果、人才向宝应转移。

■建立宝应天马工业设计中心 9月28日，在2011中国·宝应荷藕节闭幕式上，宝应天马工业设计中心在江苏宝应经济开发区正式挂牌运行。该中心由县科技局、江苏宝应经济开发区与中国工业设计协会、华东理工大学艺术设计与传媒学院、江苏信息职业技术学院、上海木马工业设计公司、深圳灵狮工业设计公司合作组建。截至年底，中心先后完成布展工作、组织水晶创意产品发布会、产品设计招标会、“工业设计·特色经济发展”专家论坛、组织“水晶创意上海行”及参观上海M50创意园、“上海设计之窗1933之品味品位”等系列活动。

■组建东南大学、扬州大学技术转移分中心 县科技局围绕电工电器、新材料等产业发展，与东南大学、扬州大学技术转移中心组建宝应分中心。主要开展科技成果转化、科技项目合作、技术咨询与攻关、共建研发中心等科技服务活动，推动东南大学、扬州大学的科技资源向宝应转移，服务于宝应企业创新和产业升级。分中心办公地点设在县科技局，东南大学选派一名博士常驻宝应分中心工作，挂任宝应县科技局局长助理。

■新增省级工程技术研究中心 3 家

加强企业研发平台建设，组织企业工程技术研究中心申报认定工作，获批江苏省 MC 尼龙工程技术研究中心、江苏省现代交通用内燃机散热器及其应用材料工程技术研究中心、江苏省冶金用泵工程技术研究中心等省级企业工程技术研究中心 3 家，获批扬州市医疗器械工程技术研究中心、扬州市油气管道雷达安全预警系统开发工程技术研究中心等市级企业工程技术研究中心 14 家。

在苏中经济发展论坛上
举行扬州大学技术转移中心宝应分中心签约仪式

2011 年宝应县"省级企业工程技术研究中心"名录

表 25

企业名称	研发机构名称	认定部门	批准时间
宝胜集团有限公司	江苏省电线电缆工程技术研究中心	江苏省科技厅	2005.5
江苏迎浪科技集团有限公司	江苏省智能节能泵工程技术研究中心	江苏省科技厅	2008.11
江苏宝胜电气股份有限公司	江苏省气体绝缘变配电设备工程技术研究中心	江苏省科技厅	2009.8
扬州晨化科技集团有限公司	江苏省高固含水性聚氨树脂工程技术研究中心	江苏省科技厅	2010.5
扬州腾飞电缆电器材料有限公司	江苏省电缆用高阻燃高绝缘包带工程技术研究中心	江苏省科技厅	2010.5
江苏四明工程机械有限公司	江苏省滑模摊铺设备与控制仪器工程技术研究中心	江苏省科技厅	2010.12
江苏迅达电磁线有限公司	江苏省电器绕组线工程技术研究中心	江苏省科技厅	2010.12
扬州赛尔达尼龙制造有限公司	江苏省 MC 尼龙工程技术研究中心	江苏省科技厅	2011.12
江苏扬工动力机械有限公司	江苏省现代交通用内燃机散热器及其应用材料工程技术研究中心	江苏省科技厅	2011.12
江苏永一泵业有限公司	江苏省冶金用泵工程技术研究中心	江苏省科技厅	2011.12

2011 年宝应县"市级企业工程技术研究中心"名录

表 26

企业名称	研发机构名称	认定部门	批准时间
江苏宝源电缆料有限公司	扬州市电缆绝缘材料工程技术研究中心	扬州市科技局	2005.11
江苏亚宝绝缘材料有限公司	扬州市聚酰亚胺薄膜工程技术研究中心	扬州市科技局	2006.10
宝应县新奇特电缆材料厂	扬州市阻燃、耐火材料工程技术研究中心	扬州市科技局	2007.7
宝应仁恒实业有限公司	扬州市烟草机械工程技术研发中心	扬州市科技局	2007.7
江苏维尔电气有限公司	维尔电器设备技术研究中心	扬州市科技局	2007.7
江苏银大科技有限公司	扬州市监控系统工程技术研究中心	扬州市科技局	2004.11
扬州航鹰科技装备有限公司	航空装备工程技术研究中心	扬州市科技局	2008.10
江苏省香川绳缆科技有限公司	扬州市化纤绳缆工程技术研究中心	扬州市科技局	2008.10
扬州市飞鹰电子瓷业有限公司	电子陶瓷工程技术研究中心	扬州市科技局	2008.12
江苏奥新路业电器有限公司	扬州市机械传动电液控制工程技术中心	扬州市科技局	2008.12
江苏赢洋实业股份有限公司	扬州市通心粉及面粉制品成套设备工程技术研究中心	扬州市科技局	2008.12
扬州华电电气有限公司	扬州高电压检测设备工程技术中心	扬州市科技局	2008.12

续表

企业名称	研发机构名称	认定部门	批准时间
江苏玉华容器制造有限公司	扬州市压力容器工程技术研究中心	扬州市科技局	2008.12
扬州恒鑫特种钢管有限公司	扬州市新型耐磨材料工程技术研究中心	扬州市科技局	2008.12
江苏菲达宝开电气有限公司	扬州市电气开关控制设备工程技术研究中心	扬州市科技局	2009.11
扬州巨业耐磨复合材料有限责任公司	扬州市新型复合耐磨管件工程技术研究中心	扬州市科技局	2009.11
扬州凯翔电气制造有限公司	扬州市精密变速器部件工程技术研究中心	扬州市科技局	2009.11
扬州尼尔工程塑料有限公司	扬州市特种工程塑料工程技术研究中心	扬州市科技局	2009.11
宝应县润华静电涂装工程有限公司	扬州市静电涂装工程技术研究中心	扬州市科技局	2009.11
江苏王牌直流电机制造有限公司	扬州市中大型电机工程技术研究中心	扬州市科技局	2009.11
扬州市安宜阀门有限公司	扬州市气瓶阀门工程技术研究中心	扬州市科技局	2009.11
江苏宝杰隆电磁线有限公司	扬州市特种绕组线工程技术研究中心	扬州市科技局	2010.12
江苏星洋直流电机制造有限公司	扬州市工程技术研究中心	扬州市科技局	2010.12
江苏尚宝罗泵业有限公司	扬州市纸浆泵工程技术中心	扬州市科技局	2010.12
江苏玉河教玩具有限公司	扬州市教玩具创意设计工程技术研究中心	扬州市科技局	2010.12
九力绳缆有限公司	扬州市高强度超长单点系泊缆工程技术研究中心	扬州市科技局	2010.12
宝应县顺元工艺礼品制造有限公司	扬州市水晶工艺品工程技术研究中心	扬州市科技局	2010.12
江苏江鹤滑线电气有限公司	扬州市钢铝复合瓷面滑线工程技术研究中心	扬州市科技局	2010.12
扬州华宇管件有限公司	扬州市民用核安全机械设备工程技术研究中心	扬州市科技局	2011.12
扬州市派莱斯塑胶电器有限公司	扬州市高耐蚀紧固构件工程技术研究中心	扬州市科技局	2011.12
扬州宝飞机电有限公司	扬州市双频、宽电压带振动电机开发工程技术研究中心	扬州市科技局	2011.12
江苏鑫东方环保设备科技有限公司	扬州市水处理环保开发工程技术研究中心	扬州市科技局	2011.12
江苏环宇起重运输机械有限责任公司	扬州市散料输送技术工程技术研究中心	扬州市科技局	2011.12
扬州市华宇化工建材厂	扬州市玻璃包装架工程技术研究中心	扬州市科技局	2011.12
江苏兴洋管业股份有限公司	扬州市核级管件工程技术研究中心	扬州市科技局	2011.12
扬州晨光特种设备有限公司	扬州市无焰燃烧、辐射导热锅炉节能环保工程技术研究中心	扬州市科技局	2011.12
江苏海创电气科技有限公司	扬州市油气管道雷达安全预警系统开发工程技术研究中心	扬州市科技局	2011.12
扬州市天海滑线电气有限公司	扬州市滑触线工程技术研究中心	扬州市科技局	2011.12
扬州市双宝电力设备有限公司	扬州市高压绝缘子工程技术研究中心	扬州市科技局	2011.12
江苏康宝医疗器械有限公司	扬州市医疗器械工程技术研究中心	扬州市科技局	2011.12
江苏省旭日冶金环保设备有限公司	扬州市过滤材料工程技术研究中心	扬州市科技局	2011.12
江苏云海电气有限公司	扬州市桥架工程技术研究中心	扬州市科技局	2011.12

（宗玉乔）

科技创新

■概况 组织2011年中国·扬州“烟花三月”国际经贸旅游节宝应产学研签约活动和“工业设计·特色经济发展”专家论坛；组织参加市“烟花三月”节及大连、杭州、长沙、深圳科技创新·产业合作推介会；牵头组织2011中国·宝应荷藕节“双百”（百家企业进高校、邀请百名专家到企业）活动，分七批次组织130多家（次）企业走进上海、北京、合肥、武汉、南京、无锡、宁波、西安、兰州等地高校院所，邀请120多名专家教授和博士团队到宝应县开展企业技术服务，并采取小分队、小团队、点对点等灵活多样的方式组织校企对接活动。

■签订产学研合作协议87项 全年通过产学研交流与合作活动，大力引进高校院所技术、成果等科技资源，签订“上海理工大学——江苏迅达集团共建新型铜合金材料研究院”、江苏康宝医疗器械有限公司与大连理工大学“活性炭纤维（ACF）布医用疗伤膜”、江苏奥新路业有限公司与重庆大学“工程机械智能化电控液压变速系统相关技术”、扬州亚邦绝缘材料有限公司与深圳航天科技创新研究院“改性功能性树脂(高分子)绝缘复合材料”等校企合作协议87项。

■引进高层次人才15人 组织开展招才引智南京药科大学、东南大学、华东理工大学、上海交通大学、清华大学、北京化工大学专场活动，并通过项目实施、技术攻关、乡情联络、以才引才等多种渠道大力引进博士以上高层次创新创业人才15人。县科技局组织申报省“双创”人才计划8项、省“博士集聚计划”10项、市“绿扬金凤”计划13项，获批省“双创”计划3项、省“博士集聚计划”1项、市“绿扬金凤”计划8项。

2011年宝应县省高新技术产品一览表

表27

产品名称	企业名称	批准机关	批准时间
风能电缆用高弹性阻燃纤维带	扬州新奇特电缆材料有限公司	省科技厅	2011.05
屋顶太阳能光伏电站用电力电缆	江苏晨曦光伏科技有限公司	省科技厅	2011.05
JH－Ⅰ型滑线导轨补偿装置	江苏江鹤滑线电气有限公司	省科技厅	2011.05
G4卤素灯(一种新型连接方式的烤箱、烤炉内部照明装置)	扬州宝玛电子有限公司	省科技厅	2011.05
PLC纯水箱自动清洗系统	江苏鑫东方环保设备科技有限公司	省科技厅	2011.05
节能环保耐候PE电缆料	宝应安洋电缆料有限公司	省科技厅	2011.05
热切锯齿对称式电线电缆用聚酯绕包带	宝应安洋电缆料有限公司	省科技厅	2011.05
PF基耐高温高弹性绝缘中隔板	江苏亚邦新材料科技有限公司	省科技厅	2011.05
600MW超临界机组电除尘器	江苏菲达宝开电气有限公司	省科技厅	2011.05
物料输送风速检测控制装置	扬州市天宝自动化工程有限公司	省科技厅	2011.05
基于改进遗传算法优化设计的全铝钎焊散热器	江苏扬工动力机械有限公司	省科技厅	2011.05
VLF型超低频高压发生器	扬州华电电气有限公司	省科技厅	2011.05
超微耐高温铝漆包线	江苏亚洛科技有限公司	省科技厅	2011.05
抗氧型层状硅酸盐无卤阻燃复合电缆料	扬州德宝电缆有限公司	省科技厅	2011.05
矿物云母增强型开双层耐高温绝缘导线	扬州德宝电缆有限公司	省科技厅	2011.05
额定电压450/750V及以下热塑性弹性体绝缘及护套移动软电缆	宝胜科技创新股份有限公司	省科技厅	2011.08
自保护氮化硅陶瓷点火器	扬州市飞鹰电子科技有限公司	省科技厅	2011.08
高速铁路接触网用复合分段绝缘装置	扬州市双宝电力设备有限公司	省科技厅	2011.08
钢丝增强(聚乙烯)复合管	扬州金鑫陶瓷复合钢管有限公司	省科技厅	2011.08
高阻燃聚酯薄膜带	扬州腾飞电缆电器材料有限公司	省科技厅	2011.08
新型环保纳米镀钛电解铜铝复合带	扬州腾飞电缆电器材料有限公司	省科技厅	2011.08
丘陵山区智能节水喷滴灌设备	江苏耐特现代农业设施有限公司	省科技厅	2011.08
玻纤布与长玻纤混杂增强耐高温复合材料绝缘插板	扬州润友复合材料有限公司	省科技厅	2011.08
HPYY－Y200－400A型电动热水循环泵	江苏永一泵业有限公司	省科技厅	2011.08
屋顶太阳能光伏电站用测量和计算机输入电缆	江苏晨曦光伏科技有限公司	省科技厅	2011.08
新型无铅铜棒合金材料	扬州成功金属制品有限公司	省科技厅	2011.08
THGT新型节能钢体复合滑触线	扬州市天海滑线电气有限公司	省科技厅	2011.08
隔氧层用无卤低烟阻燃护套料	江苏宝源高新电工有限公司	省科技厅	2011.08
斜齿紧锁螺栓放料盘	扬州市派莱斯塑胶电器有限公司	省科技厅	2011.08
硅胶密封U型绝缘板	江苏亚邦新材料科技有限公司	省科技厅	2011.08
双V型高效输送机	江苏环宇起重运输机械有限责任公司	省科技厅	2011.08
聚酰亚胺薄膜－聚酯薄膜云母带绕包铜扁线	江苏迅达电磁线有限公司	省科技厅	2011.08
多功能超声波平均找平系统	江苏四明工程机械有限公司	省科技厅	2011.08
SJ41SH全自动糖香料厨房系统	宝应仁恒实业有限公司	省科技厅	2011.08
环保型双油路润滑废气二次燃烧单缸柴油机	江苏扬工动力机械有限公司	省科技厅	2011.08
2858变频串联谐振成套装置	扬州华电电气有限公司	省科技厅	2011.08
高强度超薄有机硅热熔带	扬州新奇特电缆材料有限公司	省科技厅	2011.10
可转移温升点的电涌保护器	扬州中恒电气有限公司	省科技厅	2011.10
可靠短路耐受的电源电涌保护器	扬州中恒电气有限公司	省科技厅	2011.10

续表

产品名称	企业名称	批准机关	批准时间
微机型继电保护测试仪	扬州市双宝电力设备有限公司	省科技厅	2011.10
增强长玻纤 SMC－U 型绝缘板	江苏亚邦新材料科技有限公司	省科技厅	2011.10
高性能柴油发动机复相陶瓷热面点火器	扬州市飞鹰电子科技有限公司	省科技厅	2011.10
短程双压头烟叶预压打包系统	宝应仁恒实业有限公司	省科技厅	2011.10
BDT 贴片式电流互感器	宝应县宝泰开关有限公司	省科技厅	2011.10
无堵塞旋转式纸浆泵	江苏尚宝罗泵业有限公司	省科技厅	2011.10
出液口角度可调整的无堵塞旋转式纸浆泵	江苏尚宝罗泵业有限公司	省科技厅	2011.10
叶轮可调整的无堵塞旋转式纸浆泵	江苏尚宝罗泵业有限公司	省科技厅	2011.10
BTCJ28 电机保护用智能交流接触器系统	宝应县宝泰开关有限公司	省科技厅	2011.10
一次性微痛采血针安全锁卡型	江苏康宝医疗器械有限公司	省科技厅	2011.10
易切削无铅环保铜材料	江苏美霖铜业有限公司	省科技厅	2011.10
海上移动石油平台用深海缆绳	九力绳缆有限公司	省科技厅	2011.10
WLY－J/X 过压保护装置	江苏维尔电气有限公司	省科技厅	2011.10
SBH15 非晶合金铁心油浸式配电变压器	江苏宝胜电气股份有限公司	省科技厅	2011.10
便捷式精密电子点火器	扬州宝玛电子有限公司	省科技厅	2011.10
沙漠太阳能光伏电站用电力电缆	江苏晨曦光伏科技有限公司	省科技厅	2011.10
BW－T 陶瓷绝缘双金属碟片温度保护器	江苏扬工动力机械有限公司	省科技厅	2011.10
伺服电机连接用软电缆	宝胜科技创新股份有限公司	省科技厅	2011.10
光电设备用无卤 PV 电缆	宝胜科技创新股份有限公司	省科技厅	2011.10
1.8/3 千伏辐照交联聚烯烃绝缘无卤低烟阻燃轨道车辆用电缆	宝胜科技创新股份有限公司	省科技厅	2011.10
3.6/6 千伏辐照交联聚烯烃绝缘无卤低烟阻燃轨道车辆用电缆	宝胜科技创新股份有限公司	省科技厅	2011.10
额定电压 0.6/1 千伏盾构机用动力软电缆	宝胜科技创新股份有限公司	省科技厅	2011.10
JH－KBC 搪瓷照明母线	江苏江鹤滑线电气有限公司	省科技厅	2011.10
－0.08Mpa 真空状态下完全密封型连续式和面机	江苏赢洋实业股份有限公司	省科技厅	2011.10
YMF－2 二甲醚自密封瓶阀	扬州市安宜阀门有限公司	省科技厅	2011.10
HD－4000 型伏安变比极性综合测试仪	扬州华电电气有限公司	省科技厅	2011.10
纳米改性超高分子量聚乙烯钢衬耐磨复合管	扬州巨业耐磨复合材料有限责任公司	省科技厅	2011.10
潮汐发电机用涤玻烧结漆包铜扁线	江苏迅达电磁线有限公司	省科技厅	2011.10
额定电压 450/750V 环保型耐环境双自承式滑车用软电缆	宝胜科技创新股份有限公司	省科技厅	2011.12
20 千伏(Um=24 千伏)到 35 千伏(Um=40.5 千伏)风能发电用电力电缆	宝胜科技创新股份有限公司	省科技厅	2011.12
机车用高温数据总线电缆	宝胜科技创新股份有限公司	省科技厅	2011.12
额定电压 0.6/1kV 乙丙橡胶绝缘聚氨酯护套耐泥浆电力电缆	宝胜科技创新股份有限公司	省科技厅	2011.12
SMC－301A 路面铺层密实度检测仪	江苏四明工程机械有限公司	省科技厅	2011.12
HD－Ⅲ－20 安全工具力学性能试验机	扬州华电电气有限公司	省科技厅	2011.12
免加油自润滑 MC 纳米尼龙导靴	扬州尼尔工程塑料有限公司	省科技厅	2011.12
防盗高耐蚀紧固构件	扬州市派莱斯塑胶电器有限公司	省科技厅	2011.12
环保 90℃耐候高阻燃聚氯乙烯电缆料	江苏宝源高新电工有限公司	省科技厅	2011.12
承插式钢制翻边	扬州华宇管件有限公司	省科技厅	2011.12
埋地油气管道基带斩波数据传输系统	江苏海创电气科技有限公司	省科技厅	2011.12
碳纤维增强型聚氨酯弹性体复合砻谷轴	宝应县玉路橡塑制品有限公司	省科技厅	2011.12
RF50Ω 高频同轴电缆绝缘发泡料	宝应县大明电缆附件有限公司	省科技厅	2011.12
高可靠型电流温度双重保护热保护器	扬州宝珠电器有限公司	省科技厅	2011.12
高频电磁感应加热节能型塑料造粒机	扬州市创杰塑机有限公司	省科技厅	2011.12
JLS 高效无堵塞无泄漏纸浆泵	江苏巨浪泵阀有限公司	省科技厅	2011.12
多层玻璃纤维编织耐高温电缆	扬州市凤鸣电缆有限公司	省科技厅	2011.12
屏蔽型雾面硅橡胶电缆	扬州市凤鸣电缆有限公司	省科技厅	2011.12
低烟无卤环保导电带	江苏鑫扬线缆有限公司	省科技厅	2011.12
防水、防酸雾、防腐、耐化学药品自限温伴热电缆	江苏鑫扬线缆有限公司	省科技厅	2011.12

（宗玉乔）

项目与成果

■概况 按照常规项目扩面增量提质、重大项目形成突破的目标，组织科技项目申报、争取和实施工作。落实分工联系、项目源培育、项目帮办、科技培训等措施，重点围绕“一主两特一新”产业，组织开展项目申报争取工作。加快科技成果引进转化，寻求产业(企业)关键、核心、共性技术的突破。实施传统产业技术改造，提高主导产业发展水平，推进特种新材料、新能源、环保水处理设备等新兴产业的发展壮大，形成一批高新技术产业新的增长点。实施科技创新奖励工程，对77项优秀科技创新项目进行奖励，推进科技项目建设。出台《县科技局关于支持企业引进转化科技成果的意见》，通过风险共担机制，提高企业转化高科技成果积极性。

■申报市级以上科技项目 372 项 全年申报市级以上各类科技项目372项，其中国家级项目76项、省级项目263项、市级项目33项；获批216项，其中国家级48项、省级145项、市级23项，向上争取项目无偿资金1 790万元；获批省科技成果转化风险补偿专项资金项目12项，帮助企业落实科技金融贷款1 900万元。注重民生科技进步，推进农业、社会事业科技创新，获批国家“星火计划”13项、科技部“科技富民强县行动”项目1项、省农业支撑项目2项、省科技服务便利店1家、省社会发展科技项目1项。

■获省市科技进步奖 3 项 2011年，全县获得省、市科技进步奖3项。扬州市飞鹰电子科技有限公司的“高技术陶瓷材料工程中的纳微米粉体应用技术”项目获省科技进步二等奖；扬州赛尔达尼龙制造有限公司的“警示黄色尼龙电梯传动轮”项目获市科技进步一等奖；宝胜科技创新股份有限公司的“盾构机用动力软电缆”项目获市科技进步三等奖。

■新增国家高新技术企业 9 家 积极组织高新技术企业和产品的申报，全年组织申报国家高新技术企业17家，获批9家；申报国家火炬重点高企4家，获批1家；申报省民营科技型企业31家，获批12家；申报省创新型企业9家，获批3家；5家首批到期的国家高新技术企业复审全部通过。申报国家重点新产品9项、省重点新产品15项、省高新技术产品147项，获批国家重点新产品3项、省重点新产品11项、省高新技术产品88项。

2011年宝应县国家高新技术企业名录

表 28

序号	单位名称	序号	单位名称
1	江苏宝胜电气股份有限公司	18	扬州巨业耐磨复合材料有限责任公司
2	宝胜科技创新股份有限公司	19	江苏维尔电气有限公司
3	江苏奥新路业电器有限公司	20	江苏江鹤滑线电气有限公司
4	扬州晨化科技集团有限公司	21	江苏尚宝罗泵业有限公司
5	江苏迅达电磁线有限公司	22	江苏王牌直流电机制造有限公司
6	江苏宝源高新电工有限公司	23	江苏赢洋实业股份有限公司
7	扬州腾飞电缆电器材料有限公司	24	江苏省旭日冶金环保设备有限公司
8	江苏四明工程机械有限公司	25	扬州恒鑫特种钢管有限公司
9	江苏迎浪科技集团有限公司	26	扬州新奇特电缆材料有限公司
10	扬州市飞鹰电子科技有限公司	27	扬州华宇管件有限公司
11	宝应县润华静电涂装工程有限公司	28	扬州市天宝自动化工程有限公司
12	宝应仁恒实业有限公司	29	江苏兴洋管业股份有限公司
13	江苏扬工动力机械有限公司	30	扬州宝杰隆电磁线有限公司
14	扬州赛尔达尼龙制造有限公司	31	扬州金鑫管业有限公司
15	江苏银大科技有限公司	32	江苏鑫东方环保设备科技有限公司
16	江苏永一泵业有限公司	33	扬州市天海滑线电气有限公司
17	扬州尼尔工程塑料有限公司		

2011年度宝应县获批市级以上科技项目一览表

表29

项目类别	项目名称	承担单位
国家重点新产品	额定电压0.6/1kV盾构机用动力软电缆DGFU	宝胜科技创新股份有限公司
国家重点新产品	风力发电机用聚酰亚胺薄膜－聚酯薄膜云母带绕包铜扁线FMYFB－0.50/155	江苏迅达电磁线有限公司
国家重点新产品	高强度超耐磨耐高温铸型尼龙电梯滑轮φ320、φ400、φ480、φ520、φ640	扬州赛尔达尼龙制造有限公司
国家火炬计划	LED封装用高模量耐老化高透明度有机硅树脂	扬州晨化科技集团有限公司
国家火炬计划	新型可溶性透明聚酰亚胺薄膜	江苏亚宝绝缘材料有限公司
国家火炬计划	D型矿用高压多级离心泵	江苏迎浪科技集团有限公司
国家火炬计划	基于改进遗传算法优化设计的全铝钎焊散热器	江苏扬工动力机械有限公司
国家火炬计划	一种出液口角度可调整的无堵塞旋转式纸浆泵	江苏尚宝罗泵业有限公司
国家火炬计划	辐照交联聚烯烃绝缘无卤低烟阻燃轨道车辆用电缆	宝胜科技创新股份有限公司
国家火炬计划	软质保护无间隙盒式玻璃包装架	扬州市华宇化工建材厂
国家中小企业创新基金	多技术融合农产品在线智能无损检测装置	江苏赢洋实业股份有限公司
国家中小企业创新基金	高效节能石油化工流程泵系统	江苏迎浪科技集团有限公司
国家高新技术企业复审	—	宝胜科技创新股份有限公司
国家高新技术企业复审	—	江苏迅达电磁线有限公司
国家高新技术企业复审	—	扬州晨化科技集团有限公司
国家高新技术企业复审	—	江苏宝胜电气股份有限公司
国家高新技术企业复审	—	江苏奥新科技有限公司
国家火炬重点高企	—	扬州晨化科技集团有限公司
国家星火计划	高钙鱼肉肠产品开发	江苏省山水食品有限公司
国家星火计划	蛋鸡标准化规模养殖示范基地建设	宝应县金鸡禽业有限公司
国家星火计划	猪规模化高效健康养殖关键技术集成与推广应用	宝应县宝丰牧业有限公司
国家星火计划	农业废弃物的收集与综合利用	宝应县农村能源与农业生态环保技术推广站
国家星火计划	智能型远程在线水质实时监测与控制系统的研发	扬州特安科技有限公司
国家星火计划	城市绿化彩叶树引繁技术示范推广	江苏兰馨园林有限公司
国家星火计划	稚鳖塑料大棚仿自然生态系统技术集成创新与应用	扬州市金绿健生态农牧有限公司
国家星火计划	新品种鸭儿芹高产栽培及产业化开发	宝应县农友蔬菜生产专业合作社
国家星火计划	宝应县中华鳖特色品系提纯复壮	宝应县水产技术指导站
国家星火计划	真空冷冻干燥机	江苏金叶机电设备有限公司
国家星火计划	荷叶矿物质饮料开发与产业化	扬州裕源食品有限公司
国家星火计划	高性能水田茨菇收获机	扬州裕源食品有限公司
国家星火计划	测土配方专用生态功能肥示范应用	扬州展鹏肥业有限公司
国家科技富民强县	特色水生动植物生产技术集成与示范	宝应县人民政府
省创新资金	纳米赛隆陶瓷高温加热器件	扬州市飞鹰电子科技有限公司
省民营科技企业	—	江苏威能电气有限公司
省民营科技企业	—	江苏巨浪泵阀有限公司
省民营科技企业	—	江苏耐安特种电缆有限公司
省民营科技企业	—	江苏东元电机电控有限公司
省民营科技企业	—	宝应宏阳纺织有限公司
省民营科技企业	—	扬州成功金属制品有限公司
省民营科技企业	—	宝应发祥纸业有限公司
省民营科技企业	—	宝应县华源电器有限公司
省民营科技企业	—	江苏美霖铜业有限公司

续表

项目类别	项目名称	承担单位
省民营科技企业	—	江苏华宝电气有限公司
省民营科技企业	—	扬州恒安纺织有限公司
省民营科技企业	—	扬州沃尔科技有限公司
省创新型企业	—	扬州赛尔达尼龙制造有限公司
省创新型企业	—	扬州腾飞电缆电器材料有限公司
省创新型企业	—	江苏四明工程机械有限公司
省高校技术转移中心	上海高校国家技术转移中心(联盟)扬州分中心	宝应县生产力促进中心
省农业支撑	低值淡水鱼高效保质联合干燥关键技术研究及新产品开发	江苏省山水食品有限公司
省农业支撑	科技服务超市特种水产产业分店建设	江苏水仙实业有限公司
省社会发展	县级市三新科技社区建设示范	宝应县安宜镇世纪园社区居委会
省农业科技型企业	—	扬州天禾食品有限公司
省农业科技型企业	—	扬州天成食品有限公司
省科技型农业专业合作社	—	宝应县农友蔬菜专业合作社
省科技成果转化风险补偿专项资金	中药浓缩提取设备组	江苏鑫东方环保设备科技有限公司
省科技成果转化风险补偿专项资金	油气管道雷达安全预警系统产业化	江苏海创电气科技有限公司
省科技成果转化风险补偿专项资金	超耐高温绝缘材料系列产品	扬州润友复合材料有限公司
省科技成果转化风险补偿专项资金	棘齿防盗螺栓温镦产业化	扬州市派莱斯塑胶电器有限公司
省科技成果转化风险补偿专项资金	PF 基耐高温高弹性绝缘中隔板的制造	江苏亚邦新材料科技有限公司
省科技成果转化风险补偿专项资金	环保型耐高温复合隔挡布过滤装置	江苏省旭日冶金环保设备有限公司
省科技成果转化风险补偿专项资金	耐温耐压耐酸碱性海上照明用电缆产业化	江苏安胜电缆有限公司
省科技成果转化风险补偿专项资金	汽车干燥器热恒温加热器技术研究及产业化	宝应振明电热电器有限公司
省科技成果转化风险补偿专项资金	一万锭起绒纱及起绒布技术研究及产业化	宝应宏阳纺织有限公司
省科技成果转化风险补偿专项资金	闭合循环水产养殖智能控制系统	扬州特安科技有限公司
省重点新产品	SMC－5000 型智能化全液压滑模摊铺机	江苏四明工程机械有限公司
省重点新产品	XGN86 型箱式固定交流金属封闭开关设备	江苏宝胜电气股份有限公司
省重点新产品	额定电压 0.6/1kV 盾构机用动力软电缆 DGFU	宝胜科技创新股份有限公司
省重点新产品	风力发电机用聚酰亚胺薄膜－聚酯薄膜云母带绕包铜扁线 FMYFB－0.50/155	江苏迅达电磁线有限公司
省重点新产品	HD300D 微机继电保护测试仪	扬州华电电气有限公司
省重点新产品	高强度超耐磨耐高温铸型尼龙电梯滑轮 φ320、φ400、φ480、φ520、φ640	扬州赛尔达尼龙制造有限公司
省重点新产品	HPY 型高温高压流程泵	江苏迎浪科技集团有限公司
省重点新产品	12 极振动电机/YZU－3/4－12A	扬州宝飞机电有限公司
省重点新产品	矿物云母增强型开双层耐高温绝缘导线	扬州德宝电缆有限公司
省重点新产品	超微耐高温铝漆包线	江苏亚洛科技有限公司
省重点新产品	环保型双油路润滑废气二次燃烧单缸柴油机	江苏扬工动力机械有限公司
市农业支撑	高钙鱼肉肠加工关键技术研究及产品开发	江苏省山水食品有限公司

（宗玉乔）

知识产权保护

■保护知识产权宣传 4 月 26 日，县科技局在县城花城广场、安宜工业园等地开展世界知识产权日现场宣传活动，利用图板展示、标语、横幅等形式普及知识产权知识，在全社会宣传和培育“崇尚创新精神，尊重知识产权”的基本理念。邀请专业人员先后在柳堡、西安丰、黄塍等镇举办知识产权培训班，组织 10 名企业相关人员参加市知识产权工程师培训，提高企业知识产权意识和能力。

■申报省知识产权行动推进计划9项 组织企业申报省知识产权区域试点工作计划，共申报省知识产权行动推进计划9项，指导企业按照省《企业知识产权管理规范》开展贯标工作，引导企业建立高效合理的知识产权管理体系，江苏奥新科技有限公司、宝应县康龙玻璃工艺制品厂2家企业顺利通过省企业知识产权管理标准化示范创建现场考评。

■申请专利1 720件 注重发明专利的培育和开发，组织企业做好专利申请工作，全年申请专利1 720件，其中发明专利申请218件，获专利授权620件，其中发明专利授权14件，再创历史新高。注重专利申请大户培育，新增专利申请超百件企业大户9家。 （宗玉乔）

防震减灾

■概况 2011年，县地震局强化防震减灾科学知识宣传普及，提高全民防震减灾意识；完善防震减灾工作队伍，建立健全地震宏观测报网、地震灾情速报网、地震知识宣传网和防震减灾助理员“三网一员”工作体系。加强震情信息交流，每月向县委办、县人大办、县政府办、县政协办，县防震减灾联席会议成员单位报送一期《地震简报》。在全县各学校积极推进防震减灾科普宣传教育工作，将防震减灾宣传教育纳入中小学素质教育，全县有30所中小学校被命名为首批“县防震减灾科普示范学校”，宝应县实验小学成为省、市“防震减灾科普教育基地”、“防震减灾科普示范学校”。在江苏省地震局年度地震观测评比中，宝应县地震局模拟电磁波获第一名。

■地震监测预报 全年县地震局“中国数字地震观测网络宝应强震台”、“中国数字地震观测网络宝应测震台”和“中国数字地震前兆观测网络宝应电磁扰动台”三种观测项目，多次为省、市地震局提供可靠震前异常信息，成功预测预报3次小震，分别是5月2日的江苏盐城射阳、盐城市辖区交界地区发生的M2.2级地震；5月16日的江苏洪泽、盱眙交界地区发生的M1.6级地震；10月6日的江苏扬州、仪征交界地区发生的M1.7级地震等。

■防御体系建设 县政务服务中心地震窗口依法开展建设项目抗震设防审查和地震安全性评价工作，确保地震许可事项落到实处。做到新建工程审批一个不漏，对重大工程、可能产生次生灾害、技改项目和重要水利项目等建设工程按照规定开展地震安全性评价工作。全年组织对宝应县公安交通管理中心、宝应城中花园、邻里中心、宝应经济开发区七里农民公寓、泾河镇黄浦村农民集中居住区（黄浦嘉园）、西安丰镇农民公寓等进行地震安全性评价，督促施工单位按照安评要求进行施工；对鲁垛镇中心初级中学、广洋湖镇教育及幼儿园综合楼、柳堡镇中心小学等学校的新建、改建、扩建工程，进行断层探测和场址稳定性分析，提高学校抗震设防要求。

■应急避难场所建设 为进一步提高城市综合防灾能力，维护社会稳定，结合县城布局现状，制订《宝应县应急避难场所建设实施意见》，从建设安全城市的理念出发，将应急避难场所建设纳入城市发展规划，确定应急避难场所的数量、选址、规模、服务范围以及所需配套设施、疏散通道等。安宜高级中学、盛世嘉园建成应急避难场所。

（宗玉乔 郭殿友）

气象测报

■概况 2011年，县气象局共发布专题服务材料89期，其中重要天气报告43期，决策气象专报22期，农业气象专题服务材料24期，手机短信服务1.5万次，提前预警信息和温馨提示60次，节假日专题服务6次。全年测报总错比为0.1‰，报表出站错情为0条，仪器工作正常，测报综合评定为甲等，有人自动站资料上传到报率为99.1%，加密自动站资料上传到报率为98.3%。晴雨预报准确率为90.3%，常规气象资料上传及时率为98.7%，各项业务考核指标均超过省市气象局下达的目标。在高考、麦收、“烟花三月”商机说明会、2011中国·宝应荷藕节等重要活动期间，组织提供专题跟踪气象服务。

■重要天气气候事件 2011年，宝应县重大灾害性天气有暴雨、雷电、大风等，有1人死亡（雷击)。全县出现冬、春、夏连旱,造成夏收作物减产,对全县水稻秧苗栽插带来较大影响。

1. 暴雨

6 月 24 日和 8 月 11 日,分别出现 2 次暴雨过程。6 月 24 日,受冷空气和中低层切变线的共同影响,出现区域性暴雨,过程雨量达到 40 毫米～90 毫米,其中山阳镇南站降水量最大(91.8 毫米)。8 月 11 日受冷暖空气共同影响,出现区域性暴雨,过程雨量达到 40 毫米～70 毫米,其中射阳湖站降水量最大(87.5 毫米)。

2. 梅雨

全县 6 月 14 日入梅,7 月 20 日出梅,梅雨期 37 天。梅雨期内降水分布不均,呈间歇性、过程性。主要降水时段出现在 6 月 24 日和 7 月 10～19 日。

3. 强对流

全年出现 4 次强对流天气,主要表现为强雷暴、雷雨大风等天气。其中 11 月 4 日中午 11 时,射阳湖镇遭受强雷电袭击,该镇潘舍村 1 名村民潘某某(男)遭受雷击,经抢救无效死亡。

4. 高温

全县出现 8 次高温天气,高温日数呈分散性,极端最高气温 36.5℃,出现在 7 月 3 日。

5. 干旱

2010 年冬季至 2011 年 6 月,全县降雨持续偏少,累计降水量为 152 毫米,仅为常年的 50%,出现严重的气象干旱天气。 (仲纪红)

■抗旱服务 2011 年持续干旱造成全县小麦和部分经济作物的减产,对夏栽工作带来重大影响,全县 5.33 万公顷水稻面积只有 50%完成秧苗栽插工作。面对较为严重的旱情,县气象局保持全天候值班,及时向县委、县政府及相关涉农部门报送专题服务材料,并及早准备,提前完成人工影响天气作业人员的培训、设备的维护和年检、通讯电台的安装调试等工作。6 月 18～24 日,县气象局先后多次在宝应湖国家湿地公园作业点组织实施人工增雨作业,共发射火箭弹 15 发。人工增雨作业取得明显成效,特别是 6 月 23 日的增雨作业,有效缓解全县旱情。

■汛期服务 汛期,县气象局遇转折性、突发性天气,立即向县委、县政府及相关部门汇报,重要天气手机短信服务扩大覆盖到各村委会支书、各镇、村气象信息员等基层干部。整个汛期,县气象局共向县委、县政府、县防指及相关部门发送重要天气报告 19 期,雨情通报 3 期,短信服务 1.2 万人次,其中向气象信息员发送短信 3 000 人次。向社会公众发布暴雨警报 2 次,强对流天气预警短信 19 次,其中雷电预警信号 14 次、暴雨预警信号 2 次、大雾预警信号 2 次、高温预警信号 1 次。

■编制宝应县气象灾害防御规划 12 月 9 日,县政府下发《宝应县气象灾害防御规划》(以下简称《规划》)。《规划》详细阐述宝应县的地理气候特征、气象灾害防御形势与现状,对气象灾害防御工作的重要性、气象灾害防御措施和制度、气象应急预案响应、气象灾害调查评估、恢复重建及保障措施等作出明确规定。《规划》要求通过完善经费投入机制,加强各镇和相关部门的协调联动,逐步完善气象灾害防御工作机制,减轻各种气象灾害对经济社会发展和人民群众生命财产安全的影响。

■防雷安全监管 县气象局认真履行防雷减灾社会监管职责,组织对全县的防雷装置进行安全检查及检测;加大对新、改、扩建建(构)筑物防雷装置图纸设计审核、竣工验收工作力度;会同安监部门联合发文开展防雷安全专项治理工作。全年对 280 个单位进行防雷安全检测,对 100 个单位进行防雷装置整改,对 48 家建设工程开展雷击灾害风险评估,为 100 家建设工程开展防雷装置设计的技术审查工作和跟踪检测及竣工验收。6 月份,开展"安全生产月"活动,并参与"安全咨询活动日"活动,宣传气象防灾减灾知识,向社会公众发放宣传资料 1 000 份,在县电视台天气预报中插播防雷安全提示,增强人民群众雷电灾害防范意识。

■结对帮扶 县气象局继续开展结对帮扶活动,在对广洋湖镇、白鼠村的结对帮扶过程中,帮助 1 家企业解决贷款问题,为白鼠村安装气象防灾电子显示屏 1 块,向白鼠村困难户捐赠现金 5 000 元;与射阳湖镇蒋堡村开展"携手 1+1,共建新农村"主题活动,为蒋堡村安装气象防灾电子显示屏 1 块。 (汪 丽)

综 述

2011年，宝应县共有中小学教职工6 719人，其中，中小学专任教师6 110人。全县撤并幼儿办园点8个、小学及教学点7个；学前三年幼儿入园率96.2%；小学入学率、巩固率和毕业率100%；初中入学率100%、巩固率99.66%；三类残疾儿童入学率97%；普通高中招收新生5 211人，中等职业学校招生1 896人。全县教育系统围绕“修德、强能、争一流”的队伍建设目标，以干部队伍、青年队伍、骨干队伍、农村队伍建设为重点，以执行教育新政、实施绩效工资为契机，以体制机制完善、教师人本发展、区域师资均衡为突破口，优化结构、强化培训、提高素质，创新机制，学历提升工程完成既定目标任务，宝应县被命名为“市义务教育队伍建设优质均衡样板区”。

■基础设施建设 实施校安工程，维修改造校舍9.5万平方米，开发区国际学校建成并投入使用，生态新城高中举行开工奠基。全县校园新增绿化4.7万平方米，绿化率提高5%。全县所有学校按省装备标准二类要求配齐电脑等教育教学设备，中小学平均生机比例8.3∶1，师机比例2∶1。投入600万元，强化校园安保基础保障建设。

■提高办学水平 全县新增省优质园2所、市优质园4所；省、市绿色学校27所；省、市文明单位8家，市和谐校园17家；省平安校园7所；省语言文字规范化示范校1所，省规范汉字书写特色学校1所；市优美校园4所。省级社区教育中心、市示范社区教育中心各1所。11所学校创成省健康促进学校（铜牌）。安宜高中创成省“四星级”高中，宝应县中学高中通过省“四星级”复检。成功承办扬州市第七次学校精致管理现场会。完成清理规范改制学校任务，宝应县中学、宝应县实验初中、宝应县实验小学平稳回归。《中国教育报》、《江苏教育》分别对宝应县推进义务教育均衡发展进行专题报道。

■提升教学质量 义务教育质量居全市前列，高考本二以上达线人数3 890人，其中本一达线人数807人，本一、本二达线率、总人数均列扬州市第一。职教对口高考，本科达线率18.2%，专科以上达线率92%；技能大赛获省赛一、二、三等奖4人次，获市赛一等奖5人次。先后获得省中学生男子足球比赛第二名、市中小学生田径运动会团体总分第二名、省青少年女子足球年赛第四名、市乒乓球比赛小学及高中组冠军。宝应县是全市唯一获得“市素质教育目标奖”县（市、区）。

■优化职业技能教育 围绕企业需求开展职业教育，为企业举办冠名班20个，安排实习生到骏升科技等县内重点企业顶岗实习380人。服务新农村

生态新城高中奠基仪式

建设，新增特种水产养殖、高效设施蔬菜、电动缝纫、焊工技术、有机高效农业等14个品牌培训项目，全年组织各级各类农民教育培训22万多人次，农村从业人员培训率53.32%。（仲怀碧）

幼儿教育

■**概况**　2011年，全县撤并幼儿办园点8个。截至年底，共有定点幼儿园41所，其中城区幼儿园10所、农村幼儿园31所。全县在园幼儿1.76万人，比上年减少1 371人，幼儿入园率96.2%，其中城镇幼儿园在园幼儿4 438人、农村幼儿园在园幼儿1.32万人。

全县有幼儿园教职工692人，其中城区幼儿园教职工295人、农村幼儿园教职工397人；有专任教师233人，比上年增加30人，其中城区幼儿园专任教师126人、农村幼儿园专任教师107人。

新增省优质园2家、市优质园4家。全县有省市优质园共39所，占总数95.1%，其中省优质园31所，占总数75.6%。全县在省优质园就学的幼儿1.45万人，占在园幼儿总数的82.5%。

2011年宝应县幼儿园简况表

表30

园名	类别	性质	班级数(个)	在园人数(人)	负责人	地址
叶挺桥幼儿园	省优质	公办园	14	627	王海香	县城邗沟南路1—1号
叶挺桥幼儿园北园区	市优质	公办园	8	520	王海香	县城叶挺东路
安宜镇中港幼儿园	省优质	公办园	5	201	陈寿巧	县城机场南路13号
安宜镇沿河幼儿园	省优质	公办园	6	371	雍启岚	安宜镇沿河集镇
安宜镇三里幼儿园	合格园	公办园	6	257	梁启巧	安宜镇三里村
氾水镇中心幼儿园	省优质	民办园	19	836	招永东	氾水镇跃胜南路
氾水镇石桥幼儿园	省优质	公办园	6	176	朱正銮	氾水镇江宝村
氾水镇韦镇幼儿园	市优质	公办园	6	176	赵启銮	氾水镇韦镇集镇
氾水镇范光湖幼儿园	合格园	公办园	3	90	胡玉莲	氾水镇牌坊村
夏集镇中心幼儿园	省优质	公办园	7	188	徐志香	夏集镇胜利路2号

续表

园名	类别	性质	班级数(个)	在园人数(人)	负责人	地址
夏集镇郭桥幼儿园	省优质	公办园	6	144	吴文琴	夏集镇郭桥集镇
夏集镇子婴河幼儿园	省优质	公办园	6	188	刘春梅	夏集镇虹桥路
柳堡镇中心幼儿园	省优质	公办园	10	362	董 芹	柳堡镇拥军路
柳堡镇芦村幼儿园	省优质	公办园	6	160	苗 颖	柳堡镇清元村
柳堡镇郑渡幼儿园	市优质	公办园	3	82	颜景妹	柳堡镇郑渡村
鲁垛中心幼儿园	省优质	公办园	9	445	高秉梅	鲁垛镇学府路
广洋湖镇中心幼儿园	省优质	公办园	10	517	顾巧兰	广洋湖镇兴洋路
小官庄中心幼儿园	省优质	公办园	13	539	陈桂兰	小官庄镇官中街
望直港镇中心幼儿园	省优质	公办园	16	631	潘久兰	望直港集镇
望直港獐狮荡幼儿园	市优质	公办园	6	232	朱丽君	望直港牌楼村
射阳湖镇中心幼儿园	省优质	公办园	8	450	张启珍	射阳湖镇互润路
射阳湖镇水泗幼儿园	市优质	公办园	7	433	仲维芳	射阳湖水泗集镇
射阳湖镇天平幼儿园	市优质	公办园	7	417	王文柳	射阳湖天平集镇
西安丰镇中心幼儿园	省优质	民办园	10	522	史晴华	西安丰集镇
西安丰镇托幼中心	合格园	公办园	6	211	赵志萍	西安丰南窑村
曹甸镇中心幼儿园	省优质	公办园	19	951	郝思凤	曹甸镇中南路
曹甸镇下舍幼儿园	省优质	公办园	10	437	魏晓芹	下舍集镇丰泽路
泾河镇中心幼儿园	省优质	公办园	8	593	李玉萍	黄浦集镇
泾河镇中心园新园区	市优质	公办园	9	301	谈盈芳	泾河镇驸马营路
黄塍镇中心幼儿园	省优质	公办园	11	425	葛文梅	黄塍镇广场路
山阳镇中心幼儿园	省优质	公办园	9	456	周 婵	山阳集镇
山阳镇长沟幼儿园	省优质	公办园	6	169	袁 阳	山阳镇长沟集镇
实验幼儿园	省优质	公办园	19	853	郃文宇	县城园丁园内
实验幼儿园开发区分部	省优质	公办园	9	399	郃文宇	县城曙光小区内
教育幼儿园	省优质	公办园	8	234	夏建军	县南城街 67 号
托幼中心	省优质	公办园	17	648	高 琴	县城泰山西路 100 号
第二实验幼儿园	市优质	公办园	7	202	左芝梅	县城苏中北路
世纪园幼儿园	省优质	公办园	14	432	郭红萍	县城世纪园小区内
县直机关一幼	省优质	公办园	25	1106	房雯荃	县城泰山路
县直机关二幼	省优质	公办园	18	791	昌文梅	县城工农路
县直机关三幼	市优质	公办园	8	474	王筱莉	县城白田路
城区幼教中心	市优质	公办园	8	383	郑黎丽	县城东升路 82 号

■**广洋湖镇中心幼儿园版画作品获第七届全国创意美术活动集体特等奖** 9～11 月，在广东省群众文化学会、全国幼儿创意美术教育网主办，广东省文化厅群众活动办公室承办的“成长的足迹 2010 年第七届全国幼儿创意美术大赛”组织征稿评奖活动中，广洋湖镇中心幼儿园版画作品获集体特等奖。

■**市妇幼保健工作检查评估组到望直港镇中心幼儿园检查工作** 6 月 9 日，市妇幼保健工作绩效考核与检查评估组到望直港镇中心幼儿园检查该园卫生保健工作。检查组成员查看该园卫生保健资料，检查食堂食品加工流程与卫生消毒工作后，对该园高度重视食品卫生安全、注重幼儿的营养搭配和季节性传染病的防控工作予以一致好评。

■**柳堡镇芦村幼儿园成为“江苏省教育科学研究院幼教科研基地幼儿园”** 9 月 14 日，“江苏省教育科学研究院幼教科研基地幼儿园”授牌仪式在南京举行，宝应县柳堡镇芦村幼儿园被确定为“江苏省教育科学研究院幼教科研基地幼儿园”，该园园长苗颖到南京参加“基地幼儿园”协议签订和授牌仪式。

■县实验幼儿园举行教师互帮互助"师徒结对"仪式 9月15日,县实验幼儿园举行"教师互帮互助师徒结对"仪式,共有20名教师参加互帮互助"师徒结对",其中,"师傅"8人、平均年龄29岁;"徒弟"12人、平均年龄22岁。 (周 超)

小学教育

■概况 2011年,全县撤并小学及教学点7个。截至年底,共有定点小学40所,其中江苏省实验小学27所;包括省"绿色学校"6所、市"绿色学校"21所。9月1日,宝应经济开发区国际学校投入使用。小学在校生4.27万人,比上年增加223人;招收新生7 086人,比上年减少108人;毕业班学生7 109人,比上年增加168人。全县小学入学率、巩固率、毕业率100%,残疾儿童入学率97%。

全县有小学教职工2 706人、比上年减少132人,其中城区小学教职工616人、农村小学教职工2 090人;有专任教师2 469人,比上年减少84人,其中城区小学专任教师608人、农村小学专任教师1 861人。小学专任教师学历达标率75.7%,比上年提高2.92个百分点。

■泰山小学承担国家级课题通过专家组结题评审 5月,泰山小学2006年2月申报承担的实验课题《传统教学与基于信息技术环境下的教学优势互补研究》通过专家组结题评审。评审专家组一致认为,该课题研究目标明确,分工合理、组织健全,取得预期的研究成果;泰山小学充分探索信息技术与传统教学整合的途径、策略和方法,发挥两者优势,提高学生的综合素质,发展学生的个性,为学生的终身学习奠定基础,对深化中小学课堂教学改革,推进素质教育的实施,具有重要的实践意义和应用价值。

■柳堡镇中心小学成为《七彩语文》小记者基地 5月份,柳堡镇中心小学被《七彩语文》杂志社确定为"第三批小记者基地",这是该校继2011年被确定为"《扬州日报》小记者站"后取得的又一荣誉。柳堡镇中心小学一贯重视学生的课外阅读与综合素质的训练,坚持"用阅读,拓展视野;用绘画,陶冶心灵;用军训,磨练意志;用社团,展示才艺"原则,有效开展素质教育,并经常组织学生向各级各类报刊杂志踊跃投稿。

■泾河镇中心小学建成"市留守儿童之家" 5月23日,泾河镇中心小学建成扬州市第一个"留守儿童之家"。该"留守儿童之家"由扬州市电视台志愿者筹建,是一个多功能教室。孩子们在"留守儿童之家"既可以读书学习,又可以休闲娱乐,也可以向老师诉说衷肠获得心理疏导。

宝应经济开发区国际学校建成投入使用

■特殊学校自主研发"手语在线"软件获全国二等奖 宝应县特殊学校自主研发的手语学习、查询和应用平台——"手语在线"软件资源在全国第十五届多媒体教育软件大赛中获

得二等奖。该项赛事由中央电教馆组织。宝应县特殊学校“手语在线”软件资源被纳入省中小学教育教学资源库。 （周 超）

2011年宝应县小学学校简况表

表31

校 名	学校类别	班级数(个)	校 长	地 址
实验小学	完小	68	陈士才	城区白田路
宝应开发区国际学校	完小	30	马式先	宝应经济开发区
桃园小学	完小	67	沈怀军	城区安民路75号
泰山小学	完小	39	郭荣俊	城区泰山路1号
城中小学	完小	39	李红松	城区军民街19号
城南小学	完小	16	陈军洪	城区南城根路140号
叶挺桥小学	完小	55	张新禄	城区叶挺东路60号
安宜镇中港小学	完小	12	宗玉梅	安宜镇中港集镇
安宜镇沿河小学	完小	12	杨洪亮	安宜镇沿河集镇
安宜镇老鸦庄小学	完小	6	潘久华	安宜镇三团村
氾水镇中心小学	完小	45	张宏军	氾水镇文化路
氾水镇石桥小学	完小	14	刁品松	氾水镇戈店村
氾水镇韦镇小学	完小	12	周必桂	氾水镇韦镇集镇
氾水镇范光湖小学	完小	8	苏永芳	氾水镇牌坊村
夏集镇中心小学	完小	18	陈启明	夏集镇东岳路1号
夏集镇子婴河小学	完小	12	王泽农	夏集镇虹桥社区虹桥路1号
夏集镇郭桥小学	完小	12	黄建华	夏集镇郭桥集镇友映西路2号
柳堡镇中心小学	完小	24	胥福年	柳堡镇雍尹村
柳堡镇郑渡小学	完小	6	王宝书	柳堡镇郑渡村
柳堡镇芦村小学	完小	12	戚启章	柳堡镇清元村
鲁垛镇中心小学	完小	20	柏传玉	鲁垛镇镇北路8号
广洋湖镇中心小学	完小	21	陆永虎	广洋湖镇向阳路
小官庄镇中心小学	完小	24	史定东	小官庄镇创业路
望直港镇中心小学	完小	43	陈 洪	望直港镇港城路东首
望直港獐狮荡小学	完小	12	潘家林	望直港獐狮荡村
射阳湖镇中心小学	完小	22	杨优农	射阳湖镇射陂路49号
射阳湖镇水泗小学	完小	19	祁顺成	射阳湖镇水泗集镇芙蓉路
射阳湖镇天平小学	完小	21	沈宗剑	射阳湖镇天平集镇项伯路8号
西安丰镇中心小学	完小	24	李金荣	西安丰镇兴安路南首
西安丰镇南窑小学	完小	22	梁永阳	西安丰花亭村南窑桥西100米
曹甸镇中心小学	完小	42	张廷喜	曹甸镇楚甸路
曹甸镇下舍小学	完小	21	陈先强	下舍集镇丰泽路
泾河镇中心小学	完小	17	鲁永华	泾河镇泾农村
泾河镇黄浦小学	完小	13	刘艾勤	泾河镇黄浦社区
泾河镇张桥小学	完小	7	刘文山	泾河镇张桥社区
泾河镇灶户小学	完小	6	王志云	泾河镇灶户村
泾河镇台许小学	完小	6	杨云彩	泾河镇台许村
黄塍镇中心小学	完小	21	张为民	黄塍镇通和路
山阳镇中心小学	完小	20	沈 力	山阳集镇
山阳镇长沟小学	完小	12	赵仁祥	山阳镇万缘社区
特殊教育学校	九年一贯制	9	董乃银	城区宝金路

中学教育

■概况 2011年，全县有普通中学27所，其中初中22所（含九年一贯制学校）、高中5所（含完全中学）。有初中班级503个，比上年减少35个；高中班级340个，比上年减少8个。中学生在校人数3.94万人，比上年减少3 753人。其中，初中生22 304人，比上年减少2 353人；高中生17 072人，比上年减少412人。中学招收新生12 162人。其中，初中招生6 951人，比上年减少578人；高中招生5 211人，比上年减少381人。

初中毕业生升学率99.05%，比上年提高1.76百分点；高中阶段教育毛入学率84.1%，比上年提高1.1百分点。初中毕业班学生毕业率100%，初中在校生年巩固率99.66%，比上年提高0.34百分点。

全县有中学教职工3 671人，比上年增加399人；有专任教师3 237人，比上年增加118人。其中，初中专任教师1 929人；高中专任教师1 308人。推进规范办学和精致管理，加强内涵发展和品牌特色建设，深化素质教育，继续领跑扬州中学教育。

2011年宝应县普通中学简况表

表32

学校名称	教职工数（人）	班级数（个）	学生数（人）	占地面积（平方米）	图书（册）	计算机（台）
合　计	3 671	843	39 376	1 418 475	1 293 776	8 628
全县高中	1 422	340	17 072	492 331	557 180	3 948
全县初中	2 249	503	22 304	926 144	736 596	4 680
泰山初级中学	162	31	1 223	68 912	48 400	299
氾水镇中心初级中学	180	39	1 949	47 999	58 468	464
夏集镇中心初级中学	84	14	530	96 628	23 120	175
夏集镇郭桥初级中学	34	8	261	37 886	8 600	114
柳堡镇中心初级中学	133	19	916	23 276	43 608	163
鲁垛镇中心初级中学	51	12	365	31 635	15 750	130
广洋湖镇中心初级中学	76	15	591	37 496	26 000	148
小官庄镇中心初级中学	79	16	636	20 010	27 000	138
望直港镇中心初级中学	123	27	994	42 267	43 540	216
射阳湖镇中心初级中学	122	24	938	61 869	48 730	232
射阳湖镇水泗初级中学	59	12	471	30 015	20 600	129
西安丰镇中心初级中学	62	18	789	31 000	24 853	128
曹甸镇中心初级中学	101	24	1 019	28 681	30 599	156
曹甸镇下舍初级中学	51	11	466	33 340	19 617	101
泾河镇中心初级中学	66	15	548	29 295	17 400	130
泾河镇黄浦初级中学	43	9	209	41 811	10 700	100
黄塍镇中心初级中学	84	14	485	27 735	15 329	133
山阳镇中心初级中学	130	18	502	53 379	25 600	142
县城北初级中学	170	57	3 016	72 263	57 000	489
县实验初级中学	199	63	3 631	47 065	65 350	568
县画川初级中学	131	27	1 285	39 100	61 642	260
县安宜初级中学	109	30	1 480	24 482	44 690	265
宝应县中学	372	102	5 225	126 000	125 400	1 030
氾水高级中学	173	40	1 966	74 792	106 540	595
曹甸高级中学	160	35	1 772	72 013	51 860	420
安宜高级中学	457	108	5 421	160 754	175 580	1 226
画川高级中学	260	55	2 688	58 772	97 800	677

■宝应实验初中获"扬州市'十一五'优秀教科研样本校"称号 2月10日，宝应实验初中被市教育局命名为"扬州市'十一五'优秀教科研样本校"。"十一五"期间，宝应实验初中教师在各级各类报刊杂志发表教育论文、随笔400多篇，在省市县级各种论文竞赛中获奖400多人次，其中在省"师陶杯"、"五四杯"、"新世纪园丁杯"、"长三角论坛"等颇具影响力的论文大赛中共48人获一等奖，58人在省市级教师基本功大赛、课堂教学比赛中获一等奖。

2011年度感动实中人物颁奖典礼

■安宜高级中学晋升为省"四星"级 5月7日，宝应县安宜高级中学举行晋升省"四星"级普通高中揭牌仪式。县委副书记、县长王庭国，省教育厅基教处处长顾春明共同为学校晋升省"四星"揭牌。安宜高级中学建立于2005年，坚持秉承"以人为本、特色立校、科研兴校、人本治校"管理方略，教育教学质量稳步提高，实现教育教学质态的全面优化和提升，先后获得"国家教育质量管理示范基地"、"中央教科院实验学校"、"江苏省文明单位"等荣誉称号。

■承办扬州市第七次学校精致管理现场会 10月28日，扬州市第七次学校精致管理现场会在宝应县召开。全县提供8个精致管理现场，其中普通中学4个。与会人员观摩城北初中"三学一练"教学模式、泰山初中大型学生社团活动、宝应中学理想课堂教学、画川高中跑操活动等，给予一致好评。

■体育运动创佳绩 宝应县高中男子足球队获江苏省中学生足球比赛亚军，女子获省青少年足球比赛第四名；中小学生乒乓球、田径分别获扬州市团体冠、亚军。

■创建"省健康促进学校" 11所学校创成"省健康促进学校(铜牌)"，城北初中创成"省健康促进学校(金牌)"，是全市唯一一所金牌中学。

■举行首届"宏志班"毕业生高校入学欢送仪式 9月6日，宝应县画川初级中学举行首届"宏志班"毕业生高校入学欢送仪式。2005年，受市教育局和县政府委托，宝应县教育局在宝应县画川初中开办首届"宏志班"，招收学生50人。2011年7月，首届"宏志班"学生高中毕业，40名学生被南京审计学院、西安交通大学、武汉科技大学、扬州大学等高校录取。

■举行生态新城高级中学奠基仪式 11月12日，县委、县政府举行建设生态新城高级中学工程奠基仪式，县领导仲生、王庭国等参加奠基仪式。

■氾水高级中学被表彰为"省课程改革先进集体" 2011年，氾水高级中学承担县以上"十二五"规划课题立项19项，其中国家级课题2项。国家教师科研基金"十一五"规划重点课题"农村中小学生行为习惯养成研究"、国家级课题子课题"普通高中艺术教学最优化变革研究"等一批课题顺利结题。该校被表彰为"江苏省课程改革先进集体"、"江苏省艺术特色学校"、"江苏省体育工作先进学校"。 (鲁衍龙)

职业教育

·宝应职教集团·

■概况 2011年，宝应职教集团中职招生1 072人，超额完成县教育局下达计划。成人学历教育招生437人。教师、学校干部培训8 771人(次)，青少年体艺类培训1.21万人(次)，其他社会培训3 860人(次)，全国计算机等级考试培训1 872人。稳步推进"国际海员班"、"天宇班"、"宝胜班”等企业冠名班办学。学生犯罪继续保持零记录，安全保持零事故。学生参加国家、省文明风采大赛及省、市技能大赛成绩突出。安宜北路校区教学楼、宿舍楼建成并交付使用。宝应职教集团连续第三次获“江苏省文明单位”荣誉称号。

■108 名学生到骏升科技实习 3 月 1 日，宝应职教集团泰山路校区 09 电子、机电、电子商务 3 个专业 108 名学生到氾水镇骏升科技（宝应）有限公司进行为期 3 个月的工学交替实习活动。这次实习活动是职教集团就业工作的一个新举措，也是服务全县经济发展，实现人才本土化，破解企业用工难的重要尝试。

■组织参加省职业教育创新大赛 3 月份，省教育厅、省科学技术协会、省精神文明建设指导委员会、团省委、省知识产权局 5 个单位联合主办的“2010 年江苏省职业教育创新大赛”成绩揭晓，宝应职教集团被评为最佳组织学校，创新项目“安全节能电源插座”获高职类二等奖、“智能型路灯时控仪”获中职类三等奖。

■对口高考本科达线 39 人 5 月下旬，江苏省普通高校提前单独招生考试（职业学校对口高考），宝应职教集团本科达线 39 人，名列扬州市同类职校第二，参加考试的 9 个专业均获全县第一名，5 名同学分别获得扬州市对口高考电子、化工、机械、建筑、旅游专业状元。

■“三项管理规范”接受市视导 5 月 30 日，市教育局视导组一行 12 人，对宝应商贸学校（宝应职教集团）执行“教学、学生、后勤三项管理规范”情况进行专项视导，对集团落实“三项规范”工作予以充分肯定。

■安宜北路校区教学楼、宿舍楼交付使用 8 月下旬，宝应职教集团安宜北路校区教学楼、宿舍楼工程竣工并交付使用。该工程于 2 月 20 日开工建设，总投资 1 000 万元，建筑面积 6 000 平方米。

■获第九届省“蓝天杯”优秀论文评比组织奖 12 月中旬，第九届江苏省“蓝天杯”优秀论文评比活动成绩揭晓，宝应教师进修学校（宝应职教集团）获“优秀组织奖”。在全县共征集参评论文 1 325篇，其中获一等奖 7 篇、二等奖 263 篇、三等奖 514 篇。 （马学华）

·江苏省宝应工业学校·

■概况 江苏省宝应工业学校规划占地 33.33 公顷，建筑面积 20 万平方米。其中，第一期工程占地 13.86 公顷、建筑面积 8.5 万平方米于 2008 年建成使用。2011 年，在校学生 5 000 人。至 2011 年，宝应工业学校建成实训基地 8 个、实训室 80 个，累计添置实训设备总值 2 200 余万元。其中，数控专业实训基地设备总额 1 290 万元，工位数 619 个。在基地建设中，坚持走“专业化、多元化、现代化”发展之路，不断探索实践校企合作、师资队伍建设、课程改革新机制新模式。

■品牌专业建设 2011 年，宝应工业学校机电技术应用专业成功创建省首批中等职业学校品牌专业，累计有省品牌专业 1 个、省示范专业 4 个（机电技术、电子技术、计算机网络技术、数控技术应用）。

■探索实践“2S”人才培养模式 2011 年，宝应工业学校围绕创建国家改革发展示范校目标，以就业为导向，探索实践素养（stuff）＋技能（skill）“2S”人才培养模式。该校实践成果论文《践行“2S”培养模式，培养技能型人才》、《探索培养模式，培养可持续发展的技能型人才》分别获省第七届职业教育论坛二、三等奖；3 名老师的课获得省“研究课”称号。

■25 件作品在第八届全国中职“文明风采”竞赛中获奖 在第八届全国中等职业学校“文明风采”竞赛全国决赛中，宝应工业学校有 26 件作品获奖，其中一等奖 3 个、二等奖 7 个、三等奖 15 个和优秀奖 1 个，学校被授予“组织奖”。在扬州市第八届职业学校师生技能大赛中，获金牌 7 枚（均为第一名）、银牌 11 枚、铜牌 11 枚，取得 14 张省技能大赛入场券，金牌数名列扬州市同类学校第一位。 （卞文斌）

社区教育

■概况 2011 年，全县社区教育整合、优化教育资源，创新工作思路，积极服务新农村建设，围绕扬州市“百名农民上大学、千名农民出国门、万名农民进工厂、十万农民学技术、百万农民受教育”五项行动，多内容、多层次、多形式开展培训活动，全年组织各级各类农民教育培训 22 万人次，农村从业人员培训率 53.32%，为提高农村从业人员整体素质，培养造就一批有文化、懂技术、会经营、守法纪的新型农民作出积极贡献。

■社区教育阵地建设 按照区域教育现代化建设标准，加强镇社区教育中心校建设。广洋湖镇社区教育中心投入 200 万元建成教学综合楼。小官庄镇、曹甸镇、氾水镇、夏集镇、山阳镇等镇社区教育中心均加大基础设施投入，购置教学设备、维修粉刷校舍、美化校园环境。各镇社区教育中心均建成规范化功能教室，并建立成果展示室。小官庄镇创成省级社区教育中心，曹甸镇创成市示范社区教育中心。县教育局印发《宝应县示范村社区教育服务站评估标准》，召开全县示范村社区教育服务站创建工作现场推进会，23 所村成人分校创成县示范村社区教育服务站。全县形成以县社区培训学院为龙头、镇社区教育中心为骨干，村社区教育服务站为基础的新型农民教育培训网络。

■农村实用技术培训 全县社区教育围绕宝应特色产业，与农业、科技等部门协作，多渠道、多层次、多形式开展农村实用技术培训。全县开展农村实用技术培训 11.46 万人次。各镇社区教育中心自办农业信息服务网站和“科技小报”，结合农时及时更新内容，向农户传递种植、养殖致富技术和信息。

■农村劳动力转移培训 全县镇社区教育中心注重发挥地方特色产业和园区企业资源优势，形成小官庄镇玻璃彩绘、西安丰镇水晶工艺、鲁垛镇乱针刺绣、夏集镇电动缝纫、黄塍镇注塑工艺、柳堡镇电子陶瓷等专业技能转移培训基地。泾河镇社区教育中心与境外劳务输出公司合作，建立缝纫工、瓦木工、钢筋工培训基地，全年培训出国劳务人员 600 多人(次)。2011 年，全县开展农村劳动力转移培训达 1.4 万人(次)，其中出国劳务培训 899 人(次)。

■打造新型农民培训品牌 全县各镇围绕地方主导产业、特色产业组织开展设施蔬菜栽培技术、生猪养殖技术、电动缝纫工培训、玩具生产技能培训等 14 个品牌培训项目创建活动。县教育局组织召开创建方案论证会、培训工作流动现场会，完善培训计划，交流培训经验，督查培训进展，积极探索新型农民培训新内容、新模式、新机制。

■社区教育载体建设 全县各镇社区教育中心加强社区教育载体建设，曹甸镇建立“苏中公学纪念馆”，射阳湖镇建立“红色文化馆”、“荷文化馆”，夏集镇建立“农民博物馆”，面向社区居民和中小学生开展革命传统教育和热爱家乡、建设家乡教育。各镇社区教育中心组织形式多样、内容丰富的社区主题教育，开展学习型组织、学习型家庭创建活动。4 月 11 日，7 个镇社区教育中心联合在西安丰镇举办“宝应县乡镇社区教育中心民间文艺联合展演出”。11 月 12 日，“宝应县暨氾水镇终身学习活动周启动仪式”在氾水镇举办。各镇社区教育中心建立“青少年校外辅导站”、“少年宫”和“老年学校”，加强青少年校外素质教育和老年教育。夏集镇、泾河镇、望直港镇、曹甸镇、鲁垛镇、西安丰镇、黄塍镇 7 个镇社区教育中心申报的社区教育研究课题被省社会教育服务中心批准立项，其中鲁垛镇申报的《优秀文化遗产传承与社区教育发展的关系》研究项目被列为重点课题。

(马振宇)

2011～2012 学年度宝应县“双学历”提升事业情况统计表

表 33

校 别(办班点)	专业	合计		一年级		二年级		三年级	
		班级数(个)	学生数(人)	班级数(个)	学生数(人)	班级数(个)	学生数(人)	班级数(个)	学生数(人)
合 计		113	5 038	28	1 189	30	1 509	55	2 340
江苏省宝应工业学校	小计	45	1 977	12	550	12	612	21	815
	市场营销	5	231	3	148	1	63	1	20
	农村电气技术	1	87	—	—	1	87	—	—
	机电技术应用	7	241	1	28	3	97	3	116

续表

校 别 （办班点）	专业	合计		一年级		二年级		三年级	
		班级数 （个）	学生数 （人）	班级数 （个）	学生数 （人）	班级数 （个）	学生数 （人）	班级数 （个）	学生数 （人）
江苏省宝应工业学校	农村经济综合管理	6	240	—	—	3	138	3	102
	工艺美术	4	239	1	52	3	187	—	—
	酒店服务与管理	3	93	—	—	1	40	2	53
	机械加工技术	5	207	2	80	—	—	3	127
	电子技术应用	2	82	1	56	—	—	1	26
	电机电器制造与维修	1	60	—	—	—	—	1	60
	建筑工程施工	1	30	1	30	—	—	—	—
	计算机应用	4	181	3	156		—	1	25
	园林技术	3	154	—	—	—	—	3	154
	棉花加工与检验	1	71	—	—	—	—	1	71
	服装制作与生产管理	2	61	—	—	—	—	2	61
宝应商贸学校	小计	4	50	—	—	—	—	4	50
	机电	1	5	—	—	—	—	1	5
	计算机	1	14	—	—	—	—	1	14
	农村经济管理	1	8	—	—	—	—	1	8
	园林	1	23	—	—	—	—	1	23
中港职高	小计	11	525	2	37	4	232	5	256
	电子技术应用	1	64	—	—	1	64	—	—
	农村经济管理	4	169	1	21	1	60	2	88
	农业机械化	1	51	—	—	—	—	1	51
	农艺	3	166	—	—	1	49	2	117
	水产养殖	1	59	—	—	1	59	—	—
	计算机应用	1	16	1	16		—	—	—
农村成校	小计	53	2 486	14	602	14	665	25	1 219
安宜成人校	农村经济管理	2	92	1	43	1	49	—	—
氾水成人校	农村经济管理	4	196	1	43	1	48	2	105
夏集成人校	农村经济管理	4	235	1	40	1	50	2	145
山阳成人校	农村经济管理	1	55	—	—	—	—	1	55
	水产养殖	3	146	1	41	1	50	1	55
柳堡成人校	农村经济管理	4	181	1	47	1	50	2	84
鲁垛成人校	农村经济管理	3	152	1	42	1	50	1	60
广洋成人校	农村经济管理	3	154	1	43	1	47	1	64
小官庄成人校	农村经济管理	4	184	1	37	1	43	2	104
西安丰成人校	农副产品加工	4	185	1	45	1	44	2	96
曹甸成人校	农村经济管理	4	176	1	43	1	51	2	82
	市场营销	1	45	—	—	—	—	1	45
黄塍成人校	农村经济管理	3	135	1	44	1	46	1	45
泾河成人校	农村经济管理	4	179	1	37	1	50	2	92
望直港成人校	农村经济管理	4	167	1	53	1	47	2	67
射阳湖成人校	农村经济管理	5	204	1	44	1	40	3	120

教师队伍

■概况 2011年，宝应县共有中小学教职工6 719人，其中普通中学3 671人、小学2 706人、中等职业学校315人、特殊教育学校27人；中小学专任教师6 110人。幼儿园、小学、初中、高中教师达高一层次学历人数比例分别达92.%、75.9%、78.5%、5.3%；职业学校既具有教师职业素质和能力，又具有技师或其他高级专业人员职业素质和能力“双师型”教师比例达59%。

■骨干队伍建设 2011年，宝应县创新培养模式，组建专家班、名师工作室、研修班，为骨干教师搭建多种活动平台开展业务研修。每年组织对骨干教师进行考核，表彰奖励考核优良的教师。全年有9人被评为市特级教师，占全市的18%，市级骨干教师考核优秀数占全市的21.1%，连续两年市骨干教师考核优秀等次占全市25.9%，列扬州各县(市、区)首位。累计全县有省、市特级教师22人，市、县有突出贡献的中青年专家3人，扬州市名校长10人，市级骨干教师328人，县级骨干教师552人。

■教师专业培训 指导各校办好青年教师成长学校，坚持为每一个教师“量体裁衣”，确立个人专业发展目标。继续开展培养青年教师一年教学入门、三年业务达标、五年成为教学骨干“135”工程，组织对283名青年教师进行县级集中考核；组织对876名2004年以后参加工作的教师参加县级专业文化知识考试；组织开展全县中小学教师教学基本功训练竞赛活动，引导和激励全县教育工作者立足岗位，学理论、学技术、比教学、比技能，夯实专业知识功底、钻研教育教学理论、更新教学理念、改进教学方法、提高教学质量。

■教职工全员培训 2011年，县教育局加强教职工队伍建设，对全县教职工进行全员培训，其中参加出国培训19人次、全国和省培训1 045人次、市培训1 054人次、县培训9 171人次。与扬州大学联办专业人才培训班，推进建筑工程、档案、图书管理、保健员、资产管理员等岗位培训；有序做好班主任、财务管理员、安保员、保育员、科技辅导员、初中理化生实验员、通讯员等特殊岗位专项培训；从局机关、教研片、中心校等多个层面加强校本培训，及时推广校本培训的好经验、好做法，努力提高校本培训的水平和效益。

■促进师资均衡发展 2011年，县教育系统全年分两批招聘新教师74人，着重充实农村学校；优先安排农村教师培训，举办农村学校音、体、美、计算机等学科教师培训班，共740人参加培训；推进绩效工资制度改革，非义务教育学校教师绩效工资已实施到位，坚持设立义务教育学校农村教师补贴；适当放宽农村学校职称晋升比例；骨干教师评选考核向农村教师倾斜；严格控制教师向超编地区流动，鼓励教师向缺编学校流动；组织279名骨干教师“带教、送教、支教”，加强教师互动互助互学，不断缩小城乡、乡镇、校与校之间的差距，促全县教育师资均衡发展。 (张华丽)

教育督导

■区域教育现代化建设 2011年，县政府教育督导室将区域教育现代化创建作为中心工作，结合督导工作特点，全力做好创建协调工作。县政府调整全县区域教育现代化建设领导小组，县政府办公室印发《宝应县创建江苏省教育现代化建设先进县2011年度实施方案》，与相关部门和各镇签订教育现代化创建责任状。县教育局将教育现代化创建纳入局机关科室、学校年度工作目标，明确责任，推进创建工作进程。加强与省、市有关部门沟通，邀请省教育厅领导为暑期现代化专题培训班作讲座，掌握创建要求，排查宝应县创建申报不足与差距，撰写阶段性工作汇报，总结创建成效，梳理突出问题，为市、县领导决策提供服务。根据硬件从实、软件从硬、评建结合、以评促建的原则，通过召开教育现代化现场会、推进会、迎检动员会等方式，有效应用督导手段，组织县级现场评估，提出整改意见，推进区域教育现代化建设有序发展。

■推进中小学规范管理 2011年，县教育局建立局领导督查责任制，出台评估方案与标准，完善随机现场考察机制，以随机现场考察为主，强化领导督查跟踪回访整改机制，督促整改到位，鼓励学校争先创优，促进精致管理；以“管理”促“规范”，加强内涵建设，使学校常规工作成为师生员工自觉遵守的习惯，形成传统，将常规做到常态。促进学校办好“规范＋特色”学校，培养“合格＋特长”学生。截至年底，全县累计 47 所学校被命名为县“中小学规范管理先进学校”。

■学校红十字工作 加强学校红十字基层组织建设，在学校建立红十字会组织，发展红十字青少年会员，扩大红十字影响。开展“同享生命绿卡，共铸爱心彩虹”红十字学生重症住院医疗爱心互助救助活动。县学校红十字工作委员会、夏集镇中心小学被表彰为“扬州市红十字先进集体”。

■心理健康教育 夯实学校心理健康教育基础，建成县“红十字青少年心理救援网络基地”。望直港镇中心初中、曹甸镇中心初中、柳堡镇中心初中、氾水高中、曹甸镇中心小学、柳堡镇中心小学、县桃园小学建成扬州市第二批“阳光心苑”学生合格心理访谈室。运用中小学心理健康测量软件建立全县学生心理健康档案，省级课题“基于宝应县学校心理健康教育个案研究”立项。

（朱茂华）

宝应县画川高级中学

综 述

2011年，全县文化、体育工作坚持服务中心、服务基层、服务群众，改善文化民生，发展繁荣文化、体育事业。全年组织庆祝建党90周年、2011中国·宝应荷藕节文艺晚会等重大文艺活动20多次，专项群众文化体育活动60多项，下乡送戏60场、送电影2 900场、送图书8万余册，编辑完成文物普查《宝应县普查成果概览》，宝应淮剧入选省非物质文化遗产名录，大型现代淮剧《湖畔风雨情》在省第六届淮剧艺术节获编剧等10个奖项。加快发展文化体育产业，完成县数字影院改造，体彩年销售超6 600万元，创成省级体育产业基地1个、市级文化产业示范项目2个。县文体广新局被表彰为“全国全民健身活动先进集体”、“省群众体育工作先进单位”和“省文化民生建设先进单位”。 （王有信　赵　静）

报 纸

■概况　1月，《宝应日讯》恢复为《宝应日报》。9月，《宝应日报》由周五刊改为周六刊，全年推出专栏260多期，通版10个，出版《宝应日报》264期。围绕县委中心工作推出一大批优秀稿件：先后开设19个专栏，刊出《展示新成就　迎接党代会召开》、《贯彻县委工作会议精神》、《荷藕节进行时》、《一个项目一个故事》、《全面小康镇村行》、《建设生态新城》、《跟踪重大项目落地》、《大干一百天　奋力保目标》等专题稿件，报道县委、县政府重点工作、重点工程；紧贴宝应发展脉搏、紧扣赶超发展主题、紧抓经济发展热点，推出《十大工业杰出企业家访谈》、《党代会精神解读》、《摘得金牌的背后故事》、《八论学习贯彻“七一”讲话精神》、《来自全国百强县建湖的系列报道》、《走马苏北看变化》等稿件，进行有针对性、指导性、引导性的深度系列报道；抓住森萨塔科技（宝应）有限公司增资扩产、仁恒实业控股有限公司在香港成功上市、“宝应湖”成中国驰名商标等重大亮点事件，进行浓墨重彩全方位、多层面、多形式宣传报道，激发全县人民投身发展、争先进位的自信心和自豪感。

■19名企业家上头版头条　年初，报社制订报道计划，出台考核制度，鼓励记者多写企业、多写企业家。全年先后有江苏禹硕通信技术有限公司（宝应）、扬州凯翔电气制造有限公司、江苏奥新科技有限公司、江苏王牌直流电机制造有限公司、扬州浩博光伏科技有限公司等19家重点企业及其企业家登上《宝应日报》头版头条，精彩亮相，反映企业及其企业家开拓市场、新上装备、技术创新、嫁接合作、资本运作等方面成功经验，为引导全民创业、投身经济发展营造有利社会氛围。

■评论宣传 2011年，报社全年注重对县重大会议、重大报道、重要活动报道配发评论员文章或短评，在头版头条位置刊登《从早抓 从紧抓 从实抓》、《抓住机遇，实现弯道跨越》、《好蓝图 好班子 好氛围》、《不自满 不畏难 不松懈》、《抓招商 抓项目 抓产业》5篇评论员文章。明确每位值班总编每周为相关重点稿件至少配发一篇短评，全年刊发相关短评30篇，对引导全县干群进一步解放思想、奋力赶超起到积极推动作用。

■民生宣传 2011年，报社在报纸二版头条位置开辟“记者观察”栏目，全年刊用各类民生稿件40篇，跟踪社会热点，帮办民生诉求，透视社会万象，服务大众生活。为打造“记者观察”品牌栏目，每周召开编委会进行精心策划，确保稿件的贴近性，先后编发《超市胶带捆蔬菜安全遭质疑》、《油价上涨牵动众人神经》、《我县未见“瘦肉精”猪》、《自来水难上高楼》、《卖保健品的盯上老年人》、《三令五申，禁不住暑期补课》等稿件，受到广大读者好评。

■人物宣传 重视先进人物的选树和宣传，充分发挥先进人物示范引领作用，先后有60余名诚实守信、助人为乐、投身创业、孝亲尊老、见义勇为、无私奉献等各行各业的普通人被登上报纸。《创业路上的唐氏四兄妹》、《芦爱平：17位贫困孩子的“社会妈妈”》、《海归博士王红卫》、《养鸡女状元潘筛华》、《苗广远：无悔的档案人生》等先进典型的选树，对促进全县精神文明建设起到推动作用。救火英雄孙超的立体式宣传，通过消息、通讯、言论、图片、座谈等形式，对英雄的先进事迹进行深度挖掘，在全社会掀起学习孙超，弘扬正气的良好氛围。

■文摘宣传 创新文摘宣传栏目，全年先后从《人民日报》、《经济日报》等国家级媒体上摘登《让“干的”赛过“看的”》、《当干部就得在状态》、《中日企业家差距》、《郑州市领导痛批干部养尊处优》、《关键在于落实》、《武汉治庸，问责500多名干部》等12篇文章切合时宜，针对性强，在社会上引起较强反响。

（新 文）

广播电视

■概况 2011年，宝应县广播电视总台（简称“县广电总台”）依据“频道专业化、栏目风格化”原则，对频道呼号、栏目风格、节目编排、形象宣传等进行科学包装，频道更具影响力，栏目实现品牌化。总台共有自办电视频道2个，电视播出总量1.17万小时，年制作节目总量490小时。《宝应新闻》坚持正确导向，突出宣传重点，集中优质采编力量，为县委、县政府重大决策、重要举措“鼓”与“呼”。加强头条新闻策划、加大评论类新闻比重、推行现场报道，在做活会议新闻上下工夫，以系列报道、连续报道促进深度报道。“观察”、“外地吹风”栏目全年分别制作播出20期和50期，深受社会各界好评。“百姓关注”栏目全年制作播出162期，坚持选题策划重点，细化采访方案，不断创新节目形态，走进社区、走进乡村、走进基层，开通“民情大通道”，发挥党和政府与人民群众沟通联系的桥梁作用。新闻专题“荷乡论坛”栏目全年制作播出5期，走到户外进社区，取得较好宣传效果和社会效果。实现全年安全播出无事故，引进新闻、技术、营销、财务等各类专业人才30多人。

■发稿及参评 县广电总台全年组织向上级媒体发稿及参加省、市优秀广播电视节目评选的作品90多篇，其中电视专题片《日出水乡》获全国优秀电视科教节目三等奖，有20篇作品获得省市各类奖项，发稿率、获奖率列全市第一位。县广电总台在新闻制作中坚持深入实际、深入生活、深入群众的经验总结材料，代表扬州市参加全省广播电视节目“走、转、改”活动书面交流。

■有线电视数字化整体转换 有线电视数字化整体转换工作针对城区网络现状，采取“抽调力量集中改”、“边转边改”办法，在城区范围内重新架设全新的广电光纤网，实现双向化、数字化目标。在整转工作中，成立综合协调、现场整转、工程运维、后勤保障等专业工作组，按照“先新小区，后老城区”，分期分批组织上门服务，截至年底，累计实现城区转换有线数字电视用户3.85万户，新装有线数字电视用户4 000户，整转率95%，互动率35%，位列全省之首，被称为全省转数工作"宝应模式"。

■产业经营 县广电总台优化广告结构，提高策划水平，吸引广告客户，广告收入比上年增长30%。开展多场大型活动，形成多个有效的创收点，综艺创收成效显著。节目联办、杆线附挂、卫星节目落地、资本运作等多元创收稳步增长，新建小区有线电视配套工程收费被列为政府扎口收费项目。 （付宗海 徐文娟）

文化事业

■庆祝建党90周年文化活动 5月、6月，县文体广新局围绕庆祝建党90周年先后组织"党旗颂"红色经典戏曲演唱会、"党啊，亲爱的妈妈——墨香苑之声"综艺音乐会、红色经典歌曲大赛、读书演讲比赛和红色藏品展等活动，在全县城乡开展电影《建党伟业》巡回放映。6月28日，县委、县政府主办，县文体广新局承办的县庆祝建党90周年歌咏大会在县行政中心举行，全县13支代表队演唱20多首红色经典歌曲，县领导出席活动。

■举办传统民间文艺大会串 2月3日，宝应县传统民间文艺大会串在花城广场举行。安宜镇的腰鼓、军鼓、花船、花轿，射阳湖镇、西安丰镇、开发区的舞龙，黄塍镇的跑马阵和宝应开发区的蛤蚌舞等一批在县内享有较高知名度的民间特色文艺节目应邀参演。县委书记仲生等领导和数千名群众观看演出。

■荷藕节闭幕式文艺晚会 9月28日，2011中国·宝应荷藕节闭幕式文艺晚会在宝应中学体育馆举行。晚会以《幸福宝应》为主题，展示全县优美的生态环境、独特的水域文化和锦绣发展前景。县文艺工作者编排的表演唱《荷塘恋歌》、民歌《绣兜兜》、少儿舞蹈《跃马扬鞭》受到观众热烈欢迎。晚会邀请歌手林依伦、李琼、何静和高原红组合等联袂演出。

■小康创建文艺宣传 4月9日，县文体广新局联合西安丰镇在该镇影剧院举办"欢乐进万家、全面达小康"淮剧票友大赛，县小康建设指挥部领导、各镇负责人及近千名群众观看演出。5月6～13日，县文体广新局与县小康建设指挥部联合开展"欢乐进万家，全面达小康"政协委员活动周，创作10多个节目在城乡巡演16场，宣传小康知识，展示小康建设成就。12月，县文化馆牵头组织十镇联动小康文艺演出，举办"欢乐进万家，全面达小康"全县首届广场舞比赛。

■宝应县首届少儿乐器大赛 1月8日，县文体广新局在宝淮剧场举行"南方凤凰城杯"宝应县首届少儿器乐大赛决赛暨颁奖典礼。决赛前，各镇和城区的19个艺术培训班的269名少儿报名参加4场预赛、2场复赛，21组选手进入最后决赛。决赛产生钢琴组、二胡组、小提琴组、古筝组一等奖各1名。

传统民间文艺大会串——跑马阵

■举办农村广场舞展演 11月3～4日，县文化馆组织宝应县农村广场舞培训班，46名镇、社区的文艺骨干参加培训。培训班邀请市舞蹈家协会常务副主席迟恒麟、包美筠和县舞蹈专家王玲虹担任主讲，共教学广场舞4个。12月29

日，县委宣传部、县文体广新局和安宜镇联合在县体育馆举行全县首届广场舞展演，城乡 29 支广场舞演出队共 600 多人参加。夏集镇、汜水镇、西安丰镇、山阳镇、射阳湖镇演出队获农村组优秀演出奖，安宜镇罗巷社区、东门社区、世纪园社区、苏中社区、齐心社区、刘沟社区、学墩社区、泰山社区演出队获城区组优秀演出奖。

■举办 10 镇农村文艺巡演 12 月 9 日，县文体广新局主办的“和谐邻里，幸福家园”宝应县生态新城一号邻里中心推介暨农村小康文艺 10 镇联动活动在汜水镇拉开帷幕。活动历时 1 个月，由安宜镇、望直港镇、射阳湖镇、曹甸镇、黄塍镇、山阳镇、汜水镇、夏集镇、小官庄镇、鲁垛镇 10 个镇参加联动巡演。巡演活动由县文化馆牵头，联动镇参与，组成演出团，在每个联动镇演出 1 场。巡演以小康宣传为主题，节目形式丰富多彩，具有很浓厚地方特色，是全县规模最大的一次农村文艺联谊巡演，累计观众人数 1 万人。

■图书服务 县图书馆全年购图书 4 000 册，征订报刊 300 种，办理借书证 3 000 个，日借阅量 300 人次，年借阅 17.08 万册(次)。2 月 17 日，县图书馆在盛世家园举办兔年迎新春元宵灯谜晚会，悬挂谜面 1 500 多条，吸引万人鉴赏、猜谜。开展“为图书找读者”活动，县图书馆向县政务中心、城区敬老院流动服务点以及镇图书馆等赠送图书 2 000 余册，为县武警中队和消防大队图书室定期更换书刊，赠送公安局看守所政治、法律、文学艺术类书刊 500 册。县图书馆、县教育局联合开展主题为“听党话、跟党走”2010 年度红领巾读书征文比赛活动，收到征文 150 篇，报送 60 篇征文参加省市评选，其中两名同学的征文获省二、三等奖。县图书馆获市组织奖。

■组织网吧专项整治 2 月 8 日，县文体广新局等部门组织对网吧上网人员有效身份证件核对、登记联合检查，共检查网吧 50 家，处罚 7 家。5～9 月，根据县依法治县领导小组《关于办好 2011 年法制宝应建设六项实事的通知》，县文体广新局牵头开展全县网吧违法经营专项整治行动，共检查网吧 478 家(次)，出动检查人员 370 人(次)，停业整顿、处罚网吧 22 家。7 月 14 日，县文体广新局参与全县“黑网吧”联合执法行动，检查网吧 30 余家(次)，收缴服务器及主机 20 台，取缔“黑网吧”4 家。

（王有信　赵　静）

戏　剧

■概况 宝应县是西部淮剧的发源地之一，淮剧是宝应县唯一的地方戏。宝应县淮剧团成立于 1958 年。1960 年，宝应、金湖分县，淮剧团划归金湖县。是年，宝应县以原淮剧团留下的部分骨干为主重新组建宝应县淮剧团。宝应县淮剧团善于继承、勇于革新，不断吸收各淮剧流派表演艺术，成功塑造一批又一批舞台艺术形象，累计创作编演不同题材的优秀传统戏和现代戏 230 多部，形成独特艺术特色和风格。2011 年，宝应县淮剧团全年演出 143 场，观众 25.92 万人次。创作演出的廉政大戏《湖畔风雨情》在江苏省第六届淮剧艺术节中获 10 个奖项。宝应西部淮剧被入选《江苏省非物质文化遗产名录》。

■现代淮剧《湖畔风雨情》首演式 11 月 17 日

倪家凤剧照

晚，大型勤廉现代淮剧《湖畔风雨情》在县会议中心举行首演式，市委常委、纪委书记张跃进等市县领导出席观看。《湖畔风雨情》由县文体广新局组织创作、县淮剧团演出，从采集素材、编写剧本、舞台设计、演出排练到筹划首演历时近一年半时间，着重讴歌广大农村基层党员干部为民奉献、务实奋进、清正廉洁的先进事迹。至年底，《湖畔风雨情》在全县城乡巡回演出10场，观众一万多人(次)。该剧目参演2011年江苏省第六届淮剧艺术节，获组织、编剧等10个奖项。

■举办倪家凤淮剧演唱会 10月13日，县委宣传部、县文体广新局和县广播电视总台联合在宝淮影剧场举办倪家凤淮剧演唱会。倪家凤是国家二级演员。演唱会上，倪家凤以抑扬顿挫的道白、圆润甜美的唱腔、舒展大气的身段，演出淮歌《宝应明天更美好》、红色经典戏曲《刘胡兰》选段、《药茶记》选场(磨房)和小戏《红绸舞起来》等剧目，展现其独具个性的艺术风采。“淮剧皇帝”陈德林，梅花奖得主、“扬剧王子”李政成，著名淮剧演员、江苏省淮剧团团长陈明矿到场祝贺并即兴演出。演出现场座无虚席，观众颔首和应、掌声不断。江苏省文化厅艺术处处长吴小平应邀出席。

■淮剧入选省级“非遗”名录 9月，省政府公布省级第三批非物质文化遗产名录和第二批扩展名录，宝应县“非遗”项目“淮剧”入选。这是宝应县继“宝应捶藕和鹅毛雪片制作技艺”后第二项省级“非遗”名录项目。

文物工作

■周恩来少年读书处维修展示提升工程竣工 6月29日，县文体广新局举行周恩来少年读书处提升工程竣工暨主题展揭幕仪式。周恩来少年读书处位于宝应县古城区县南街水巷口内，有东西两组院落，建筑面积500平方米，原为周恩来嗣母陈氏娘家住宅。1996年对外开放，2002年被列为第五批省文物保护单位。2010年，县文体局委托南京工业大学编制维修方案，并获省文物局批准。维修工程主要针对油漆剥落、木质腐朽、涂料脱落、地砖破碎、排水不畅、线路老化、屋面渗漏等问题进行改造，工程于2010年11月28日开工建设。在对读书处实施修缮同时，精心制作《为中国崛起而读书——少儿时期周恩来学习生活故事》主题展。展览遵循“尊重历史原真性，保持环境完整性，增强展示主题性”原则，以文字、照片、连环画、图表等艺术形式表现周恩来崇高精神和伟大人格。

■抢救性发掘刘堡减水闸 9月份，宝应县大运河东岸刘堡段古堤新发现一处古闸遗址，经市文物部门和申遗机构相关专家现场勘察，初步推断为减水闸。11月7～23日，扬州市考古研究所组织勘探发掘，证实该石闸即明代刘家堡减水闸。此次考古发掘面积560平方米，勘探面积1 200平方米，发现闸口一座，明石堤两段。其中闸长15米，两侧迎水宽各6米，面积180平方米。石闸基础下排有底桩，上铺两层石板，闸高3米，两侧石槽内有朽木残留。堤坝两段长约百米，所用石块较大，最大的有240厘米长，砖块长40厘米，其中一些砖块上有铭文如“天字乙号”、“进”等。

古邗沟遗址(射阳湖镇)

■完成第三次全国文物普查第三阶段工作 按照《宝应县第三次全国文物普查实施方案》，完成实地调查和普查软件登录。县普查办根据各镇文化站提供的新线索，重点对乡土建筑、文化景观、文化线路、老字号等进行调查。在第三次全国文物普查第三阶段工作中，全县共勘查文物点149处，其中新发现125处。在勘查的149处文物点中，古墓葬和遗址类40处、古代建筑和历史纪念物71处、近现代重要史迹和二十世纪新型遗产38处。通过普查，55个点公布为县文物保护单位，3个点被公布为省文物保护单位。 (王有信 赵 静)

2011年宝应县文物保护单位名录

表 34

名　称	级别	批准机关	详细地址	批准时间
九里一千墩汉墓群	省级	省政府	射阳湖镇射南村	1982年
周恩来少年读书处	省级	省政府	安宜镇水巷口3号	2002年
刘氏五之堂	省级	省政府	安宜镇姜家巷13号	2011年
朱氏家祠	省级	省政府	安宜镇小石头街8号	2011年
同松药店	省级	省政府	安宜镇中大街54号	2011年
乔莱墓	县级	县政府	射阳湖镇射南村	2008年
安平驿站遗址	县级	县政府	安宜镇北门外大街西	2008年
关帝庙遗址	县级	县政府	安宜镇北门外大街109号	2008年
宝应故城遗址	县级	县政府	安宜镇老城区	2008年
御码头遗址	县级	县政府	安宜镇老西门外运河堤坡南门大码头	2008年
蒲松龄供职旧址及住所	县级	县政府	安宜镇原县政府大院	2008年
臧陈旧址	县级	县政府	射阳湖镇官巷口	2008年
龙竿寺遗址	县级	县政府	射阳湖镇西侧	2008年
宋泾河遗址	县级	县政府	安宜镇老城区	2008年
定善寺遗址	县级	县政府	曹甸镇古塔村	2008年
古象牙化石出土点	县级	县政府	夏集镇万民村	2008年
运河故道遗址	县级	县政府	安宜镇西门向北100米	2008年
夏集双琚商周文化遗址	县级	县政府	夏集镇双琚村	2008年
双女岗及石门画像出土点	县级	县政府	射阳湖镇平江村	2008年
古邗沟	县级	县政府	射阳湖镇北	2008年
嘉定桥遗址	县级	县政府	安宜镇叶挺路	2008年
画川书院遗址	县级	县政府	安宜镇枫棹园内	2008年
董氏墓葬遗址	县级	县政府	望直镇蛤拖村	2008年
一宿庵	县级	县政府	安宜镇南大码头巷	2008年
戚家汪遗址	县级	县政府	安宜镇纵棹园西侧	2008年
阎若璩墓	县级	县政府	曹甸镇古塔村	2008年
小官庄汉墓遗址	县级	县政府	小官庄镇天海大桥南	2008年
王式丹故居	县级	县政府	安宜镇学宫西南多智桥19号	2008年
王懋竑故居	县级	县政府	安宜镇姜家巷4—19号	2008年
王凯泰故居	县级	县政府	安宜镇朱家巷42—7	2008年
高朗亭故居	县级	县政府	安宜镇北门外	2008年
毛家当铺	县级	县政府	安宜镇保卫巷8号	2008年
杜家大院	县级	县政府	安宜镇北门外西灯笼巷内6—6号	2008年
明清县署	县级	县政府	安宜镇原县政府大院	2008年
跃龙关	县级	县政府	安宜镇南城根路与运河堤连接处	2008年
天宫寺	县级	县政府	射阳湖镇槐树村	2008年
药师庵	县级	县政府	曹甸镇甄庄	2008年
潼口寺	县级	县政府	夏集镇潼口村	2008年
圆通禅寺	县级	县政府	安宜镇水门桥46号	2008年
清真寺	县级	县政府	安宜镇罗巷口	2008年
成肇麟故居	县级	县政府	安宜镇敬老院内	2008年
苏中区党委驻地旧址	县级	县政府	西安丰镇太仓村	2008年
苏中党校故址	县级	县政府	西安丰镇林溪村	2008年
华中造纸厂原址	县级	县政府	曹甸镇李沟村	2008年
黄公正起义故址	县级	县政府	西安丰镇崔渡村	2008年
苏中军区暨新四军一师练兵场旧址	县级	县政府	射阳湖镇王坤村	2008年
苏中军区后方总医院旧址	县级	县政府	射阳湖镇落潮村	2008年
苏中银行旧址	县级	县政府	射阳湖镇油坊村	2008年
新四军江淮印钞厂旧址	县级	县政府	射阳湖镇林上村村部	2008年
《苏中报》报社旧址	县级	县政府	射阳湖镇射南村	2008年
新四军华中军械处第一总厂旧址	县级	县政府	射阳湖镇油坊村	2008年
新四军苏中榴弹厂旧址	县级	县政府	射阳湖镇戴堡村	2008年

续表

名　称	级别	批准机关	详细地址	批准时间
朱氏兄弟三进士宅	县级	县政府	安宜镇朱家巷34号	2008年
孙荫亭故居	县级	县政府	安宜镇磨子口7号	2008年
乔可聘墓遗址	县级	县政府	氾水镇柘沟村柘东组	2008年
曹甸汉墓	县级	县政府	曹甸镇古塔村	2008年
得宝河遗址	县级	县政府	安宜镇学墩巷附近	2008年
泰山殿遗址	县级	县政府	安宜镇立新巷1～8号	2008年
蝴蝶厅	县级	县政府	安宜镇叶挺路115号	2008年
曹甸革命烈士墓	县级	县政府	曹甸镇曹南村	2000年
苏中公学旧址	县级	县政府	曹甸镇金吾村	2000年
宝应县烈士陵园	县级	县政府	安宜镇叶挺东路31号	2000年
学宫	县级	县政府	安宜镇小新桥25号	2000年
刘宝楠故居	县级	县政府	安宜镇芦家巷28号	2000年
纵棹园	县级	县政府	安宜镇安宜东路2号	2000年
张仙庙桥	县级	县政府	安宜镇张仙庙桥	2000年
广惠桥	县级	县政府	安宜镇南门大街	2000年
忠祐桥	县级	县政府	安宜镇城隍庙街	2000年
射阳故城遗址	县级	县政府	射阳湖镇西侧	2000年
抗倭战场旧址	县级	县政府	安宜镇小南门外运河东堤	2000年
八宝亭遗址	县级	县政府	安宜镇县南街	2000年
北宋墓群遗址	县级	县政府	安宜镇原建筑公司院内	2000年
仲兰家族墓	县级	县政府	泾河镇钱庄村	2000年
刘师恕墓	县级	县政府	曹甸镇古塔村	2000年
刘宝楠墓遗址	县级	县政府	黄塍镇徐甸村	2000年
氾水汉墓遗址	县级	县政府	氾水镇胜利居委会	2000年
水泗潘舍新石器文化遗址	县级	县政府	射阳湖镇潘舍村	2000年
泰山殿石狮	县级	县政府	安宜镇纵棹园门口	2000年
定善寺石狮	县级	县政府	曹甸镇烈士陵园内	2000年
重修潼口寺碑记	县级	县政府	夏集镇潼口村	2000年

（县博物馆）

体　育

■全县全民健身活动　宝应县广泛开展全民健身活动，先后组织体育节启动仪式、县职工乒乓球赛、职工羽毛球赛、“玉华容器杯”围棋升段赛、凯宁杯周末篮球赛、“宝宇杯”和“皓铜杯”象棋赛等规模性赛事20多次。组织元旦长跑暨中国鉴真国际半程马拉松火炬传递活动，机关部门、单位、学校共5 000人参加赛事。全县各级体育社会指导员达1 600人，黄塍镇社区体育俱乐部被评为市体育俱乐部。县文体广新局被国家体育总局授予“全国全民健身活动先进单位”称号。

■承办扬州市健美锦标赛　10月16～18日，扬州市第十届全民健身体育节——2011年“墨香苑”杯健美锦标赛暨全国健美公开赛选拔赛、扬州市第二届肚皮舞大赛在县体育馆举行。全市各县（市、区）健美俱乐部的7个队近100名健美健身爱好者参加本次比赛。宝应健美代表队获比赛团体冠军。

■承办省青少年女子甲组足球锦标赛　8月17～21日，江苏省体育局、省教育厅主办的“2011年江苏省青少年足球锦标赛（女子甲组）”在宝应县光华职业技术学校举行。经过5天20场比赛，无锡市、南京市、苏州市分别获冠、亚、季军，宝应县足球队代表扬州市参赛获第四名。

■扬州市中小学生足球比赛在宝应县举行　6月4～6日，扬州市体育局、市教育局主办的“第四届”运河情——2011年扬州市阳光体育中小学生足球比赛在宝应县体育场、泰山小学举行。经过激烈的角逐，邗江、宝应、广陵代表队分别获初中组冠、亚、季军，宝应实验小学、广陵、江都代表队分获小学组前三名。

■曹甸镇获批省体育产业基地　年底，曹甸镇被江苏省体育局授予“2011年度江苏省体育产业基地”称号。

（王有信　赵　静）

卫生

综述

2011年，县卫生局围绕推进“民本卫生、和谐卫生、品牌卫生、辉煌卫生”建设，实现全县卫生事业持续健康发展。全县有医疗卫生单位36所，其中，医院16所，社区卫生服务中心（镇卫生院）14所，妇幼保健院（所）1所，专科疾病防治院2所，疾病预防控制中心、卫生监督所、卫生培训中心各1所；卫生技术人员1 985人，比上年增长1.02%。全年实现业务收入4.78亿元，比上年增长19.2%；卫生净资产5.5亿元，比上年增值11.11%；上争项目资金1.13亿元；年门诊154.25万人（次），比上年增长2.63%；年住院4.99万人（次），比上年增长12.39%。氾水镇中心卫生院终止租赁、黄塍镇卫生院收回返为公立。卫生县城通过省市和国家复审，被再次命名为“国家卫生县城”；改厕工作获“省‘十一五’先进集体”；县妇幼保健院在全省同类机构中名列前茅；卫生监督执法及基本公共卫生服务全市第一；建设民本卫生，通过国家卫生县城复审项目获“县创新突破特别贡献银牌奖”。

■**推进基层综合医改**　2011年，调整完善县医药卫生体制改革组织机构，组长由县政府主要负责人担任，副组长由3位分管副县长担任，30多个部门和镇负责人为成员，明确和落实各部门、各镇职责。建立深化医药卫生体制改革各镇科级领导干部“一人一院（中心）”包干责任制，县卫生局成立6个基层综合医改指导组，形成“政府主导、部门联动、社会参与”的基层综合医改工作推进组织体系。全面推进基本药物制度、人事制度、绩效考核等综合改革，县、镇两级投入医改配

宝应县2011年政府大病医疗救助金发放仪式

套资金达 7 350 万元。

制订出台《宝应县基层医疗卫生机构综合改革实施方案》、《宝应县基层医疗卫生机构实施基本药物制度工作方案》、《宝应县基层医疗卫生机构基本药物集中采购与结算管理办法》、《宝应县基本药物网上集中采购操作流程》、《县政府关于建立健全基层医疗卫生机构补偿机制的实施意见》、《县编办关于核定各镇卫生院编制的通知》、《宝应县基层医疗卫生机构岗位设置指导方案》、《宝应县基层医疗卫生事业单位人事制度改革实施方案》、《宝应县镇卫生院（社区卫生服务中心）岗位设置与工作人员竞聘上岗实施办法》、《宝应县公开选拔镇卫生院院长（社区卫生服务中心主任）实施办法》、《宝应县镇卫生院（社区卫生服务中心）分流人员安置实施办法》、《宝应县基层医疗卫生机构内部管理机制改革实施方案》、《宝应县基层医疗卫生事业单位工作人员收入分配制度改革实施办法》、《宝应县基层医疗卫生机构及工作人员绩效考核实施办法（试行）》等推进医改规范性文件。

■实施基本药物制度　从 6 月 3 日起，全县 15 个公办基层医疗机构全部执行基本药物制度。从 12 月 31 日起，全县所有村卫生室（社区卫生服务站）实行药品零差率销售，基本药物制度在县以下实现全覆盖，药价降幅 40%。6～12 月，全县医疗机构药品让利病患者共 1 600 万元。

■人事制度改革　全县基层医疗卫生机构人员按每万常住人口 13 名核定事业编制。6 月底前，856 名基层卫生事业人员编制完成竞聘上岗，签订聘用合同。经过报名审核、公示、群众测评、组织考察、竞聘演讲、组织聘任等环节公开选拔院长（主任）14 人。从 6 月 1 日起，正式实施基层医疗卫生机构人员和主要负责人绩效考核办法，全部建立工作日志及相关考核台账。

构建和谐医患关系活动现场

2011 年宝应县医疗机构名录

表 35

医疗单位	地　址	联系电话
县人民医院	安宜南路 3 号	88200280
县中医医院	泰山西路 4 号	88223028
县妇幼保健院（所）	安宜东路 120 号	88263587
县卫生监督所	安宜东路 120 号	88260512
县疾病预防控制中心	安民路 23 号	88222305
县皮肤病防治院	叶挺东路 69 号	88265516
县博爱医院	中大街 27 号	88282382
县第二人民医院	南城根路 90 号	88283695
宝应光明医院	叶挺路 69 号	88590691
县卫生培训中心	健康路 11 号	88200518
安宜镇社区卫生中心	安宜东路 74 号	88224034
氾水镇中心卫生院	氾水镇芦范路 2 号	82659300

续表

医疗单位	地　址	联系电话
夏集镇中心卫生院	夏集镇东岳路 5 号	88721004
柳堡镇中心卫生院	柳堡镇迎宾西路	88776146
射阳湖镇中心卫生院	射阳湖镇臧陈北路 68 号	88525058
望直港镇中心卫生院	望直港镇西首	88311123
曹甸镇中心卫生院	曹甸镇镇南路 2 号	88622326
西安丰镇卫生院	西安丰镇兴安南路	88662828
安宜镇沿河卫生院	安宜镇南窑社区健康路 24 号	88301012
小官庄镇卫生院	小官庄镇官庄北路 47 号	88801216
鲁垛镇卫生院	鲁垛镇拥军路 15 号	80909302
广洋湖镇卫生院	广洋湖镇向阳路 58 号	88851004
泾河镇卫生院	泾河镇泾安西路	88381001
山阳镇卫生院	山阳镇	88351343
黄塍镇卫生院	黄塍镇宝塍路 1 号	88605868
宝应中港医院	安宜镇中港	88211923
宝应郑渡医院	柳堡镇郑渡村健康路 65 号	88751045
宝应芦村医院	柳堡镇芦范路 33 号	88461062
宝应子婴医院	夏集镇王营路 175 号	88701020
宝应下舍医院	曹甸镇下舍村	88681052
宝应獐狮医院	望直港镇獐狮荡牌楼	88311123
宝应黄浦医院	泾河镇黄浦居委会	88362405
宝应韦镇医院	氾水镇韦镇人民西路 17 号	88451011
宝应新石桥医院	氾水镇北园居委会	88481031
宝应郭桥医院	夏集镇郭桥横滨西路 13 号	88781433
宝应天平医院	射阳湖镇天平江平路 12 号	88556025
山阳镇卫生院长沟分院	山阳镇长沟	88351343
射阳湖镇中心卫生院水泗分院	射阳湖镇水泗鹅村	88571033
安宜镇罗巷社区卫生服务站	安宜南路 120 号	88085088
安宜镇牌楼社区卫生服务站	芦松路 17 号	18796696358
安宜镇贸易城社区卫生服务站	苏中贸易城中心街 28 号	88269410
安宜镇安民社区卫生服务站	大昌路 50 号	88252881
安宜镇发展社区卫生服务站	南城根路 7 号楼 103 室	88053375
安宜镇闸北南园社区卫生服务站	南园路 14 号	13852501616
安宜镇桃园社区卫生服务站	桃园一村 26 号	13773344566
安宜镇世纪园社区卫生服务站	世纪园小区东大门	88119133
安宜镇苏中社区卫生服务站	泰南路 30 号	88058587
安宜镇安宜社区卫生服务站	苏中南路 51 号	88241076
安宜镇刘沟社区卫生服务站	工农路 69 号	88222571
安宜镇白田社区卫生服务站	园丁园小区	88271566
安宜镇泰东社区卫生服务站	泰山东村	88255559
安宜镇闸北社区卫生服务站	苏中南路 108 号	13196479944
安宜镇铁桥社区卫生服务站	泰山西路 122 号	88234155
安宜镇东门社区卫生服务站	工农路城东综合楼 8 号 103～104 号	13852569759
安宜镇城东社区卫生服务站	安宜东路农业局对面	88113805
安宜镇城中社区卫生服务站	鱼市口中大街 1 号楼 119 号	88286993
安宜镇东郊社区卫生服务站	苏中南路藕乡花园 15 号	88101283

续表

医疗单位	地　　址	联系电话
安宜镇学墩社区卫生服务站	叶挺路 34－9－10 号	88280105
安宜镇画川社区卫生服务站	泰山西路房产门市 4 号楼 106 室	88285731
县中医医院世纪园诊所	世纪园小区	88184487
县第二人民医院第一诊所	华运砂石公司 1 号楼 4 号门	88283695
县第二人民医院第二诊所	县城泰山西路 102 号	88283695
县第三人民医院新建诊所	东升村新建小区 129 号	88244960
县第三人民医院东升路诊所	县城东升路 23 号	88158908
县第三人民医院第三诊所	东升路 78 号	88918963
县中港医院安宜北路诊所	安宜北路 115－4 号	13056305284
县皮肤病防治院第一门诊部	南门外大街 143 号	88232647
县皮肤病防治院第二门诊部	安宜南路 40 号	88232647
县眼科医院第一诊所	县城邗沟路中段东侧 2 号楼由南向北第五号门市	13605257903
柳堡镇中心卫生院第一诊所	柳堡镇廷柏桥东侧	88776146
下舍医院第一门诊部	曹甸镇下舍集镇	88681052
氾水镇中心卫生院第一门诊部	氾水镇氾水中学对面	88427104
氾水镇中心卫生院第二门诊部	氾水镇跃胜路	88427104
县皮肤病防治院中心门诊部	安宜东路 66 号	88265516
县皮肤病防治院病区门诊部	泾河镇黄浦麻风病区	88265516
县黄浦医院第一门诊部	泾河镇陈东村	88362405
县老年康复中心第二门诊部	安民路 31 号	88168039
氾水镇中心卫生院第三诊所	氾水镇干渠东路	88427104

（周　琴）

疾病预防控制

■预防接种　2011 年，县卫生局制订疫苗查漏补种方案，率先在全市建立未种原因调查制度。全年新生儿建卡 5 679 人，建卡率 100%；11 种免疫规划疫苗单苗接种率 95%，五苗覆盖率 99.17%，乙肝疫苗首针、麻疹疫苗及时率 98.41%，脊灰疫苗基础免疫及时率 92.06%，提前一年完成 15 岁以下人群补种乙肝疫苗任务。

■传染病防治　全县报告甲乙类传染病 9 种2 171例，发病率为 126.3/10 万，报告及时率 100%；发现肺结核病 430 例，查痰率 100%，系统管理率 100%；手足口病 975 例，聚集性病例2 起。实验室诊断 EV71 肠道病毒 27 例，Cox A16 肠道病毒 8 例，其他肠道病毒 6 例。登记腹泻病 1.32 万例，粪样检索率为 27.73%，未发现霍乱病例。启动国家“十一五”科技支撑计划应急项目——EV71 灭活疫苗三

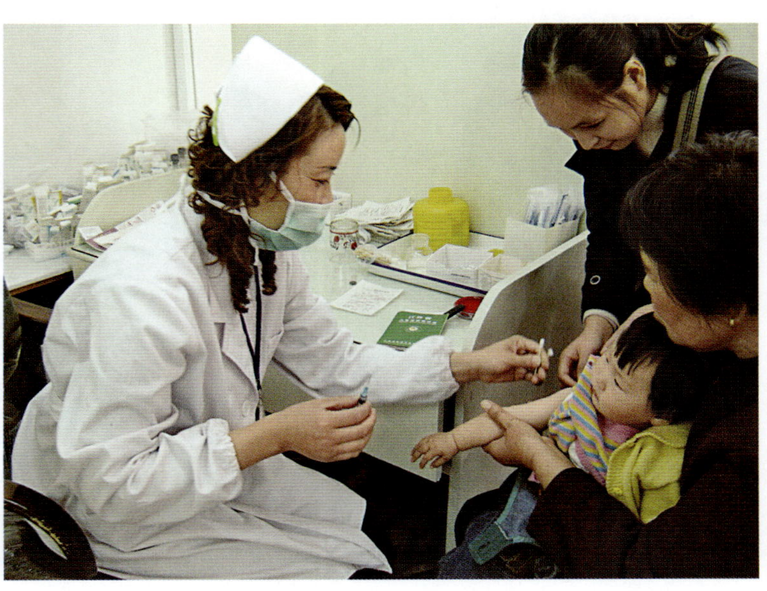

免费为适龄儿童接种一类疫苗

期临床试验项目。

■地方病防治 投入 1 523 个工作日，对 5 个流行镇 64 个村开展钉螺调查，调查面积 279.1 万平方米，监测查病 5 300 人(次)。居民户碘盐合格率、碘盐覆盖率、合格碘盐食用率均达 99%；进行孕妇碘营养监测 2 508 人。

■输入性疟疾防治 建立县、镇劳务输出机构数据库和定期联系制度，劳务输出返乡人员信息搜索和信息报告制度，恶性疟疾病例同批回归人员健康状况跟踪调查制度，社区卫生服务站、个体诊所、未设疟疾虫镜检的民营医院不得截留诊治出国返乡发热人员制度，门诊发热病人询诊制度，劳务输出返乡发热人员常规疟原虫血检制度。全年发生 44 例输入性疟疾，其中恶性疟疾 37 例、间日疟疾 7 例，治愈率 100%，未发生死亡病例。全县 18 个疟原虫镜检站开展“三热病人”血检 9 853 人次，阳性 44 人，未发生漏诊和误诊。输入性疟疾防治管理模式在五省联防会议上得到专家一致肯定，并在全国疟防会议上作典型发言。

■艾滋病防治 全县有 VCT(艾滋病自愿咨询检测)门诊医检单位 3 家，全年检测 905 份，完成率 150%；累计随访艾滋病感染者和病人 33 人，进行艾滋病 CD4 检测 45 人，对 27 名病人实施免费抗病毒治疗。艾滋病防治工作质量考核 16 个指标中有 14 个指标达国家考核标准。

■基本公共卫生服务 基本公共卫生服务项目增加到 10 类 41 项。建立居民电子健康档案 72.45 万份，建档率 88.19%，其中 60 周岁以上老人建档 17.54 万份，建档率 94.52%；规范管理高血压病 11.88 万人、糖尿病 1.83 万人、重症精神病 1 938 人；为 65 岁以上人群免费体检 10.73 万人。试行公共卫生绩效考核，强化项目季度、条线和现场督导，严格考核评比，促进基本公共卫生服务均等化。

(周　琴)

妇幼保健

■概况 2011 年，全县以创建规范化妇儿保健门诊为载体，认真组织实施重大妇幼卫生项目，各

医疗单位免费为居民体检、建立健康档案

项主要指标均达省市考核标准。孕产妇死亡率为0，婴儿死亡率3.7‰，5岁以下儿童死亡率4.5‰。低出生体重发生率1.27‰，新生儿出生缺陷发生率4.66‰，无新生儿破伤风发生。孕产妇系统管理率94.3%，高危孕产妇管理率100%，爱婴医院年度复查评估合格率100%。3岁以下儿童保健系统管理率98.0%，7岁以下儿童保健覆盖率99.5%，4～6个月母乳喂养率93.8%，新生儿疾病筛查率99.6%，听力筛查率99.5%，托幼机构卫生保健合格率100%。婚检率98%，疾病检出率12.04%。

全年农村妇女乳腺癌、子宫癌“两癌”免费检查2.95万人，实施农村孕产妇住院分娩补助5 189人，农村孕妇叶酸增补6 164人。

■创建规范化妇儿保健门诊　2011年，全县投入100余万元对14个镇卫生院（社区卫生服务中心）妇儿保健门诊统一进行装修改造，配置设备设施、配备人员、完善软件资料。村卫生室均配齐妇儿保健装备。11月11日，全市规范化妇儿保健门诊创建现场会在宝应县召开。（周　琴）

中医中药

■概况　全年加强城乡社区卫生服务中心中医科、中药房规范化建设，强化中医药服务质量监管，健全社区中医药服务网络，实施第三周期中医药参与社区服务项目，拓展推广中医药适宜技术。印发《宝应县第三周期中医药参与城乡社区卫生服务项目建设实施方案》，强化“中医药会诊率”、“中医药使用率”核心指标考核，一级医疗机构住院病人80%以上进行中医药会诊，50%以上使用中医药。

■创建“中医药特色社区卫生服务中心”　2011年，曹甸镇中心卫生院、鲁垛镇卫生院、山阳镇卫生院3个基层医疗机构累计投入30余万元健全完善硬件和软件，先后通过“市中医药特色社区卫生服务中心”考核。

■中医药适宜技术推广　全县各级各类医疗机构贯彻执行《宝应县中医药适宜技术拓展推广项目实施方案》，分类别对50余项适宜技术进行重点培训。县卫生局组织中医药从业人员参加培训500人次，参学率95%。镇、村医疗机构对中医药适宜技术推广覆盖率100%，每个镇卫生院至少有一人掌握6种、10项以上中医药适宜技术；每个村卫生室至少有一人掌握5项、6种以上中医药适宜技术。

■中医药“六进”活动　全县开展100余场“中医药进社区、进镇村、进家庭、进机关、进学校、进广场”宣传活动。开展“冬病夏治”、“中医养生”、“膏方节”等中医药专题宣传义诊活动。

（周　琴）

卫生监督

■概况　全年办结256件餐饮服务许可、397件公共场所卫生许可事项。对各类餐饮、公共场所、集中式供水单位、医疗机构及其他相关单位开展经常性卫生监督检查4 420余次，检查覆盖率100%，开展各类专项整治活动18次。餐饮业食品卫生监督量化分级管理率95%以上，城区住宿业和游泳场所量化分级管理率100%，其他公共场所98%。县卫生监督所先后获“全省医疗服务市场监督工作先进单位”、省和市“卫生监督工作先进单位”、扬州市“文明单位”、宝应县“依法行政示范单位”等荣誉称号。县卫生监督体系通过省“达标示范”评估。

■打击非法行医　全年组织集中拉网式检查2次，突击抽查10余次。对受过卫生行政处罚的非法行医机构及个人实行回访制度，全年开展回访83次。将打击非法行医纳入依法治县实事之中，定期组织联合执法，向司法机关移送非法行医案件1起。

■卫生行政处罚　全年实施行政处罚案件181件，其中食品案件108起，医疗机构案件61起（含非法行医12起），传染病管理案件10起，公共场所案件2起。受理各类社会举报案件20起，社会投诉举报及时规范办理。

■食品安全保障　组织食物中毒应急演练，食品安全保障落实五定（定人、定时、定点、定岗、定责）要求，全年开展各类卫生保障12次，无安全事故发生。

（周　琴）

医政管理

■概况　2011年，县卫生局坚持依法行政，加强医疗机构管理，开展医疗市场整顿，持续提升医疗服务质量。定期开展合理用药、合理检查、合理收费“三合理”考核评价，一级以上医疗机构医疗文件书写规范合格率95%，“三合理”符合率和急诊急救药械配套完好率均达90%以上。医患纠纷第三方调处组织正常运行，一级以上医疗机构参加医疗责任保险率100%。医疗机构凭证执业率和医务人员持证执业率100%。规范一级医疗机构管理台账，从制度上强化医疗质量改进。县人民医院、县中医医院、县妇幼保健院均实施预约诊疗服务。县人民医院开展7个病种临床路径，县妇幼保健院开展3个病种临床路径。县人民医院8个病区获“优质护理服务示范工程”。制定全县一级医疗机构供应室、抢救室建设标准，大力推进供应室、急诊抢救室达标建设。贫困白内障患者复明工程、优质护理服务示范工程获市卫生局表彰。射阳湖镇中心卫生院创成省示范乡镇卫生院，安宜镇、小官庄镇、黄塍镇建成市级标准化乡镇卫生院（社区服务中心）。

■基础设施建设　县人民医院、县精神病院、夏集镇中心卫生院、氾水镇中心卫生院、射阳湖镇中心卫生院、曹甸镇中心卫生院、安宜镇牌楼社区卫生服务站、安宜镇白田社区卫生服务站、安宜镇苏中社区卫生服务站、安宜镇东升社区卫生服务站共10个建设项目，通过国家验收并投入运营，建筑规模达1.35万平方米。县人民医院购置核磁共振成像仪1台，中医医院添置血透机15台，各镇卫生院共获省扶持设备127台。

■医疗急救网络建设　依托县人民医院设立县急救分站，设立射阳湖镇中心卫生院、曹甸镇中心卫生院、氾水镇中心卫生院3个农村医疗急救点，组织66名医护、驾驶人员参加市急救业务培训，选择相关医院作为急救网络医院，实行统一管理。

■医疗对口支援　县人民医院、县中医医院、县妇幼保健院安排49名主治医师和副高级职称人员、44名副高级职称以上人员对口支援农村社区卫生服务中心（镇卫生院），保证每个镇卫生院至少有1名县级医院医生帮助工作。

■医疗技术培训　组织600多名农村卫技人员参加各级业务培训、13人在县人民医院参加“务实进修”、4人在苏北人民医院参加全科培训。加强农村康复医疗网络建设，组织14名乡镇康复指导员参加康复适宜技术培训。组织各类业务培训15期，完成578名乡村医生中专学历补偿教育。开展医务人员基本技能岗位训练和培训，抽选195人分5个专业进行基本理论、基本知识、基本技能“三基”集中考试。推广适宜新技术5项，获得市科技三等奖1项。

■医疗队伍建设　全年招聘医学类毕业生27人。县人民医院刘立新、周茂松被评为江苏省“333”工程高层次人才，县人民医院周茂松、县妇幼保健院张荣善获市、县有突出贡献的中青年专家荣誉称号。

■无偿献血　推行互助献血和临床计划用血，互助献血占临床用血37.5%，无偿献血占临床用血125.1%，二级医院成份输血100%。

■行风建设　建立完善《县卫生系统干部行为规范》、《县卫生局机关管理制度》、《县卫生系统局管干部管理规定》、《县卫生系统重点岗位人员管理规定》等规章制度；开展“提升医疗服务质量、构建和谐医患关系”创建活动；治理医药购销商业贿赂行为，21家医院负责人借助媒体公开服务承诺；评选“十佳服务窗口”、“十佳服务标兵”，聘请行风监督员，组织明查暗访和医院开放交流，强化督查评议，重塑行业新风。县人民医院、县妇幼保健院、县第二人民医院，射阳湖镇中心卫生院、柳堡镇中心卫生院，鲁垛镇卫生院6个单位申报争创“市群众满意医院”。年底，群众对卫生工作满意度提升15个百分点，政府部门测评上升12个位次。

■组织商业贿赂自查自纠突击月活动　2月19日，县卫生局联合县纪委、县检察院、县治理商业贿赂领导小组办公室召开专题会议，动员部署在卫生系统开展商业贿赂自查自纠突击月活动，向各医疗卫生单位主要负责人、重点科室、重点岗位等重点人员签发告知书，要求组织自查自纠。

■督察评议　县卫生局聘请10名行风监督员，

深入社区、单位开展卫生行风评议和满意度调查工作。全年组织专业调查4次，基层暗访2次，召开能力作风推进会2次；邀请行风监督员和新闻记者重点对服务态度、服务质量和服务环境进行暗访；联合县能力作风建设办公室重点对卫生系统干部行为规范和有关制度执行情况进行暗访。调查结果在全系统进行通报，暗访录像通过电视台“医卫之窗”栏目向全县曝光，督促整改。

（周　琴）

爱国卫生

■**概况**　2011年，全县新增无害化卫生户厕1.5万座，农村饮用水卫生监测覆盖率100%，建成2个“市卫生镇”、10个“省卫生村”、7个“市卫生村”。5月，宝应县巩固和发展“国家卫生县城”创建成果通过省市专家组初审；8月，经全国爱国卫生运动委员会办公室暗访，顺利通过复审；12月，被全国爱国卫生运动委员会再次确认命名为“国家卫生县城”。

宝应县荣获国家卫生县城

■**农村改厕百日突击活动**　3月10日～6月20日，全县开展农村改厕百日突击活动。组织对全县各镇卫生助理、防保所长、63个改厕项目村负责人、工程队负责人近150人进行三格式无害化卫生厕所建造技术要点和规范要求集中培训。共完成农村改厕1.2万座，占全年改厕任务80%。

■**健康促进行动**　4月7日，利用世界卫生日举办“清洁家园，根除陋习，健康促进”为主题的百名党群志愿者城乡大型巡诊、宣讲系列服务活动，志愿者分赴企业、学校、建筑工地、社区及部分居民家庭开展巡诊、送医送药等活动。开展“农民健康促进行动”和“健康宝应社区行”特色活动18场次，举办各类讲座122场（次），发放健康宣传资料10万份。

■**饮用水卫生监测**　2011年，全县有167个农村集中式供水单位，其中镇级水厂27家、村级水厂140家。全县设立27个乡镇水质监测点，40个省级监测点，丰、枯水期各监测一次。全年监测水样1.4万项（次），其中水源水监测40项（次）、出厂监测7 274项（次）、末梢水监测6 734项（次），全年监测合格率99%。（周　琴）

新型农村合作医疗

■**概况**　2011年，全县参加新型农村合作医疗59.77万人，参合率99.18%，人均筹资250元，全年共筹集新农合基金1.49亿元。参合农民结报补偿受益105.28万人次，受益率176.41%，其中住院结报3.73万人次，二次补偿1 232人，住院实际补偿比50.5%，县镇医疗机构政策范围内住院补偿比达70.10%，全年新农合资金使用率90.58%。

■**新农合信息平台建设**　全县235家定点医疗机构全部实现住院和门诊网上即看即报，并与医疗救助实行同平台结算。同时，县医保中心实现与省医保结算平台联网，实施异地转诊结算。开展儿童重大疾病结报补偿，全年转诊儿童白血病4例，儿童先天性心脏病14例。（周　琴）

社会生活

人民生活

■城镇居民收入 2011 年，宝应县城镇居民人均家庭总收入 18 869 元，比上年增长 16.4%，其中人均可支配收入 16 848 元，比上年增长 17.6%，增速比上年提高 3.6 个百分点。

城镇居民人均工资性收入 10 425 元，比上年增长 13.5%，占家庭总收入的比重 55.3%。工资性收入增长的主要因素是公务员调资，企业提高最低工资标准，企业实行工资指导线。

城镇居民人均经营净收入 2 939 元，比上年增长 34.3%。城镇个体或私营业主经营规模有所扩大，经营效益不断提升，有力促进经营性收入快速增长。

城镇居民人均财产性收入 813 元，占总收入的比重大幅提升。增长的主要因素是房租租金的上升，利息、分红的增加及其他投资理财渠道的拓展。

城镇居民人均转移性收入 4 692 元，比上年增长 5.5%。主要是社会保障体系不断完善，养老金或离退休金稳步增长。

2011 年宝应县城镇居民家庭人均收入情况表

表 36

指　标	平均水平(元/人)	增幅(%)
家庭总收入	18 869	16.4
工资性收入	10 425	13.5
经营性收入	2 939	34.3
财产性收入	813	110.7
转移性收入	4 692	5.5

■城镇居民消费支出 2011 年，宝应县城镇居民人均消费支出 10 889 元，比上年增长 15.9%。

城镇居民人均食品消费支出 4 331 元，比上年增长 10.2%。物价上涨是食品类消费增长的主要因素，粮油、肉、禽、蛋、蔬菜等消费支出的增幅均在 10%以上。

城镇居民人均衣着消费 1 216 元，比上年增长 6.8%。衣着打扮上不再满足普通服饰，而是注重款式新颖、时尚靓丽、品牌高档的衣着服饰。

城镇居民人均医疗保健消费支出 687 元，比上年增长 32.6%。

城镇居民人均交通和通信消费 905 元，比上年增长 2.3%。随着交通的便利和社会信息化步伐的加快，人们用于交通和通信方面的开支持续增长。

城镇居民人均教育文化娱乐服务消费 1 964 元，比上年增长 31.6%。主要因素是城区推广数字电视，旅游等文化娱乐活动成为消费新的增长点。

城镇居民人均居住消费764元，比上年下降9.9%。主要因素是房价过高，居民家庭持币观望，购房成交量下降，住房装潢类支出大幅下降。

城镇居民家庭设备用品及服务消费人均613元，比上年下降0.4%。主要因素是商品房成交量的减少，家庭设备用品更新换代速度有所下降。

2011年宝应县城镇居民家庭人均消费支出情况表

表37

指　标	平均水平(元/人)	增幅(%)
消费支出	10 889	15.9
食品	4 331	10.2
衣着	1 216	6.8
居住	764	−9.9
家庭设备用品及服务	613	−0.4
医疗保健	687	32.6
交通和通讯	905	2.3
教育文化娱乐服务	1 964	31.6
其他商品和服务	409	−6.4

■**农村居民收入**　2011年，全县农村居民人均纯收入10 327元，比上年增加1 612元，增长18.5%，比城市居民人均可支配收入的增幅高0.9个百分点。

工资性收入5 709元，占全部纯收入的55.3%，比上年增加928元，增长19.4%，高于全部纯收入增幅0.9个百分点，对全部增量贡献率57.6%。

家庭经营性收入3 806元，占全部纯收入的36.9%，比上年增加519元，增长15.8%，低于全部纯收入增幅2.7个百分点，对全部增量的贡献率32.2%。

财产性收入335元，占全部纯收入的3.2%，比上年增加112元，增长50.2%，高于全部纯收入增幅31.7个百分点，对全部增量的贡献率6.9%。

转移性收入477元，占全部纯收入的4.6%，比上年增加53元，增长12.5%，低于全部纯收入增幅6个百分点，对全部增量的贡献率3.3%。

2011年宝应县农村居民人均纯收入构成表

表38　　　　**单位:元**

指标名称	2011年	2010年	增幅(%)
农民人均纯收入	10 327	8 715	18.5
工资性收入	5 709	4 781	19.4
在非企业组织中劳动得到收入	544	514	5.9
在镇区地域内劳动得到收入	2 010	1 663	20.8
外出从业得到收入	3 155	2 604	21.2
家庭经营纯收入	3 806	3 287	15.8
第一产业纯收入	2 610	2 352	11.0
农业收入	1 904	1 755	8.5
林业收入	55	44	25.8
牧业收入	321	237	35.4
渔业收入	330	316	4.4
非农产业纯收入	1 196	935	28.0
第二产业纯收入	592	470	26.0
工业收入	341	240	42.2
建筑业收入	251	230	9.2
第三产业纯收入	604	465	30.0
交通.运输.邮电业收入	114	82	39.3

续表

指标名称	2011年	2010年	增幅(%)
批零贸易业.饮食业收入	273	214	27.7
社会服务业收入	143	115	24.2
文教卫生业收入	42	31	35.3
其他行业收入	32	23	41.2
财产性纯收入	335	223	49.8
转移性纯收入	477	424	12.5

■农村居民消费支出 农村居民人均生活消费支出7 354元，比上年增加1 048元，增长16.6%，全年新增收入的65.0%用于增加生活消费。

农村居民人均食品消费支出2 699元，比上年增长12.5%。恩格尔系数36.7%，低于全面小康标准3.3个百分点。食品消费支出主要分为购买食品消费品支出和食品消费服务支出两类。在购买的食品消费品中，依次为肉禽蛋奶及制品662元、谷物537元、烟酒396元、其他类食品334元、蔬菜及制品246元、水产品及制品147元、食用油61元、茶叶饮料27元、豆类21元、薯类1元。在食品消费服务支出中，在外饮食支出253元、食品加工费支出8元、其他服务性支出6元。

农村居民人均文教娱乐消费支出1 394元，比上年增加198元，增长16.6%，占全部消费支出的比重19.0%，高于全面小康标准1个百分点，位居八大消费构成第二位。其中，教育服务消费支出681元，支出的项目主要是大中专及私立学校就读费、课外辅导费、幼儿园赞助费等费用；文化娱乐消费支出451元，旅游成为青年和老年农民热点消费项目，实际支出235元，比上年有较大幅度的增长。

农村居民人均医疗保健消费支出540元，比上年增加176元，增长48.1%，占全部生活消费支出的比重7.3%。其中，药品及医疗费支出528元，比上年增加164元，增长45.1%，占比97.8%；用于保健的支出12元，占比2.2%。根据150户农村住户抽样调查资料反映，因病致贫，看病贵、看病难问题仍然突出。 （周厚梅）

基层自治组织建设

■村务公开民主管理 2011年，县民政局按季组

省民政厅领导参观安宜镇牌楼社区服务中心

织村务公开，深化村务公开和民主管理，完成13个村务公开民主管理“薄弱村”治理工作，获“全省村务公开民主管理‘薄弱村’治理工作先进单位”称号。完善村民自治机制，推进基层民主，促进农村和谐社会建设，获“全省第九届村委会换届选举先进集体”称号。夏集镇三洋河村、曹甸镇周管村、黄塍镇鱼桥村、鲁垛镇陶林村、安宜镇北港村5个村被命名为“江苏省和谐社区建设示范村”，氾水镇新民村等20个村被命名为市级和谐示范社区建设示范村。县民政局获全省民政工作创优奖和“全市民政工作先进集体”与县“文明单位”、“服务发展先进部门”等称号。

■创建和谐示范社区 县民政局围绕开展“社区建设争创年”活动，推进自我管理、自我教育、自我服务、自我监督“四位一体”社区服务体制机制建设，组织53个县级机关部门与社区结对共建，新建16家社区“一站式”服务大厅，建成社区工作站38家，安宜镇被命名为“江苏省和谐社区建设示范乡镇”，夏集镇子婴河社区，安宜镇刘沟社区、南窑社区、牌楼社区、学墩社区5个社区被命名为“江苏省和谐社区建设示范社区”，安宜镇罗巷社区等9个社区被命名为“市级和谐社区建设示范社区”。5月，对上年经批准缓选的氾水镇东园社区进行第四届社区居委会换届选举。

■村(居)委会主任培训 3月5日，县民政局举办全县村委会主任培训班，对第九届村委会换届选举中新当选的239名村委会主任(含村、社区合一主任)进行培训。

■首届“十佳社区”评选 2011年，县城乡和谐社区建设指导委员会为进一步推进和谐社区建设，在全县城乡社区中开展首届“十佳社区”评选活动。经申报、推荐、考核、审定等程序，安宜镇世纪园社区、铁桥社区、城中社区、东门社区、南窑社区、刘沟社区、牌楼社区、罗巷社区，夏集镇子婴河社区、望直港镇兴港社区10个社区被命名为全县首届“十佳社区”。

■召开全县民政工作会议 1月22日，全县民政工作会议在县行政会议中心召开。县委副书记、县长王庭国出席会议并讲话。县委常委、组织部部长、副县长王友芳作工作报告，总结上年民政工作，部署全年民政工作。会上，表彰2010年全县民政工作先进集体和先进个人，县政府与镇区签订2011年民政工作责任状。

■“党心暖民心、满意在民政”广场咨询活动 5月14日，县民政局在花城广场开展“党心暖民心、满意在民政”广场咨询活动，宣传全县“十一五”期间民生保障工作成效，现场接受群众关于防灾减灾、城乡低保、五保供养、医疗救助、特殊残疾人救助、住房救助、优抚安置、退役士兵培训、殡葬惠民、尊老金发放、孤儿养育、老年公寓入住、婚姻登记等方面咨询。 (潘绵学)

社会事务管理

■婚姻和收养登记 2011年，县民政局依法开展婚姻登记，免费为新婚登记对象举行颁证和宣誓仪式，全年办证1.36万对，合格率100%。全年办理收养登记41对，无一差错。

■区划地名勘界工作 县政府批准广洋湖镇兴洋村社区合一划分为万新村、兴洋社区，从安宜镇花庄村社区合一划出部分区域设立北河社区。县民政局强化地名管理，出台《关于进一步加强地名管理工作的意见》，做好城乡地名命名更名工作。更新城区新式地名标志牌374块、修复92块，完成第二次全国地名普查。开展平安边界创建活动，促进边界和谐。

■举行《宝应县地名通典》首发式 5月17日，县地名委员会、县民政局举办《宝应县地名通典》内部发行首发式。《宝应县地名通典》全面记载全县及各镇概况，全县路、街、巷、居民区、村、庄，古迹、古遗址、革命纪念地，河流、湖泊、闸、渡口等标准地名录，机关事业单位及重点企业名录等内容，全书30多万字，随文配登地图、照片40余幅。

■社会组织管理 全年强化社会组织登记管理，社会组织年检率95%，新登记社会团体和民办非企业单位41个，注销9个社会组织。截至年底，全县登记在册的民办非企业单位80个、社会团体119个。开展民办非企业单位自律与诚信建设活动。组织社会组织开展服务新农村活动，推进社会组织开展创先争优活动。2011年获省社会组织创新管理先进单位。

2011 年宝应县社会团体名册

表 39

单位名称	法定代表人	地　址	组织机构代码	业务主管部门	登记时间
宝应县财政会计学会	郭锡山	县财政局内	510891317	县财政局	1999.03
宝应县总商会	夏征宇	安宜南路 72 号	510891325	县委统战部	1999.04
宝应县农机安全互济协会	王金淦	叶挺路东路 70 号	510891149	县农机局	1999.08
宝应县技术监督协会	袁旺生	县技监局内	51089135X	县科协	1999.11
宝应县台属联谊会	汪庚祥	县台办内	510891368	县科协	1999.11
宝应县珠算协会	贾殿平	县财政局内	510891464	县财政局	1999.12
宝应县教育学会	蔡祥云	县教育局内	510891456	县科协	2000.02
宝应县佛教协会	清　纯	安宜南路 60 号	51089119X	县民宗局	2000.03
宝应县老区扶贫开发促进会	沈汉庭	叶挺路 73 号	510891122	县农工办	2000.03
宝应县基督教三自爱国运动委员会	吴之瀛	南门外大码头 9 号	510891288	县民宗局	2000.03
宝应县企业合同信用管理协会	王家平	县工商局内	510891309	县工商局	2000.03
宝应县人大工作研究会	高德黔	县人大办内	510891384	县人大办	2000.06
宝应县畜牧兽医学会	夏心富	苏中路 24 号(县兽医站)	51089100X	县科协	2000.06
宝应县个体私营经济协会	周玉柱	县工商局内	510891157	县工商局	2000.06
宝应县集邮协会	徐义国	县邮政局内	510891405	县科协	2000.06
宝应县志愿者协会	顾长荣	叶挺路 73 号	510891421	团县委	2000.06
宝应县围棋协会	杨玉林	县文体广新局内	510891093	县文体广新局	2000.07
宝应县农村金融学会	张　力	县农业银行内	510891392	县科协	2000.07
宝应县林学会	蔡顺章	县农委内	510891413	县科协	2000.07
宝应县水利学会	吕立新	县水利局内	51089143X	县科协	2000.07
宝应县政协联谊会	华占全	县政协内	510891210	县政协办	2000.07
宝应县乒乓球协会	卞文江	宝胜体育馆	510891448	县文体广新局	2000.07
宝应县青少年科技辅导员协会	吴永新	县职教集团内	510891472	县科协	2000.07
宝应县食疗研究会	徐亚民	健康路 5 号	510891480	县科协	2000.073
宝应县乡镇工业星期日工程师协会	古永华	县乡企局内	510891499	县科协	2000.07
宝应县老科技工作者协会	盛　竞	泰山桥东(县科技馆)	51089127X	县科协	2000.07
宝应县计划生育协会	秦有芳	县人口计生委内	510891050	县人口计生委	2000.08
宝应县农学会	吴永生	县农委内	510891501	县科协	2000.08
宝应县农村卫生协会	孙宏亮	县卫生局内	51089151X	县卫生局	2000.08
宝应县氾水镇老区扶贫开发促进会	郭永宝	氾水镇政府内	510901183	县农工办	2000.08
宝应县预防医学会	唐学成	县卫生局内	510891528	县卫生局	2000.08
宝应县夏集镇老区扶贫开发促进会	胡永发	夏集镇政府内	510901204	县农工办	2000.08
宝应县柳堡镇老区扶贫开发促进会	苗作虎	柳堡镇政府内	510901175	县农工办	2000.08
宝应县医学会	倪同训	县卫生局内	510891544	县科协	2000.08
宝应县中医学会	王占东	县卫生局内	510891552	县科协	2000.08
宝应县泾河镇老区扶贫开发促进会	姜文明	泾河镇政府内	510901191	县农工办	2000.09
宝应县钱币研究会	华明远	人民银行	510891560	县科协	2000.09
宝应县经纪人协会	程晓昌	县工商局内	510891579	县工商局	2000.09
宝应县黄塍镇老区扶贫开发促进会	杨介富	黄塍镇政府内	510901220	县农工办	2000.12
宝应县档案学会	杨德安	县档案局内	510891587	县档案局	2000.12
宝应县曹甸镇老区扶贫开发促进会	杨　勤	曹甸镇政府内	510901212	县农工办	2000.12
宝应县山阳镇老区扶贫开发促进会	丁永华	山阳镇政府内	510901239	县农工办	2000.12
宝应县广洋湖镇老区扶贫开发促进会	张建成	广洋湖镇政府内	510901255	县农工办	2001.01
宝应县西安丰镇老区扶贫开发促进会	梁吉荣	西安丰镇政府内	510901300	县农工办	2001.02

续表

单位名称	法定代表人	地　　址	组织机构代码	业务主管部门	登记时间
宝应县射阳湖镇老区扶贫开发促进会	徐贵祥	射阳湖镇政府内	510901271	县农工办	2001.02
宝应县鲁垛镇老区扶贫开发促进会	周乃前	鲁垛镇政府内	510901271	县农工办	2001.02
宝应县小官庄镇老区扶贫开发促进会	冀玉生	小官庄镇政府内	51090128X	县农工办	2001.02
宝应县望直港镇老区扶贫开发促进会	从学华	望直港镇政府内	510901319	县农工办	2001.03
宝应县红十字会	陈寿英	县卫生局内	510891042	县卫生局	2001.04
宝应县消费者协会	雍　虹	县工商局内	510891069	县工商局	2001.08
宝应县城区人力营运三轮车协会	林春荣	苏中南路 61 号	510891616	安宜镇	2002.04
宝应县税务学会	方　林	县国税局内	510891659	县国税局	2002.11
宝应县安宜镇老区扶贫开发促进会	刘建鑫	安宜镇政府内	510891683	县农工办	2003.05
宝应县公共场所行业治安管理协会	张金城	县治安大队内	510891675	县公安局	2003.05
宝应县青少年科普促进会	柳　骥	城北中学内	510891720	县科协	2003.12
宝应县篮球协会	沈龙广	安宜北路 3 号	510891720	县文体广新局	2003.12
宝应县外商投资企业协会	郝名辉	安宜东路 66 号	510891763	县外经贸局	2005.03
宝应县双拥和国防教育协会	仇学程	叶挺东路 62 号	51089178X	县双拥办	2005.04
宝应县科普志愿者协会	陈兆兰	安宜镇工农路 76 号	510891819	县科协	2005.10
宝应县青年创业促进会	周玉宝	县委大院(团县委办公室)	510891851	团县委	2006.04
宝应县射阳湖镇水产品经纪人协会	李学才	射阳湖镇水产技术指导站	510891886	射阳湖镇	2006.09
宝应县慈善总会	韩国柱	安宜北路 131 号	51089186X	县民政局	2006.09
宝应县平安协会	王秉恒	安宜镇叶挺东路 78 号	510891982	县公安局	2006.10
宝应县象棋协会	吉桂山	县劳动局退休职工活动中心内	510891990	县文体广新局	2006.12
宝应县专家协会	范茂峰	苏中北路 8 号	510892002	县人社局	2006.12
宝应县足球协会	李步台	城北高级中学内	510892010	县文体广新局	2006.12
宝应县无党派知识分子联谊会	王　健	行政中心县委统战部 2440 室	510892037	县统战部	2007.08
宝应县安全生产管理协会	王桂林	经贸大厦办公楼 6 楼	510892045	县安监局	2008.03
宝应县癌症康复协会	李国柱	中医院医技楼 303 室	510892053	县卫生局	2008.07
宝应县羽毛球协会	王京中	县文体广新局内	510892061	县文体广新局	2008.09
宝应县国际税收研究会	施益松	苏中北路 8 号	510891990	县地税局	2008.11
宝应县旅游协会	谢中桃	纵棹园剪松阁二楼	510892088	县旅游局	2008.12
宝应县体育总会	钱永建	安宜北路 2 号	510891990	县文体广新局	2008.12
宝应县企业家协会	夏礼成	叶挺东路 10 号	510892109	县经信委	2009.04
宝应县金融学会	胡章灿	叶挺东路 5 号	692590274	人行宝应支行	2009.07
宝应县社会体育指导员协会	周　鸣	安宜北路 2 号	699342580	县文体广新局	2009.12
宝应县老年人体育协会	王振亚	安宜北路 2 号	697941977	县文体广新局	2009.12
宝应县武术协会	刘喜春	安宜北路 2 号	699342572	县文体广新局	2009.12
宝应县温州商会	林世年	宝应大道 333 号	550294365	县开发区	2010.02
宝应县农民体育协会	夏信林	县政府行政中心 6102 办公室	697942013	县农工办	2010.03
宝应县中小企业互助协会	王　冰	县金融办内	564308158	县金融办	2010.11
宝应县安宜农村供销合作经济组织联合会	吕国卿	安宜镇安宜东路 35 号	567842073	县供销合作总社	2011.01
宝应县土地学会	梁鹤富	安宜镇叶挺东路 28 号	570375285	县国土局	2011.04
宝应县夏集镇农村供销合作经济组织联合会	殷继舜	夏集镇东岳路 13 号	575420452	县供销合作总社	2011.05
宝应县曹甸镇农村供销合作经济组织联合会	董洪章	曹甸镇东大街 2 号	579477886	县供销合作总社	2011.07
宝应县文体教玩具协会	杨军勇	曹甸工业集中区	581089663	县经信委	2011.08

续表

单位名称	法定代表人	地　　址	组织机构代码	业务主管部门	登记时间
宝应县内部审计协会	耿龙虎	安宜东路 96 号	582259783	县审计局	2011.09
宝应县纪检监察学会	陈卫荣	县政府行政中心 3301 室	583794294	县纪律检查委员会	2011.11
宝应县伊斯兰教协会	杨奇珑	罗巷口 16 号	588432364	县民宗局	2011.12

2011 年宝应县民办非企业单位名册

表 40

单位名称	法定代表人	地　　址	组织机构代码	业务主管部门	登记时间
宝应县安宜镇昌松书画艺术业余培训中心	昌　松	安宜镇苏中路 29 号	A89500185	县教育局	2001.09
宝应县安宜镇城西少儿书画培训班	汪凤娟	安宜镇朱家巷 99 号	A89500222	县教育局	2001.10
宝应县国画院	赵祥安	县东门大街 258 号	510900041	县文联	2001.10
宝应县萃墨轩书画业余培训学校	王宝珠	安宜镇东门大街 2 号	A89500249	县教育局	2001.10
宝应县博爱医院	王其森	安宜镇中大街 27 号	510900068	县卫生局	2002.11
宝应县郑渡医院	夏　庆	柳堡镇郑渡集镇	510900084	县卫生局	2003.06
宝应县天平医院	张启勇	射阳镇天平集镇南街	510900105	县卫生局	2003.08
宝应县子婴医院	陈庆龙	宝应县夏集镇王营路 17 号	510900228	县卫生局	2005.03
宝应县伤骨科医院	李学加	宝应县夏集镇郭桥横槟西路 13 号	510900201	县卫生局	2005.05
宝应县下舍医院	李广忠	宝应县曹甸镇下舍集镇	51090019	县卫生局	2005.05
宝应县第二人民医院	吴　栋	安宜镇南城根路 90 号	519090014	县卫生局	2005.10
宝应县夕阳红艺术团	解　政	县东门大街 174 号	510900236	县文体广新局	2005.12
宝应县博爱托养所	冯　梅	县夏集镇子婴河居委会	695532475	县残联	2009.10
宝应县黄浦医院	刘文祥	宝应县泾河镇黄浦集镇	510900260	县卫生局	2009.12
宝应县天使儿童益智发展中心	雷　虹	安宜镇白田北路 161 号	583723576	县残联	2011.10

■评选“孝亲敬老之星”　2011 年，为进一步弘扬孝亲敬老传统美德，促进家庭和谐及社会和谐，县民政局、县委宣传部、县委统战部、县文明办、团县委、县妇联、县广播电视总台、县新闻信息中心联合在全县开展“孝亲敬老之星”评选活动，经层层推荐、评选，西安丰镇朱郭村李金祥、柳堡镇雍尹村张明华、安宜镇世纪园社区阚义国、灌南县北陈集镇港咀村孙超、射阳湖镇敬老院金士刚、泾河镇灶户村杨玉珍、广洋湖镇蒯家村蒯永生、县卫生局刁品芹、县地税局陈金亮、县教育局汤东等 10 人被评为“2011 年全县十佳孝亲敬老之星”。

县老年公寓一期工程建成投入使用

■殡葬管理　全县全年火化遗体 5 949具，火化率 100%。开展公益性公墓年检，强化公益性公墓管理。扎实开展第十五个殡葬管理突击月活动，推进绿色殡葬和卧式碑，重点区域移坟 6 802 穴、零散坟墓建卧式碑 1 169 穴，在全市殡葬管理突击月活动评比中保持第一。组织清明节安全祭扫，实现零投诉、零纠纷、零事故。规范殡葬车队管理，优化殡仪服务，县殡仪馆服务组获得省“巾帼文明岗”称号。

■民政项目建设 年初，县老年公寓第一期工程建成投入试运营，该项目2010年1月开工建设，总投入2 600万元、建筑面积1.3万平方米。全年投入480万元，完善鲁垛镇、广洋湖镇、曹甸镇、山阳镇4家敬老院附属设施，并通过省民政厅、财政厅验收；投入130万元，建立救助管理站；在全市率先建立城区社会救助中心；新建25家居家养老服务站（中心），升级40家居家养老服务站（中心）。安宜镇大桥社区居家养老服务站被命名为“江苏省示范性居家养老服务中心”。

（潘绵学）

社会救助与福利

■概况 2011年，全县发放各类关注民生经费1.22亿元，比上年增加2 965.5万元，其中发放城乡低保金、困难大病医疗救助、孤儿生活救助、特殊残疾人生活补助等困难救助金4 176.2万元，抚恤定补、义务兵家属优待金、“三老”遗属补助、安置补偿金等优抚经费4 777万元，五保供养经费、“尊老金”等特殊对象生活补助金3 220万元，有力保障困难群体、优抚群体、特殊群体基本生活。

■城乡低保管理 全县城乡低保实现应保尽保。截至年底，保障9 863户、17 949人，其中城市低保1 660户、3 037人，农村低保8 203户、14 912人。落实低保标准自然增长机制，城市低保月保障标准提高到340元、农村低保月保障标准提高到230元，全年发放城乡低保金2 592.8万元，比上年增发374.8万元。强化动态管理，城市低保比上年增加205人、停保340人，农村低保比上年增加2 064人、停保1 878人，城乡低保动态率分别为18%、26.4%。实行分类施保、合理救助，对70岁以上（含70岁）老人、少数民族居民、残疾人等城市8类对象、农村6类对象给予保障标准上浮，其中残疾人上浮20%、其他对象上浮15%，低保重残对象享受全额并上浮20%，家庭其他成员给予差额补助。根据季度居民消费价格指数上涨情况，发放城乡低保对象等困难对象2010年四季度、2011年一、二、三季度物价补贴670万元。

■提高“五保”供养标准 2011年，全县“五保”供养对象3 190人，其中集中供养1 558人，分散供养1 632人。县民政局落实“五保”供养标准自然增长机制，集中和分散的“五保”供养标准分别提高到3 800元、3 000元，年发放“五保”供养经费975.6万元，比上年增发107.6万元。

■中央农村低保政策落实情况检查组到宝应县检查工作 10月12日，由民政部、财政部、中央农村工作领导小组办公室、农业部组成中央农村低保政策落实情况检查组到江苏省检查点——宝应县检查。检查组通过查看农村低保政策制定、规章制度建设台账，召开座谈会听取基层干部和群众意见，入户核查，对宝应县“低保工作”给予肯定。

■评比等级敬老院 2011年，县民政局为提升农村敬老院服务管理水平，在全县14所农村敬老院中开展“等级敬老院”评比活动，对集中供养率、人员配备、硬件设施、卫生管理、伙食管理、安全管理、活动组织、院户挂钩（敬老院与散居五保户挂钩）、档案管理、院办经济10个方面进行综合评价，射阳湖镇敬老院被评为一等奖，西安丰镇、夏集镇敬老院被评为二等奖，小官庄镇、汜水镇、安宜镇敬老院被评为三等奖。

■开展“五好院民”活动 3月，县民政局为调动敬老院“五保”老人服从管理自觉性和参与管理

县委书记仲生看望“五保”老人

积极性，提升敬老院服务管理水平，在全县敬老院“五保”老人中开展思想品德好、清洁卫生好、团结互助好、自我管理好、勤俭节约好为内容的“五好院民”评比活动。通过民主推荐、评选，评出“五好院民”45 人。4 月 28 日，组织开展五好院民“缅怀总理，感恩社会”淮安行活动，分别参观县老年公寓、宝应大道、新汽车客运总站、淮安周恩来纪念馆和周恩来故居等。

■医疗救助 全年统一资助农村五保户、低保户 1.79 万人参加农村新型合作医疗，资助城市低保户 1 268 人参加城镇居民医疗保险，年补贴 56.2 万元。调整医疗救助政策，对五保户、低保户、优抚对象医疗救助取消起付线，年救助限额从6 000元提高到 2 万元；困难对象年救助限额从5 000元提高到6 000元。全年救助城乡大病对象 973 人，发放救助金 362.8 万元。建成并运行城乡医疗同步结算平台，方便、快捷实施医疗救助。

■特殊残疾人救助 县民政局完善特殊困难残疾人生活救助政策，对 3 335 名无固定收入重残人员按城乡低保保障标准予以生活救助，对 237 名一户多残、依老养残的家庭中残疾人按城乡低保标准 60%发放生活救助金，全年共发放救助金 866 万元，比上年增发 534 万元。

■困难救助 县民政局救助 22 户农村住房特困户建房，至 5 月底全部建成；对城乡临时发生生活困难家庭给予临时生活救助，全年共救助1 392 人次，发放救助金 38.2 万元；救助返乡乞讨人员 1 500 多人次；发放困难群众和敬老院五保户冬令春荒救助款 77 万元、救济棉被 2 280 床、海绵床垫 823 床。开展“5·12 防灾减灾”宣传和综合减灾示范社区创建活动，安宜镇白田社区被命名为“全省综合减灾示范社区”。

■春节慰问 2011 年春节前夕，县、镇筹集 273.9 万元，对全县五保户、低保户、优抚对象等 1.6 万户困难对象进行春节慰问，向优抚对象及城乡困难群众发放一次性生活补助 326.5 万元。组织县直机关部门开展“送温暖”活动，慰问城区 400 户困难职工。

■落实社会福利政策 县民政局通过年审推进福利企业规范管理，清理整顿福利企业 8 家，做好福利企业残疾职工工资发放、保险缴纳及工种安排情况公示工作。截至年底，全县 64 家福利企业共安置残疾职工就业 2 397 人，比上年增加 48 人。全县散居孤儿共 173 人，人均月养育费提高到 660 元，比上年增加 60 元。全年办理老年人优待证 2 000 份，组织 64 名老年人参加“台湾环岛八日游”、“港澳专列游”。全县有 80 周岁～89 周岁老人 15 059 人，10 月份起按每人每月发放尊老金 50 元；90 周岁～99 岁老人 1 185 人，每人每月发放尊老金 80 元，比上年增加 30 元；百岁以上老人 19 人，每人每月发放尊老金 300 元。

■福利彩票销售 县民政局强化传统电脑福利彩票站点建设，整顿绩差站点，加大“刮刮乐”即开型福利彩票销售力度。全年销售福利彩票 5 680万元，比上年增长 70.5%。 （潘绵学）

拥军优抚

■双拥工作 2011 年，全县大力推进双拥工作，先后开展“双拥活动月”、“八一”走访慰问、纪念《中华人民共和国国防教育法》颁布十周年及评选“十佳转退军人创业先进人物”、“十佳关心支持国防建设新闻人物”等活动。县双拥国防教育协会会长仇学程编写《养生保健歌诀选》读本，向全县重点优抚对象无偿发放。选送射阳湖镇特残军人张永宽及其 30 多年如一日照顾他的孙云凤夫妇参加“博爱在扬州、公益疗养曜

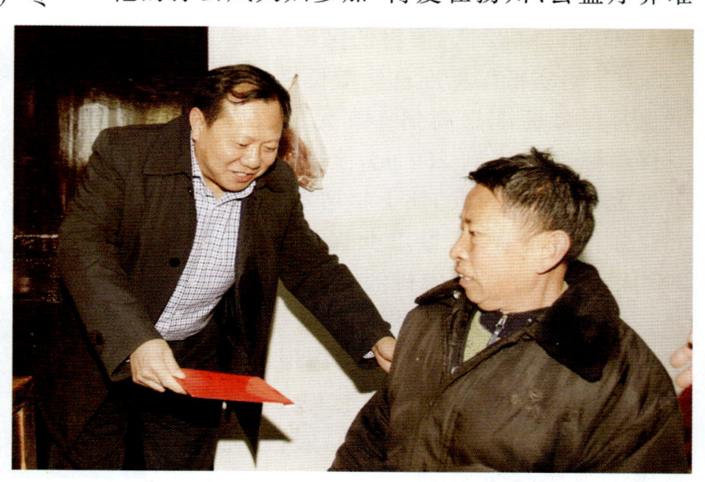

县长王庭国慰问困难群众

阳行”公益疗养活动。

■**提高优抚标准** 落实优待抚恤标准自然增长机制，按标准发放优抚对象抚恤定补，城乡义务兵家属优待金按每人每年6 530元发放，比上年增加705元；115名下岗未解除劳动关系的残疾军人按每人每月800元发放生活费，比上年增加130元；1 300名“三老”（老烈属、老残疾军人、老复员军人）遗属，按每人每月340元发放补助金，发放总额530.4万元，比上年增加51.6万元。重点优抚对象全部参加住院医疗保险、新型农村合作医疗，203个镇、村（社区）优抚医疗服务站管理更加规范，对重点优抚对象门诊常用药品减半收费。

■**退役士兵安置** 2011年，全县退役士兵安置率、自谋职业率均为100%。县民政局按规定发放退役士兵待安置期间生活费和60周岁以上部分农村籍退役士兵生活补助。及时发放城镇退役士兵自谋职业补偿金，按照城镇退役士兵的50%推进城乡一体化安置。参加第二期职业技能培训的退役士兵学员全部毕业，第三期退役士兵培训正常有序进行。 （潘绵学）

劳动就业

■**概况** 2011年，县人力资源和社会保障局成功举办各类招聘会47场，其中专场招聘会21场，采集就业岗位5.1万个，推荐就业7 650人（含就业困难人员再就业916人），高校毕业生达成就业意向1 337人次，城镇登记失业率2.4%。农村劳动力转移就业共34.21万人，其中到县外就业19.47万人、在县内就业14.74万人，新增转移就业7 252人。培训城乡劳动者1.48万人，其中农村劳动力转移就业培训1.05万人；开展职业技能鉴定9 994人次，核发职业资格证书8 011份，专项能力证书1 149份。书面审查各类用人单位3 300家，劳动合同签订率、企业集体合同签订率分别达99%、98%，88家企业被评为市“劳动保障守法诚信示范单位”。建立劳动争议处理联席会议制度，开通农民工维权“绿色通道”，对涉及农民工案件特别是集体性工资支付争议案件，按照“快立、快调、快裁、快结”办案要求，为当事人维权“提速”。县劳动争议仲裁委员会受理劳动争议调解仲裁678起，其中裁决结案165起、调解撤诉结案513起，调解撤诉率75.7%，按期结案率100%。

■**创业知识培训** 全年共举办创业知识培训班15期，参训人员1 188人，推介展示创业项目70个，成功扶持创业216人，创业带动就业1 592人。

■**就业技能培训** 县人社局利用省补培训资金，组织农村劳动力定点培训机构开展免费培训，着重开展缝纫工、电子操作工、焊工、车工、钳工等紧缺工种培训。全年共培训城乡劳动者1.48万人，其中农村劳动力转移培训1.05万人。成功举办“人社杯”职教集团学生职业技能大赛、“光华杯”车工职业技能竞赛、抹灰工职业技能大赛。

■**调整最低工资标准** 2月1日，宝应县执行调整后的最低工资标准。宝应县最低工资标准按江苏省三类地区标准执行，由原670元/月调整为800元/月；非全日制用工小时最低工资标准由原5.4元/小时调整为6.5元/小时。最低工资标准不包括下列内容：（一）加班加点的工资；（二）中班、夜班、高温、低温、井下、有毒有害等特殊工作环境条件下的津贴；（三）法律、法规和国家规定的劳动者福利待遇等。在剔除上述项目和个人按下限缴存住房公积金后，用人单位支付给劳动者的月工资不得低于最低工资标准。

■**发布企业工资增长指导线** 根据《关于发布2011年宝应县企业工资指导线的通知》（宝人社〔2011〕95号）文件精神，县人社局发布宝应县2011年企业工资增长指导线，企业工资增长基准线为13%，企业工资增长下线为6%，不设企业工资增长上线。

■**劳动监察执法** 县人社局组织开展农民工工资支付专项检查、清理整顿人力资源市场秩序专项行动、规范劳务派遣行为专项检查等执法行动。劳动合同备案人数5.8万人，审查集体合同1 023份，审查工资集体合同585份，主动监察用人单位460户，用人单位书面审查率80%。帮助2 300多名农民工共追回被拖欠工资1 200万元，取缔非法职介40家，检查劳务派遣单位34家，涉及劳务派遣人员6 256人。

■**组织企业法律法规培训班** 县人社局先后在鲁垛镇和宝应经济开发区组织企业法律法规培

训班，参训企业 70 家、120 多人次。选择 50 家劳动用工管理基础较好的企业作为重点培育对象，定人结对、面对面的帮助企业查找、梳理劳动用工管理中存在的问题，帮助完善提升。

■设立劳动人事争议巡回法庭 1 月份，县人社局与县法院积极协调，县法院决定在县劳动争议仲裁委员会设立劳动人事争议巡回法庭，在劳动争议仲裁庭增挂"劳动人事争议审判庭"牌子。设立劳动人事争议巡回法庭，县法院在规定的时间内派法官驻巡回法庭办公，接受当事人的咨询；对劳动争议仲裁委员会受理的重大或群体性案件，可先行介入调解；对不服仲裁裁决的当事人进行诉前调解；对已向人民法院提起诉讼的劳动人事争议案件进行庭前调解；巡回法庭定期不定期就法律、法规适用及裁审尺度问题与仲裁委员会沟通、研讨，最大限度地保证裁审公平、公正。 （赵 金）

社会保障

■概况 截至 2011 年底，全县企业职工养老保险参保人数 10.02 万人，比上年增加 1.43 万人，征缴基金 3.45 亿元；新型农村社会养老保险（新农保）参保人数 30.3 万人，参保率 99.4%，基础养老金领取率 100%；为 42 个村组 1 043 名被征地农民办理基本生活保障手续，被征地农民社会保障覆盖率 100%。城镇职工基本医疗保险参保人数 11.19 万人，比上年增加 1.63 万人；城镇居民基本医疗保险参保人数 6.02 万人，征缴各项医保基金 2 亿元；工伤保险参保总数达 7.01 万人，征缴基金 915 万元；失业保险参保人数 6.13 万人，比上年增加 1.12 万人，征缴基金 2 098.25 万元；生育保险参保人数 6 万人，比上年增加 2 836人，当期征缴基金 412 万元；机关事业养老保险征缴率和实地稽核率达到 99%和 65%。

■企业退休人员社会化管理 全年办理企业退休 1 650 人，其中病退 142 人。截至年底，全县 2.44 万名企业离退休人员全部纳入社区管理，社会化管理率保持 100%。

■新农保扩面 截至年底，全县新农保累计参保 30.3 万人，续缴 28.5 万人，征缴基金 4 058 万元；为新农保 8 645 名到龄人员办理养老金领取手续，对新农保 13.9 万名养老金领取人员全部实行社会化发放，发放养老金 1.02 亿元。宝应县被省人社厅授予"江苏省新农保经办管理服务示范县"称号，并确定为"全省新农保经办服务示范点"；确定西安丰镇、柳堡镇为省"新农保经办服务示范镇"，确定西安丰镇太仓村、柳堡镇团庄村为省"新农保经办服务示范村"，有关岗位被确定为省"新农保经办服务示范岗"。

■提高企业退休人员养老金 根据省市文件要求，宝应县先后于 1 月份和 7 月份两次调整企业退休人员基本养老金，调整后的企业退休职工养老金人均增加 139 元，月平均养老金 1 241 元。

■调整医疗保险待遇 7 月，全县调整医疗保险待遇，制度范围内的住院医疗费用平均报销比例在职人员达到 84%，退休人员达到 88%。

■调整工伤保险待遇 全县对 2011 年度工伤保险待遇进行调整，2011 年 7 月 1 日～2012 年 6 月 30 日期间的工伤保险待遇标准调整系数提高为 1.1692。新标准从 2011 年 7 月 1 日起执行。这次工伤保险待遇调整涉及对象主要有：2011 年 6 月 30 日（含 30 日）前，因工致残经扬州市劳动能力鉴定委员会鉴定为一级至四级的人员；2011 年 6 月 30 日前，因工致残经扬州市劳动能力鉴定委员会鉴定为五级至六级、企业难以安排工作并已办理脱离工作岗位手续、由用人单位按月发给伤残津贴的在职人员；2011 年 6 月 30 日前，因工死亡职工符合供养条件的供养亲属。做好工伤认定工作，全年受理工伤认定申请 328 件，认定工伤 316 件，组织 135 人参加市统一的伤残鉴定。

（赵 金）

人口和计划生育

■概况 2011 年，全县人口计生工作围绕创建"十二五"省人口协调发展先进县目标，推进人口文化建设、新农村新家庭计划、惠民计生工程。截至年底，全县育龄妇女 24.24 万人，已婚育龄妇女 19.18 万人，出生 5 006 人，人口出生率 5.48‰，人口自然增长率 0.07‰，出生人口性别比 105.5∶100，计划外生育 23 人，补报往年计划外生育 5 人，计划生育率 99.54%，综合避孕措施落实率99.91%。宝应县被国家人口计生委、计生药具不良反应监测中心表彰"为全国避孕药具不良反应监测先进集体";宝应县被江苏省人民政府表彰为"江苏省人口协调发展先进县";县人口计生委被扬州市委、市政府表彰为"2009～2010年扬州市文明单位";县人口计生委、县计生协会被扬州市计划生育协会、中国人寿扬州分公司授予"计划生育系列保险一等奖"。 (黄如萍)

■诚信阳光计生行动 围绕"宣传常态化、决策民主化、管理规范化、服务优质化、监督制度化"目标,精心组织实施"诚信阳光计生行动",全县287个村(居)委会共建立诚信阳光计生小组4 770个,与9万对已婚育龄夫妇签订诚信阳光计生双向承诺书,群众参与率90%。发展计生协会会员10.64万人,建立计划生育中心户1 922个。扬州市人口计生委在宝应县召开全市诚信阳光计生工作推进会,总结推广宝应县人口计生工作做法与经验。年底,全县各村(居)实现诚信阳光计生全覆盖。

■流动人口管理服务 设立流动人口管理服务科,配备专职工作人员,出台"流动人口公共服务均等化"文件。建立流出、流进人员台账,及时更新流动人口信息库。据统计,全县全员流动人口子系统入库跨省流出育龄妇女2.12万人,流进育龄妇女1 312人。规范运行全国(PADIS)流动人口系统,全年通报反馈信息2 437条,落实流进人口免费服务984人次。县人口计生委与237个县(市、区)和镇(街办)签订协议,结为流动人口管理服务协作单位;与上海市普陀区长寿路街道、石泉路街道、甘泉路街道联合召开流动人口计划生育服务管理双向协作交流会,签订《流动人口计划生育双向管理和服务协议书》。组织山阳镇与金湖县前锋镇,洪泽县岔河镇、仁河镇,楚州区南闸镇、林集镇、范集镇和白马湖农场签订《环白马湖四县八镇计划生育齐抓共管、综合治理多边合作协议书》,形成区域间信息共享、依法行政协作、技术服务均等、宣教同步共办、协会会员异地吸纳和生产生活扶助机制。 (翟培艾)

■科技服务 加强"世代服务"机构规范管理,完善"告知、预约、服务、筛查、转诊、回访"运行机制。全面推进避孕节育、生殖健康、家庭保健行动计划。实施"避孕节育知情选择、新技术新方法应用","避孕节育随访服务、避孕药具不良反应、不良事件监测","孕环情监测、生殖道感染综合防治、宫颈癌早期筛查、艾滋病干预","出生人口素质促进、孕前准备与孕前指导","青少年、男性生殖健康促进","家庭营养指导、抗衰老保健"项目,使知情选择向全过程、宽领域、多层次拓展,随访服务向人性化、规范化、信息化发展。各服务机构基本上能开展臭氧雾化治疗术,心语疏导术在各项避孕节育手术中基本上能常规应用。组织县计生指导站业务骨干,到基层为广大育龄妇女开展生殖道感染综合防治,全年为4.59万名已婚育龄妇女进行RTI综合检查,查出"三炎一病"(霉菌性阴道炎、滴虫性阴道炎、宫颈炎、细菌性阴道病)1.38万人,对患病人员进行后续防治服务,对其中8 767人进行宫颈刮片检查,查出高风险疑似癌症患者85人,确诊宫颈癌、宫颈原位癌11人。 (高德忠)

■信息化建设 县人口计生委出台《关于开展人口计生系统信息化村居服务终端建设的实施意见》,通过组织推动、典型带动、督查促动,全县287个村(居)计算机、打印机等配备到位,完成全县人口计生专网接入工作,县人口计生委为每个村缴纳1年人口计生专网使用费用,基本实现省、市、县、镇、村的五级联网运行。组织村计生专干303人参加全国计算机一级B考试,通过300人,合格率99%。 (刘天宏)

■落实计生惠民政策 做好持独生子女父母光荣证企业退休职工一次性奖励对象的审核把关、公开公示,第一批由县财政发放对象已领取第一年奖励金每人750元。全年审核确认新增农村部分计划生育家庭奖扶对象1 809人、特扶对象63人;全县奖、特扶对象共8 004人,发放扶助金321.39万元;为56户独生子女死亡家庭各办理社会补充养老保险1份,为1.12万名育龄妇女各办理"关爱女性综合保险"1份,结对帮扶困难家庭1 389户,实施妇女发展项目276个,参与人数2.3万人。 (戴玉龙)

■创新项目管理 年初,制定县人口计生委机关9项和"一镇(区)一品"22项的创新项目文本并汇编成册,下发到各镇区。年底,县人口计生委组织全县创新项目实施情况评比,对优秀项目进行表彰和奖励。山阳镇《建立健全环白马湖“四县八镇”计划生育区域联动齐抓共管》项目被评为创新奖一等奖，柳堡镇《“新农村新家庭”实施计划》、开发区《楼盘规范化管理》、曹甸镇《推进新型生育文化建设》被评为创新奖二等奖，安宜镇、鲁垛镇、小官庄镇、西安丰镇、广洋湖镇、射阳湖镇各有一个项目被评为创新奖三等奖。《环白马湖“四县八镇”计划生育区域联动齐抓共管》、《诚信阳光计生行动》、《信息系统村级延伸》、《不孕不育关怀服务》4个项目被扬州市人口计生委表彰为人口计生工作创新奖。

（陆国政）

■人口计生宣传　全年国家级报刊杂志采用人口计生稿件40篇、省级采用38篇、市级采用54篇。制作出版《版“话”人口计生》，利用水乡版画宣传婚育文明和家庭幸福；在《宝应日报》开办每月一期的“阳光计生”专版；在县电台开辟每周一档人口计生节目；拍摄育龄妇女生殖道感染防治和“生育关怀行动”工作开展情况专题片；发挥县人口计生网站的作用，及时更新内容，宣传政策；利用行风政风热线，回答听众人口计生有关政策法规咨询和提问；与贝因美公司合作，在各镇巡回开办人口计生知识讲座。出台《宝应县2011年新农村新家庭计划实施方案》，推进家庭文化、优生促进、科学育儿、青春健康、生育关怀、生殖健康、生产帮扶、邻里牵手、家庭和谐、夕阳关怀等新农村“幸福家庭十大行动”。在柳堡镇、西安丰镇召开“新农村新家庭”、“生育关怀”推进会。

（高德忠）

民族宗教工作

■概况　2月28日，宝应县民族宗教事务局（简称“县民宗局”）召开全县民宗工作会议，贯彻市局会议精神，部署全年工作。全年把贯彻落实新修订的国家宗教事务局“5号令”、“7号令”作为开展普法教育、依法管理宗教事务的重要内容。通过组织学习、召开座谈会、举办培训班等形式，抓好民宗干部、宗教团体工作人员和宗教教职人员教育。加大执法力度，维护全县稳定大局，确保宗教活动规范进行，先后打击跨区域非法宗教活动10次，劝散基督教私设聚会点2个。县民宗局与县人力资源和社会保障部门联系，组织县佛教协会在条件成熟的场所开展宗教教职人员参加社会统筹养老保险试点工作。5月，做好山阳镇天恩堂开堂庆典指导工作。12月，成立宝应县伊斯兰教协会。

■创建平安宗教场所　全年召开4次平安宗教场所创建活动推进会，对照创建市模范宗教活动场所标准，排找差距，强化基础。吸取省内外宗教活动场所建设管理过程中出现的问题和教训，着力抓好宗教活动场所建设与管理中的安全和资金来源等关键问题，一查安全隐患，二查资金来源，三查负债情况。

■做好散居少数民族工作　县民宗局加强与各镇党委、政府联系，密切关心散居少数民族群众生产、生活，帮助解决实际困难，在就医、就业、就学等方面给予少数民族贫困户政策倾斜。以项目为载体加大对少数民族扶贫力度，从省民族事务委员会为黄塍镇小垛村“少数民族之家”草莓种植基地争取资金5万元；为山阳镇顺河村“家和水产养殖专业合作社微孔增氧河蟹养殖项目”争取资金5万元。重视对少数民族流动人员管理与服务，及时化解民族矛盾、处置突发事件，维护社会稳定。10月份，为1名少数民族烫伤儿童组织捐款2万元。

■顾传勇到宝应县调研宗教场所文化建设工作

12月13日，省民族事务委员会副主任、省宗教事务局副局长顾传勇一行4人到宝应县调研宗教场所文化建设工作。在市民宗局局长陈云观等陪同下，调研组先后实地察看宝应县基督教堂、宁国寺等宗教场所。顾传勇对宝应县宗教场所文化建设工作取得的成绩给予充分肯定，对工作中存在的难点问题进行解析，要求在今后的工作中，一定要从社会和谐稳定的大局出发，保稳定、促和谐，坚定不移地做好宗教工作。

（王先楼）

安宜镇

■概况 安宜镇是宝应县城关镇。全镇总面积152.5平方千米，其中耕地38.17平方千米，林地12平方千米，水面25.52平方千米，年末总人口21.97万人。辖24个行政村(场)，其中6个行政村为村、社区合一；19个社区。2011年，全镇实现地区生产总值45.7亿元，工业开票销售额77.9亿元，一般预算收入3.2亿元，国、地税收入5.21亿元，财政总收入8.08亿元，位列扬州市各乡镇第二位。增值税抵扣额2 200万元，占全县1/3以上。城镇居民人均可支配收入16 848元，农民人均纯收入13 990元。

农　业。发展高效有机农业。新上渔场6.67公顷鳜鱼、青虾苗种繁育项目，金鸡禽业公司13.33公顷精养泥鳅项目。继续扩大宝应湖围网精品蟹养殖，大桥、北闸村设施微孔增氧养殖，贾桥村设施瓜果种植，西刘堡村麦冬草设施种植面积。全年共新增高效农业面积160公顷，设施农业面积66.67公顷，设施渔业面积133.33公顷。截至年底，全镇高效农业面积2 548公顷，规模设施农业面积710.67公顷。种植业积极推广新技术、新品种、新模式，粮食生产持续丰收，水稻平均产量8.82吨/公顷，小麦平均产量6.57吨/公顷。水产品总产量6 651吨，比上年增长2.6%。生猪饲养量4.19万头，比上年下降7.5%。家禽饲养量66.15万羽，比上年增长17.7%。加快社会化服务体系建设，发展农村“三大合作”组织，培植农业产业化龙头企业，全年新增农民专业合作社6家、土地股份合作社4家、社区股份合作社4家，新增农业产业化龙头企业省级1家、市级4家。

工　业。截至年底，全镇开票销售额过2 000万元以上企业61家、过亿元企业14家，税收过100万元企业38家、300万元企业11家、1 000万元企业7家。江苏赢洋实业股份有限公司、江苏迅达电磁线有限公司、扬州腾飞电缆电器材料有限公司、扬州赛尔达尼龙制造有限公司4家企业获批国家高新技术企业；扬州赛尔达尼龙制造有限公司的高强度超耐磨耐高温铸型尼龙电梯滑轮、江苏迅达电磁线有限公司的风力发电机用聚酰亚胺薄膜2个产品获批国家重点新产品；江苏迅达电磁线有限公司荣获“江苏省优秀民营企业”称号，扬州赛尔达尼龙制造有限公司、扬州市派莱斯塑胶电器有限公司、江苏迅达电磁线有限公司、扬州腾飞电缆电器材料有限公司、江苏康宝医疗有限公司5家企业建成省工程和技术中心；江苏迅达电磁线有限公司建成省级博士后工作站。实施名牌发展战略，出台《安宜镇关于进一步激励工业企业做大做强做优的意见》，企业每创一个市级、省级、国家级名牌产品的分别奖励 0.5 万元、1 万元、3 万元，参与国家标准或行业标准制定的一次性奖励 5 万元。镇政府成立“质量兴镇”工作领导小组，镇质监站从原来单纯组织企业申报名牌转变为事先引导、培育扶持为主，全镇累计有江苏省名牌产品 6 个、扬州市名牌产品 15 个，2011 年名牌产品实现开票销售额 24.8 亿元。全年引进高层次人才 10 人，2 人分别入选省“双创人才”、“企业博士集聚”计划，2 人入围市“绿扬金凤”人才计划。工业经济综合考核连续第四年获全县第一名。

2011 年安宜镇社区艺术节开幕式文艺演出

建筑业、第三产业。建筑业完成施工产值 26 亿元、县外“双包”面积 138 万平方米、利润 5 300 万元。“阳光水岸”小区 5 号楼、老年公寓 1 号楼和 2 号楼 3 项工程创市“琼花杯”优质工程奖，广厦兰郡 1 号至 4 号楼等工地获省市建筑施工文明工地。安宜建设集团成功晋升国家房屋建筑施工总承包一级资质，圆满承办省建筑文明施工现场会，获 2011 年全县创新突破特别贡献银牌奖。

兴办物流企业、物回企业，引进品牌连锁超市、培植星级酒店等生活性服务业；借力生态新城建设，依托软件信息产业园，发展金融网点、科技研发、呼叫中心等生产性服务业。全年实现第三产业增加值 16.11 亿元、税收 2.1 亿元；实现集体闲置资产处置和生态新城土地经营等收入 2.5 亿元。

精神文明建设。组织市民参加“宝应市民大学堂”文明、和谐、生态、健康、家庭教育等专题教育活动 20 多期；举办“讲文明、树新风”文明礼仪知识竞赛，开展“新市民、新形象、新宝应”主题教育活动；组织世纪园社区、东门社区等社区积极申报扬州市学习型单位；大力宣传创业典型卢之云、道德模范陈鹤琴、身边好人吴巧珍；组织“扬州好人”事迹报告会。成立村（居）民自治组织，修订村规民约、市民公约，开展民事调解、环境保护等活动。发挥社会、学校、家庭三结合教育网络作用，开展青少年思想道德教育、法制宣传教育、网吧义务监督活动，在 43 个村、社区建立“雏鹰学堂”、校外教育辅导站和关心下一代工作委员会。动员组织全镇各单位及广大市民开展省级文明县城迎检和创建国家文明县城活动。12 月 20 日，宝应县城获“全国文明县城”称号。

■招商引资 整合招商资源，优化招商方式，突出帮办服务，化解制约要素，一批大项目、好项目，终端产品、民用产品快速落户。全年新开工建设亿元以上项目 12 个，其中迅达产业园、信息软件产业园投资额分别达 12 亿元和 10 亿元；新竣工投产亿元以上项目 6 个，其中投资 2 000 万美元的韩国光星电子项目、江苏禹硕通信技术有限公司 3G 手机项目、扬州亿嘉铁路材料科技有限公司高铁新材料项目等实现年内签约、投产、达效。外资到账 3 628 万美元。

■社会事业 全年投入 600 多万元，用于 13 个社区建设和改造，创成“省和谐示范社区”8 个、“市和谐示范社区”5 个、“市十佳社区”2 个，获得“省和谐社区建设示范乡镇”称号；投入 2 000 万元，用于背街小巷市场化保洁、公厕建设、道路改造和困难家庭生活补贴，成立扬州市首家乡镇社会救助服务机构——“安宜镇社会救助中心”；投入 2 000 万元，全面完成区域供水工程；投入 3 000 万元，建设泰山初中综合楼、叶挺桥小学新校区，改造安宜镇社区卫生服务中心、沿河精神病院，创成“省中小学及幼儿园品牌学校”5所；投入150多万元，整治泰山西路马路菜场，新建铁桥社区380米文化长廊；社区艺术节、和谐社区大家乐、“一居一品一特”等群众文化活动蓬勃开展，农家书屋普及率达100%，先后获得“省首批公共文化服务体系建设示范镇”、“省体育强镇”、“省有线电视管理先进镇”等称号；创成“省首批计划生育示范服务站”。统筹推进城乡就业，共采集就业岗位1.53万个，培训农村劳动力6 700人。养老、医疗、失业、工伤、生育等保险覆盖面继续扩大，新农保、新农合参保率均达98%以上。城乡800多户、2 500多人低保对象实现应保尽保，发放低保金1 600万元；建设廉租房、经济适用房660套；发放大病救助资金500万元。安宜敬老院创成“省级文明敬老院”。（曹吉勇）

■新农村建设 以宝应生态新城建设为契机，加快城乡统筹发展。全年投入400万元加强路、桥、涵、闸以及大中型灌区末级渠系等基础设施建设，建设新型防渗渠道20千米。先后创成“省级新农村建设先进村”、“市级新农村建设示范村”和“市级村级组织能力建设百强村”各3个、“县级小康达标村”21个。秸秆禁烧及综合利用工作成绩突出，创成市级农村环境综合整治“四位一体”长效管护达标镇。基本实现全面小康目标。（刘 峰 曹吉勇）

■800万元重奖“工业功臣” 1月10日，在安宜镇召开的工业创新发展大会上，安宜镇党委、政府对做大、做强、技术改造等一批优秀企业和人员给予重奖，发放奖金总额800万元，其中江苏迅达电磁线有限公司一家企业获得各项奖励100多万元。同时，授予卢之云、杨光、陈勇、周春华、鲍泉官、杨献元、张爱平、徐长盈、陈建良、李建元10人“工业经济突出贡献金牌奖”。

■阳光搬迁安置 配合生态新城建设，探索产权调换与货币安置相结合的搬迁安置方式，坚持公开、公平、公正搬迁，第一、二、三期共搬迁民房1 800户、企事业单位10家，面积约46万平方米，出让建设用地面积85.07公顷，没有发生一起集访上访。其中，第二期搬迁9天完成90%任务，保证县4宗地块挂牌上市和宝射路、一号邻里中心、生态新城高中、“大金十字”主干道等项目开工建设。新城搬迁工作获得“2011年全县创新突破特别贡献金牌奖”。按照“把农民当作市民安置、把农民集中安置区当作现代高档住宅区建设”理念，按照扬州市领先、省内一流，现代化、花园式住宅小区的质量标准对安置小区进行规划设计，开工建设莲花嘉苑、水韵江南、阳光新城等安置区。其中，莲花嘉苑小区开创扬州市农民高层安置先例。（曹吉勇）

■大昌西路文化长廊 3月份，安宜镇铁桥社区配合县有关部门对大昌西路马路市场和违章建筑进行整治，并投资70万元建设沿街文化长廊。长廊全长380米，共60块展牌，内容包含党建工作、廉政文化、公民道德、文明新风、劳动就业、计划生育、民政双拥、平安综治等知识，以寓意深刻的画面、形象生动的文字教育人、感染人、警示人。文化长廊建设不仅让铁桥社区的面貌焕然一新，也成为社区党组织和居民之间的一座连心桥，突显社区党建工作新特色。（刘 峰 曹吉勇）

■省司法厅副厅长万力到安宜镇调研 8月30日，省司法厅副厅长万力代表省政法委、综治委专程到安宜镇城中社区对“夕阳红”调解工作室进行调研。万力认真听取城中社区负责人的汇报并与调解室的调解员进行亲切交谈，对“夕阳红”调解室为一方稳定作出的贡献进行表扬，并对新时期下的人民调解工作提出具体要求。

■成立安宜镇社会救助中心 12月2日，“安宜镇社会救助中心”挂牌成立。县委常委、副县长王岚峰，县民政局、县慈善会、县房管局、镇相关领导出席挂牌仪式。新成立的社会救助中心是安宜镇党委、政府为整合资源，构建全面覆盖、快速反应的社会救助体系，切实保障城乡困难群众的基本生活而实施的一项民心工程。社会救助中心总面积400平方米，由服务大厅和镇民政科办公区域组成。其中大厅设置专职人员服务窗口6个，实行“敞开式”办公、“一站式”服务。中心以城乡最低生活保障、大病救助等生活救助为基础，以教育、住房、优抚安置、重残救助等专项救助为辅助，以慈善救助为补充，是各项社会救助与民政业务办理为一体的综合中心。

（曹吉勇）

2011 年安宜镇主要经济社会指标实绩表

表 41

项　目	单位	数量	比上年增长%	项　目	单位	数量	比上年增长%
地区生产总值	亿元	45.7	47.1	工业利润	万元	50 000	10
第一产业	亿元	3.19	2.2	工业技改投入	万元	318 318	27
第二产业	亿元	26.4	77.5	工业从业人数	人	37 026	2.3
第三产业	亿元	16.11	23.2	建筑业产值	万元	260 000	26.9
财政收入	万元	80 800	43	建筑业利润	万元	5 300	62.3
农业总产值	万元	68 345	19.2	建筑业从业人数	人	9 800	15.3
粮食总产量	吨	55 514	6.5	当年引进项目数	项	51	10.9
棉花总产量	吨	29	−44.2	当年到账域外资金	万美元	3 628	13.3
油料总产量	吨	875	8	外贸出口额	万美元	63 293	6.1
生猪饲养量	万头	4.19	−7.5	第三产业从业人数	人	40 233	1
家禽饲养量	万羽	66.15	17.7	个体户商户	个	10 528	15.7
水产品产量	吨	6 651	2.6	学校	所	24	0
农业从业人数	人	9 596	−1.2	在校学生数	人	42 300	0.9
工业企业数	家	1 746	13	外出劳务人数	人	13 500	−15.2
工业总产值	亿元	198.76	30.3	外来劳务人数	人	14 500	4.8
工业销售收入	亿元	197.82	31.1	农民人均收入	元	13 990	26.7

2011 年安宜镇规模企业一览表

表 42

单位:万元

企业名称	主要产品	实绩			地址
		产值	销售	利税	
宝应县安全工具厂有限公司	安全带生产	4 125	3 975	320	安宜工业园
宝应县兴园电力电器厂	电加热器	4 752	4 752	401	安宜工业园
江苏迅达电磁线有限公司	电磁线	360 125	348 749	35 537	安宜工业园
江苏昌明车身制造有限公司	驾驶室生产	7 012	6 969	789	安宜工业园
江苏科龙直流电机制造有限公司	直流电机	3 786	3 569	446	安宜工业园
宝应县胜达电缆材料厂	电缆材料	5 202	5 202	449	安宜工业园
江苏禹硕通信技术有限公司	3G 手机	6 729	6 729	527	安宜工业园
江苏华东净化设备有限公司	反渗透成套设备	3 702	3 702	328	安宜工业园
宝应县沈飞机电有限公司	铝蜂窝复合板	9 988	9 988	1 631	安宜工业园
扬州赛尔达尼龙制造有限公司	MC 尼龙	16 121	16 121	1 441	安宜工业园
宝应诚品服饰有限公司	服装加工	7 415	7 415	501	安宜工业园
江苏飞翼工程塑料有限公司	MC 尼龙	3 785	3 785	304	安宜工业园
宝应县新华纸业有限公司	纸制品	7 021	7 021	581	安宜工业园
江苏赢洋实业股份有限公司	通心粉机械设备	5 502	5 502	468	安宜工业园
江苏同松机电制造有限公司	直流电机	2 185	2 185	213	安宜工业园
扬州市中亚电器厂	电热电器	5 252	5 139	440	安宜工业园
扬州市宝成电缆材料有限公司	钢带\铜带	3 501	3 364	294	安宜工业园
宝应县万达电磁线有限公司	电机铝端盖	3 852	3 852	333	安宜工业园
江苏东方电缆材料有限公司	电缆材料	12 025	11 806	993	安宜工业园
宝应县捷达铝业有限公司	电机端盖	4 012	4 127	192	安宜工业园
扬州兴润玻璃水晶工艺品有限公司	玻璃水晶制品	3 256	3 256	241	安宜工业园

续表

企业名称	主要产品	实绩			地址
		产值	销售	利税	
扬州市华宇电器设备有限公司	滑线生产	8 255	7 934	683	安宜工业园
扬州腾飞电缆电器材料有限公司	电缆材料	5 025	5 025	423	安宜工业园
江苏润扬管件有限责任公司	管件制造	22 251	21 954	2 188	安宜工业园
扬州宝利来日用工艺品有限公司	家用缝纫用品	11 402	11 402	1 016	安宜工业园
宝应中油管道燃气有限公司	天然气	5 525	5 525	150	安宜工业园
扬州宝泰米业有限公司	大米	21 125	21 125	1 192	安宜工业园
江苏省香川绳缆科技有限公司	化纤绳缆	6 452	6 452	619	安宜工业园
宝应县金鑫电器有限公司	塑料机械	3 125	3 125	300	安宜工业园
扬州全华玻璃工艺品有限公司	玻璃制品	5 702	5 702	468	安宜工业园
宝应县顺泰纸业有限公司	纸制品	4 452	4 425	107	安宜工业园
扬州市安宜劳保制品有限公司	劳保工作鞋	4 452	4 252	698	安宜工业园
江苏康宝医疗器械有限公司	一次性输液器	7 685	7 556	464	安宜工业园
江苏宝航特钢有限公司	钢坯	32 852	31 908	2 744	安宜工业园
江苏盈洋机械有限公司	铝合金车轮	5 585	5 416	403	安宜工业园
扬州嘉禾油脂有限责任公司	食用植物油	9 956	9 956	709	安宜工业园
扬州康龙玻璃工艺制品有限公司	玻璃制品	3 202	3 202	253	安宜工业园
宝应协鑫生物质发电有限公司	电\蒸汽	13 352	13 244	−2 471	安宜工业园
扬州华展管件有限公司	管件	7 502	6 830	775	安宜工业园
扬州鸿润服装有限公司	服装加工	13 525	13 525	1 405	安宜工业园
宝应宏阳纺织有限公司	针织布	12 352	11 854	1 095	安宜工业园
扬州诚泰制衣有限公司	服装加工	7 658	7 658	881	安宜工业园
扬州五岳电器有限公司	保护器	3 302	3 216	255	安宜工业园
扬州华瑞金属制品有限公司	玻璃工艺品	10 452	10 452	973	安宜工业园
扬州市盛美印纺机械有限公司	磨毛机	2 802	2 802	185	安宜工业园
江苏星洋直流电机制造有限公司	直流电机	15 758	15 495	1 151	安宜工业园
扬州杰特沈飞车辆装饰件有限公司	车辆装饰件	21 025	21 025	2 979	安宜工业园
扬州摩尔斯达玻璃工艺品有限公司	玻璃工艺品	3 112	3 112	344	安宜工业园
宝应安洋电缆料有限公司	电缆材料	2 895	2 895	258	安宜工业园
扬州华金纸品有限公司	纸制品	12 452	12 452	1 280	安宜工业园
扬州市掌中发电子有限公司	打火机	2 854	2 748	214	安宜工业园
扬州俊达新型建材有限公司	建筑材料	3 025	3 025	227	安宜工业园
扬州市威森电气有限公司	电缆托架	4 052	3 884	101	安宜工业园
扬州腾达纸业有限公司	纸制品	2 385	1 985	57	安宜工业园
扬州派斯特换热设备有限公司	换热器	3 952	3 952	523	安宜工业园
扬州展圣电子有限公司	电子	6 025	6 025	450	安宜工业园
扬州盛德工艺品有限公司	水晶工艺品	4 856	4 856	395	安宜工业园
扬州亿嘉铁路材料科技有限公司	动车过滤材料	7 658	7 658	3 412	安宜工业园
凯得隆实业有限公司	各种材料	16 525	17 021	1 420	安宜工业园
吉利达铜业有限公司	铜制品	54 025	39 025	1 073	安宜工业园

2011 年安宜镇社区、村(场)基本情况表

表 43

村、社区	党支部书记	村(居)委会主任	会　计	村(居)民小组数(个)	户数(户)	总人口(人)	农业面积(公顷)	工业企业(家)	社会总产值(万元)	人均年纯收入(元)
东升村、社区	王国春	孙纯平	孙纯平	5	247	976	18	153	78 513	14 153
三里村、社区	冷学友	杨兆东	董洪洋	13	1 139	4 253	98.7	120	91 008	13 864
花庄村、社区	吏万平	吏万平	衡伟栋	14	1 187	4 631	99.4	34	34 743	13 598
齐心村、社区	于乃云	于乃云	张　强	14	1 401	5 177	157.1	137	73 694	13 636
大桥村、社区	顾广和	顾广和	倪永宽	7	673	2 205	190.6	174	72 594	13 367
北港村	陈玉宏	陈玉宏	陈瑞荣	7	546	2 279	58.7	2	7 228	11 530
西郊村	张金宝	王病成	许　泉	6	512	1 967	125.3	6	6 497	11 869
西港村	薛彭辉	薛彭辉	范茂林	6	499	1 964	93.1	7	9 062	12 134
北闸村	许长如	许长如	刘爱民	10	726	2 507	186.1	13	9 349	12 369
南闸村	房启源	房启源	陈继干	9	660	2 143	25.3	9	8 345	12 678
西刘堡村	张少华	张少华	杨国清	10	595	2 780	389.7	6	10 129	13 012
渔业村	刘培刚	刘培刚	石玉华	8	398	1 525	331.3	3	8 757	10 345
渔场村	段广进	—	刘林海	1	108	386	34.7	3	6 698	13 213
郑河村	王业涛	周德新	刘　超	10	678	2 651	173.1	18	14 483	11 369
刘堡村	鲜万良	鲜万良	郑维林	14	998	4 236	249.5	9	4 077	9 834
贾桥村	屠春国	李学文	张启年	12	701	2 855	189.8	11	7 653	12 345
陈家村	李万顺	张来元	徐传梅	14	934	3 082	307.3	26	7 724	13 126
潘桥村	戴学志	房兆正	陈久华	12	801	2 761	245.5	12	8 070	13 018
刘庄村	谢书军	刘荣志	郑松涛	12	682	2 894	242.8	21	11 278	13 139
官沟村	肖衡波	朱立彬	卢玉年	10	760	2 797	220.1	12	8 551	12 341
郭庄村	何学智	朱汝成	何学高	9	708	2 851	136.7	16	14 623	12 899
船闸村	范茂国	范茂国	宋长玉	11	930	3 462	101.6	147	61 805	13 324
三团村	张　勇	张　勇	华长宝	10	912	3 717	156.9	133	88 488	12 898
白田村、社区	陈坚强	赵寿林	周步荣	11	910	3 519	184	41	14 945	12 735

2011 年安宜镇社区概况一览表

表 44

社区	党总支书记	社区主任	居民小组数(个)	户数(户)	总人口(人)
闸北	郭红艳	仲　华	60	2 456	8 550
刘沟	戚秀珍	郑良芹	23	2 434	8 633
罗巷	周士梅	韩宝兰	22	1 483	5 389
学墩	杨怀宇	邱佳翠	34	1 834	5 431
牌楼	张秀华	王　兵	27	1 774	5 946
铁桥	秦业平	秦业平	25	2 236	7 034
画川	张素琴	胡　艳	15	1 998	6 423
桃园	胡安民	周东宁	18	2 818	7 723
安民	李　琴	万　娟	66	2 448	9 446
泰山东村	马顺臻	李　新	58	3 866	1 353
苏中	张士和	曹月霞	23	2 636	1 198
安宜	王学梅	沈彩虹	80	3 471	1 478
东门	陆红霞	杨正芹	30	2 620	8 518
城中	杨应中	刘　玲	32	1 756	5 863
白田	刘艳成	杜晓燕	56	3 645	11 048
世纪园	吴迪芬	张　晴	98	3 798	11 823
南窑	龚荣德	龚荣德	6	859	2 983
南园	吴晓燕	卢文琴	80	4 136	1 532
北河	陈　洁	陈　洁	25	4 556	13 868

氾水镇

■概况 氾水镇位于宝应县城南18千米，京沪高速、淮江公路、京杭大运河和金宝南线公路穿境而过。全镇行政区划面积172平方千米，耕地面积6 843公顷。2011年底总户数2.70万户，年末总人口8.17万人，辖22个行政村、7个社区，是全国绿化造林百佳乡镇、江苏省百家名镇、扬州市重点中心镇。2011年，全年实现地区生产总值21.58亿元，比上年增长27.2%，其中第一产业4.42亿元、第二产业9.98亿元、第三产业7.18亿元，分别比上年增长21.4%、32%、24.7%，三次产业比为22:47:31；综合财政收入1.64亿元，比上年增长33.2%，其中一般预算收入5 651万元、国税入库8 255万元、地税入库4 120万元，分别比上年增长58.5%、35.7%、94.4%。农民人均纯收入12 700元，比上年增长24.5%。

农　业。全年农业利用"三资"1.26亿元，新增高效规模农业园区面积760公顷，新增设施农业160公顷。着力打造"生态名片"，成片造林173.33公顷，新植各类苗木50余万株。江苏银宝实业股份有限公司通过"省级农业产业化龙头企业"监测考核合格，扬州宝应湖西岛有机农场有限公司、扬州瀛宝农牧科技发展有限公司通过"市级农业产业化龙头企业"监测考核合格，扬州丰源生态农业发展公司成为新认定的"县级农业产业化龙头企业"。粮食生产再获丰收，秋粮单产9.6吨/公顷，创历史新高。秸秆全量还田和综合利用面积99%。集中开展农村环境整治活动，投入500万元，拆除一批违章搭建，新建700多座卫生厕所和垃圾池，镇村面貌明显好转。组建一支400人的农村环境管护队伍，建立起长效管护机制。

工　业。实现开票销售22.58亿元，比上年增长41%，其中规模以上工业企业实现开票销售18.59亿元、实现利税3.19亿元，分别比上年增长31.7%、51.9%。工业用电量首次突破1亿千瓦时，位列全县农村各镇第一。电子电工电器、特种车辆及配件等特色产业稳中有升，重点企业整体运行质态良好。全年新增开票销售亿元企业2家，新增开票销售500万元以上企业6家。全镇有开票销售2 000万元以上规模企业17家，其中5亿元以上企业1家、1亿元～5亿元企业4家、5 000万元～1亿元企业4家、2 000万元～5 000万元企业8家。加大工业项目建设力度，骏升（科技）扬州有限公司第三期工程顺利推进，扬州孟仕玻璃有限公司第二期、扬州海创科技有限公司等项目相继开工，扬州茂昌车船配件有限公司岩棉项目进入设备调试阶段。扬州力多钢结构有限公司与江苏天宇建设集团有限公司成功合作，江苏亚洛科技有限公司顺利实现资产重组。

建筑业、第三产业。围绕"建队伍、引人才、升资质"总体要求，实施"走出去"战略，全年完成建筑施工总面积55万平方米，其中县外"双包"面积40万平方米，实现施工总产值12.5亿元。结合全民创业、集镇功能建设，壮大服务业经济总量，筹划集商务、休闲、食宿为一体的综合性"三星级"大酒店建设，全镇实现服务业增加值7.18亿元。

精神文明建设。各类文化活动开展有声有色，组建镇诗词协会，成功举办"全面小康创建"文艺演出、激情广场大家唱、"兴高宝"三县市七乡镇联谊会、第四届骏升卡拉OK大赛、建党90周年书画展文艺演出、"歌唱青春达人"比赛、时代国际杯羽毛球比赛等文体活动共20场次。深入开展文明单位、文明村(居)、文明行业、文明示范岗创建活动，21个文明单位、16个目标考核先进单位、10家优秀企业、10个社会治安综合治理先进单位、10个计划生育工作先进单位、10个基层满意站所、10名创业之星、28户十星文明示范户、53名先进工作者、110名先进个人受到表彰。总结评比出一批先进典型，挖掘报道李树干、刘建荣、沈福富、唐巨莲、何献春、朱学健、张红波等一批"氾水好人"。中央电视台专题报道坚守"孤岛"22年的片警李树干。

■工业集中区建设 扬州市氾水镇工业集中区成立于2002年，位于氾水镇北首。2009年，镇政府委托江苏省建设厅规划设计院编制《氾水镇工业集中区详细规划》。集中区按照"适度超前、滚动投入"原则，先后投入资金1亿元，用于基础设施硬化、亮化、绿化、净化、美化工程，形成较为完善的“五通一平”网络。集中区内芦氾路、骏升路、联合路、跃胜北路、银宝路、红旗北路成为“两横、四纵”主体骨架，建有劳动就业服务中心、污水处理厂、垃圾中转站等功能性配套设施。一批重点项目（企业）先后进集中区落户。骏升科技（扬州）有限公司发展成为国内外著名电子遥控器生产基地，产品销往日本、欧美等地；江苏银宝实业股份有限公司成为江苏省明星企业、江苏省农业产业化龙头企业。截至 2011 年，工业集中区建成面积 1.2 平方千米，进驻企业 40 家，其中规模企业 18 家，形成电子电器、车船配件、纺织等产业特色。全年完成工业开票销售额 18 亿元，其中 5 亿元以上企业 1 家、5 000 万元～5 亿元企业 4 家；完成入库税收 5 450 万元，分别占全镇工业开票销售的 80%，入库税收的 86%。工业集中区已成为全镇“工业经济的示范区、特色产业的集中区、财政收入的增长区、集镇建设的形象区”。2011 年，集中区启动创业园第一期工程建设，年内建成两层标准化厂房 1.28 万平方米及办公室、卫生间等配套设施，主要用于中小项目对外招租。

■重点中心镇建设 2011 年，镇政府聘请省住房和城乡建设厅规划设计院完成《氾水镇老镇区控制性详细规划》和《工业集中区控制性详细规划》编制，并通过省市县规划论证，是全县首家完成集镇中心区、老镇区、工业集中区控制性详规的镇。投入资金 800 万元，实施芦氾河治理、污水管网铺设、干渠路浇筑等基础工程。完成人民广场扩建、文化路等 5 处绿化休闲景点建设及文化西路两侧绿化工程。实施文化路、荷园路延伸工程。启动区域供水、中心卫生院医技楼、初级中学教学楼等工程建设。农民集中居住区第一期建成交付使用，第二期、第三期工程开工建设。县交通重点枢纽工程——氾水运河大桥开工建设。

■王燕文到氾水镇宣讲“七一”重要讲话精神 8 月 30 日，市委书记、市人大常委会主任王燕文到党建联系点氾水镇，为广大党员干部宣讲中共中央总书记胡锦涛“七一”重要讲话精神。市、县领导卢桂平、仲生、秦有芳等出席活动，氾水全体镇干部、各基层党支部书记、大学生村官和基层党员代表共百余人听取宣讲报告。王燕文在报告中要求氾水镇突出工业强镇，加大项目建设力度，加快招商引资；大力培育新增长点，全力打造创新发展平台；突出致富百姓，拓宽农民增收渠道；突出优化环境，提升小城镇建设水平；突出社会和谐，加快改善民生；突出强基工程，强化基层组织和干部队伍建设，为科学发展、转型发展、和谐发展提供坚强组织保证。

■氾水文体艺术中心开工建设 12 月 6 日，氾水文体艺术中心举行开工典礼，扬州市文化广电新闻出版局副局长刘俊，县委常委、宣传部长顾长荣，县人大常委会副主任杨善慧等出席开工奠基仪式。氾水文体艺术中心规划占地面积 8 470 平方米，建筑面积 6 000 平方米，框架 4 层，总投资 2 200万元，集休闲、健身、娱乐、学习活动功能为一体，设有图书馆、阅览室、活动室，规划展览馆、百姓才艺剧场、小型数字影院、健身中心和音乐、书画、棋艺培训等设施，计划 2012 年 7 月份投入

氾水文体艺术中心开工典礼

使用。

■汜水镇开通"镇村公交" 12月26日，汜水镇在镇人民广场举行镇村公交开通启动仪式，这是全县首家开通镇村公交的乡镇。汜水镇镇村公交开通4条线路，覆盖全镇27个村(居)，基本实现村到镇、镇到县"零距离换乘"，方便广大群众出行。

■通过老镇区、工业集中区控制性规划论证 4月份，汜水镇聘请南通大地测绘公司对集镇规划控制区20平方千米范围进行现状测绘，形成1∶5 000比例地形现状图。在此基础上，委托省村镇建设服务中心编制出《汜水镇老镇区控制性详细规划》、《汜水镇工业集中区控制性详细规划》两个专项规划。11月25日，《汜水镇老镇区控制性详细规划》和《汜水镇工业集中区控制性详细规划》2个专项规划，通过县政府组织的相关部门和专家评审。上述2个专项规划的评审通过，加上2009年获批的《汜水镇中心区域控制性详细规划》，汜水镇在扬州市率先实现市重点中心镇集镇规划区控规编制全覆盖。

■"力多"牵手"天宇"新上第二期工程 3月份，扬州力多钢结构工程有限公司、江苏天宇建设工程有限公司就业务和股份合作进行洽谈。6月份，两家公司成功牵手，天宇公司在力多公司占有股份，天宇各分公司承接的钢结构工程分包给力多公司。截至年底，天宇公司为力多公司承接多笔钢结构工程业务。其中，山西省大同市一笔业务合同额1 200万元，河南省安阳市一笔业务合同额700万元。力多公司为满足扩大业务需求，开工建设第二期工程，项目总投资5 000万元，新增厂房建筑面积1万平方米，规划项目达产将形成年产钢结构5万吨，彩钢板1万吨生产能力。

■天晟光电落户工业集中区 6月28日，扬州天晟光电科技有限公司在汜水镇工业集中区举行开工奠基。该项目总投资1亿元，固定资产投入6 000万元，注册资本金3 000万元，其中第一期工程3 000万元、第二期工程3 000万元，主要从事光伏产业设备制造、硅料加工等。项目占地2公顷，新建厂房1万平方米，办公用房及附属用房2 300平方米。 (赵维荣)

2011年汜水镇主要经济社会指标实绩表

表45

项　目	单位	数量	比上年增长%	项目	单位	数量	比上年增长%
地区生产总值	亿元	21.58	27.2	工业利润	万元	20 923	38
第一产业	亿元	4.42	21.4	工业技改投入	万元	101 800	2.8
第二产业	亿元	9.98	32	工业从业人数	人	25 582	18.6
第三产业	亿元	7.18	24.7	建筑业产值	万元	125 000	8.7
财政收入	万元	16 447	33.2	建筑业利润	万元	4 650	1.1
农业总产值	万元	81 785	25.7	建筑业从业人数	人	6 500	−15.8
粮食总产量	吨	111 131	3.4	当年引进项目数	项	12	33.3
棉花总产量	吨	—	—	当年到账域外资金	万元	5 323	30
油料总产量	吨	813	19.7	外贸出口额	万元	57 518	12.1
生猪饲养量	万头	6.5	−24.4	第三产业从业人数	人	20 504	1.2
家禽饲养量	万羽	96.8	24.9	个体工商户	户	1 980	10.1
水产品产量	吨	9 494	1	学校	所	6	−14
农业从业人数	人	13 474	−7.5	在校学生数	人	7 518	−7.3
工业企业数	家	1 212	15.6	外出劳务人数	人	21 490	3.1
工业总产值	亿元	90.68	30.3	外来劳务人数	人	5 636	14.1
工业销售收入	亿元	89.04	30	农民人均收入	元	12 700	24.5

2011年度氾水镇规模企业一览表

表46 单位:万元

企业名称	主要产品	实绩			地址
		产值	销售	利税	
骏升科技(扬州)有限公司	智能遥控器	153 468	154 495	19 905	氾水工业园区
江苏银宝实业股份有限公司	涤棉布	24 055	22 329	2 217	氾水工业园区
江苏银宝专用车有限公司	专用车	24 010	23 559	1 802	氾水工业园区
扬州力多钢结构工程有限公司	钢结构	15 455	15 455	368	氾水工业园区
扬州峰泉科技有限公司	漆包线	16 846	16 846	271	氾水工业园区
宝应县宁丰纺织有限公司	坯布	18 080	17 809	1 594	氾水工业园区
江苏维尔电器有限公司	高低压开关柜	20 070	19 779	325	氾水工业园区
宝应县蓝剑织造有限公司	纺织品	18 565	18 229	1 612	氾水工业园区
江苏亚洛科技有限公司	漆包线	25 727	25 301	346	氾水工业园区
扬州亚龙钢业有限公司	冷弯型钢	5 927	5 667	218	氾水工业园区
扬州市孟仕玻璃有限公司	节能灯管	5 171	5 171	276	氾水工业园区
宝应县启华帆布有限公司	鞋用帆布	18 720	18 455	1 649	氾水工业园区
扬州市茂昌车船配件有限公司	汽车配件加工	5 833	5 833	255	氾水工业园区
宝应县帆洋船舶电器配件有限公司	船舶配件	8 079	8 079	222	氾水工业园区
江苏华宝电气有限公司	高低压成套设备	19 199	18 714	274	氾水工业园区
宝应县广普节能照明器材有限公司	节能灯玻管	4 851	4 851	211	氾水工业园区
宝应县金花纺织厂	坯布加工	6 980	6 977	181	氾水工业园区
扬州腾龙舾装电气有限公司	船舶舾装件加工	8 855	8 855	155	氾水工业园区

2011年氾水镇村、社区基本情况表

表47

村、社区	党支部书记	村(居)委会主任	会计	村(居)民小组数(个)	户数(户)	总人口(人)	农业面积(公顷)	工业企业(家)	社会总产值(万元)	人均年纯收入(元)
成庄村	李春桂	王国祥	任瑞奇	13	827	2 664	272	22	8 400	1 527
郎儿村	华玉荣	华玉荣	乔宏顺	15	846	2 720	349	5	3 200	12 421
长沙村	任祥松	任祥松	江学桂	15	1 072	3 383	371	4	4 826	11 830
戈店村	杨启宏	杨启宏	高金春	12	776	2 493	229	4	3 820	14 480
石桥村	胡德顺	高金章	潘兆龙	13	907	2 988	253	3	3 638	13 300
龙河村	李学云	李学云	葛荣军	12	876	2 909	245	11	3 350	11 015
太平南村	陆锦华	—	张寿元	6	378	1 188	197	2	2 895	11 599
太平北村	赵　生	许启东	闵信顺	6	391	1 178	172	—	—	11 661
江宝村	赵赋祥	赵赋祥	江学来	6	401	1 323	134	8	1 260	12 863
北园社区	赵赋祥	杨晓春	—	1	138	436	—	—	—	—
高阳村	郑步山	张守桂	孙金华	19	1 408	3 995	500	9	12 000	11 426
新阳村	王树俊	王华兵	谢新顺	15	1 059	3 447	413	11	5 085	10 328
韦北村	袁先成	冀文兵	柏宗华	12	1 021	2 502	266	2	5 500	13 364
柘沟村	唐如高	茆永华	徐宏顺	13	840	2 765	277	4	5 980	10 996
花园社区	—	赵永洪	—	1	106	318	—	—	—	—
京杭村	徐金华	杨发东	杨发荣	6	470	1 575	225	7	5 636	12 571
瓦甸村	赵福祥	李　杰	成家龙	8	501	1 835	235	—	2 350	10 898
牌坊村	马洪德	王金才	华占虎	11	926	3 105	498	7	4 900	12 640
范西村	华正余	陈　文	华占礼	6	425	1 540	217	4	2 790	11 967

续表

村、社区	党支部书记	村(居)委会主任	会　计	村(居)民小组数(个)	户数(户)	总人口(人)	农业面积(公顷)	工业企业(家)	社会总产值(万元)	人均年纯收入(元)
新荡村	董爱忠	徐加俊	王庆元	8	733	2 533	340	12	2 562	10 912
金宝渔业村	崔维斌	崔维斌	刘　军	8	612	2 215	172	—	5 300	10 047
西园社区	古有德	缪志华	高荣国	3	386	1 246	168	2	2 923	12 455
新民村	孟顺兴	李加宽	王永喜	13	1 057	3 247	314	6	7 820	13 508
苏律村	刘金良	刘金良	王福全	12	936	3 016	306	1	5 230	11 431
迎丰村	朱永星	纪建勇	高　明	6	561	1 639	169	1	2 510	14 235
宋埠村	张玉林	陈红阳	张许豆	21	1 620	5 109	483	4	4 180	10 776
东园社区	朱松茂	潘中贤	毛正华	7	1665	5 546	60	3	17 924	18 017
红旗社区	徐长俊	崔　春	谢树仁	7	1 986	5 060	83	12	17 700	15 041
胜利社区	李春兰	李春兰	李加华	3	1 367	4 230	8	7	450	12 294
东风社区	戴启珍	戴启珍	—	1	515	1 426	—	—	—	—

夏集镇

■概况　夏集镇位于宝应县城东南部，东接兴化，南连高邮，西邻金湖，京沪高速、淮江公路、界临沙公路、金宝南线、安大公路、京杭大运河穿境而过，境内郭夏公路、三横河公路全面改造升级。南水北调工程三洋河横贯东西、配套工程大三王河穿越南北，京沪高速设有道口，水陆交通便捷。全镇区划总面积 125 平方千米，耕地面积 5 474 公顷；辖 14 个行政村、2 个村(社区)、1 个社区和 1 个果园场；年末总人口 5.69 万人。2011 年实现地区生产总值 13.8 亿元，比上年增长 16.9%，其中，第一产业 4.2 亿元，第二产业 4.8 亿元，第三产业 4.8 亿元，分别比上年增长 20%、14.2%、17%。实现财政收入 7 181 万元，其中国税收入 4 306万元、地税收入 1 793 万元，分别比上年增长 11.7%、25.7%、15.8%、55%。农民人均纯收入12 199元，比上年增长 20.8%。先后获得“全国环境优美乡镇”、“国家生态镇”、“全国改革发展试点小城镇”、“江苏省文明镇”、“江苏省新型示范小城镇”、“江苏省卫生镇”、“江苏省安全文明乡镇”和“江苏民政工作先进镇”等称号。

农　业。全年完成农业总产值 7.33 亿元，粮食总产量 9.26 万吨，油料总产量 0.18 万吨，实现畜牧业总产值 1.17 亿元，比上年增长 26%，其中生猪饲养量 2.44 万头、家禽饲养量 67.8 万羽。新建成高效农业园区 6 个，面积 607 公顷，建成村级园区 18 个，面积 408 公顷，新增“三大合作”组织 8 家，其中土地股份合作社 2 家，新增入股面积 240.9 公顷，专业合作社 5 家，新增文明农户 581 户，社区股份合作社 1 家，创成市以上“五好”示范社 4 家。农业招商成效明显，全年农业完成利用内资 1.29 亿元，实施大小项目 17 个，其中投资 1 千万元以上项目 6 个，外资到账 501 万美元。全年进行农民实用技术培训 6 600 人，创业培训 50 人，新增劳动力转移 550 人，共实现劳动力转移 900 人。

工　业。实施“工业化做强财政”战略，全年实现工业总产值 81.2 亿元、工业开票销售额 13

夏集镇创业园开工典礼现场

亿元、工业利润 2.65 亿元，分别比上年增长 27.3%、60%、136.9%。江阴浩博科技有限公司扬州分公司、扬州市飞鹰电子瓷业有限公司、宝应海鸿服装有限公司、扬州凯越制衣有限公司、扬州市凤鸣电缆厂 5 家企业均新增税收过 100 万元。加大重点企业培植力度，全年培植开票销售额过亿元企业 2 家，分别是：江苏金夏纺织有限公司实现开票销售 1.21 亿元、扬州市九羊精密铸造有限公司实现开票 1.09 亿元。江苏金夏纺织有限公司实施“空调改造节水”技改项目获国家发展改革委员会下发的扶持资金 410 万元。工业园区规模不断扩大，全面启动 6 万平方米的电缆创业园和 2.3 万平方米的轻纺创业园建设，新增规模企业 1 家，总数 19 家；新增注册私营企业 125 家，注册资本 6.6 亿元。其中有限公司注册资金 4.02 亿元。

建筑业、第三产业。建筑业全年完成施工总面积 110 万平方米，其中县外“双包”面积 85 万平方米，实现施工总产值 12.3 亿元、增加值 2.3 亿元，施工人数 4 632 人，引进本科以上建筑专业技术人员 5 人。江苏华轩建设工程有限公司申报国家一级建筑资质已进入公示阶段。加快发展第三产业，全镇第三产业从业人员 1.82 万人，实现服务业增加值 4.8 亿元。

精神文明建设。积极倡导文明新风，组织评选道德模范、文明标兵、文明村、文明单位活动。评选出道德模范 10 人、文明标兵 100 人、文明村 5 个、文明单位 5 个。承办全县教育系统“素质教育推进会”、环保系统“夏花烂漫绿歌会”。强化社会治安综合治理，推进“平安夏集”建设，民间矛盾调解成功率 100%。定期开展安全生产隐患排查与整治工作，全年未发生重大安全生产事故。深入开展创先争优和“群众满意基层站所”评选活动，夏集派出所、夏集邮政支局被评为县“群众满意基层站所”。

■招商引资 坚持主攻重大项目，通过委托招商、产业招商、以商引商等多种招商策略，全年新开工项目 6 个，其中江阴浩博科技有限公司扬州分公司、扬州市银鹭纺织有限公司、扬州市凤鸣特种电缆有限公司 3 个项目投资额都在亿元以上。扬州市九羊精密铸造有限公司、扬州鑫扬线缆有限公司投资额在 5 000 万元以上。盘活现有存量土地 10 公顷，江苏金夏纺织有限公司、扬州市德友线缆有限公司、扬州宝赢电缆厂、扬州思莱特线缆有限公司、科创扬州环境工程科技有限公司、扬州松德电器科技有限公司、江苏共创电气有限公司 7 家企业实施技改项目，全镇工业技改总投入 9.01 亿元。加大项目推进力度，明确到人，落实责任，挂图作战，协助企业解决资金、土地、用工等问题，实现当年建设、当年投产项目 12 个。

■集镇建设 镇政府委托南京大学城市规划设计院对郭夏路绿化景观进行规划；加快实施三横河公路升级改造和郭夏公路隔水沟建设；投资 1 200万元实施中心卫生院整体搬迁工程；投资 3 000万元与县水务局共同新建潼河水厂，为实施区域供水做好准备。实施碧水工程，集镇污水管网铺设污水管 4.26 千米，新建提升泵站 4 座，清淤农村河塘 53.7 万立方米，完成成片林建设 120 公顷，改厕 700 座。开展“老村庄整治”和“大三王河拆迁”工程，共拆迁 93 户，进镇入住 64 户，净增耕地 8 公顷。加大教育投入，投资 1 000 万元实施“校安工程”，新建夏集镇中心初中综合楼、夏集镇中心小学食堂、夏集镇郭桥九年一贯制学校、夏集镇子婴河小学第二期工程、夏集镇万民小学综合楼、夏集镇中心幼儿园综合楼等，共 7 幢校舍、建筑面积 7 000 平方米，全镇中、小学彻

夏集镇居民小区风景

底消除D级危房。镇中心初中创成省“绿色学校”，中心小学创成“省红十字会示范校”，子婴河小学创成“数字化校园”。全镇有线电视用户1.2万户，实现数字化电视转换1 900户。

■社会民生 扎实推进民生工程，全镇参加新型农村合作医疗保险4.5万人，参保率99%；低保户772户、1 279人，发放低保金178.3万元；“五保”集中供养209人，分散供养123人，发放“五保”供养资金78.54万元；实行大病救助85户，发放救助金21万元；重残补助306户，发放补助金77.1万元；实施危房改造2户。强化人口计生工作，全镇计划生育率99.02%，获“全国计划生育优质服务示范站”称号。

■浩博科技扬州分公司新厂区投产 江阴浩博科技有限公司扬州分公司为扩大生产规模，整体收购位于宝应经济开发区原钧迪服饰有限公司存量土地4公顷，厂房1.5万平方米，投资1亿元，将公司由夏集镇工业集中区整体搬迁到宝应经济开发区，新购设备200多台套，新上年处理10万吨太阳能硅片切割砂综合利用项目。8月份，新厂区正式投产。分公司在发展过程加强品牌建设，与总公司、成都分公司形成产业联动。全年实缴国税1 207.6万元，占全镇实体税收36.2%，成为夏集镇税收过千万元首家企业。

■创成“全国计生优质服务示范站” 镇党委、政府加大对镇计生中心服务站的投入，对镇村世代服务阵地进行家居化改造，加强“世代服务”品牌建设，提升优质服务水平；将流动人口管理与服务，证件办理，奖励扶助政策咨询等计生工作融为一体，开展“一站式”便民服务；创立方便快捷的“便民维权直通车”，设立咨询及业务受理热线电话，举报监督电话，公开办事程序，推行首问负责制、一次告知制、服务承诺制、办事限时制等30项制度；开展“诚信计生”，以服务对象的满意度为最终评判标准，做好优质服务工作。2011年，镇计生中心服务站被国家人口和计划生育委员会授予“全国计生优质服务示范站”称号。

■夏集镇中心卫生院迁址新建 2011年初，经县政府、县发改委、县卫生局批准，夏集中心卫生院迁址新建工程开工建设。工程占地面积1.5万平方米，建筑面积7 000平方米，总投资1 200万元，其中主体建筑面积6 000平方米（门诊楼2 400平方米、住院楼2 400平方米、预防保健楼1 200平方米），附属工程1 000平方米。年底，夏集中心卫生院迁址新建工程完工并投入使用。新建中心卫生院科室齐全、设备优良、环境优美，成为集医疗、护理、预防、保健、康复教育及计划生育指导“六位一体”的现代化乡镇卫生机构。

（单永贵）

2011年夏集镇主要经济社会指标实绩表

表48

项　目	单位	数量	比上年增长%	项　目	单位	数量	比上年增长%
地区生产总值	亿元	13.8	16.9	工业利润	万元	26 540	136.9
第一产业	亿元	4.2	20	工业技改投入	万元	90 100	10.7
第二产业	亿元	4.8	14.2	工业从业人数	个	8 058	12
第三产业	亿元	4.8	17	建筑业产值	万元	123 000	43.4
财政收入	万元	7 181	11.7	建筑业利润	万元	3 304	222.3
农业总产值	万元	73 342	18.1	建筑业从业人数	人	4 632	−0.01
粮食总产量	吨	92 639	4.4	当年引进(实施)项目数	项	15	150
棉花总产量	吨	0	0	当年到账域外资金	万元	3 406	0.002
油料总产量	吨	1 847	−10.12	外贸出口额	万元	2 040	26.5
生猪饲养量	万头	24 369	−0.3	第三产业从业人数	人	18 248	0.15
家禽饲养量	万羽	67.8	−1	个体工商户	户	125	1.6
水产品产量	吨	5 336	1.6	学校	所	6	0
农业从业人数	人	9 283	−11.1	在校学生数	人	2 651	−0.8

续表

项　目	单位	数量	比上年增长%	项　目	单位	数量	比上年增长%
工业企业数	家	493	0.8	外出劳务人数	人	14 680	5.9
工业总产值	亿元	81.2	27.3	外来劳务人数	人	260	3.6
工业销售收入	亿元	78	27.3	农民人均收入	元	12 199	20.8

2011 年夏集镇规模企业一览表

表 49　　单位:万元

企业名称	主要产品	实绩			地址
		产值	销售	利税	
江苏苏中电缆厂	铜材、电力电缆	207 046	199 983	24 934	夏集镇工业集中区
江苏金夏纺织有限公司	棉纱	55 997	54 594	4 346	夏集镇工业集中区
扬州市德友线缆有限公司	电力电缆	5 610	5 463	366	夏集镇工业集中区
扬州格莱德科技有限公司	PEG 切割液	43 009	42 255	4 355	夏集镇工业集中区
扬州银鹭纺织有限公司	棉纱	23 807	23 103	3 168	夏集镇工业集中区
宝应海鸿服装有限公司	服装	2 980	2 964	275	夏集镇工业集中区
宝应县大明电缆附件有限公司	网纹带	5 635	5 488	439	夏集镇塘北村
宝应县子婴精工木器厂	木柄	4 907	4 763	436	夏集镇子婴河社区
宝应森源木业有限公司	刨板	3 503	3 367	237	夏集镇子婴河社区
扬州市凤鸣电缆厂	电力电缆	10 511	10 228	873	夏集镇工业集中区
扬州三和化工有限公司	乙醚	12 596	12 037	1 159	夏集镇工业集中区
扬州市飞鹰电子科技有限公司	电子点火器	11 194	11 057	734	夏集镇工业集中区
扬州天祥鞋业有限公司	劳保鞋	4 203	4 064	293	夏集镇丰收村
扬州恒威电热科技有限公司	电热电器	4 558	4 428	270	夏集镇夏集村
宝应县飞越鞋业有限公司	劳保鞋	5 607	5 462	365	夏集镇王桥村
扬州聚龙鞋业有限公司	劳保鞋	4 204	4 068	437	夏集镇工业集中区
扬州市瑞辰木业有限公司	刨板	4 558	4 428	405	夏集镇友映村
扬州沪宝化学试剂有限公司	化学试剂	5 601	5 463	437	夏集镇工业街

2011 年夏集镇村、社区基本情况表

表 50

村、社区	党支部书记	村(居)委会主任	会　计	村(居)民小组数(个)	户数(户)	总人口(人)	农业面积(公顷)	工业企业(家)	社会总产值(万元)	人均年纯收入(元)
夏集社区	张　健	张　健	张　红	13	1 387	4 990	233	33	11 360	12 863
郭桥村、社区	冯　辉	王才宏	李桂金	13	1 649	4 756	338	52	24 628	13 164
子婴河、社区	陈启华	—	殷晓芳	9	686	2 125	112	32	10 378	11 500
双琚村	徐德群	徐德群	沈建军	14	770	2 659	375	20	13 047	12 964
苏雅村	杨　猛	杨　猛	夏存桂	13	801	2 246	385	19	11 899	12 855
双塘村	郭长顺	郭长顺	陈有权	17	1 076	3 341	473	21	16 626	11 936
蒋庄村	房福余	房福余	申茂盛	21	1 206	3 559	400	35	26 232	13 261
赵雍村	夏鹤立	张传清	熊春富	12	811	2 428	367	11	10 331	11 735
潼口村	赵彦顺	赵彦顺	赵学军	15	1 035	3 038	401	21	14 441	10 740
塘北村	曹　平	曹　平	付广妹	14	930	3 013	330	16	14 314	12 958
相庄村	陈士新	张美华	谢存年	17	1 058	3 210	368	23	16 010	12 860

续表

村、社区	党支部书记	村(居)委会主任	会　计	村(居)民小组数(个)	户数(户)	总人口(人)	农业面积(公顷)	工业企业(家)	社会总产值(万元)	人均年纯收入(元)
三洋河村	房明生	徐家华	冯桂富	12	909	3 024	327	19	9 478	11 560
王营村	陈启刚	张成亚	唐桂宝	14	756	2 468	325	21	12 491	11 983
卫星村	沈学元	孙尔武	殷玉琴	18	1 220	3 908	515	29	16 269	11 685
王桥村	翟德华	翟德华	张秀凤	15	943	3 410	262	18	16 669	12 254
丰收村	鲍继宏	胡桂林	翟培桂	12	746	2 507	303	13	13 236	11 168
万民村	朱富荣	杨长春	顾永琴	12	895	3 014	246	12	13 904	10 859
果园场	沈益明		王寿宝	4	185	624	57	4	2 399	11 597

柳堡镇

■概况　柳堡镇位于宝应县东南部，东靠兴化市沙沟镇，南临夏集镇，西傍氾水镇，北接小官庄镇、鲁垛镇、广洋湖镇，镇域面积120平方千米，其中耕地面积4 621公顷、水面面积2 323公顷，辖16个行政村、1个村(社区)、2个社区，年末总人口5.17万人。2011年，全镇实现地区生产总值16.89亿元，比上年增长37.7%。其中，第一产业5.70亿元、第二产业5.87亿元、第三产业5.32亿元，分别比上年增长21.4%、53.4%、42.2%，实现财政收入8 086万元，比上年增长11.5%。其中预算内收入8 398万元、比上年增长15.8%，农民人均纯收入12 469元、比上年增长20.1%。是“全国环境优美镇”,“江苏省文明镇”、“江苏省卫生镇”、“江苏省社会治安管理先进镇”、“发展工业先进乡镇”、“扬州市环境优美乡镇”。

农　业。大力发展高效农业，重点打造沿安大公路高效农业基地，全镇新建高效农业园区面积833.33公顷。推进农业产业化，江苏二妹子食品公司创成市级龙头产业化企业。水利建设重点推进三横河、芦氾河清淤工程、大三王河征迁工程，以及水利重点县、双低油菜基地等项目建设。发展“三大合作组织”，新建农民专业合作社11家、土地股份合作社1家、社区股份合作社2家，累计建成各类“三大合作组织”70家。二妹子机插秧合作社申报省“五好”示范合作社，3家合作社申报市“五好”合作社。2011年，全镇实现粮食总产量7.51万吨，油料总产量720吨，水产品产量26 689吨。加大农村环境综合整治力度，扎实开展小康创建。

工　业。完善工业经济发展激励政策，积极引导企业科技创新、转型升级，工业经济持续向好，高开稳走。新增开票销售额过2亿元企业1家(江苏扬工动力机械有限公司)，新增开票销售额过1亿元企业2家(江苏亚宝绝缘材料股份有限公司、江苏扬工动力机械有限公司)，开票销售

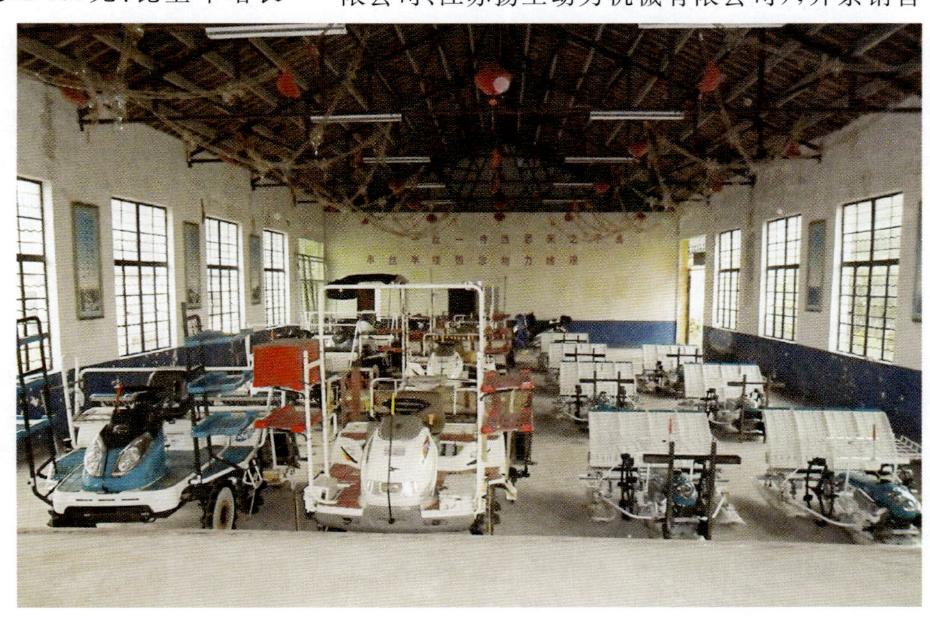

柳堡镇二妹子机插秧合作社机库

额亿元以上企业总数10家。全年新增私营企业131家，新增民营企业注册资本6.9亿元，新增有限公司注册资本4.3亿元。全镇入库税金过100万元企业21家，比上年增加7家。其中，江苏江鹤滑线电气有限公司、扬州市天宝滑线电气有限公司2家企业入库税金过500万元；江苏亚宝绝缘材料有限公司、扬州华电电气有限公司2家企业入库税金过300万元；宝应县亿达电子陶瓷有限公司入库税金过200万元。围绕电工电气产业，推进科技创新、品牌建设、促进转型升级。扬州木立方软件科技有限公司、扬州春华软件科技有限公司、扬州金宝软件科技有限公司3家企业获批省级电工电气产业基地、省新办软件及信息服务业。引进本科以上人才30人，其中2人获批市"绿扬金凤"人才计划。江苏江鹤滑线电气有限公司、扬州市天宝滑线电气有限公司2家企业获批国家高新技术企业；扬州华电电气有限公司"春神"牌获批省著名商标；获批市知名商标4个、市名牌产品1个。扬州华电电气有限公司继电保护器获批省级重点新产品。江苏扬工动力机械有限公司"现代交通用内燃散热器及其应用材料工程技术研究中心"获批省工程技术中心。

建筑业、第三产业。全年完成建筑业县外"双包"工程面积52.06万平方米；实现建筑业施工产值10.26亿元，增加值2.35亿元；完成建筑业资金投入2 200万元，新增项目经理2人，引进人才5人，新拓展建筑市场2处。扬州兴厦建筑安装有限公司由三级资质升级为二级资质。加快第三产业和服务业发展，实现服务业增加值5.32亿元。

精神文明建设。举办纪念建党90周年，党史知识竞赛。45支代表队参加初赛，经笔试初赛，6支代表队进入决赛。教育党总支代表队获一等奖，郑渡村和华电公司代表队获二等奖，仁里村、江鹤集团和卫生代表队获三等奖。开展"文明村"、"文明单位"等精神文明评选活动，表彰三个文明建设先进集体和先进个人。全镇共评选出文明单位18家、企业发展先进单位15家、科技创新先进单位5家、招才引智先进单位2家、建筑企业优秀项目部2个、招商引资税源经济先进个人10人、优秀营销员66人、先进工作者145人、"十星文明户"典型38人。组织镇腰鼓队、舞龙队，在节庆期间开展文艺宣传活动。强化机关作风建设，严格执行县委、县政府《关于从严管理干部的十项规定》和县"两办"《宝应县党政机关厉行节约过紧日子暂行规定》，出台《双十规定》实施办法，成立督查办公室，开展明查暗访，实行问责制度，重视群众信访工作，组织开展班子成员"大接访"活动，全年未发生一起重大安全事故。

■招商引资 强化驻点招商、流动招商，推进企业招商、以商引商，选聘能人开展委托招商、兼职招商，实行领导干部招商AB角制度，认真组织"烟花三月"经贸旅游节、荷藕节、秋季招商等三大招商战役。全年新开工扬州德尔富自动化科技有限公司、江苏麒浩卫生用品设备有限公司、宝应县精工绝缘有限公司聚酰亚胺薄膜二期工程等投资亿元以上项目4个；江苏江鹤电气集团包装机械项目、江苏双楫实业有限公司橡胶制品项目2个亿元项目竣工投产。

■集镇建设 打造特色进镇路口，投入100万元，新建跨街龙门架、"高炮"广告塔6个；投入600万元，新建1.5千米艳阳大道延伸段，将总长3.5千米艳阳大道打造成对接安大路的绿化、亮化景观大道；投入300万元，改造污水处理厂、垃圾中转站，新建污水管网3 000多米；成立115人的农村保洁员队伍，日处理生活污水10吨，垃圾8吨；启动润柳佳苑、中心集镇、郑渡集镇2万平方米安置小区建设；投入30万元，在二妹子广场设立雕塑1座；投入200万元新建团结路、新民路延伸段；加速园区西移北扩，在工业园区北侧和原王通河中学旧址新建标准化厂房2万平方米。有序开展土地复垦、土地挂钩、土地整理以及土地上市，盘活存量土地8.67公顷，兴办技改等项目10多个。

■社会事业 镇政府投入60万元，实施中心初中校园绿化整治工程；投入70万元，完善郑渡幼儿园、郑渡小学、芦村小学塑胶场地、操场、广场及校舍建设等。镇中心初中申报省绿色学校、市优美校园，中心小学创省群众满意学校，郑渡幼儿园创市优质园、芦村小学创建数字化校园，芦村幼儿园老师苗颖获评"市教育十大新闻人物"。加快实施区域供水工程，各建设标段管道铺设顺利施工。全镇五保老人集中供养率70%。新农合、新农保参合参保率95%。

■8 家新闻媒体到柳堡镇采访民企扶贫工作 5 月 25 日，市政府，市老促会组织《扬州日报》、《扬州晚报》、《扬州时报》、扬州新闻网、扬州人民广播电台、扬州电视台及县电视总台等 8 家新闻媒体，集中采访柳堡镇民营企业参与扶贫工作情况。柳堡镇有民营企业 100 多家，70% 的民企业主都是该镇人，他们积极参与扶贫工作，累计 10 年间无偿捐款 1 200 万元。8 家新闻媒体先后重点采访江苏江鹤集团企业家华鹤章、扬州市天宝滑线电气有限公司企业家乔维宝、宝应电子陶瓷厂企业家夏永松，并到被扶贫的有关村、困难户作实地采访。上述三位民营企业家先后分别向社会公益事业、贫困学生、贫困家庭无偿捐资 130 万元、110 万元和 120 万元，深受干部群众赞誉。

■"五法"盘活存量土地 柳堡镇针对用地难、指标少问题，采用"五法"盘活企业存量闲置土地：闲置土地划拨法，将企业闲置土地部分划拨；扩大技改规模法，对"占而不用、开而不发"企业，要求在规定时间内动工建设；自行开发建设法，对有些企业闲置土地，暂时没有项目支撑的，要求建厂房对外招租；嫁接合作发展法，对部分缺资金企业帮助寻求合资合作；政府回购盘活法，对部分企业闲置土地，既无盘活打算，又无资金实力的，由镇政府回购，建设标准化厂房向外出租。全年共盘活存量土地 11 宗 9.03 公顷。

■县全面小康创建视察团到柳堡镇视察 6 月 27 日，县全面小康创建视察团到柳堡镇视察镇创业路绿化工程及现代高效农业园区。柳堡镇创业路绿化工程，全长 1.7 千米，投资 200 万元，道路两侧建成 18 米宽绿化带，打造成景观大道、迎宾大道。柳堡镇现代高效农业园区规划总面积 186.67 公顷，其中核心区规划 66.67 公顷，已建成面积 33.33 公顷。园区以钢架大棚、日光温室等设施栽培为主，主要种植西瓜、茄果、油桃、葡萄和绿叶蔬菜等反季节和特色果菜产品。视察团成员在听取汇报、实地察看后，对柳堡镇绿化及农业园区建设给予较高评价，并对下一步建设提出建议。

（陈志超）

2011 年柳堡镇主要经济社会指标实绩表

表 51

项　目	单位	数量	比上年增长%	项　目	单位	数量	比上年增长%
地区生产总值	亿元	16.89	37.7	工业利润	万元	40 667	23
第一产业	亿元	5.70	21.4	工业技改投入	万元	101 900	—
第二产业	亿元	5.87	53.4	工业从业人数	人	8 106	−7
第三产业	亿元	5.32	42.2	建筑业产值	万元	102 600	19
财政收入	万元	8 086	11.5	建筑业利润	万元	1 925	22
农业总产值	万元	102 318	19.2	建筑业从业人数	人	7 611	1.4
粮食总产量	吨	75 061	7.5	当年引进项目数	个	9	—
棉花总产量	吨	—	—	当年到账域外资金	万美元	512	—
油料总产量	吨	720	2	外贸出口额	万元	25 985	4
生猪饲养量	头	40 209	−2.6	第三产业从业人数	人	12 171	2
家禽饲养量	万羽	134	−2	个体工商户	户	131	—
水产品产量	吨	26 689	1.9	学校	所	4	—
农业从业人数	人	10 184	−3.7	在校学生数	人	2 540	−6.6
工业企业数	个	534	5	外出劳务人数	人	27	1
工业总产值	亿元	74.75	30	外来劳务人数	人	2 460	1
工业销售收入	亿元	71.01	30	农民人均收入	元	12 469	20.1

2011 年柳堡镇规模企业一览表

表 52　　单位:万元

企业名称	主要产品	实绩			地址
		产值	销售	利税	
扬州宝测电气有限公司	试验变压器、电器	9 009	7 712	1 115	镇工业园区
宝应县苏中电力设备厂	试验变压器、电器	37 800	36 600	5 758	镇工业园区
江苏江鹤滑线电气有限公司	电缆桥架、滑线	35 963	33 683	5 345	镇工业园区
扬州市双宝电力设备有限公司	高压绝缘子	33 544	32 179	3 476	镇工业园区
扬州华电电气有限公司	试验变压器	37 835	36 380	5 938	镇工业园区
江苏亚宝绝缘材料有限公司	亚胺薄膜	48 115	47 356	4 717	镇工业园区
扬州市天宝滑线电气有限公司	滑线导轨	40 231	40 231	5 416	柳堡镇仁里村
扬州市万利精密陶瓷有限公司	电子陶瓷	31 536	32 499	3 803	镇陶瓷园区、郑渡村
扬州龙胜机车车辆电材厂	机车配件	11 998	11 998	556	宝应经济开发区
宝应县精工绝缘材料有限公司	绝缘材料	21 362	20 586	2 311	镇芦村居委会
江苏扬工动力机械有限公司	动力机械	19 664	18 673	1 876	县意大利工业园
宝应县光华陶瓷厂	陶瓷	7 524	7 213	682	镇郑渡村
宝应县兴利达陶瓷有限公司	陶瓷	3 824	3 633	267	镇陶瓷园区、郑渡村
宝应县亿达电子陶瓷有限公司	陶瓷	10 884	10 606	1 349	镇芦村居委会
扬州市艳阳天绝缘材料有限公司	绝缘材料	5 499	5 219	672	镇工业园区
扬州振盛不锈钢制品厂	不锈钢制品	16 268	15 455	1 734	镇工业园区
扬州巨神绳缆有限公司	绳缆	9 299	9 290	1 089	镇工业园区
江苏博能电气有限公司	滑线桥架	5 850	5 450	922	镇工业园区
江苏浩天创业电气有限公司	开关柜	4 060	8 920	625	镇工业园区

2011 年柳堡镇村、社区基本情况表

表 53

村、社区	党支部书记	村(居)委会主任	会　计	村(居)民小组数(个)	户数(户)	总人口(人)	农业面积(公顷)	工业企业(家)	社会总产值(万元)	人均年纯收入(元)
迎湖村	吴洪飞	王乃兰	林红喜	10	590	4 078	140.93	20	74 870	12 413
郑渡村、社区	郑华祥	刘冬英	刘冬英	17	1 791	5 638	311.37	65	6 911	15 802
柳堡村	卢玉林	—	—	11	780	2 214	328.8	24	14 325	13 507
团庄村	夏永先	夏永先	夏永勤	14	1 072	2 018	274.67	24	9 379	13 329
雍尹村	雍有宏	雍有宏	袁梅金	15	1 320	2 181	408.73	35	10 917	9 837
廷柏村	蒋素莲	居继庆	顾立仁	10	716	3 569	285.53	25	6 840	12 019
寿林村	潘启荣	潘启荣	蔡秀忠	10	755	3 495	264.27	24	4 790	12 278
王通河村	唐　震	唐　震	夏永盛	9	685	2 243	214.33	30	6 942	10 249
建设村	苗启荣	刘万林	刘万林	9	635	2 605	193.47	22	3 565	12 669
仁里村	唐有德	—	乔维松	12	858	2 372	241.33	28	35 442	15 263
张袁村	陆风江	李　进	徐芝明	12	1 056	1 992	262.73	26	7 583	10 132
亚宝社区	王炳元	朱明巨	昌寿珍	8	1 396	2 968	22.13	101	10 369	13 080
新安村	张长仁	成锦文	陆锦顺	12	913	3 279	376.33	12	5 533	12 287
联丰村	陈春喜	陈春喜	杨兴桂	11	738	2 881	284.33	18	5 505	10 232
清元村	苗国华	周兆才	周兆才	12	739	2 417	294.73	25	5 923	12 781
芦东村	鲁玉林	任彩炳	周加顺	10	736	2 123	294.07	18	3 504	10 551
郛阳村	苗关注	朱长青	朱长青	7	499	2 070	217.8	12	4 537	10 637
塘新村	周国春	周国春	薛桂友	10	637	1 470	268.33	10	13 131	12 236
芦村社区	苗国华	朱树松	王成山	4	1 078	2 040	45	15	10 634	12 782

鲁垛镇

■概况 鲁垛镇位于宝应县城东南20千米，总面积61.48平方千米，其中，耕地3 524.7公顷，水面滩地1 159.2公顷，年末总人口3.31万人，辖12个行政村、1个社区。2011年，全镇实现地区生产总值6.94亿元，比上年增长39.1%，其中，第一产业2.27亿元，第二产业3.01亿元，第三产业1.66亿元，分别比上年增长20.1%、78.1%、17.7%；实现财政收入6 066万元，比上年增长24.6%；农民人均纯收入11 531元，比上年增长20.3%。鲁垛镇成功创建国家"生态镇"、扬州市卫生镇。

农　业。全镇实现农业总产值4.1亿元，比上年增长21.3%。新增高效规模农(渔)业面积280公顷，新增设施农业面积133.3公顷，新增农业适度规模经营面积220公顷，农业利用"三资"9 560万元，其中民间资本7 430万元、工商资本2 130万元(到账外资300万美元)。新增造林面积126.7公顷，其中成片林77.58公顷，集镇绿化率40%；农业机械镇外作业创收420万元，水稻机插秧1 866.7公顷(含小苗移栽)，夏秋秸秆全量还田4 400公顷；新创市级以上"五好"示范社两个，农村土地股份合作社新增入股土地面积120公顷；新增农村"三大合作"组织12个，分别建成高效花卉苗木基地、水生蔬菜园区、有机稻米园区。

工　业。着力培育木业制造、电工电器、有色金属制造和乱针绣等产业，全年实现工业总产值23.8亿元，比上年增长20.2%；工业销售收入22.4亿元，比上年增长19.8%；工业利税1.62亿元，比上年增长73.2%；规模工业利税1.25亿元，比上年增长48.8%；开票销售额6.7亿元，比上年增长57%；全年到账域外资金4 850万元，比上年增长25%；外贸出口额5 622万元，比上年增长137.7%；工业技改投入5.66亿元，比上年增长16.8%；新注册私营企业65家，新增民营注册资本4.83亿元、占年度计划的103.8%；继江苏宝南木业制造有限公司之后，江苏奥新科技有限公司成为鲁垛镇第二家亿元企业。全年共招引工业项目5个，总投资额3亿元。其中，投资额在5 000万元以上项目2个、投资额在3 000万元以上项目3个。

建筑业、第三产业。建筑业完成施工总面积45.6万平方米，其中县外"双包"面积19.3万平方米，实现施工产值4.07亿元，比上年增长15.9%。建筑业利润516万元，比上年增长22.9%。巩固传统服务业，加快发展现代服务业，全镇第三产业从业人员0.75万人，实现第三产业增加值1.66亿元。年底，"扬州市乱针绣文化产业园"被市政府确定为扬州市2011年服务业重大项目之一。

精神文明建设。深入开展创先争优活动，继续推进省精神文明建设品牌——"三和杯"竞赛活动。9月30日，镇党委、政府举行全镇"三和六好"先进典型表彰大会，对全镇10名好公婆、10名好媳妇、10名好儿女、10名好邻里、10名好少年、6名好干部进行表彰。坚持抓好干部队伍能力作风建设，加强督查问责，健全惩防体系建设，推进农村党风廉政标准化工程建设，定期组织民意调查，反馈满意指数，不断优化发展环境。大力开展平安创建活动，加强社会治安综合治理，建立"十户联防"、"红袖标"工程和"邻里技防"治安防控网络，"三和"调解工作室被评为市"平安创建先进单位"；启动"六五"普法活动，妥善处理各类上访，化解各类社会矛盾；强化安全生产监督，开展药品、食品安全和文化市场专项整治，净化社会环境。年底，镇党委、政府表彰镇"文明单位"28个、"计划生育先进单位"6个、"政法信访工作及综合治理先进单位"11个、"安全生产先进单位"16个、"先进工作者"90人、"建筑业优秀项目经理"5人、"企业优秀员工"46人。

■扬州乱针绣文化产业园开园 截至2011年底，鲁垛镇有各类刺绣企业近20家，研发机构3家，从事刺绣女工3 000多人。鲁垛镇为发展刺绣特色产业，在完善镇工业集中区各项基础设施基础上，筹集资金3 000多万元，在镇工业集中区的锦绣工业园北侧安大路东边建设扬州乱针绣文化产业园。12月25日，鲁垛镇举行扬州乱针绣文化产业园开园仪式。县委常委、宣传部部长顾长荣等县领导为扬州乱针绣文化产业园开园揭幕，并向鲁垛镇颁发"扬州市非物质文化遗产"

鲁垛镇刺绣女工

和“宝应县天马工业设计中心乱针绣创意中心”牌匾。

扬州乱针绣文化产业园占地面积 1.3 公顷、建筑面积 9 000 平方米，建有 6 幢标准化厂房和一幢乱针刺绣艺术馆。截至年底，共有 6 家乱针绣企业进园兴业。

■集镇建设 推进教育现代化建设和中小学均衡发展。整合教育资源，筹资 700 万元开工建设中心初中综合楼和宿舍楼。中心小学、中心初中分别建成省平安校园、市优美学校；成人教育中心被评为扬州市特色学校，高级中学高考本二达线 76 人，再创佳绩。有线电视实现从模拟信号向数字电视转换 1 000 户。新型农村合作医疗参保率和新农保参保率均达 99%。区域供水工程完成总工程量的 90%。狠抓农村综合环境整治，疏浚河道 156 条、59 万立方米；改厕 780 座，新建公厕 34 座；新建垃圾池 398 口、沼气池 240 口；集镇垃圾中转站和污水处理厂全天运营，生活垃圾集中无害化处理达 95%。5 月份，全县农村环境综合整治现场会在鲁垛镇召开，推广鲁垛镇做法和经验。年底，鲁垛镇顺利通过江苏省生态镇验收。第六次全国人口普查工作被授予“江苏省先进集体”。加强计划生育基础设施建设，投资 60 万元，移址改建计划生育世代服务阵地。实施锦绣路（原名镇北路）绿化、亮化工程，建起 LED 大型显示屏、LED 树灯和锦绣鲁垛标志牌，锦绣路成为市、县共管示范路。

■社会保障 全面落实社会保障，提高城乡低保、“五保”供养标准，实现应保尽保。全年解决农村户口 585 人纳入最低生活保障，解决城乡低保 17 户、22 人、累计发放低保资金 100 万元；共有“五保”户 176 人、累计发放资金 51 万元；解决退伍人员养老补助 135 人；向 80 岁以上老人发放敬老金 614 人、90 岁以上老人发放敬老金 44 人、100 岁以上老人发放敬老金 1 人；解决扶贫建房 1 户，大病救助、慈善救助 92 人次，累计发放救助资金 30 万元；向贫困大学生发放助学资金 25 人次、5 万元。筹集资金 100 万元完善镇敬老院办公、生活设施。鲁垛镇被县委、县政府评为“民政工作先进单位”。

■陶林村建成“省和谐社区建设示范村” 陶林村位于鲁垛镇东部，村域面积 10.82 平方千米，辖 11 个村民小组、1 020 户、3 402 人。2011 年人均纯收入 12 860 元。该村紧紧围绕发展农村经济，增加农民收入，维护稳定大局，通过健全制度，规范程序，完善机制，提高村务公开民主管理工作整体水平，推进村民自治与和谐村组建设，先后获得市、县文明村，市、县民主管理示范村，市农村财务管理先进村，市综合治理先进村，省百佳生态村，省民主法治示范村等称号。年底，陶林村被省民政厅命名为“江苏省和谐社区建设示范村”。

■姜龙涛当选“全国成人教育先进工作者” 鲁垛镇成人教育中心校校长姜龙涛，2000 年 9 月参加成人教育工作。他从鲁垛地区实际出发，积极探索和实践新时期成人教育的新问题、新特点、新要求，主持开展的《非物质文化遗产乱针绣传承教育的研究》课题，被确定为江苏省 2011 年社会教育重点课题，并在全省社会教育研究课题开题培训会上交流发言；连续 3 年承办全县成人教育工作现场会，被县教育局评为“优秀成校校长”，被全国成人教育协会评为 2011 年“全国成人教育先进工作者”。

■创建卫生镇工作通过市考核组验收 12 月 16 日，扬州市创建卫生镇考核组到鲁垛镇考核验收创建市卫生镇工作。考核组围绕市卫生镇标准，从爱国卫生组织管理、健康教育、环境卫生、环境保护、病媒生物防制、卫生监督、疾病预防与控制、社区和单位卫生、镇与村卫生、群众是否满意10个方面，认真查阅相关资料，6个检查组分头到农贸市场、超市、学校食堂、饭店、相关村和部分居民户家中进行认真检查。通过检查考核，考核组专家一致同意鲁垛镇创成市卫生镇。

■锦绣路升级改造工程 2010年下半年至2011年上半年，鲁垛镇利用国家扩大内需，发展小城镇建设项目机遇，投入900万元，对锦绣路(原镇北路)全面升级改造，建成别具一格的镇景观大道。该项工程总长1.95千米、宽12米，新栽植(移)绿化树木2万多棵，其中名贵树木455株；沿安大线安装太阳能路灯17盏，锦绣路路段安装路灯220盏(含照明灯60盏，变色灯60盏)；在全县乡镇首家建起LED大型显示屏，滚动播放鲁垛镇风土人情专题片和各类信息；路旁配套建成小型生态走廊、市民休闲广场、市民健身中心等。年底，锦绣路成为市、县、镇三级联管示范路。

(徐乃洵)

2011年鲁垛镇主要经济社会指标实绩表

表54

项　目	单位	数量	比上年增长%	项　目	单位	数量	比上年增长%
地区生产总值	亿元	6.94	39.1	工业利润	万元	16 266	73.2
第一产业	亿元	2.27	20.1	工业技改投入	万元	56 600	16.8
第二产业	亿元	3.01	78.1	工业从业人数	人	6 549	9.4
第三产业	亿元	1.66	17.7	建筑业产值	万元	40 700	15.9
财政收入	万元	6 066	24.6	建筑业利润	万元	516	22.9
农业总产值	万元	40 993	21.3	建筑业从业人数	人	3 300	2.1
粮食总产量	吨	50 010	4.9	当年引进项目数	项	6	20
棉花总产量	吨	3	76.5	当年到账域外资金	万元	4 850	25
油料总产量	吨	565	－16.4	外贸出口额	万元	5 622	137.7
生猪饲养量	万头	1.8	20	第三产业从业人数	人	7 510	－2.6
家禽饲养量	万羽	60.7	6.9	个体工商户	户	126	9.6
水产品产量	吨	6 412	13.9	学校	所	2	
农业从业人数	人	5 100	－4.1	在校学生数	人	1 376	－11
工业企业数	家	243	18.5	外出劳务人数	人	9 400	－1.5
工业总产值	亿元	23.8	20.2	外来劳务人数	人	560	75
工业销售收入	亿元	22.4	19.8	农民人均收入	元	11 531	20.3

2011年鲁垛镇规模企业一览表

表55

单位：万元

企业名称	主要产品	实绩			地址
		产值	销售	利税	
江苏宝南木业制造有限公司	中密度纤维板	19 254	18 743	3 271	鲁垛镇工业集中区
江苏奥新科技有限公司	摊铺机械	18 424	17 781	1 771	宝应县开发区新区
江苏兴达高温合金科技有限公司	高温合金	9 611	9 140	474	鲁垛镇工业集中区
扬州恒海机械设备有限公司	耐热钢	8 812	8 572	786	鲁垛镇工业集中区
扬州中矿机械有限公司	耐热钢	13 874	13 572	1 276	鲁垛镇工业集中区
扬州市平达铝业有限公司	铝制品	3 026	2 867	453	鲁垛镇工业集中区
扬州贝斯特电器有限公司	电缆桥架	8 177	8 060	1 131	鲁垛镇振兴西路12号
扬州天成食品有限公司	保鲜蔬菜	12 791	11 820	1 148	鲁垛镇振兴西路21号
扬州恒大食品有限公司	盐渍藕	5 568	5 487	525	鲁垛镇陶林村
宝应县路控仪器有限公司	找平仪	7 998	7 743	1 049	宝应县开发区新区

2011 年鲁垛镇村、社区基本情况表

表 56

村、社区	党支部书记	村(居)委会主任	会　计	村(居)民小组数(个)	户数(户)	总人口(人)	农业面积(公顷)	工业企业(家)	社会总产值(万元)	人均年纯收入(元)
陶林村	陈学勤	徐志元	陶春华	11	1 020	3 402	457	12	9 626	12 860
贾林村	赵可涌	朱成奇	王建宝	8	644	2 276	254	11	5 746	12 570
朱斗村	赵　广	吉咸友	高　明	8	527	1 825	178	14	4 356	11 748
鲁垛村	李洪军	王志华	张寿兰	9	649	2 291	215	18	6 096	11 283
三新村	戴洪奎	杨万军	葛跃渠	13	1 063	3 540	318	16	7 405	12 328
鉴青村	胥元东	高瑞广	吴兆平	12	805	2 644	257	13	6 492	11 036
五顷村	张　明	周洪青	徐　峰	11	705	2 510	287	12	7 538	10 992
荡口村	刘兆亮	李成裕	李德宝	5	494	1 735	197	5	3 064	11 055
鲁庄村	刘卫星	苗登松	鲁东勤	11	770	2 670	262	9	6 312	11 472
崔王村	陈立忠	王士红	程维玉	11	474	1 471	164	4	2 296	11 482
陈幸村	邱永华	陈忠林	华继玉	8	489	1 586	181	4	2 099	10 334
何家村	衡乃兄	方如顺	方如顺	8	509	1 640	175	8	3 806	11 762
集镇社区	朱　明	朱　明	孙瑞云	11	2 476	5 500	128	20	9 386	10 749

广洋湖镇

■概况　广洋湖镇地处苏中里下河地区，与兴化市、盐城市盐都区两市区交界，是宝应县的“东大门”。全镇区域总面积 92 平方千米，年末总人口 3.65 万人，辖 13 个行政村、1 个社区。2011 年，全镇完成地区生产总值 9.27 亿元、比上年增长 35.5%，其中第一产业 3.6 亿元，第二产业 3.95 亿元，第三产业 1.72 亿元。实现财政收入 5 285 万元，比上年增长 16%，其中国税收入 3 520 万元、地税收入 1 765 万元。农民人均纯收入 12 137元，比上年增长 22.2%。各项事业快速发展，“三个文明”建设协调推进，先后获得“国家生态镇”、“江苏省科技工作先进镇”、“江苏省教育现代化先进乡镇”、“江苏省荷藕产品出口示范区”、“江苏省有机莲藕示范基地”、“江苏省体育强镇”、“扬州市管件之乡”、“扬州市小康镇”、“扬州市卫生镇”等称号。

农　业。加快流转土地承包经营权，鼓励农民、种粮大户发展高效农业，扩大鳜鱼、荷藕、有机稻米、青虾、精品蟹等高效农业园区规模，以西溪鳜鱼养殖园区为核心，打造广洋湖镇“万亩高效渔业示范园区”；以肖家村、兰亭村为核心区，建成“万亩荷藕出口示范基地”；以南湖青虾养殖园区为核心，建成“千亩青虾高效园区”。高效种植业面积达到 2 200 公顷、高效渔业面积达到 2 840公顷；以“荷仙”集团为依托，推进“公司加合作社加基地”的新型生产经营模式。实现农业总产值 6.66 亿元，比上年增长 25.4%；粮食总产量 5.35 万吨，比上年增长 6.6%，年度粮食工作考核获县一等奖；水产品总量 1.99 万吨，比上年增长 1.8%。成立镇资源管理办公室，对全镇 213.33 公顷集体资源进行公开招标，累计组织招标活动 72 次，平均每公顷增加土地租金4 500元，累计增加村组集体收入 1 000 万元。抓好村级民主管理和村务公开，化解村级债务 160.5 万元，其中民间债务 36 万元。

工　业。全年完成工业产值 39 亿元，比上年增长 40.3%；完成工业开票销售额 11.03 亿元，比上年增长 26.9%。完成规模工业产值 18.8 亿元、销售 18 亿元、利税 1.5 亿元，比上年分别增长 36.8%、36.3%、43.2%。完成工业技改 11.5 亿元，比上年增长 53%。管件产业开票销售额 8.8 亿元，占全镇全部工业开票销售的 80%，继续支撑全镇工业经济发展大局。新增民资注册资本 4.5 亿元、有限公司注册资本 2.56 亿元，分别比上年增长 42.9%、80.4%。实际利用外资 350 万美元，比上年增长 16.7%。外贸出口额 400 万美元，比上年增长 20%。工业集中区坚持科学规划、合理布局，新建工业园区兴洋路延伸工程长650米、宽32米，实施道路配套绿化1 600平方米。利用建设兴洋路延伸工程契机，盘活道路两边存量国有土地6.67公顷。投资3 000万元的扬州凤洋经济发展有限公司1.3万平方米标准化钢构厂房建设进展顺利。木渎（广洋湖）合作园区6幢、1.5万平方米厂房基本竣工。牢固树立项目为王思想，集中精力进行项目建设。实行领导带头招商，强化驻点招商，推进产业招商，引导企业招商。全年新开工项目3个，分别是江苏康莱特科技有限公司、宝应兴业高档面料有限公司、扬州凤洋经济发展有限公司；新竣工项目2个，分别是江苏五洲管业有限公司、木渎（广洋湖）合作工业园项目；完成新技改项目3个，分别是江苏兴洋管业有限公司核级管件项目、“江苏荷仙集团”下属扬州天禾食品有限公司扩产项目、恒安纺织新进气流纺生产线项目。结合党委班子换届，安排党委班子年轻成员到苏州、温州等重点地区招商，实现引进塑胶电子、密胺餐具、铜铝合金导线等实质性项目6个；协助指导广达钢圈制造有限公司完成第二期工程建设规划工作。

建筑业、第三产业。制定专项扶持政策，支持建筑企业开拓市场，推动建筑产业向高端延伸。全镇建筑业施工人数2 537人，比上年增长5%；承接规模工程29项，施工面积41万平方米，比上年分别增长16%和13.8%；施工总产值4亿元，比上年增长32.8%；实现建筑业利润128万元。建安公司改制工作进入实质性操作阶段。加快发展连锁经营、现代服务业。成立“宝应县宝发农村小额贷款担保公司”，注册资本1亿元。加强农民经纪人队伍建设，兴建水产品等交易中心。全镇第三产业从业人数9 922人，比上年增长5%；个体工商户932户，比上年增长8%；实现第三产业增加值1.72亿元，比上年增长16.2%。

精神文明建设。举办建党90周年大会及“党在我心中”文艺演出活动，组织评选镇十佳优秀共产党员。开展“文明村”、“文明单位”等精神文明评选活动，表彰三个文明建设先进集体和先进个人。全镇共评选出“十强企业”10家、“目标管理考核先进村”6个、“文明村”2个、“文明单位”12个，评选出“创先争优贡献奖”12人、“全民创业贡献奖”6人、“争先进位先进个人”15人、“爱岗敬业先进个人”18人、“十星文明标兵户”14户。葛庄村、严桥村被评为“县文明村”。组织镇腰鼓队、淮剧队、舞龙队，在节庆期间开展文艺宣传活动。强化机关作风建设，严格执行县委、县政府《关于从严管理干部的十项规定》和县委办、县政府办《宝应县党政机关厉行节约过紧日子暂行规定》，开展明查暗访，实行问责制度，先后因违反两个《规定》调整村主要负责人职务2人、免除副社长职务1人；对10名村干部因秸秆禁烧失职、工作日中午饮酒、参与赌博等实行诫勉谈话、纪律处分。纪检监察工作目标考核获县二等奖。组建镇“重大矛盾纠纷调解工作团”，重视群众信访工作，组织开展班子成员“大接访”活动，成功调解塘口承包、土地面积返还等80多起矛盾纠纷。全年未发生一起重大安全事故，被评为县“平安法治建设先进集体”。

■新农村建设 启动区域供水惠民工程，铺设完善集镇污水管网。开展兴洋路、广中路道路划线，加强万新河、农贸市场、向阳路等环境整治管理，升级改造中心小学前向阳路，铺设下水管道。在广中路两侧盘活闲置土地0.73公顷，启动建设农民集中居住区建设。投资210万元，建设教育劳动综合楼工程；投资110万元，建设480平方米的中心小学新食堂，兴建中心初中校园围墙。实施卫生院西部老病房拆除及新病房楼建设工程。

开展镇村环境综合整治，投入资金170万元，镇村共清理垃圾965吨、河道133条、路障114个；清理危房125座、废旧猪舍996座、废旧厕所1 017座、草堆960处；新建、改建垃圾池458口，新建公共厕所17座；落实管护人员71人，初步达到“水清、岸绿、路净、田美、庄洁”效果。开展“民歌盛世唱小康”、“你我同行奔小康”等活动，宣传小康知识，营造全面小康社会创建氛围。

深入推进“新农合”、“新农保”、“城居保”新型合作医疗，做到“应保尽保，应领尽领”。免费提供10大类、41项基本公共卫生服务项目，居民健康电子档案建档率80%。实行药品“零差价”，食品、药品、农产品市场秩序逐步规范。人口与计划生育工作获县“先进集体”表彰。

加强人力资源和社会保障村级平台建设，全年培训农村劳动力720人次。成立镇慈善分会，加大困难群体救助力度。落实惠农补贴、家电下乡等各项惠民政策。

升级集镇及周边有线电视网络，实现模拟信号向数字信号整体转换 300 户。改造电信网络，新装农村宽带用户 150 户，累计总数 1 000 户。

■聘任 25 名企业家作“招商大使” 广洋湖镇通过实施“以商引商”策略先后成功招引非晶带材、精密仪器、五洲管业等重要项目。1 月 20 日，广洋湖镇召开 2011 年度工业发展座谈会。会上，镇政府特聘任与会的 25 名企业家为新一批“广洋湖镇招商大使”，委托他们在商务活动中，宣传广洋湖、推介广洋湖，引导、动员更多的客商到广洋湖镇投资兴业。

■扬州天禾(富田)成为荷仙集团控股公司 参见《工业》篇《有机食品制造业》分目。

■社区教育中心教育劳动综合楼开工建设 5 月 28 日，广洋湖镇社区教育中心教育劳动综合楼举行奠基开工仪式。教育劳动综合楼规划建设 3 层，建筑面积 1 390 平方米，规划投资 200 万元。11 月份，教育劳动综合楼工程竣工并交付使用。

■成立宝应县慈善会广洋湖镇分会 5 月 28 日，宝应县慈善会广洋湖镇分会成立。会议聘任第一届分会名誉会长、会长，选举产生分会常务副会长、副会长、秘书长、副秘书长，审议通过分会章程、慈善资金管理办法及工作规则，举行授牌、授印和举牌捐赠仪式。在慈善分会成立大会上，分会共募集善款 50 万元。

■江苏五洲管业有限公司竣工投产 6 月 30 日，位于广洋湖镇工业集中区的江苏五洲管业有限公司举行竣工投产庆典。该公司由温州客商投资，项目总投资 7 000 万元，主要生产各种规格的不锈钢管件。该项目设计年实现开票销售 1 亿元，利税 400 万元。

■新建农民集中居住区 8 月 30 日，广洋湖镇启动该镇第一个农民集中居住区建设试点工作。新建农民集中居住区是广洋湖镇 2011 年为民办实事的“十大重点工程”之一，位于镇敬老院东边、广中路两侧，规划用地 0.73 公顷，共 5 层、150 户，建筑面积 1.8 万平方米。

■镇敬老院附属设施建设 2011 年，广洋湖镇以镇敬老院被列入省“关爱工程”扶持项目为契机，投入 120 多万元，完善、升级敬老院浴室、厕所、储藏室等附属设施，扩建厨房操作间、洗衣房，提升五保老人生活质量，让老人住得安心、玩得欢心、活得舒心，让每位五保老人共享省“关爱工程”温暖。

■“你我同行奔小康”宣传活动启动仪式 12 月 13 日，广洋湖镇“你我同行奔小康”宣传活动启动仪式在镇文化中心广场举行。副县长、县小康建设指挥部总指挥华德荣向镇小康文艺宣传队授旗。县、镇领导与群众一起观看“你我同行奔小康”文艺宣传节目。 （蒯义邦）

2011 年广洋湖镇主要经济社会指标实绩表

表 57

项　目	单位	数量	比上年增长%	项　目	单位	数量	比上年增长%
地区生产总值	亿元	9.27	35.5	工业利润	万元	7 500	20
第一产业	亿元	3.6	20	工业技改投入	万元	115 000	53
第二产业	亿元	3.95	67.4	工业从业人数	人	6 616	36
第三产业	亿元	1.72	16.2	建筑业产值	万元	40 000	32.8
财政收入	万元	5 285	16	建筑业利润	万元	128	14.3
农业总产值	万元	66 590	25.4	建筑业从业人数	人	2 537	5
粮食总产量	吨	53 504	6.6	当年引进项目数	项	6	−25
棉花总产量	吨	—	—	当年到账域外资金	万美元	350	16.7
油料总产量	吨	698	1	外贸出口额	万美元	400	20
生猪饲养量	万头	1.5	2.7	第三产业从业人数	人	9 922	5
家禽饲养量	万羽	35.9	2.6	个体户商户	户	932	8

续表

项　目	单位	数量	比上年增长%	项　目	单位	数量	比上年增长%
水产品产量	吨	19 936	1.8	学校	所	4	—
农业从业人数	人	10 537	1.5	在校学生数	人	1 782	−2.2
工业企业数	家	672	33.8	外出劳务人数	人	11 200	−10
工业总产值	亿元	39	40.3	外来劳务人数	人	278	7.8
工业销售收入	亿元	38	45	农民人均收入	元	12 137	22.2

2011 年广洋湖镇规模企业一览表

表 58　　单位：万元

企业名称	主要产品	实　绩			地址
		产值	销售	利税	
江苏兴洋管业股份有限公司	管件	76 349	75 295	6 865	宝应经济开发区
扬州市管件厂	管件	14 998	14 605	881	宝应经济开发区
扬州市兴洋石化管业厂	管件	23 836	23 822	2 853	广洋湖镇
宝应县广达钢圈制造有限公司	汽车、拖拉机钢圈	2 632	2 630	153	广洋湖镇
扬州天禾食品股份有限公司	食品	3 083	3 104	248	广洋湖镇
扬州富田食品股份有限公司	食品	2 429	2 429	83	广洋湖镇
江苏晨曦光伏科技有限公司	电线电缆	5 903	5 903	544	广洋湖镇
扬州市恒宇印染机械有限公司	印染配件	11 763	11 762	1 477	广洋湖镇
扬州市龙洋法兰管业制造股份有限公司	管件、法兰	20 489	20 576	2 248	广洋湖镇
扬州市华亚管业有限公司	管件	12 105	11 691	656	广洋湖镇
扬州市瑞祥薄膜股份有限公司	塑料薄膜	5 149	5 149	156	广洋湖镇
扬州市宏厦非晶科技有限公司	印染配件及非晶合金	5 706	5 706	242	广洋湖镇
扬州市恒安纺织有限公司	纺织	11 553	11 807	575	广洋湖镇
宝应县顺美纺织品有限公司	纺织	12 464	12 144	601	广洋湖镇
扬州市新华科技发展有限公司	电磁线	10 932	10 877	29	宝应经济开发区

2011 年广洋湖镇村、社区基本情况表

表 59

村、社区	党支部书记	村(居)委会主任	会　计	村(居)民小组数(个)	户数(户)	总人口(人)	农业面积(公顷)	工业企业(家)	社会总产值(万元)	人均年纯收入(元)
鹤湾村	周爱连	吴开林	夏　群	12	862	2 922	360	19	7 400	12 885
葛庄村	姚正国	王　乾	葛立祥	11	783	2 586	331	15	5 500	10 021
严桥村	费长清	—	朱应翔	11	786	2 873	446	12	6 700	12 610
桥头村	高桂祥	高桂祥	董红星	11	853	2 976	502	3	9 100	12 886
白鼠村	肖有根	陆　云	李兆洋	9	643	2 330	423	16	8 400	11 992
蒯家村	王礼洪	王礼洪	杨君武	7	442	1 627	372	18	6 500	14 703
西溪村	冯乃宽	朱殿国	朱殿兵	12	715	2 763	701	17	11 500	12 740
三联村	张仁恩	沈文亚	张国跃	5	381	1 342	351	10	6 600	12 371
东溪村	成新华	陈家华	俞才林	8	703	2 435	510	23	7 600	13 448
肖家村	郑高才	郑高才	陈习龙	10	783	2 931	524	4	9 600	10 325
兰亭村	杨艳萍	王美云	陈中汉	8	650	2 228	445	11	7 500	11 514
东进村	潘敬军	秦玉祥	杨　志	12	949	3 082	366	13	6 250	9 933
万新村	马春涛	潘永祥	潘永祥	12	1 019	2 065	129	8	8 100	12 414
兴洋社区	张成美	王国汉	李锦华	12	1 886	5 376	46	219	18 300	12 078

小官庄镇

■概况 小官庄镇位于宝应县城东南15千米处。西近京杭大运河，东接安大公路，京沪高速穿西境而过，沿广公路横贯东西，交通便捷；镇域面积46平方千米，有“中国玻璃工艺品之乡”和“东方圣诞小镇”之美誉。全镇现辖9个行政村、1个社区，107个村民小组，年末总人口2.92万人。2011年，全年完成地区生产总值5.88亿元，比上年增长20%，其中第一产业增加值1.29亿元，第二产业增加值2.68亿元、第三产业增加值1.91亿元，分别比上年增长17.2%、15.5%和29.2%。税收收入5 195万元，比上年增长24%，其中国税收入3 707万元、地税收入1 488万元。农民人均纯收入11 517元，比上年增长16.1%。

农　业。全年完成农业总产值2.29亿元，比上年增长28.9%。新增高效农业面积200公顷，设施农业130公顷，农业适度规模经营200公顷。新增水稻插秧机28台，秸秆还田机15台。新增农村“三大合作”组织10个。创建市级以上“五好”示范社3个。加快植树造林步伐，完成成片造林40公顷，新建农田林网150公顷，“四旁”植树8万株，实现高效林业34公顷。加强农村环境整治，清理河道58条，清运各类垃圾近9 000吨，新建标准化垃圾池604口，落实管护保洁人员56人，垃圾拖运23人，镇环境卫生管理办公室专业人员3人。实施农业综合开发、水利重点县、土地整理“三大项目”，新建及维修泵站26座、桥梁11座、涵洞23个。做好村务财务公开、民主监督和民主理财工作，建立“资产、资源、资金”管理网络监管系统，确定3月份为财务清理月，全年村财务公开4次。

工　业。坚持一手抓玻璃特色产业提档升级，一手抓新兴产业培育壮大，工业经济高开高走。全年完成全部工业产值41.01亿元，比上年增长34%。实现开票销售额8.07亿元，比上年增长61%。规模工业实现销售14亿元，利税1.45亿元。合同利用外资750万美元，实际利用外资350万美元，外贸自营出口突破1 800万美元，获得县开放型经济考核二等奖。

建筑业、第三产业。全年完成建筑业施工产值9.68亿元，县外“双包”面积56万平方米，创市级文明工地2个，优秀项目部1个。服务业在提高商贸流通、餐饮等传统产业的同时，大力发展软件信息产业，成立扬州天地软件产业园，入驻企业16家。全年实现第三产业增加值1.91亿元。

圣诞工艺礼品生产现场

精神文明建设。广泛开展文明村镇、文明单位、文明社区、十星级文明户评选活动，全镇有县文明单位3个，镇十星级文明户110户；完善农家书屋和农村文化体育阵地，开展“送文化下乡”巡回演出活动、全年共演出10场；全年举办“和谐社区大家乐”活动2次(场)。加快农村信息化建设步伐，新装农村宽带用户102户，新发展有线电视用户190户，完成有线数字电视整体转换1 500户。

■招商引资 全年共引进扬州市艾诺光伏科技有限公司、扬州市海峰绳缆有限公司、江苏田森宝电子科技有限公司、扬州市发祥纸业有限公司、江苏博鑫泰光电科技有限公司、扬州艺龙饰品有限公司6个工业项目，其中年底前已竣工5个、在建1个，6个项目投资额计2.8亿元，实现亿元项目零突破。

■村镇建设 以打造特色镇为目标，完成“东方圣诞小镇”整体规划编制，完成圣诞主题公园规划沙盘制作。投入 200 多万元，翻建万民街、官西路、镇南路，新建、改建下水道 2 000 多米，集镇近千户农户的生活污水并入污水管网。投入 300 多万元改造集镇西大门，新建 1 320 米向阳河驳岸，并改建官西桥。整治旧村庄，拆除零散村庄 12 个，新增农业用地面积 30.67 公顷。实施向阳河北土地整理项目 1 066.67 公顷，建设硬质化水泥路 15 千米，机耕路 11 千米。

■平安创建 完善“技防镇”建设方案，推进邻里技防工程和群众性义务巡防“红袖标工程”，创新“以证管人、以房管人、以业管人”流动人口服务管理模式。全镇全年共发生各类矛盾纠纷 92 起，调解成功 91 起、调转诉讼 1 起，调处成功率 98%，全镇未发生刑事案件和群体性不良事件。

■玻璃工艺制品集中区 小官庄镇玻璃工艺制品集中区成立于 2000 年 5 月，位于集镇北部，园区规划面积 200 公顷，已建成面积 66.67 公顷。园区基础设施实现水、电、路、管道天然气、有线电视、通信、土地平整“六通一平”，2007 年被列为江苏省 100 个产业集群之一。截至 2011 年底，进园企业 39 家，其中规模企业 16 家，形成从氧气制造、纸品包装、玻璃棒管生产到玻璃工艺制品产出的较为完整产业链条。2011 年，集中区企业实现产值 30 亿元、利税 3.6 亿元。2011 年，为加快玻璃工艺制品提档升级，与县天马工艺设计中心合作成立玻璃创意设计中心，柔性引进创意设计人才，加强新品开发，拓展市场空间。

■举办中国·扬州首届圣诞文化节 12 月 24 日，小官庄镇党委政府联手扬州晚报网、共青团宝应县委员会、扬州力宝广场共同主办的中国·扬州首届圣诞文化节在扬州市区力宝广场开幕。文化节上有圣诞主题晚会、大型圣诞相亲会以及大型化装舞会等活动。文化节展现小官庄镇“东方圣诞小镇”风韵，推动圣诞文化交流，推介小官庄镇圣诞工艺礼品，有数千市民参与活动。

■成立玻璃创意设计中心 8 月 17 日下午，小官庄镇举行宝应天马工业设计中心玻璃创意中心合作签约、揭牌仪式和设计方案发布会，副县长陈石、上海华东理工大学艺术设计与传媒学院副院长蒋小洪出席并为玻璃创意中心揭牌。该创意中心由小官庄农工商实业总公司与宝应天马工业设计中心合资共建，县科技局、华东理工大学、上海木马设计公司等单位予以技术支持。

■合作创办扬州天地软件产业园 扬州天地软件产业园由宝应县经济开发区和小官庄镇共同创办，并得到县交运局大力支持。产业园于 2011 年 4 月正式成立，注册资本 1 亿元(其中小官庄镇出资 0.5 亿元)，宝应开发区提供 5 000 平方米写字楼作为办公场地和活动会所。产业园成功招引企业 16 家，其中通过软件企业认定和软件产品登记的“双软”认定企业 9 家，拥有自主著作权 20 个，形成以海归人才为引领，本科生以上人才为主体的 80 多人研发团体。产业园已成为江苏软件产业公共服务平台扬州分中心和省软件产品检测中心宝应分中心，是省软件行业协会重点会员单位。

■亿元项目实现零突破 2011 年初，小官庄镇引进浙江客商投资的电子覆铜板项目，总投资 1.2 亿元，注册资本 3 000 万元，占地 1.33 公顷。该项目建成年产电子覆铜板 1 500 万平方米。3 月份，开工建设一期工程，总投资 7 000 万元，7 月份竣工投产。2011 年实现开票销售 10 002 万

2011 中国·扬州首届圣诞文化节

元，上缴税收150万元。该项目是小官庄镇引进的首个亿元项目。

■**周文彰作“心系家乡，情牵发展”报告会** 4月5日，国家行政学院副院长、教授周文彰(原籍小官庄镇)，利用回乡探亲机会，在小官庄镇政府作题为“心系家乡，情牵发展”报告会。报告会上，周文彰提出将小官庄镇打造为东方圣诞文化镇，并就如何建设东方圣诞文化镇提出一系列观点，为加快小官庄镇经济社会发展提出新思路。

(高　建)

2011年小官庄镇主要经济社会指标实绩表

表60

项　目	单位	数量	比上年增长%	项　目	单位	数量	比上年增长%
地区生产总值	亿元	5.88	20	工业利润	万元	19 680	32
第一产业	亿元	1.29	17.2	工业技改投入	万元	59 900	10
第二产业	亿元	2.68	15.5	工业从业人数	人	7 391	14
第三产业	亿元	1.91	29.2	建筑业产值	万元	96 800	14
财政收入	万元	5 427	24.6	建筑业利润	万元	916	15
农业总产值	万元	22 922	28.9	建筑业从业人数	人	4 400	30
粮食总产量	吨	42 283	9.9	当年引进项目数	项	12	10
棉花总产量	吨	—	—	当年到账域外资金	万美元	350	59
油料总产量	吨	311	−6.6	外贸出口额	万元	62 136	67.7
生猪饲养量	万头	0.98	−25.58	第三产业从业人数	人	8 298	1
家禽饲养量	万羽	28	−4	个体工商户	户	537	300
水产品产量	吨	1 418	−0.63	学校	所	4	0
农业从业人数	人	1 747	−19.3	在校学生数	人	1 932	−4.7
工业企业数	家	358	2.9	外出劳务人数	人	8 917	−8.8
工业总产值	亿元	41.01	34	外来劳务人数	人	886	19.6
工业销售收入	亿元	39.36	38	农民人均收入	元	11 517	16.1

2011年小官庄镇规模企业一览表

表61

单位：万元

企业名称	主要产品	实　绩			地址
		产值	销售	利税	
扬州市新丽美织造有限公司	服装	3 709.8	3 709.8	85	小官庄工业集中区
扬州美瑞华圣诞礼品有限公司	玻璃工艺、铁丝件	5 367	5 367	478	小官庄工业集中区
江苏田森宝电子科技有限公司	电子覆铜板	10 012	10 012	161	小官庄工业集中区
扬州众鑫特种玻璃有限公司	玻璃棒管	2 326	2 326	58	小官庄工业集中区
扬州天海滑线电气有限公司	滑线导轨拖链	5 684	5 486	439	小官庄工业集中区
扬州六堡玻璃制品有限公司	玻璃工艺品	5 460	5 260	518	小官庄工业集中区
宝应超越玻璃工艺礼品有限公司	玻璃工艺品	3 876	3 726	254	小官庄工业集中区
扬州怡中铜加工厂	铜锭	27 840	27 836	6 818	小官庄工业集中区
宝应县永鑫工艺品有限公司	玻璃工艺品	4 399	4 222	280	小官庄工业集中区
宝应县东风圣诞礼品有限公司	玻璃工艺品	8 864	8 489	467	小官庄工业集中区
宝应县云峰玻璃厂	玻璃工艺品	4 441	4 236	503	小官庄工业集中区
扬州宝成特种玻璃材料有限公司	玻璃棒管	5 883	5 618	453	小官庄工业集中区
扬州斯思达工艺品有限公司	玻璃工艺品	4 146	3 926	467	小官庄工业集中区
扬州佳宝工艺品有限公司	玻璃工艺品	3 091	2 939	333	小官庄工业集中区
宝应县氏欣工艺礼品有限公司	玻璃工艺品	4 047	3 870	480	小官庄工业集中区

续表

企业名称	主要产品	实绩			地址
		产值	销售	利税	
宝应县星鑫塑料厂	塑料制品	3 397	3 244	408	小官庄工业集中区
宝应县冠每玻璃工艺礼品有限公司	玻璃工艺品	6 304	6 021	515	小官庄工业集中区
宝应县永盛玻璃制品有限公司	玻璃工艺品	5 032	4 775	371	小官庄工业集中区
宝应县润扬纸业有限公司	瓦楞纸	2 703	2 510	276	小官庄工业集中区

2011 年小官庄镇村、社区基本情况表

表 62

村、社区	党支部书记	村(居)委会主任	会计	村(居)民小组数(个)	户数(户)	总人口(人)	农业面积(公顷)	工业企业(家)	社会总产值(万元)	人均年纯收入(元)
集镇社区	乔洪兰	乔洪兰	—	—	1 204	3 816	—	—	—	—
小官庄村	吴梅成	方　春	姜仁昌	11	1 101	4 002	211.3	42	16 901	13 159
诚忠村	韩步洲	马云龙	杨成玉	12	829	2 677	293.9	4	5 420	11 026
祖全村	马桂定	徐虎生	吴树生	13	922	3 077	375.4	32	8 231	11 258
南场村	方德二	方德仁	袁祖龙	9	698	2 301	286.3	10	4 020	11 740
范沟村	乔学勤	王　和	徐士明	11	816	2 696	280.4	21	8 718	10 800
石先村	季奉珊	—	梁才顺	11	810	2 907	348.6	5	8 757	12 180
王圩村	李长年	李长年	谢瑞芝	14	801	2 887	437.3	4	6 969	11 183
双闸村	江顺年	乔善波	丁成宏	13	947	3 419	283.4	13	5 844	11 110
杨蒋村	高学成	高学成	姚国富	13	925	3 183	341.8	9	6 890	11 350

望直港镇

■概况　望直港镇位于宝应县城东郊，京沪高速公路纵贯南北，省道 S331 横穿全镇东西。镇区面积 90.8 平方千米，其中耕地 0.4 万公顷、水面 1 066 公顷。辖 19 个行政村、2 个社区，年末总人口 5.93 万人。集镇面积 2 平方千米，5 800 户、1.8 万人。先后获得“全国环境优美镇”、“江苏省教育现代化先进乡镇”、“扬州市文明镇”等称号。2011 年，全镇实现地区生产总值 14.7 亿元，比上年增长 21.79%；实现农业增加值 2.85 亿元，工业开票销售 12.92 亿元，建筑业增加值 2.6 亿元，服务业增加值 5.2 亿元，一、二、三产业结构比重为21∶46∶33。财政收入 9 748 万元。实际到账外资1 300万美元，外贸自营出口 2 260 万美元。农民人均收入 11 650 元。

农　业。重视发展高效农业，加大新技术推广力度，加快农业机械化步伐。新增高效农业园区 453.33 公顷，农业利用“三资”1.4 亿元。宝射河南岸综合整治工程顺利实施，完成水利土方 78 万立方米，其中河道清淤 27.3 万立方米。创建省级“五好示范社”1 个、市级 3 个。新增土地入股面积 158.47 公顷。新组建社区股份合作社 2 家。新建 5 米宽农村道路 7.8 千米，改造农桥 7 座。积极化解村级债务，争取市级扶贫村 4 个。新增造林面积 180 公顷，其中成片造林面积 143 公顷，重点实施高速公路道口绿化景观工程和安大公路两侧绿化带，创成绿化示范村 1 个、合格村 4 个。完成土地复垦面积 30.27 公顷。推进农村环境“四位一体”长效管护，落实农村环境管护人员 134 人。加强秸秆禁烧和综合利用，新建吴堡村、北沙村、北河村秸秆回收站 3 个。

工　业。全年实现工业产值 70.2 亿元，比上年增长 30.97%。扬州尼尔工程塑料有限公司、九力绳缆有限公司开票销售首次突破亿元。新增开票销售额过 500 万元企业 20 家、过 2 000 万元企业 10 家、过 5 000 万元企业 5 家；实现技改项目 20 个，技改投入 10.51 亿元；对全镇 256

家企业占地情况进行清查，镇财政出资 3 600 万元回购企业 4 家，盘活实施“腾笼换鸟”企业 8 家，共回购、盘活工业存量土地 12.87 公顷；对 70 家低效企业进行全面的清理和整顿，逐一签订补充协议，36 户个体工商户转为一般纳税人企业，70 家低效企业新增开票销售 2.5 亿元，新增税收 600 万元。全镇获批国家高新技术企业 1 家，申报国家高新技术企业 1 家。申报省高新技术产品 9 个、获批 6 个。申报省著名商标 1 件，市知名商标 2 件。9 月份，九力绳缆有限公司《船舶与海上技术—深海定位合成纤维绳缆》批准申报国际标准。12 月份，九力绳缆有限公司、扬州尼尔工程塑料有限公司各申报全国标委会工作组 1 个。

建筑业、第三产业。全年完成建筑施工产值 11.76 亿元，实现增加值 2.6 亿元；施工人数 6 578人；完成县外“双包”面积 50.55 万平方米；新申报建筑总承包三级资质、装饰装潢专业承包资质各 1 个，机电安装、非爆破拆除专业资质由三级升为二级。加快各类经营管理人才和专业技术人才的引进和培养，拥有二级建造师 15 人、高级工程师 2 人、工程师 28 人、助理工程师及技术员 130 多人。发挥临城、临路、临水区域优势，发展第三产业，加快发展连锁经营、现代物流服务。

精神文明建设。强化干部的教育培训，组织观看《焦裕禄》、《我的长征》等红色电影，开展唱红歌、《红色经典》诵读、“做人、做事、做官”大讨论和红歌大合唱等活动，邀请省委党校教授王平先后作《如何提升镇基层干部执行力》和《如何加快中小企业转型升级知识》讲座。结合学习中共十七届六中全会决定，邀请教授张舒屏作《提升文化软实力，增强地区竞争力》专题报告。加强干部队伍和人才建设，强化干部管理与考核。举办青年干部培训班，各村配备 30 岁左右年轻干部 1 人。成功招引省“双创”人才 1 人，市“绿扬金凤”人才 2 人，基础性人才 9 人。全面落实党风廉政建设责任制，实行领导干部安全生产“一岗双责”，坚持用制度管权、按制度办事、靠制度管人，严肃处理各种违纪违法行为 9 人。组织评选第五届“十佳孝亲敬老之星”“十佳岗位能手”、“十佳和谐家庭”等评选活动。退休教师吴寿松当选首届“十佳宝应好人”。组织第 27 个科普宣传日活动，大力倡导文明、绿色生活方式。组织青年志愿者送文艺到农户、送文化到敬老院、送健康到社区活动。组织文艺宣传队编排文艺节目（花船、快板等），于春节期间和小康创建迎检期间，深入村（居）演出。国庆节组织文艺节目专场演出。围绕小康创建，组织开展十乡镇文艺联动演出。开展第五届“耿耿杯”系列文体活动。11 月份，望直港镇广场舞蹈队成立。组织方言快板《还是计划生育好》参加县广场演出；组织参加县“欢乐进万家，全面达小康”淮剧票友大赛，获一等奖、参加县经典红歌大赛获二等奖。文化站全年全天候对外免费开放 350 天以上。新增有线电视用户 500 户，为贫困户安装有线电视 45 户，完成数字电视整转 1 000 户。

■招商引资 全镇共招引固定资产投资 1 000 万元以上项目 18 个，协议引资额 11.7 亿元，全年新建厂房 20 万平方米，竣工、在建、签约待建亿元项目 10 个，其中竣工亿元项目 2 个，在建亿元项目 5 个，5 亿元以上项目 1 个，签约待建亿元项目 3 个。

■改造港城路 4 月份，投资 1 000 万元，实施港城路升级改造工程，东起大官河桥，西至京沪高

望直港镇举办“传唱经典红歌、燃烧赶超激情”演唱会

速高架桥，全长 2 千米，路面宽 22 米，分机动车道、绿化带、非机动车道、行人道。非机动车道埋设下水管道并与健康路、幸福路、为民路下水道相连贯通。电信、移动、有线电视等弱电线和低压电线全部入地，绿化带内架设高杆路灯。9 月份，工程顺利竣工。

■盘活工业用地 全镇新建两层厂房 11 幢，三层 4 幢，四层 2 幢，向空中要地 6.1 万平方米。与容积率低于 1.0 的企业签订补充协议，要求 2 年内必须达到规定容积率。70 家企业追加投入资金 4.5 亿元，7 家企业在空闲土地上新建或翻建厂房，建筑面积折合土地面积 3.51 公顷。收回闲置土地，镇财政出资 3 600 万元回购企业 4 家，盘活实施“腾笼换鸟”企业 8 家，共回购、盘活工业存量土地 12.87 公顷，4 个亿元企业因此顺利落户开工建设。对投入大、技术含量高、产品附加值高、产业带动性强且符合国家产业政策项目积极申请用地指标。

■靠大做强汽配产业 镇党委、政府出台一系列奖励政策，引导汽配企业加大技改投入，提升装备水平，加快人才引进，走挂靠联合配套之路。全年汽配产业技改投入 2.6 亿元，开发新品 1 280 多个，48 家企业与一汽、二汽、上海大众、陕汽重卡等 39 家大型知名汽车制造企业形成产品配套，实现开票销售额 4.6 亿元，比上年增长 186%，汽配产业成为全镇工业经济支柱产业。

■上海商机说明会暨汽配产业推介会 10 月 28 日，望直港镇在上海市奉贤区举办上海商机说明会暨汽配产业推介会，新加坡、马来西亚两国和上海市、浙江省、山西省，苏州市、无锡市、宁波市等地 35 名客商应邀参加商机说明会。这次活动，共搜集各类有价值信息 13 条，签定固定资产投资亿元项目 1 个、固定资产投资 5 亿元意向项目 1 个。

■实施村公路拓宽工程 2011 年，镇党委、政府采取政府财政、村集体经济、村民自筹相结合方式，落实村公路拓宽工程资金 500 万元，分 3 年时间实施村公路拓宽工程、总长 35 千米，路面宽度由原 3.5 米拓宽至 5 米～6 米，截至年底已实施 10 千米，计划 2012 年实施 12 千米，2013 年全部完成。

■秸秆综合利用 望直港镇与宝应县德强秸秆综合利用有限公司合作，在吴堡村、北沙村两个村设立秸秆收购点，年收购能力万吨以上，日收购 50 吨以上，作为大丰牛奶场专用饲料，实现全镇 30% 的秸秆综合利用。在北河村投资 500 万元兴建百事特食用菌生产有限公司，收购秸秆能力 2 000 吨以上，实现周边村秸秆综合利用。推广一次性完成秸秆切碎、灭茬、旋耕、混合和覆盖技术，推进秸秆全量还田。鼓励有加工编织能力的农户收储秸秆作编织的原材料，指导有沼气的家庭实现秸秆沼气利用。

■创成“全国人口计生依法行政示范镇” 推进诚信阳光计生，规范行政执法行为，在扬州市率先创成第一批“全国人口计生依法行政示范镇”。提出人口计生“四个一”服务承诺，即“只跑一趟腿、只进一次门、只找一个人、办成一件事”。全年实施免费技术服务 588 例，免费组织生殖道感染综合防治检查 4 257 人；办理照顾再生育一孩 128 例；发放奖、特扶金 43 万元；独生子女父母奖励金兑现率 100%；深入开展“生育关怀行动”，实施“一对一”结对帮扶 91 人次，发放计生困难家庭慰问金9 300元，落实新农合投保金 2 875 元，投入 22 960 元免费为 574 名育龄妇女办理生育关怀系列保险。

■创建学习型党组织参加全市交流 在扬州市建设学习型党组织工作经验交流会上，望直港镇创建学习型村镇党组织建设的做法和成功经验参与会议交流。该镇在创建活动中积极开展“四提升”活动。全年镇党委中心组开展学习 11 次，学习重要文章 22 篇；组织镇机关干部听取省委党校和市县讲师团专题报告 8 场。组织对经理人、经营者、技术骨干和职工进行培训，组织企业经理赴北大、清华等高校参加学习 22 人次，参加 EMBA 宝应培训班 83 人次，举办企业骨干现代管理培训 220 人次，组织产业技能大赛 148 人次。开展农村党员干部讲堂活动，由村干部、大学生村官和致富党员主讲，推动村级学习型党组织建设。全镇有 32 人参与讲堂活动，开讲 48 人次。开展“我的社区我的家”、“读书日”、“市民大学堂”等活动，举办文明礼仪、公民道德、法律法规、形势政策等专题讲座，着力倡导健康文明的生活方式，推进文明和谐社区的建设。

（殷连军）

2011 年望直港镇主要经济社会指标实绩表

表 63

项　目	单位	数量	比上年增长%	项　目	单位	数量	比上年增长%
地区生产总值	亿元	14.7	21.79	工业利润	万元	31 465	36.35
第一产业	亿元	2.85	7.55	工业技改投入	万元	105 100	18.02
第二产业	亿元	6.65	23.15	工业从业人数	人	9 705	1.09
第三产业	亿元	5.2	29.35	建筑业产值	万元	117 621	−7.13
财政收入	万元	9 748	20.06	建筑业利润	万元	25 877	−11.16
农业总产值	万元	55 353	16.93	建筑业从业人数	人	6 578	4.25
粮食总产量	吨	69 143	3.00	当年引进项目数	项	32	220
棉花总产量	吨	—	—	当年到账域外资金	万美元	1 300	30.00
油料总产量	吨	1 476	0.75	外贸出口额	万美元	2 260	73.85
生猪饲养量	万头	1.3	−35.64	第三产业从业人数	人	14 834	1.08
家禽饲养量	万羽	53.8	−21.80	个体工商户	户	12.95	45.51
水产品产量	吨	8 833	6.32	学校	所	4	0.00
农业从业人数	人	9 015	−2.29	在校学生数	人	3 664	−9.80
工业企业数	家	226	17.71	外出劳务人数	人	20 594	−0.50
工业总产值	亿元	70.2	30.97	外来劳务人数	人	2 596	8.44
工业销售收入	亿元	68.1	33.01	农民人均收入	元	11 650	15.35

2011 年望直港镇规模企业一览表

表 64　　　　单位:万元

企业名称	主要产品	实　绩			地址
		产值	销售	利税	
扬州蓝宝石食品有限公司	混合菜	37 971	35 410	4 630	望直食品园区
扬州宝源食品有限公司	混合菜	15 904	15 525	1 530	望直食品园区
宝应县富和气流纺厂	棉纱	20 416	20 203	2 317	耿耿工业园
扬州爱尔特汽车零部件制造有限公司	汽车配件	14 112	13 829	1 033	耿耿工业园
江苏摩恩电工有限公司	电线.电缆	22 109	21 681	1 862	耿耿工业园
宝应县光喜玻璃工艺品厂	玻璃工艺品	4 806	4 331	275	耿耿工业园
江苏耐安特种电缆有限公司	电线.电缆	16 998	16 748	1 432	耿耿工业园
扬州市大中电气有限公司	母线滑线	3 755	3 679	366	耿耿工业园
扬州尼尔工程塑料有限公司	尼龙电梯转动轮	16 255	16 027	1 309	耿耿工业园
扬州亚邦绝缘材料有限公司	绝缘材料	12 699	12 445	926	耿耿工业园
扬州市中宝银鹏合成材料有限公司	荧光增白剂	14 570	14 182	1 223	耿耿工业园
扬州中远九力绳缆有限公司	化纤绳缆	30 245	29 780	3 629	耿耿工业园
扬州润友复合材料有限公司	绝缘材料	15 462	15 106	1 031	耿耿工业园
扬州晨光特种设备有限公司	锅炉	16 718	16 259	1 266	耿耿工业园
江苏瑞德光电科技有限公司	节能灯	4 478	4 339	282	耿耿工业园
扬州特安科技有限公司	曝气增氧管	3 931	3 530	252	耿耿工业园

2011 年望直港镇村、社区基本情况表

表 65

村、社区	党支部书记	村(居)委会主任	会　计	村(居)民小组数(个)	户数(户)	总人口(人)	农业面积(公顷)	工业企业(家)	社会总产值(万元)	人均年纯收入(元)
北河村	杨寿林	杨寿林	李少干	8	605	2 492	194.7	4	9 645	13 116
国强村	蒋开亮	蒋开亮	杨进志	14	947	3 662	174.4	6	11 471	12 267
火花村	吴锦顺	吴锦顺	程红英	9	655	2 234	192.8	3	8 689	12 162
张楼村	夏成宏	夏成宏	施成彬	10	635	2 394	218.1	3	7 572	11 406
兴旺村	杨瑞才	杨瑞才	郭培华	9	454	1 699	164.7	3	6 268	12 023
大树村	仲维信	仲维信	汪希平	12	773	2 873	259.2	2	11 459	12 151
和平村	梁广林	—	鲁　进	7	492	1 852	136.4	3	6 407	12 064
军师村	张仁礼	张仁礼	李立祥	8	620	2 204	141.1	3	7 664	11 523
蛤拖村	朱志松	朱志松	朱成马	11	656	2 653	185.3	4	9 126	11 860
马垛村	朱长进	朱长进	衡成英	15	823	3 220	224.7	2	9 156	11 443
吴堡村	吴德义	吴德义	付铭兴	10	573	2 018	208.5	2	6 658	11 101
西荡村	翁习峰	翁习峰	李普新	17	886	3 234	205.8	3	9 467	11 054
月蟾村	周　亮	田文高	万宝富	14	1 034	4 144	265.6	5	11 092	12 241
望直村	陈玉姣	陈玉姣	潘学干	9	895	2 766	44.9	0	8 929	14 505
兴港社区	万如奕	—	徐桂芬	8	2 844	9 561	0	3	8 676	12 648
仲墩村	胡定祥	胡定祥	陶泽其	10	637	2 256	267.7	1	7 151	12 058
狮庄村	杨　勇	徐启元	张文祥	13	992	3 589	487.3	2	13 107	12 785
牌楼村	衡德华	衡德华	马国宝	9	615	2 261	225.1	2	7 373	11 466
南沙村	万桂明	万桂明	陆秀高	10	668	2 560	264.5	3	6 952	12 162
北沙村	范　舜	仲　夏	范方林	9	671	2 633	354.7	1	7 502	12 024
獐狮社区	许长军	许长军	朱长锦	9	856	3 024	97.8	6	9 007	12 099

射阳湖镇

■概况　射阳湖镇位于宝应县城东 30 千米处，距京沪高速宝应出口处 20 千米，东行可达盐淮高速，丹宝明公路和安大公路横穿境内，交通便捷。镇域面积 182 平方千米，全镇辖 30 个行政村、3 个社区、317 个村民小组，年末总人口 8.98 万人。2011 年实现地区生产总值 16.7 亿元，比上年增长 16.4%，其中第一产业 6.52 亿元、第二产业 5.43 亿元、第三产业 4.75 亿元，分别比上年增长 18.1%、12.4%和 18.8%，三次产业比重调整为 39:33:28；实现财政收入 1.7 亿元，一般预算收入 4 656 万元；农民人均纯收入 11 659 元，比上年增长 21.04%。

农　业。引进优质、高效、高抗品种，推广机插秧、秸秆全量还田、油菜直播等实用技术，粮食生产实现八年连续丰收，被农业部确定为三麦及油菜高产示范创建基地、全国水产种质自然保护区。高效水蛭养殖、生态龙虾养殖、健康蟹养殖、高效油菜种植、有机稻米种植、优质葡萄种培面积进一步扩大，新增高效农（渔）业面积 600 公顷、设施农业面积 206.7 公顷。河北省石家庄市以岭药业集团投资开发的水蛭（蚂蝗）养殖基地面积 133 公顷，比上年扩大近一倍。实行基地加农户加订单的产业化运行模式，新增县农业产业化龙头企业 1 家，累计县以上农业产业化龙头企业 4 家、大宗农副产品批发交易市场 3 处，年产销额 2 亿元。加大农业基础设施投入，改建和新建小型生产农桥 12 座，新建泵站 15 座、圩口闸 15 座。实施土地复垦开发整理工程，推进旧村庄整治，新增耕地面积 149.33 公顷。新增市级以上“五好”合作社 5 家，土地入股面积比上年增加 260 公顷。

工　业。全镇工业实现开票销售额 13.95 亿元，比上年增长 56%；规模工业完成产值 9.6 亿元、销售 9.3 亿元、利税 0.62 亿元，分别比上年增长 41.2%、40.9%、45.8%。压力容器、铜制品、厨具、机电制造、食品加工、玻璃制品、绳缆制造等主导产业增势良好，江苏安益钢瓶制造有限公司开票销售突破 2 亿元，江苏惠宝翔鹰金属制品有限公司和江苏美霖铜业有限公司开票销售均突破亿元，扬州旭阳春玻璃制品有限公司、扬州华贵食品有限公司等重点企业在外贸市场滑坡情况下，保持平稳发展。新增规模企业 4 家，新增纳税过 500 万元企业 2 家、过 100 万元企业 4 家。完成工业投资 10 亿元，比上年增长 36.5%。宝应县润华静电涂装工程有限公司创成国家级高新技术企业，扬州市新天河绳业有限公司获批省级科技民营企业。继续主攻重大项目招引，投资 2 亿元的外墙防火保温材料项目正式签约。协议利用外资 900 万美元，实际到账外资 500 万美元。

建筑业、第三产业。全镇完成建筑业施工总面积 51 万平方米，其中县外双包面积 39.4 万平方米、比上年增长 294%，实现建筑业总产值 8.42 亿元、增加值 1.82 亿元。万达建筑安装公司启动三级资质升级工作，引进二级建造师 9 人，天平中学教学楼创成市级优质工程。射阳农贸市场单宗地块拍售 1 016 万元，单宗地块拍售首次突破千万元。“宏信龙”大型连锁超市入驻射阳湖镇，润翔农村小额贷款公司挂牌成立，购物和金融环境得到进一步改善，全年实现服务业增加值 4.75 亿元。加强荷园旅游风景区建设，成功创建江苏省湿地公园、江苏省四星级乡村旅游示范区、扬州市首批乡村旅游示范区。古邗沟射阳湖段被列为大运河申遗项目区。

精神文明建设。积极开展文明村、文明单位、群众满意基层站所、“三村一联、循环竞赛”、十星文明户等创建活动，承办扬州市委宣传部、扬州市文明办在射阳湖镇荷园举办的“我们的节日 · 端午”大型文艺演出活动；举办“欢歌射阳湖”返乡农民工和射阳湖镇首届旅游文化节等大型文艺活动，全年组织送文艺下乡活动 10 次，送图书到村 5 000 多册，送电影到村 372 场次；开展“十星风采”宣讲和射阳湖文化旅游节征文等系列活动；实施古镇文物保护工程，新建“建安七子”之一的陈琳公园 1 座，修建臧陈纪念馆和镇历史文化陈列室。广泛开展道德教育实践活动，教师典型胡安村、双拥典型孙云风、助人为乐典型潘生友的先进事迹先后被市县新闻报道。弘扬地方文化特色，开展“红色文化进课堂”、“淮剧进课堂”等活动，全年被国家、省、市、县媒体用稿 230 篇，开展“十大好新闻”有奖评选活动，射阳湖镇 2011 年度被县委、县政府评为文明镇、综合考核先进镇。

■重点中心镇建设 完成《集镇总体规划》、《荷园风景区规划》、《湿地公园规划》修编和《工业园区详规》编制工作。集镇规划按特色分为“四区”，东部为历史风貌区、中部为行政办公和商住区、西部为工业发展区、北部为湿地景区。投入 2 000万元，完成凤凰路、广陵路、臧陈路、战射路、芙蓉路、荷园路等主干道升级改造，对陈琳路、桥东路、大三王河路、南湾路、水泗镇东路等支路进行修建改造。启动阳光花园、江平雅苑等住宅小区开发建设，建筑面积 10 万平方米。投资 1 500 万元实施镇区亮化、绿化、净化工程 3 个，主干道实现路灯全覆盖，建成陈琳公园等公共绿地面积 11 万平方米，新建大三王河长城墙驳岸 800 米，主镇区沿街墙体粉刷一新，统一制作店面标牌；改扩建天平农贸市场，完善天桥路排水管网，建成水泗客运中心；开工建设射阳农贸市场、桥南农民集中区和射阳客运中心。投资 500 多万元建成日处理污水 2 000 吨的污水处理厂、日处理生活垃圾 150 吨的垃圾中转站，贯通污水主干管网 9 千米，新建公厕 15 座，垃圾池 60 口。成立城管、环卫两支管护队伍，组建城管中队、环卫所，建立长效管护机制，不断改善镇容镇貌。

■社会民生 提高镇村低保、“五保”供养标准，实现应保尽保，不断改善镇敬老院生活、娱乐、健身设施。完成中心卫生院病房楼改扩建等一批社会民生项目，投入 420 万元完善门诊部、住院部、手术室等硬件设施，规范建设预防接种门诊。镇中心卫生院通过省市甲级门诊复检，创成省示范乡镇卫生院。实施“校安工程”，全镇各个学校(园)校舍全部得到维修，投入 460 万元建设天平中学现代化校园。扶助 4 户低保户建房 15 间，救助生活困难户、因病致贫户 75 户。全面实施区域供水工程，惠及村(居)民 30 000 人。全镇新农合参保率 99%，新农保参保率达 99.2%，符合条件的老年农民全部领取基础养老金，镇计生服务站被省人口和计划生育委员会评定为“人口与计划生育优秀服务示范站”。

■首届旅游文化节开幕 7月18日，2011中国·宝应荷藕节在射阳湖镇拉开帷幕，借着这一盛事，首届射阳湖镇旅游文化节同台开幕。射阳湖荷园旅游风景区占地面积266.67公顷，荷藕、睡莲、芦苇、蒲草、芡实、菱角等传统湿地植物遍布景区，弯弯的河流、星罗棋布的绿岛构成独特的自然景观。射阳湖镇围绕建设“旅游特色镇”，坚持大规划、大投入、大造势，先后投入2 000多万元，着力打造荷园风景区，开发利用温泉地热资源，恢复修建陈琳故居、臧陈旧址、唐建龙竿寺、九里一千墩古汉墓群、新四军军械处等特色旅游文化资源，成功创成国家AA级旅游风景区、全国农业旅游示范点、江苏省湿地公园。旅游文化节期间，射阳湖镇举办大型民俗文艺表演、旅游业发展研讨会、龙竿寺文殊院揭牌、“陈琳像”落成揭幕、招商洽谈、省湿地公园授牌等十多项活动内容，并向内外嘉宾赠送《风光无限射阳湖》一书。

■举行天平中学新校园开工典礼 8月16日，射阳湖镇党委、政府举行天平中学新校园开工典礼。为创建区域教育现代化和实施校安工程，射阳湖镇决定投入600万元新建天平中学校园。新校园按四轨12个班设计，按省教育现代化一类标准配置。项目规划总建筑面积3 906平方米。其中，第一期工程投资460万元，主要建设教学楼、综合楼及食堂工程；第二期工程投入140万元，主要实施场地硬化、环境绿化美化等工程，计划于2012年4月底建成交付使用。

■中心卫生院创成“省级示范卫生院” 2011年，镇中心卫生院深化综合改革，投入300万元改善医疗环境，对病房楼进行改扩建和医疗设备的更新，供氧、呼叫、监控、闭路电视、电梯、污水、医疗废弃物处理系统等均符合环境标准；添置全自动血液生化分析仪、120急救车等设备和设施等。经省、市、县对医疗条件、医师力量、业务拓展综合检查评比，获得“省示范卫生院”称号。

■射阳湖湿地公园获批省级湿地公园 参见《2011中国·宝应荷藕节》篇《重要成果》分目。

■扬州智汇水蛭公司举行开业典礼 12月18日上午，扬州智汇水蛭科技有限公司举行挂牌开业典礼。扬州智汇水蛭科技有限公司是河北省石家庄市以岭药业股份有限公司的全资子公司，主要致力于水蛭的研发、养殖、收购、加工和销售。公司注册资金3 911万元，拥有水蛭养殖基地133公顷，是全国规模最大的水蛭养殖基地、南京农业大学产学研基地。该项目2010年5月签约落户射阳湖镇。

■举行钧骋车业开工典礼 12月19日，射阳湖镇举行江苏钧骋车业有限公司项目开工典礼。江苏钧骋车业有限公司由浙江杭州重卡之家汽配有限公司投资兴办，项目总投资1.2亿元人民币，主要生产汽车智能系统、仪表、车身钣金件、覆盖件等，目标市场主要为欧洲、美洲、非洲、中东等各地区。项目分两期实施，一期工程投入3 000万元，新建标准化厂房1.2万平方米，办公楼4 000平方米，新上荷涂装生产线。规划第一期工程项目建成投产，实现年开票销售6 000万元。

（朱义彪 陈 曦）

2011年射阳湖镇主要经济社会指标实绩表

表66

项 目	单位	数量	比上年增长%	项 目	单位	数量	比上年增长%
地区生产总值	亿元	16.7	16.4	工业利润	万元	16 900	45.7
第一产业	亿元	6.52	18.1	工业技改投入	万元	102 000	36.5
第二产业	亿元	5.43	12.4	工业从业人数	人	16 030	26.7
第三产业	亿元	4.75	18.8	建筑业产值	万元	84 200	592.4
财政收入	万元	17 007	−7	建筑业利润	万元	6 568	436.6
农业总产值	万元	116 483	18.1	建筑业从业人数	人	4 620	1.4
粮食总产量	吨	112 908	9.1	当年引进项目数	项	20	−20
棉花总产量	吨	0	0	当年到账域外资金	万元	3 336	−11.3
油料总产量	吨	2 535	−26	外贸出口额	万元	17 500	6.2
生猪总产量	万头	1.34	−59.4	第三产业从业人数	人	17 438	−18.7

续表

项　目	单位	数量	比上年增长%	项　目	单位	数量	比上年增长%
家禽饲养量	万羽	62.5	－24.4	个体工商户	户	765	30.5
水产品产量	吨	29 506	－0.1	学校	所	10	0
农业从业人数	人	13 134	－0.1	在校学生数	人	4 088	－8.54
工业企业数	家	865	15.8	外出劳务人数	人	28 333	7.6
工业总产值	亿元	63.8	45.8	外来劳务人数	人	4 320	416.1
工业销售收入	亿元	62.1	46.7	农民人均收入	元	11 659	21.04

2011 年度射阳湖镇规模企业一览表

表 67　　单位：万元

企业名称	主要产品	实　绩			地址
		产值	销售	利税	
江苏安益钢瓶制造有限公司	系列液化石油气钢瓶	20 268	19 116	623	射阳湖镇文明路
江苏惠宝翔鹰金属制品有限公司	烤箱、烤炉等	42 249	42 412	2 331	宝应县经济开发区
扬州旭阳春玻璃制品有限公司	玻璃灯饰制品	4 420	4 367	234	射阳湖镇天平玻璃工业创业园
江苏美霖铜业有限公司	铜棒、铜阀门等	11 358	10 672	229	射阳湖镇工业集中区
扬州华贵食品有限公司	系列保鲜、盐渍、水煮蔬菜	5 428	5 447	16	射阳湖镇盐金公路祁家桥
扬州申沁变压器配件有限公司	变压器散热片、机箱等	2 840	2 830	76	射阳湖镇天平工业集中区
扬州市新世纪蔬菜食品有限公司	系列保鲜、盐渍、水煮蔬菜	2 032	2 011	33	射阳湖镇工业集中区
扬州市新天河绳业有限公司	船用绳缆、安全网带制品	2 250	2 224	91	射阳湖镇工业集中区
扬州市龙鼎金属有限公司	金属制品加工	8 989	8 888	7	射阳湖镇文明路
扬州市天桥绳缆有限公司	绳缆	3 300	3 234	6	射阳天平工业区

2011 年射阳湖镇村、社区基本情况表

表 68

村、社区	党支部书记	村(居)委会主任	会　计	村(居)民小组数(个)	户数(户)	总人口(人)	农业面积(公顷)	工业企业(家)	社会总产值(万元)	人均年纯收入(元)
桥南村	周学贵	侯仕顺	倪步祥	11	1 126	4 556	70	88	10 059	11 998
油坊村	徐洪源	仲济生	仲维根	14	995	3 735	338	0	6 651	10 837
王坤村	胡玉波	张端美	于普亮	9	729	2 880	265	0	6 394	13 643
高夏村	王冠民	王冠民	张增高	15	965	3 422	358	26	8 391	11 130
廖徐村	徐庆丰	吴扣喜	许仁发	9	620	2 213	186	0	7 715	11 956
四联村	张维明	张维明	钱邦宽	7	525	2 588	150	0	5 715	12 433
射渔村	刘良忠	张国华	张金余	7	533	2 918	25	0	4 731	10 636
戴庄村	戴明彦	戴明彦	钮俊定	10	926	3 269	293	3	5 702	12 825
平江村	徐友国	郭有祥	杨德春	9	619	2 647	390	0	3 474	11 530
风车头村	陈玉新	范成东	王启海	8	620	2 406	306	4	4 985	12 417
姬风村	王来晶	王来晶	潘恒学	7	705	2 539	328	3	3 531	10 800
马墩村	王成权	李新民	马鸽宏	9	647	2 335	232	1	2 902	10 601
泗河村	陈仕清	陈仕勇	徐广志	6	385	1 463	143	0	3 072	12 201
大槐村	戴学荣	戴学荣	卞泉友	13	961	3 590	212	4	6 039	10 582
柳树村	蒋福华	蒋福华	王相关	7	467	1 625	177	5	2 705	11 737
赵勤村	朱扣明	蔡有章	陈俊生	8	485	1 754	113	3	2 743	11 212
平南村	张三宛	蔡忠顺	蔡忠顺	6	402	1 348	74	43	4 708	13 091

续表

村、社区	党支部书记	村(居)委会主任	会　计	村(居)民小组数(个)	户数(户)	总人口(人)	农业面积(公顷)	工业企业(家)	社会总产值(万元)	人均年纯收入(元)
射南村	刘步仁	王美宏	王宽扣	15	1 280	4 280	312	20	7 102	10 402
蒋堡村	倪红华	吴培刚	赵金凤	14	762	2 735	131	3	4 368	10 862
林上村	周建明	周正亚	周士明	12	1 038	3 688	399	0	7 105	12 194
落潮村	唐守芝	唐守芝	尤永泽	12	940	3 955	387	0	7 055	11 629
姜庄村	徐立田	李飞龙	徐春明	6	477	1 720	221	32	3 390	13 791
鹅村村	朱赤红	胡安恒	朱茂勤	8	619	2 243	274	0	4 814	12 059
冲林村	徐海洲	季雄林	徐俊专	6	586	2 622	200	0	5 248	12 093
钱沟村	王兴阶	王兴阶	王　荣	15	1 056	4 168	349	2	9 581	12 254
黄荡村	李家兴	李家兴	潘久猛	4	374	1 481	219	0	2 887	10 288
潘舍村	衡相前	吕响名	李　忠	13	529	2 094	267	4	6 951	12 017
魏荡村	舒宏庆	舒宏庆	孟祥华	6	316	1 249	168	0	2 941	12 334
戴堡村	宗鹤宇	祁洪明	祁寿华	12	542	2 068	220	0	4 015	10 985
刁夷村	宗昌义	夷大珊	祁仕荣	17	1 245	5 042	517	1	11 590	12 106
臧居社区	袁洪广	袁洪广	孙春香	12	—	4 082	—	71	—	—
天居社区	阚如明	阚如明	马成双	6	—	2 359	—	85	—	—
水泗社区	徐伟品	徐伟品	陆方林	4	—	683	—	32	—	—

西安丰镇

■概况　西安丰镇位于宝应县东北部，距离县城30千米，处于扬州、盐城、淮安三市交界处，镇域面积58.39平方千米，其中耕地面积1 695公顷、养殖水域面积1 226公顷。全镇辖10个行政村、1个社区，年末总人口3.53万人。2011年，西安丰镇实现地区生产总值6.61亿元，比上年增长14%。其中，第一产业2.28亿元，第二产业2.34亿元，第三产业1.99亿元，分别比上年增长18.1%、9%和16.4%，三次产业所占比重为34∶35∶31。实现财政收入4 382万元，比上年增长43%。农民人均收入11 808元，比上年增长22%。

农　业。截至年底，全镇高效农业面积1 688.2公顷，比上年增加333.33公顷。水稻、小麦农业保险基本实现应保尽保；全镇有各类专业合作组织52家，比上年增长16家，入社社员4 711人，比上年增加736人，土地入股面积802.27公顷，比上年增加99.33公顷。扬州浩宇生物科技有限公司被授予“扬州市农业产业化龙头企业”称号。小康创建对照县委、县政府考核小康创建工作4大类13项16个指标要求，全部达到序时或超序时进度。全年实现农业总产值1.57亿元，比上年增长31.9%。

工　业。工业主体经济指标全部实现预期目标，金属管件企业发展成为中坚力量，对全镇工业经济的贡献份额占主体地位。水晶产业稳中求进，电缆辅料、生物科技产业出现集聚势头。2011年全镇实现工业开票销售额4.58亿元，比上年增长52.2%。扬州恒鑫特种钢管有限公司开票销售额1.59亿元、实现利税2 625万元，成为全镇第一家开票销售过亿元企业。扬州舜天玻璃工艺品有限公司、宝应县天华工艺材料有限公司、扬州星汉玻璃工艺品有限公司、宝应县金轮泵阀厂等企业实现利税均超过500万元。

建筑业、第三产业。继续主攻县外“双包”工程，全年完成县外“双包”建筑面积13.32万平方米，比上年增加1.32万平方米，实现建筑业施工总产值3.94亿元，增加值0.81亿元，建筑业从业人员2 016人。第三产业从业人员4 198人，实现增加值1.99亿元。

精神文明建设。深入开展精神文明建设创建活动，2个单位被评为县文明单位、2个村被评为县文明村、1户家庭被命名为县“十星文明标兵户”；镇水产站被评为“群众满意基层站所”。创建国家级生态镇通过验收，全镇10个村中有省级卫生村1个、生态村1个，市级卫生村1个、生态村2个，县级生态村6个；5个村建有健身广场，正常开展各项群众性文体活动。西安丰镇相继承办全县淮剧票友大赛、全县民间文艺联合展演，得到广大群众一致好评。

■工业集中区建设 1998年1月，西安丰镇创建水晶玻璃工业集中区。集中区规划总面积100公顷，基础设施建设计划总投入8 000万元。截至2011年，集中区建成面积83.33公顷，累计基础设施投入5 210万元，基本实现“五通一平”，建成以水晶大道、兴安路、泾安路为主体的“三纵五横”道路主框架，绿化覆盖率35%，建有35千伏变电所1座。集中区累计入户企业68家，其中规模企业7家，从业人数9 000人。集中区主要特色产业为水晶玻璃工艺品，年产值1.5亿元，占有园区全部产值30%，产品远销欧美、东南亚等30多个国家和地区。同时，船舶配件、电缆辅料、陶瓷复合钢管产业发展态势强劲，成为集中区新增长点。2011年，园区实现销售5.7亿元，实现利税5 660万元。

■村镇建设 全年新建镇村级公路11千米，实施兴安桥、交通路、白石街拆迁改造工程，新建桥梁6座；相继建成镇垃圾中转站、污水处理厂、集镇污水管网、安丰河驳岸、丽晶花园小区工程等。村镇管理围绕建设“民富、村美、和谐”新农村要求，建立起镇村保洁和城管队伍，共215人，形成条块结合、上下联动管理机制，镇容村貌显著改善。加大“两违”建筑整治力度，乱搭乱建、未批先建等无序现象得到有效遏制。深入开展“平安安丰”、“安全乡镇”创建活动，开展全民法制教育，全面启动“六五”普法工作，推进治安防控体系建设，完善集镇道路监控系统，加强村级联防联动，推进规模企业、重点单位技防建设，完成“邻里技防”2 600户。

■成立扬州水晶行业商会 4月20日，扬州水晶行业商会在西安丰镇成立。同日，宝应国际工业设计中心水晶创意中心在西安丰镇挂牌。水晶工艺品产业是宝应县西安丰镇的特色产业。全镇有水晶工艺品企业100多家，从业人员6 000人。为实现水晶工艺品生产企业赶超发展，西安丰镇政府牵头成立扬州水晶行业商会，并与宝应国际工业设计中心携手共建宝应水晶创意中心。商会负责水晶创意中心日常管理工作，协调高校专家团队与企业之间的合作关系，组织水晶企业参加国内外重大经贸、科技项目洽谈活动。

水晶雕刻作品“上海世博会——中国馆”

■两企业引进两名博士 8月21日，西安丰镇举行博士人才引进签约仪式，扬州浩宇生物科技有限公司与南京大学博士庄建军、扬州东安管件有限公司与南京工业大学博士陈涵分别签订合作协议书。县委组织部、县科技局、县科协等单位领导应邀出席签约仪式。

■成立镇协税护税办公室 6月30日，西安丰镇协税护税办公室正式挂牌成立，这是该镇进一步加强个体税收征管，规范企业运作，避免企业相互之间恶性竞争，促进水晶产业稳定发展的一项重要举措。镇协税护税办公室主要负责全镇范围内个体工商户、零星税源户、临时经营户及其他纳税人所涉及的国地税相关税种、基金、规费等税款的代征工作，同时为个体工商户办理税务登记及做好税法宣传工作等。

■组织技术型新农民培训 全年组织农民群众参加县农业实用技术培训200人；组织农业专家到村开展水稻、小麦、蔬菜等种植技术培训50场、受训农民5 000人次。镇劳动保障所积极寻求合作伙伴，联系培训基地，组织水晶技工类、纺织缝纫类、机械操作类培训2 000人次。

■企业高技能人才考核鉴定 6月28日，西安丰镇车工、焊工、电工等职业高技能人才评价考核鉴定活动在扬州恒鑫特种钢管有限公司拉开帷幕。鉴定考核采取理论知识考核与操作技能考核相结合方式，重点评价员工解决问题和完成工作任务能力，对于通过鉴定考核员工，颁发相应资格证书，由公司给予相应职称津贴。市、县人社局领导到现场指导考核鉴定活动。

■省专家到西安丰镇考察水稻精确定量栽培技术 7月份，省水稻丰产科技工程建设项目课题组技术总顾问、教授凌启鸿，课题组组长张洪程教授等专家组一行12人到西安丰镇林溪村、花亭村，实地考察和现场指导大面积推广水稻机插秧精确定量栽培技术。专家组通过对示范方苗情仔细分析，认为西安丰镇示范方已构建起每公顷产量超10.5吨的丰产基础。10月25日，省市县农委领导和专家到西安丰镇进行现场实地实产验收，共验收3户、面积0.5公顷，平均单产10.5吨/公顷，顺利完成创建任务指标。

■浩宇生物获"市农业产业化龙头企业"称号 2011年，扬州浩宇生物科技有限公司被授予"扬州市农业产业化龙头企业"称号。扬州浩宇生物科技有限公司占地面积3.67公顷、建有厂房6 000平方米，是专业从事甜叶菊种植和甜菊糖提炼生产的农业企业。该公司生产设备全部从国外引进，并自主研发出"甜菊糖生产工艺"和"甜菊糖分离莱鲍迪工艺"两项专利技术，提炼的甜菊糖纯度95%，处于全国领先水平。

2011年西安丰镇主要经济社会指标实绩表

表69

项　目	单位	数量	比上年增长%	项　目	单位	数量	比上年增长%
地区生产总值	亿元	6.61	14	工业利润	万元	17 837	38
第一产业	亿元	2.28	18.1	工业技改投入	万元	53 000	12.8
第二产业	亿元	2.34	9	工业从业人数	人	13 208	103
第三产业	亿元	1.99	16.4	建筑业产值	万元	39 400	45.9
财政收入	万元	4 382	43	建筑业利润	万元	1 200	88.1
农业总产值	万元	15 700	31.9	建筑业从业人数	人	2 016	34.4
粮食总产量	吨	31 278	4.38	当年引进项目数	项	11	22.2
棉花总产量	吨	—	—	当年到账域外资金	万元	2 400	18.6
油料总产量	吨	619	−7.88	外贸出口额	万元	3 220	21
生猪饲养量	万头	2.93	−5	第三产业从业人数	人	4 198	−25.55
家禽饲养量	万羽	87	52	个体工商户	户	853	13.8
水产品产量	吨	6 530	−1.07	学校	所	3	0
农业从业人数	人	4 862	23.2	在校学生数	人	2 256	−3.59
工业企业数	家	475	22.4	外出劳务人数	人	8 662	−41.6
工业总产值	亿元	38.8	44.8	外来劳务人数	人	462	65.6
工业销售收入	亿元	37.3	39.9	农民人均收入	元	11 808	22

2011年西安丰镇规模企业一览表

表70 **单位：万元**

企业名称	主要产品	实　绩			地址
		产值	销售	利税	
扬州恒鑫特种钢管有限公司	复合钢管	16 111	15 936	2 625	西安丰镇工业园区
扬州舜天玻璃工艺品有限公司	玻璃制品	13 148	12 871	715	西安丰镇工业园区
宝应县天华工艺材料有限公司	水晶工艺品	11 993	11 898	952	西安丰镇南窑工业区
扬州星汉玻璃工艺品有限公司	玻璃制品	10 892	10 781	882	宝应县经济开发区
宝应县金轮泵阀厂	船舶配件	9 731	9 646	772	西安丰镇工业园区
扬州东安管件有限公司	管件	5 395	5 113	386	西安丰镇工业园区
扬州伏尔特工业滤材有限公司	玻璃纤维布	3 571	3 315	307	西安丰镇工业园区

2011 年西安丰镇村、社区基本情况表

表 71

村、社区	党支部书记	村(居)委会主任	会　计	村(居)民小组数(个)	户数(户)	总人口(人)	农业面积(公顷)	工业企业(家)	社会总产值(万元)	人均年纯收入(元)
集丰村、社区	杨长俊	梁星洪	王军	13	1 100	4 100	96.8	18	12 000	12 000
南舍村	何　洪	何　洪	徐晓和	20	1 158	4 303	349.3	6	10 000	11 000
天亭村、社区	肖振国	肖振国	李金华	9	650	2 600	190.2	7	5 800	8 556
朱郭村	梁兆林	梁兆林	许学军	12	741	3 200	225	30	15 000	13 562
崔渡村	郭　平	郭　平	倪长兰	18	950	4 200	297.9	12	8 900	8 114
花亭村	张士兵	张士兵	张连顺	10	654	2 700	196	17	6 582	10 025
林溪村	朱大广	徐志龙	万　云	12	535	2 548	194.5	5	4 500	9 542
张吉村	刘宝华	刘宝华	郝达平	7	399	2 018	140	2	5 400	10 000
苗圃村	王启军	王启军	乐家亮	9	634	2 300	184.67	25	8 020	11 880
太仓村	黄林瑞	黄俭祥	乐云飞	12	600	2 830	176.5	10	8 000	10 000

曹甸镇

■概况　曹甸镇位于宝应县城北部，与淮安市毗邻。镇域面积 99.9 平方千米，耕地面积 4 160.2 公顷。年末总人口 6.82 万人，辖 22 个行政村、2 个社区，是江苏省百家重点中心镇之一。2011 年，实现地区生产总值 14.2 亿元，比上年增长 17.4%；其中第一产业 3.66 亿元、第二产业 6.57 亿元、第三产业 3.97 亿元，分别比上年增长 17.3%、16.0%、18.2%；三次产业在地区生产总值中的比重为 25.8 ∶ 46.2 ∶ 28.0；实现财政收入 5 453 万元，比上年增长 50.1%，农民人均纯收入 12 506 元。

农　业。加大高效农业开发力度，全镇高效农业总面积 1 600 公顷，镇农业园区获扬州市亮点高效农业园区称号。新申报农业“三品”品牌 44 个，建成无公害农产品基地面积 66.67 公顷。新组建 4 家农民专业合作社、3 家土地股份合作社、2 家社区股份合作社，累计各类合作社 48 家。其中，惠农机插秧专业合作社、紫圆慈姑产销专业合作社、和平荡“南芡实”产销专业合作社 3 家被省农村工作委员会表彰为首批“五好农民专业合作社”。全面落实国家惠农政策，农业保险参保率 100%。

工　业。全年完成开票销售额 12.6 亿元，工业开票、国税和地税入库分别比上年增长 37.3%、36.9%、73.7%。龙头企业扬州晨化科技集团有限公司支撑作用明显，完成开票销售额 4.65 亿元，扬州鑫润铝业有限公司组建集团公司，成为全镇第三家开票销售过亿元企业。扬州晨化科技集团有限公司、扬州新奇特电缆材料有限公司、扬州金鑫管业有限公司、扬州宝澄锻造法兰有限公司等重点企业进行技术改造和增资扩产。规模企业销售、利税分别比上年增长 42.2%、39.1%；完成工业投入 9.11 亿元，实施工业技改项目 8 个，新增列统企业 3 家。推进企业“科技创新”，共申报各类科技项目 100 多项，获批国家重点新产品 1 个，承担国家火炬计划 2 项。扬州新奇特电缆材料有限公司、扬州巨业耐磨复合材料有限公司、扬州金鑫管业有限公司 3 家企业被科技部认定为“国家高新技术企业”，累计 4 家；2 家企业被认定为省级“民营科技企业”；获批省高新技术产品 5 个，申报各类专利 100 多件，创成市级名牌产品 3 个，市知名商标 4 个。注重招才引智，引进高层次人才 3 人，与大专院校、科研院所达成产学研合作协议 5 项，成功创成省体育产业基地。

建筑业、第三产业。突出市场开拓，扩大施工领域，全年完成县外“双包”建筑面积 28 万平方米，实现施工产值 9.1 亿元。发挥集镇优势，促进农民进镇就业创业，拉动第三产业发展，实现第三产业增加值 3.97 亿元。

精神文明建设。强化宣传教育，推进全民道德建设，组织建党 90 周年大会，深入开展文明村、文明社区、文明行业、文明单位和十星文明户、文明示范户创建活动，加强社会公德、职业道德和家庭美德教育，公民的道德素质明显提高。9月23日，曹甸镇茆舍村67岁的退休女支部书记衡金莲被入选省文明办组织评选的首批月度“江苏好人榜”。中心幼儿园被中央教育科学研究所评为“德育研究先进实验学校”；下舍幼儿园创成省“和谐教育实验学校（园）”、市绿色幼儿园；学前教育被市教育局评为“幼儿教育先进镇”；中心初中创成省“健康促进学校（银牌）”；成人教育中心校创成市“示范社区教育中心”。6月21日，在全省纪检监察先进集体和先进工作者表彰大会上，曹甸镇纪委被省委、省政府表彰为“全省纪检监察先进集体”。

曹甸镇绿草香农资服务专业合作社成立

■招商引资 按照“打文体教玩具牌、唱转型戏、做招商功、走产业路”思路，举办第二届“中国·曹甸文体教玩具文化节”。坚持“项目为王”定位，对项目实行“一对一”、“点对点”帮办，扬州发运电气有限公司、扬州增亿精密模塑有限公司、扬州金鑫管业有限公司、扬州晨化科技集团有限公司等企业科技成果转化项目相继投产。2011中国·宝应荷藕节期间，投资1.5亿元的压敏电阻、投资6 000万元的导电橡胶项目顺利投产。光电系列产品项目、太阳能配件项目等项目开工建设。加大产业园区基础设施投入，新建1万多平方米的双层标准化创业园厂房，实施四环路第一期工程，园区新增面积26.66公顷，累计建成面积173.33公顷。突出特色产业园区打造，完善教玩具文化创意产业园，建成卡通玩具一条街，成功创建“中国教玩具生产基地”。

■新农村建设 围绕“镇当城建”理念，实施楚甸公园、大邵沟风光带建设项目。融入市场经营理念，组建建筑管理站、江淮明珠广告有限公司，加大集镇经营管理力度。开工建设滨河花园、南河家园、仁和家园集中居住区，其中滨河花园已建成安置公寓楼16幢、800户。开展农村环境综合整治，疏浚县镇河道34千米，完成河塘清淤20万立方米，新建无害化厕所1 500多座，新建卫生公厕17座，新建垃圾池513口。实施“一事一议”奖补项目，建设村间公路6.51千米，新建农桥6座；新增造林面积183.93公顷。全面实施区域供水工程，总投入3 000万元，铺设管线390.5千米。在全县率先完成农村土地经营权登记发证全覆盖，建成农村“三资”信息化监管平台。加强防洪保安能力，新建泵站11座。崔堡村被命名为省“社会主义新农村建设先进村”、市“五项能力提升百强村”，曹南村获市“新农村建设优美乡村”称号。

■社会保障 全镇农村新型养老保险参保人数3万人，统筹保险金300万元，60周岁以上领取基础养老金1.2万多人。新增社保参保251人、工伤保险参保454人、失业保险参保251人。农村低保金、尊老金按时足额发放，新型农村合作医疗参保率98%。

■成立宝应县文体教玩具协会 8月4日，宝应县文体教玩具协会在曹甸镇成立。文体教玩具是宝应县的传统产业。全县10多个乡镇拥有文体教玩具企业近200家，形成文化用品，体育器材、教具学具、健身器材、游乐设备等18个系列，1 000多个产品，年销售20多亿元，从业人员1万多人。宝应县文体教玩具协会成立，旨在组成团队力量，拓展市场、研发新品、开展交流、加强行业内部协调管理，推动全县文体教玩具行业不断向高端科技目标拓展、做大做强。

■宝应县通过“中国教玩具生产基地”综合评审 根据中国玩具行业特色区域申请程序，9月2日，中国玩具和婴童用品协会会长石晓光率专家考评组一行8人专程到曹甸镇进行实地考察。考评组听取县领导关于《宝应县文体教玩具产业生产基地建设情况汇报》，专门召开部分企业领导和有关部门人员参加的座谈会，实地视察江苏玉河教玩具有限公司、江苏米奇妙教玩具集团有限公司、扬州东方娃玩具有限公司、江苏宝乐实业有限公司等企业生产厂区。一致认为，宝应县教玩具生产企业集中，颇具规模，具有明显独特的产业特色，在长期发展的基础上形成产业聚集群，已达到产业基地所必备的基本条件和要素，同意宝应县为“中国教玩具生产基地”。

■成立农资服务专业合作社 4月22日，曹甸镇“绿草香”农资服务专业合作社成立，这是江苏省首家农资消费类专业合作组织。合作社吸纳农户8 320户，入社耕地2 329.6公顷，分别占全镇农户的45%、耕地的56%。入社农户购买农资享受“零差价”服务，实行“零利润”直供。合作社为农民购买放心农资、开展技术培训、节约农本、促进增收提供保证。5月10日，扬州市供销系统在曹甸镇召开会议，向全市推广曹甸镇这一做法。

■建成文体教玩具文化创意园 年底，曹甸镇文体教玩具文化创意园建成，成为该镇文体教玩具特色产业对外展示的重要窗口。创意园于2010年8月开工建设，其中体验区和展示中心设立在集镇中心区及部分重点教玩具企业，展示面积共7万平方米，展示产品包含文体教玩具十六大系列、上千品种，汇集曹甸文体教玩具特色产业主要精品。

■原址复建区公所 9月，曹甸镇政府在原曹甸区党政机关办公所在地原址复建区公所。原区公所建于20世纪50年代，位于曹甸镇中心初中校园内。复建区公所旨在传承历史文明和挖掘文化资源，展示经济社会发展的沿革和变迁。

■教玩具产品参展上海国际玩具展 10月12～14日，曹甸镇组织8家玩具企业参展上海国际玩具展。在这次展会中，曹甸镇组织专门力量负责各项参展工作的联系和协调，争取展位38个，有效扩大宝应县教玩具产品的知名度。江苏玉河教玩具有限公司等企业在展会上获得较大订单。

（吉咸旺）

2011年曹甸镇主要经济社会指标实绩表

表72

项　目	单位	数量	比上年增长%	项　目	单位	数量	比上年增长%
地区生产总值	亿元	14.20	17.4	工业利润	万元	45 022	38.2
第一产业	亿元	3.66	17.3	工业技改投入	万元	91 100	−3.7
第二产业	亿元	6.57	16.0	工业从业人数	人	16 381	21.6
第三产业	亿元	3.97	18.2	建筑业产值	万元	91 000	0.8
财政收入	万元	5 453	50.1	建筑业利润	万元	1 000	11.1
农业总产值	万元	67 157	20.6	建筑业从业人数	人	4 500	−0.6
粮食总产量	吨	65 732	7.2	当年引进项目数	项	29	11.5
棉花总产量	吨	0	0	当年到账域外资金	万元	400	5.3
油料总产量	吨	1 771	6.7	外贸出口额	万元	11 000	12.4
生猪饲养量	万头	36 665	−11.0	第三产业从业人数	人	12 328	3.2
家禽饲养量	万羽	97	−13.5	个体工商户	户	520	23.8
水产品产量	吨	11 878	18.5	学校	所	4	0
农业从业人数	人	7 265	−10.3	在校学生数	人	3 511	−23.5
工业企业数	家	796	12.5	外出劳务人数	人	24 808	−0.3
工业总产值	万元	65.69	39.2	外来劳务人数	人	1 850	48
工业销售收入	万元	63.76	39.0	农民人均收入	元	12 506	20.7

2011年曹甸镇规模企业一览表

表73 单位:万元

企业名称	主要产品	实绩			地址
		产值	销售	利税	
扬州晨化科技集团有限公司	专项化学用品制造	44 998	46 500	5 274	工业集中区
扬州新奇特电缆材料有限公司	绝缘制品制造	15 698	15 228	2 057	工业集中区
扬州怡涛针纺织服装有限公司	机织服装制造	9 526	9 526	1 183	下舍集中区
扬州联农包装材料有限公司	草及其他制品制造	8 289	7 909	935	金吾村
宝应县翔飞包装制品有限公司	机制纸及纸板制造	8 365	8 041	1 019	康庄村
扬州市群瑞服装辅料有限公司	机织服装制造	5 852	5 852	717	工业集中区
扬州申扬金属制品有限公司	铝冶炼	10 105	10 112	1 393	工业集中区
江苏康乐玩具有限公司	玩具制造	11 340	11 895	1 765	工业集中区
扬州鑫润铝业有限公司	铝冶炼	12 574	13 411	1 934	工业集中区
扬州东盛食品有限公司	水果和坚果加工	3 992	3 992	445	工业集中区
扬州华明化工有限公司	有机化学原料制造	6 879	6 879	713	工业集中区
江苏宝乐实业有限公司	玩具制造	15 515	16 445	2 468	工业集中区
扬州巨业耐磨复合材料有限责任公司	钢压延加工	8 191	7 671	1089	工业集中区
扬州米奇妙教玩具有限公司	玩具制造	12 101	11 616	1 773	工业集中区
扬州华胜化工橡塑有限公司	炼油、化工生产设备制造	6 507	6 507	797	工业集中区
江苏玉河教玩具有限公司	玩具制造	15 865	15 396	2 478	工业集中区
扬州金鑫陶瓷复合钢管有限公司	钢压延加工	9 453	9 189	967	工业集中区
扬州成功金属制品有限公司	阀门和旋塞制造	9 847	9 567	1 395	工业集中区

2011年曹甸镇村、社区基本情况表

表74

村、社区	党支部书记	村(居)委会主任	会计	村(居)民小组数(个)	户数(户)	总人口(人)	农业面积(公顷)	工业企业(家)	社会总产值(万元)	人均年纯收入(元)
曹甸村	张廷俊	郝　超	郝名进	14	1 054	3 638	225.2	36	12 528	11 449
曹南村	刘开华	邵恩寿	郝　文	10	814	2 961	125.6	45	25 443	15 654
溪北村	江雨安	柴继双	华庆林	10	696	2 285	179.8	15	4 121	11 659
茆舍村	徐　坤	徐　坤	徐成佳	12	834	2 905	237.2	35	11 374	14 200
金吾村	杨桂玉	吴业清	李洪祖	15	1 173	4 009	291.2	35	11 987	12 038
李沟村	倪云松	倪云松	张继洲	12	907	3 230	233.3	40	11 578	14 406
康庄村	王秉国	陈正清	徐正芳	10	634	2 329	171.8	25	4 664	11 455
屈舍村	顾金凯	王艾清	李宝年	10	905	3 343	233	25	5 659	11 681
舍新村	陈云标	陈夕龙	李风高	6	363	1 706	154.4	15	3 769	12 104
下舍村	李永成	王步香	杨书清	10	585	2 212	169.6	35	12 087	12 007
官河村	鲁书年	鲁书年	丁荣生	7	447	1 711	121.4	16	3 522	11 660
夏庄村	沈龙臣	—	朱志亮	7	443	1 688	132	16	4 314	12 192
甄庄村	王安猛	顾成顺	杨同年	13	722	2 965	239.6	26	7 468	14 695
梁沙村	刁仁信	仲伟成	王维军	8	565	2 095	147.8	25	3 966	11 275
三元村	鲁　昕	费元其	朱成勇	15	1 002	3 766	281.2	28	7 226	10101
新南村	张学高	刘祥林	朱玉兵	11	756	2 350	175.3	30	5 390	11 481
郝舍村	王开兵	—	王振洪	8	490	1 756	146.4	20	3 830	11 394
崔堡村	谢宝玉	谢宝玉	陈国正	8	554	2 043	160.6	35	15 010	14 072
周管村	张长信	董玉龙	管以桐	5	456	1 676	64.8	50	16 158	14 875
陆庄村	潘学海	潘学海	陆正飞	8	505	1 911	180.5	30	7 052	12 685
黄家村	吴建平	吴建平	王海浪	10	710	2 509	266.5	25	8 940	12 559
古塔村	张元兴	蔡玉喜	季振龙	11	629	2 585	182.7	28	6 662	11 640
下舍社区	梁永珠	梁永珠	张庆凤	8	772	2 528	39.9	25	4 993	12 954
曹甸社区	邵恩寿	吕幼宏	—	—	2 231	4 131	—	136	9 500	—

泾河镇

■概况 泾河镇位于宝应县城北郊，东与曹甸镇接壤，西、北两面分别与淮安市楚州区的南闸镇、平桥镇相邻，是扬州、淮安两市结合部，苏中与苏北地区信息流、资金流、项目流的交汇点，京沪高速公路和正在建设中的省道S237南北向贯穿全境，设有京沪高速公路泾河出入口，北距涟水机场64千米。镇域总面积82平方千米，耕地面积3 941公顷，辖18个行政村、3个社区，年末总人口5.76万人。2011年实现地区生产总值10.25亿元，比上年增长15.69%，其中第一产业2.85亿元，第二产业3.97亿元，第三产业2.13亿元；实现财政收入7 671万元，比上年增长12.36%；农民人均纯收入11 299元，比上年增长18.59%。

农　业。认真执行各项农业农村政策，全年农民负担方案规费收取完成率95%。全力抓好土地流转，新增规模高效农业面积300公顷、设施农业面积150.87公顷、适度规模经营面积313.33公顷。规模高效农业取得新发展，建成市级高效农业亮点工程2个，刘上村寿光式蔬菜产业园、出口蔬菜园建成镇现代农业示范区。西瓜种植稳步扩张，形成西瓜集中连片优良品种种植面积233.33公顷。继续推进“三大合作组织”建设，新组建土地合作社3个、社区专业合作社2个，新创市级“五好”示范社3个。开展小康、生态创建，夏季秸秆禁烧工作被县评为二等奖；全镇生活垃圾集中无害化处理率95%；实行环境管护常态化，配备专职保洁员126人，完成县乡河道、村组河塘清淤疏浚38万立方米。新增植树造林134.53公顷。加强农村基础设施建设，新建排水泵站12座、交通桥7座。全镇通过省级生态镇验收，张北村创建成省级卫生村，陈东村创建成省级生态村。蔡桥村、张桥村、东红村3个村建成全面小康达标村。完成农村劳动力就业技能培训971人，新增劳动力转移输出1 100人，新增私营企业84家、个体工商户95户。

工　业。实现全部工业产值40.95亿元、开票销售额11.15亿元，分别比上年增长38.09%、70.5%；实现规模工业产值5.81亿元，规模工业利税5 005万元；实际外资到账305万美元。集镇工业存量土地得到有效盘活和利用，新建园区道路，实施区域供水工程，增加电力配置，工业发展的基础条件不断完善，项目承载能力进一步增强。实现车辆配件、泵阀管件两个主导产业规模扩张和效率提升，扬州凯翔电气有限公司、扬州新泾电力石化机械有限公司等企业与大企业的合资合作不断加深，生产销售能力获得极大提高。其中，扬州凯翔电气有限公司开票销售额首次突破亿元，实现1.13亿元，比上年增长41.50%。全镇新增开票销售额2 000万元以上的规模企业4家、累计10家。

建筑业、第三产业。全年完成建筑施工面积62万平方米，实现建筑业产值5.9亿元，利润1 000万元。实现第三产业增加值2.13亿元，商品零售总额2.8亿元。随着农民集中居住率的提高，农村商业零售网点增多，泾河集镇大型便民服务机构玉禾购物广场开业，泾河、张桥、黄浦商业门店经营档次不断提高。“金禾”西瓜、“劲久”乳鸽、泾河大糕等知名品牌得到有效保护，社会美誉度进一步提升。

精神文明建设。以纪念建党90周年为契机，在全镇党员干部中深入开展党史教育、爱岗位比贡献、优秀共产党员评选等系列活动。制定文明创建评比活动细则，推进“文明村”、“文明单位”、“十星文明户”等精神文明创建工作，突出与工业发展相结合，年终评选表彰三个文明建设先进集体和先进个人。共评选出“文明单位”10家、“纳税之星”6家、“人口与计划生育工作先进单位”10家、“安全生产先进单位”6家、“综合治理法治建设先进单位”12家、“慈善之星”18人、“先进工作者”102人、“十星文明户”42户。镇淮剧业余爱好者自编自演的淮剧小品《张老汉卖瓜》，形象描述泾河镇西瓜种植户生产的辛劳和丰收的喜悦，在全镇范围巡回演出，深受广大群众喜爱。严格执行县委、县政府《关于从严管理干部的十项规定》和《宝应县党政机关厉行节约过紧日子暂行规定》，强化机关作风建设。根据地理区位的特殊性和形势发展的实际需要，组建“楚宝联合调解委员会”，建立和实施跨地区纠纷矛盾协调处置机制。

■项目建设 全年共引进各类工业项目13个，

招商引资额6亿元，单体投资均达1 000万元以上；竣工投产企业项目3家。江苏博依模具制品有限公司、扬州宝斯塔实业有限公司、扬州市创杰塑机有限公司、江苏斯普尔电气有限公司、江苏一诺科技有限公司、江苏同辉工程塑料有限公司、扬州骏宇杰机械制造有限公司、江苏宝祥气体有限公司8个项目顺利施工。鼓励、支持企业加大技改投入，实施重大技改项目5个，其中扬州凯翔电气有限公司投入资金5 000万元，扩建厂房1.2万平方米，新上一条生产流水线。全镇完成购置工业设备抵扣税890万元，占县下达计划的121.9%，比上年增长59.7%。

■村镇建设 立足长远发展，完善镇村建设规划。全年村镇建设总投资420万元，完成泾安西路升级改造工程，长1 200米、宽10米，配套建设绿化带2 400平方米，改造路灯36盏、下水道1 800米；实施泾河集镇前街、沿运路和黄浦集镇商业街道路改造，总长2 300米，改造下水道1 900米；实施金龙路东延、扩宽工程长900米、宽16米；建设泾河集镇园区路、道口工业区创业路长1 600米、宽10米；完成南苑住宅小区三期工程，共2幢、40户，建筑面积4 100平方米；完成市民广场的选址、设计，迁建农贸市场的前期工作已准备就绪；黄浦嘉园一期共6幢、64户，建筑面积6 000平方米住宅小区竣工。启动城北商住圈建设，陈东五支路进入施工阶段，白田怡景苑建设进展顺利；完成宝源路桥建设，实现曹坝工业园区与安宜工业园区的贯通。加强农村建设管理，严厉查处乱搭乱建行为。重视集镇绿化、亮化和农村美化，镇域环境明显改善。

■社会事业 强化教育投入，推进校安工程，实施黄浦初中、张桥小学的内部设施改造，新建泾河中学和黄浦小学门前水泥道路，中心幼儿园通过"省级优质园"的验收。大力实施区域供水工程，完成县通镇一级管网，以及镇通村二级管网铺设，先行村用上县城自来水。认真落实"新农合"政策，全镇参保人数4.1万人，参保率达98%，全年发放医疗报销款750万元。推进人口与计划生育"金人工程"建设，实现县镇村信息网络互联互通。新增五保户集中供养36人，累计158人。实施有线电视数字化双向改造，实现模拟信号向数字信号整体转换1.18万户；新增电信、移动互联网用户2 165户。

■凯翔电气实现销售1.13亿元 2005年，扬州凯翔电气制造有限公司落户泾河镇，是一家生产制造汽车配件的企业。该公司从租赁两幢厂房，投入120多万元购置生产设备起步，开展与大企业的配套生产合作，加大技改投入，不断扩大市场份额，取得企业快速扩张。公司先后与美国通用、韩国现代、日本丰田、韩国岱摩斯公司、比利时邦奇公司、上海大众等知名企业加深生产合作，在合作中根据市场需求不断更新技术和设备，提高产品质量和生产效率。2011年，公司投入5 000万元，购置日本马扎克卧式机床2台，台湾产卧式加工中心5台、立式加工中心22台，香港力劲冷室压铸机械2台，新建厂房3 000平方米。2011年，公司实现开票销售额1.13亿元，成为泾河镇工业经济的支柱企业。 （王培俊）

2011年泾河镇主要经济社会指标实绩表

表75

项　目	单位	数量	比上年增长%	项　目	单位	数量	比上年增长%
地区生产总值	亿元	10.25	15.69	工业利润	万元	6 643	25.81
第一产业	亿元	2.85	14.92	工业技改投入	万元	60 510	31.23
第二产业	亿元	3.97	14.74	工业从业人数	人	6 199	−1.43
第三产业	亿元	2.13	−27.05	建筑业产值	万元	59 000	−2.96
财政收入	万元	7 671	12.36	建筑业利润	万元	1 000	−2.4
农业总产值	万元	51 525	16.26	建筑业从业人数	人	8 732	−1.47
粮食总产量	吨	60 038	3.47	当年引进项目数	项	13	18
棉花总产量	吨	—	—	当年到账域外资金	万美元	305	−19.7
油料总产量	吨	769	16.16	外贸出口额	万元	4 050	−21.44
生猪饲养量	万头	48 032	−1.59	第三产业从业人数	人	4 807	−6.61
家禽饲养量	万羽	887 385	−19.05	个体工商户	户	310	5.08

续表

项　目	单位	数量	比上年增长%	项　目	单位	数量	比上年增长%
水产品产量	吨	1 980	4.10	学校	所	9	0.00
农业从业人数	人	7 327	−7.41	在校学生数	人	2 516	−7.81
工业企业数	家	575	2.13	外出劳务人数	人	16 560	−1.13
工业总产值	亿元	409 450	38.09	外来劳务人数	人	2 580	7.50
工业销售收入	亿元	388 550	38.05	农民人均收入	元	11 299	18.59

2011 年泾河镇规模企业一览表

表 76　　　单位:万元

企业名称	主要产品	实　绩			地址
		产值	销售	利税	
江苏迎浪科技集团有限公司	水泵	7 755	7 605	743	迎浪工业区
宝应县焱鑫机械石化电力机械厂	机械产品	16 560	15 071	1 366	泾河集镇工业区
扬州凯翔电器有限公司	电器产品	11 510	11 376	686	迎浪工业区
扬州锦天纺织有限公司	服装	4 299	3 923	425	泾河集镇工业区
扬州恒通管件有限公司	管件	6 226	5 569	843	道口工业区
扬州精创汽摩配件有限公司	汽摩配件	2 224	2 219	1	道口工业区
扬州天毅环保材料有限公司	除尘袋	2 200	2 169	126	迎浪工业区
扬州鑫元混凝土有限公司	混凝土	3 043	3 043	206	运河八浅段
江苏宇通特种管业有限公司	特种水泵	2 028	2 009	133	迎浪工业区
扬州宇新管业有限公司	管件	2 350	23 322	107	道口工业区

2011 年泾河镇村、社区基本情况表

表 77

村、社区	党支部书记	村(居)委会主任	会　计	村(居)民小组数(个)	户数(户)	总人口(人)	农业面积(公顷)	工业企业(家)	社会总产值(万元)	人均年纯收入(元)
泾河村	马绵明	马绵明	高顺华	9	560	2 034	168	6	2 403	10 241
泾农村	杨高云	朱建刚	郭荣昌	11	765	2 731	237	25	6 650	12 726
钱庄村	石明庆	王振林	陈玉宝	11	686	2 195	233	14	4 943	12 829
大同村	陆树永	—	董宝祥	8	467	1 573	135	3	2 947	12 200
黄浦村	童旭春	郑乃祥	刘越先	13	932	2 891	235	20	7 347	11 992
刘家潭村	尚建文	尚建文	钱学龙	9	694	2 473	147	20	4 428	10 930
曹坝村	董洪志	刘永宏	黄鹄伯	11	842	3 072	159	23	24 007	15 358
刘上村	谢永年	周万兵	陈永生	12	796	2 759	273	12	3 573	9 913
陈东村	王文安	刘启宏	王洪基	6	585	2 138	118	8	3 290	11 130
台许村	贾国昌	贾国昌	徐秀林	11	656	2 288	172	14	6 030	11 198
东红村	邵旭东	周国平	李群飞	7	522	1 896	151	12	3 068	10 863
虹桥村	许久宽	许久宽	王学成	9	694	2 442	197	8	2 956	9 684
松竹村	欧必林	董成明	夏爱云	8	623	2 113	215	4	3 784	12 125
灶户村	吴宝杰	吴宝杰	王庆明	8	698	2 516	277	9	5 143	11 696
左堡村	程建华	陈春民	陈志广	11	684	2 317	250	6	4 657	11 709
蔡桥村	马寿友	邵文秀	杨益辉	15	831	2 992	318	9	2 480	8 365
陈桥村	沈寿权	夏金龙	王亚英	13	756	2 483	278	7	3 425	10 473
张北村	徐家卫	徐兆兵	陈正松	8	401	1 351	165	9	2 640	10 471
张桥社区	刘　标	刘　标	陈爱华	9	520	1 905	161	22	2 600	9 779
泾河社区	王宝军	王宝军	王晓晴	7	2 095	5 364	29	35	3 443	10 922
黄浦社区	吉士高	吉士高	杨永新	4	960	3 081	14	26	10 960	10 887

黄塍镇

■概况 黄塍镇位于县城东北郊8千米处，处于宝应县城经济圈内，与宝应开发区连为一体。镇域面积42.6平方千米，耕地面积1 848公顷，养殖面积213公顷。辖8个行政村、1个社区，年末总人口2.84万人。2011年，全镇完成地区生产总值5.34亿元，比上年增长21.9%，其中第一产业1.59亿元，第二产业2.11亿元，第三产业1.64亿元，分别比上年增长17.7%、22.6%、25.2%；实现财政收入5 246万元，比上年增长14.5%；农民人均收入11 737元，比上年增长20.1%。

农　业。全年实现农业总产值2.83亿元，粮食总产量26 925吨；水稻种植面积1 685.8公顷、单产9.38吨/公顷；小麦种植面积1 611公顷、单产6.59吨/公顷；油菜种植面积217.67公顷、单产2.16吨/公顷，获县粮食生产一等奖。畜禽生产稳定发展。全镇有养殖大户116个，存栏生猪3.9万头、家禽出栏总量89万羽。认真落实各项惠农政策，农业政策性保险承保面100%；围绕资源和产业优势，实现农业"三资"利用8 600万元；获批宝应县农业产业化龙头企业3家；获批省级农业基地2家；新增高效农业面积246.67公顷。

工　业。全年实现工业产值28.4亿元、比上年增长39%，其中规模工业产值16.32亿元，销售额15.45亿元，开票销售额7.05亿元，分别比上年增长40%、40%、47.5%；规模工业实现利税1.52亿元，比上年增长59%；完成工业技改投入6.3亿元，比上年增长16%。全镇有规模企业13家、比上年增加4家，其中开票销售额过亿元企业2家。全年新增私营企业72家，新增民营注册资本4.35亿元，其中有限公司注册资本2.5亿元。加快工业园区建设步伐，继续推进工业园区"北延南扩"战略，配合宝应经济开发区实施东阳北路延伸工程和金源路黄塍段工程，实现与宝应经济开发区基础设施和发展规划无缝衔接。园区全年新建标准厂房2.4万平方米，累计入驻企业53家。积极帮助企业申报科技项目，推动企业走产学研合作之路，全年申报国家高新技术企业2家，获批1家；申报省级以上科技项目21项，其中申报省高新技术产品9项；创省民营科技企业3家，市名牌产品1个，签订产学研合作协议4份，引进市"绿扬金凤"双创人才1人，培养百件专利企业1家。

建筑业、第三产业。全年完成县外"双包"建筑面积65万平方米，实现建筑施工产值10.8亿元。扬州市兴成建设工程有限公司升为建筑业二级资质企业，扬州环宇建设工程有限公司成功申领三级资质企业。加快发展广告、物流、运输、劳务等生产服务业，全年实现服务业增加值1.64亿元，比上年增长25.2%。

精神文明建设。深入开展文明单位、文明行业、文明村(居)创建活动，"十星文明户"评选活动，群众满意基层站所评选评议活动，各类评选活动涌现出一批先进集体和先进个人。全镇共评选出"文明单位"13个、"群众满意基层站所"16个、"十星文明户"45户、"先进个人"53人。12月，黄塍镇整合镇民间文艺家协会、镇夕阳红演出团、镇马灯队、镇腰鼓队等多个群众文艺组织成立"宝应县农民艺术团"。深入开展廉政文化进社区、家庭、学校、机关、企业"五进"活动，组织

团省委领导到黄塍镇考察设施农业

干部群众学党风廉政规定，唱廉政文化歌曲，看廉政教育影视，立廉政警句格言，修廉政书画艺术，营造以廉为荣、以贪为耻的良好风气。启动“六五”普法工作，推进平安黄塍建设，组织实施“安心工程”、“关爱工程”、“转化工程”、“导控工程”等“四大工程”，全面实施“矛盾纠纷隐患”、“越级上访情况”、“特殊人群管理”等“三项”排查工作，发现“矛盾纠纷隐患”110 处次，调处率100%。做好社区矫正和安置帮教工作，全年帮教 58 人。推进技防向企业、校园、社区延伸，建成邻里技防户 1 800 户。被评为县“五五”普法先进单位、“平安法治宝应建设先进集体”。推动“安全生产年”工作，社会保持总体稳定，全年未发生重大安全事故。

黄塍镇庆祝建党 90 周年文艺演出

■招商引资 调整招商思路，创新招商方法，强化驻点招商、以商引商、以企引商，全年共引进项目 12 个，其中亿元项目 4 个，分别是江苏朗顺电工电气有限公司的节能测控及电磁烧结线项目、江苏苏健佳星实业有限公司的铜塑符合带及医疗器械项目、江苏一鸿汽车配件有限公司的汽车散热器项目、扬州市永安铜业有限公司的无氧铜杆项目。截至年底，无氧铜杆项目实现竣工投产，其余 3 个项目建设顺利进行。全年完成招商引资额 10.31 亿元，协议利用外资 650 万美元，到账外资 300 万美元。

■新农村建设 围绕“精致黄塍、幸福黄塍、魅力黄塍”的建设目标，树立“镇当城建”理念，继续加大对集镇建设的投入。全镇清理河道 11 条、9.26 千米，农村垃圾集中处理率 98%；新建农桥 6 座、圩口闸 5 座、泵站 5 座；建成无害化厕所 500 座、户用沼气池 30 口；6 个村实施老村庄改造，拆除房屋 185 户，复垦土地 8.41 公顷，新增耕地 7.83 公顷。新建农民公寓楼 3 幢、90 户，建筑面积 1 万平方米。截至年底，累计创成全面小康达标村 8 个、“三大合作”组织 6 家、村级综合服务中心 8 家。

■社会事业 6 月，组织实施“四楼、四路、一桥、一泵站”建设与改造的民生实事工程，即新区农民集中居住公寓楼、鱼桥农民集中居住公寓楼、中心小学综合楼、大陆集中居住安置楼，朝阳路改造建设、画川路改造提升、东阳北路建设和金源路建设，宝曹河朝阳桥加宽，新区“60”泵站建设，至年底基本建成。采集就业岗位 509 个，组织就业培训 628 人，介绍就业 483 人，转移劳动力 1.37 万人。开展“5·19”慈善一日捐活动，共募集慈善捐款 31 万元。全面实施最低生活保障线制度，实现“应保尽保”，新增城乡低保 83 人，发放保障金 74.7 万元，农村合作医疗和新型农村养老保险参保率 100%，村级人口世代服务室实现全覆盖。村容村貌明显改善，大陆村成功创成省级卫生村。全镇有线电视用户 6 100 户，入户率 93%，全部实现有线数字电视整体转换。

■永安铜业创项目建设新速度 年初，扬州市永安铜业有限公司项目开工建设。项目总投资 1 亿元，注册资本 3 000 万元，固定资产 5 600 万元，占地面积 2.67 公顷，新建标准厂房 2.2 万平方米，引进国内领先的上引炉和连续挤压设备，主要生产加工各种规格的铜杆和铜材。7 月份，厂房建设、无氧铜杆和挤压铜材生产线安装竣工并投产。截至年底，扬州市永安铜业有限公司实现开票销售额 0.86 亿元，创造出黄塍镇规模企业当年开工、当年竣工、当年开票额近亿元新速度。

■中心小学综合楼开工 8 月 23 日上午，黄塍镇中心小学启立综合楼举行开工仪式。该项工程总投资 200 万元，局部 4 层，建筑面积 1 500 平方米，计划工期 5 个月，于 2012 年春季新学期开学前建成并投入使用。

■大学生村官创办特色果蔬农业观光园 大学生村官柏明荫毕业于南京师范大学泰州学院，2009 年 7 月到黄塍镇小垛村任职。2009 年 9 月，柏明荫围绕宝应县“国家生态示范县”、“有机食品基地示范县”特色，创办特色果蔬农业观光园，种植奶油草莓、紫薯、黑土豆等新产品，开展观光采摘、QQ体验式农场等现代服务项目。截至2011年，观光园面积发展到3.33公顷，共接待县内外游客5 000人次。5月，柏明荫获宝应县“十佳大学生村官”称号。

■实施画川路改造提升工程 2011年，黄塍镇在县电力公司支持下，对画川路黄塍段6千米电力线路进行改造，拆移规范架设附跨线路，沿途架设路灯120盏。项目总投资700万元，其中上争专项资金430万元，年底工程全部完工。同时，镇政府强化沿途店外经营管理，落实门前“三包”责任，整顿市容市貌，清理乱拉乱挂、乱搭乱建、乱停乱放行为。 （李 晶）

2011年黄塍镇主要经济社会指标实绩表

表78

项 目	单位	数量	比上年增长%	项 目	单位	数量	比上年增长%
地区生产总值	亿元	5.34	21.9	工业利润	万元	11 795	83.2
第一产业	亿元	1.59	17.7	工业技改投入	万元	63 340	16
第二产业	亿元	2.11	22.6	工业从业人数	人	5 812	−16.5
第三产业	亿元	1.64	25.2	建筑业产值	万元	108 000	13.7
财政收入	万元	5 246	14.5	建筑业利润	万元	5 000	10
农业总产值	万元	28 296	17.3	建筑业从业人数	人	5 500	85
粮食总产量	吨	26 925	2.6	当年引进项目数	项	12	−58
棉花总产量	吨	—	—	当年到账域外资金	万美元	300	17.6
油料总产量	吨	474	−0.6	外贸出口额	万美元	2 560	31.8
生猪饲养量	万头	3.57	−8.27	第三产业从业人数	人	1 773	2.6
家禽饲养量	万羽	58.82	−0.04	个体工商户	户	591	10
水产品产量	吨	1 040	1.76	学校	所	2	0
农业从业人数	人	3 900	−4.4	在校学生数	人	1 520	−3.9
工业企业数	家	117	9.3	外出劳务人数	人	7 524	1.7
工业总产值	亿元	28.4	39	外来劳务人数	人	507	42
工业销售收入	亿元	26.5	15.7	农民人均收入	元	11 737	20.1

2011年度黄塍镇规模企业一览表

表79 单位：万元

企业名称	主要产品	实 绩			地址
		产值	销售	利税	
扬州市安宜阀门有限公司	阀门	62 984	60 934	8 806	黄塍工业集中区
扬州永安铜业有限公司	无氧铜杆	8 892	8 602	119	黄塍工业集中区
江苏旭日冶金环保设备厂	铜制品	17 151	16 363	305	黄塍工业集中区
宝应县增厚铜业有限公司	铜棒	13 069	12 666	395	黄塍工业集中区
扬州市丰泽特种电缆材料有限公司	电缆料	12 675	12 147	1 787	黄塍工业集中区
扬州市英华塑料制品有限公司	塑料制品	12 466	12 194	1 428	黄塍工业集中区
宝应县鑫宝纺织厂	棉纱	12 294	11 814	1 942	黄塍工业集中区
宝应县大明铜业有限公司	铜棒	8 842	8 583	291	黄塍工业集中区
扬州大野家饰用品有限公司	床上用品	8 567	8 291	235	黄塍工业集中区
江苏锋驰汽车车身制造有限公司	汽车配件	7 404	7 196	189	黄塍工业集中区

2011 年黄塍镇村、社区基本情况表

表 80

村、社区	党支部书记	村(居)委会主任	会计	村(居)民小组数(个)	户数(户)	总人口(人)	农业面积(公顷)	工业企业(家)	社会总产值(万元)	人均年纯收入(元)
徐甸村	马立阳	王爱群	王爱群	12	867	3 175	301	16	7 563	11 684
小垛村	张　虎	柏明荫	陈金凯	13	776	2 913	283	4	6 615	10 659
新丰村	孙爱权	孙爱权	刘洪年	14	721	2 727	250	3	6 558	11 578
江跳村	高　举	高　举	吴乃有	10	745	2 883	210	23	7 674	10 202
联合村	祁玉冰	祁玉冰	江长亭	11	745	2 894	160	5	6 852	12 235
大陆村	徐正华	王　艳	费永华	11	845	3 232	217.3	10	44 885	13 262
大李庄村	鲁　军	鲁　军	吉沐东	13	625	2 261	234.5	2	6 927	11 978
鱼桥村	朱志林	金章军	赵春梅	10	726	2 730	193	35	6 956	11 523
黄镇社区	韩春梅	陈永久	韩春梅	3	812	2 988	10	25	324 311	12 976

山阳镇

■概况　山阳镇位于大运河西，是宝应县运西地区唯一完全镇，周边与淮安市金湖县、洪泽县、楚州区接壤，总面积 123.4 平方千米，其中耕地面积3 628公顷、滩地水面面积 4 667 公顷。年末总人口 5.38 万人，下辖 16 个村、2 个社区，1 个养殖场。2011 年，实现地区生产总值 14.11 亿元，比上年增长 25.1%，其中，第一产业 5.68 亿元，第二产业 5.02 亿元，第三产业 3.41 亿元，分别比上年增长 17.1%、43%、16.8%；实现财政收入5 448万元，比上年增长 72.1%；农民人均纯收入11 978 元，比上年增长 20.0%；被县委、县政府表彰为三个文明建设先进镇。

农　业。发展高效有机农业，组织实施春光花卉和万缘蔬菜两个 66.67 公顷高效园区。围绕农业产业化经营，强化农业“三资”利用，完成农业利用“三资”1.3 亿元，全镇有 453.33 公顷高效农业田块平均效益 45 万元/公顷。兴同村、光辉村、顺河村、中南村等村土地复垦项目顺利实施，完成土地复垦面积 400 公顷，完成旧村庄拆迁 300 多户，新增耕地面积 29.4 公顷。组织对重点组债务清收，共清收往欠款 100 多万元。推进农业“三大合作组织”建设，新增农业经济合作组织 12 家。累计完成植树造林 70 万株，森林覆盖率达 21%。落实各项惠农政策，发放小麦、水稻、油菜、农机、家电下乡等补贴资金 800 多万元。加大动物疫病防治力度，无一起重大动物流行疫情发生。加快农业生产机械化步伐，全镇机械收割率 100%，机械栽插率 80%。

工　业。加快推进工业转型升级步伐，建立镇机关干部联系企业制度，采取“一企一策”办法定向扶持企业发展，引导重点企业通过自主创新、品牌扩张、资本运作等方式，不断扩张企业规模。截至年底，全镇共有规模企业 23 家，其中，开票销售额过亿元企业 3 家，5 000 万元以上企业 4 家，2 000 万以上企业 16 家，纳税过百万元企业 11 家。2011 年，全镇实现工业开票销售额 13.4 亿元，工业经济总量上升至全县第四位。推进企业科技创新，加快企业转型升级步伐。全年共获批国家高新技术企业 1 家，省高新技术产品 3 个，创成省名牌产品 1 个，知名商标 5 件，申请专利授权数 23 件。

建筑业、第三产业。2011 年，完成施工产值 10.01 亿元，实现增加值 2.4 亿元。完成县外“双包”面积 42 万平方米；加快发展物流、运输、劳务等生产性服务业，实现第三产业增加值 3.01 亿元，从业人员 5 000 多人。

精神文明建设。组织“相约山阳环白马湖乡镇”文艺汇演、“计生互联互通活动”、“庆祝建党 90 周年红歌咏唱会”、“全面小康创建”等系列主题活动，深入开展文明村、文明户、文明行业、文明单位等创建活动，全镇评选出 2011 年度目标管理先进村 10 家、目标管理先进单位 9 家、文明单位 37 家，三个文明建设先进个人 87 人、文明职工 61 人、“十星文明示范户”101 个，为全镇经济社会发展营造良好氛围。

■招商引资　全年先后在浙江、上海、常州、广东、太仓等地设立招商引资办事处，通过专业招商、干部招商、产业招商、推介招商、存量招商和以商引商“六轮齐驱”，共引进各类项目28个，其中5亿元以上项目1个、亿元项目2个、5 000万元以上项目5个。

■**社会事业** 树立执政为民理念，兴办实事工程。全年着重实施防汛工程建设、通达工程建设、新农村公益性工程建设、村便民服务中心建设、计生服务中心建设、山阳大道工程建设、垃圾中转站和污水处理厂建设、农村电网改造等实事工程项目，百姓生产生活得到改善，镇村面貌得到靓化，受到群众普遍赞誉。实施防洪保安工程，完成镇、村水利土方20万立方米，新建泵站8座、涵洞6座、农桥10座。强化低保动态管理，实现应保尽保。新型农村养老保险参保率99%，8 000多名符合条件的农村居民领取基础养老金。

■**打造运西绿色长廊** 着力实施工业园区绿化长廊工程，彰显运西的生态特色，对主要节点堆土造型，增加绿化厚度，提高绿化档次、凸现绿化品位。运河二桥以西、盐金公路两侧2.3千米重点绿化段，全线种植香樟、银杏、雪松等乔木，建成一条宽阔的生态景观绿化带，形成“人在林中，路在景中、企在园中”的靓丽风景线。

■**敬老院改扩建工程竣工** 8日，山阳镇敬老院改扩建工程开工建设。12月8日，该工程全面竣工。总投资60万元，重点对食堂、餐厅等附属设施进行升级改造。山阳镇敬老院可容纳200人居住，集生活、健身、娱乐、医疗、庭院经济为一体，环境优美、设施齐全、管理有序。全镇五保对象集中供养率达到80%。

■**“环白马湖区域”计生互联互通活动** 11月22日，“环白马湖区域”乡镇计生互联互通活动在山阳镇举行。金湖县前锋镇、楚州区南闸镇等白马湖周边四县八(乡)镇的计生工作分管负责人齐聚山阳镇，共商计生工作，制定计生工作联动机制，互通计生信息，推动环湖各镇计生工作再上新台阶。 (侯　荣　王建云)

2011年山阳镇主要经济社会指标实绩表

表81

项　目	单位	数量	比上年增长%	项　目	单位	数量	比上年增长%
地区生产总值	亿元	14.11	25.1	工业利润	万元	13 207	30
第一产业	亿元	5.68	17.1	工业技改投入	万元	73 000	32
第二产业	亿元	5.02	43.0	工业从业人数	个	9 795	15
第三产业	亿元	3.41	16.8	建筑业产值	万元	101 000	10.1
财政收入	万元	5 448	72.1	建筑业利润	万元	2 500	3.3
农业总产值	万元	102 200	18.2	建筑业从业人数	人	5 000	10.1
粮食总产量	吨	64 999	7.7	当年引进项目数	项	28	20
棉花总产量	吨	—	—	当年到账域外资金	万元	50 000	22
油料总产量	吨	680	6.8	外贸出口额	万元	—	—
生猪饲养量	万头	3.97	0.0	第三产业从业人数	人	5 085	3.2
家禽饲养量	万羽	164.3	−0.5	个体工商户	户	395	19.3
水产品产量	吨	19 045	−0.9	学校	所	4	0.0
农业从业人数	人	8 268	−11.1	在校学生数	人	1 750	−13.4
工业企业数	家	96	10	外出劳务人数	人	15 000	2.4
工业总产值	亿元	457 450	34.0	外来劳务人数	人	420	2.4
工业销售收入	亿元	449 850	34.1	农民人均收入	元	11 978	20.0

2011年山阳镇规模企业一览表

表82　　单位:万元

企业名称	主要产品	实　绩			地址
		产值	销售	利税	
扬州烨灿羽绒制品有限公司	羽绒制品	9 830	9 835	619	城西工业集中区
江苏环宇起重运输机械有限责任公司	起重运输机械	9 890	9 930	758	城西工业集中区
精达车业公司	摩托车配件	18 880	18 430	1 249	城西工业集中区

续表

企业名称	主要产品	实绩			地址
		产值	销售	利税	
江苏大成羽绒制品有限公司	羽绒制品	28 970	28 740	1 864	城西工业集中区
宝应县众鑫羽绒制品有限公司	羽绒制品	9 580	9 525	591	城西工业集中区
扬州烽火电气材料有限公司	聚酯薄膜	9 890	9 810	976	城西工业集中区
江苏王牌直流电机制造有限公司	直流电机	24 760	24 430	1 398	城西工业集中区
江苏永一泵业有限公司	泵	9 850	9 790	617	城西工业集中区
宝应县顺鑫工艺品有限公司	泵	9 560	9 530	552	城西工业集中区
扬州市嵘盛电缆材料有限公司	电缆料	9 720	9 695	670	城西工业集中区
扬州市顺驰电气有限公司	滑线、桥架	9 770	9 730	765	城西工业集中区
宝应县金荣羽绒厂	羽绒制品	9 345	9 265	710	城西工业集中区
扬州沃尔科技有限公司	加热器	9 680	9 580	624	城西工业集中区
江苏金禧塑业新材料有限公司	电缆料	9 960	9 890	624	山阳居委会
江苏尚宝罗泵业有限公司	泵	9 760	9 585	686	城西工业集中区
宝应县助成包装制品有限公司	包装袋	28 290	28 245	1 714	城西工业集中区
扬州宝泰玻璃有限公司	钢化玻璃	9 610	9 480	581	城西工业集中区
江苏苏隆水泥有限公司	水泥	14 265	14 050	1 212	城西工业集中区
扬州市南洋混凝土有限公司	混凝土	9 680	9 640	583	城西工业集中区
扬州裕兴纸品包装有限公司	纸板	10 090	10 030	633	城西工业集中区
江苏嘉盈电器有限公司	滑线、桥架	7 910	7 890	794	城西工业集中区

2011年山阳镇村、社区基本情况表

表83

村、社区	党支部书记	村(居)委会主任	会计	村(居)民小组数(个)	户数(户)	总人口(人)	农业面积(公顷)	工业企业(家)	社会总产值(万元)	人均年纯收入(元)
山阳社区	董春宝	董春宝	董洪祥	9	530	1 981	87.9	10	20 791	12 737
万缘社区	卢学干	卢学干	钮连喜	4	163	653	34.1	6	12 548	12 064
兴同村	王春城	王春城	孙久翀	28	1 032	4 082	556.7	2	14 644	14 728
龚陈村	方明辉	方明辉	杨玉龙	10	637	2 141	215.1	2	7 253	9 921
沿湖村	李　夏	沈连碧	王守林	25	922	3 647	287.0	2	10 913	10 821
金庄村	金文灿	陈树洪	黄海猛	14	575	2 242	136.1	14	22 036	11 673
春光村	郭维本	刘士宏	蔡国华	35	1 129	4 438	359.9	10	27 617	15 014
杨河村	李锦山	张风宽	陈兆华	12	1 121	4 071	246.1	2	12 995	9 616
徐庄村	徐正旺	—	胡建华	14	1047	3 896	306.8	3	13 238	9 917
合心村	朱正松	董大军	钮秀明	18	693	2 651	213.3	10	14 907	12 706
吴坝村	王乃芳	黄　林	吴章臣	8	599	2 271	175.1	2	6 724	10 995
大东村	张　毅	杨正顺	董正祥	15	901	3 407	266.7	3	10 063	12 028
徐杨村	季长洲	陈婷婷	杨正宽	15	510	2 015	189.9	2	7 253	12 026
中南村	李方喜	—	邵正美	13	701	2 539	221.6	1	8 185	12 769
顺河村	徐克礼	陈方亭	王成顺	16	829	3 215	206.2	4	9 062	10 466
光辉村	朱正祥	陈志龙	周永明	19	770	2 810	305.1	2	8 993	13 057
颂阳村	侯承延	辛海洲	侯绪军	22	829	3 139	247.9	1	9 202	12 488
公民村	王德明	杨乃元	高德顺	16	686	2 738	199.6	1	8 533	11 585
养殖场	于长连	李永政	童乃嵩	2	195	596	25.7	2	2 520	11 987

院士风采

马俊如　男，1934 年 10 月出生，江苏宝应人，汉族，中共党员。1957 年毕业于复旦大学物理系，国家统一分配到中国科学院半导体研究所，参加晶体管和集成电路、超微细加工的研究，历任课题组长、研究室副主任。1980～1982 年在美国国家亚微米研究中心、康乃尔大学电机系进修工作。1985 年被任命为中科院微电子中心副主任，并聘为研究员。同年奉调到国家科委基础研究高技术司任副司长、司长，国务院国家高技术研究发展计划领导小组办公室主任，负责国家基础研究发展计划、高技术研究发展计划（863 计划）启动实施的具体工作等。1991 年被国务院任命为国家外国专家局局长，负责国家人才智力引进工作。1995 年，被选为国际欧亚科学院院士。

1997 年，马俊如离开政府岗位，从事科学技术发展的战略研究和科技咨询工作，应聘为（国家战略高技术计划）863 计划专家顾问组成员、常务副组长。1998 年，被日本早稻大学授予名誉科学博士（Doctor of Science）。2003 年被聘任国家中长期科技发展规划的国家创新体系战略研究（专题 2 组）组组长。2007 年被聘为国家 02 重大专项论证委员会主任。2009 年被聘为国家科技重大专项电子信息板块监督评估专家组长。2010 年被聘为“十二五”国家科技发展规划专家顾问组组长。先后当选全国政协第八届、第九届委员，全国政协港澳台侨联络委员会第八届、第九届委员。曾兼任中国科技大学高技术学院院长 10 多年，曾被聘任为北京大学微电子研究所、南京大学物理系、上海交通大学微纳制造中心、清华大学公共管理学院兼职教授、博士生导师。发表学术著作和编著 4 本，论文报告近 100 篇。社会兼职主要有：中国国际人才交流协会副主席、中国国际空间信息培训研究院院长、国际欧亚科学院中国科学中心副主席、世界创新研究院院长、中国国际工程咨询公司顾问、深圳市政府科技顾问、北京中关村高新区顾问等。2006 年，他被全国政协科教文卫体委员会、中国人民对外友好协会、北京大学、中华英才半月刊、中国教育电视台、联合国科教文组织驻华代表处，联合主办评选为“中国十大科技英才”，曾荣获国家科技进步一等奖，并多次荣获国家和部门奖励表彰。两次获美洲中国工程师学会（CIE/USA）杰出贡献奖等。

尹泽勇 男，1945 年 2 月出生，江苏宝应人，汉族，中共党员，第十一届全国政协委员，现任中国航空工业集团公司副总工程师及科学技术委员会副主任，是中国大型飞机（C919）国产发动机（CJ－1000AX）总设计师，兼任总装备部及国防科技工业局科学技术委员会委员、国家军工产品定型委员会专家咨询委员会委员、中国航空学会理事、湖南省科协副主席等职。

1967 年，尹泽勇毕业于西北工业大学飞行器结构力学专业，1985～1987 年为美国俄克拉何马大学访问学者，1990 年获北京航空航天大学航空发动机工学博士学位，先后担任中国第一种设计定型并批量交付使用的涡扇发动机总设计师、中国第一种自行设计的涡轴发动机及二型直升机传动系统的总设计师等，长期从事航空发动机多学科设计优化、先进结构分析及先进材料应用等研究工作，对中国航空发动机及直升机传动系统发展作出重要贡献，获国家级科技进步二等奖 2 项、部级一等奖 3 项、部级二等奖 3 项。出版《现代燃气轮机转子循环对称接触应力分析》等专著 3 部、《有限元法》等译著 6 本，发表论文 100 余篇。1992 年被评为国家级中青年有突出贡献专家。2005 年当选为中国工程院机械与运载工程学部院士。2010 年评为全国优秀科技工作者。2011 年获中国航空工业集团公司“新中国航空工业创建 60 周年航空报国特等金奖”。

钱旭红 男，1962 年 2 月出生，江苏宝应人，汉族，中共党员，华东理工大学校长、教授，国家自然科学基金化学部咨询委员，英国皇家化学会会士，德国洪堡基金会学术大使，英国女王大学荣誉博士。

1978 年，钱旭红毕业于宝应县中学，当年 9 月考入华东化工学院，1982 年 7 月获学士学位，后在华东理工大学获硕士、博士学位，1989～1991 年分别在美国、德国从事博士后研究工作。2004 年 7 月任华东理工大学校长；2007 年 4 月当选中国化工学会副理事长；2007～2008 年任亚洲及太平洋化工联盟主席；曾先后入选或获得长江学者奖励计划、国家杰出青年基金者、国家“973”项目首席科学家、上海市科技精英；作为第一完成人，获得 1998 年、2002 年、2003 年教育部科技进步一等奖，2008 年上海市自然科学一等奖和国家科技进步二等奖。主要研究方向为有机化工，包括生物性能染料、绿色化学农药等。

2011 年 12 月 7 日，中国工程院公布院士增选结果，中国工程院 9 个学部共选举产生 54 名新院士，钱旭红当选工程院化工、冶金与材料工程学部院士。

陈鉴远 （1916—1995） 男，曾用名陈定侯、田象文，1916 年 6 月出生，江苏宝应曹甸镇人，汉族，中共党员，历任化工部技术委员会副主任、常委，中国化工学会名誉理事，中国制冷学会副理事长，北京化工学院名誉教授，国家科学技术进步奖评审委员会委员，全国自然科学名词审定委员会委员、国务院学位委员会第一届学科评议组成员，国家科委新型化工材料专业组副组长。1993 年 12 月当选为中国科学院院士。

1921 年起，陈鉴远在曹甸读私塾和小学。1936 年以优异成绩毕业于江苏省苏州中学，考入南京中央大学化学工程系。1947 年 1 月赴美留学，先后获艾奥瓦州立大学化学工程硕士学位、雪城大学化学工程系博士学位。1950 年 9 月，陈鉴远冲破美国政府对华人科技人员返回新中国所设置的重重阻碍，经香港回国，先后在华东工业部化工设计室、北京化工设计公司、基本化学设计院任职。1958 年 7 月任化学工业部北京化工设计院副总工程师、总工程师，1965 年 6 月出任化工部第六设计院院长兼总程师，1978 年 3 月出任化工部二局副局长，1982 年 9 月任北京化工学院院长，1985 年 3 月任化工部技术委员会副主任，1993 年 12 月当选中国科学院化学部学部委员、院士。1995 年 5 月 26 日凌晨，陈鉴远因心脏病突发抢救无效，在北京逝世。

50 年代，陈鉴远主持中国首批大型磷肥厂工艺设计，开创新中国磷肥工业；20 世纪 60～70 年代，他主持开发设计重水、液氢、偏二甲肼等几十种化工新材料，为国家发展核工业及航天、航空工业作出重要贡献；他倡导建立结合国情的化工技术开发程序，对化工科学技术转化为现实生产力有深远意义。1966 年国庆节，他作为发展国防尖端技术有重大贡献的主要代表之一，随中共中央主席毛泽东和中央领导人一起登上天安门城楼。1988 年中国国防科学技术工业委员会授予他“献身国防科技事业荣誉证章”。1989 年，建设部授予他“中国工程设计大师”的光荣称号。

新闻人物

李树干　男，1959 年 10 月出生，汉族，江苏宝应人，中共党员，宝应县公安局氾水派出所氾光湖警务区社区民警、氾水派出所正股级科员。

氾光湖警务区三面环水、湖荡相连，与外界联系仅有三个摆渡，辖 7 个行政村、47 个村民小组、14 000 多人口，面积 63 平方千米。李树干 1991 年到氾光湖警务区工作，21 年如一日，用心做事，用情感人，把家安在社区，把社区当家庭，把群众当亲人，与群众朝夕相处，相濡以沫，结下鱼水深情。长期以来，他针对矛盾纠纷的不同情况、不同原因，当事人的不同性格、不同诉求，坚持具体问题具体分析，妥善调解各类矛盾纠纷，没有一起上缴上级处理，没有发生一起民转刑案件，维护一方平安和谐。在群众眼里，李树干既是一名铁骨铮铮的警察，也是一位朝夕相处的乡里乡亲；既是保护一方平安的守护神，也是党委政府在当地的代言人。他以信念和责任常年坚守“孤岛”，被群众亲切地称为“农家警察”，得到广大群众、党委政府和社会各界的广泛赞誉，2007 年被公安部授予“全国优秀人民警察”称号。2011 年，李树干的事迹先后在《扬州日报》、中央电视台《法治在线》栏目等主流媒体予以报道。

徐　中　男，1964 年 12 月出生，汉族，宝胜集团高级经济师、高级营销师，中共党员。1990 年 7 月毕业于江苏广播电视大学宝应分校。1989 年 7 月进宝胜集团工作，历任总经理办公室秘书、物资公司副经理、上海办事处主任、总裁助理兼上海销售公司总经理、副总裁兼上海销售公司总经理等职务。

1992 年徐中开始从事公司营销工作，兢兢业业、默默奉献，从一名普通销售员变成一名优秀的营销职业经理人，个人累计创造 10 亿元销售业绩；2001～2010 年连续 10 年被评为宝胜集团十佳销售状元。他在担任宝胜集团上海办事处主任后，带领团队团结拼搏，开拓上海市场，从 1996 年至 2011 年连续 15 年蝉联集团公司驻外办事处销售额第一位，对公司的贡献份额不断增加。在他的带领下，先后取得上海八万人体育场、浦东机场、虹桥机场、洋山港大桥、宝钢、外高桥电厂、世博中国馆等一大批重大形象工程电缆订单，使“宝胜”电缆成为上海地区最叫得响的品牌，市场占有率不断扩大。通过他的悉心指导和言传身教，上海办事处先后有 10 人成为集团公司销售状元，为企业的未来发展注入强大动力。徐中先后于 2006 年度被评为扬州市“五一”劳动奖章、2008 年度被评为江苏省“五一”劳动奖章、2011 年度评为江苏省劳动模范等荣誉称号。

刘先知 男，1965年10月出生，汉族，江苏宝应人，中共党员。1988年，毕业于南通农林职业技术学院，从1993年开始承包宝应县安宜镇北港村、西刘堡村土地进行花木种植。2002年，在安宜镇三里村承包土地4.67公顷，成立兰馨精致农业有限公司，任公司总经理。

2011年，刘先知承包花卉苗木生产基地9个、种植面积113.33公顷，每公顷种植效益7.5万元以上。为加快宝应花木生产建设步伐，他先后引进花卉、苗木、草坪、蔬菜品种135个，其中鹤望兰、日本矮麦冬等珍稀花卉种植成为全国最大的种苗繁育基地。他注重科学研究，鹤望兰种子的脱脂脱腊工艺方法获得国家专利；鹤望兰配套栽培技术的研究、鹤望兰等珍稀花卉种苗快繁及鲜花生产项目获国家奖励；他通过试验并成功应用苗、花、草不同品种的立体套种模式10多个。他无偿为科技示范户进行培训，共辐射带动周边镇村花卉苗木种植户1 100户，种植面积880公顷，实现农民增收近4 000万元，得到基层干部和广大农民一致好评。2001年，获扬州市"十佳青年农民"称号；2011年，被评为江苏省劳动模范。

王步勇 男，1963年11月出生，汉族，江苏宝应人，宝应县氾水高级中学校长、党支部书记，扬州市学科带头人，扬州政治学科名师工作室成员。1984年7月专科毕业于扬州师范学院政教系，后通过在职函授教育获双本科学历。

王步勇热爱教育事业，在农村学校工作27年，勤勤恳恳，精益求精，教学实绩在全县有很大影响。他担任氾水高级中学校长12年，实现学校教学质量、办学特色位居扬州市同类学校前列，成为区域名校。他在工作中坚持依法依规办事，从严管校，研究教学规律，推动学校教学改革，由他主持研究的"小组合作、能力课堂、提高效益"课堂模式取得明显教学效果，受到广泛肯定。他每天在校工作达13小时～14小时，有一股狂劲，在做好学校管理工作同时，坚持站在教学一线，蹲点高三年级一个班、每月写一篇文章、每周值班一整天、每天至少听一课、每学期与所有教师谈一次心。他任劳任怨、勤奋工作的作风得到全校干部教师的一致肯定。他具有良好的社会公德、职业道德和家庭美德，与人为善，克己待人，与同事、家庭成员、邻里、领导关系和睦。2008年5月发生汶川大地震，他向地震灾区捐出当年获得的市劳动模范奖金4 000元，平时每月资助贫困学生100元，深受群众赞扬。在他的带领下，氾水高级中学2003年被认定为省"三星级"高中、江苏省德育先进学校，2009年获江苏省课程改革先进校、江苏省和谐校园、江苏省艺术教育特色学校称号。他于1995年获江苏省优秀教育工作者称号，2008年被评为宝应县优秀党员、扬州市劳动模范，2011年获评江苏省劳动模范。

沈晓军 男，1973年11月出生，汉族，江苏省宝应县射阳湖镇人，中共党员，射阳湖镇林上村农民、农技师。

沈晓军1992年高中毕业后，放弃到高校学习机会，扎根农村务农，通过十多年打拚，在县内承包藕田100公顷，县外种植荷藕233公顷，成为荷藕种植大户，2011年家庭纯收入120万元。他致富不忘众乡亲，扶持村里农民走共同致富的道路。在他的带领下，全村在县外共承包藕田2 000多公顷。他在荷藕种植过程中，带头学技术、用科技，通过自学取得农技师职称，并经常请专业技术人员到田头指导，大力推广荷藕种植实用技术，实现当地农民荷藕种植稳产高，提高农民收入。2011年全村农民人均收入超过1万元。2011年，被评为江苏省劳动模范。

衡金莲　女，1944 年 9 月出生，汉族，宝应县曹甸镇茆舍村孙庄组人，中共党员。她 24 岁做村妇联主任，31 岁做村党支部副书记，35 岁做村党支部书记，40 岁调到曹甸镇影剧院工作，花甲之年，她又回村担任孙庄组协管员。

她退休不退岗，十几年如一日，经常为村民排忧解难。她热心村公益事业，将自己有限的积蓄全部用在为村民服务上。她的大儿子在上海一家公司做总经理，二儿子在县人民医院工作，三儿子在叙利亚大使馆做武官，本来可以过上颐养天年的生活，但她仍然住在几十年前盖的小平房里。儿子们给她盖楼房的钱，她舍不得用，却将钱大把大把地用在村里的公益事业上。她出资 5 万多元清理村中一条年久失修的河道，并将河岸上的荒路浇筑成水泥路；她将村中一条土路修得平平整整；她拿出 4 000 元钱，将村里几间危房改造成仓库。她帮助村里困难户傅朝桂找工作，帮助生重病住院的一位特困户挨家挨户求援筹款，为大龄婚姻困难村民介绍对象，将一个“刁难组”变成先进组等等，所做的好事数不清，得到广大村民一致赞誉。2011 年 8 月，衡金莲入选“江苏好人榜”，是当时扬州市唯一获此殊荣的好人。

孙　超　男，1981 年 1 月出生，汉族，江苏灌南县北陈集镇人，在宝应县安宜镇西刘堡村承包 2 公顷多土地种植粮食。

2000 年 3 月，孙超和父母一起到宝应生活，全家人的经济来源主要靠种植粮食的收入。他在宝应生活的 10 多年间，将周边邻里当成自家人，经常无偿帮助邻居老人做粗重农活、家务活。2011 年 9 月 28 日下午，孙超去学校接孩子回到暂住房，安顿好儿子和侄子在屋内写作业，突然发现邻居老太兰庭凤家厨房失火。这是因为兰庭凤做晚饭操作不当液化气泄漏引起的大火，火势凶猛，很快冲破屋顶。危急时刻，孙超顾不上屋里写作业的 9 岁儿子和 7 岁侄子，冲进厨房抢救兰老太。吓瘫在地的兰老太身体肥胖，生死救援花费两分多钟时间。大火很快吞噬厨房，堵住院子的出路。已被烧伤的孙超搀扶着兰老太走到 10 多米远的院墙边，在闻讯赶来的邻居帮助下，从院墙上接过兰老太和孙超的孩子们。兰老太只受点轻伤，而孙超的头面部、背部、手臂等处 20％二度烧伤。中共宝应县委书记、县人大常委会主任仲生在获悉孙超舍身救人事迹后，到医院看望正在治疗中的孙超，并代表县慈善总会送上 1 万元。扬州市见义勇为基金会给孙超送来慰问金 5 000 元，安宜镇干部群众主动捐款 15 000 元，县民政等部门迅速掀起向孙超献爱心活动。孙超获 2011 年度“宝应县孝亲敬老十佳之星”、“新长征突击手”荣誉称号。9 月 30 日，《扬州日报》在头版显要位置大篇幅对孙超火海救人的事迹进行报道，并配发短评，称赞他是“扬州好人”。

肖　瑶　男，1988 年 11 月出生，汉族，江苏省扬州市江都区人，共青团员，大学学历，2010 年 6 月毕业于江苏大学宿迁学院，2010 年 8 月参加公安工作，生前任宝应县公安局泾河派出所社区民警。

2011 年 8 月 25 日 19 时，肖瑶等上路执行守卡盘查任务。26 日凌晨 1 时许，守卡盘查任务结束，肖瑶考虑到黄浦集镇案件高发的治安状况，又主动带领两名联防队员到黄浦集镇巡逻。巡逻警车行驶到淮江公路 37 千米处，因紧急避让对面车辆，不慎发生交通事故，身受重伤，虽经县人民医院全力抢救，但由于伤势过重，于 8 月 26 日 8 时 55 分去世。肖瑶用自己的实际行动忠实履行人民警察的神圣职责，践行从警时的庄严誓言，用短暂而宝贵的人生书写对党和人民的忠诚。肖瑶在工作中爱岗敬业、尽职尽力、作风踏实，入户调查、执勤巡逻、摸排线索各项工作都一丝不苟，多次出色完成上级领导交办的各项任务；他为人谦和、积极上进、关心他人，经常为群众送证上门、服务上门，在广大民警和群众中享有良好的声誉；他坚持原则、一身正气、严于律己，多次婉言谢绝辖区企业的宴请，是新时期社区民警勤政廉政的好榜样。8 月 30 日，宝应县为肖瑶举行追悼会，中共宝应县委书记、县人大常委会主任仲生，中共宝应县委副书记、县长王庭国送去花篮表示哀悼。9 月 5 日，共青团扬州市委追授肖瑶为“扬州市新长征突击手”。

2010 年度“十佳宝应好人”

1 月，县文明办组织开展 2010 年度“十佳宝应好人”评选活动，通过各镇区、部门推荐，在《宝应日报》、《中国宝应网》公示和投票等程序评选出“十佳宝应好人”10 人，他们在平凡的日常生活中无私奉献、执着坚守，是社会主义核心价值观的先进榜样，是展现宝应人民时代风采的优秀代表。

■王　斌　男，47 岁，黄塍镇新丰村村民、艺光影楼老板。影楼创办以来的 20 多年时间里，他一直坚持为老年人免费拍照，为全镇的老年人献出自己的一份爱心。他不仅免费拍照让老年人感动，而且拍照时对老年人细致入微的照顾更让老年人心存感激。此外，他还主动照顾儿子常年在外打工的邻居吉咸体老夫妇，被当地人们称为“孝子”。在王斌的影响下，他的妻子、儿子为老年人做好事、做善事不断，全家洋溢着一片敬老情。

■尤凤英　女，68 岁，安宜镇安宜社区居民。她虽已年届 67 岁，但退而不休，热心社区，奉献社区。每年农历八月份社区艺术节和九月重阳节期间，她主动请缨，组建“夕阳红”文艺宣传队，积极编排宣传新时期宝应精神的文艺节目。社区在她家成立家庭调解工作室，她又担任起社区兼职调解员，关注社区大事小情，积极化解家庭、邻里矛盾。当电缆料厂拆迁遇到困难时，她昼夜配合社区干部做拆迁户的思想工作，顺利完成 7 户签约任务。她还是宝应县市民观察团成员，积极为城市建设献计献策。

■朱春才　男，69 岁，安宜镇白田社区居民。作为白田社区关心下一代工作小组副组长，他关心青少年成长，协助社区做好青少年工作，丰富青少年节假日生活，帮教失足青年，对单亲、困难家庭的小孩进行思想道德教育。作为县市民观察团第一批成员，他牢记责任，关注全县社会发展，积极为政府建言献策，架起市民与政府沟通的桥梁。作为一名普通的社区居民，他为 30 户居民义务收水费 8 年多，并积极为弱势群体提供力所能及的帮助。

■吕志军　男，39 岁，县公安局交巡警大队城区中队民警。他不畏严寒酷暑，每年执勤时间长达 3 000 多小时，平均每天执勤时间达 11 小时。除正常上岗执勤时间外，他经常利用休息或休假时间上路巡逻执勤，到所在社区、学校进行交通安全宣传。他每天处理相当数量的交通违法行为，却没有引发一起有效投诉，没有引发一起信访案件。近两年来，他值勤的岗点违章过岗率明显降低，连续两年无一起重大交通安全事故，辖区内无一起道路治安案件的发生，道路交通治安秩序明显好转。

■吴寿松　男，66 岁，望直港镇兴港社区居民。他是一名普通的退休教师，身患肠癌，却仍以满腔的热情和执着的爱心，自觉投身到关心下一代工作。他积极参加镇“五老”工作团，义务担当未成年人监护员。十几年来，他先后帮助 63 名痴迷网吧的中小学生告别网吧、游戏厅，无私照顾 13 名留守儿童，使其走上健康成长之路。2004 年的一天，他在专心辅导留守儿童时，疏于照顾自己的孙子和外孙，外孙不幸溺水身亡，孙子被人救起时已奄奄一息。他的无私奉献精神一直在全镇传为美谈。

■张信荣　男，48 岁，江苏省宝应工业学校教师。他于 1992 年加入校青年志愿者服务队，在志愿服务的近二十年里，利用自己维修家电的技术特长，每年定期参加各种志愿服务活动，随叫随到，免费为群众维修家电。为更好服务群众，他将各种修理工具放进一只白铁皮箱，随车携带。10 多年来，这只“百宝箱”随车万里行，让无数市民的家电起死回生。他的车前插着一面小红旗，被人们亲切地称为“雷锋旗”,这面“雷锋旗”在为群众服务的道路上风雨无阻地飘扬了17年。

■蒋长凤 女,51岁,小官庄镇诚忠村村民。她是一名普普通通的农家妇女,但身上绽放着中华民族传统善良女性的优秀美德。丈夫在11年前去世后,当时只有39岁的她没有选择离开,而是默默地用自己的柔弱双肩和坚韧意志撑起整个家。十多年来,她为家庭日夜操劳,无怨无悔、尽心尽力地照顾体弱多病的婆婆和脑瘫的小姑子,付出常人难以想象的心血,从而让这个普通的农家院落里充满不尽的人间温情。2009年,她被省妇联评为“江苏省十佳好嫂嫂”。

■颜冬梅 女,42岁,山阳镇兴同村村民。12年前,一场车祸,丈夫被撞成高位截瘫,她辗转多家医院为丈夫治疗,所有医院都表示她丈夫活不过三、五个月。但她从未放弃,每天对丈夫悉心照料,为其熬药、喂饭、擦身、洗衣、翻身、清理大小便,使丈夫奇迹般地活了下来。她为此债台高筑,人也累得憔悴无比,但她仍然不离不弃,初衷不改。她用女性的柔弱双肩为支离破碎的家庭撑起一片希望的天空。

■潘生友 男,65岁,射阳湖镇潘舍村村民。他一家13口,其中8个残疾。在这样的情况下,他还收养一个弃婴和一个病残女孩,并无偿帮助村里的其他残疾人。虽然自己家庭生活困难,他依然关心村里的事、别人的事。村东边的水田没有一条像样的机耕路,大型农用机械无法下田作业,他掏出自己积蓄多年的8 000块钱,修出一条机耕路。自己家是低保户,他还不断帮助其他低保户、残疾人,其中帮助村中一位五保老人义务种田13年。

■衡金莲 参见《人物》篇《新闻人物》分目。

劳动模范名录

宝应县享受省部级以上劳动模范待遇人员名录

表84

姓 名	性别	工 作 单 位	称 号	获得时间(年)
刘 跃	男	宝应县邮电局	省劳动模范	1959
卢廷玉	男	宝应县船厂	省劳动模范	1977
章玉驹	男	宝应县振动仪器厂	省劳动模范	1977
赵连才	男	宝应县航运实业总公司	省劳动模范	1977
蔡鸿章	男	宝应县化工厂	省劳动模范	1977
冯锦国	男	宝应县水泥厂	省劳动模范	1977
陆才正	男	宝应县电器厂	省劳动模范	1977
谢 宁	女	宝应电信局	省劳动模范	1997
颜炳馨	男	宝应挂石厂	省劳动模范	1977
郭怀宝	男	宝应县水泥制品厂	省劳动模范	1977
王保友	男	宝应县煤球总厂	省劳动模范	1977
张学成	男	宝应供电公司	省劳动模范	1977
胡启顺	男	宝应县邮政局	省劳动模范	1977
翟元松	男	宝应县拾屯煤矿	省劳动模范	1977
邓继发	男	宝应县化肥厂	省劳动模范	1977
杜可安	男	宝应县胶鞋厂	省劳动模范	1977
周扣成	男	宝应县橡胶雨衣厂	省劳动模范	1977
李永定	男	江苏恒兴麦芽有限公司	省劳动模范	1977
狄国和	男	宝应夏集米厂	省劳动模范	1977
阚义华	女	宝应服装厂	省劳动模范	1977

续表

姓　名	性别	工　作　单　位	称　号	获得时间(年)
刘素英	女	宝应县橡胶雨衣厂	省劳动模范	1977
朱连英	女	宝应县布厂	省劳动模范	1977
曹祖英	女	宝应县染料化工厂	省劳动模范	1977
毕洪珍	女	宝应县振动仪器厂	省劳动模范	1977
成贻凤	女	宝应县华文包装厂	省劳动模范	1977
杨步生	女	宝应县磷肥厂	省劳动模范	1977
雍有干	男	宝应县轧花油脂总厂	省劳动模范	1977
陶锦兰	女	宝应县福利厂	省劳动模范	1977
张学顺	男	宝应县苏中物资公司	省劳动模范	1977
姜淑贤	男	宝应县振华压力设备制造厂	省劳动模范	1977
张家贵	男	宝应县旋力轴承配件厂	省劳动模范	1977
张怀信	男	宝应县橡胶厂	省劳动模范	1977
童旭明	男	宝应县泾河卫生院	省劳动模范	1978
童洪英	女	宝应县医药公司	省劳动模范	1978
张义仁	男	宝应县人民医院	省劳动模范	1978
陈洪南	女	宝应石粉厂	省劳动模范	1980
张贞坤	男	宝应县鲁垛供销合作社	省劳动模范	1982
李金龙	男	宝应县拾屯煤矿	省劳动模范	1985
沈辅臣	男	宝应县望直港乡南沙村	省劳动模范	1985
刘培基	男	宝应县中港乡渔业村	省劳动模范	1985
费玉祺	男	宝应县氾水镇京杭村	省劳动模范	1985
窦云升	男	宝应县拾屯煤矿	省劳动模范	1988
李则藩	男	宝应县中医院	省劳动模范	1988
成际辉	男	宝应县人大常委会	省劳动模范	1988
陈书元	男	宝应县泾河食品厂	省劳动模范	1988
季长峰	男	宝应县信一公司	省劳动模范	1988
从财发	男	宝应县曹甸乡	省劳动模范	1988
蔡春道	男	宝应县人民法院	省劳动模范	1991
刘士霞	女	宝应县宝工发展总公司	省劳动模范	1991
刘　义	男	宝应县安宜镇渔场小学	省劳动模范	1991
杨继业	男	宝应县水利局广洋湖水务站	省劳动模范	1991
卢玉元	男	江苏银宝实业股份有限公司	省劳动模范	1991
徐长珍	女	宝应县氾水镇牌坊村	省劳动模范	1991
张立志	男	宝应县夏集镇政府	省劳动模范	1991
苗廷龙	男	宝应县小官庄镇小官庄村	省劳动模范	1991
昌作顺	男	宝应县柳堡镇仁里村	省劳动模范	1996
雍有东	男	宝应县夏集镇万民村	省劳动模范	1996
陆庆荣	男	宝应县化肥厂	省劳动模范	1996
张　萍	女	宝应华联商厦	省劳动模范	1996
盖洪生	男	宝应县五琼浆集团	省劳动模范	1996
吴　磐	男	翔宇教育集团宝应县实验小学	省劳动模范	1996
徐建林	男	宝应县卫生局	省劳动模范	1996
昌恒富	男	宝应县拾屯煤矿	省劳动模范	1996
马振泰	男	江苏菲达宝开电气有限公司	省劳动模范	2001
张宝海	男	宝胜集团	省劳动模范	2001
耿行健	男	宝应县机电纺织工业公司	省劳动模范	2001

续表

姓 名	性别	工 作 单 位	称 号	获得时间(年)
相咸珍	女	江苏银宝实业有限公司	省劳动模范	2001
严士虎	男	宝应县环湖特水养殖公司	省劳动模范	2001
朱文龙	男	宝应县无线电厂	省劳模、全国“五一”劳动奖章	2001
卢志文	男	江苏翔宇教育集团	省劳动模范	2006
唐从庆	男	宝应县射阳湖镇落潮村	省劳动模范	2006
杜德强	男	德州仪器(中国)有限公司	省劳动模范	2006
冯臣佑	男	宝应县射阳商业合作社	部劳动模范	1980
朱洪青	男	宝应县政协	部劳动模范	1986
柳 骥	男	宝应县职教集团	部劳动模范	1989
徐东升	男	宝应县射阳湖镇教育工作办公室	部劳动模范	1989
毛红根	男	宝应县城区中心小学	部劳动模范	1989
徐秀红	女	宝应县曹甸镇下舍小学	部劳动模范	1989
邹正厦	男	宝应县教育局	部劳动模范	1989
吴振明	男	宝应县中学	部劳动模范	1989
柏懋乐	男	宝应县中学	部劳动模范	1989
衡志凤	男	宝应县实验小学	部劳动模范	1989
王长春	男	宝应县夏集镇郭桥小学	部劳动模范	1989
李才扬	男	宝应县教育局勤工俭学办公室	部劳动模范	1991
杨瑞东	男	宝应县射阳湖镇中心小学	部劳动模范	1991
孙祖凤	女	宝应县城中小学	部劳动模范	1991
夏存新	男	宝应县桃园小学	部劳动模范	1993
王锦和	男	宝应县教育局	部劳动模范	1993
王安有	男	宝应县环境卫生管理处	部劳动模范	1994
任宝生	男	宝应县潘桥小学	部劳动模范	1995
雍立泰	男	宝应县公安局	部劳动模范	1994
徐进亮	男	宝应县射阳湖镇政府	省农业劳模	1980
徐 珠	男	宝应县人大常委会	省农业劳模	1980
左智慧	男	宝应县公安局	部劳动模范	1998
周方华	男	宝应县拾屯煤矿	部劳动模范	2007
葛殿英	女	宝应县曹甸镇务农	省劳动模范	1983
李洪秀	男	宝应县氾水镇石桥村	省劳动模范	1985
朱 瑞	男	江苏兴洋管业股份有限公司	省劳动模范	2011
徐 中	男	宝胜科技创新股份有限公司	省劳动模范	2011
沈晓军	男	宝应县射阳湖镇林上村	省劳动模范	2011
刘先知	男	宝应县兰馨精致农业有限公司	省劳动模范	2011
李永政	男	宝应县绿宝荡水产养殖专业合作社	省劳动模范	2011
王步勇	男	宝应县氾水高级中学	省劳动模范	2011
张振生	男	江苏省宝应县汽修厂	省先进工作者	1956
杨同震	男	宝应县中学	省先进工作者	1956
周永舒	男	宝应县教育局	省先进工作者	1960
郝名祥	男	宝应供销合作社	省先进工作者	1959
许鹤年	男	宝应县联运总公司	省先进工作者	1959
杨侠虹	男	宝应县子婴河供销社	省先进工作者	1959
胡德胜	男	宝应县电工厂	省先进工作者	1959
刘家联	男	宝应县城镇中学	省先进工作者	1960
陆金娣	女	宝应县人民医院	省先进工作者	1960

续表

姓　名	性别	工　作　单　位	称　号	获得时间(年)
陈祥洪	男	宝应县人民医院	省先进工作者	1960
徐亚民	男	宝应卫生学校	省先进工作者	1960
聂天池	男	宝应县中学	省先进工作者	1960
顾宝同	男	宝应县酒厂	省先进工作者	1964
童守友	男	宝应县建筑安装工程公司	省先进工作者	1964
吉士宣	男	宝应县电信局	省先进工作者	1964
陈友发	男	宝应县木材总公司	省先进工作者	1964
徐德金	男	宝应县农业银行柳堡办事处	省先进工作者	1964
朱世俊	男	宝应县邮政局	省先进工作者	1965
王荫棠	男	宝应胶鞋厂	省先进工作者	1965
丁连发	男	宝应县建筑安装工程公司	省先进工作者	1965
徐庭宝	男	扬州中宝制药有限公司	省先进工作者	1978
沈国珍	女	宝应县计划生育指导站	省先进工作者	1978
卢国昌	男	宝应县山阳医院	省先进工作者	1978
缪鹤才	男	宝应县医药有限公司	省先进工作者	1978
张亚平	男	宝应县中医院	省先进工作者	1978
王永玲	女	宝应县人民医院	省先进工作者	1978
王建成	男	宝应县安宜镇中港小学	省先进工作者	1978
李武顺	男	江苏省宝应县电机厂	省先进工作者	1978
裘荷英	女	江苏省宝应县糖烟酒公司	省先进工作者	1980
李凤阁	女	宝应县曹甸镇	省先进工作者	1964
夏玉新	男	宝应县公路管理站	省优秀党员	1964
成家网	女	宝应县商业幼儿园	部级优秀教师	1989
陶镇沂	男	宝应县液压件厂	省见义勇为英雄	1998
蔡顺章	男	宝应县农林局林业站	部级绿化先进工作者	2006
房权生	男	宝胜科技创新股份有限公司	全国“五一”劳动奖章	2011
莫元花	女	宝应县国风刺绣厂	全国“五一”劳动奖章	2012

先进个人名录

2011年宝应县先进个人一览表

表85

姓　名	工作单位	荣誉名称	授予单位
卢之云	江苏迅达电磁线有限公司	优秀党务工作者	省委
赵　平	县信访局	信访工作先进个人	市委
梁永胜	县人民法院	信访工作先进个人	市委
李晓峰	县卫生局	信访工作先进个人	市委
潘道平	县委组织部	信访工作先进个人	市委
陈方林	山阳镇党委	信访工作先进个人	市委
陈文祥	柳堡镇政府	信访工作先进个人	市委
谭炳才	县委宣传部、县文明办	2006～2010年法制宣传教育模范	市委
何　刚	县交通运输局	2006～2010年法制宣传教育模范	市委

续表

姓　名	工作单位	荣誉名称	授予单位
汪　军	县司法局	法制宣传教育模范	市委
戴宏钧	黄塍镇司法所	法制宣传教育模范	市委
祁向祥	县人民法院	法制宣传教育先进个人	市委
陈方林	山阳镇党委	法制宣传教育先进个人	市委
张日元	县人民检察院	法制宣传教育先进个人	市委
郑颖春	县供电公司	法制宣传教育先进个人	市委
汪进强	县委政法委	法制宣传教育先进个人	市委
王晓平	县电信局	法制宣传教育先进个人	市委
乔　宇	县公安局	法制宣传教育先进个人	市委
吴文干	县民政局	法制宣传教育先进个人	市委
史永庆	鲁垛镇司法所	法制宣传教育先进个人	市委
陈家高	射阳湖镇司法所	法制宣传教育先进个人	市委
闫习武	泾河镇司法所	法制宣传教育先进个人	市委
陆才进	小官庄镇司法所	法制宣传教育先进个人	市委
朱成祥	黄塍镇政府	科普宣传先进个人	省科协
戴宏钧	黄塍镇司法所	刑释解教人员安置帮教先进个人	省综治委
顾剑平	县信访局	省信访系统先进个人	省人社厅、省信访局
王志鹏	县信访局	优秀共产党员	市委
王　清	县信访局	省信访系统优秀信访工作者	省信访局
翟培艾	县人口计生委	省人口和计生系统先进个人	省人社厅、省人口计生委
孙红芹	县人口计生委	省人口和计生工作先进个人	省人口计生委
于秀红	县人民检察院	二等功	省人民检察院
王庆丽	扬州晨化科技集团有限公司	扬州市劳动模范	市委、市政府
莫元花	宝应县国风刺绣厂	扬州市劳动模范	市委、市政府
陈　进	江苏迎浪科技集团	扬州市劳动模范	市委、市政府
杨寿林	望直港镇北河村党支部	扬州市劳动模范	市委、市政府
杨献元	江苏润扬管件有限责任公司	扬州市劳动模范	市委、市政府
蔡华娈	县地方税务局	扬州市先进工作者	市政府

说明：本先进个人名录均由各单位、各镇报送。

专业技术人员名录

2011年宝应县高级专业技术人员名录

表86

姓　名	工　作　单　位	专业技术职称
朱文萍	宝应教育局电教管理站	高级教师
张华丽	宝应教育局勤工俭学办公室	高级教师
黄志红	宝应县安宜初级中学	高级教师
赵长青	宝应县安宜初级中学	高级教师
李步章	宝应县安宜初级中学	高级教师
童　梅	宝应县安宜初级中学	高级教师
郑宝友	宝应县安宜高级中学	高级教师
蒋静霞	宝应县安宜高级中学	高级教师

续表

姓　名	工　作　单　位	专业技术职称
薛　春	宝应县安宜高级中学	高级教师
袁宝玉	宝应县安宜高级中学	高级教师
乐其杰	宝应县安宜高级中学	高级教师
昌寿海	宝应县安宜高级中学	高级教师
邱文荣	宝应县安宜镇成人教育中心校	高级教师
董本军	宝应县安宜镇沿河初级中学	高级教师
徐玉红	宝应县安宜镇沿河初级中学	高级教师
雍启岚	宝应县安宜镇沿河幼儿园	高级教师
杨宏亮	宝应县安宜镇沿河中心小学	高级教师
赵宝元	宝应县安宜镇沿河中心小学	高级教师
裴龙琴	宝应县安宜镇叶挺桥幼儿园	高级教师
仲昭芹	宝应县安宜镇叶挺桥幼儿园	高级教师
李　健	宝应县曹甸高级中学	高级教师
杨秀广	宝应县曹甸高级中学	高级教师
陈晓宝	宝应县曹甸高级中学	高级教师
张君善	宝应县曹甸高级中学	高级教师
盛学森	宝应县曹甸高级中学	高级教师
赵正飞	宝应县曹甸高级中学	高级教师
张秀兰	宝应县曹甸高级中学	高级教师
叶达海	宝应县曹甸镇下舍初级中学	高级教师
沈亚平	宝应县曹甸镇下舍初级中学	高级教师
郝　斌	宝应县曹甸镇中心初级中学	高级教师
杨　坤	宝应县曹甸镇中心初级中学	高级教师
李寿芹	宝应县曹甸镇中心小学	高级教师
刘贵顺	宝应县曹甸镇中心小学	高级教师
徐长琴	宝应县曹甸镇中心小学	高级教师
史定东	宝应县曹甸镇中心小学	高级教师
祁　恒	宝应县曹甸镇中心小学	高级教师
张文华	宝应县曹甸镇中心小学	高级教师
陈先强	宝应县曹甸镇中心小学	高级教师
吉和凤	宝应县曹甸镇中心小学	高级教师
丁国芹	宝应县城北初级中学	高级教师
沈爱华	宝应县城北初级中学	高级教师
杨国庆	宝应县城北初级中学	高级教师
陈圣凤	宝应县城北初级中学	高级教师
王一平	宝应县城北初级中学	高级教师
陈玉红	宝应县城南小学	高级教师
陈　平	宝应县城中小学	高级教师
陈　华	宝应县城中小学	高级教师
涂华凤	宝应县城中小学	高级教师
相容美	宝应县城中小学	高级教师
张宏宽	宝应县城中小学	高级教师
朱成奎	宝应县城中小学	高级教师
华继香	宝应县城中小学	高级教师
朱　兵	宝应县氾水高级中学	高级教师
李秋华	宝应县氾水高级中学	高级教师
朱　军	宝应县氾水高级中学	高级教师

续表

姓 名	工 作 单 位	专业技术职称
昌洪宽	宝应县氾水高级中学	高级教师
朱付芹	宝应县氾水高级中学	高级教师
张国邦	宝应县氾水镇石桥小学	高级教师
周必桂	宝应县氾水镇韦镇小学	高级教师
陆友华	宝应县氾水镇韦镇小学	高级教师
陈洪林	宝应县氾水镇中心初级中学	高级教师
王长来	宝应县氾水镇中心初级中学	高级教师
周亚明	宝应县氾水镇中心初级中学	高级教师
潘秀宏	宝应县氾水镇中心初级中学	高级教师
陈卫梅	宝应县氾水镇中心初级中学	高级教师
王永海	宝应县氾水镇中心初级中学	高级教师
陆家明	宝应县氾水镇中心小学	高级教师
任顺英	宝应县氾水镇中心小学	高级教师
吴连才	宝应县氾水镇中心小学	高级教师
陆永虎	宝应县广洋湖中心初级中学	高级教师
杨海山	宝应县广洋湖镇中心初级中学	高级教师
高 平	宝应县广洋湖镇中心初级中学	高级教师
衡如斌	宝应县广洋湖镇中心初级中学	高级教师
杨正彬	宝应县广洋湖镇中心初级中学	高级教师
夏美才	宝应县广洋湖镇中心初级中学	高级教师
潘国庆	宝应县广洋湖镇中心初级中学	高级教师
徐益林	宝应县广洋湖镇中心初级中学	高级教师
樊全东	宝应县画川初级中学	高级教师
王庆生	宝应县画川初级中学	高级教师
陈 忠	宝应县画川初级中学	高级教师
王玉华	宝应县画川初级中学	高级教师
鲁帮俊	宝应县画川初级中学	高级教师
鲁群东	宝应县城北初级中学	高级教师
戴宏萍	宝应县城北初级中学	高级教师
王泽民	宝应县城北初级中学	高级教师
董仲亮	宝应县城北初级中学	高级教师
匡永彬	宝应县黄塍镇中心初级中学	高级教师
孙文学	宝应县黄塍镇中心初级中学	高级教师
潘珍梅	宝应县黄塍镇中心初级中学	高级教师
葛文梅	宝应县黄塍镇中心幼儿园	高级教师
陈 莉	宝应县教育局高校招生办公室	高级教师
傅宗政	宝应县泾河镇成人教育中心校	高级教师
顾志龙	宝应县泾河镇黄浦初级中学	高级教师
刘艾勤	宝应县泾河镇黄浦小学	高级教师
周国泉	宝应县泾河镇黄浦小学	高级教师
陈志斌	宝应县泾河镇中心初级中学	高级教师
郭昌发	宝应县泾河镇中心初级中学	高级教师
李玉萍	宝应县泾河镇中心幼儿园	高级教师
蒋美兰	宝应县柳堡镇中心初级中学	高级教师
王秀清	宝应县柳堡镇中心初级中学	高级教师
王桂兰	宝应县柳堡镇中心初级中学	高级教师
沈兆刚	宝应县柳堡镇中心初级中学	高级教师

续表

姓　名	工　作　单　位	专业技术职称
王春艳	宝应县柳堡镇中心小学	高级教师
夏美鹏	宝应县柳堡镇中心小学	高级教师
刘武通	宝应县柳堡镇中心小学	高级教师
郑社文	宝应县柳堡镇中心小学	高级教师
徐寿明	宝应县柳堡镇中心小学	高级教师
邵振广	宝应县鲁垛高级中学	高级教师
胥庆荣	宝应县鲁垛镇中心初级中学	高级教师
张玉军	宝应县鲁垛镇中心初级中学	高级教师
仲怀波	宝应县鲁垛镇中心初级中学	高级教师
周继富	宝应县鲁垛镇中心初级中学	高级教师
孙瑞明	宝应县鲁垛镇中心小学	高级教师
张文彩	宝应县鲁垛镇中心小学	高级教师
向少甫	宝应县山阳镇长沟初级中学	高级教师
孙学龙	宝应县山阳镇成人教育中心校	高级教师
王　清	宝应县山阳镇中心初级中学	高级教师
华永宽	宝应县山阳镇中心初级中学	高级教师
董明祥	宝应县山阳镇中心初级中学	高级教师
张玉英	宝应县山阳镇中心初级中学	高级教师
谢敦乾	宝应县山阳镇中心初级中学	高级教师
陈世彪	宝应县射阳湖镇天平初级中学	高级教师
申乃义	宝应县射阳湖镇中心初级中学	高级教师
张启顺	宝应县射阳湖镇中心初级中学	高级教师
李晓飞	宝应县画川高级中学	高级教师
范秉州	宝应县画川高级中学	高级教师
马立新	宝应县画川高级中学	高级教师
吴举秀	宝应县画川高级中学	高级教师
纪伟华	宝应县实验初级中学	高级教师
左元春	宝应县实验初级中学	高级教师
潘爱顺	宝应县实验初级中学	高级教师
杨一鸣	宝应县实验初级中学	高级教师
管以娟	宝应县实验初级中学	高级教师
苗秀凤	宝应县实验初级中学	高级教师
胡正华	宝应县实验初级中学	高级教师
王觉娟	宝应县实验小学	高级教师
徐耀萍	宝应县实验小学	高级教师
孙　群	宝应县实验小学	高级教师
陈　杰	宝应县实验小学	高级教师
何素芳	宝应县实验小学	高级教师
王久洪	宝应县实验小学	高级教师
高树枫	宝应县实验小学	高级教师
刘红梅	宝应县实验小学	高级教师
陈　芳	宝应县实验小学	高级教师
刘学浩	宝应县实验小学	高级教师
姜启善	宝应县实验小学	高级教师
邵丽萍	宝应县实验小学	高级教师
王兆正	宝应县实验小学	高级教师
孙扣红	宝应县实验小学	高级教师

续表

姓　名	工　作　单　位	专业技术职称
程家瑜	宝应县实验小学	高级教师
刘　军	宝应县实验小学	高级教师
陈　林	宝应县实验幼儿园	高级教师
赵　霞	宝应县实验幼儿园	高级教师
潘爱民	宝应县实验幼儿园	高级教师
苏　进	宝应县实验幼儿园	高级教师
李海生	宝应县实验幼儿园	高级教师
朱义新	宝应县泰山初级中学	高级教师
夏寿琴	宝应县泰山初级中学	高级教师
王　红	宝应县泰山初级中学	高级教师
钟　茜	宝应县泰山初级中学	高级教师
徐仲霞	宝应县泰山初级中学	高级教师
余志海	宝应县泰山初级中学	高级教师
李书成	宝应县泰山初级中学	高级教师
刘爱芳	宝应县泰山初级中学	高级教师
赵梅香	宝应县泰山小学	高级教师
周　娟	宝应县泰山小学	高级教师
张兆凯	宝应县射阳湖镇中心初级中学	高级教师
徐爱武	宝应县实验初级中学	高级教师
王德凤	宝应县实验初级中学	高级教师
徐爱莲	宝应县实验初级中学	高级教师
张爱军	宝应县实验初级中学	高级教师
沈爱萍	宝应县实验初级中学	高级教师
王世国	宝应县实验初级中学	高级教师
李立骁	宝应县桃园小学	高级教师
周玉春	宝应县桃园小学	高级教师
殷永萍	宝应县桃园小学	高级教师
朱　霞	宝应县桃园小学	高级教师
徐汝兰	宝应县桃园小学	高级教师
吴晓晴	宝应县桃园小学	高级教师
郝新风	宝应县桃园小学	高级教师
王　芳	宝应县桃园小学	高级教师
孙　红	宝应县桃园小学	高级教师
林恒琴	宝应县桃园小学	高级教师
赵　梅	宝应县桃园小学	高级教师
马钧花	宝应县桃园小学	高级教师
朱步楼	宝应县桃园小学	高级教师
张　画	宝应县桃园小学	高级教师
殷梅先	宝应县桃园小学	高级教师
王开銮	宝应县特殊教育学校	高级教师
邱宝云	宝应县体育艺术学校	高级教师
周有元	宝应县望直港镇中心初级中学	高级教师
于金霞	宝应县望直港镇中心初级中学	高级教师
马伟强	宝应县望直港镇中心初级中学	高级教师
葛立相	宝应县望直港镇中心初级中学	高级教师
部玉健	宝应县望直港镇中心初级中学	高级教师
陆树海	宝应县望直港镇中心初级中学	高级教师

续表

姓　名	工　作　单　位	专业技术职称
于学智	宝应县望直港镇中心初级中学	高级教师
蒋利斌	宝应县望直港镇中心初级中学	高级教师
戴方平	宝应县望直港镇中心小学	高级教师
卢之宽	宝应县望直港镇中心小学	高级教师
董寿云	宝应县望直港镇中心小学	高级教师
夏爱红	宝应县望直港镇中心小学	高级教师
吴国庆	宝应县夏集镇成人教育中心校	高级教师
沈兆玲	宝应县夏集镇郭桥初级中学	高级教师
纪元红	宝应县夏集镇郭桥小学	高级教师
黄建华	宝应县夏集镇郭桥小学	高级教师
朱　琳	宝应县夏集镇郭桥小学	高级教师
徐文清	宝应县夏集镇中心初级中学	高级教师
郝名芳	宝应县泰山小学	高级教师
朱红梅	宝应县泰山小学	高级教师
夏　秀	宝应县泰山小学	高级教师
蒋建玲	宝应县泰山小学	高级教师
万　平	宝应县泰山小学	高级教师
张宝云	宝应县泰山小学	高级教师
王新妹	宝应县泰山小学	高级教师
王筱莉	宝应县县直机关第三幼儿园	高级教师
陈　斌	宝应县小官庄镇中心初级中学	高级教师
仲维景	宝应县小官庄镇中心初级中学	高级教师
苏桂先	宝应县小官庄镇中心初级中学	高级教师
黄正凤	宝应县叶挺桥小学	高级教师
梁维玉	宝应县叶挺桥小学	高级教师
徐素芳	宝应县叶挺桥小学	高级教师
陈　燕	宝应县叶挺桥小学	高级教师
徐志瑜	宝应县叶挺桥小学	高级教师
朱鸿芬	宝应县叶挺桥小学	高级教师
陈习新	宝应县叶挺桥小学	高级教师
闵信民	宝应县叶挺桥小学	高级教师
蔡锦珠	宝应县叶挺桥小学新校区	高级教师
殷海燕	宝应县中学	高级教师
王秀玲	宝应县中学	高级教师
郑晓娟	宝应县中学	高级教师
戴品良	宝应县中学	高级教师
任为祥	宝应县中学	高级教师
蔡佳仁	宝应县中学	高级教师
仲　坚	宝应县中学	高级教师
陈益广	宝应县夏集镇中心初级中学	高级教师
陆少锋	宝应县夏集镇中心初级中学	高级教师
夏心荣	宝应县夏集镇中心初级中学	高级教师
任瑞荣	宝应县夏集镇中心初级中学	高级教师
王绍楼	宝应县夏集镇中心初级中学	高级教师
单永贵	宝应县夏集镇中心小学	高级教师
万朝干	宝应县夏集镇中心小学	高级教师
王爱宏	宝应县夏集镇中心小学	高级教师

续表

姓　名	工　作　单　位	专业技术职称
杨建华	宝应县夏集镇中心小学	高级教师
段荣刚	宝应县夏集镇子婴河小学	高级教师
朱长胜	宝应县交通工程处	高级工程师
张　智	宝应县人民医院	主任医师
房启良	宝应县人民医院	主任医师
徐志坚	宝应县人民医院	副主任医师
朱　琳	宝应县人民医院	副主任中医师
王　炜	宝应县人民医院	副主任技师
任永星	宝应县人民医院	副主任医师
华　军	宝应县人民医院	副主任医师
徐欣文	宝应县人民医院	副主任护师
张玉峻	宝应县人民医院	副主任医师
韦成益	宝应县人民医院	副主任医师
张广风	宝应县人民医院	副主任医师
刘春华	宝应县人民医院	副主任医师
冯宜霞	宝应县中医医院	副主任护师
王心亚	宝应县中医医院	副主任医中医师
张定国	宝应县中医医院	主任中医师
夏红霞	宝应县第三人民医院	副主任医师
吴万粉	宝应县妇幼保健院	副主任医师
唐冬梅	宝应县妇幼保健院	副主任医师
苗　香	宝应县妇幼保健院	副主任医师
史正春	宝应县曹甸镇中心卫生院	社区副主任药师
殷　慧	宝应县曹甸镇中心卫生院	社区副主任护师
陈　军	宝应县氾水镇中心卫生院	社区副主任医师
夏永平	宝应县氾水镇中心卫生院	社区副主任技师
陈永春	宝应县黄塍医院	社区副主任医师
王　明	宝应县泾河镇卫生院	社区副主任医师
刘爱芬	宝应县柳堡镇中心卫生院	社区副主任护师
夏成云	宝应县望直港镇中心卫生院	社区副主任护师
陈介权	宝应县西安丰镇中心卫生院	社区副主任药师
张维新	县防汛防旱指挥部办公室	水利高级工程师
周成明	县京杭运河管理处	水利高级工程师
陈书东	县水政监察大队	高级政工师
张传辉	县卫生监督所	高级政工师
胡　波	宝应宝坚建设工程监理有限公司	高级工程师
万　进	江苏天宇建设工程有限公司	高级工程师
董新和	江苏天宇建设工程有限公司	高级工程师
高万青	江苏天宇建设工程有限公司	高级工程师
王春红	江苏天宇建设工程有限公司	高级工程师
宗兆宏	宝应县中学	高级教师
钮铭钢	——	高级审计师
张　燕	宝应县职业教育集团	高级讲师
蔡云霞	宝应县职业教育集团	高级讲师
雍成宏	宝应县职业教育集团	高级讲师
蒋素芳	宝应县职业教育集团	高级讲师
卞欣悦	宝应县职业教育集团	高级讲师

续表

姓　名	工　作　单　位	专业技术职称
沈文耀	宝应县职业教育集团	高级讲师
张文中	江苏省宝应工业学校	高级讲师
周一平	江苏省宝应工业学校	高级讲师
洪加兰	江苏省宝应工业学校	高级讲师
黄永成	江苏省宝应工业学校	高级讲师
葛寿鹏	江苏省宝应工业学校	高级讲师
吴　霆	宝应县水产局	水产工程高级
夏建顺	宝应县农业技术推广中心	高级农艺师
朱永前	宝应县财政局	高级会计师
张朝银	宝应县财政局	高级会计师
崔建华	宝应县图书馆	副研究馆员
陈　敏	宝应县环境监测站	研究员
傅　阳	宝应县环境监测站	研究员
朱军成	宝应县华艺苑刺绣研究所	研究员高级工艺美术师

百岁寿星名录

2011 年宝应县百岁寿星名录

表 87

姓　名	性　别	出生年月	家庭住址	备　注
陈史氏	女	1911.05	曹甸镇金吾村北前组	
王德华	女	1912.05	泰山西路桃园三村 13 幢 202 室	
刘周氏	女	1909.02	安宜镇中港渔业村	
潘芮氏	女	1910.06	安宜镇学墩居委会大石街 54 号	
朱东英	女	1910.09	柳堡镇雍尹村张家组	
房胡氏	女	1912.11	小官庄王圩村陈东组	
吉乔氏	女	1912.12	氾水镇瓦甸村中心组	
沈年州	男	1912.07	鲁垛镇三新村韦庄组	
周知兰	女	1902.02	开发区金湾村十组 32－8 号	
蔡费氏	女	1912.05	泾河镇陈桥村娄庄组	
周戴氏	女	1912.12	望直港镇西荡村刁北组	
许成英	女	1911.07	黄塍镇小垛村西沟组	
陈素珍	女	1912.08	黄塍镇小垛村头桥组	
徐郁氏	女	1911.01	安宜镇北闸村跃进组 100 号	
钱福海	男	1909.02	安宜镇铁桥居委会铁桥路 3 号楼	2011 年 3 月去世
肖石氏	女	1908.08	曹甸镇黄家村	2011 年 5 月去世
张秀英	女	1909.05	安宜镇安宜居委会住船闸中心组	2011 年 2 月去世
万施氏	女	1906.04	曹甸镇上舍村万家组	2011 年 12 月去世
沈戎氏	女	1912.04	射阳湖镇林上村 8 组	2011 年 12 月去世

传统技艺

■汜水长鱼面烹饪技艺 汜水地处里下河地区，特产长鱼（黄鳝），用长鱼煮汤下面条是当地传统饮食。汜水厨师胡大华在继承传统长鱼面烹饪技艺基础上，改进加工工艺，制作出的汜水长鱼面风味独特、鲜香嫩滑、营养丰富、补血养气，在各类汤面中独树一帜。从20世纪80年代以来，常有外县市及南京、扬州等地顾客慕名专程到汜水品尝胡家长鱼面。长鱼面成为汜水著名美食。汜水长鱼面烹饪技艺流程主要为：选用鲜活地产野生长鱼用开水烫熟划开，分为脊背和肚皮两部分。肚皮和洗净晾干的小杂鱼分别用沸油炸酥。将炸好的长鱼肚皮和用纱布裹好的小杂鱼一起放入锅中，加猪油、菜籽油、适量的水和特制佐料煮汤，称为“煸脆回软”。然后，在煮沸的长鱼汤中先后氽入脊背、韭菜和七成熟的面条稍煮两分钟即可。长鱼汤上桌时撒上胡椒粉，外送一碟雪里蕻咸菜调咸淡，更加美味可口。

■曹甸慈姑烹饪技艺 宝应是“中国慈姑之乡”。2011年“宝应慈姑”获“国家地理标志产品”称号。很久以来，宝应民众对慈姑就有多种食用方法，当主食有煮慈姑、慈姑片米饭、慈姑片米粥；做菜肴有慈姑红烧肉、慈姑片炒肉丝、慈姑片蛋花汤、慈姑山药羹、慈姑萝卜羹、慈姑饼、慈姑圆子等。磨碎的慈姑可制成慈姑粉，当保健品直接用开水冲食。慈姑切片晒干可以较长时间保存，用于煮粥、饭或烧菜配料。慈姑烹饪技艺传承主要分布在曹甸镇下舍村、顾家村、舍新村、新南村、郝舍村、柴家村等地。

■柳堡风车制作技艺 风车是宝应地区历史上用于抗旱、排涝提水的必备大型生产农具。风车制作的工序为选用杉木板3块、长木头多根及桑树料、柳树板；用木板将车筒夹好，最长36夹，最短18夹（水车、槽桶分档为一夹，相距约一市尺）；用桑树料盘大网（大网是空心圆圈，里有井字架，盘勒地轴，直径约60厘米，外部造齿）；支好风车大架，装好天轴、地轴、站轴的连接；配套拂板、榷子、连头；扯上缝好的六合蓬；根据风向摆好人字架。风车制作工具主要是斧、锯、刨等木工工具。风力的大小，决定提水量多少。柳堡风车制作技艺历史悠久。20世纪初，当地木匠发明出能自行利用风向的转轮风车。50年代末，风车的使用达到高潮，柳堡地区有大大小小风车数十架。随着农业机械化程度提高，风车逐步被抽水机代替，风车随之被淘汰。如今宝应县荷园风景区仍然设有景观风车。

■广洋湖蒲编技艺 广洋湖镇地处宝应县东荡

地区，盛产蒲草。从唐代开始，当地百姓就会用蒲编出各种生活、生产用具，除自用外还作为商品出售。历史上，广洋湖人都会蒲编技艺，人们常利用阴雨天及农闲时间在家从事蒲编活动。广洋湖蒲编产品主要有蒲鞋、蒲“毛窝子”（蒲、芦花混编的保暖鞋）、蒲包、蒲合、蒲席、蒲片、蒲扇、蒲团等。蒲编工具有石磙子（用来压蒲片）、剪子、刀、小木榔头、编蒲架等。蒲编的工艺流程主要分为割蒲选料、洗净晒干、压软成片、编制成品等。蒲编的物品不同，编制成品阶段的工艺流程有所不同。

蒲编技艺展示

民间文学

白马湖传说 相传三国时期，现宝应县山阳镇之西原是一片肥沃的大平原，平原中央有一片大水潭，过往行人都在此饮马，人称“马濑”。潭边有一村落，村中有一对青年男女。小伙子勤劳勇敢，是个种田的好把式、武艺超群的好猎手，村里人叫他“马郎”。姑娘心灵手巧，生得皮肤白皙，花容月貌，村里人叫她“白妹”。马郎和白妹青梅竹马，长大成为恋人。邻村有个财主，娇妻美妾已有六个，陡生邪念，一心想把白妹抢回家做第七个老婆。这年秋天里，马郎和村里的几个小伙子去西山打猎。财主趁机领着一群家丁、带着花轿，来到毫无防备的白妹家，打倒白妹的父母，抢跑白妹。白妹又哭又骂，一路上哭喊着马郎。当轿子经过马濑边，白妹突然从轿中挣脱出来投潭而死。一个月以后，马郎满载獐鹿兔雉等猎物而归，到家听到白妹被抢而死的消息万分悲愤，提起一根铁棒便到财主家报仇。财主家的家丁都不是马郎的对手，一个个被打得东倒西歪。财主见势头不妙，骑马便逃，马郎在后紧追不舍，但人毕竟跑不过马，距离拉得越来越远。追到马濑边，忽见潭中波涛汹涌，水柱冲天，水柱中跃起一匹如银似雪的白马，直奔马郎而来。马郎翻身上马继续追赶，白马行到哪里，潭中水便涨到那里，不一会儿就追上财主。白马腾空而起，马蹄踢中财主脑袋，财主一命呜呼。村里人看见白马背着马郎，一直向天空飞去，渐渐消失在白云之中。那陡涨的潭水变成一片大湖，东临宝应，西界洪泽，南接金湖，北达楚州，位于四县、区交界之地，面积 130 平方千米。这里，遍植菱藕蒲苇，盛产鱼鳖虾蟹，成为运西的聚宝盆，人们便称叫它“白马湖”。从地图上看，该湖就像一匹昂首嘶鸣的马。老百姓说，那白马其实是白妹的化身。

民间信仰

西安丰普济庵庙会 西安丰普济庵原名叫都天庙。都天庙始建于唐朝，相传为纪念唐代杜根洪而建。据传说，杜根洪中武进士载誉还乡，途中搭上瘟船，瘟船上有 5 个鬼卒，他们奉玉帝旨意在人间散发瘟丹，瘟丹散发到那里，人畜就死到那里。杜根洪为使一方百姓免遭此灾，将瘟丹全部吞进自己肚里，中毒身亡。5 个鬼卒将此事报至玉帝，玉帝为杜根洪舍己救人精神所感动，封他为阴其王，并赦免这一方百姓。西安丰地区的百姓感其恩德，为他修建都天庙。农历三月十八是杜根洪遇难的日子。为纪念杜根洪的死难周年，每年这天，方圆百里的群众纷纷涌向西安丰，有的是到都天庙烧香许愿求神灵保佑，有的是前来看热闹，还有上海、苏州等地大批商人赶来做生意，泰州、兴化等地的戏班子赶来唱戏。西安丰镇上家家户户都住满亲戚，大街上人山人海，接踵摩肩。当地民间文娱组织“八大会班”一齐上街游行，旗锣伞盖鸣锣开道，“八大会班”一一相随，有的打扮成戏中人物，有的打扮成牛头马面，一个个惟妙惟肖，妙趣横生；随后是荡湖船、耍龙灯、打莲湘、踩高跷表演；再后面为英雄厢、许愿还愿厢，有的全身插满钢针如同穿蓑衣，有的悬钩于赤臂之下，下坠香炉等，令人触目惊心；最后压阵的是都天爹爹的神像，两旁是壮汉扮成的护驾神汉，整个游行队伍可绵延五、六百米，威风十足、热闹非凡。1942 年，都天庙毁于战争，都天庙会就此停办，但是每年的农历三月十八这天，一些中老年妇女们还会到都天庙遗址烧香拜佛。2001 年，民间自发筹资，重新修建都天庙，并更名为普济庵，香火日盛，庙会重新兴起。都天庙会亦称为普济庵庙会，并获批“县非物质文化遗产”。现在，普济庵庙会是里下河地区一个重要的文化盛会，是当地主要宗教活动之一。

■曹甸古塔庙会 东晋元年，高僧德聪在曹甸古塔村建有定善禅寺，唐初尉迟敬德在寺前建镇海塔，寺内有千年银杏、古钟、古井。庙会随寺而起，是宗教仪式、民俗展示、集市贸易三位一体的综合性活动。庙会以清明节为正期，前后各 10 天，也称“清明香会”、“清明赛会”。“古塔庙会”在里下河地区影响很大，每逢会期，附近 18 个县、50 多个乡镇数万民众参加，宁沪、盐阜、两淮、江浙皆闻其名。庙会上十番锣鼓、舞龙、舞狮、高跷、花船等各种民间文艺表演精彩纷呈，同时各路商贾携货赶集，买卖兴隆，购销两旺，促进江淮地区贸易交流和地方经济的发展。20 世纪 40 年代，定善寺遭日机数次轰炸，99 间半寺院被毁大半。从 90 年代以来，地方政府先后拨资 1 000 多万元在原址逐步恢复重建老殿、双塔宝鼎、大雄宝殿、山门、石桥、天王殿，并重塑地藏王菩萨雕像等，庙会随之恢复，且日益红火。

传统技艺展示

关于全县宣传思想文化工作的调研报告

顾长荣

2011年以来，全县宣传思想文化工作紧紧围绕“四个突破”的总体要求，高扬赶超创新主旋律，弘扬先进文化主基调，紧贴中心，服务大局，为全县经济社会更好更快发展提供有力的舆论支持、思想保证和精神动力。一是舆论宣传成效进一步凸显。始终把赶超创新、“四个突破”作为“头版头条”，强化新闻策划，组织主题宣传，营造凝心聚力谋发展的良好氛围。二是思想理论武装进一步强化。大力推进学习型党组织建设，通过开办“宝应大讲坛”，开展“做人做事做官”大讨论等活动，不断提高各级干部的理论素养。三是城市文明形象进一步提升。积极开展省级文明城市复检和全国文明县城创建活动，组织“十星文明户”、“十佳孝亲敬老之星”评选和向舍己救人英雄孙超学习宣传活动，文明风尚得到进一步弘扬。四是文化事业发展进一步加快。精心组织庆祝建党90周年、荷藕节系列文化活动。深入实施“三送”工程，广泛开展社区文化、广场文化、校园文化、企业文化活动，群众精神文化生活得到进一步丰富。五是文化产业特色进一步彰显。特别是教玩具、水晶工艺品、圣诞礼品和乱针绣等文化创意产业在国内外享有一定的知名度。曹甸荣获“中国教玩具生产基地”称号；鲁垛乱针绣被列入扬州首批非物质文化遗产名录；西安丰享有“中国水晶第一镇”美誉；小官庄正着力打造“东方圣诞小镇”。六是乡情联络工作进一步拓展。建立完善宝应在外乡贤信息库，通过多种形式，加强与乡贤的交流联络，以乡情纽带动员乡贤支持家乡发展。

党的十七届六中全会通过的《关于深化文化体制改革，推动社会主义文化大发展大繁荣若干重大问题的决定》，为我们新形势下进一步做好宣传思想文化工作，特别是推进文化改革发展指明方向。近年来，我县文化建设取得长足发展，但与经济发展和人民群众精神文化需求还不相适应。主要表现在：一是文化设施建设较为滞后。城区文化阵地分布不合理，主要集中在老城区，从安宜路向东基本没有文化设施，特别是白田路两侧近20个小区没有一处公共文化设施。现有的图书馆、文化馆、影剧院、体育场、宝淮剧场等文化阵地规模小、位置偏、设施简陋。特别是文化馆目前仅有600多平方米，离三级馆1 500平方米的标准差距较大，离一级馆2 500平方米的标准差距更大，是目前全省少数几个不达标的县份之一。图书馆仅900平方米、藏书11万册，离二级以上图书馆2 500平方米的标准差距较大，扬州除宝应是三级馆外，其余均为一级馆；近2万册古书、拓片等资料收藏条件极差，因受高温、梅雨季节等影响，逐渐变黄变脆，无法留存于后人，无法实施回溯性报刊资料查阅检索，是全省唯一一家尚未实行自动化办公和安全监控管理的县份。二是公共文化投入严重不足。财政安排的文化事业经费每年仅有200多万元，且仅是一些人头经费，工资待遇较低，与周边县市相比差距较大，与中央要求的地方文化事业投入不低于一般预算收入2%相比更是相去甚远，文化扶持政策基本没有落实，一定程度上影响文化服务和文化产品的供给。如文化馆县财政拨款文化事业经费仅40多万元，而全省平均为138万元。全年办公经费仅3万元，无文化活动经费；图书馆全年包干经费为46万元，其中书报刊专项购置费15万元，扬州其他县（市、区）仅购书费就达20～50万元。三是人才队伍建设急需加强。特别是专业文艺人才严重匮乏，全县文化系统中级以上职称的仅有33人，图书馆、文化馆在职人员均不足10人，缺少编导、作词、作曲、经营等专业人才，博物馆只有2人，宝淮剧团二级演员只有2人，30岁以下演员基本没有；乡镇文化站人才更是青黄不接，14镇在编人员27人，40岁以下只有8人，大专学历7人，有6个镇站长即将退休；文化专业人才留不住、进不来，严重影响文艺创作和文化活动的质量。四是特色文化品牌未能做大。对中国荷藕之乡、全国微型小说之乡、市书法之乡、市诗词之乡、淮剧之乡等特色文化品牌未能加以研究、利用、推广、做大，众多历史文物、旅游景点等资源优势没有转化为品牌优势。五是文化产业发展有待提升。文化产业个体规模不大，缺乏协作联合，装备水平较低，开发设计、市场开拓能力较弱，商标意识不强，产品附加值不高，缺少自主知识产权，特别是文化产业重大项目和新兴产业还没有实现量和质的突破。

2012年，全县宣传思想文化工作总体设想是：认真贯彻落实十七届六中全会精神，紧扣“赶超发展、富民强县”主题，大力实施文化建设“六项工程”，全力推进宝应文化大发展大繁荣，为加快“四个宝应”建设，全面建成更高水平小康社会提供坚强思想保证、强大精神动力、有力舆论支持和良好文化条件。

一、大力实施社会主义核心价值体系引领工程

一抓政治理论学习。发挥县委中心组学习龙头带动作用，深入开展中国特色社会主义理论体系学习教育活动，引导全县上下坚定信念、追求理想。提高“宝应大讲坛”频次和层次，做到经常化、系列化、系统化、大众化。深入推进学习型党组织建设，建立健全考核评价体系，开展“十佳学习型党组织”和“十佳学习型干部”评比活动。组织讲师团送课下基层，加强形势政策教育和理论普及宣讲。深入开展新时期宝应精神学习教育实践活动，引导全县干部群众始终保持与时俱进，赶超创新的精神状态。二抓社会科学研究。积极发展哲学和社会科学，围绕县委、县政府中心工作设计课题，组织社科工作者开展专题研究，组织优秀社科论文评选表彰，提高研究成果的社会利用率。三抓思想道德建设。深入推进思想道德建设和精神文明创建，加强社会公德、职业道德、家庭美德和个人品德教育，开展“爱祖国、爱家乡”主题教育活动。评选表彰道德模范，设立“宝应好人榜”，放大“十佳文明市民”、“十佳孝亲敬老之星”、“十佳道德模范”等示范效应，在全县营造学习好人、宣传好人、崇尚好人、争当好人的浓烈氛围。做大做响“留守儿童合唱团”、“我们的节日”等未成年人教育实践活动品牌，加强乡村少年宫、校外辅导站等阵地建设。巩固省级文明城市和全国文明县城创建成果，广泛开展文明村镇、文明单位、文明社区创建活动，使城乡文明创建协调推进、共同提高。

二、大力实施主流舆论引导工程

一是提高舆论引导水平。发挥县主流媒体正面宣传主阵地作用，实施《宝应新闻》、《宝应日报》改版扩容，突出宣传县委、县政府的重大决策部署、各地赶超争先的新成效新经验、干部群众的崭新精神风貌，把最优新闻资源配置到赶超创新、富民强县上来，把干部群众的关注聚焦到全县中心工作上来，为全县发展凝心聚力、加油助威。二是发挥舆论监督作用。加强热点难点问题引导，及时反映群众合理诉求，钝化社会矛盾，密切党群关系，把正面宣传与加强改进舆论监督结合起来，办好《观察》、《行风政风热线》等

节目，畅通党和政府联系群众的桥梁，助推工作落实。三是构建大外宣格局。整合资源，汇聚力量，围绕招商推介、人才招引、旅游开发、乡情联络等重大活动开展全方位、多样化、常态化的亮点、特色、优势、成果、典型等宣传，不断扩大宝应对外吸引力、影响力。四是加强网络信息管理。筹建互联网信息管理办公室，发挥“中国宝应”、“宝应文明网”等主流网站阵地作用，唱响网络思想文化主旋律。加强网评员队伍建设，有效引导网络舆情，回应社会关注，化解群众疑虑。开展文明网站创建活动，推动文明办网、文明上网。

三、大力实施文化事业发展提升工程

一是推进公共文化设施建设。坚持以政府为主导、公共财政为支撑、现代科技为依托，加快建设公共文化设施，改造提升现有公共文化阵地。重点在白田路两侧增添公共文化设施，尽快启动县文化艺术中心规划建设，年内完成电影院数字影院改造和星级农家书屋创建项目，城区实现数字电视整转95%以上，农村实现整转65%以上。力争到2015年全县建成4个一级和10个二级文体站。二是实施文化惠民工程。深入开展全民阅读、全民体育健身活动，常年组织送书送戏送电影下乡和文化科技卫生“三下乡”活动，做响“和谐社区大家乐”、“文艺大篷车乡村行”等活动品牌。调动企业、商家、文明单位参与文化建设的积极性，广泛开展面向广大群众的社区文化、广场文化、校园文化、企业文化活动，提高文化活动的普惠率。三是繁荣发展文化创作。通过县财政资助、企业赞助、社会捐助等途径，设立“五个一工程”基金，调动专业和业余文艺人才的创作热情，分艺术类别组织深入实际、深入群众采访采风，创作一批反映赶超实践、讴歌幸福生活、群众喜闻乐见的优秀文艺作品。扶持革命历史传统题材和重大现实题材作品的创作生产，冲刺省市“五个一工程”奖。四是放大文化品牌效应。通过举办高水平的省级微型小说笔会、诗词大赛、“江苏作家眼中的宝应”征文等活动，加大“全国微型小说之乡”、市“书法之乡”、“诗词之乡”宣传推介力度，提高宝应文化品牌的知晓度和影响力，积极争创省“诗词之乡”。

四、大力实施文化产业发展壮大工程

一抓规划定位。立足我县优势资源，聘请有关专业部门科学编制完善文化产业发展规划，着力打造“一园、四区、两带”文化产业发展格局。“一园”即安宜软件信息产业园，“四区”即西安丰水晶、鲁垛乱针绣、曹甸教玩具、小官庄圣诞礼品四个文化创意产业集中区，“两带”即东荡湿地综合旅游产业带、西湖风光生态旅游产业带。同时，积极培植传媒影视、演艺娱乐、出版印刷等基础产业，积极寻求合资合作发展数字动漫等新兴产业，力争打造1～2个省市文化产业基地。二抓载体打造。加大重点骨干企业培植力度，引导企业走“靠大靠强、借大借强”之路，不断扩张企业规模。强化文化产业项目招引，力争在文化龙头企业、文化科技企业等重大项目上有新突破。加强文化市场建设，重点发展图书报刊、电子音像制品、演艺娱乐、书法美术、体育彩票等文化市场。加强共性服务平台建设，创新发展方式，探索“飞地”研发。发挥县工业设计中心等平台作用，引进先进技术，提升设计品位，丰富产品内涵。三抓政策扶持。认真落实有关文化政策，用好用足用活各项文化产业发展优惠政策。建立政府引导资金和奖励资金，通过项目包装、推介、宣传，积极吸引县外资金和社会资金创办文化企业。加大奖励扶持力度，吸引文化生产要素和相关文化产业集聚发展。

五、大力实施文化体制机制创新工程

一是培育文化市场主体。按照现代企业制度要求，组建广电传媒集团，提升广电传媒核心竞争力。深化宝淮剧团等经营性文化单位的转企改制工作，增强改制企业的经营能力和活力。二是激发文化单位活力。突出公益属性、强化服务功能、增强发展活力，全面推进宣传文化系统所属事业单位人事、收入分配、社会保障制度改革，抓住岗位考核和绩效分配关键，促进服务水平的提高。三是创新文化管理体制。加强全县文化市场管理，完善文化行政综合执法机制，全面开展文化综合执法，深入开展“扫黄打非”集中行动，强化日常监管，维护市场秩序。

六、大力实施文化人才队伍建设工程

一是强化基层队伍建设。按照中央和省、市

有关要求，加强基层宣传文化干部管理，健全机构网络，按核定编制配齐基层宣传文化尤其是乡镇文化站工作力量。二是强化人才培养引进。通过“请进来”、“送出去”等方法，加强对现有专业、业余文化骨干人才的培训和培养。制定优惠政策措施，拓宽选人用人渠道，重点引进一批文艺创作、节目编导、文化经营等方面优秀人才。三是强化人才激励机制。建立健全人才培养、选拔任用、激励保障等机制，为优秀人才脱颖而出、施展才华创造良好环境。评选表彰年度“艺术之星”、“宝应文学”奖，对有突出贡献的文化工作者给予重奖。加大宣传推介力度，帮助支持优秀人才出书、出专辑，举办个人专场展演展览，激发文化工作者的创作活力。

（2011 年 11 月）

我县新兴产业发展现状与对策研究

左步进　万　炎　凌红辉

新兴产业是随着新的科研成果和新兴技术的发明、应用而出现的部门和行业，主要指随着电子、信息、生物、新材料、新能源等新技术的发展而产生和发展起来的一系列新兴产业部门。发展新兴产业是我县抢占新一轮经济和科技发展制高点，实现弯道超越、赶超发展的历史机遇和重要抓手。

一、我县新兴产业发展的现状

近年来，我县全面推进工业强县战略，大力实施招商引资和推进全民创业，工业经济得到较快增长，新兴产业也有所发展，出现一批涉足新兴产业的企业，主要集中在新光源、新材料、新能源、电子信息四大领域。主要企业及产品为，新材料产业：江苏中益特种纤维公司，主要生产高强高模聚乙烯纤维；新光源产业：源光照明、庆电光电科技、瑞德光电科技等，主要生产节能灯具、LED 产品组装等；新能源产业：协鑫生物质发电有限公司，主要从事生物质发电；电子信息产业：主要有骏升科技（扬州）有限公司的遥控器、银大科技公司的电子监控系统、森萨塔公司的断路器、江苏禹丰通信技术公司的 3G 手机等。此外，部分在建项目也涉及新兴产业，如投资 2 500 万美元的康而富精密电子、投资 2 亿元的太阳能电池项目、首期投资 1.4 亿美元的汽车传感器项目等。但由于我县新兴产业起点低、起步晚，存在着诸多不足。一是产业规模小。新兴产业占全部工业比重与全市相比偏低，全县新兴产业企业中尚无一家进入全市行业前列。三十强企业中以新兴产业为主导业务的还不多。全行业尚未形成有影响力的产品和在行业内具有较高知名度的品牌。二是关联度低。彼此未形成产业链体系，仅为相互独立的产品，绝大多数企业原材料和销售市场两头在外，影响企业的效益水平和发展空间。三是层次较低。我县的新兴产业仍属于产业的最低端，在行业内分工属于从属地位，多数企业是大公司的代加工点，对形成整体效应意义不大。

二、发展新兴产业是我县工业发展的必然选择

近年来，县委、县政府高度重视新兴产业的发展，明确将“一主两特一新”作为我县工业重点产业。县第十一次党代会报告提出“要推动工业企业创新升级，着力提升企业装备水平，大力推进企业信息化、智能化，加快引进新技术，新产品，奋力突破战略新兴产业”。

1. 发展新兴产业是顺应经济发展潮流的需要。一是世界范围内新兴产业正在兴起。一方面，全球科技进入新的创新密集时期，重大发现和发明不断涌现，在能源、环保、健康等领域，一些重要的科学问题和关键技术正在发生或正在孕育着革命性突破，必将催生许多新兴产业发展。另一方面，国际金融危机的爆发，引发世界对实体经济的重新思考，主要发达国家纷纷采取力度空前的经济刺激措施，加大对节能环保、宽带网络、生物技术、新能源、新材料等战略领域的投入。例如：美国政府实施“再工业化”战略，提出今后十年内将投资 1 500 亿美元重点发展新能源产业、宽带网络和生物工程产业，加快发展电动汽车，积极发展纳米技术产业等。欧盟提出在 2013 年之前投资 1 050 亿欧元用于“绿色经济”发展。日本提出重点发展环境与能源、健康两大

产业。二是我国鼓励新兴产业发展。中共十七届五中全会通过的《中共中央关于制定国民经济和社会发展第十二个五年计划的建议》指出，把“培育发展战略性新兴产业”作为发展现代产业体系，培育产业核心竞争力的重要任务。2010年10月，国务院发布关于加快培育和发展战略性新兴产业的决定，将信息技术、节能环保、新能源等行业作为优先发展的行业，省政府将新能源、新材料、生物技术和新医药、节能环保、软件和服务外包、物联网等六大新兴产业作为重点发展的新兴产业，扬州市委市政府也出台政策，明确重点发展的新能源、新光源、新材料“三新产业”。此外，我省各地纷纷出台政策意见，把新兴产业作为促进经济增长的新增长极，周边地区新兴产业近年来得到快速增长。无锡市大力发展以物联网和云计算等为代表的新兴产业，2010年无锡物联网、新能源与新能源汽车、节能环保、生物、微电子、新材料与新型显示、软件与服务外包、工业设计与文化创意等八大新兴产业营销收入5 258亿元。常州市确定新能源、新材料、高端装备制造、生物技术和新医药、节能环保、软件和服务外包、物联网等七大新兴产业，从政策导向、资金安排、资源要素上给予倾斜，力争2011年销售收入达4 700亿元。周边的建湖县把培育航空航天产业作为战略性新兴产业，力争“十二五”期间建成省级乃至国家级航空航天产业基地。同时大力发展节能灯产业，其节能灯产业年开票销售近百亿元。三是我县已初具新兴产业发展基础。我县高度重视工业科技研发和人才引进工作。全县拥有国家级企业技术中心1家、省级技术中心1家，市级技术中心20家，同时全县拥有省级工程技术研究中心5家、市级29家。博士后工作站和院士工作站各一家。输变电装备科技城已开始规划实施。现有的技术装备水平和研发能力为新兴产业发展奠定良好基础。部分重点企业已有部分产品涉及新兴产业。

2. 发展新兴产业是壮大我县工业经济的需要。今天的新兴产业必将是未来的主导产业，在区域竞争日趋激烈，标兵渐远、追兵渐进的严酷形势下，发展新兴产业是我县培植工业经济新增长点，实现工业经济再次腾飞的希望所在。一是新兴产业市场巨大。据国务院发展研究中心课题组测算，未来3年，新能源产业产值可望达到4 000亿元；2015年，环保产业产值可达2万亿元，信息网络及应用市场规模至少达到数万亿元，数字电视终端和服务未来6年累计可带动近2万亿元产值。到2015年，我国的风能、核能、太阳能等发电装机容量将分别达到1.5亿千瓦、8 000万千瓦和2 000万千瓦，将会给配套供应商带来大量的市场机会。二是新兴产业效益明显。经济效益：新兴产业大多是知识密集型、技术密集型产业，对人力、土地的要求与传统产业相比相对较低，企业的利润空间较大，有助于促进我县培植工业经济新增长点和扩大税源。环境效益：新兴产业大多属于低能耗、低排放产业，有助于我县完成节能目标，保持有机绿色生态县称号。社会效益：发展新兴产业可以有效改变工业企业用人结构，既解决用人荒又促进高校毕业生就业。三是发展新兴产业带动力强。新兴产业的发展必将带来与之配套的产业的发展壮大，会使物流、仓储、包装等生产性服务业的得到同步增长，同时会使设计、创意、文化等配套产业得到飞跃。

3. 发展新兴产业是我县工业转型升级的需要。经过不懈努力，我县逐渐形成以输变电产业为主导产业，以泵阀管件产业和有机食品产业为特色产业的“一主两特”产业体系。高能耗、高污染、低产出企业不同程度地存在于我县工业企业之中，近年来，在宏观大形势背景下，我县工业面临着较大的压力。一是利润空间压缩。近年来，由于原材料、人力资源、能源价格的不断上涨，企业的生产成本在逐年上升，而我县企业大多数处于产业低端，没有定价权，使得原本就不高的利润率进一步降低。二是生产要素缺失。我县工业企业普遍存在着用工难的问题，不仅熟练工、技术工短缺，甚至连普通一线工人都出现较大的缺口。在我县每年所需的用地指标中，除省政府下拨的有限计划指标外，其余均只能依靠土地整理获得相应的折抵指标，但这种途径成本太高，且数量有限，致使许多工业项目建设用地指标严重不足。三是宏观政策加强。国家对万元GDP能耗、水耗、SOD排放量等指标的考核越来越严格，我县在上述指标上继续降低的空间也越来越小。此外，还有惩罚性电价、碳关税等宏观措施。

低产出、低层次企业目前的生存环境已越来越恶劣。只有加快产业结构升级，转变经济增长方式，大力发展新兴产业，才能解决现实矛盾和问题，保持社会经济的全面协调发展。

三、推动我县新兴产业发展的建议和措施

随着土地、人力、资金等各项资源的进一步稀缺，我县以往能够承接发达地区产业转移的空间越来越小，在越来越激烈的地区竞争这场考试中没有谁会得到降分录取的优惠。在新兴产业方面，我们面临着和发达地区一样的产业发展路径选择，随着马太效应的形成，今天的抉择失误可能会导致我们未来十年的被动。一是必须立足于我县的产业基础。我县“一主两特”产业中，输变电产业是主导产业，拥有企业300多家，年开票销售达300亿元，该产业与智能电网、新能源等产业较相近，存在着延伸发展的可能。目前，我县已有部分企业的部分产品涉及到新兴产业，如宝胜集团的超高压电缆和风力电缆、奥新科技有限公司的找平仪等产品，目前已比较成熟，市场前景也比较看好。该产业在我县已发展多年，拥有一支较为成熟的管理、生产、营销团队，已具备发展新兴产业的一定基础。节能环保产业、新能源、新光源产业与我县输变电产业在市场、原料等方面存在较大的共同点，可作为我县输变电产业链的延伸。二是必须立足我县的县情。我县地处长三角腹地，与沪宁杭等大城市距离较近，属于上海三小时都市圈和南京两小时都市圈范围。在我县周边，已有不少城市的新兴产业初具规模，如上海、无锡、常州、南京，我县应瞄准这些产业，排找产业链上的空白点，尽早参与区域分工，结合自身的交通条件、产业基础、生产要素基础，寻求重点发展的产业。三是必须遵循“立足实际、适度超前”原则。无论是新兴产业和传统产业、朝阳产业和夕阳产业，这样的区别都是相对的，有的新兴产业由于技术不成熟，市场很快找到替代品，很快就被更先进的产品所替代。有的新兴产业由于前期市场定位不准，导致各地纷纷上马，市场很快饱和。我县新兴产业的选择要邀请著名的专家，综合考量目前的市场前景和国内外的生产能力以及正在建设的生产能力。新医药产业，以中宝制药、康宝医疗器械等企业为骨干。结合我县有机生态的发展优势，推进医药生产向生物医药转型，强化产业链设计，研究、开发新型医疗器械和药用包装材料等。重点推进增白剂、静电喷涂、塑料安瓶三合一生产线、有机硅系列及农药助剂的生产销售。使新医药产业结构明显优化，技术研发能力明显增强，生物工程技术、信息技术、纳米技术、中药现代化技术等高端技术在新医药产业得到进一步推广应用，企业技术装备水平得到明显提高，产业规模明显扩大。新材料产业，以浩博科技、铱美特殊合金等企业为依托，支持企业引进先进技术，加快新材料的精深加工和开发利用，推进在手重大项目的建设进程，进一步提高产能和附加值。重点围绕装备制造、汽车、船舶、石化、电子信息、纺织以及风电、核电设备、医疗等领域，加快我县具有良好发展基础和比较优势的新材料的研究开发和应用。电子信息产业，选择互联网、物联网、职能电网、应用电子等为重点方向，着力推进皇裕科技、禹硕手机、康而富精密电子、骏升科技等企业发展。节能环保产业，以菲达宝开、旭日环保设备、源光照明等企业为依托，开发节能变频调速控制技术、无功补偿技术与装置、低压智能电子节电技术等技术，重点发展节能环保汽车及管件零部件、水污染防治装备、新型环保材料等产品。新能源产业，利用我县输变电产业基地和泵阀管件产业生产基地优势，以宝胜集团、迅达电磁线、协鑫生物质发电等企业为重点，瞄准太阳能光伏、光热、风电、生物质能、水电及潮汐能等领域，重点发展风力电缆、核电电缆、节能环保管件等产品。文化创意产业，以我县玻璃水晶、乱针刺绣、教玩具产业为依托，邀请知名高校、设计院所与我县共建文化创意设计中心，挖掘我县历史文化，将更多的文化创意元素注入工艺礼品和教玩具之中。

四、我县发展新兴产业的路径选择

战略性新兴产业被称作“下一个四万亿”投资刺激计划，是我县工业的希望之所在，也是我县经济的重要突破口。

1．建立多元投入机制。一是实施招商引资。大力推进驻点招商、活动招商、代理招商等形式，

全方位介绍我县产业基础和投资环境，吸引客商来我县投资新兴产业。以浙江、上海、苏南等地为重点区域，瞄准世界500强、中国500强和行业100强企业，集中引进一批科技含量高、附加值高、市场前景好的大项目。积极向上争取重大新兴产业项目布点，形成新的产业集群。二是鼓励全民创业。新兴产业很多都是高科技含量，低投入的产业，很适合初次创业的高层次人才。应尝试建立投资方、技术方共同创建新兴产业企业的模式。三是推动企业技改。现有企业中已有不少企业涉足新兴产业。现有产业存在着通过输变电产业具有发展新能源和节能环保产业的基础，玻璃水晶产业具有发展节能灯具和文化创意产业的基础。围绕我县产业龙头企业，加快生产要素向重点企业、重点项目倾斜，促进现有企业做大做强。鼓励重点企业实施技术改造，发展新兴产业。

2. 发挥政府配套作用。一是做好发展规划。出台鼓励新兴产业发展意见细则，明确新兴产业发展目标、发展方向、发展重点。成立指导新兴产业发展机构，明确其职责，对新兴产业项目，从项目审批到建设，实行绿色通道。二是加大激励力度。加大工业考核中新兴产业的比重，对于新兴产业的引进给予特殊的优惠政策，确保新兴产业的用地、资金等生产要素的要求。对于老企业改造新兴产业的，按当年开票销售额给予一定金额的返还。对于企业引进信息类、文化创意类人才的，享受与工科和建筑业同等的住房优惠政策。三是注重平台打造。依托现有的工业园区，加快改造，使之符合发展新兴产业的要求。同时，打造宝应软件产业园和输变电装备科技园，整体定位于发展云计算、互联网、物联网等新一代信息产业以及相关的服务配套产业，最终打造成集合新兴产业空间、定制化商业、不同居住档次及完善服务于一体的都市新兴产业综合体。

3. 大力推行帮扶措施。当前，我县新兴产业仍属于起步阶段，需要提升政务服务水平，优化发展环境，增强对投资者的吸引力。一是服务企业发展。明确相关部门，进行结对帮扶，经常深入企业，了解企业生产经营情况，了解企业经营者的所想、所急、所盼，随时为企业解决生产、经营中遇到的矛盾和困难，帮助企业解决后顾之忧，使其一心于生产经营。二是上争各类专项。积极包装我县新兴产业项目，赴省市部门做好为我县企业争取省级技术中心、两化融合示范试点企业、软件企业认定工作，提升企业研发设计、生产制造、经营管理、节能安全方面的信息化管理和创新能力。三是做好要素保障。针对影响企业发展的要素瓶颈，打造三大平台。依托我县骨干企业和技术中心，联合知名高校和科研院所，围绕关键核心技术的研发，支持各类研发中心、产业技术创新战略联盟、技术服务平台建设，加快形成多主体、多层次、开放互动和协调发展的自主创新体系；加大政府投入，设立新兴产业发展基金，加大信贷融资投向新兴产业的比例，放宽新兴产业融资门槛；将用地指标向新兴产业倾斜，对属于新兴产业的重大投资用地，由相关部门成立“点供地”小组，赴省、市相关部门为其争取点供指标。引导建立以企业为主体，市场为导向，产学研相结合的产业集群技术创新体系。支持开发产业集群发展急需的重点共性技术，不断增强产业集群的核心竞争力。鼓励和支持企业申报国家级和省级技术中心，与相关院校、科研院所单位对接，建立产学研合作平台，不断加大自主创新投入力度。

“十二五”期间宝应县域经济社会发展的思考

周文秀　季立中　苗　虹　郭人洲

“十二五”时期，是深入实践科学发展观、加快推进转型发展的关键时期。为妥善应对国际、国内发展环境的新变化，积极培育经济社会持续发展的新动力，有必要在深入研究国内外宏观环境的基础上，预测分析未来几年宝应县域发展的阶段性特征及总体发展趋势，并研究提出“十二五”期间经济社会发展的目标定位和重点举措。

一、“十二五”发展的总体趋势

“十一五”时期，围绕“实现再翻番、加快建设小康县”总体目标，突出“致富百姓、做大财政”两大主题，大力实施“工业强县”战略，积极推进结构调整和发展方式转变，努力改善人民生活和生态环境，圆满完成主要目标任务。“十一五”末，宝应县人均GDP达4500美元(RMB/＄按6.5:1估算，下同)，预计“十二五”时期GDP人均水平将逐步进入8000美元以上的发展阶段。当前，宝应正处于工业化初级阶段向工业化中期加速发展阶段，“十二五”及其后一段时期，宝应还将逐步完成工业化中期向工业化高级阶段的转变。这一阶段，科技创新将成为主驱动，要求加快转型升级步伐，提高工业化的质量和动力因素指数。根据国际经验和未来发展趋势分析，“十二五”时期宝应经济社会发展的主要特征是：结构变动对发展的推动作用更加突出。由于产业结构变动，三次产业间资源再配置效应加快上升，工业经济将继续保持快速扩张，服务业继续加快发展，农业经济平稳增长，三次产业“二、三、一”结构短期内不会改变，但二、三产业比重将会持续提高，力争达到90～92%。同时，合理调整的城镇结构和城乡布局将明显加快流通速度，社会结构也面临着深层次调整和转型。科技创新成为发展的主要驱动力量。经济增长开始由要素投入驱动为主逐步向科技创新驱动为主转变。由广义技术进步而引起的全要素生产率增长，对经济增长的贡献率将逐步提高，并逐渐达到或超过资本要素、劳动要素投入增长的贡献，开始成为驱动经济增长的主要因素，科技创新在经济增长中的作用日益突出，发展创新型经济将成为经济发展的主攻方向。公共服务成为发展的重要影响因素。公共服务的总体需求日益增长，而公共服务的供给依然不足，供需矛盾由相对集中转变为比较突出。由于投入严重不足，社会保障、义务教育、基本医疗、公共文化等公共事业发展均处于相对滞后状态，县镇之间、不同群体之间享有的公共服务水平差异悬殊较大，影响发展的公平性，对发展的效率性产生制约作用。生态文明成为发展的重要目标诉求。经济增长与资源环境矛盾依然严峻，土地、水、能源等要素约束更加明显，环境容量日趋饱和，低水平、粗放型的发展模式不可持续。同时，全社会环境意识已经觉醒，环境政策和法律体系不断完善，环境保护压力日益加大，环境保护作为一种公民责任已成为重要目标诉求。

综合考虑“十二五”时期的发展特征和不断变化国内外形势，对宝应经济社会发展趋势的初步判断是：“十二五”期间及今后一段时期，宝应经济社会发展进入“四个关键时期”，即新型工业化提速期、经济增长方式转型期、城乡统筹协调加速期、生态环境优化提升期。一是县域经济保持平稳较快增长。据社科院发布的《中国经济形势分析与预测——2011年春季报告》称，2011年我国经济仍将保持平稳较快的增长，GDP增长速度可达9.6%左右。处于全国发达地区的江苏经济必将保持较高幅度增长，继续保持全国领先地位，苏南地区将率先实现经济社会转型，沿江地区产业竞争力持续提升，沿海开发持续推进，苏中、苏北地区经济将持续处于加速发展期。在这样的宏观经济环境下，宝应经济尤其是工业经济，必将继续保持较快增长、强劲增长运势，并以赶超发展、跨越发展的姿态步入新一轮经济增长周期，在一个次高速度的区间运行。二是转变经济发展方式步伐加快。进入发展新阶段，国家及省市将把发展创新型经济作为转变发展方式的主攻方向，继续大力度推进经济结构调整和转变发展方式。同时，还要主动调整外向型经济发展战略，加大国内市场开拓力度，强化内需对经济增长的重要作用，突出结构调整对经济增长的根本性作用。“十二五”时期加快经济结构调整、转变经济发展方式成为宝应经济社会发展的必然选择。三是城乡区域一体化进程加快。“十二五”期间，随着统筹城乡综合配套改革的推进，我县城市化水平还将继续提升到一个新的高度，城市基础设施不断向农村延伸，基本公共服务均等化行动深入推进，城市文明加快向农村地区辐射，区域空间布局不断优化，区域协作机制更趋完善，城乡一体化、区域一体化进程必然加快。四是生态环境改善更加明显。“十二五”时期，全国各地必将积极抢抓科技创新机遇，积极发展创新型经济，大力推行低碳经济、循环经济、清洁生产。我县作为全国首批生态示范区，其示范作用将会更加显现，随着生态意识的逐步增强，环境保护力度继续加大，区域生态环境改善将更加明显，生态县创建必将取得更大成效，为扬州创建全国生态市、国家森林城市做出新的贡献。

二、“十二五”发展的机遇条件

当前，国内外发展环境错综复杂、不确定性

因素较多，发展的机遇和挑战并存、压力和动力共生。“十二五”时期是宝应赶超发展、争先进位的关键时期，面对复杂多变的国际、国内环境和全新的发展形势，必须充分利用宝应现有生态优势、产业优势、区域条件等，围绕“十二五”规划的全面实施，重点抢抓四大机遇：一要紧抓长三角一体化加速产业转移机遇。《长江三角洲地区区域规划》实施，以及上海四大国际中心建设，正在使长三角区域一体化发展进入加速期。在区域一体化的新背景下，城市体系格局和产业布局正发生重大变化，为宝应经济发展带来新机遇。我们必须发挥区位优势，积极主动融入长三角、接轨大上海，在更大范围内吸纳要素资源、加快产业集聚、促进产业转型升级。二要紧抓区域交通不断改善驱动经济发展机遇。连淮扬镇铁路、京沪高速、盐金公路、金宝南线、新淮江公路、安大公路等重大交通工程的建设和改造，以及邻近苏中机场、淮安机场的建设，使宝应交通通达性大幅提高，奠定经济发展的坚实基础。我们必须充分利用逐步改善的交通条件，逐步改造升级传统产业，有效承接国内外高端产业转移，加快发展高新技术产业，加快推进产业积聚集群。三要紧抓沿江、沿海开发促进赶超发展机遇。运河产业带已经列为江苏经济发展的新支点，运河产业带打造将成为宝应新的经济增长极。为此，必须利用沿江、沿海开发，以及上海及苏南产业转型、苏中加快崛起、苏北经济振兴的机遇，东联沿海、南接沿江拓展发展空间，围绕“一主两副一特”生产力总体布局，加快调整优化产业结构、不断提升区域竞争力。四要紧抓生态市、生态县创建推动特色发展机遇。我县生态资源富有优势，在低碳经济引领经济发展和转型新方向的时代背景下，应结合扬州全国生态市、国家森林城市及宝应全国生态县创建，全力保护自然环境，逐步改善生态条件，减少资源环境成本，提高生态环境质态，全面推进节能减排、资源综合利用，大力发展低碳经济、循环经济，努力建设节约型社会。同时，还要积极应对和化解三大压力：一是正确对待“争先进位”压力。我县作为承接苏南与苏北的节点，有其自身的区位优势，但由于宝应位于长三角核心区的北部边缘地带，加之江苏沿海开发战略和皖江城市带承接产业转移示范区上升为国家战略，以及江苏沿江开发战略和东陇海产业带建设，宝应有进一步被空心化、边缘化的危机。但只要树立信心、下定决心，紧抓长三角区域一体化的发展机遇，充分利用日益改善的区域条件，主动融入长三角、接轨大上海、东联沿海、南接沿江，就能实现争先进位、赶超发展目标。二是积极应对转型升级压力。我县经济保持快速增长，但经济总量依然不大，在全省及其他兄弟县市中依然处于后位。产业结构中，第一产业在三次产业结构中还占有较大比重(2010年一产增加值占GDP17.7%)；产业布局依然分散，产业聚集度亟待提升。为此，应围绕传统制造业转移和升级、培育和发展新兴产业、提升现代服务业规模效率三条主线和“一主两副一特”生产力总体布局，重点支持市场前景好、带动能力强、就业机会多的成长型创业企业，特别是支持新能源、新材料、电子信息、生物医药、环保节能、现代服务等新兴产业的发展，促进产业转型升级。三是奋力化解可持续发展压力。我县处于里下河地区，湖荡密布，生态环境优良。但经济的快速发展，特别是制造业的发展给生态环境保护带来前所未有的压力。同时，土地指标、能源供应等供求矛盾也十分突出。为此，强化资源协调，做好要素保障是化解可持续发展压力的重要途径。要全力保护生态环境，大力发展低碳经济、循环经济；要积极盘活存量土地、全力争取土地指标，缓解项目用地瓶颈；要科学谋划电力能源供求计划，确保生产生活和重大项目建设需求。同时，要积极化解融资难、用工难等矛盾问题。

三、“十二五”发展目标定位

“十二五”期间，宝应县委、县政府将带领全县人民，以科学发展观为统领，按照扬州市委提出的建设“三个扬州”要求，极力打造苏中地区重要的生态工贸型中等节点城市和名副其实的“水乡明珠”，争做国内知名、省内有影响的输变电装备产业县、有机农业示范县、生态宜居园林县、城乡统筹发展先行县。

未来的五年，是苦干实干、赶超创新、富民强县的五年。我县将以提升产业综合竞争力为目标，全面加快工业化、城镇化、农业产业化步伐，继续推进经济增长方式转型，坚持规模扩张与结构调整并行，全面促进产业集聚化、链式化、品牌化、高端化，形成以现代服务业为支撑，先进制造业和高新技术产业为主导，高效有机农业为补充的产业发展格局。全力构筑“一主两副一特色”四大经济板块（即县城经济主板块、南部工业副板块、北部工业副板块、高效有机农业特色板块），继续加快生态旅游发展，不断强化中等城市建设。

一是着力打造新型工业、现代服务业为主体的县城经济主板块。重点调整优化、逐步融合主城区各大园区，重点打造经济开发区、宝胜工业园、安宜工业园（南园、北园）。开发区重点发展“一主两特一新”产业（智能电网产业、泵阀管件和压力容器特色产业、新能源新光源新材料等新兴产业）；宝胜工业园重点发展输变电（智能电网）产业；安宜南园区重点发展软件、电子信息产业，安宜北园区重点发展“一主两特”产业。引导全县“一主两特一新”产业及重大项目向主城区各大园区转移积聚，力争县城经济主板块工业占全县总量 2/3 以上。坚持生产性服务业和生活性服务业并举，加快“一主两副”商圈建设，继续改造完善亚细亚商圈，高起点规划建设白田路和生态新城商圈。大力推进生产性服务业发展，启动运河港口物流中心，规划建设望直港物流园区，拓展宝胜物流园第三方物流，打造苏中地区大型物流园区、全国粮食物流中心等综合性大型物流园区。

二是着力打造氾水、曹甸等工业集中区为主体的南北工业副板块。氾水、柳堡等工业集中区，重点发展精密电子、电工电器、高档棉纺、汽车配件等产业，重点打造以骏升科技产业园为主体的全球最大智能遥控器生产基地。曹甸、安丰等工业集中区，以教玩具、玻璃水晶产业为主导，重点打全国知名的教玩具、玻璃水晶文化创意产业园。同时，调整优化夏集、射阳湖、广洋湖、小官庄、鲁垛等镇工业集中区产业结构，积聚发展有机食品、电线电缆、特种管件、玻璃水晶工艺、乱针绣等专业特色产品。

三是东部高效特色农业、运西有机农业为主体的高效有机农业特色板块。围绕粮油、畜牧、设施蔬菜、水生蔬菜、林果、水产等重点产业，大力发展现代农业、高效有机农业。重点建设东部高效特色农业区有机稻米生产基地、射阳湖荷园、望直港荷藕示范园，以及柳堡、射阳湖、广洋湖等镇藕慈复种基地。以宝应湖有机农业开发区为中心，重点推进生态观光区、有机产业区、滨湖生态区（城市后花园）三大功能区建设，力争将运西打造为集有机农业、生态旅游、休闲度假等为一体的复合型基地。

四是全力培育以优质生态资源、高效有机农业为依托的生态旅游业。以生态县创建为契机，全面推进生态文明建设，全力建设“苏中绿洲”。以优质生态资源、高效有机农业为依托，重点打造以人文景观及古商业街等为重点、彰显人文魅力的古城旅游区，以宝应湖国家湿地公园为核心、具有生态观光特色的宝应湖湿地生态旅游区（白鹿岛生态旅游区），以射阳湖荷园景区及温泉开发为基础、体现水乡风貌的休闲度假区，力争建成长三角及周边地区生态旅游度假目的地。

五是加快建设以生态新城开发为重点、承接盐淮扬泰四市节点的中等城市。加快建设中心城区，以现有主城区框架为基础，坚持新城开发、旧城改造、古城保护并举，按照 50 平方千米、40 万人规模，加快中心城区各类设施建设，不断提升和完善城市功能。全力打造生态新城，三年完成 3 平方千米新城核心区开发，五年内拉开新城框架，十年建成 18 平方千米的基础设施完善、建筑特色突出、人口相对聚集、彰显生态品牌的生态新城。同时，明确重点中心镇空间分布、发展规模和功能定位，逐步建成具有地方特色的工业经济重镇和生态农业名镇。

四、“十二五”发展的重点举措

一是以结构调整为主线，加快实现“赶超发展”。着力优化空间布局。加快产业空间整合和重点区域集中发展，引导产业向重点园区集中，加快县域范围工业园区调整优化、融合重组，凸显板块特色。“十二五”末，全力构筑“一主两副一特色”四大经济板块，即县城经济主板块、南部工业副板块、北部工业副板块、高效有机农业特色板块，形成产业集聚水平较高、空间布局合理、功能板块清晰的开发格局。着力推进项目建设。以产业招商为龙头，主攻重大项目招引，组织推动或直接配置资源实施重大项目，力争在 5 亿元、10亿元乃至更大体量项目上取得新突破。充分利用现有资源条件、产业优势等，编排申报重大项目，力争更多项目挤进国家、省市规划笼子。“十二五”期间，规划实施重点项目760个，计划投资1000亿元以上。着力构建现代产业体系。依托“一主两特”产业发展基础，加快输变电装备、有机食品及泵阀管件和压力容器等主导特色产业高端化、规模化发展。改造提升传统产业，提升纺织服装、玻璃水晶、文教玩具、医药化工等传统产业的发展层次。重点培育发展电子信息、新型装备制造、环保节能设备、新能源、新光源、新材料等战略性新兴产业。大力发展现代服务业，培育新兴服务业，发展研发创意产业。积极发展高效有机农业，加快推进高效有机农业规模化发展。着力提升综合竞争能力。“十二五”时期，主体指标继续保持快速增长，力争GDP总量净增300亿元以上，财政收入突破百亿元，民生投入50亿元，固定资产投资500亿元，工业开票销售超1000亿元。到2015年，打造300亿元、200亿元企业各1个，100亿元企业3－5个，50亿元企业10个，亿元以上企业400个。产业结构进一步优化，综合实力持续增强，力争二、三产业比重达到90%以上，全省综合排名提升2个位次以上。

二是以外向经济为重点，加快建设“开放宝应”。依托重点园区，引领外向发展。以开发区、安宜镇、生态新城、宝胜集团四大区域板块等为载体，加快重大项目集聚，全力打造“双百亿工业新区、十万人宝应新城”。发挥重点园区和龙头企业引领作用，积极引进大型跨国公司，实现园区建设上水平、重点企业上规模，全面提升经济国际化水平。依托特色产业，提升引资水平。以“一主两副一特色”四大经济板块为基础，大力推进优势特色产业招商，突出招引重大外资项目。利用森萨塔、骏升科技等外资企业，以外引外、增资扩股。同时，加大智力、人才和技术引进工作力度，扩大金融、物流等服务业对外开放。积极转变方式，提高贸易质态。加快荷藕、玻璃水晶两个省级产业出口基地建设，加快培育区域品牌，提高产品技术含量，积极开拓国际市场，扩大出口规模，实现出口商品结构和贸易方式的转变。到“十二五”末，全县年自营出口达到7亿美元以上。全面拓宽视野，推进国际化发展。全面提升农业、工业、服务业国际化水平，积极引进海外大型跨国公司投资，打造工业经济新旗舰。开放服务业市场，鼓励海外资本参与商贸、房地产及生产性服务业。探索海外资本参与基础设施、公益事业建设。主动顺应趋势，推进区域合作。围绕自身优势产业，主动接受上海都市圈和宁镇扬经济板块的人才、技术、信息、资金等方面辐射，积极创建国家级外派劳务基地县，拓展成建制劳务输出。利用天宇公司、宝胜集团对外劳务经营权，积极承包海外工程。引导鼓励企业出国投资兴业。

三是以自主创新为支撑，加快建设“创新宝应”。引导产业转型发展。以科学发展观为统领，坚持走宝应特色新型工业化和城镇化道路，实现产业转型升级和创新引领发展。积极发展先进制造业，加快发展现代服务业，大力发展现代高效农业。围绕“一主两特一新”，做大做强优势特色产业，调优调高调轻产业结构。实现创新引领发展。加强科技创新服务体系建设，重点加快工业设计中心、科技孵化园等创新载体建设。围绕战略性新兴产业培育和支柱产业提升，注重技术研发和先进技术应用，促进科技成果向现实生产力转化。大力培育发展国家高新技术企业、民营科技企业，积极培育和引进创新人才。着力发展创新型经济。加快完善技术创新体系，大力提高自主创新能力、大幅度提高科技进步对经济增长贡献率。积极推进产学研结合，引导高校、科研院所主动对接企业技术需求，加快形成技术创新战略联盟。以自主创新推动新兴产业发展，加快发展新能源、生物技术和新医药、新材料、节能环保、软件和服务外包、物联网六大新兴产业。深化体制机制改革。全面推进各领域改革，为创新发展提供体制机制保障。推进行政管理体系改革，进一步转变政府职能，提高政府公信力。推进现代企业制度建设，深化企业产权制度改革，促进投资主体多元化。推动公共事业领域改革，探索引导社会资本参与公共产品和公共服务，建立投资主体多元化。

四是以生态县创建为契机，加快建设“生态宝应”。完善生态功能区建设。积极探索富有地方特色、适合县情的环保模式，全面建成全国生态县。重点削减主要污染物排放总量，改善重点流域和区域环境质量，加强农业面源污染、农村环境污染治理，建立完善环境污染防范体系、环境管理体系、环境监测体系，逐步修复生态功能保护区的生态功能。推进生态文明建设。以创建生态县为契机，巩固国家园林县城成果，加大生态环境建设投入，鼓励社会资金参与环境治理和生态建设。积极开展绿色工业园区、绿色社区、绿色学校、绿色家庭、绿色交通等创建，全力建设“苏中绿洲”。力争2015年全县森林覆盖率达到23%。发展循环低碳经济。更加注重低碳发展与结构调整、节能减排、循环经济有机结合，建设循环经济产业园和低碳示范园区，加快形成低碳发展的长效机制。不断提高太阳能、地源热泵、生物质能应用水平，鼓励使用清洁绿色能源。全面推进环境保护。加强水环境治理，改善区域水环境。加强大气污染防治，改善大气环境质量。加强资源循环利用和固体废弃物污染治理，积极发展循环型生态农业。强化节能减排，推进能源节约和综合利用，严格限制高耗能、低效益、重污染项目发展。力争万元GDP能耗下降18%以上。

五是以改善民生为根本，加快建设“幸福宝应”。协调发展各项社会事业。优先发展科技教育，着力提升人口素质，合理配置教育资源，县域内实现城乡之间、校际之间的均衡发展。促进文体事业发展，推进文体惠民工程建设，丰富城乡百姓生活。加快医疗卫生服务体系建设，加快公立医院改造步伐，基层医疗卫生机构全面实施基本药物制度和综合改革，逐步实现城乡卫生资源均等化。协调发展其他各项事业。加快推进城乡一体化建设。围绕50平方千米、40万人口中等城市目标，加强公交、供水等公共设施保障能力，每年实施一批重点工程。围绕宜居、宜业、宜学、宜游的目标定位，着力打造生态新城。着力规划建设重点中心镇，积极培育发展特色小城镇，促进人口向小城镇集聚。全力推进农村城镇化，加快现代化新农村建设，切实改善农民生产、生活条件。努力提高居民收入水平。加快构建城乡一体化的人力资源市场，实现城乡劳动者就业机会、就业保障、就业培训和就业扶持均等化。加大收入分配制度改革力度，建立与经济增长相适应的收入增长机制，促进形成公正、合理、有序的收入分配格局。建立健全社会保障体系。扩大社会保险覆盖面，逐步统一城乡社保标准。完善住房保障体系和住房公积金制度，扩大保障性住房覆盖面。加强社会福利事业建设，完善覆盖城乡的社会救助体系，引导社会力量参与慈善和公益事业。推进平安宝应建设。强化安全生产监督管理，确保国家人民生命财产安全。创建幸福生活环境，畅通民情、民意反映渠道，妥善处理社会矛盾。健全社区管理和服务体制，提高执法公信力。加强社会治安综合治理，不断增强人民群众的安全感和满意度。

曹甸镇集镇建设

文件选登

关于表彰2010年度全县工业十大杰出企业家的决定

宝委发〔2011〕10号

各镇党委、政府，县各部、委、办、局(公司)，县开发区、有机农业开发区，县各重点工作推进指挥部，各有关单位：

2010年，全县工业战线大力弘扬新时期宝应精神，紧紧围绕县委、县政府"赶超发展、争先进位"的总体要求，不断提振信心、提升标杆，加快做大做强步伐，加大纳税贡献份额，为推动全县工业经济赶超发展付出辛勤的努力和汗水。根据《关于在全县开展工业十大杰出企业家评选活动的意见》(宝委发〔2010〕第44号)，按照"比贡献、比进位、比后劲"的评选原则和评选办法，经严格评比和公开投票评选，县委、县政府研究决定授予宝胜集团董事局主席、党委书记夏礼诚，森萨塔科技(宝应)有限公司总经理李浩，骏升科技(扬州)有限公司总经理陈德忠，江苏迅达电磁线有限公司董事长卢之云，江苏兴洋管业股份有限公司董事长朱瑞，扬州杰特沈飞车辆装饰件有限公司总经理周春华，江苏润扬管件有限责任公司董事长兼总经理杨献元，江苏五琼浆酒业有限公司董事长兼总经理张传炬，宝应仁恒实业有限公司董事长孙朝晖，江苏远扬科技集团董事长周家峰等10位同志为"2010年度宝应县工业十大杰出企业家"称号，并予以表彰。

希受表彰的企业家再接再厉，再创辉煌，为全县工业经济加快发展作出更大的贡献。

中共宝应县委员会
宝应县人民政府
二〇一一年二月十一日

关于深化严管干部工作进一步优化经济发展环境的意见

宝委发〔2011〕20号

各镇党委、政府，县各部、委、办、局，县经济开发区，有机农业开发区：

为进一步加强干部队伍能力作风建设，巩固严管干部、优化环境工作取得的成果，更好地服务全县赶超发展、争先进位，为建设“开放宝应、创新宝应、生态宝应、幸福宝应”提供坚强保证，特提出如下意见：

一、主要目标

坚持以科学发展观为指导，认真贯彻县委十届十次全体扩大会议精神，按照县委提出的“四个突破”工作要求，紧紧围绕“树一流干部形象、创最佳投资环境”目标，突出“管干部、抓作风、提效能、促发展”，着力防畏难、防杂音、防松懈，全力打造“服务更优、成本更低、效率更快、合力更强、形象更好”的发展环境，为建设全面小康、加快“十二五”发展创造良好的条件。

二、工作重点

（一）突出严管干部，持续抓好干部队伍能力作风建设

1. 深入抓好县委严管干部“十项规定”的贯彻执行。各地、各部门、各单位和全县各级干部要继续严格执行县委《关于从严管理干部的十项规定》，切实做到有令必行、有禁必止。要严格遵守政治纪律，不准自行其事、不听招呼，不服从党委、政府的工作安排，以部门利益、眼前利益与组织讨价还价或软磨硬抗、消极怠工，以种种理由拒绝执行上级和领导作出的决定；要严格遵守组织人事纪律和中央、省、市关于严肃换届纪律的规定，不准拉票贿选、拉帮结派，搞团团伙伙，在单位内部制造不团结，搞非组织活动；要严格遵守群众纪律，不准漠视群众、怠慢群众、刁难群众，遇事推诿，回避矛盾、激化矛盾；要严格遵守工作纪律，不准无故旷工、迟到早退，擅自离岗脱岗，以及上班期间上网聊天、打游戏、炒股，浏览与工作无关的网页，不许不负责任上网乱发帖子。

2. 实施“三问”推进严管干部常态化。一是问责，将严管干部作为“一把手”工程。各地、各部门“一把手”是严管干部的第一责任人，对严管干部负总责。凡出现违反“双十”规定的情况，不仅要追究相关负责人和直接责任人的责任，还要上查一级，追究有关领导的责任。二是问效，将提高执行力作为严管干部的根本目的。建立月巡查制度，对县委、县政府作出的重大决策部署和重点工作安排，及时督查了解部门单位执行落实和任务完成情况。同时，监督检查部门履行职能、招商引资、服务企业、机关作风、队伍建设等情况。每月编发督查《通报》，对执行不力的，下发整改通知书，视情况进行问责。三是问廉，将清正廉洁作为严管干部的主要标准。运用多种形式对党员干部廉洁从政情况进行民意调查；组织部门负责人走进电视、网络演播间，与群众进行面对面、键对键的交流；建立优化环境新闻发言人和网络发言人制度，定期向群众公布严管干部情况，接受社会监督。

3. 组织开展“点述点评”活动。围绕促进干部勤政高效，提高行政执行力，组织开展“点述点评”活动。由组织指定或由基层群众和服务对象点名要求有关人员进行述职，报告履行职责、完成任务、行政效能和廉洁自律等情况。全年，县级层面根据需要，选择承担县委、县政府重点工作、专项工作和重要目标任务的部门以及有关部门的主要负责人开展“点述点评”。同时，选择5至8个部门，对中层干部、重要热点岗位人员以及基层单位的主要负责人开展“点述点评”。其他各部门参照县级层面的“点述点评”，选择部分机关中层干部、重要热点岗位人员以及基层单位的主要负责人开展“点述点评”，接受群众的监督和评判，更好地改进工作、提升效能、服务发展。

4. 进一步加大监督检查力度。一是加大明查暗访力度。对各部门、单位执行“双十”规定情况进行明查暗访，加大曝光力度。二是认真受理经济“110”投诉举报。对涉及干部能力作风问题的投诉举报，及时调查处理，对查实的问题严肃处理。三是拓宽监督渠道。聘请机关作风监督员、推行有奖举报，组织发动广大干部群众参与机关作风督查。四是定期公布软环境满意度监测指数。每两个月向社会公布一次监测结果，同时，强化监测数据运用，针对存在问题，督促相关部门采取措施予以整改。

（二）突出服务项目，更好地服务各类投资者

1. 实施项目审批“一费制”。组织财政和物价部门根据国家和省市确定的收费项目、收费标准，对全县行政审批涉及的所有审批收费进行清理核查。按照“统一收费项目、统一收费标准”的原则，核定各部门审批收费项目、收费标准。同时，按照“一个窗口缴费、一个标准计算、一张票

据办结”的要求，对县政务服务中心涉及相关部门的审批收费，统一由中心一个头收取各项审批收费，向申办对象出具一张票据，在一个窗口缴费。各部门的审批收费，由中心进行内部结算。任何部门、任何单位和个人不得在场外收费，不得擅自变更收费标准。

2. 力推行政审批再度“瘦身”。以行政审批制度改革为突破口，全面清理部门单位的行政许可和审批事项，按照“能减则减”的原则，最大限度的清理核减行政审批项目，力求使保留的行政许可事项在扬州市县(市、区)中最少。同时，按照“便民、高效”的原则，优化审批流程，减少审批环节和程序，实现行政审批效率的“大提速”。

3. 组建重大项目投资服务中心。从与重大项目有关的经贸、财税、发改、国土、建设、工商、环保等部门抽调专业人员，组建宝应县外来投资者服务中心，对重大项目从投资洽谈开始到项目落地，涉及的投资政策咨询、向上项目申报审批、有关证照办理、矛盾问题协调提供全过程、一条龙帮办服务，提高项目的落地速度。同时，建立行政审批“绿色通道”，对重大项目实施会办审批，联合踏勘，确保在第一时间内办结各项审批手续。

(三) 突出服务企业，推动企业做大做强

1. 继续推进部门挂钩培育企业工作。针对机构改革出现的情况，适当调整有关部门挂钩培育企业的名单。强化督查考核，将开票销售和实缴税金按20%和80%的比例进行打分，每季度通报一次挂钩培育企业的开票销售和实缴税金情况，并按得分进行排名。

2. 继续组织开展集中联合年检。组织工商、环保、质监等部门，深入到各镇和县开发区上门为工业企业集中办理各项年检手续。

3. 继续组织开展“服务企业园区行”活动。以提供政策、法律、技术服务和帮助企业协调解决困难为重点，继续组织相关部门负责人深入有关园区开展服务企业园区行活动，促进机关部门主动服务企业、上门服务企业。

4. 继续实施规范收费管理。建立规范收费管理企业进入和退出机制，对符合条件的企业，继续实行由财政部门“一个头”收取各项行政事业性规费的办法。

(四) 突出效能建设，大力提升执行力

1. 建立压力传递机制。各地、各部门对县委、县政府布置的各项工作任务和本地、本部门的各项重点工作、职能工作，要逐一分解落实到具体的责任科室和工作人员，逐层逐级落实责任，做到目标管理到人、责任落实到人、考核奖惩到人。加大检查考核力度，定期监督检查责任单位和责任人完成目标任务情况。对消极怠工、不负责任、无正当理由未完成目标任务的，严格实施责任追究。责任追究情况与绩效考评和公务员年度考核挂钩，并作为干部提拔使用、评先评优、奖励惩处的重要依据。

2. 建立部门行政执法指导员制度。在全县各执法单位全面推行行政执法指导员制度。凡是具有行政执法权的部门(大的执法部门延伸到每个执法单位)都要挑选政治素质高、业务素质强、纪律作风优良的执法人员担任行政执法指导员，集中对他们进行培训，经培训合格后，到单位挂牌上岗，负责对所在单位执法人员进行业务指导，以自身为范例，引导执法人员推行人性化、说理式执法。对企业和群众咨询、反映的执法问题，由行政执法指导员实行首问负责，切实解决行政执法存在的突出问题，全面提升执法服务水平。

3. 认真落实首问负责等制度。各部门、各单位对企业和基层群众前来办事，必须严格实行首问负责制度。凡服务对象请求或咨询的事项属于本部门职责范围内的，要按照一次性告知和限时办结的要求予以办理。对符合条件可以当场办理的要当场办理，对不符合条件不能办理的要明确告知其不能办理的原因，对提交材料不全的要一次性告知所需材料并在承诺期限内办结；凡服务对象请求和咨询的事项不属于本部门职责范围内的，要告知其具体的承办部门，并负责引导到位，不得借故推诿和敷衍服务对象。

三、保障措施

1. 实行热线连线互动。将优化在线与行风政风热线进行连线互动，组织部分部门走进行风政风热线，接受群众投诉咨询，对反映问题的办理答复情况，在优化在线中进行录播。

2. 实行“三卡”警示。对监督检查和举报投诉查实的违规违纪问题，按问题性质的严重程度，对部门进行蓝、黄、红三卡警示。蓝色表示提醒警示，黄色表示责令改正，红色表示问责处理。凡出现红色告示的部门，在评先评优中扣分。

3. 开展重点科室和热点岗位评议。组织各部门、各单位开展所属科室（站所）和工作人员评议，每月评出一个先进服务科室和一名月度“服务明星”。在此基础上，组织评选全县“最佳服务科室”和“优秀服务明星”。对排名最末的科室（站所）负责人予以撤职或调整岗位处理。

中共宝应县委员会
二〇一一年二月十一日

关于印发“宝应县软件和信息服务业三年发展行动计划”的通知

宝委发〔2011〕99 号

各镇党委、政府，县各有关部门，县经济开发区，县有关重点工作推进指挥部：

“宝应县软件和信息服务业三年发展行动计划”已经县委、县政府同意，现予印发，希认真遵照执行。

中共宝应县委员会
宝应县人民政府
二〇一一年七月十二日

宝应县软件和信息服务业三年发展行动计划

软件和信息服务业是国家战略性新兴产业，具有技术含量高、产业渗透性强、资源依赖度低的特点，对加快转变发展方式、调整优化产业结构、推动经济转型升级具有重要意义。为促进我县软件和信息服务业加快发展，结合我县实际，制定 2011～2013 年行动计划。

一、发展目标

总体目标：从 2011 年起，用三年的时间全面推进我县软件产业园建设。到 2013 年底建成规划面积 1 平方千米，功能齐全、配套完善的软件产业园区，力争创成省级软件产业园。

年度目标：至 2011 年底，软件和信息服务业主营业务收入 3 亿元，建成载体面积 1 万平方米，新增软件和信息服务业企业 17 家，其中当年新认定软件企业 5 家；至 2012 年底，软件和信息服务业主营业务收入 4 亿元，建成载体面积 3 万平方米，新增软件和信息服务业企业 49 家，其中当年新认定软件企业 15 家；至 2013 年底，软件和信息服务业主营业务收入 6 亿元，建成 5 万平方米软件产业园载体，新增软件和信息服务业企业 81 家，其中当年新认定软件企业 30 家。入园软件和信息服务业企业总计达 147 家以上，其中经认定软件企业超过 50 家。培育年产值超 5 000 万元以上企业 2 家，从业人员 1 500 人以上。

二、主要任务

1. 科学规划软件产业园。宝应县软件产业园位于安宜镇城南工业园区，规划面积 1 平方千米，核心区建设面积 13.33 公顷。安宜镇要委托专业软件产业园区规划设计机构，高标准定位，立足适应未来三年乃至今后更长一段时间产业发展需要，规划设计布局合理、重点突出、层级分明、业态聚集、功能完善、特色鲜明的软件产业园。

2. 加快推进软件综合体建设。软件综合体包含 1.2 万平方米的软件信息大厦，4 万平方米软件产业基地及配套设施。安宜镇要按时间进度精心组织实施，加快推进。同时，要充分利用现有土地厂房，通过科学合理改造和布局，拓展发展空间，不断提高园区的承载能力。努力建成集科研、生产、办公、生活、居住、休闲多位于一体的高新科技产业园综合体。

3. 加大软件企业的培育招引。各镇、开发区要重点围绕软件开发服务、软件技术服务、系统集成服务、信息服务外包、文化创意设计服务、网络服务等类产业，创新招商方式，拓宽招商渠道，瞄准国内高校科研机构、大型软件企业实施定向攻关。积极参加省、市组织的各种软件产业招商活动，把招引创新创业人员、技术领军人物以及产学研合作项目作为重点。同时，针对我县企业中具有系统控制、软件服务等功能的产品，进行剥离，单独成立专门的软件企业，加以重点培育。

4. 注重软件人才的引进和培养。创造良好的用人环境，确保专业人才引得来、留得住、用得好、出成果。安宜镇要研究制定促进人才入驻园区发展的鼓励政策，从产业用房、住房保障、生活服务等方面给予充分支持；县人社局要配合安宜镇对入驻企业人才需求的数量、结构、层次等开展专题规划研究，加大对高层次人才的引进力度，满足我县软件服务业发展的需要；县教育局要通过资源整合，调整职校专业设置，形成以技术应用能力为核心的人才培养机制，突出软件蓝领培养和软件职业人员的再培训，完善软件人才结构。到2013年县人社局、教育局要引进、培训提升1 000名以上专业技术人才，为全县软件和信息服务业快速发展提供有力的人才保障。

三、保障措施

1. 建立专门班子，加强统筹协调。

建立推进软件和信息服务业发展的统筹协调机制，明确部门分工，加快协调推进。成立软件和信息服务业发展工作推进领导小组，由县政府主要领导任组长，分管领导任副组长，县政府办、经信委、发改委、国土局、财政局、科技局、规划局、人社局、教育局、各镇、开发区和通信运营商等有关部门主要负责人参与，领导小组要定期、不定期召开推进会议，就园区建设、功能配套、项目引进、企业入驻、人才保障及其他相关事项进行研究落实，加强统一调控和综合管理。领导小组下设办公室，办公室设在安宜镇，由安宜镇分管负责同志任办公室主任，具体负责软件和信息服务业发展日常推进工作。

2. 落实工作责任，扎实有效推进。

安宜镇要切实承担起软件综合体的建设、管理、招商和运营等责任，按时间要求，完成年度和总体建设任务，2013年年底前，全面完成综合体5万平方米核心区和配套区的建设任务。国土、规划等部门要积极配合；电信、移动、联通等通信运营商要按照“千兆进楼宇，百兆到桌面”的要求，及时完成与综合体建设同步配套的网络基础工程建设；县人社局、教育局要加大对专业技术人才的引进、培养力度，每年培养、引进适应我县软件和信息服务业发展的需要专业技术人才；各镇、开发区要按照下达的考核目标任务，招引企业入驻园区。招引的软件企业一律入驻宝应县软件和信息服务业产业园，不再安排其它地方入驻。

3. 强化配合协作，形成发展合力。

各相关部门要积极发挥职能作用，合力推进我县软件和信息服务业的发展。一是努力争取省级部门的政策和资金支持，县经信委、科技局有针对性地包装一批产品和项目，争取省专项资金扶持；二是加强与省、市软件行业协会的沟通联系，形成加快软件企业认定的工作氛围和机制；三是加大财政支持力度，县财政每年安排一定的专项扶持资金，重点支持软件和信息服务业重大项目建设、“双软认定”和品牌培育等。

4. 明确目标任务，严格考核奖惩。

按照下达的目标任务，各相关部门、镇（区）要高度重视，制定具体方案，明确专人负责，狠抓措施落实，确保各项工作按序时完成。对部门、镇（区）完成软件和信息服务业工作成效将纳入到年终县委、县政府对部门、镇（区）目标考核中。

关于印发《宝应县全面小康达标创建“进村入户”工程实施方案》的通知

宝委发〔2011〕119号

各镇党委、政府，县各部、委、办、局，县经济开发区、有机农业开发区，县各重点工作指挥部：

《宝应县全面小康达标创建“进村入户”工程实施方案》已经县委、县政府研究同意，现予印发，希遵照执行。

中共宝应县委员会
宝应县人民政府
二〇一一年十二月二十二日

宝应县全面小康达标创建"进村入户"工程实施方案

今年以来，全县上下围绕建设全面小康社会目标，强力推进各项达标创建工作，取得显著成效，"创必成"信念更加坚定。为进一步营造"人人知晓、人人支持、人人参与"的全面小康达标创建氛围，确保今年建成广大人民群众得实惠、老百姓认可的全面小康社会，决定开展"进村入户"工程，并制定如下活动方案。

一、指导思想

以科学发展观为指导，紧紧围绕全面小康达标创建的各项目标任务和总体部署，以"数据达标"和"百姓认可"为标杆，以进村入户听呼声、搞宣讲、办实事为抓手，广泛深入宣传我县全面小康建设成就，了解并帮助解决老百姓最关注的热点问题，切实提高老百姓对全面小康社会的知晓率、认可度，推动达标创建工作有力、有效开展，确保年底建成全面小康社会。

二、活动安排

1. 活动形式。采取县四套班子领导包镇，县级机关部门包村（居），镇、村（居）干部包组包户的形式，进村入户了解群众呼声，宣传全面小康知识，化解难题和矛盾。

2. 责任分工。县小康建设指挥部牵头，联合县委组织部负责县级机关部门包干任务的分解和责任落实；联合县委宣传部制作小康宝应宣传手册、宣讲通稿；联合县督查考核指挥部、优化经济发展环境指挥部负责活动督查工作。各镇（区）按照活动的统一部署和安排，对进村入户方案进行细化落实。各包干部门的主要负责人为第一责任人。

3. 活动要求。

（1）"听呼声"的内容及对象。在内容上，要倾听老百姓最需要解决的热点、难点问题，以及在生产生活中遇到的实际困难。在对象上，突出倾听困难户、低收入户等弱势群体的诉求，力争听到更多群众的声音。

（2）"搞宣讲"的内容及方式。在内容上，要重点宣传开展建设全面小康社会以来，县委、县政府采取的重大举措和取得的巨大成就。在方式上，一是宣讲员开展专题宣讲；二是通过发放小康宝应手册向群众介绍小康创建相关知识；三是包干人员入户面对面宣传。

（3）"办实事"的要求。以县级包干部门为单位，对群众反映的问题进行梳理，可以协调解决的及时处理好，对群众合理要求暂时不能解决的，要耐心做好宣传解释工作。

三、实施步骤

1. 明确任务（12 月 20 日前）：各镇（区）、各县级机关部门要按照全面小康达标创建"进村入户"宣传要求，成立工作班子，制定工作方案，组织人员培训，落实责任到人，填写报送《全面小康达标创建进村入户宣讲计划安排表》（县小康建设指挥部，电子信箱：byxkjs@163.com）。各镇（区）做好县领导、县级机关部门到镇（区）、村（居）宣讲的衔接、组织等准备工作。

2. 进村入户（12 月 20 日至 2012 年 1 月 15 日前）：县领导，县部门、镇（区）宣讲人员到镇、村（居）、户认真开展小康宣讲，发放小康宝应手册，妥善解决群众所提问题。同时，结合春节慰问，对困难户访贫问苦，发放慰问品。

四、保障措施

1. 强化责任包干。县小康建设指挥部负责指导活动的开展，各镇（区）、各部门要成立工作小组，确保组织有力、活动有序。到镇（区）、村（居）、户宣传的三级干部，要包宣讲到位、包群众满意。

2. 强化组织协调。各镇（区）、各部门要每十天向县小康建设指挥部报送一次活动进展情况。县小康建设指挥部要不定期召开活动情况交流会，及时掌握活动动态，并通过问卷、电话调查等形式，了解活动成效。县委宣传部要组织广电总台、新闻信息中心等单位及时报道活动的开展情况。

3. 强化督查推进。县小康建设指挥部要联合县督查考核指挥部、优化经济发展环境指挥部，对活动开展情况进行跟踪督查，定期通报，并将全面小康百姓知晓率、认可度作为考核各镇（区）、各部门党政主要负责人的重要依据，对达不到要求的，坚决实行一票否决，确保活动取得成效。

县政府关于印发《宝应县政府投资重点工程建设项目联合监管暂行办法》的通知

宝政发〔2011〕121 号

各镇人民政府，县各委、办、局，县经济开发区、有机农业开发区：

现将《宝应县政府投资重点工程建设项目联合监管暂行办法》印发给你们，希认真遵照执行。

二〇一一年五月二十日

宝应县政府投资重点工程建设项目联合监管暂行办法

第一章　总　则

第一条　为切实加强对政府投资重点工程建设项目监督管理，整合部门监管资源，提高监管效率，规范监管行为，促进政府投资重点工程建设项目科学、规范、高效、有序、廉洁的实施，从源头上预防和制止工程建设领域违法违规突出问题的发生，依据《城乡规划法》、《土地管理法》、《环境保护法》、《招标投标法》、《行政许可法》、《建设工程质量管理条例》和《宝应县政府投资项目管理暂行规定》等法律法规和规定，制定本暂行办法。

第二条　本办法所称政府投资重点工程建设项目是指政府投资和使用国有资金、投资额在500万元以上的工程建设项目，包括市政、交通、水利、能源等大型基础设施和公用事业项目，以及涉及保障性住房、教育、卫生、文化、农业等民生工程项目。

第三条　本办法所称联合监管是指涉及政府投资工程建设项目监督管理的县发改、规划、环保、住建、国土、建管、城管、安监、消防、气象、地震、人防、监察、财政、审计、政务中心等相关部门和单位，通过并联审批、联合踏勘、集中检查、综合验收等形式，形成各执法主体部门按层级和组织网络统一组织、统一指挥、统一步调、联合执法的新型管理模式，实现统一信息采集、集中组织认定、全程跟踪监督、提升监管实效的目标。

第四条　联合监管坚持建设单位自查与主管部门监督相结合；坚持依法监管与优质服务相结合；坚持集中联合监管和部门日常监管相结合；坚持事先告知、事前防范与事中监督、事后检查相结合；坚持监督检查与整改纠正相结合的原则。

第二章　部门单位监管职责

第五条　各相关部门、单位依据相关法律法规规定，履行各自的监管职责：县发改委主要负责政府投资重点工程建设项目的项目建议书、可行性研究报告和初步设计及概算的审批，指导、协调和监督管理全县重大项目的招投标工作，组织政府投资重大项目稽查、竣工综合验收和后评价等工作。

县规划局主要负责规划区范围内政府投资重点工程建设项目规划管理，核发项目选址意见书、建设用地规划许可证、建设工程规划许可证，以及项目规划批后管理。

县国土资源局主要负责政府投资重点工程建设项目的用地预审、用地审批或报批以及建设用地利用情况监管。县环保局主要负责政府投资项目的环境影响评价文件审批和环保验收工作。

县住建局主要负责政府投资重点工程建设项目施工图设计审查、建筑节能减排以及建设工程招标投标监督管理等。

县建管局主要负责政府投资重点工程建设项目建筑施工质量和施工安全以及建设工程竣工验收和备案管理，受理政府投资项目报建，核发施工许可证。

县城管局主要负责政府投资重点工程建设项目未依法办理相关审批手续等违法违规违章行为的查处。

县财政局主要负责政府投资重点工程建设项目的财政财务管理，财政性资金基本建设项目的结算（以审计部门出具的工程结算〈决算〉报告为准）、竣工财务决算管理，集中采购目录内物资的政府采购，基建财务的指导和监督。

县审计局主要负责政府投资重点工程建设项目概（预）算执行情况和工程结算（决算）的审计，对重大项目、重点项目实行跟踪审计监督。

县安监局主要负责政府投资重点工程建设项目"三同时"情况的监督检查，承担相关建设项目安全设施的设计审查和竣工验收工作。

县政务中心主要负责对政府投资重点工程建设项目的联合审批和综合验收情况进行管理和监督。

县监察局负责对政府投资项目管理、建设等部门及其工作人员履行职责情况进行监督检查，查处涉及项目建设的违法违纪行为。县气象局主要负责政府投资重点工程建设项目防雷安全工作的审核、竣工验收和检测工作。

县地震局主要负责政府投资工程建设项目抗震设防和地震安全性评价审核等工作。

县人防办主要负责政府投资工程建设项目人防工程建设的审批、质量管理和竣工验收工作。

县消防大队主要负责政府投资重点工程建设项目建筑设计防火审核和竣工验收工作。

第六条 县住建、国土、水务、交通、农委、城管、教育、卫生、农开等政府投资工程建设项目主管部门，按行业管理的要求对本系统的重点项目实施管理与监督。

第三章 联合监管的方式与措施

第七条 推行项目联合审批。政府投资重点工程建设项目相关手续审批按照"牵头受理、抄送相关、并联办理、限时办结"的机制展开工作，牵头部门受理后向申请人告知该审批所涉及的相关部门，由申请人将报批的相关材料同步送达相关审批部门受理；各相关审批部门在申请人提交资料齐全并符合有关要求的前提下，在规定的时限完成审批，并将审批意见直接反馈牵头受理部门，过期不反馈的视为默认许可；牵头受理部门在规定的时限内完成审批，并将办好的审批手续送达申请人。

第八条 实行联合踏勘。在项目审批过程中，需要到现场踏勘的，由牵头部门组织相关部门集中到现场察看，各部门根据现场踏勘情况出具审批意见。

第九条 实行"一费制"。涉及政府投资重点工程建设项目审批行政事业性收费，由县政务服务中心出具统一缴费通知书后到中心收费窗口缴纳，实行"一次性、一个头、一个窗口"收费。

第十条 组织联合检查。由县监察局牵头，每季度组织一次涉及政府投资重点工程建设项目监管的相关部门、单位，深入在建工程项目建设现场，通过听取汇报、查阅资料、现场检查、座谈了解、情况反馈等方式，全面了解项目管理、执行基本建设程序、资金监管、工程进度、工程质量和效益等方面的情况，深入查找问题、分析原因、提出解决问题的具体办法和对策。

第十一条 实行竣工综合验收。建设项目全部工程完工并基本符合验收条件后，由建设单位向县发改委申请综合竣工验收；县发改委受理申请后，及时通知或组织相关部门、单位集中到项目现场进行验收，待各验收部门、单位各单项工程验收合格出具意见后，县发改委召开竣工验收会议，并出具综合验收意见。

第十二条 建立信息通报制度。各相关部门、单位在日常监管或集中检查中发现政府投资重点工程建设项目存在重大的不属于本职监管范围内的违法违规问题，应及时书面通报给相应的监管部门，实现信息共享。

第十三条 建立联席会议制度。由县监察局牵头，每半年召集一次涉及政府投资项目监管部门分管负责人会议，传达学习上级相关文件精神，通报交流相关工作情况，研究解决监督检查中发现的重点难点问题，探索联合监管的新思路和新方法。

第四章 联合监管的要求

第十四条 政府投资重点工程建设项目实行业主负责制，业主单位对项目建设的程序及实施过程负责。相关部门、单位各司其职，履行管理职责。

第十五条 各有关部门、单位在实施联合监管中要做到主动服务，严格依法行政，提高执法效率，部门之间、上下环节之间要主动协调，不得推诿扯皮；县监察局要定期对各部门联合监管及工作情况进行检查，对联合监管部门及有关人员履行职责情况实行考核，对在工作中出现严重问题的，严肃追究当事人的责任。

第十六条 县监察机关对检查中发现在项目管理、资金使用、工程招投标、工程质量、施工安全等方面有严重违法违纪问题的，要实行责任倒查，严肃查处有关部门、单位和人员的责任，对涉嫌违法犯罪的，移送司法机关处理。

第五章 附 则

第十七条 本暂行办法由县发改委、县监察局负责解释。

第十八条 其他非政府投资类工程建设项目监督与管理参照本暂行办法执行。

第十九条 本暂行办法自发文之日起施行。

县政府关于印发《宝应县基层医疗卫生机构综合改革实施方案》的通知

宝政发〔2011〕131 号

各镇人民政府，县各委、办、局，县经济开发区：

现将《宝应县基层医疗卫生机构综合改革实施方案》印发给你们，请认真贯彻落实。

二〇一一年六月二日

宝应县基层医疗卫生机构综合改革实施方案

根据《中共中央、国务院关于深化医药卫生体制改革的意见》（中发〔2009〕6 号）、《卫生部等九部委关于建立国家基本药物制度的实施意见》（卫药政发〔2009〕78 号）和《省委办公厅、省政府办公厅转发省卫生厅等部门〈关于推进基层医疗卫生事业单位人事制度改革的意见〉和〈关于公共卫生和基层医疗卫生机构及工作人员绩效考核工作的指导意见〉的通知》（苏办发〔2011〕10 号）等文件精神，为扎实有效做好我县基层医疗卫生机构综合改革工作，特制订本实施方案。

一、指导思想

以科学发展观为指导，深入贯彻落实中央和省市深化医药卫生体制改革精神，加快建立国家基本药物制度，推进基层医疗卫生机构管理体制和运行机制改革，不断提高基层医疗卫生服务质量和效率，为城乡居民提供安全、有效、方便、价廉的基本医疗卫生服务。

二、工作目标

基层医疗卫生机构公益性管理体制和新型运行机制基本建立，基本公共卫生服务和基本医疗服务能力明显增强，医疗卫生人员素质明显提高，国家基本药物制度初步建立，城乡居民医药费用负担有效减轻。

三、实施范围

政府举办的镇卫生院（社区卫生服务中心）及其一体化管理的村卫生室（社区卫生服务站）。

四、主要任务

（一）建立基层医疗卫生机构公益性管理体制

政府举办的镇卫生院（社区卫生服务中心）明确为公益性事业单位，由县卫生行政部门和所在镇人民政府按职责管理。根据《扬州市基层医疗卫生服务体系建设与发展规划（2011～2015年）》（扬府办发〔2010〕166 号），结合宝应实际，具体设置为：

1. 镇卫生院的设置。全县 14 个镇，设夏集、柳堡、氾水、望直港、射阳湖、曹甸等 6 个中心卫生院，广洋湖、鲁垛、小官庄、黄塍、泾河、西安丰、山阳、沿河等 8 个一般卫生院。一般卫生院提供以预防保健、基本医疗、健康教育、计划生育、康复等为主要内容的综合性服务，并受县卫生行政部门委托承担辖区内公共卫生管理，负责对村级卫生机构的技术指导和对乡村医生的培训等；中心卫生院是一定区域范围内的预防、保健、医疗技术指导中心，除具有一般卫生院的功能外，还承担协助县级卫生机构开展对区域范围内一般卫生院的技术指导等工作。

2. 村卫生室的设置。全县设 210 个村卫生室，承担辖区农村居民的基本公共卫生服务和一般疾病的初级诊治功能。

3. 城市社区卫生服务中心(站)的设置。在城区设1个城市社区卫生服务中心(由县第三人民医院转型)、21个城市社区卫生服务站,为城区居民提供有效、经济、方便、综合、连续的集医疗、预防、保健、康复、健康教育、计划生育技术指导为一体的服务。

上述设置的镇卫生院(社区卫生服务中心),将在严格界定功能和任务、核定人员编制、核定收支范围和标准、转变运行机制的同时,由政府负责保障按国家规定核定的基本建设、设备购置、人员经费和其承担的公共卫生服务的业务经费,使其正常运行。镇卫生院(社区卫生服务中心)对村卫生室(社区卫生服务站)实行人员、业务、药械、财务等一体化管理,通过政府购买服务的方式,给予合理补助。

(二)建立因事设岗、全员聘用的用人机制

1. 人员编制。按照《江苏省基层医疗卫生机构设置和编制配备标准实施意见》(苏编办发〔2009〕7号)精神,我县基层卫生医疗机构编制按13名/万人口标准核定。

2. 岗位设置。根据合理设置专业技术、管理和工勤技能三类岗位的原则,基层医疗卫生机构专业技术岗位不得低于总岗位数80%。镇卫生院(社区卫生服务中心)核定的人员编制,作为聘用人员和核拨经费的依据。

3. 竞聘上岗与分流安置。根据《省委办公厅、省政府办公厅转发省卫生厅等部门〈关于推进基层医疗卫生事业单位人事制度改革的意见〉和〈关于公共卫生和基层医疗卫生机构及工作人员绩效考核工作的指导意见〉的通知》(苏办发〔2011〕10号)规定,严格人员准入资格制度和按岗位公开招聘制度。符合规定的竞聘对象,通过民主测评或民主推荐、个人考核和业务能力考试相结合的办法实行竞聘上岗,所有上岗人员按照有关规定签订聘用合同,实行合同管理。镇卫生院院长(社区卫生服务中心主任)由县卫生行政部门会同相关部门公开选拔、择优聘任,实行任期目标责任制。

对在编分流人员,按照《省委办公厅、省政府办公厅转发省卫生厅等部门〈关于推进基层医疗卫生事业单位人事制度改革的意见〉和〈关于公共卫生和基层医疗卫生机构及工作人员绩效考核工作的指导意见〉的通知》(苏办发〔2011〕10号)规定执行。对非在编分流人员,原则上予以清退,其中对符合学历和执业(从业)资格的卫技人员,在编制、岗位空缺情况下,根据县编委会核定的人数可以通过公开招聘方式,一次性择优进编;也可由镇卫生院(社区卫生服务中心)帮助联系、推荐到村卫生室(社区卫生服务站)应聘。不符合条件的,原用人单位按照有关规定,及时终止和解除聘用合同,按政策规定或合同约定给予相应补偿并做好有关社保方面的衔接工作。

(三)建立科学公平、体现绩效的考核分配机制

由县卫生行政部门根据基层医疗卫生机构的功能定位,科学核定承担的工作任务:基本公共卫生服务任务,根据承担的公共卫生服务的人口数量、服务质量和服务半径核定;基本医疗服务任务,根据前三年医疗服务平均人次数、收入情况,并综合考虑影响医疗服务任务的特殊因素核定。

1. 建立以服务数量、质量、效率和居民满意度为核心,公开透明、动态更新、便于操作的工作任务考核机制。县卫生行政部门组织对基层医疗卫生机构进行绩效考核,县财政、人社等部门对考核结果进行审核,考核结果与经费补助挂钩。

2. 建立按岗定酬、按工作业绩取酬的内部分配激励机制。基层医疗卫生机构依据公共卫生服务、基本医疗服务和公共卫生管理岗位任务制定内部分配管理办法,定期组织对职工绩效进行考核,考核结果与职工个人收入挂钩。

(四)实行基本药物零差率销售

从2011年6月3日起,全县政府举办的镇卫生院(社区卫生服务中心)全部实行国家基本药物制度,其管辖的村卫生室(社区卫生服务站)一体化管理规范后,逐步实施国家基本药物制度。严格执行国家、省、市确定的基本药物有关规定,实行药品零差率销售相关政策。基本药物统一网上集中招标采购、统一定价、统一配送到基层医疗卫生机构。实行药品零差率销售后,由县财政、卫生等部门依据镇卫生院(社区卫生服务中

心）承担的工作任务量和人员编制情况，合理核定收入和支出，由财政进行差额补助，并按月预拨经费保障正常运转。

（五）建立科学合理的补偿机制

政府举办的基层医疗卫生机构基本建设和设备购置等发展支出，由政府根据基层医疗卫生机构发展建设规划统筹安排，县财政设立医疗风险基金；政府举办的基层医疗卫生机构人员经费和业务经费等运行成本通过服务收费和政府补助补偿，政府补助按照“核定任务、核定收支、绩效考核补助”的办法核定；基层医疗卫生机构人员定岗竞聘完成后，根据国家规定实施绩效工资，绩效工资水平与县事业单位工作人员平均工资水平相衔接；政府对一体化管理的村卫生室（社区卫生服务站）承担的基本公共卫生服务和实行药品零差率销售给予补助。

五、实施步骤及时间安排

（一）调查摸底及方案制订（2011 年 5 月 20 日前）

县卫生部门负责机构、人员摸底调查，会同县编制、人社、财政等部门做好人员身份、工龄、学历、职称、执业资格及奖惩等基本情况确认，并提出岗位设置指导意见；县医改办牵头负责与县编制、人社、财政、卫生等部门共同制定具体实施方案。

（二）实施阶段（2011 年 5 月 20 日～6 月 30 日）

1. 定编定岗

（1）机构设置及编制确定。2011 年 5 月 25 日前完成编制核定并下达编制方案。（责任部门：县编办、人社局、卫生局）

（2）设岗方案报批。2011 年 6 月 2 日前完成镇卫生院（社区卫生服务中心）设岗方案的制定、报批、下达及公示等工作。（责任部门：县卫生局、编办、人社局）

（3）制定竞聘上岗、人员分流安置办法。2011 年 6 月 2 日前，完成竞聘办法（含院长、主任及全体人员）、分流人员安置办法制定。（责任部门：县人社局、编办、卫生局）

（4）竞聘上岗。6 月 10 日前完成工作人员报名和资格审核；6 月 19 日前完成工作人员竞聘；6 月 22 日前确定上岗人员名单并进行公示，6 月 30 日前签订聘用合同。2011 年 6 月 30 日前完成院长（主任）报名和资格审核、公示。（责任部门：县卫生局、编办、人社局）

（5）分流安置。2011 年 7 月 1 日起进行人员分流安置。（责任部门：县卫生局、各镇、编办、人社局、财政局）

2. 绩效考核

（1）绩效考核办法制定。5 月 30 日前，制定对基层医疗卫生机构的绩效考核办法；5 月 31 日前，基层医疗卫生机构制定工作人员的绩效考核办法，报县主管部门审批，并在本单位公开。（责任部门：县卫生局、人社局、财政局）

（2）实行绩效考核。从 6 月 1 日起，政府举办的镇卫生院（社区卫生服务中心）及其一体化管理的村卫生室（社区卫生服务站）全部实行绩效考核。（责任部门：县卫生局、人社局、财政局）

3. 基本药物制度

（1）确定配送企业。4 月 10 日前，确定配送我县基本药物的企业，上报省市批准。（责任部门：县卫生局）

（2）集中采购。从 6 月 3 日起，政府举办的镇卫生院（社区卫生服务中心）统一实行省集中招标采购基本药物和零差率销售。（责任部门：县卫生局、药监局、监察局）

4. 经费补助

（1）审计测算。5 月 12 日前，完成 14 个卫生院近 3 年经常性收支审计测算。（责任部门：县财政局、卫生局）

（2）核定差额。5 月 25 日前，核定各卫生院经常性收支差额；5 月 31 日前，报批核定差额。（责任部门：县财政局、卫生局）

（3）制定经费补助办法。6 月 30 日前，出台综合改革经费补助办法。（责任部门：县财政局、卫生局）

（4）资金筹集。6 月 10 日前，筹集综合改革补助经费。（责任部门：县财政局）

（5）预拨经费。建立正常预拨机制，每月 10 日前，预拨核定月收支差额的 80% 经费，保证基层医疗卫生机构正常运转。（责任部门：县财政局）

（三）总结评估工作(2011 年 7 月)

对基层医疗卫生机构综合改革工作进行总结、评估，并上报有关工作总结。

六、保障措施

全县基层医疗卫生机构综合改革涉及面广、政策性强，时间紧、任务重，各镇(区)、各相关单位必须从讲政治的高度，从大局出发，充分认识这项改革的重大意义，周密部署，统筹安排，结合实际，创造性地开展工作，扎扎实实把各项改革政策贯彻落实到位。

（一）加强领导，强化协调配合

为做好基层医疗卫生机构综合改革工作，县政府调整宝应县深化医药卫生体制改革领导小组，县长为组长，常务副县长及分管县长为副组长，相关部门和各镇政府主要负责人为成员，领导小组办公室设在县发改委。同时，县政府建立包干负责制，按“一人一院(中心)”要求确定乡(科)级干部包干负责基层医疗卫生机构综合改革。县发改、编制、人社、财政、卫生、药监、物价及各镇要加强协调，密切配合，保证改革顺利实施。

（二）加大投入，做好财力保障

进一步加大对卫生事业的投入，按规定核定各项补助资金，同时积极争取上级资金支持，切实保证改革所需资金，确保各项补助经费足额及时到位。建立健全基层医疗卫生机构财务公开制度，确保资金分配使用规范、安全、有效，严禁挤占、截留、挪用。

（三）加强督查，确保规范运行

认真组织制定实施方案和配套文件，严格按照公开、公平、公正的原则做好定编定岗、竞聘上岗、人员分流安置、绩效考核等工作。加强对人员竞聘、分流安置政策落实情况检查督查，建立科学合理的监督检查机制，加强对基层医疗卫生机构服务提供情况、运行情况、财务管理情况、基本药物制度执行情况、政府补助落实情况的监督检查，确保各项工作有序规范运行。创新考核评价方式，逐步建立多方参与、协调高效、公开透明、公平公正的考核评价制度。对上述工作落实不到位的，要责令限期整改；违纪违规的，要严肃追究责任。

（四）加大宣传，营造良好环境

基层医疗卫生机构综合改革关系到广大基层医务人员的切身利益，要充分发挥基层党组织的政治核心作用，做好改革动员和深入细致的思想政治工作，处理好改革发展稳定的关系。要高度重视改革的宣传工作，采取多种形式深入宣传，简而明之，不厌其烦，讲清政策，统一认识，营造良好的改革环境，确保社会和谐稳定。

本方案自印发之日起实行。

重要文件目录

■县委

1. 关于表彰 2010 年度全县工业十大杰出企业家的决定(宝委发〔2011〕10 号)

2. 关于深化严管干部工作进一步优化经济发展环境的意见(宝委发〔2011〕20 号)

3. 关于开展“点述点评”活动的实施意见(宝委发〔2011〕21 号)

4. 中共宝应县关于加强干部队伍能力作风建设的实施意见(宝委发〔2011〕30 号)

5. 关于实行县领导干部挂钩联系重点工作(宝委发〔2011〕34 号)

6. 关于推进残疾人事业发展的实施意见(宝委发〔2011〕44 号)

7. 关于调整县创建国家生态县工作领导小组的通知(宝委发〔2011〕48 号)

8. 关于区、镇共建园区项目推进产业集聚的暂行意见(宝委发〔2011〕53 号)

9. 关于贯彻国家和省中长期教育改革和发展规划纲要(2010～2020 年)的实施意见(宝委发〔2011〕57 号)

10. 关于进一步明确县重点工作推进指挥部职责的意见(宝委发〔2011〕59 号)

11. 宝应县“二妹子”民兵班建设实施意见(宝委发〔2011〕64 号)

12. 关于开展“三排三寻”招才引智活动的意见(宝委发〔2011〕68 号)

13. 关于开展 2011 年度全县工业十大杰出

企业家评选活动的意见(宝委发〔2011〕69 号)

14. 中共宝应县委关于进一步做好新形势下人民政协工作的意见(宝委发〔2011〕71 号)

15. 关于加强县委领导班子自身建设的意见(宝委发〔2011〕74 号)

16. 关于加快水利改革发展推进水利现代化建设的实施意见(宝委发〔2011〕78 号)

17. 关于实施“六项”工程推进村级组织“四有一责”建设的意见(宝委发〔2011〕81 号)

18. 中共宝应县委关于进一步加强新时期科协工作的意见(宝委发〔2011〕88 号)

19. 关于印发“宝应县推进创新载体建设三年行动计划”的通知(宝委发〔2011〕98 号)

20. 关于印发“宝应县软件和信息服务业三年行动计划”的通知(宝委发〔2011〕99 号)

21. 中共宝应县委转发《县人大常委会党组关于做好全县县镇两级人民代表大会换届选举工作的意见》的通知(宝委发〔2011〕108 号)

22. 中共宝应县委宝应县人民政府转发《县委宣传部、县司法局关于在全县公民中开展法制宣传教育的第六个五年规划(2011～2015)》的通知(宝委发〔2011〕111 号)

23. 中共宝应县委、宝应县人民政府关于深化平安宝应建设的意见(宝委发〔2011〕112 号)

24. 县委、县政府关于印发《关于加快全县老龄事业发展的实施意见》的通知(宝委发〔2011〕115 号)

25. 关于印发《宝应县全面小康达标创建“进村入户”工程实施方案》的通知(宝委发〔2011〕119 号)

■县政府

1. 关于同意宝胜集团有限公司引进战略投资者对江苏宝胜电气股份有限公司进行增资扩股的批复(宝政发〔2011〕10 号)

2. 关于颁发 2010 年度科技创新奖的决定(宝政发〔2011〕35 号)

3. 关于表彰“十一五”期间全县档案工作先进集体和先进个人的决定(宝政发〔2011〕64 号)

4. 关于县城区部分道路命(更)名的批复(宝政发〔2011〕72 号)

5. 关于同意宝应县“十二五”电网规划的批复(宝政发〔2011〕83 号)

6. 关于公布 2010 年度宝应县有突出贡献的中青年专家名单的通知(宝政发〔2011〕96 号)

7. 关于调整 2011 新型农村合作医疗补偿方案的通知(宝政发〔2011〕99 号)

8. 关于调整宝应县职工基本医疗保险有关规定的意见(宝政发〔2011〕106 号)

9. 关于对持独生子女父母光荣证退休的企业职工实行一次性奖励的实施意见(宝政发〔2011〕116 号)

10. 关于印发《宝应县政府投资重点工程建设项目联合监管暂行办法》的通知(宝政发〔2011〕121 号)

11. 关于公布 2011 年度县城镇廉租住房保障对象和保障标准的通知(宝政发〔2011〕124 号)

12. 关于公布 2011 年度县城镇经济租用住房供应对象和标准的通知(宝政发〔2011〕125 号)

13. 关于印发《宝应县基层医疗卫生机构综合改革实施方案》的通知(宝政发〔2011〕131 号)

14. 关于印发《宝应县行政复议听证规则》的通知(宝政发〔2011〕146 号)

15. 关于表彰 2011 年度“宝应县十佳老师”的决定(宝政发〔2011〕175 号)

16. 关于同意成立江苏宝应软件信息产业园的批复(宝政发〔2011〕180 号)

17. 关于印发《宝应县集中式饮用水源突发污染事件应急预案》的通知(宝政发〔2011〕183 号)

18. 关于印发《宝应县全面推进依法行政建设法治政府五年规划》(2011～2015)的通知(宝政发〔2011〕184 号)

19. 关于实施建设项目集中收费“一费制”的意见(宝政发〔2011〕202 号)

旅游景点

■纵棹园　是国家AAA级景区，县级文物保护单位，位于宝应县城区安宜东路1号。纵棹园系清朝乔莱（侍读）故园，始建于清朝康熙年间，占地4.53公顷。此园集北方名胜的典雅和南方园林的清秀于一身，翠竹隐阁，林亭倒映，杨柳婆娑，青荷飘香。园中古戏台、鱼化龙石门柱及廊栏亭榭，其石、砖、木、铜雕极其精致，号称苏北雕花园。园内有乾隆皇帝六下江南入园观戏的古戏台及翦淞阁、竹深荷净堂、画川书院、八宝亭、背山临流馆等著名景点。其中正六边形的翦淞阁位于纵棹园北大门，融福建土楼与北京四合院风格，体现天地六合、天人合一的传统哲学理念。北大门两侧雄踞着一对洁白、威严的石狮，其砖雕门楼具徽、苏两派风韵，计16层。园内的重要景点有赵朴初、尉天池等名人诗词、书法。

■宝应湖国家湿地公园　是全国农业旅游示范点、江苏省四星级乡村旅游区、江苏省自驾游基地。公园西依宝应湖，东临京杭大运河，依林傍湖，环境优美。园区土地面积533公顷，水面300公顷，有水杉成片林134公顷，林中常年栖息140余种鸟类，其中国家一、二类保护鸟类9种。园区生态旅游突出“水”、“绿”、“野”、“趣”四大主题，既可以湖上泛舟、水上垂钓、果园赏花、农作物采摘，又可以观鸟溜马、野外拓展、品农家饭、游森林氧吧，分有机农业区、生态别墅住宅园、综合服务区、内堤休闲风情带、沿湖风光带、水上庆典园、青少年素质教育基地七大功能区。2011年10月公园正式获批“国家湿地公园”，先后荣获江苏省旅游行业文明单位、江苏精品乡村旅游区和江苏省乡村旅游二十强等称号。

■荷园　是国家AA级旅游景区、全国农业旅游示范点、江苏省四星级乡村旅游区，位于风光秀丽的扬州射阳湖省级湿地公园北端，园区面积266.67公顷，自然环境优美，空气新鲜，原始河湖纵横，水质清澈。湖荡里鱼虾相戏，莲叶田田，荷花嫣红，宛如天上的瑶池仙境，有荷花大观园、睡莲园、芦荡迷宫、农趣岛、农家菜园、神牛汪、儿童乐园、烟柳长堤、农耕园、二妹子大舞台、咏荷馆、风车水车等景点，布有莲藕、睡莲、芦苇、蒲草、芡实、菱角观赏区。园内有龙船、水上自行车、水上滚筒、湖心茶坊、荷韵曲桥、莲花栈道、一品亭、莲珠亭、荷趣亭、荷仙桥、望月桥、忘忧廊、月湖码头、水车坊、舂米坊、磨坊等设施。是集旅游、度假、休闲、会议、商务接待为一体的理想场所。

■宁国寺　是国家AA级景点，始建于唐贞观十年（公元637），明代万历年间重建，为里下河地区第一大寺庙，有“跑马关山门”之说。1993年复建，包括大雄宝殿、玉佛殿、东西配殿、藏经楼，沿街仿古建筑群等。寺内保存大量珍贵文物，有佛教无价之宝佛祖真身舍利、紫檀木雕500尊罗汉、紫檀木巨型如意、上亿年前的玛瑙硅化木、宋朝考试夹带、田黄石刻释迦佛说法图、南北朝时代的石刻佛像、古陶瓷及名家来楚生雕刻罗汉图章等，其文化价值、可鉴赏性极高。

■周恩来少年读书处 是国家AA级旅游景点，省级文物保护单位，扬州地区唯一一处周总理纪念地，现为全国周恩来纪念地联谊会成员。读书处位于宝应县县南街水巷口3号，原为周恩来外祖父陈沅的住宅，也是周恩来少年时期学习和生活过的地方，对周恩来后来的成长有着极为重要的影响。读书处建筑面积500平方米，整个建筑为清代风格，分东西两个院落，东宅院为当年生活起居区，西宅院为三个展室，展出主题"为中华之崛起而读书"。1996年宝应县政府组织全面修缮、恢复原貌，1998年3月5日周恩来同志诞辰100周年正式对外开放。2010年11月～2011年5月，县文体广新局实施读书处维修展示提升工程，精心制作《为中华之崛起而读书—少儿时期周恩来学习生活故事》主题展。

■博物馆 是国家AA级旅游景点，座落于安宜东路89号，占地4 400平方米、建筑面积3 400平方米，由6个展厅构成，是一座集收藏、研究、陈列、教育等功能于一体的综合型历史艺术类博物馆。博物馆于2001年6月对外开放，馆藏文物4 000余件，国家三级以上珍贵文物300余件（其中一级文物3件，二级文物15件）。藏品以汉代、宋代出土文物为特色，其中古菱齿象牙化石为该馆镇馆之宝。基本陈列为《宝应地流韵——宝应历史文化要览》，以宝应历史沿革和古运河为主线，用图文并茂的版面和馆藏200多件珍贵文物，诠释宝应两千多年的文明历史。

■柳堡"二妹子"模范民兵班活动中心 是国家AA级旅游景点。柳堡"二妹子"模范民兵班由电影《柳堡的故事》主人公"二妹子"而得名，成立于20世纪50年代，是一个具有革命传统的光荣集体，先后被江苏省委、省政府、省军区授予"柳堡'二妹子'模范民兵班"荣誉称号；被中共中央宣传部确认为全国公民道德建设六大先进典型之一；被国家民政部、解放军总政治部授予"全国爱

周恩来读书处主题展揭幕

国拥军模范单位”荣誉称号。活动中心位于柳堡镇区，建于2005年，中心室内一楼为展厅，分别介绍柳堡革命斗争史、“二妹子”民兵班先进事迹及所获荣誉。二楼是“二妹子”民兵班的学习室、电脑室、活动室、器材室、营房等。中心主体建筑西侧为“二妹子”民兵班军事训练场地，是扬州市全民国防教育基地。

■**革命烈士纪念馆** 是国家AA级旅游景区。宝应县是苏中地区著名的革命根据地之一，早在1927年底，就有早期的党组织活动。在几十年革命斗争史中，经历无数次血与火严峻考验、无数次光明与黑暗生死较量，终于迎来宝应人民翻身解放和社会主义建设的蒸蒸日上。纪念馆始建于1976年，2001年6月重建，占地面积4公顷，分为纪念瞻仰区、烈士墓区、青少年教育活动区、综合服务区四个功能区，有革命烈士纪念碑、纪念馆，华克之纪念馆，烈士墓区，祭扫凭吊广场等，是县社会主义、爱国主义德育教育基地。

宝应县主要旅游景点一览表

表88

名 称	地 址	电 话	公交路线	门 票
纵棹园	安宜东路1号	88221013	游1 102路 220路	免费
宝应湖国家湿地公园(白鹿岛生态旅游区)	运西有机农业开发区	88217979	游1 428路	50元
荷 园	射阳湖镇	88521639	307路	20元
宁国寺	安宜南路60号	88286072	游1 102路	50元
周恩来少年读书处	安宜镇水巷口3号	88281224	220路	免费
博物馆	安宜东路89号	88263013	102路	免费
柳堡“二妹子”模范民兵班活动中心	柳堡镇	88771007	221路	20元
革命烈士纪念馆	安宜镇陵园路1号	88217188	游1 102路	免费

精品旅游线路

·宝应一日游·

西线。博物馆—纵棹园—宁国寺—周恩来少年读书处—宝应革命烈士纪念馆—宝应湖国家湿地公园(白鹿岛生态旅游区)。

东线。博物馆—纵棹园—宁国寺—周恩来少年读书处—荷园—“二妹子”模范民兵班活动中心。

精品线。“二妹子”模范民兵班活动中心—荷园—纵棹园—博物馆—宁国寺—宝应湖国家湿地公园(白鹿岛生态旅游区)。

·特色线路·

观荷之旅。包括博物馆、苏中公学纪念馆、周恩来少年读书处、宁国寺、纵棹园、柳堡“二妹子”模范民兵班活动中心和荷园。

游湖之旅。包括博物馆、周恩来少年读书处、宁国寺、纵棹园、宝应湖国家湿地公园(白鹿岛生态旅游区)。

红色之旅。包括周恩来少年读书处、宝应革命烈士纪念馆、柳堡二妹子模范民兵班活动中心、苏中公学纪念馆、红枫园。

·自驾游线路·

宁国寺—宝应湖国家湿地公园(白鹿岛生态旅游区)—“二妹子”模范民兵班活动中心—荷园—博物馆—纵棹园—宁国寺—周恩来少年读书处。

宝应县旅行社基本情况一览表

表89

名 称	地 址	电 话
环球旅行社	叶挺东路47号	88261699
宝应青年旅行社	名仕华庭1038门市	88223456
西湖旅行社	叶挺西路40号	88282598
大众旅行社	新街口商业街2—1118号	88919499
润扬旅行社	叶挺东路53—103号	88262111
扬州金阳光旅行社宝应分社	数码广场2088号	88912220
扬州三人行旅行社	数码广场2318号	82658819

统计资料

土地概况

表 90

项　目	单　位	2011 年	2010 年
土地总面积	平方千米	1 461.55	1 461.55
陆地面积	平方千米	979.43	979.43
开发区	个	1	1
镇	个	14	14
村民委员会	个	225	224
村民小组	个	2 843	2 799
居民委员会	个	58	57

人口、从业人员

表 91

项　目	单位	2011 年	2010 年
年末总户数	户	294 635	297 750
年末总人口	人	914 207	913 827
年平均户籍人口	人	914 017	914 957
农业人口	人	665 512	667 340
非农业人口	人	248 695	246 487
总人口中:男性人口	人	462 224	461 845
女性人口	人	451 983	451 982
年末常住人口	人	752 000	752 500
年平均常住人口	人	752 300	785 335
出生人口	人	8 029	8 313
人口出生率	‰	8.79	9.09
死亡人口	人	7 968	11 871
人口死亡率	‰	8.72	12.97
人口自然增长率	‰	0.07	−3.88
年末从业人员	人	541 200	581 500
第一产业	人	103 300	117 700
第二产业	人	266 800	295 900
第三产业	人	171 100	167 900

地区生产总值

表 92

项　目	单位	2011 年	2010 年
地区生产总值	亿元	291.53	242.86
第一产业	亿元	49.75	43.17
第二产业	亿元	139.45	116.58
工业	亿元	112.35	94.76
建筑业	亿元	27.10	21.82

续表

项 目	单位	2011 年	2010 年
第三产业	亿元	102.33	83.11
交通运输、仓储和邮政业	亿元	12.63	10.01
信息传输、计算机服务和软件业	亿元	5.58	4.10
批发和零售业	亿元	9.68	7.77
住宿和餐饮业	亿元	7.02	5.71
金融业	亿元	6.56	5.43
房地产业	亿元	19.20	16.72
租赁和商务服务业	亿元	3.62	2.84
科学研究、技术服务和地质勘查业	亿元	1.15	0.95
水利、环境和公共设施管理业	亿元	1.27	1.05
居民服务和其他服务业	亿元	1.75	1.37
教育	亿元	12.14	10.02
卫生、社会保障和社会福利业	亿元	5.34	4.41
文化、体育和娱乐业	亿元	0.56	0.44
公共管理和社会组织	亿元	15.83	12.29

固定资产投资

表 93

项 目	单位	2011 年	2010 年
投资总额	万元	1 601 539	1 417 918
按规模分			
规模以上项目投资	万元	1 601 539	1 330 268
城镇规模以上项目投资	万元	798 301	645 363
农村规模以上项目投资	万元	653 427	545 208
房地产开发投资	万元	149 811	139 697
规模以下项目投资	万元	—	87 650
按产业分			
第一产业	万元	15 550	34 100
第二产业	万元	1 131 390	1 017 728
第三产业	万元	454 599	366 090
资金来源			
国家预算内资金	万元	2 500	
国内贷款	万元	16 700	13 660
利用外资	万元	600	22 040
自筹资金	万元	1 464 389	1 206 798
其他投资	万元	4 100	162 229
房地产开发企业			
房屋施工面积	万平方米	137.27	152.47
其中:住宅	万平方米	114.64	115.93
房屋竣工面积	万平方米	53.73	58.81
其中:住宅	万平方米	42.64	40.23
商品房销售面积	万平方米	78.96	78.55
其中:住宅	万平方米	72.68	68.16
商品房销售额	万元	334 244	298 914
其中:住宅	万元	293 911	234 612

财政、金融、保险

表 94

项　目	单位	2011 年	2010 年
财政总收入	万元	402 182	306 000
地方财政收入	万元	290 742	213 093
一般预算收入	万元	205 806	156 802
税收收入	万元	149 686	113 808
非税收入	万元	56 120	42 994
政府性基金收入	万元	50 423	28 306
社会保险基金收入	万元	34 513	27 985
上划中央收入	万元	111 440	92 907
财政总支出	万元	413 172	325 109
一般预算支出	万元	323 035	263 583
基金预算支出	万元	55 624	33 541
社会保险基金支出	万元	34 513	27 985
年末银行存款余额	万元	2 219 000	1 883 993
企业存款	万元	768 500	229 675
城乡储蓄存款	万元	1 430 500	1 262 555
年末银行贷款余额	万元	1 375 000	1 164 199
短期贷款	万元	638 300	604 000
中长期贷款	万元	635 200	501 856
其他贷款	万元	101 500	58 340
国内保险业务收入	万元	83 769	83 574
财险收入	万元	16 300	12 031
寿险收入	万元	67 469	71 543

人民生活

表 95

项　目	单位	2011 年	2010 年
城镇居民家庭人均可支配收入	元	16 848	14 328
城镇居民家庭人均消费支出	元	10 889	9 397
农村居民家庭人均纯收入	元	10 327	8 715
农村居民家庭人均生活费支出	元	7 354	6 306
城乡居民储蓄存款余额	万元	1 430 500	1 262 555

农　业

表 96

项　目	单位	2011 年	2010 年
农村从业人员	人	418 931	415 372
农业从业人员	人	113 596	118 864
工业从业人员	人	108 385	98 666
建筑业从业人员	人	97 734	93 825
年末耕地面积(国土部门数据)	公顷	746 862	74 024
农业机械总动力	万千瓦	44.58	43.11
农村用电量	万千瓦小时	80 240	50 375

续表

项　目	单位	2011 年	2010 年
农林牧渔业总产值(现行价格)	万元	893 672	766 648
农业产值	万元	350 985	292 043
林业产值	万元	13 389	11 885
牧业产值	万元	140 587	110 619
渔业产值	万元	356 161	325 338
农服业产值	万元	32 550	26 763
农作物播种面积	公顷	134 193.33	199.85
粮食播种面积	公顷	117 333.33	174.81
棉花播种面积	公顷	13.33	0.05
油料播种面积	公顷	5 580	8.98
粮食总产量	万吨	91.08	86.43
棉花总产量	万吨	—	—
油料总产量	万吨	1.39	1.48
生猪存栏量	万头	17.02	19.91
生猪出栏量	万头	39.14	40.50
家禽存栏量	万只	406	423
家禽出栏量	万只	1 098	1 131
水产品总产量	万吨	14.42	14.35

工业、建筑业

表 97

项　目	单位	2011 年	2010 年
工业企业单位数	个	8 881	8 133
规模以上工业企业	个	281	483
规模以下工业企业	个	1 972	1 568
个体工业户	个	6 628	6 082
合计中:农村工业	个	7 071	6 516
全部工业总产值(现行价)	万元	10 763 102	8 026 200
规模以上工业企业	万元	5 710 636	5 385 715
规模以下工业企业	万元	2 835 153	967 979
个体工业户	万元	2 217 313	1 672 506
合计中:农村工业	万元	6 693 525	4 879 591

规模以上工业主要指标(281 家)

表 98

工业总产值(现行价)	万元	5 710 636	5 385 715
工业销售产值	万元	5 591 741	5 263 512
工业流动资产平均余额	万元	1 423 150	1 207 117
工业资产合计	万元	2 609 424	2 321 798
工业产品销售收入	万元	5 417 565	5 173 396
工业产品销售成本	万元	4 600 454	4 462 419
工业产品销售税金及附加	万元	16 213	12 581
工业利税总额	万元	422 054	400 138

续表

工业总产值(现行价)	万元	5 710 636	5 385 715
利润总额	万元	248 376	226 382
有资质等级的建筑业企业个数	个	72	62
建筑业年末从业人员	人	116 795	141 798
年末自有机械设备净值	万元	121 753	89 271
年末自有机械设备总台数	台	25 727	20 675
年末自有机械设备总功率	千瓦	122 979	926 020
全年完成施工产值	万元	2 599 992	1 995 039
全年实现利税总额	万元	125 906	86 147

交通、邮电、供电

表 99

项　目	单位	2011 年	2010 年
客运量	万人	1 263	1 010
货运量	万吨	1 478	1 181
旅客周转量	万人千米	99 700	78 700
货物周转量	万吨千米	263 000	208 500
民用汽车拥有量	辆	27 797	22 463
私人汽车拥有量	辆	22 977	18 114
邮电业务总量	万元	55 047	49 019
邮政业务总量	万元	12 327	10 563
电信业务总量	万元	42 720	38 455
邮政业务收入	万元	6 087	5312
电信业务收入	万元	42 719	38 455
本地电话用户	户	190 628	221 710
移动电话年末用户	户	570 469	507 411
国际互联网用户	户	94 752	65 299
供电量	万千瓦小时	132 376	120 518
工业用电	万千瓦小时	83 296	74 729
城乡居民生活用电	万千瓦小时	30 196	29 117

国内贸易

表 100

项　目	单位	2011 年	2010 年
社会消费品零售总额	万元	930 349	794 555
其中:个体消费品零售总额	万元	656 388	555 149
按销售地区分			
城镇	万元	703 850	572 958
乡村	万元	226 499	221 597
按行业分			
批发和零售贸易业	万元	873 506	742 708
住宿和餐饮业	万元	53 343	48 957
其他	万元	3 500	2 890

外经外贸

表 101

项 目	单位	2011 年	2010 年
自营出口总额	万美元	41 377	32 409
协议注册外资额	万美元	41 198	29 173
注册外资实际到帐额	万美元	17 313	14 410

教育、科技、卫生

表 102

项 目	单位	2011 年	2010 年
学校总数	所	70	70
小学校数	所	40	40
普通中学学校数	所	27	27
在校学生总数	人	94 153	97 054
小学在校学生数	人	42 683	42 460
普通中学在校学生数	人	39 376	43 129
专任教师总数	人	6 000	6 115
初中毕业生升学率	%	99.1	97.3
专利申请受理量	件	1 720	1 306
专利申请授权量	件	620	423
发 明	件	14	12
年末医疗机构数	个	36	39
年末实有床位数	张	1 726	1 717
年末医疗从业人员数	人	2 336	2 321
卫生技术人员数	人	1 985	1 965

荷 园

说　明

一、本索引采取主题分析法，索引名称按汉语拼音音序排列。

二、类目、栏目标题用黑体字标示。

三、索引名称后的数字表示页码，数字后的字母（a、b）表示该页版面从左至右的栏别。

四、空一字起排的款目为上一主题的"附见"。

A

B

C

D

E

F

G

H

J

K

L

M

N

O

P

Q

R

寶應年鑑 2012
BAO YING YEARBOOK

X

Y

Z

寳應年鑑 2012
BAO YING YEARBOOK

中国建设银行 China Construction Bank 宝应支行

县领导到该行调研金融工作

2011 年，宝应支行贯彻落实“转型发展、精细管理、创新推动”工作要求，以加快业务发展为主线，以有效防范各种风险为出发点，努力提升经营管理水平，不断整合优势资源，深度挖掘内部潜力，强化优质项目营销，各项主营业务得到平稳健康发展。截至 12 月末，全行本外币一般性存款余额 27.87 亿元，其中：储蓄存款余额 14.83 亿元，企业存款余额 13.04 亿元，三项存款余额分别较年初新增 2.23 亿元、0.81 亿元、1.42 亿元；本外币各项贷款余额 17.74 亿元，较年初新增 5 亿元，其中：公司贷款余额 12.57 亿元，较年初新增 4.18 亿元，个人贷款 5.17 亿元，较年初新增 0.82 亿元；国际业务结算量 7 336 万美元，结售汇总额 6 301 万美元，实现中间业务收入 3 590 万元，比上年增加 1 506 万元，增长 72%，实现利润 7 673 万元，比上年增加 2 924 万元，增长 62%。

宝应建行新城支行隆重开业

建设银行扬州市分行第二届职工运动会在扬州市美琪小学拉开帷幕。图为宝应建行代表队入场。

宝应支行团委组织广大青年团员举办“激情飞扬、奉献建行”演讲比赛。

建设银行扬州分行在扬州大剧院举行庆祝建党90周年红歌大赛，宝应支行以一曲带有浓郁家乡特色的《九九艳阳天》赢得观众的喝彩，取得第二名的佳绩。

宝应县残疾人联合会

理事长： 徐兴东

2011年，县残疾人联合会以残疾人社会保障和服务体系建设为主线，全方位为全县残疾人提供高效优质服务。出台《宝应县特殊困难残疾人生活救助实施办法》和《关于向低保中的重度残疾人发放重残补贴金的通知》，全年共向3 300多名低保对象外无固定收入重度残疾人按低保标准全额发放生活救助金，对1 186名低保对象中的重度残疾人按低保标准全额发放低保金，为3 000名低保家庭中的残疾人每月增发低保标准20%的低保金，为200名家庭人均收入在低保标准200%以内的一户多残、依老养残等特殊困家庭中的残疾人，按照低保标准的60%发放生活救助金；发放重度残疾人护理补贴775人，发放低保中重度残疾人重残补贴金1 264人；118名残疾学生和贫困残疾人子女获得市县发放的一次性考学奖励，18名残疾高中生、20名残疾大学生获得省市教育专项补贴；为农村贫困残疾人改造草危房13户，城镇残疾人家庭住进廉租房和经济适用房共12户。县残联被中残联表彰为"全国'十一五'残疾人康复工作先进单位"，档案工作被评为省"三星级"。县残疾人康复中心被命名为省"巾帼文明岗"。

理事长徐兴东（左二）向残疾人家庭发放慰问品

理事长徐兴东向（右二）支持残疾人事业的单位和个人颁发荣誉证书

中国残疾人联合会副理事长孙先德（右四）在省残联副理事长肖敏（右五）等市县领导的陪同下视察宝应县残联工作

上级领导在宝应县视察并走访慰问残疾人家庭

市县领导视察宝应县残联工作

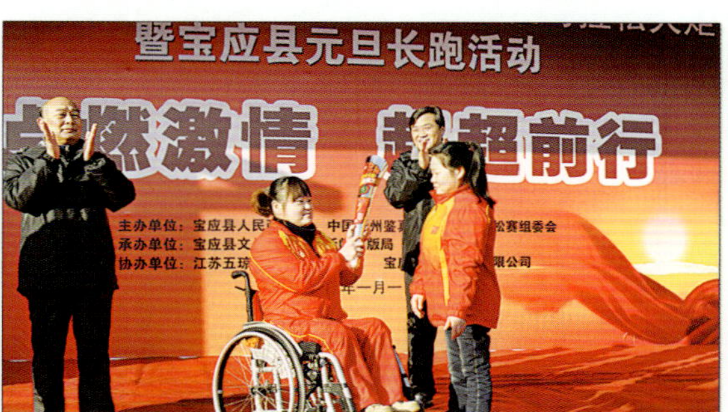

在全县元旦长跑活动中县委书记仲生向残疾人运动员传递火炬

在第四次全省自强模范暨扶残助残先进集体和个人表彰大会上，县残联被省残工委授予“残疾人之家”荣誉称号（图为县残联理事长徐兴东在表彰大会现场留影）

“爱心助残”轮椅、家电、燃油补贴发放仪式现场

“翰墨有情“书画助残捐赠作品展

宝应县未来星微公益平台捐赠仪式

江苏宝应经济开发区

县委常委、管委会主任：翟士高

2011 年，江苏宝应经济开发区大力实施“工业化、城市化”战略，强力推进招商引资，全力服务项目建设，园区建设取得显著进展。全年完成工业产值 48.86 亿元，比上年增长 48%；销售收入 47.49 亿元，比上年增长 53%；新增注册外资 1 亿美元，实际到账外资 5 000 万美元，分别比上年增长 43%、42%。完成新增民资注册资本 13.35 亿元，比上年增长 76%。实现财政收入 4.64 亿元、比上年增长 12%，其中，地方一般预算收入 1.74 亿元、比上年增长 64%，税收收入 2.64 亿元、比上年增长 69%。新增开票销售千万元以上企业 11 家，其中 3 亿元以上企业 1 家，5 000 万元以上企业 2 家，3 000 万元以上企业 4 家。全年有 38 家企业实施技术改造，技改投入总额 19 亿元。获省批土地点供项目 2 个（江苏康源纺织有限公司和江苏昌辰实业有限公司），共获批土地 45.2 公顷，盘活存量土地 20 公顷。

江苏宝生聚酯科技有限公司30万吨聚酯项目开工奠基仪式现场

江苏兴发新能源材料有限公司年产12万吨铝型材项目开工奠基仪式现场

省委常委、宣传部部长王燕文（前排右二）视察宝应开发区重大项目建设情况

扬州市委书记谢正义（前排左二）率领出席全市重大项目建设推进会与会人员到宝应开发区集中观摩重大项目建设情况

5亿元环保设备项目落户开发区

江苏宝应经济开发区输变电装备科技城宝胜核心区项目签约仪式

宝应科技创新服务中心大厦封顶仪式现场

江苏宝应经济开发区北区二期工程建设开工仪式

宝应县安宜镇

党委书记:屠春荣

镇长:范敬春

县委书记仲生（左）为安宜镇工业经济特出贡献者颁奖

安宜镇是宝应县城关镇，全镇总面积 152.5 平方千米，其中耕地 38.17 平方千米、林地 12 平方千米、水域面积 25.52 平方千米，年末总人口 21.97 万人，辖 23 个行政村（场）其中 6 个 行政村为村、社区合一，19 个社区。2011 年，全镇实现地区生产总值 45.7 亿元，工业开票销售 77.9 亿元，一般预算收入 3.2 亿元，国地税收入 5.21 亿元，财政总收入 8.08 亿元，位列扬州市各乡镇第二位。增值税抵扣额 2 200 万元，占全县 1/3 以上。城镇居民人均可支配收入 16 848 元，农民人均纯收入 13 990 元。

安宜镇民间文艺汇演

安宜镇社区艺术节现场

省长李学勇（前排右二）在扬州市委书记谢正义（前排右三）的陪同下深入安宜镇社区服务中心了解居民生活

省委常委、宣传部部长王燕文（前排左三）、扬州市委书记谢正义（前排右二）视察安宜镇生态新城建设工作

县委书记仲生（前排右二）参加安宜镇重大工业项目开工典礼

县领导为安宜工业园江苏宝应软件信息产业园开园典礼开启启动球

安宜镇生态新城一号邻里中心开工典礼

省市领导视察安宜镇世代服务中心

安宜镇2012年工业创新发展大会

瑞尔轨道交通新材料产业园开工典礼

宝应县氾水镇

党委书记：陈 勇

镇长：周正威

氾水镇位于宝应县城南 18 千米，京沪高速、淮江公路、京杭大运河和金宝南线公路穿境而过。全镇行政区划面积 172 平方千米，耕地面积 6 843 公顷。2011 年底总户数 26 983 户，年末总人口 8.17 万人，辖 22 个行政村、7 个居委会，是全国绿化造林百佳乡镇、江苏省百家名镇、扬州市重点中心镇。2011 年，全年实现地区生产总值 21.58 亿元，比上年增长 27.2%，其中第一产业 4.42 亿元、第二产业 9.98 亿元、第三产业 7.18 亿元，分别比上年增长 21.4%、32%、24.7%，三次产业比为 22∶47∶31；综合财政收入 1.64 亿元，比上年增长 33.2%，其中一般预算收入 5 651 万元、国税入库 8 255 万元、地税入库 4 120 万元，分别比上年增长 58.5%、35.7%、94.4%。农民人均纯收入 12 700 元，比上年增长 24.5%。

氾水镇镇村公交开通

氾水镇工业集中区

市领导观摩汜水镇工业集中区

省环保厅领导视察汜水镇环保工作

县长王庭国（前排中）视察汜水镇教育工作

上级领导视察汜水镇司法工作

汜水运河大桥开工典礼

汜水文体艺术中心开工典礼

汜水镇小城镇建设规划论证会

党委中心组学习活动

宝应县曹甸镇

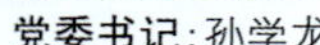
党委书记：孙学龙

镇长：谢爱华

曹甸镇地处苏中北部，是扬州市北大门，镇域面积 99.9 平方千米，总人口 7.3 万人，辖 22 个行政村、2 个居委会，是国家环境优美镇、省重点中心镇、省园林镇、市文明镇，也是中国教玩具生产基地、扬州重点扶持发展的 11 家乡镇之一、宝应北部经济副中心板块。近年来，围绕“发展中心镇，打造小城市，建设新农村”目标，按照“6 平方千米，5 万人口”规划要求，拉开“五纵五横”的集镇主体格局，建成工业集中区、行政商贸区、农民集中居住区三大功能板块。江苏扬州文体教玩具工业园为省级乡镇示范园区、市级乡镇特色产业园，园内“七通一平”基础设施配套，服务功能完备，入园企业 200 多家，形成文体教玩具、精细化工、电缆电线、管件法兰、金属制品等五大工业板块。镇内教育体系完备，商贸三产繁荣，文化娱乐设施齐全，优美怡人的集镇环境和蓬勃发展的经济社会事业，使曹甸这方热土成为中外客商投资的乐园、创业的家园、宜居的花园。

省委常委、宣传部部长王燕文（左二）视察曹甸镇党风廉政建设情况

扬州市委书记谢正义（前排中）考察曹甸镇投资5亿元的卡贝特特种电机绝缘材料项目建设现场

县委书记仲生（前排左）考察投资亿元的发运电气项目建设现场

县委常委、纪委书记朱宋华（右）代表曹甸镇接受中国教玩具协会授牌

曹甸镇创成“中国教玩具生产基地”，图为中国玩具协会会长石晓光（前排左四）来该镇考察留影

曹甸镇文体教玩具产业创新发展论坛培训班

成立全省第一家农资服务专业合作社

成立宝应县文体教玩具协会

宝应县望直港镇

党委书记：陈洪林

镇长：王爱军

2011年望直港镇（上海）商机说明会

望直港镇尼尔公司开票过亿元庆祝大会

望直港镇位于宝应县城东郊，京沪高速公路贯穿南北，331 省道横穿全镇东西，被誉为县城的“ 东方明珠 ”。镇区面积 90.8 平方千米，辖 19 个行政村、2 个社区，人口 6 万人。集镇面积 2 平方千米，5 800 多户、1.8 万人。全镇拥有耕地 0.4 万公顷，水面 1 066 公顷。该镇先后获得江苏省教育现代化先进乡镇、科技先进乡镇、群众文化先进乡镇、体育先进乡镇、全国环境优美镇等称号，被市县命名为文明镇。2011 年，镇实现地区生产总值 14.7 亿元；财政总收入 1.87 亿元，其中国税 0.46 亿元，地税完成 0.53 亿元；开票销售 12.92 亿元；实际到账外资 1 300 万美元，外贸自营出口 2 600 万美元；农业增加值 2.85 亿元，建筑业增加值 2.6 亿元，服务业增加值 5.2 亿元，农民人均纯收入 11 650 元，三次产业结构比重为 21：46：33。

县委书记仲生（前排中）视察望直港镇工业企业

江苏天顺新材料有限公司奠基典礼

扬州市“诚信计生”工作推进会与会人员集中观摩望直港镇计生服务站

县长王庭国（右一）慰问低保家庭

工业重大项目签约大会现场

宝应县射阳湖镇

党委书记:徐银古

镇 长:高步顺

射阳湖镇位于宝应县城东 30 千米处，距京沪高速宝应出口处 20 千米，东行可达盐淮高速，丹宝明公路和安大公路横穿境内，交通便捷。镇域面积 182 平方千米，全镇辖 30 个行政村、3 个居委会、317 个村民小组，年末总人口 8.98 万人。2011 年实现地区生产总值 16.7 亿元，比上年增长 16.4%，其中第一产业 6.52 亿元、第二产业 5.43 亿元、第三产业 4.75 亿元，分别比上年增长 18.1%、12.4% 和 18.8%，三次产业比重调整为 39:33:28；实现财政收入 1.7 亿元，一般预算收入 4 656 万元；农民人均纯收入 11 659 元，比上年增长 21.04%。

占地1.5万平方米的陈琳公园中的“建安七子”之一——陈琳雕像

千年古刹——龙竿寺开光大典

优美的生态环境吸引众多的摄影记者前来采风

国家AA级风景区—荷园吸引众多游客前来旅游观光

2011中国·宝应荷藕节开幕式暨宝应生态旅游推荐会在射阳湖镇荷园风景区举行

镇党委书记徐银古（左一）就国家级生态镇创建工作接受扬州电视台采访

镇长高步顺（右）深入企业调研

县委书记仲生（前排左一）参加射阳湖镇义务植树活动

省环保厅领导到射阳湖镇检查指导生态镇创建工作

上级领导视察射阳湖镇

江苏钧骋车业有限公司开工典礼

宝应县夏集镇

党委书记：苗培俊

镇长：王爱锦

夏集镇人大政府领导班子合影

夏集镇位于宝应县城东南部，东接兴化，南连高邮，西邻金湖，京沪高速、淮江公路、界临沙公路、金宝南线、安大公路、京杭运河穿境而过，境内郭夏公路、三横河公路全面改造升级。南水北调工程三洋河横贯东西、配套工程大三王河穿越南北，京沪高速设有道口，水陆交通便捷。全镇区划总面积125平方千米，耕地面积5 474公顷，辖14个行政村、2个村（社区）、1个社区和1个果园场，总人口5.69万人。2011年实现地区生产总值13.8亿元，比上年增长17%，其中第一产业4.2亿元、第二产业4.8亿元、第三产业4.8亿元，分别比上年增长20%、14.2%、17%。实现财政收入7 181万元，其中国税收入4 306万元，地税收入1 793万元，分别比上年增长25.7%、15.8%、55%，农民年人均纯收入12 199元，比上年增长20.8%，该镇先后获得“全国环境优美乡镇”、“国家生态镇”、“全国改革发展试点小城镇”、“江苏省文明镇”、“江苏省新型示范小城镇”、“江苏省卫生镇”、“江苏省安全文明乡镇”和“江苏民政合作先进镇”等称号。

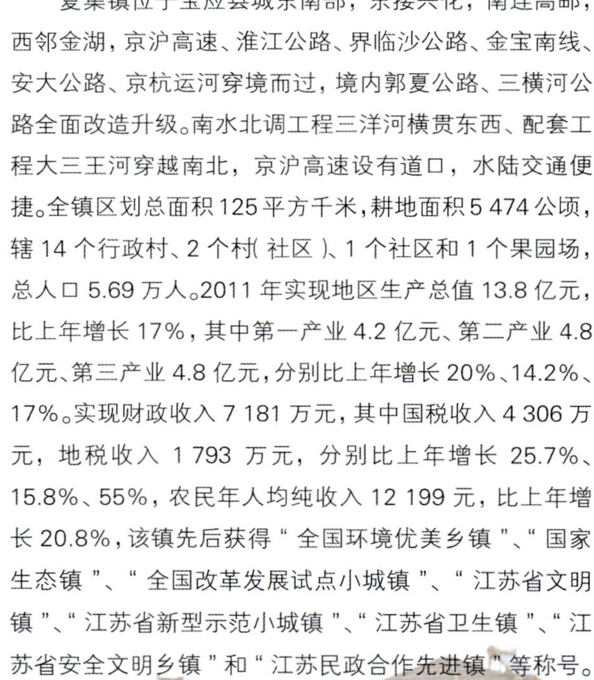

夏集镇在外乡贤联谊会全体人员合影

县领导集中观摩夏集镇交通建设工作

县长王庭国（左二）视察夏集镇教育工作

扬州市副市长纪春明、县长王庭国等领导为大三王河开工典礼剪彩

夏集镇创业园开工典礼现场

夏集镇工业经济表彰大会

夏集镇学习贯彻县“两会”精神暨月度工作交流会

宝应县柳堡镇

党委书记、镇长：沈学权

县委书记、县人大常委会主任仲生（左二）视察柳堡镇工业企业

柳堡镇位于宝应县东南部，东靠兴化市沙沟镇，南临夏集镇，西傍氾水镇，北接小官庄镇、鲁垛镇、广洋湖镇，镇域面积120平方千米，其中耕地4 621公顷、水面2 323公顷，辖17个行政村、3个居委会，年末总人口5.17万人。2011年，全镇实现地区生产总值16.89亿元，比上年增长37.7%。其中，第一产业5.70亿元、第二产业5.87亿元、第三产业5.32亿元，分别比上年增长21.4%、53.4%、42.2%，实现财政收入8 086万元，比上年增长11.5%，其中预算内收入8 398万元、比上年增长15.8%，农民人均纯收入12 469元、比上年增长20.1%。该镇先后荣获全国环境优美镇、江苏省文明镇、江苏省卫生镇、江苏省社会治安管理先进镇、发展工业先进乡镇、扬州市环境优美乡镇等称号。

县长王庭国（左三）视察柳堡镇教育工作

县委副书记周玉宝（前排左）视察柳堡镇“二妹子”民兵班

英姿飒爽的柳堡镇二妹子民兵班

省委组织部、省农委领导视察柳堡镇为农植保专业合作社

省军区领导参观“二妹子”民兵班展览馆

工业园区建设现场推进会

柳堡镇盘活闲置土地和资产工作会议

镇重点企业——江鹤集团

柳堡镇王通河村综合服务中心

柳堡镇“四夏”、防汛防旱、秸秆禁烧与综合利用工作会议

柳堡镇着力打造省级电工电气产业基地

宝应县黄塍镇

党委书记：沈伯宏

镇长：杨庆洋

黄塍镇位于县城东北郊 8 千米处，处于宝应县城经济圈内，与县开发区连为一体。镇域面积 42.6 平方千米，耕地面积 1 848 公顷，养殖面积 213 公顷。辖 8 个行政村、1 个社区，年末总人口 2.84 万人。2011 年，全镇完成地区生产总值 5.34 亿元、比上年增长 21.9%，其中第一产业 1.59 亿元、第二产业 2.11 亿元、第三产业 1.64 亿元，分别比上年增长 17.7%、22.6 %、25.2%；实现财政收入 5 246 万元，比上年增长 14.5 %；农民人均收入 11737 元，比上年增长 20.1%。

宝应县农民艺术团在黄塍镇成立揭牌

黄塍镇庆祝中国共产党成立九十周年文艺演出现场

“5·19慈善一日捐”启动仪式

扬州市委书记谢正义（前排左三）在县委书记仲生（前排右一）的陪同下视察黄塍镇大学生村官创业园

扬州市国土资源局局长徐洪喜（前排左一）调研视察黄塍镇土地节约集约利用情况

省市农业专家深入田头指导黄塍镇农业生产工作

县委常委、开发区管委会主任翟士高（左三）视察黄塍镇

黄塍镇中心小学“启立”楼暨“十件实事”集中开工仪式

黄塍镇2012年度实事工程责任落实会

党委书记沈伯宏（左二）视察工业企业

党委书记沈伯宏（右二）慰问福利院孤寡老人

宝应县小官庄镇

党委书记：顾锡芳

镇长：王尧岭

江苏圣诞文化创意产业园开工典礼

党委书记顾锡芳在江苏圣诞文化创意产业园开工典礼上讲话

小官庄镇位于宝应县城东南15千米处。西近京杭大运河，东接安大公路，京沪高速穿西境而过，沿广公路横贯东西，交通便捷；镇域面积46平方千米，有“中国玻璃工艺品之乡”和“东方圣诞小镇”之美誉。全镇现辖9个行政村、1个社区，107个村民小组，年末总人口2.92万人。2011年，全年完成地区生产总值5.88亿元，比上年增长20%，其中第一产业增加值1.29亿元，第二产业增加值2.68亿元、第三产业增加值1.91亿元，分别比上年增长17.2%、15.5%和29.2%。税收收入5 195万元，比上年增长24%，其中国税收入3 707万元，地税收入1 488万元。农民人均纯收入12 469元，比上年增长20.1%。

江苏博鑫泰光电科技有限公司二期工程开工典礼

省委常委、宣传部部长王燕文（右二）在县委书记仲生（左三）的陪同下视察小官庄镇工业企业

扬州市委书记谢正义（前排右）在县委书记仲生（前排中）的陪同下视察小官庄镇教育工作

国家行政学院副院长、党委委员兼任中国人民大学哲学院博士生导师周文彰（前排左一）视察家乡教育工作

扬州市委常委、副市长张爱军（左）视察小官庄镇

扬州市人大常委会副主任高瑞芹（右一）视察小官庄镇

县长王庭国（二排左一）向客商介绍小官庄镇投资环境和优惠政策

县委常委、组织部部长王友芳（左）调研视察小官庄镇工业企业

上级领导视察小官庄镇教育现代化创建工作

宝应县西安丰镇

党委书记：郝大明

镇长：于祝君

西安丰镇位于宝应县东北部，距离县城 30 千米，处于扬州、盐城、淮安三市交界处，镇域面积 58.39 平方千米，其中耕地面积 1 695 公顷，养殖水域面积 1 226 公顷。全镇辖 10 个行政村、1 个社区，年末总人口 3.53 万人。2011 年，西安丰镇实现地区生产总值 6.61 亿元，比上年增长 14%。其中，第一产业 2.28 亿元，第二产业 2.34 亿元，第三产业 1.99 亿元，分别比上年增长 18.1%、9% 和 16.4%，三次产业所占比重为 34∶35∶31。实现财政收入 4 382 万元，比上年增长 43%。农民人均收入 11 808 元，比上年增长 22%。

省委常委、宣传部部长王燕文（前排中）到西安丰镇视察调研

县政府全体组成人员观摩西安丰镇村庄整治工作

扬州市委书记谢正义（前排左三）视察西安丰镇文明创建工作

扬州水晶行业商会成立大会

宝应国际工业设计中心水晶创意中心成立暨合作签约仪式

西安丰镇国家生态县创建暨村庄环境整治工作推进会现场

宝应县山阳镇

县委书记仲生（左四）视察山阳镇工业企业

党委书记：李 林

镇长：吴爱平

山阳镇位于大运河西，是宝应县运西地区唯一完全镇，周边与淮安市金湖县、洪泽县、楚州区接壤，总面积 123.4 平方千米，其中耕地面积 3 628 公顷，滩地水面面积 4 667 公顷，年末总人口 5.38 万人，下辖 16 个村、2 个居委会、1 个养殖总公司。2011 年，实现地区生产总值 14.11 亿元，比上年增长 25.1%，其中，第一产业 5.68 亿元，第二产业 5.02 亿元，第三产业 3.41 亿元，分别比上年增长 17.1%、43%、16.8%；实现财政收入 5 448 万元，比上年增长 88.9%；农民人均纯收入 9 766.9 元，比上年增长 22.7%；被县委、县政府评为三个文明建设先进镇。

山阳镇"七一"纪念大会暨党群之家揭牌仪式

开明开放 担当实干
创新突破 争先进位

宝应县鲁垛镇

党委书记：朱长贵

镇长：罗国军

中共鲁垛镇党委第十三次委员会全体委员合影

纪念中国共产党成立九十周年红歌大赛现场

鲁垛镇位于宝应县城东南20千米，总面积61.48平方千米，其中，耕地3 524.7公顷、水面滩地1 159.2公顷，年末总人口3.35万人，辖12个行政村、1个社区。2011年，全镇实现地区生产总值6.94亿元，比上年增长39.1%，其中第一产业2.27亿元、第二产业3.01亿元，第三产业1.66亿元，分别比上年增长20.1%、78.1%、17.7%；实现财政收入6 066万元，比上年增长24.6%；农民人均纯收入11 531元，比上年增长20.3%。鲁垛镇成功创建国家“生态镇”、扬州市卫生镇。

扬州市委书记谢正义（前排左二）视察鲁垛镇工业集中区

县委书记仲生（右一）视察鲁垛镇乱针绣文化产业园

省市领导参观调研鲁垛镇乱针绣文化产业园

县人大常委会领导专题调研鲁垛镇文明乡镇创建工作

宝应县广洋湖镇

党委书记：殷九高

镇长：程 霞

广洋湖镇地处苏中里下河地区，与盐城市盐都区、泰州市兴化市两市区交界，是宝应县的“东大门”。全镇区域总面积 92 平方千米，总人口 4 万人，辖 13 个行政村、1 个社区居委会。2011 年全镇完成地区生产总值 9.27 亿元，比上年增长 35.5%，其中第一产业 3.6 亿元、第二产业 3.95 亿元、第三产业 1.72 亿元。实现税收收入 5 285 万元，比上年增长 16%，其中国税收入 3 520 万元、地税收入 1 765 万元。广洋湖镇各项事业快速发展，三个文明建设协调推进，先后获得“国家级生态镇”、“江苏省科技工作先进镇”、“江苏省教育现代化先进乡镇”、“江苏省荷藕产品出口示范区”、“江苏省有机莲藕示范基地”、“江苏省体育强镇”、“扬州市管件之乡”、“扬州市小康镇”、“扬州市卫生镇”等荣誉称号。

全县农业品牌建设座谈会在广洋湖镇召开

江苏荷仙集团揭牌暨莲藕精深加工项目投产庆典仪式

扬州市委书记谢正义（前排中）等领导视察该镇生态建设工作

县委书记仲生（前排左）视察该镇工业企业

县长王庭国（左二）视察该镇工业企业

县政协主席秦有芳（左二）慰问该镇低保家庭

县委副书记周玉宝（左二）视察该镇工业企业

镇中心小学版画工作室

江苏康莱特科技有限公司开工奠基仪式

镇主入口牌楼

国家电网
STATE GRID

扬州宝应供电公司

YANGZHOU BAOYING POWER SUPPLY COMPANY

总经理：陈维荣

2011 年，宝应县境内有 220 千伏变电所 2 座、110 千伏变电所 8 座、35 千伏变电所 11 座，总容量 139 万千伏安，共有 35 千伏以上送电线路 494 千米，全县用电客户 34.52 万户。2011 年完成供电量 13 亿千瓦时，比上年增长 10.19%；售电量 11.9 亿千瓦时，比上年增长 10.46%。落实安全生产责任制，实行企业、车间工区、班组安全目标“三级控制”，加强应急体系建设，推进电力设施保护、通道清理和防钓鱼触电工作。宝应县供电公司被江苏省电力公司表彰为“2011 年度安全生产先进集体”，被扬州供电公司表彰为“安全生产先进单位”、“文明单位标兵”，荣获县“目标考核一等奖”、“创新突破特别贡献奖”。

供电公司荣获2011年度部门工作目标考核一等奖

优质服务主题活动

公司工作人员走进社区向居民宣传用电知识

220千伏安宜变电所主变压器

县委书记仲生视察调研供电工作

县长王庭国（左）慰问供电公司员工

省档案局局长谢波（左二）视察指导宝应供电公司档案工作

总经理陈维荣（左）冒雨服务狮庄万亩良田

江苏昌辰实业有限公司向供电公司送锦旗

总经理陈维荣（中）走访服务企业

总经理陈维荣（右）走访服务企业

供电公司与全县20家重点企业深入开展电企服务合作

供电公司开展"走进社区 服务社会"宣传活动

江苏天宇集团
JIANGSU TIANYU GROUP

董事长：蒋 彬

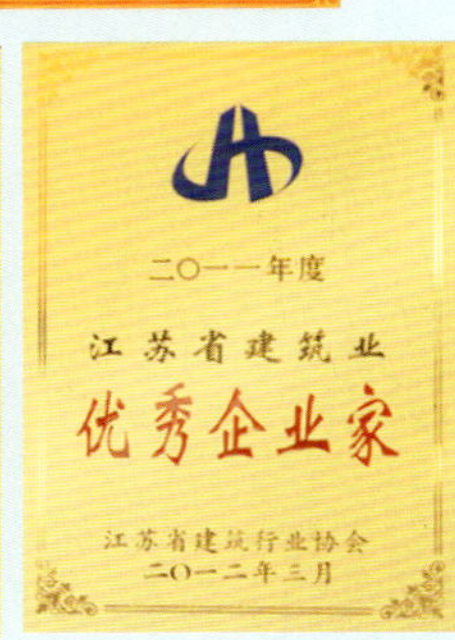

江苏天宇建设集团有限公司是中国荷藕之乡——宝应的建筑业龙头施工企业，建立时间为 2001 年 5 月。主项资质等级为房屋建筑工程施工总承包一级及建筑装修装饰工程、机电设备安装工程、消防设施工程专业承包一级，增项资质等级为市政公用工程施工总承包二级、钢结构工程专业承包二级、地基与基础工程专业承包三级。企业注册资本 3.56 亿元。公司现有工程技术和各类专业职称人员 1 200 多人，其中高、中级职称人员 300 多人，各类执业资格人员 200 多人。公司先后通过国家认证中心质量管理体系、环境管理体系、职业健康和安全管理体系的认证，获得"三位一体"认证证书；2005 年取得国家对外经营权，资信等级为 AAA 级。公司下辖 15 个分公司、5 个专业公司，主要市场分布在北京、天津、石家庄、上海、西安等 20 多个国内大、中城市及亚、非海外市场。2011 年，公司完成施工产值 88 亿元，施工面积 1 173 万平方米，承建各类工程数百项，实现利税 7 亿元。公司始终坚持"铸造精品、追求完美、过程受控、用户满意"的质量方针，力求"建一栋工程，树一座丰碑"，历年承建的各类工程达数千项，先后获省级优质工程 50 多项、(地)市级优质工程 200 多项；2008 年，天宇公司组织施工的深圳红树西岸 1 号楼工程获得国家建筑业最高奖——"鲁班奖"参建奖。公司历年受到扬州市人民政府的表彰，连续 5 年荣获江苏省建筑业"最佳企业"称号，数次被评为"扬州市建筑业综合实力十强企业"，2009 年跻身"江苏省建筑业综合实力 30 强企业"行列。

热烈祝贺江苏天宇集团成立十周年！

江苏天宇建设工程公司承建的长沙泊爱蓝湾项目被评为"湖南省首届绿色施工示范工地"

南宁瑞和家园

由天宇集团建设的苏南人力资源市场

五星级酒店内装饰效果图

惠州伟豪二期领御世家商住楼

扬州市安宜物业管理有限责任公司
宝应县天地人房地产开发有限公司
扬州市安宜电梯服务有限责任公司
金湖县天地人房地产开发有限公司

何有时

HE YOU SHI

董事长、总经理

宝应县政协委员

宝应县工商联副会长

宝应县安宜慈善协会副会长

扬州市安宜物业管理有限责任公司成立于2001年3月，注册资金300万元，二级管理资质，中国物业管理协会会员单位；现有员工600余人，专业提供全方位的保安、保洁、维修、绿化等物业管理服务；接管各类物业面积300万平方米，管理范围涉及商住楼、宾馆、别墅区、工厂、医院、行政机关及背街小巷的道路保洁等。宝应县天地人房地产开发有限公司成立于2003年10月，注册资本3 000万元，按二级标准从事房地产开发经营业务；近几年相继打造出宜和苑、人和家园、曹甸金贸四方城、金桥生活广场、和园及墨香苑等一批在扬州地区富有盛誉的精品佳作；"和园"一期项目开盘当天销售一空，成为宝应楼盘销售史上的一个传奇；近期在金湖县开发的"金色维也纳"楼盘赢得金湖县百姓的青睐，销售形势看好。扬州市安宜电梯服务有限公司成立于 2008 年 6 月，公司主要从事各类客梯、扶梯货梯的销售维修和保养业务；公司的创办填补了宝应地区电梯维保的空白，不仅解决了本单位所接管小区电梯维修的难题，还为当地其他单位、住宅小区解决了后顾之忧。公司视"优质服务，诚信可靠"为企业生命，视"扶贫助残，敢于承担"为企业责任，连续多年获得"诚信房地产企业"、"纳税之星"、"慈善企业家"、"优质服务示范单位"、"优秀物业服务企业"、"诚信服务示范单位"等荣誉称号。

董事长总经理何有时光荣当选宝应县政协委员

安宜物业管理有限责任公司成立十周年庆典大会

董事长总经理何有时(右)同员工亲切交谈

和园二期墨香苑荣耀开盘

中国银行
BANK OF CHINA

中国银行股份有限公司宝应支行

行长：薛卫民

中国银行江苏省分行领导到宝应支行调研创先争优工作开展情况

2011 年末，中国银行股份有限公司宝应支行（以下简称“县中行”）各项存款余额 25 亿元、比年初增加 2.2 亿元；各项贷款余额 18.2 亿元、比年初增加 1.86 亿元，其中零售贷款余额 9、17 亿元、比年初增加 1.45 亿元，列全县同业第一位。国际结算业务 2.5 亿元，占全县同业市场份额 50%。县中行被县委、县政府授予“文明单位”、“第三轮农村扶贫脱贫攻坚工程先进单位”称号，县中行党支部被表彰为省中行系统“先进基层党组织”。

县委书记仲生（中）在行长薛卫民（左）的陪同下调研支行工作开展情况

支行召开内控防案形势分析会

宝应支行党支部组织全体党员赴新四军纪念馆参观学习

宝应支行代表队参加扬州分行第二届运动会开幕式入场表演

ICBC 中国工商银行 宝应支行

党委书记、行长：嵇 洋

县委书记仲生（左一）会见中国工商银行江苏省分行行长黄纪宪（右一）

2011 年末，中国工商银行股份有限公司宝应支行人民币各项存款总额 33.03 亿元，比年初增加 5.75 亿元，其中储蓄存款比年初上升 8 375 万元，对公存款比年初增加 4.91 亿元。全年新增信用总量 4.21 亿元，其中新增规模内本外币贷款 3.34 亿元，新增表外资产业务融资 0.87 亿元。在表外资产业务中，新增敞口银票 0.07 亿元；新增理财委托贷款业务金额 0.8 亿元。全年实现扣除减值损失前利润 9 420 万元，比上年增加 2 950 万元、增长 46.1%；实现中间业务收入 3 730 万元，比上年增加 1 300 万元、增长 53.5%。

县委常委、副县长王岚峰（右）向中国工商银行江苏省分行行长黄纪宪（左）介绍宝应县金融工作

中国工商银行江苏省分行行长黄纪宪（左）视察宝应支行

文明优质的服务

宝应县农村信用合作联社

BAOYING RURAL CREDIT COOPERATIVE UNION

理事长:李佳发

主任:张杰

县农村信用合作联社共有内设职能部室 12 个，撤销业务拓展部及信贷管理部，新设个人业务部、公司业务部、授信管理部，成立小额贷款中心；下辖营业部 1 个、农村信用社 26 个、信用分社 5 个，全社有在职员工 416 人。截至 2011 年末，该社资产总额 63.76 亿元，其中固定资产总额 0.46 亿元；各项存款余额 55.45 亿元，比年初增加 11.48 亿元、增长 26.11%；各项贷款余额 40.77 亿元，比年初增加 8.66 亿元、增长 26.96%；实现各项业务收入 3.79 亿元，比上年增加 1.3 亿元、增长 152.31%。存款、贷款总量及增量均位居全县金融机构第一位。各项贷款增幅位列全省农信系统第八位，在省联社年度等级社考核中评为 AAA 级，比上年晋升 4 级。继续推进人事制度改革，对全县信用社系统 39 名中层干部岗位组织公开竞聘上岗。优化员工队伍的年龄结构和学历结构，公开招聘大学生员工 32 人。加强与电视、报刊等地方新闻媒体合作，宣传推广农村信用社新产品、新服务和新形象。县信用联社获得县“创新突破特别奖”和“部门工作目标考核”二等奖。

县委书记仲生（前排右）在主任张杰（前排左）的陪同下视察联社工作

主任张杰在大学生村官成长与未来论坛上发表演讲

宝应信用合作联社品牌金字塔工程揭牌仪式

主任张杰（前排右）慰问执勤交警

常熟农商行干部陈剑元在宝应派遣工作结束欢送会

主任张杰（右三）深入企业调研

中小企业信贷服务座谈会

2012年“首季开门红”工作会议

中国农业银行 宝应县支行

AGRICUTURAL BANK OF CHINA

行长：华占仁

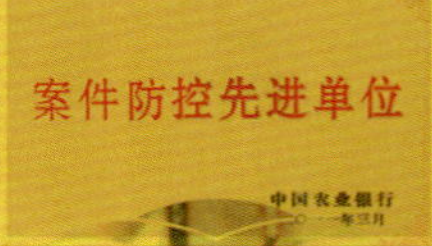

2011 年，中国农业银行股份有限公司宝应县支行年末本外币各项存款余额 31.63 亿元，比上年末增加 2.15 亿元，完成市分行对接任务 108.6%。全行本外币贷款余额为 15.8 亿元，比上年末增加 2.47 亿元。全年实现拨备后利润 6 829 万元。

宽敞明亮的营业大厅

行长华占仁（右）走进政风行风热线解答市民提问

宝应农行本部“庸懒散”专项治理大会

迎接“十八大”暨“双先”事迹宣讲会红歌大赛现场

行长华占仁（右）慰问特困户

江苏银行 宝应支行

BANK OF JIANGSU BAO YING BRANCH

行 长：杨玉林

江苏银行宝应支行成立于2008年1月30日，位于白田中路68号，营业用房1 000平方米，由江苏银行扬州分行一次性投入800万元购买，注册资金1 000万元，经营范围：办理人民币存款、贷款、结算业务以及经中国银行业监督管理机构批准的其他业务，现有从业人员21人。开业以来，江苏银行宝应支行紧紧围绕上级行相关政策，进一步落实适度宽松的货币政策，加大有效信贷投入，重点支持县域特色产业的发展和政府主导、财政兜底的基础产业及项目建设，不断改善提高金融服务水平，各项工作稳步发展。2011年 江苏银行股份有限公司宝应支行实现各项存款7.12亿元，比上年增加2.28亿元，其中新增储蓄存款4 657元、新增对公存款1.8亿元；各项贷款7.97亿元，比上年增加2.27亿元，其中个人住房贷款（含个人消费贷款）2.09亿元、公司贷款5.88亿元。完成中间业务收入208万元，全年实现利润2 600万元。

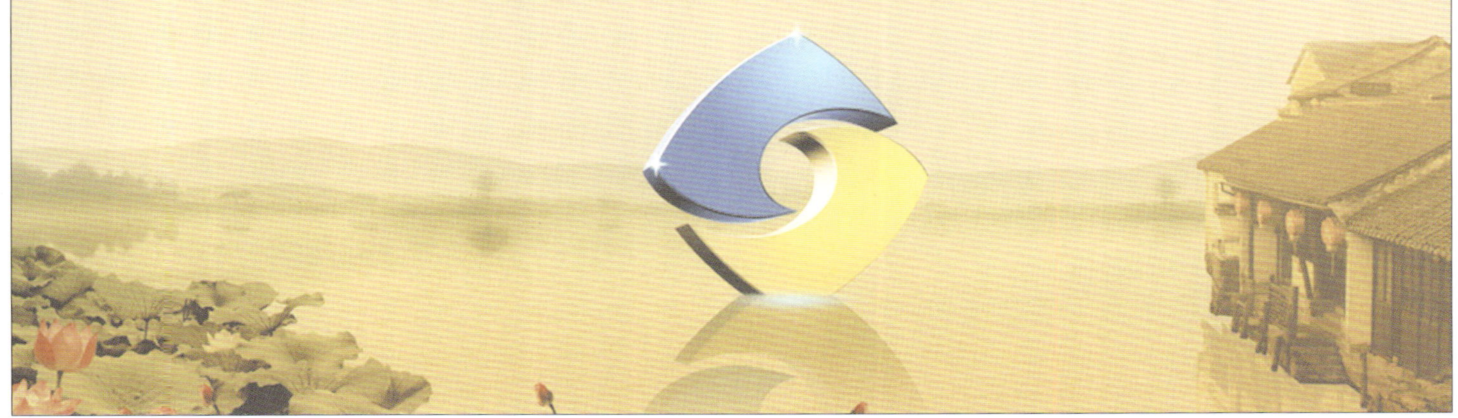

扬州晨化科技集团有限公司

董事长：于子洲

扬州市委书记谢正义（中）在县委书记仲生（右）的陪同下视察晨化集团

扬州晨化科技集团有限公司创建于 1986 年 3 月，是以科研、中试、生产、销售为一体的科技成果孵化及产业化的高科技公司，是华东地区有机硅产品的重要生产基地。公司注册资本 2 735 万元，占地面积 80 000 多平方米，拥有固定资产 7 107 万元，总资产 26 848 万元，净资产 18 516 万元，建有江苏省技术工程研究中心，拥有工程技术人员 110 人，研发人员 60 人，具有高级职称 18 人，中级技术职称 30 人。拥有先进的化工分析检测仪器以及生产设备 300 多台套，拥有万吨烷基糖苷、万吨阻燃剂、万吨有机硅、万吨硅橡胶的生产能力，烷基糖苷生产能力居国内领先，阻燃剂生产能力居国内前三位，水、电、汽、冷冻等公用工程设施俱全，能够为项目的实施提供必要的基础条件。公司系国家高新技术企业、江苏省明星企业、江苏省质量诚信企业，通过 ISO 9001 质量体系认证和中国环境标志产品认证。“晨化”商标是江苏省著名商标。2011 年，公司实现销售收入 4.6 亿元，上缴税收 1 758.7 万元、利润 3 748.3 万元，各项经济指标在全国同行业中位居前列。

县委书记仲生（前排左）调研视察晨化集团

集团公司成立25周年庆典文艺演出现场

丰富的职工文化生活

董事长于子洲（前排左）被曹甸镇人民政府表彰为招商引资先进个人

宝应县氾水高级中学

党支部书记、校长：王步勇

氾水高级中学创办于 1952 年，是江苏省重点中学、三星级高中，国家级教科研实验基地，现有师生近 3 000 人，其中高级教师 30 多人，一级教师 70 多人，省、市、县优秀教育工作者、有突出贡献的中青年专家、学科带头人、骨干教师、教坛新秀 60 多人。近年来，学校声誉日益彰显，学校有百名学生获国、省级学科竞赛奖，在国、省、市级刊物发表论文逾百篇，学校相继被评为江苏省德育先进学校、江苏省心理教育优秀实验学校、江苏省绿色学校、江苏省模范教工之家、江苏省和谐校园、江苏省艺术教育特色学校、江苏省基础教育课程改革先进集体、江苏省体育工作先进学校。

庆祝第二十七个教师节表彰大会

省教育厅领导在县委书记仲生（前排右）陪同下视察该校教育现代化工作

县长王庭国（前排右）视察氾水中学

副县长杨洪国（右二）视察氾水中学

省市专家视察指导学校四星创建工作

江蘇省寶應中學

BAOYING HIGH SCHOOL OF JIANGSU PROVINCE

校　长:潘文新

江苏省宝应中学创办于1928年，其前身为清代画川书院和民国初年的安宜高等学堂。1980年列为江苏省首批重点中学，1997年秋撤消初中部。2001年3月转制民营，加盟民办翔宇教育集团，2001年9月迁入地处宝应经济开发区的新校区，2006年晋升为江苏省四星级高中，2011年8月，转回公办。80多年来，宝应县中学为国家和地方输送近4万名毕业生，培养出华东理工大学校长、博士生导师、中国工程院院士钱旭红等一批杰出学子。

学校以其富有生机的形象和年年攀升的高考成绩，实现跨越式发展。2005年，中央电视台《异想天开》栏目连续五节播放反映学校素质教育成果的专题片。近年来，该校高考成绩一直稳居全市前列，夏平、周林、张学晶、张启鹏同学分别夺得2004、2006、2010、2012年扬州高考状元，周林同学总分位列全省第四，创扬州状元在全省的位置新高。学校文化本二达线连续六年超千人，纯文化(不含体艺小科)本一连续四年近800人。2009、2010、2011、2012年，共有19名学生达清华、北大录取线。2012年高考本二文化达线过1 537人，清华、北大达线8人，张启鹏摘取扬州理科状元，5人进入全省前100名、5人进入扬州理科前10名、3人进入扬州文科前10名，达全国一线名校(东南大学以上)分数线近150人，再一次在质和量上有新突破。

2011年9月，生态新城高中建设正式启动。生态新城突出数字化、开放式、国际化的理念，规则占地17.33公顷，投资2.6亿元。计划于2013年秋季全面招生。学校曾获扬州市首批“数字化校园”学校、扬州市文明单位、扬州市和谐校园、江苏省文明学校、江苏省绿色学校、江苏省园林式单位、江苏省“冬季三项”百日锻炼活动先进学校、江苏省教育科技工会模范教工之家、江苏省五四红旗团委、江苏省现代教育技术实验学校、江苏省平安校园、江苏省交通安全示范校、全国小公民道德建设活动先进单位、中央教育科学研究所学校教育研究部艺术教育实验学校等称号。《中国改革报》、《中国教师报》、《人民政协报》、《中小学管理》、《教师之友》、《江苏教育》、《扬州日报》等多家媒体大篇幅报道学校的办学情况。

扬州市市长朱民阳（前排右一）视察宝应中学

江苏省纪委常委、省级机关纪工委书记臧巧华（前排中）视察宝应中学

县委书记仲生（左三）、副县长杨洪国（右二）视察宝应中学

省教育现代化专家组领导视察宝应中学

加拿大BC省费南教育局（School District #22 Vernon）国际合作项目负责人Dave lee（左）上海远播教育集团总经理邹宏宇（中）一行访问宝应中学

校长潘文新（左二）接受北京大学的邀请，与全国100名中学校长一起参加北京大学在博雅国际会议中心举行的“综合评价机制与自主招生改革”校长论坛

开拓进取、团结奋进的宝应中学领导集体

宝应中学新校区奠基仪式（图为该校行政干部在奠基仪式现场合影）

安宜高级中学

校长：朱寿宽(省优秀德育工作者、扬州市首批名校长，编有《学法指导》等书，在《中国教育报》等报刊上发表文章80余篇)

党总支书记：张士建（扬州市优秀教育工作者，编有《高中语文有效学习法》、《心育》等书，多篇论文发表、获奖）

安宜高级中学建成于 2005 年 8 月，校园占地 13.33 公顷，建筑面积 7 万平米，总投资 1.3 亿元，是一所具有“园林化、生态化、人文化”气息的现代化学校。2010 年，学校与江苏省教育国际交流服务中心合作创办苏教国际班，通过江苏省四星级高中验收。学校现有学生 4 000 人，教职员工 400 人。建校以来，学校办学质量年年攀升，先后获得“国家教育质量管理示范基地”、“中央教育科学研究院实验学校”、“全国中小学图书馆先进集体”、“江苏省青少年科技教育先进学校”、“江苏省文明单位”、“江苏省平安校园”、“江苏省校务公开工作先进单位”、“江苏省健康促进学校”、“江苏省模范职工之家”、“江苏省优秀家长学校”、“江苏省生态教育实验基地”、“江苏省体育工作先进学校”、“江苏省招飞工作先进单位”、“江苏省园林式单位”、“扬州市规范收费学校”、“扬州市首批‘数字化校园’”、“扬州市依法治校示范校”、“扬州市教育科研样本校”、“扬州市十佳学校食堂”、“扬州市文明宿舍”、“扬州市学习心理健康咨询示范校”等荣誉称号。

安宜高级中学成为中国药科大学优质生源基地

江苏省2011年度中学作文教研年会在安宜中学召开

江苏省教育厅领导视察安宜中学教育现代化创建工作

县长王庭国（左）和省教育厅处长顾春明（右）共同为该校成为江苏省四星级高中揭牌

县委书记仲生（前排中）视察安宜中学

县长王庭国（左）和校长朱寿宽（右）合影

县委副书记周玉宝（右二）检查指导安宜中学工作

县委常委、纪委书记朱宋华（右三）视察安宜中学

副县长杨洪国（左二）视察安宜中学

安宜高级中学第十届体育节暨第33届田径运动会开幕

宝应实验初级中学

BAOYING EXPERIMENTAL SECONDARY SCHOOL

沈寿鸿 SHEN SHOUHONG

校长、党支部书记

江苏省中学语文特级教师

江苏省优秀教育工作者

扬州市首批中小学名校长

市有突出贡献中青年专家

与新教育同行
育新世纪栋梁

十一届全国人大常委、民进中央专职副主席、中国教育学会副会长、全国“新教育实验”发起人朱永新为该校十周年校庆的题词

第十一届“新星升起”红五月艺术节闭幕式暨“石榴红了”文娱汇演

江苏省宝应县实验初级中学创办于2000年8月，学校现有63个教学班、3 700多名学生、250多名教职员工。建校12年来，中考成绩在市、县连续领跑，10届毕业生成绩优异、素质全面、具有较强的持续发展后劲，累计有数百名优秀学子就读或毕业于清华大学、北京大学及海内外知名学府。学校先后获得“全国新教育实验优秀学校”、“江苏省教育现代化示范学校”、“扬州市教科研基地”、“扬州市教科研样本校”等荣誉，《中国教育报》、《中国少年报》、《江苏教育报》等省内外媒体曾对学校素质教育进行专题报道。

县长王庭国（前排左三）视察实验初中

校长沈寿鸿（前排左二）在第二十七个教师节表彰大会现场

校庆十周年庆典活动现场

“青蓝工程”师徒结对启动仪式

省特级教师、校长沈寿鸿等多名市县骨干教师、资深班主任、心理健康指导教师现场接受家长咨询

校长沈寿鸿（右一）为受到嘉奖的学生演员颁奖

课堂教学改革

第六届英语节开幕式

宝应县实验小学

校 长:陈士才

全国“十一五”教育科研先进集体、先进工作者及优秀成果评选中荣获

教育科研先进集体

教育部中国教师发展基金会
二〇一〇年七月

2009 —— 2012

江苏省体育传统项目学校

江苏省体育局　　江苏省教育厅

宝应县实验小学创办于 1903 年，建校百年来，文化积淀丰厚。2011 年，学校占地 3.33 公顷，建筑面积 3 万平方米。学校有省特级教师 2 人，市特级教师 3 人，全国优秀教师 1 人，省市教科研专家培养对象 10 人，市县学科带头人、骨干教师近 80 人。拥有现代化的教学楼、学生公寓楼、餐厅和容纳千人的报告厅。配有微机房、音乐室、美术室、科学室、阅览室、围棋室等专用教室 20 多个。校园实施网络化管理，所有教室都建成多媒体教室。建有标准化人工草坪足球场，硬件设施跨入省内一流水平。学校坚定不渝走素质教育之路，办学业绩令人瞩目，先后荣获“江苏省实验小学”、“江苏省模范学校”、“江苏省绿色学校”、“江苏省电化教育实验学校”、“江苏省体育传统学校”、“全国少先队红旗大队”、“全国教育科研先进集体”、“江苏省青年文明号”、“省教育学会系统先进单位”、“扬州市文明单位”、“市优秀教科研样本校”等称号。

省教育电视台拍摄该校学生社团活动

健美操社团

省公安厅副厅长陈逸中（右一）视察实验小学

省政府教育督导组领导检查视察实验小学

省教育厅调研组领导到该校调研体育艺术“2+1”工作

县委书记仲生（前排右三）检查视察实验小学安全保卫工作

校长陈士才上公开示范课

省教育现代化专家组领导到该校检查指导

实验小学全体教职工进行“守师德、练内功、献爱心”现场宣誓

学校市骨干教师合影

中国移动通信集团江苏有限公司
——宝应分公司

县委书记仲生（左）在宝应分公司调研

2011 年，中国移动宝应分公司在县委、县政府和上级公司的正确领导下，以创先争优活动为主线，积极践行“创新、精细、均衡”的发展理念，坚持“以人为本”，夯实全方位支撑体系，转变发展机制，各项工作重点、规范两手抓，规模、效益齐并进，行业主导地位进一步巩固，业务能力得到明显提升，实现“十二五”的良好开局。全年实现运营收入 2.47 亿元，截至 2011 年底，移动电话用户总数达 40.3 万户。

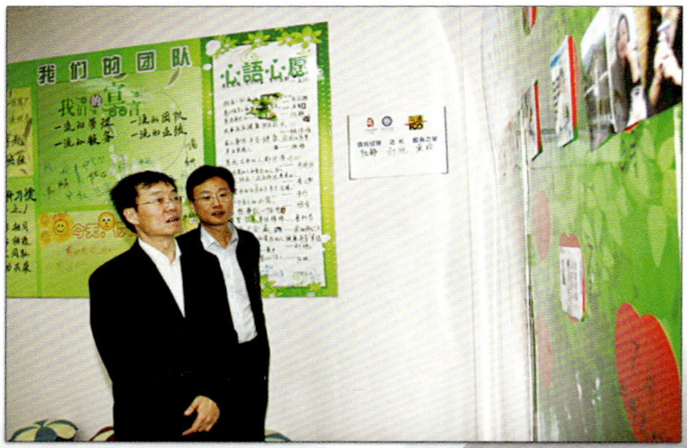

省移动公司纪检组长、工会主席李明益（左）视察宝应分公司班组文化建设

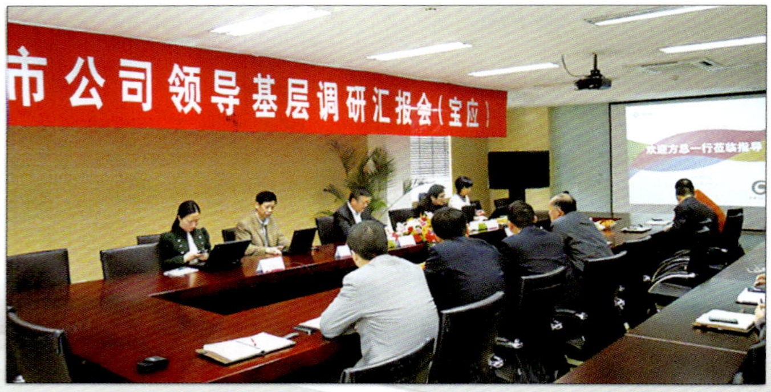

扬州市移动公司领导听取宝应分公司工作汇报

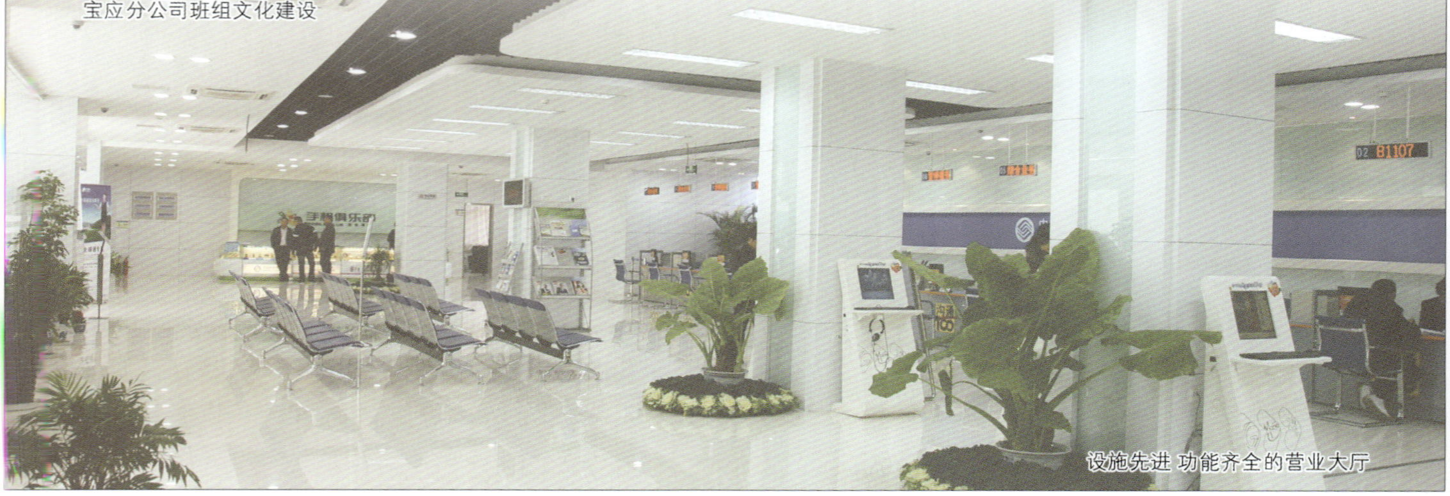

设施先进 功能齐全的营业大厅

宝应县城北初级中学

校长：方长明

党支部书记：杨正顺

宝应县城北初级中学创建于 1985 年，现有教职员工 180 人，在校生 3 000 人。学校先后被评为江苏省最具影响力初中、江苏省示范初中、江苏省德育先进学校、江苏省绿色学校、江苏省平安校园、扬州市文明单位、扬州市和谐校园、扬州市艺术教育特色学校、宝应县文明单位。2011 年，学校再次荣获江苏省最具影响力初中、江苏省教科研先进集体、扬州市唯一的省级“ 做一个有道德的人 ”教育基地、全国青少年道德培养实验基地、江苏省依法治校示范校、江苏省教科系统 2006~2011 法制教育先进集体、扬州市网上结对先进学校。学校“ 三学一练 ”课堂教学模式被确定为全市中、小学 25 个典型高效课堂教学模式，并面向全市推广。

扬州市教育局局长余如进（前排左一）到该校视察

县委书记仲生（右）到该校视察

氾水镇迎丰村

党总支书记：朱永星

氾水镇迎丰村位于氾水镇南首，村区域面积 168.8 公顷，全村辖有 6 个村民小组，575 户，总人口 2 120 人，2011 年，农民人均纯收入 14 235 元，该村先后荣获江苏省百家生态示范村、宝应县文明单位等称号。

团结奋进的领导集体

村综合服务中心大楼

安宜镇社区卫生服务中心

主任：张宝珠

安宜镇社区卫生服务中心始建于1965年，前身为宝应县城郊乡卫生院，1998年更名为宝应县第三人民医院，于2006年在全县率先转型为社区卫生服务中心。中心拥有专业技术人员87名，其中大专以上学历59人，中、高级职称人员49名，形成一支技术力量较强的专业队伍。拥有欧林巴斯电子胃镜、全自动生化分析仪、五分类血球计数仪、日本柯尼卡美能达CR机、三蕊特种蛋白测定仪、B-3500AL0KA（阿洛卡）全数字彩色超声诊断仪、MIC-I型十二导联心电图采集系统等大中型医疗设备，为辖区居民提供集“健康教育、预防、保健、康复、计划生育技术指导和医疗”于一体的社区“六位一体”服务，是扬州市标准社区卫生服务中心。该中心先后荣获县级文明单位和优秀基层党支部等称号，是医保、新型农村合作医疗定点医疗机构。

县领导视察社区卫生服务中心

卫生局局长何干成（左三）慰问社区卫生服务中心医护人员

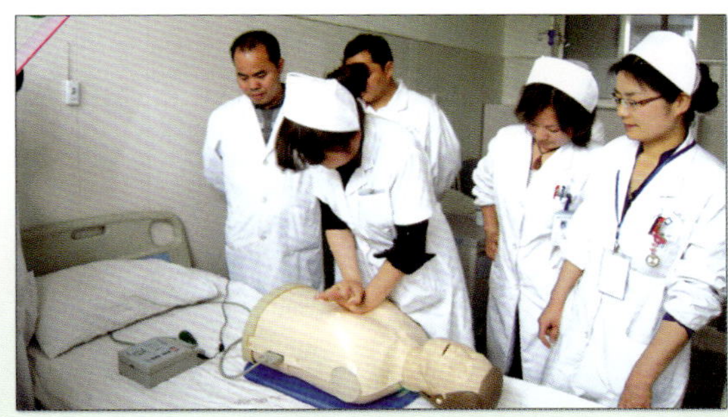

技能大比武比赛现场

开展儿童预防接种宣传

“送医进百村”党员志愿者活动

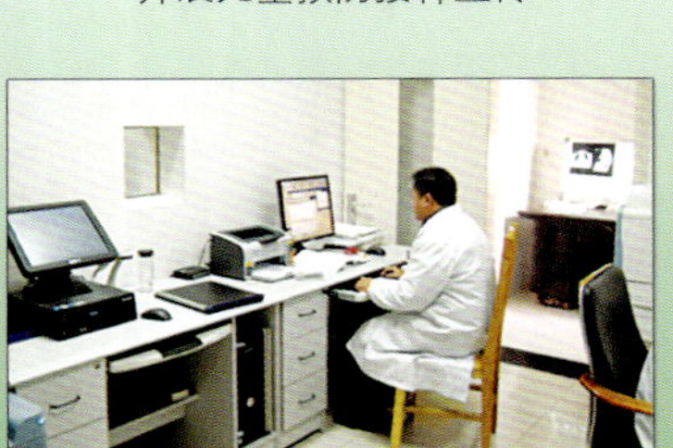

日本柯尼卡美能达 CR 机

中心示范病区

为社区居民开展医疗服务

安宜镇水务站

党支部书记、站长：陆顺卿

安宜水务站是由原城镇、城郊、中港、沿河 4 个乡镇水务站合并而成，现有各类人员 38 人，其中退休 14 人、在职在编 8 人、借用人员 8 人、临时人员 8 人。该站注重文明创建工作，把干部、职工的思想统一到凝心聚力谋发展、扎扎实实搞服务上来，赢得党委、政府的信任和支持。10 年来，实施施工产值 8 000 万元，其中 2012 年可实现施工产值 1 500 万元以上，可实现纯利润 200 万元，拥有净资产近千万元。该站于 2007 年在生态新城征地 2 公顷，用于将来的阵地建设。2007~2008 年，水务站新建办公用房近千平方米，营业性用房 1 500 平方米，目前年租金收入 50 万元。2011 年，组建“安宜水缘水利建筑安装工程有限公司”，并成功申报三级资质，为将来多元化发展积蓄了后劲。该站先后被省水利厅和市委、市政府评为先进单位、市级文明单位。

2011 年度全市水利系统
先进站(所)
扬州市水利局
二〇一二年二月

2009-2010年度
扬州市文明单位
中共扬州市委
扬州市人民政府

2008年度
群众满意基层站所

安宜镇花庄村

党总支书记、村委会主任：印学军

安宜镇花庄村属村、社区合一的村，位于宝应县城北首，属城乡结合部，全村共有 14 个村民小组，总户数 1 187 户，总人口 4 625 人，村域面积 301.6 公顷，耕地面积 116.67 公顷。全村共有 6 个党小组、128 名党员，2011 年，全村实现三业总产值 3.5 亿元，其中工业总产值 2.6 亿元，村集体经济可支配收入 145.47 万元，人均集体可支配收入 314.4 元，农民人均纯收入 15 625 元。该村先后荣获江苏省新农村建设先进单位、江苏省文明村、江苏省卫生村、扬州市文明村、扬州市小康示范村、扬州市百强村等荣誉称号。

花庄村纪念建党 91 周年大会

花庄村安全月工作会议

花庄村村容村貌

安宜镇北闸村

党总支书记、村委会主任：刘爱民

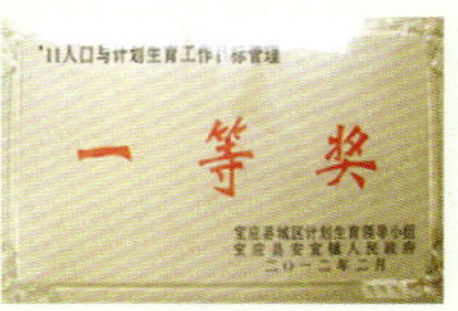

安宜镇北闸村位于京杭运河西侧，紧临县城，南与安宜镇南闸村搭界，北与安宜镇大桥社区为邻。全村共有 10 个村民小组，726 户，人口 2 507 人，拥有农业耕种面积 186.1 公顷，工业企业 13 个。2011 年，实现社会生产总值 9 349 万元，人均纯收入 12 369 元。该村先后获得省级文明村、市级文明村、县优秀党支部、县文明村、镇文明村、镇社会治安综合治理先进村等荣誉称号。

宽阔平坦的村组道路

北闸村荣获安宜镇 2011 年人口与计划生育目标管理一等奖

在 2012 · 宝应县安宜镇首届体育运动会上北闸村取得优异成绩

安宜镇白田村

党支部书记、村委会主任：陈坚强

坐落在该村的江苏迅达产业园项目开工典礼

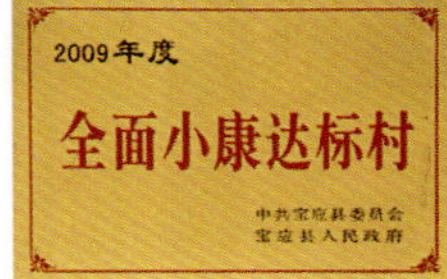

生态新城搬迁工作
先进个人

村党总支书记陈坚强(右)与外商留影

安宜镇白田村位于淮江公路东侧，县城南工业园区内，正在规划建设中的生态新城项目使该村成为一片热土，占地 15.07 公顷的迅达工业园在该村开工建设。独特的地理位置、便捷的交通促使众多工业项目落户该村。白田村共有 11 个村民小组，23 个自然村庄，910 户，3 519 人，农业面积 184 公顷，工业企业 41 个。2011 年，实现社会总产值 14 945 万元，农民人均纯收入 12 735 元。该村先后荣获扬州市全面小康先行村、宝应县文明村、宝应县先进基层党组织，党支部书记、村主任陈坚强先后荣获生态新城搬迁工作先进个人、安宜镇三个文明建设先进个人、安宜镇优秀共产党员、安宜镇人大代表等荣誉。

安宜镇大桥村

党总支书记、村委会主任：顾广和

安宜镇大桥村(社区)位于古老的京杭大运河西畔，是县城的西大门。全村(社区)共有10个居民小组，农业人口2 214人，居民人口7 429人，村(社区)总面积433.33公顷，其中耕地面积219.93公顷、水面69.47公顷，森林覆盖率25.68%。2011年，农民人均纯收入13 367元，集体可支配收入135万元。新型医疗参保率100%，最低生活保障覆盖率100%。2011年实现三业总产值9.03亿元。社区现有一般纳税人企业42家(其中县列统企业10家)，个体工商户91家，个体加工点28家，工业总产值7.84亿元。近几年来，共投入资金180多万元建设村组级水泥路面13.2千米；投入70余万元新建500平方米的大桥村(社区)广场和多功能活动中心等群众活动场所；投入40多万元疏浚河道6条，总长8千米。投入200余万元新建功能齐全、设施完备的便民服务中心——党群之家、科普工作站、图书阅览室、社务公开栏(科普宣传栏)等，为党员、群众提供快捷便利的服务。连续多年获得县文明社区、市文明社区称号，2009年获扬州市民主法治示范社区和省级和谐示范社区称号，被评为2009~2010年获扬州市文明村。

氾水镇新民村

党支部书记：孟顺兴

村委会主任：李加宽

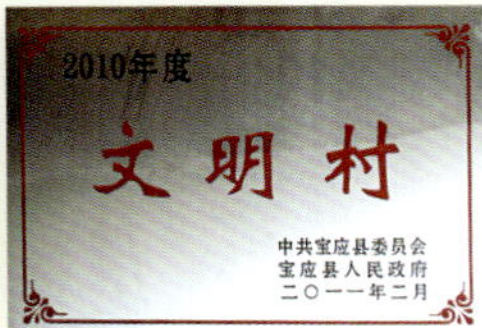

上级领导视察新民村新农村建设工作

新民村位于全国千强镇氾水镇南端约 5 千米，地处苏北里下河地区，是闻名遐迩的鱼米之乡，西临京杭大运河，东临京沪高速公路，南水北调宝应站位于该村境内，新规划的省道 S237 穿村而过。该村有 944 户，总人口 2 977 人，党员 103 名。2011 年全村农民人均纯收入 13 890 元。中心村庄新建居民集中区，入住农户 800 户，新建标准化厂房 3 座，新增私营企业 2 家。在中心村庄配套建设便民生活超市 6 家，农资超市 3 家，农民活动室各一座，建有卫生服务站、农家书屋等场所。先后荣获“省级环境整治暨中心村庄建设示范村”、“省级计生协会先进会员组”、“省级民主法治村”、“扬州市全面小康达标村”、“县级生态村”、“县涉农收费规范村”、“镇文明单位”、镇级先进党支部等称号。

全县村庄环境整治推进会与会人员集中观摩新民村环境整治工作

夏集镇蒋庄村

党总支书记、村委会主任：房福余

村民健身广场

优美的居住环境

优美的居住环境

宝应县夏集镇蒋庄村位于夏集镇的东南部，与高邮市临泽镇、兴化市沙沟镇相毗邻，地势平坦，河塘纵横，水渠成网，绿树成荫。全村辖 21 个村民小组，1 206 户、3 559 人，总面积 645.9 公顷，其中耕地面积 473.6 公顷、水面面积 25.9 公顷，工业企业 35 家。近几年来，该村紧紧围绕发展经济、增加农民收入、维护稳定的大局，通过健全制度、规范程序、完善机制，提高村务公开民主管理工作整体水平，推进村民自治与和谐村组建设，逐步实现村级组织健全有力，村党组织、村民委员会等领导班子成员关系协调，村务公开全面真实，党务公开不断深化，民主决策科学规范，民主管理扎实有序，民主监督切实有效，村组和谐群众满意，为构建社会主义和谐新农村奠定基础。2011 年，实现工农业总产值 26 232 万元，人均纯收入 13 261 元，是江苏省生态示范村、扬州市全面小康先进村、扬州市文明村、扬州市绿化造林最佳村、县法制教育先进村、县人民调解先进村、县征兵工作先进村、县社会治安安全村、县先进基层党组织。

穿村而过的南水北调里下河水源调整大三王河开工仪式在蒋庄村举行

县委常委、常务副县长侯承海（前排中）等领导集中观摩蒋庄村村庄整治工作

全县村庄整治工作现场会与会人员集中观摩蒋庄村绿色村庄整治工作

上级领导视察蒋庄村

鲁垛镇陶林村

党总支书记：陈学勤

村委会主任：徐志元

陶林村位于鲁垛镇东部，村域面积 10.82 平方千米，辖 11 个村民小组，1 023 户，3 389 人。2011 年，人均纯收入 12 860 元，先后被评为市、县文明村，市、县民主管理示范村，市农村财务管理先进村，市综合治理先进村，省百佳生态村，省民主法治示范村等称号。2011 年底被江苏省民政厅授予“江苏省和谐社会建设示范村”称号。

国家行政学院副院长周文彰（左）和村支部书记陈学勤（右）合影

新型农村养老保险政策宣传会议

陶林村农村环境综合整治动员会

国家行政学院副院长周文彰（右二）视察家乡陶林村并和村领导班子合影

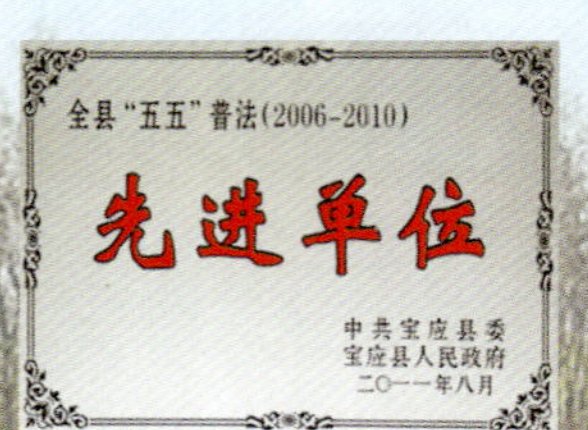

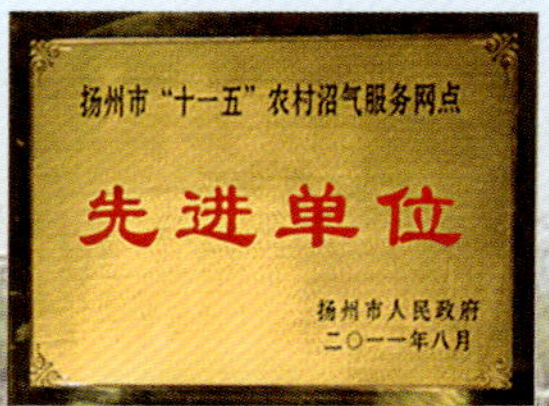

安宜镇金湖渔业村

党支部书记、村委会主任：刘培刚

金湖渔业村位于县城西南隅，距县城 10 千米，座落在宝应湖畔，与金湖县隔湖相望，具有得天独厚的自然资源条件，是江苏省最大的村级水产养殖基地之一，建有江苏省中华绒螯蟹良种培育场。2011 年，全村共实现三业总产值 8 230 万元，其中：渔业产值 6 170 万元，水产品总量达到 1 900 吨，集体收入 80 万元，人均纯收入 10 845 元。全村总面积 735.33 公顷，其中：耕地面积 80 公顷，水面面积 655.33 公顷。全村辖 8 个村民小组，475 户，总人口 1 475 人，其中渔业劳动者 1 120 人。金湖渔业村先后获得“江苏省百佳名镇名村”、“江苏省生态村”、“江苏省现代渔业示范村”等荣誉称号。

夏集镇中心卫生院

院长：郑光明

宝应县夏集镇中心卫生院建于20世纪50年代初期，地处高邮、宝应、兴化三地交汇处，服务范围200平方千米，服务人口30万人，县医保定点单位、全镇农村合作医疗报销结算点，是集医疗、保健、康复、预防健康教育、计划生育技术指导"六位一体"功能齐全的综合性基层医疗卫生机构。全院拥有中、高级职称医护人员40多人，文化底蕴丰富，技术力量雄厚，先后有30多篇专业论文在国家级刊物发表，1993年评为一级甲等医院，1995年评为江苏省爱婴医院，连续多年被市、县政府表彰为"文明医院"，预防保健、计划免疫工作在全县同级医疗卫生机构中名列前茅，建成扬州市规范化门诊。

开展社区卫生服务活动

夏集镇中心卫生院新院落成典礼现场

夏集镇2012年卫生工作会议

夏集镇2012年血、地、寄防工作会议

职工培训

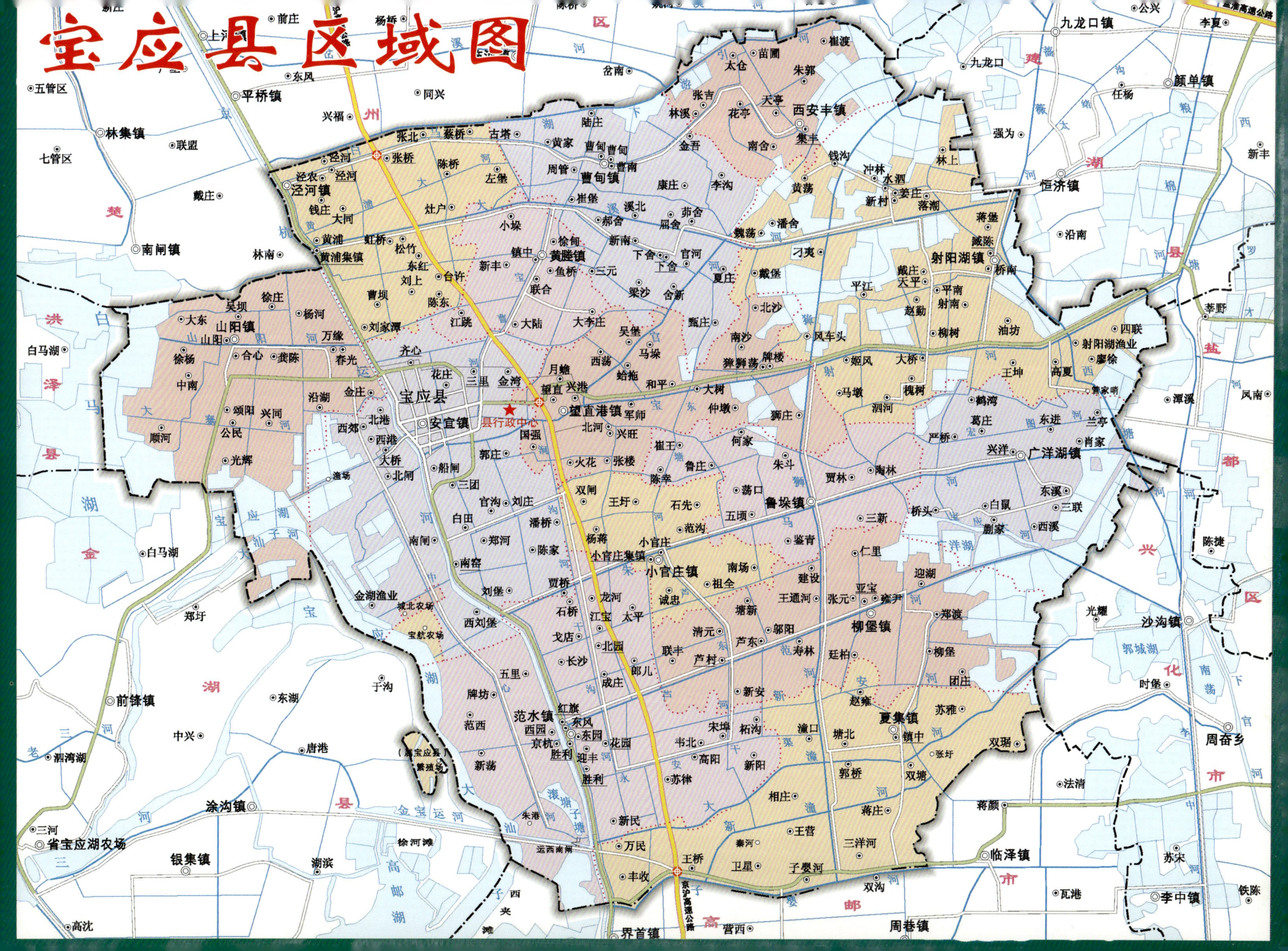

宝应县区域图
安宜镇
县行政中心
望直港镇
黄塍镇
曹甸镇
泾河镇
黄浦集镇
山阳镇
西安丰镇
射阳湖镇
广洋湖镇
鲁垛镇
小官庄镇
柳堡镇
夏集镇
范水镇
金湖渔业
射阳湖渔业
宝应湖农场
宝航农场
平桥镇
林集镇
南闸镇
九龙口镇
恒济镇
颜单镇
沙沟镇
周奋乡
临泽镇
李中镇
周巷镇
界首镇
涂沟镇
银集镇
前锋镇
省宝应湖农场
京沪高速公路

宝应县城区图
图例
县行政中心
望直港镇
南方花园
曙光小区
泰山东村
泰山新村
泰山西村
白田新村
世纪园小区
宜园小区
刘沟新村
宝胜工业园
苏中新村
桃园二村
居民新村
芦松新村
齐心村
花庄村
三里村
梁家庄
小郝圩
陈西
解庄
林庄
南郊
莫东
莫西
柳河路